1987年李水城（左）、水涛（右）在酒泉干骨崖遗址发掘现场

本项研究得到

国家社科基金重大项目：史前时期中西文化交流研究（12&ZD151）

国家社科基金（00BKJ004）资助

———————————

本书出版得到

国家重点文物保护专项补助经费资助

酒泉干骨崖

甘肃省文物考古研究所
北京大学考古文博学院　编著

文物出版社

图书在版编目（CIP）数据

酒泉干骨崖 / 甘肃省文物考古研究所, 北京大学考古文博学院编著.
-- 北京 : 文物出版社, 2016.8

ISBN 978-7-5010-4641-6

Ⅰ.①酒… Ⅱ.①甘… ②北… Ⅲ.①墓葬（考古）—考古发掘—
酒泉市 Ⅳ.①K878.8

中国版本图书馆CIP数据核字（2016）第153276号

酒泉干骨崖

编　　著：甘肃省文物考古研究所
　　　　　北京大学考古文博学院

书名题签：严文明

封面设计：李　红
责任编辑：杨新改
责任印制：张　丽

出版发行：文物出版社
社　　址：北京市东直门内北小街2号楼
邮　　编：100007
网　　址：http://www.wenwu.com
邮　　箱：web@wenwu.com
经　　销：新华书店
印　　刷：北京鹏润伟业印刷有限公司
开　　本：889mm×1194mm　1/16
印　　张：34.75
插　　页：3
版　　次：2016年8月第1版
印　　次：2016年8月第1次印刷
书　　号：ISBN 978-7-5010-4641-6
定　　价：380.00元

Report on the Archaeological Excavation of Ganguya Cemetery

Compiled by

Gansu Provincial Institute of Cultural Relics and Archaeology

School of Archaeology and Museology, Peking University

Cultural Relics Press

目　录

第一章　前言 1

第一节　地理环境、历史沿革与考古工作 1

一　河西走廊地理环境 1

二　酒泉地区地理环境 4

三　历史沿革 6

四　考古工作 6

第二节　干骨崖墓地及周边遗址概况 8

一　干骨崖遗址 10

二　干骨崖墓地 10

三　刘家沟口遗址 11

四　三坝洞子遗址 11

五　其他遗址 11

第三节　发掘经过 11

第二章　干骨崖墓地 13

第一节　墓地概况 13

第二节　墓地发掘 13

一　北墓区 14

（一）地层堆积 15

（二）采集及出土遗物 16

二　中墓区 19

（一）地层堆积 21

（二）采集及出土遗物 21

三　南墓区 22

　　　　（一）地层堆积 22

　　　　（二）采集及出土遗物 23

　　　　（三）T14出土遗物 26

第三章　墓葬形制与埋葬方式 34

　第一节　墓葬形制及结构 34

　　一　积石墓 35

　　二　简易葬具墓 38

　　　　（一）人骨上方的简易葬具墓 39

　　　　（二）人骨下方的简易葬具墓 40

　　　　（三）其他简易葬具墓 40

　　三　墓上封土积石遗迹 41

　第二节　埋葬方式 41

　　一　单人葬 41

　　　　（一）单人仰身直肢葬 42

　　　　（二）单人仰身上肢扰乱葬 53

　　　　（三）单人侧身直肢葬 64

　　　　（四）单人侧身屈肢葬 66

　　　　（五）二次（乱骨）葬 68

　　二　合葬 78

　　　　（一）仰身直肢一次合葬 79

　　　　（二）仰身直肢先后合葬 82

　　　　（三）仰身直肢一次葬与二次（乱骨）合葬 88

　　　　（四）二次（乱骨）葬合葬 99

　　三　特殊墓例 106

　　　　（一）迁出葬 106

　　　　（二）祭祀墓（或祭祀坑） 108

第四章　随葬器物 112

　第一节　玉石器、装饰珠与原料 112

　　一　玉器 112

　　二　石器 113

　　三　装饰珠与原料 117

　第二节　骨器、牙器、蚌贝器 121

一　骨器 121

二　牙器 126

三　蚌器、海贝 128

第三节　陶器 131

一　日用器 134

二　乐器 179

三　工具 180

第四节　泥塑制品 182

第五节　铜器 183

第五章　典型墓例随葬品组合及填土出土遗物 191

第一节　典型墓例随葬品组合 191

第二节　墓葬填土出土遗物 211

一　马厂文化晚期（"过渡类型"） 211

二　四坝文化 212

第六章　墓地分期、结构与年代 222

第一节　墓地分期 222

一　叠压、打破关系 222

二　叠压、打破关系与典型器组合 224

三　分组与分期 228

第二节　墓地布局与结构 237

一　墓地与聚落布局 237

二　墓地结构 237

第三节　墓地年代 240

第七章　1987年部分遗址调查、试掘及其收获 242

第一节　干骨崖遗址 242

一　石器 243

二　陶器 245

第二节　刘家沟口遗址 247

一　石器 249

二　陶器 253

第三节　三坝洞子遗址 258

一 石器 259

二 陶器 264

第八章 结语 281

第一节 干骨崖墓地及周边遗址遗存特征 281

第二节 干骨崖遗址文化性质和年代 288

第三节 干骨崖遗址经济形态分析 289

第四节 干骨崖墓地居民体质形态研究 291

第五节 四坝文化研究 294

附 表 干骨崖墓地墓葬登记表 316

附 录

附录一 酒泉干骨崖墓地碳–14年代检测报告 331

附录二 酒泉干骨崖墓地出土四坝文化铜器的分析与研究 333

附录三 四坝文化彩陶及其颜料成分的科学检测分析 353

附录四 酒泉干骨崖墓地出土人骨研究 362

附录五 酒泉干骨崖、三坝洞子遗址出土人和动物骨骼的稳定同位素分析 406

附录六 酒泉三坝洞子遗址出土植物遗存的初步分析 415

附录七 酒泉干骨崖、三坝洞子遗址出土动物骨骼分析研究 418

附录八 酒泉干骨崖墓地出土珠型装饰品的科技分析 428

附录九 酒泉干骨崖墓地发掘大事记（1987年） 434

附录一○ 酒泉干骨崖墓地发掘整理期间的部分通信 440

后 记 445

英文提要 450

插图目录

图一　河西走廊及酒泉地理位置示意图 2

图二　干骨崖墓地及周边遗址分布示意图 9

图三　干骨崖墓地及分区示意图 14/15

图四　北墓区墓葬分布图 15

图五　北墓区T1四壁剖面图 16

图六　北墓区采集石斧 16

图七　北墓区采集遗物 17

图八　北墓区采集陶器 18

图九　北墓区采集纹饰陶片 19

图一○　中墓区墓葬分布图 20

图一一　中墓区采集遗物 21

图一二　南墓区墓葬分布图 22/23

图一三　南墓区采集陶器 23

图一四　南墓区采集彩陶片 25

图一五　南墓区采集纹饰陶片 25

图一六　南墓区T14北壁剖面图 26

图一七　T14上层出土陶片 27

图一八　T14下层出土纺轮 28

图一九　T14下层出土彩陶罐口 29

图二○　T14下层出土横竖条带网格纹彩陶片 30

图二一　T14下层出土条带纹彩陶片 31

图二二　T14下层出土陶器 32

图二三　T14下层出土纹饰陶片 32

图二四　M38、M39（下层）和M40平面图 36

图二五　M16平、剖面图 37

图二六　M103平、剖面图 38

图二七　M92平、剖面图 39

图二八　M69下层平、剖面图 40

图二九　M20平、剖面图 42

图三〇　M28平、剖面图 43

图三一　M29平、剖面图 43

图三二　M30平、剖面图 44

图三三　M31平、剖面图 45

图三四　M47~M49平、剖面图 46

图三五　M54平、剖面图 47

图三六　M59平、剖面图 47

图三七　M61平、剖面图 48

图三八　M63平、剖面图 49

图三九　M68平、剖面图 50

图四〇　M90平、剖面图 50

图四一　M92平、剖面图 51

图四二　M96平、剖面图 52

图四三　M98平、剖面图 52

图四四　M104平、剖面图 53

图四五　M9平、剖面图 54

图四六　M16平、剖面图 55

图四七　M35、M36平、剖面图 56

图四八　M43平、剖面图 57

图四九　M45平、剖面图 57

图五〇　M56平、剖面图 58

图五一　M58平、剖面图 59

图五二　M62平、剖面图 60

图五三　M69平、剖面图 60

图五四　M70平、剖面图 61

图五五　M71平、剖面图 62

图五六　M84平、剖面图 62

图五七　M91平、剖面图 63

图五八　M97平、剖面图 64

图五九　M4、M7平、剖面图 65

图六〇　M12平、剖面图 66

图六一　M40平、剖面图 66

图六二　M46平、剖面图 67

图六三　M65平、剖面图 67

图六四　M6平、剖面图 69

图六五　M21平、剖面图 70

图六六　M22平、剖面图 70

图六七　M25平、剖面图 71

图六八　M32平、剖面图 71

图六九　M57平、剖面图 72

图七〇　M64平、剖面图 73

图七一　M72平、剖面图 73

图七二　M79平、剖面图 74

图七三　M80、M82平、剖面图 75

图七四　M83平、剖面图 76

图七五　M86平、剖面图 76

图七六　M89平、剖面图 77

图七七　M93平、剖面图 77

图七八　M95平、剖面图 78

图七九　M101平、剖面图 78

图八〇　M52平、剖面图 79

图八一　M74平、剖面图 80

图八二　M85平、剖面图 81

图八三　M102平、剖面图 82

图八四　M14上层平、剖面图 83

图八五　M14下层平、剖面图 84

图八六　M39平、剖面图 86

图八七　M77平、剖面图 87

图八八　M94平、剖面图 87

图八九　M2平、剖面图 89

图九〇　M5、M8平、剖面图 90

图九一　M11平、剖面图 90

图九二　M13平、剖面图 91

图九三　M17平、剖面图 92

图九四　　M26平、剖面图 ……………………………………………………………… 93

图九五　　M50平、剖面图 ……………………………………………………………… 94

图九六　　M55平、剖面图 ……………………………………………………………… 95

图九七　　M60上层平、剖面图 ………………………………………………………… 96

图九八　　M60下层平、剖面图 ………………………………………………………… 97

图九九　　M99平、剖面图 ……………………………………………………………… 98

图一〇〇　M100平、剖面图 …………………………………………………………… 99

图一〇一　M103平、剖面图 …………………………………………………………… 100

图一〇二　M10平、剖面图 ……………………………………………………………… 100

图一〇三　M18平、剖面图 ……………………………………………………………… 101

图一〇四　M24平、剖面图 ……………………………………………………………… 102

图一〇五　M27（下）平、剖面图 ……………………………………………………… 103

图一〇六　M38平、剖面图 ……………………………………………………………… 104

图一〇七　M51平、剖面图 ……………………………………………………………… 105

图一〇八　M73平、剖面图 ……………………………………………………………… 106

图一〇九　M41平、剖面图 ……………………………………………………………… 107

图一一〇　M81平、剖面图 ……………………………………………………………… 107

图一一一　M15平、剖面图 ……………………………………………………………… 108

图一一二　M23平、剖面图 ……………………………………………………………… 109

图一一三　M27（上、中）及附近石堆建筑平、剖面图 ……………………………… 110

图一一四　玉器 …………………………………………………………………………… 113

图一一五　石刀及石板器盖 ……………………………………………………………… 114

图一一六　石纺轮 ………………………………………………………………………… 114

图一一七　砺石 …………………………………………………………………………… 115

图一一八　细石器 ………………………………………………………………………… 116

图一一九　细石器 ………………………………………………………………………… 117

图一二〇　装饰品 ………………………………………………………………………… 120

图一二一　骨器 …………………………………………………………………………… 123

图一二二　骨器 …………………………………………………………………………… 124

图一二三　骨料 …………………………………………………………………………… 125

图一二四　牙饰 …………………………………………………………………………… 127

图一二五　蚌泡 …………………………………………………………………………… 129

图一二六　蚌器 …………………………………………………………………………… 130

图一二七　海贝、石贝 …………………………………………………………………… 131

图一二八　彩陶器口图案举例 ……………………………………………………… 132

图一二九　彩陶器耳图案举例 ……………………………………………………… 133

图一三〇　夹砂陶器耳纹样举例 …………………………………………………… 133

图一三一　Ⅰ式彩陶双耳罐 ………………………………………………………… 135

图一三二　Ⅱ、Ⅲ式彩陶双耳罐 …………………………………………………… 136

图一三三　Ⅳ式彩陶双耳罐 ………………………………………………………… 138

图一三四　Ⅰ式彩陶双大耳罐 ……………………………………………………… 139

图一三五　彩陶双大耳罐 …………………………………………………………… 140

图一三六　素面陶双大耳罐 ………………………………………………………… 141

图一三七　A型夹砂陶双耳罐 ……………………………………………………… 142

图一三八　A型夹砂陶双耳罐 ……………………………………………………… 144

图一三九　B型夹砂陶双耳罐 ……………………………………………………… 146

图一四〇　C型夹砂陶双耳罐 ……………………………………………………… 149

图一四一　夹砂陶双耳罐 …………………………………………………………… 151

图一四二　彩陶单耳罐 ……………………………………………………………… 154

图一四三A　夹砂陶单耳罐 ………………………………………………………… 156

图一四三B　夹砂陶单耳罐 ………………………………………………………… 158

图一四四A　彩陶腹耳壶 …………………………………………………………… 160

图一四四B　彩陶腹耳壶 …………………………………………………………… 162

图一四五　素面陶腹耳壶 …………………………………………………………… 163

图一四六　陶四系罐、单把杯 ……………………………………………………… 164

图一四七　陶四耳带盖罐、羊角四耳罐、筒形盖罐 ……………………………… 166

图一四八　陶器盖 …………………………………………………………………… 167

图一四九　陶器盖 …………………………………………………………………… 170

图一五〇　陶尊形器 ………………………………………………………………… 173

图一五一　陶多子盒 ………………………………………………………………… 174

图一五二　陶双耳盆、盘 …………………………………………………………… 175

图一五三　陶瓮 ……………………………………………………………………… 177

图一五四　陶器 ……………………………………………………………………… 178

图一五五　彩陶埙 …………………………………………………………………… 179

图一五六　A型陶纺轮 ……………………………………………………………… 180

图一五七　B型陶纺轮 ……………………………………………………………… 181

图一五八　泥塑动物俑 ……………………………………………………………… 183

图一五九　铜斧 ……………………………………………………………………… 184

图一六〇　铜器 185

图一六一　铜镰、刀 186

图一六二　铜器 188

图一六三　铜器 189

图一六四　M1平、剖面图及出土器物 192

图一六五　M2平、剖面图及出土器物 193

图一六六　M3平、剖面图及出土器物 195

图一六七　M4、M7平、剖面图及出土器物 196

图一六八　M14平、剖面图及出土器物 198

图一六九　M19平、剖面图及出土器物 199

图一七〇　M26平、剖面图及出土器物 200

图一七一　M33平、剖面图及出土器物 201

图一七二　M44平、剖面图及出土器物 201

图一七三　M58平、剖面图及出土器物 203

图一七四　M74平、剖面图及出土器物 204

图一七五　M78平、剖面图及出土器物 205

图一七六　M80平、剖面图及出土器物 206

图一七七　M81平、剖面图及出土器物 207

图一七八　M84平、剖面图及出土器物 208

图一七九　M89平、剖面图及出土器物 208

图一八〇　M94平、剖面图及出土器物 209

图一八一　M100平、剖面图及出土器物 210

图一八二　墓葬填土出土马厂文化晚期（"过渡类型"）陶器 211

图一八三　墓葬填土出土马厂文化晚期（"过渡类型"）彩陶片 212

图一八四　墓葬填土出土四坝文化遗物 213

图一八五　墓葬填土出土四坝文化彩陶器 214

图一八六　墓葬填土出土四坝文化彩陶器 215

图一八七　墓葬填土出土四坝文化素面陶双耳罐 217

图一八八　墓葬填土出土四坝文化陶器 218

图一八九　墓葬填土出土四坝文化纹饰陶片 220

图一九〇　墓葬填土出土四坝文化纹饰陶片 221

图一九一　干骨崖墓地随葬陶器分期图 234

图一九二　1987年干骨崖遗址采集打制石斧、石锤 244

图一九三　1987年干骨崖遗址采集打制盘状石器 245

图一九四　1987年干骨崖遗址采集陶砖（？）……………………………………… 246

图一九五　1987年干骨崖遗址采集彩陶片…………………………………………… 246

图一九六　1987年干骨崖遗址采集纹饰陶片………………………………………… 247

图一九七　刘家沟口与三坝洞子遗址位置示意图…………………………………… 248

图一九八　1987年刘家沟口遗址采集磨制石器……………………………………… 249

图一九九　1987年刘家沟口遗址采集打制石斧……………………………………… 250

图二〇〇　1987年刘家沟口遗址采集打制盘状石器………………………………… 251

图二〇一　1987年刘家沟口遗址采集打制有磨槽石器……………………………… 252

图二〇二　1987年刘家沟口遗址采集陶器…………………………………………… 253

图二〇三　1987年刘家沟口遗址采集陶器…………………………………………… 254

图二〇四　1987年刘家沟口遗址采集刻划纹圆盘陶器盖…………………………… 256

图二〇五　1987年刘家沟口遗址采集彩陶片………………………………………… 256

图二〇六　1987年刘家沟口遗址采集彩陶纹饰陶片………………………………… 257

图二〇七　1987年三坝洞子遗址采集石器…………………………………………… 259

图二〇八　1987年三坝洞子遗址采集打制手斧……………………………………… 260

图二〇九　1987年三坝洞子遗址采集打制有磨槽石器……………………………… 261

图二一〇　1987年三坝洞子遗址采集打制盘状石器………………………………… 263

图二一一　1987年三坝洞子遗址采集和发掘细小石器……………………………… 264

图二一二　1987年三坝洞子遗址出土陶生产工具…………………………………… 265

图二一三　1987年三坝洞子遗址出土彩陶器………………………………………… 266

图二一四　1987年三坝洞子遗址出土陶器…………………………………………… 268

图二一五　1987年三坝洞子遗址出土陶器…………………………………………… 270

图二一六　1987年三坝洞子遗址出土陶器…………………………………………… 271

图二一七　1987年三坝洞子遗址出土陶瓮口………………………………………… 272

图二一八　1987年三坝洞子遗址出土陶器底………………………………………… 273

图二一九　1987年三坝洞子遗址出土圆盘陶器盖…………………………………… 274

图二二〇　1987年三坝洞子遗址出土D型圆盘陶器盖……………………………… 275

图二二一　1987年三坝洞子遗址出土陶器…………………………………………… 277

图二二二　1987年三坝洞子遗址出土陶车轮模型（？）…………………………… 277

图二二三　1987年三坝洞子遗址出土彩陶片………………………………………… 278

图二二四　1987年三坝洞子遗址出土几何纹彩陶片………………………………… 279

彩版目录

彩版一 　河西走廊全境地图

彩版二 　丰乐河冲积扇及酒泉绿洲

彩版三 　干骨崖遗址地貌

彩版四 　刘家沟口遗址地层剖面、三坝洞子遗址、干骨崖墓地外景

彩版五 　干骨崖墓地南墓区、M14

彩版六 　干骨崖墓地墓葬

彩版七 　干骨崖墓地M27

彩版八 　干骨崖墓地墓葬

彩版九 　干骨崖墓地墓葬

彩版一〇 　干骨崖墓地墓葬

彩版一一 　干骨崖墓地M92

彩版一二 　干骨崖墓地墓葬

彩版一三 　干骨崖墓地墓葬

彩版一四 　干骨崖墓地墓葬

彩版一五 　干骨崖墓地墓葬

彩版一六 　干骨崖墓地墓葬

彩版一七 　干骨崖墓地M94

彩版一八 　干骨崖墓地M26

彩版一九 　干骨崖墓地墓葬

彩版二〇 　干骨崖墓地出土装饰品

彩版二一 　干骨崖墓地出土装饰品

彩版二二 　干骨崖墓地出土装饰品

彩版二三 　干骨崖墓地出土骨器

彩版二四 　干骨崖墓地出土牙、蚌器、海贝

彩版二五 　干骨崖墓地出土彩陶双耳罐

彩版二六　干骨崖墓地出土彩陶双耳罐

彩版二七　干骨崖墓地出土陶双大耳罐

彩版二八　干骨崖墓地出土A型夹砂陶双耳罐

彩版二九　干骨崖墓地出土夹砂陶双耳罐

彩版三○　干骨崖墓地出土夹砂陶双耳罐

彩版三一　干骨崖墓地出土夹砂陶双耳罐

彩版三二　干骨崖墓地出土陶单耳罐

彩版三三　干骨崖墓地出土A型夹砂陶单耳罐

彩版三四　干骨崖墓地出土夹砂陶单耳罐、彩陶腹耳壶

彩版三五　干骨崖墓地出土彩陶腹耳壶

彩版三六　干骨崖墓地出土陶器

彩版三七　干骨崖墓地出土陶器

彩版三八　干骨崖墓地出土陶器

彩版三九　干骨崖墓地出土陶器

彩版四○　干骨崖墓地出土陶器

彩版四一　干骨崖墓地出土器物

彩版四二　干骨崖墓地出土铜器

彩版四三　干骨崖墓地出土铜器

彩版四四　干骨崖墓地出土男性人骨

彩版四五　干骨崖墓地出土男性人骨

彩版四六　干骨崖墓地出土女性人骨

彩版四七　干骨崖墓地出土女性人骨

彩版四八　干骨崖墓地出土植物遗存

彩版四九　干骨崖墓地、三坝洞子遗址出土动物骨骼

彩版五○　干骨崖墓地发掘人员、发现者、民工、房东及房东院落

图版目录

图版一　干骨崖遗址及墓地外景

图版二　干骨崖墓地及北墓区墓葬

图版三　干骨崖墓地南墓区、M20

图版四　干骨崖墓地墓葬

图版五　干骨崖墓地墓葬

图版六　干骨崖墓地墓葬

图版七　干骨崖墓地墓葬

图版八　干骨崖墓地墓葬

图版九　干骨崖墓地墓葬

图版一○　干骨崖墓地墓葬

图版一一　干骨崖墓地墓葬

图版一二　干骨崖墓地出土玉石器

图版一三　干骨崖墓地出土石器

图版一四　干骨崖墓地出土彩陶双耳罐

图版一五　干骨崖墓地出土陶器

图版一六　干骨崖墓地出土A型夹砂陶双耳罐

图版一七　干骨崖墓地出土B型夹砂陶双耳罐

图版一八　干骨崖墓地出土夹砂陶双耳罐

图版一九　干骨崖墓地出土陶器

图版二○　干骨崖墓地出土夹砂陶单耳罐

图版二一　干骨崖墓地出土陶器

图版二二　干骨崖墓地出土陶器

图版二三　干骨崖墓地出土陶器盖

图版二四　干骨崖墓地出土陶器

图版二五　干骨崖墓地出土陶器

图版二六　干骨崖、刘家沟口、三坝洞子遗址出土器物

图版二七　干骨崖墓地出土四坝文化铜器金相和扫描电镜（SEM）电子像照片

图版二八　干骨崖墓地出土四坝文化铜器金相和扫描电镜（SEM）电子像照片

图版二九　干骨崖墓地出土四坝文化铜器金相和扫描电镜（SEM）电子像照片

图版三〇　干骨崖墓地出土四坝文化铜器金相和扫描电镜（SEM）电子像照片

第一章　前言

第一节　地理环境、历史沿革与考古工作

一　河西走廊地理环境

河西走廊，亦称甘肃走廊，位于甘肃省西北部，因地处大河（黄河）之西，故名[①]。走廊东起甘肃省中部天祝藏族自治县的乌鞘岭西北坡，西至敦煌市以西、疏勒河下游终端哈拉淖尔湖沼地带，与新疆维吾尔自治区罗布泊终端沼泽地相连。地理坐标为北纬37°17′~42°48′，东经92°12′~103°48′。河西走廊地处青藏高原和蒙新高原之间，南面依托高耸的祁连山（南山），它是昆仑山脉向东部的延伸，自西北蜿蜒而东南，止于兰州左近。北面是由北山、合黎山、龙首山等一系列山脉组成的北山山脉。南北两山夹峙而成具有天然屏障的河西走廊。走廊全境长1020千米，宽度一般在50~60千米。其中，最窄处位于永昌县南山一带，宽20千米；最宽处在敦煌市境内，达140千米[②]（图一；彩版一）。

河西走廊地处中国大西北内陆地区，远离海洋，南北两侧高山夹峙，其地理环境属于典型的大陆性温带干旱、半干旱区。其气候特征具体表现为：日照时间长，积温高，昼夜温差大，夏热冬寒，干燥多风等。走廊范围内降水稀少，西部年均降雨仅几十毫米，东部年均降雨也不足200毫米。此外，地面流水作用、干燥剥蚀作用和风力作用是该区域的主要外营力[③]。

河西走廊境内的河流均属中亚内陆水系，区域内主要发育有三大水系。自东向西依次为石羊河水系、黑河—北大河水系和疏勒河—党河水系。河川径流量主要来源于大气降水，以

[①] 一般认为河西走廊的西界始于乌鞘岭西北坡，但也有学者主张将甘肃的永登县作为走廊的起始点。

[②] 走廊，作为一个地理专业名词，需具备两个条件：一是通道；二是通道两侧的屏障。

[③] 本节内容参考了有关河西走廊的下列资料：任美锷主编：《中国自然地理纲要》第十三章第二节，商务印书馆，1992年；赵松乔：《河西走廊综合自然区划》（草案），中国科学院地理研究所藏，1962年；朱忠礼：《我国北方地区冲积扇比较研究及其数值模拟》，北京大学城市与环境学系博士研究生毕业论文，2002年。

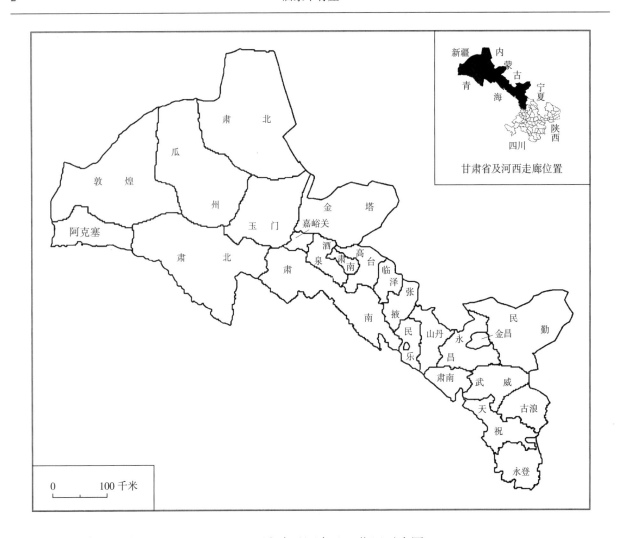

图一　河西走廊及酒泉地理位置示意图

及冰川、融雪、地下水等补给，具体情况因区域不同有所差异。如石羊河流域主要是以降水、地下水补给为主；黑河流域则以降水、融雪、冰川、地下水混合补给为主；疏勒河流域以地下水和冰川补给为主。河川径流量的年际变化主要受降水制约，同时受冰川补给和流域蓄水量的影响。径流量的大小不仅受流域面积大小影响，还受流域内高山区面积在整个流域中比重的制约。流域面积相近的河流，高山区面积大，水量多，反之则少。这些河流在穿越山麓冲积扇到达走廊北部时，往往转为东西向流动，形成带状冲积平原。河流进入盆地后，会出现由于人工引灌、山前戈壁砾石带引发的强烈渗漏。目前，除黑河、北大河、疏勒河、党河等几条大的干流以外，其他河流大多在上游被截留，有些已经完全干涸，或沦为季节河。

　　河西走廊的大部分河流发源于祁连山地，北流注入走廊盆地。祁连山北麓也因此成为冲积扇极其发育的地带。由东向西，大者几百平方千米、小者几平方千米的冲积扇广布于祁连山前。由冲积扇砂砾石层裸露而形成的戈壁滩成为祁连山北麓最主要的自然景观和地貌类型。这些冲积扇空间分布的显著特征是，横向上的阶梯状多级展布和纵向上相对于若干沉降中心的集中。在纵向上，祁连山北麓发育的冲积扇相应地形成若干个集中区。

这些冲积扇在横向上阶梯状多级展布的特征有两层含义：一是指形成时代不同的冲积扇体在祁连山北麓整体呈由南而北、年龄由老变新、地势由高到低的分带分级特征；二是指同一时期内同一河流在前进过程中，由于地势、地貌原因，发生多次堆积，形成多级冲积扇体。在祁连山北麓，前者表现为早期形成的冲积扇体遭受强烈抬升，形成山前台地，早更新世扇体已趋向于变为山体的组成部分[①]。这种现象在整个祁连山北麓，特别是中西部一带极为普遍。后者主要是由于河西走廊盆地内部存在若干个次级横向隆起，河流每穿过一次隆起都将造成一次扇体堆积，不少河流在出山以后向前流动的过程中发育出2~3级冲积扇。这些冲积扇的扇体规模和形状受到河流长短和物源区大小的影响。长河流大物源区形成大的扇体和低角度扇面，纵剖面为近直线状；短小河流及较小物源区则形成小的扇体和高角度扇面，纵剖面往往呈下凹形。河西走廊境内以黑河和疏勒河规模最大，形成的扇体也最典型，扇体规模大，扇面坡度较小；其他河流由于出山口汇水面积较小，形成的扇体面积较小，坡度也较陡。

河西走廊的冲积扇扇体物质组成以Q_{2-3}砂砾石层为主，扇面上部覆盖晚更新世晚期至全新世的黄土、黄土状土、砂砾石层。全新世砂砾石层主要分布在现代河床及其附近。具体表现是，大体可以张掖黑河冲积扇为界，黑河以东，黄土大面积覆盖于扇面；黑河以西，扇面主要为砾石滩地，形成戈壁。如疏勒河扇体上部基本为砾石戈壁；黑河扇体的黄土覆盖也主要限于东部，西部仅在砾石滩地边缘有所保留。扇体表面覆盖薄层黄土或黄土状土，主要由风成沉积或风成后河流改造沉积形成。其沉积特征以及由西向东愈来愈多的分布状态与我国的黄土特征及分布相吻合，表明其以风成沉积为主。黄土物质组成以粉砂质黏土为主。主要分为0.05~0.01毫米的粉砂粒组成，其含量一般在25%~40%；其次是<0.005毫米黏粒组，含量一般在20%~40%，另外还含有较多的粗粒成分，其中0.125~0.05毫米细砂组可占15%~25%，个别达35%。可见其粒度组成中粗粒部分和细粒部分均较洛川黄土为多。粒度自西向东略有变细，但不明显。厚度一般在1~2米，扇顶至扇中下部变化不大，仅在扇缘增厚。新鲜的黄土面为灰黄色，风化淋溶表面则为棕红色。扇面上的黄土或黄土状土直接叠压在砾石层之上，其间缺乏过渡沉积。黄土质地一般较纯净，以粉砂质为主，个别地方可见含少量细砾和粉细砂。经化学成分分析，结果表明其成分与典型黄土组成相似。这些黄土的年代一般为晚更新世晚期至全新世时期[②]。

正是祁连山北麓这些大大小小的冲积扇，构成了河西走廊主要的农业耕作区，并在当地民众的生业中占据了举足轻重的地位。考古调查发现证实，河西地区史前—青铜时代先民的

---

① 陈志泰、虢顺民：《活动断裂带的地质、地貌证据及其时空演化》，《祁连山—河西走廊活动断裂系》，地震出版社，1993年，第74~120页。

② 朱忠礼：《我国北方地区冲积扇比较研究及其数值模拟》，北京大学城市与环境学系博士研究生毕业论文，2002年。

聚落大多选择在冲积扇台地及河流尾闾地带。

二　酒泉地区地理环境

　　酒泉地区位于甘肃省西北部的河西走廊西段，地处祁连山北麓冲积扇上。酒泉市西接嘉峪关市，东部、南部与肃南裕固族自治县、高台县相邻，北靠金塔县。地理坐标为北纬39°10′14″~39°58′16″，东经98°21′02″~99°18′41″，平均海拔1400~2000米。酒泉地区的地形从南向北由祁连山（含阿尔金山地东端）、走廊平原和马鬃山三大部分组成，其走向大致表现为南北高、中间低。在走廊平原一线，戈壁、沙漠、丘陵、平原交错分布，总面积3349平方千米（彩版二）。

　　酒泉地区南部为高耸的祁连山。山体大体呈北西西—南东东走向。山地范围的大部分海拔在3000~4500米，最高5387米。其中，海拔4000米以上区域发育有规模不等的冰川，为本地区提供丰富的水资源。山地总的走向为西南（或西）高、东南（或东）低，大地构造属祁连褶皱系。北面西部的黑山海拔1500~2600米，最高2799米。东面的夹山（又称酒泉北山）海拔1400米左右，比高仅100余米，由一系列久经剥蚀的丘陵和残丘构成，地质构造属阿拉善—北山边缘隆起带的西延部分，山体近东西走向，地势西高东低。山地岩石与山麓砾石裸露，形成岩漠与砾漠景观，植被稀疏，主要为沙生植物。界于南北两山之间是广阔的山前倾斜平原。南部沿祁连山前地带分布屯升、丰乐、金佛寺、红山、新地等绿洲，其余地块大多为戈壁。东部一带分布有沙丘，比高5~10米之间。中部和北部系由河流及泉水交织组成的较大面积的绿洲，地势相对平坦，海拔1400~1500米。平原西部和南部为砾石戈壁。酒泉绿洲的地势走向总体为南高北低，海拔多在1350~2000米之间。地形由南西到北东倾斜。上述山区、丘陵、戈壁、绿洲由南向北依次有规律的分布，构成本区内独特的自然地理景观。

　　酒泉范围内地层发育较全，除了震旦系和泥盆纪以外，各时代地层均有分布。南部为北祁连山褶皱带，中部为边远坳陷带（走廊过渡带），向北过渡到阿拉善台地金塔—花海子台缘坳陷带。此外，本区新构造运动表现活跃。第三纪以来，酒泉中心凹陷剧烈沉降，堆积了巨厚的第四系松散地层，具有典型的干旱地区之山前平原"相带"的特征。

　　酒泉的地貌景观形成主要是受构造运动、地质、气象、水文等因素长期综合作用的结果，其中构造运动起决定性作用。地质、气象、水文仅对微地貌及干旱荒漠地貌的建造和改造不断发挥作用。全区总的地形特征是南北高、中间低；南部高，北部低；西部高，东部低。进入全新世以来，本地区北部气候异常干旱，风蚀和堆积作用不断加强，一些地区形成了面积大小不一、厚度不等、形态各异的风积地形。总之，内应力作用决定了本地区大的地貌轮廓。内、外力综合作用构成本区地貌景观的分带性，并不断建造和改造现有地貌形态。

　　祁连山地自第三纪以来发育有密集、深切的水文网。流经酒泉市区的主要河流有北大河（陶勒河）、洪水坝河、丰乐河、马营河、红山河、观山河等大、中型河流。上述河流均发源于祁连山，上游河段依赖山地冰雪融水和雨水补给，中下游部分依赖地下水补给，属内流水系。一般河谷上游狭窄、陡峻，水流湍急。出山后的河床呈"U"字形，深切达80~150米，水流大量渗漏。各河流量日变化大，历年径流量变幅更大，且分布不均。洪峰多出现在每年7月。此外还有数条沟谷，仅在雨季汇集洪水，瞬间即逝。

北大河发源于祁连山的陶勒掌。自冰沟口出山，向东北经龙王庙、酒泉、临水堡穿越北山，注入金塔盆地。北大河上游分为陶勒东川和陶勒西川，总称陶勒河，在朱龙关附近汇合成北大河。北大河的流量最大，穿过酒泉盆地，最终注入金塔盆地。

洪水坝河源于祁连山龙孔大坂，全长115千米，自新地坝出山。如今河水大部被引走用于灌溉，少量渗入戈壁，至甘新公路附近以泉水形式溢出地表。

丰乐河源出山后流入下河清。据丰乐河水文站1967~1969年三年的纪录，河水平均流量2.62立方米/秒，年径流量0.8247亿立方米。历年最大流量69.5立方米/秒，最小流量0.03立方米/秒。河流全年流量以6~8三个月最大，约占总流量的75.4%。其余各月仅占24.6%。河水主要来自冰雪融水和夏季降水补给，其次为地下水补给。6~8月，冰雪大量消融，降雨亦多，河水流量增大。7月份出现最大值，为10.15立方米/秒。洪峰过后，流量递减。全年最小流量为12月至翌年1~3月，流量不足0.3立方米/秒。

观山河、红山河原来也有长年水流，但流程短、流量小。此外还有数条干沟及时令河。但大部分均消失于山前戈壁带，它们构成盆地内地下水的主要补给来源。山区河谷一个水文年大致可分三个时期：6~8月为丰水期，4、5月和9、10月为平水期，1~3和11、12月为枯水期。除山区河谷外，在平原区还有清水河与临水河。前者系北大河故道，由西向东流至下古城附近入北大河。水源主要来自河床及两侧泉水。后者为西洪水坝河故道，源于甘新公路的矛庙附近。上游通矛庵河、付家海子河、焦家河等支流，汇集大量河水后，于临水堡注入北大河[1]。

酒泉地区的冲积扇以丰乐河山前冲积扇最具代表性，面积达219平方千米，辐向长度15.8千米，横向宽度27.5千米，坡度0.04。在丰乐河冲积扇扇体中上部分布有大量体积巨大的花岗岩砾石，其砾径最大达2~4米。从扇顶到扇缘，砾石直径呈现逐渐减小的趋势。这些巨大的砾石在扇顶呈带状填充在丰乐河床内，亦交替出现在河流两侧的岸壁剖面上，厚度由几米到十几米不等，变化较大。在扇体中下部则呈散开状分布于扇表，厚2~4米。据研究，这些巨型砾石的存在与金佛寺侵入花岗岩体的发育有很大关系[2]。

酒泉地区的气候具有明显的分带性，属温带干旱性气候区。南部祁连山区地势高亢，降水较丰沛，属高寒半干旱气候，特点是昼夜温差大，四季变化不明显。冬季长，基本无夏季。区域内降雨、蒸发、气温、相对湿度等气象要素由东向西、从南到北差异甚大。祁连山区年均温在海拔2000~2500米的山前地带为3.6℃，平原区（含北山地区）年均温为8℃。1月为-10.3℃；7月为21.4℃。全年无霜冻日153天。雨量稀疏，降水分布受地势因素的影响很

① 上述资料部分引自《中华人民共和国综合水文地质图说明书》（酒泉幅J-47-[3]），甘肃省地矿局第二水文地质队，1981年。
② 朱忠礼：《我国北方地区冲积扇比较研究及其数值模拟》，北京大学城市与环境学系博士研究生毕业论文，2002年。

大。在一定高程下，地势愈高，降水愈大，反之亦然。区内地势由南向北、由西向东渐次降低。降水由西向东、从南到北呈现递减趋势。平原区年均降水83.2毫米，山区降水多在200毫米以上。降雨集中在每年6~8月（平原区约占全年降水50%~60%，山区占65%~70%）。蒸发量大是本区气候的一大特点，最高可达2191毫米，为降水的26倍。干燥度4~15，气候极干燥。蒸发度的大小在水平和垂直方向上的分布与降水恰好相反，即平原区蒸发度大，山区蒸发度小。强烈的蒸发作用是导致本区气候干旱的最重要因素。全年日照时间达3000余小时，光照足，热量充实，有利于农作物生长。当地的主要灾害性天气是干热风。酒泉地区的耕地主要集中在地势较平坦的绿洲上。地带性土壤为灰棕荒漠土，农业仰仗灌溉。若有灌溉，温带性农作物一年一熟。主要种植粮食类农作物，比例高达88.8%。其中，以小麦所占比重最大，余依次为玉米、蚕豆、糜子、谷子、马铃薯、青稞等，也种植少量水稻。经济作物主要为胡麻、蔬菜、瓜果、棉花、甜菜和大麻等。畜牧业以奶牛、草畜为主。

酒泉地区的自然植被条件较差，无天然林木，草类生长也较稀疏，荒滩地带仅生长有碱生、沙生草类植物。

三　历史沿革

酒泉古称肃州。传上古为析支北境，羌、戎居地。秦为月氏地、匈奴右地。汉文帝前元四年（公元前176年），在匈奴的强大压力下，月氏败走，退出河西，但有少量遗民流散于敦煌、祁连间，号"小月氏"（芦水胡）。汉武帝元狩二年（公元前121年）大举用兵，将匈奴逐出玉门关，置酒泉郡，领禄福等九县，治所在福禄城①。后汉改禄福为福禄。咸康初，前凉张骏分置建康郡；后凉增设凉宁郡。西凉李暠、北凉祖渠蒙逊相继占据酒泉。北魏将酒泉郡改属敦煌镇。孝昌中，复置酒泉郡。隋初废郡。仁寿中，置肃州。大业初，再废，以福禄郡属张掖。唐高祖武德七年（624年），置肃州，改福禄为酒泉，于故乐涫设福禄县。天宝初，复为酒泉郡。广德元年（763年），酒泉陷于吐蕃。唐末至五代（907~960年），归属回鹘。宋初属甘州回鹘，后归西夏。元置肃州路总管府，属甘肃行省。明设肃州卫，属陕西行都司。清初因之。雍正二年（1724年），裁卫，属甘州。七年，设肃州直隶州，领高台县，安肃道道尹驻此。1912年复设酒泉县；1958年设市（地级）；1964年复改县；1985年恢复市（县级）；2002年改为肃州区，为酒泉市政府所在地。现辖6镇、8乡、1民族乡、6个街道办事处。有145个行政村，27个社区居委会。全区人口35万，居住有汉、蒙、回、裕固、藏等民族。其中，汉族占总人口98%。

四　考古工作

酒泉地区考古始于20世纪20年代。1927年，中（国）瑞（典）两国合组西北科学考察

---

① 讨来河（陶勒河）位于酒泉西北部，古称福禄河。福禄城即有可能建在此河岸边，故名。

团，途经河西走廊。当时，随同斯文·赫定（Hedin, Sven Anders）的瑞典地质学家布林博士（Bohlin, Birger）曾在酒泉附近开展调查，并采集到史前时期的彩陶片。这不仅是河西走廊首次发现的史前文物，也是酒泉地区最早的考古记录[①]。据瑞典学者安特生博士（Andersson, J. G.）介绍，他曾见过这批资料，认为采集的彩陶属于马厂期[②]。裴文中先生曾撰文提及："布林氏于酒泉以西，发现史前遗址甚多，曾闻确为旧石器时代者。但布氏对此采集石器，不肯示人，自己亦不研究，故吾人至今尚不知其详"[③]。

1933年，中国学者杨钟健与法国地质学家德日进（Teilhard de Chardin, Pierre）随同中（国）法（国）西北科学考察团前往西北调查，途经河西走廊时，在酒泉及明水之间调查发现史前遗址。据称在河岸50米范围的阶地上采集到石英岩打制石器，认为属于旧石器时代[④]。但这批资料未见发表。

1945年1月5~6日，夏鼐先生等自安西抵达酒泉，但并未作考古调查[⑤]。1948年夏，裴文中先生前往河西走廊，在酒泉及以西地区进行调查，未发现任何史前遗址线索。他认为原因可能有二：（1）调查不够充分；（2）该区域史前遗址本就稀少[⑥]。

20世纪50年代末，在酒泉市调查发现了下河清遗址和赵家水磨遗址[⑦]。1956年曾对下河清遗址进行试掘，出土彩陶罐、盆及石器等，但这批重要资料未做整理发表，资料在"文化大革命"期间大部散失[⑧]。后来，酒泉市博物馆曾在当地调查发现一批史前遗址并征集到少量遗物，现藏酒泉市博物馆。

1971年，时任酒泉市博物馆副馆长的冯明义先生被下放至丰乐乡大庄村第八生产队，他在那里下放劳动期间，发现了干骨崖遗址及丰乐河东岸的干骨崖墓地。1976年，他曾邀请甘肃省博物馆文物工作队的张学正先生前往该址考察。1986年9~10月，甘肃省文物考古研究所和北京大学组成的河西史前考古调查队再次复查了干骨崖遗址及周边的其他遗址，并对酒泉市博物馆收藏的史前时期文物进行了系统的整理和资料搜集[⑨]。

1987年5~6月，北京大学考古学系和甘肃省文物考古研究所联合发掘了酒泉干骨崖墓地。

① 这些调查资料至今未见发表。据瑞典考古学家贝格曼（Folke Bergman）记录，瑞典的考察队员在肃州曾发现几处含彩陶的遗址。其中，一处可能在玉门的回回堡（今新民堡）。此堡位于火烧沟遗址的东侧，不知是否为同一遗址。详见贝格曼：《新疆考古记》，新疆人民出版社，1997年，第7、21页。

② 裴文中：《中国西北甘肃走廊和青海地区的考古调查》，《裴文中史前考古学论文集》，文物出版社，1987年，第256~273页。

③ 裴文中：《新疆之史前考古》，《中央亚细亚》（创刊号），1942年，第35页。

④ 裴文中：《新疆之史前考古》，《中央亚细亚》（创刊号），1942年，第35页。

⑤ 北京大学城市与环境学系夏正楷教授提供了作铭（夏鼐）先生日记的有关片断，特此致谢！

⑥ 裴文中：《中国西北甘肃走廊和青海地区的考古调查》，《裴文中史前考古学论文集》，文物出版社，1987年，第256~273页。

⑦ 甘肃省博物馆：《甘肃古文化遗存》，《考古学报》1960年第2期，第11~52页。

⑧ 酒泉市博物馆冯明义先生见告。

⑨ 甘肃省文物考古研究所、北京大学考古文博学院：《河西走廊史前考古调查报告》，文物出版社，2011年。

发掘期间及工作后期，曾对干骨崖墓地周边进行了广泛调查，新发现一批史前遗址，并对其中部分遗址进行了勘测和小规模试掘，出土一批重要遗物①。

1987年，酒泉地区文化处在文物普查时发现了清水西河滩遗址。2003~2004年，为配合西气东输工程，甘肃省文物考古研究所与西北大学合作对该址进行了发掘，揭露面积1万余平方米，出土大批史前遗迹和遗物②。

前不久，酒泉市博物馆在总寨镇西北约7千米的三奇堡遗址收集一批马厂文化（或"过渡类型"）的彩陶器，现藏酒泉市博物馆③。

迄今为止，酒泉市总计发现史前遗址④19处。

第二节　干骨崖墓地及周边遗址概况

干骨崖位于甘肃省酒泉市东南方约60千米、丰乐河口以下的冲积扇上缘。此地隶属酒泉市丰乐乡管辖，东南距丰乐乡驻地约8千米，西南距金佛寺乡驻地约10千米。遗址西起丰乐河东岸台地、东至大庄村东面的季节泄洪河道，南窄北宽。在村子以北约1千米的泄洪道内修筑有拦截洪水的大坝，大坝外为酒泉通往东部的公路。干骨崖遗址群就坐落在这一空间范围内，地理坐标为北纬39°22′59″，东经98°51′01″，海拔1836米（图二）。

干骨崖遗址发现于1971年，时值"文化大革命"动荡期间。这年12月，酒泉市博物馆原副馆长冯明义被"解放"⑤，随之被下放到丰乐乡担任农村宣传队队员，并被安排至丰乐乡大庄村第八生产队（亦称杨家下庄），与当地村民同吃、同住、同劳动。下放期间，出于职业本能和对文物工作的热爱，他在劳作之余随时注意观察农田、路边或剖面上出露的文物，并在村子西北面的"刘家沟口"（当地俗名"下乱沟"，三坝干渠东侧路边）以及北侧弃耕的农田内采集到彩陶片，在农民取土的坑内发现夹杂有兽骨、陶片、石器的文化层，遂意识到这里应是一处新石器时代遗址。此后，冯明义开始注意了解附近哪里曾发现过"瓦片子"（陶片）和石器。当地村民告诉他，丰乐河东岸一线比较多，特别是断崖上还挂有"干骨"（即人骨）和其他遗物。后来，在大庄村青年农民杨乐年带领下，他前往"干骨崖"调查，确认这是一处远古时期的墓地。从这以后，每逢上下工途中或劳作之余，冯明义随时注意采

① 甘肃省文物考古研究所、北京大学考古文博学院：《河西走廊史前考古调查报告》，文物出版社，2011年。另见本报告有关章节。
② 《酒泉西河滩——新石器时代晚期—青铜时代遗址》，《2004中国重要考古发现》，文物出版社，2005年，第44页；甘肃省文物考古研究所、西北大学文博学院考古系：《酒泉西河滩史前时期和汉至魏晋遗址》，《中国考古学年鉴·2004》，文物出版社，2005年，第367~369页。
③ 2008年参观酒泉市博物馆所见。
④ 本书所指的史前遗址包括汉代以前的先秦时期。
⑤ "文化大革命"期间，中国各地有大量干部、学者等被非法管制起来。其中很多被集中到所谓的"牛棚"（"牛鬼蛇神"居地）实施所谓的无产阶级专政。如能从"牛棚"被释放，称曰"解放"。

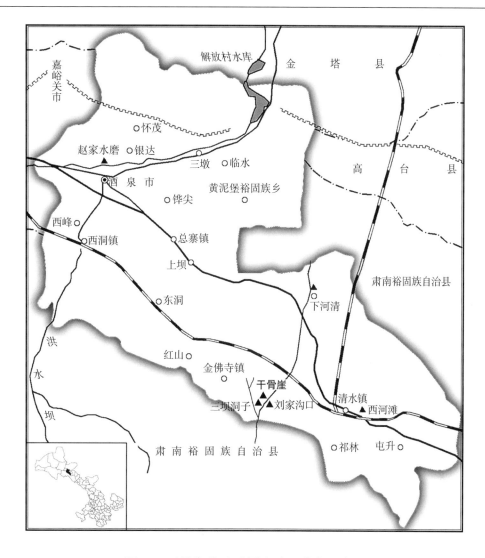

图二 干骨崖墓地及周边遗址分布示意图

集遗物，在干骨崖遗址以南发现了"三坝洞子"遗址，并采集到石斧、石磨棒等遗物，在大庄村西侧农田的断崖上也发现有文化堆积层。

据大庄村农民杨渭学介绍，1958年"大跃进"期间，当地组织村民搞"三坝干渠工程"会战，在"刘家沟口"遗址附近挖出过"金环环"（金耳环）。再有，当地每年夏秋季节下大暴雨，常常引发洪水，偶尔会在农田冲出个别瓦罐（陶器）或其他遗物。根据上述信息，冯明义认为，大庄村西侧农田内是一处新石器时代遗址。但是，限于当时的政治气氛，这些重要发现并未引起有关部门的重视。

1976年，时任甘肃省博物馆文物工作队副队长的张学正先生带队前往玉门清泉乡火烧沟墓地进行发掘，途经酒泉，冯明义先生邀请他前往干骨崖考察。张学正先生根据火烧沟遗址的新发现，与干骨崖遗址出土遗物进行对比，认为其文化性质与火烧沟墓地相同。

"文化大革命"结束后，1981年，酒泉市博物馆在全县开展文物普查。对丰乐乡大庄村下乱沟、刘家沟口、干骨崖、三坝洞子等遗址进行复查，确认这是一处重要的古遗址，并于当年12月将调查结果上报酒泉市政府，后酒泉市将干骨崖遗址列为县级文物保护单位。1986年，北京大学考古系与甘肃省文物考古研究所进行了详细的复查。1987年，酒泉市将干骨崖遗址调查资料上报甘肃省文化局，经讨论决定将该址提升为省级文物保护单位[①]。

通过历年调查可知，干骨崖遗址是一处分布范围广、文化堆积丰富、保存状况良好、文化性质较为复杂的遗址群。遗址群南起东岭岗、三坝洞子，北至高苜蓿地，西临丰乐河，东面截止于大庄村西侧的大冲沟，南北长约1000米，东西宽约200米，总面积达20余万平方米。据调查采集遗物可知，该遗址群包含有新石器时代晚期的马家窑文化、马厂文化、"过渡类型"及四坝文化的遗存。在遗址范围内发现有生活聚落和氏族墓地，内涵如此丰富的大规模遗址在河西走廊十分罕见。

在发掘干骨崖墓地期间，我们沿着丰乐河岸进行了调查，除在最南侧发现西高疙瘩滩遗址外，在地势较舒缓的河岸台地沿线未发现任何遗物。可初步判定，干骨崖遗址的范围没有波及丰乐河的西岸。

目前，在丰乐河东岸发现的遗址有如下几处。

一　干骨崖遗址

干骨崖遗址是指大庄村第八生产队与丰乐河东岸干骨崖墓地之间的农田范围，这一区域地表覆盖较厚的次生黄土。在遗址中心位置有个名叫西岗槽的地方，在开挖的水渠两侧断崖上暴露有厚达2米的次生黄土堆积，其间夹杂文化堆积层。从当地村民处了解到，以前曾有人在此挖出过较大的陶器，内装儿童骸骨，应为瓮棺葬遗留。1986年，我们在干骨崖调查时，也曾在西岗槽一带挖出1件已经暴露的残破大陶瓮，包括碎骨及骨锥等遗物，可证此说不谬。此外，我们还在西岗槽以北约30米开外采集一些泥质橙黄陶、泥质红陶彩陶片，其风格特征接近河西地区的马厂文化（或"过渡类型"）。这些发现表明，干骨崖遗址除了四坝文化的遗存外，还包含有年代更早的新石器时代晚期遗存[②]。由于这一范围没有明确的小地名，遂以干骨崖遗址一并称之（彩版三，1；图版一，1）。

二　干骨崖墓地

干骨崖墓地位于遗址西侧紧邻丰乐河东岸的台地上，此地高出河床底部5~10米，地表覆盖厚1米左右的次生黄土，黄土直接叠压呈胶结状的戈壁砾石层。墓地范围南北长122、东西最宽处16、最窄处仅4米。墓地所在台地由于水土流失和人为扰动，特别是河水的冲刷，常常垮塌。河岸断壁呈近90°垂直状，局部断面出露墓圹，有的墓内人骨和随葬品已暴露在外

① 酒泉市博物馆冯明义先生提供资料。
② 甘肃省文物考古研究所、北京大学考古文博学院：《河西走廊史前考古调查报告》，文物出版社，2011年。

（彩版三，2；图版一，2）。

通过发掘可知，干骨崖墓地的性质属于四坝文化，是一处青铜时代早期的氏族公共墓地。

三　刘家沟口遗址

刘家沟口位于大庄村以南、三坝洞子遗址东侧。遗址东面有条泄洪大冲沟。严格讲，原本刘家沟口与三坝洞子是连在一起的台地。后来在两者之间修建了三坝总干渠和一条乡村便道，将两者割裂开来。在乡村便道东侧有个供当地村民取土的大坑，坑内断壁暴露厚0.1~0.2米的文化堆积层，内夹杂砾石、陶片和石器等遗物，其性质与三坝洞子遗址相同，为生活聚落遗址（图二；彩版四，1）。

四　三坝洞子遗址

三坝洞子位于干骨崖以南数百米外。这里地处山前冲积扇的上缘，海拔较干骨崖略高。遗址范围内地势南高北低、东高西低。由于地表水土流失严重，大量砾石裸露，其间常常夹杂有石器、陶片和兽骨等遗物。地表局部暴露文化堆积，土质细腻、松软，色泽黑灰，厚约0.2~0.3米，内夹杂陶片和兽骨等，为生活聚落遗址（图二；彩版四，2）。

五　其他遗址

在干骨崖周围还分布有其他一些遗址，包括刘家沟口南侧一处较高台地上的东岭岗遗址；干骨崖东北600米外的照壁滩遗址（河边孤岛状台地）、高苜蓿地遗址（两条河道间的尖岬，隔丰乐河副河道与照壁滩相望）。还有位于丰乐河西岸的西高疙瘩滩遗址（东北—西南走向的狭长孤岛台地，与三坝洞子隔河相望）等[①]。

第三节　发掘经过

由于干骨崖墓地所在的丰乐河东岸台地长期遭受自然营力的破坏。在1986年的调查结束后，甘肃省文物考古研究所和北京大学考古学系协商决定，尽快申报国家文物局进行抢救发掘。

1987年4月，国家文物局正式批准对干骨崖墓地进行抢救发掘。甘肃省文物考古研究所与北京大学考古学系组成干骨崖墓地联合考古发掘队，成员包括李水城（北京大学考古学系）、水涛（时任职于甘肃省文物考古研究所）等。1987年5月2日，考古队驱车前往酒泉，5月5日进驻丰乐乡大庄生产队第八小队，5月6日正式开始发掘。前后历时40余日，至6月中旬

---

① 甘肃省文物考古研究所、北京大学考古文博学院：《河西走廊史前考古调查报告》，文物出版社，2011年。

考古发掘结束。共发掘墓葬107座[①]，出土一批石器、陶器、铜器、骨蚌牙器等遗物。

在考古发掘工作后期，联合考古队在干骨崖墓地及周边进行了多次调查和简单的勘测工作，并做了一些小规模的试掘，出土一批新石器时代晚期至青铜时代早期的遗物[②]。

发掘期间，酒泉地区文化处、酒泉市博物馆冯明义（原副馆长）、田晓（时任馆长）等前往工地进行了慰问。其中，酒泉市博物馆的田晓、郭俊峰、刘兴义、闫开国几位同志还在工地参加了短期的考古发掘训练。

此次发掘工作得到国家文物局，甘肃省文化厅、文物处、酒泉地区文化处，酒泉市博物馆及丰乐乡大庄村第八生产队各级领导和村民的支持和帮助，在此仅向上述单位表示衷心的感谢！

---

① 干骨崖墓地当初的编号是105座。但是，M27包括了上、中、下三座墓。故墓葬总数实际为107座。此外，还有个别的残墓没有编号。特此说明。

② 参见本报告有关章节及《河西走廊史前考古调查报告》（文物出版社，2011年）。

第二章　干骨崖墓地

第一节　墓地概况

干骨崖墓地位于丰乐河东岸的冲积扇顶部，靠近上游河口地段，台地所在断崖陡峭。墓地地势南高北低，地表堆积厚1~2米次生黄土，其下直接叠压深厚的戈壁砾石层。

丰乐河是一条南北向的内流河，发源于祁连山，北流。在出祁连山口的上游河段，河床倾斜，坡度很大，河水自山口下泻异常迅猛，对河床造成剧烈冲刷。每年夏秋雨水集中的时节，不时会爆发山洪，也常常伴有泥石流。长此以往，河水不断冲刷侵蚀两岸台地，致使河岸垮塌，河床下切，造成今天河岸形成近90°的垂直断崖。在丰乐河上游，河床最宽处达数百米，河道内遍布巨大的花岗岩砾石。在干骨崖墓地所在的以下河段，河床不断下切，两岸断崖陡峭高耸，呈绝壁状，最高达20米左右。

丰乐河水源自祁连山溶化的冰川，河水流量随季节的变化而变化。20世纪70年代，当地在丰乐河山口位置构筑一道拦河水坝，挖筑数条引水干渠。从此河水被人为控制起来，按季节需求定时配给当地各个村镇。这一水利工程也彻底改变了丰乐河的自然水系和景观。今天，我们已很难准确估算丰乐河原有的水流量，以及季节性的水流变化。

河西走廊地区的绝大部分河流在冬春两季为枯水期，水量有限。夏秋两季，冰川大量融化。特别是每年夏秋时节，雨量集中，河水流量剧增。每逢暴雨，会发生山洪，瞬间水量急剧增大。干骨崖墓地所在位置恰好处在山口下的冲积扇上缘，若爆发山洪，湍急的河水裹挟砾石倾泻而下，在水流的分选作用下，大量砾石加积于河床。这些砾石磨圆较好，最大的直径可达2~4米。在干骨崖墓地以下河段，河床内加积的砾石逐渐变小。

第二节　墓地发掘

1986年10月7日，在酒泉市博物馆冯明义先生等的陪同下，甘肃省文物考古研究所和北京大学考古学系联合组建的河西走廊史前考古调查队对干骨崖遗址进行了复查[①]。此次调查发现，由于河水常年冲刷河岸，加之水土流失和农业生产活动[②]，已经对干骨崖墓地造成很大破坏，墓地西界随着河岸的垮塌已不存在。在长达百余米的断崖剖面上，多处暴露墓穴、人骨和个别随葬品（彩版四，3；图版二，1）。在断崖下垮塌的堆积内，可见散落的枯骨、随葬遗物残件等。由于这一地段常有人骨发现，干骨崖遂由此得名。

在河东岸农田外侧有一条小水渠，现已废弃。水渠底部在水流冲刷之下不断加深，黄土下压的戈壁砾石层裸露，局部甚至出露有残墓和人骨。以上种种迹象显示，若不尽早发掘，这片墓地将很快被蚕食殆尽。为此我们决定，在此次调查结束后，尽快向国家文物局申请对干骨崖墓地实施抢救性发掘。

根据此次调查和日后的发掘，可知干骨崖墓地主要分布在丰乐河东岸的台地上，墓地西部随断崖不断垮塌已不可知，东界可能终止于农田与小水渠之间，但也可能零星外延，包括墓地的北界。假若以台地上的小水渠作为墓地东界，干骨崖墓地南北总长122.5、东西最宽处16、最窄处仅4米（图三）。

根据此次调查掌握的线索，我们决定将发掘区限制在小水渠以西、南北纵向分布的狭窄台地上。这主要出于以下考量：首先，由于河水冲刷造成的破坏，断崖剖面已暴露多座墓葬，这有助于我们掌控墓葬的分布区域。其次，河岸断崖与废弃小水渠之间的台地为荒滩地，可大大节省发掘的赔产费用，有利于节省开支的原则。第三，此次发掘带有抢救性质，而靠近河岸断崖一线是破坏最严重的区域，理应作为首选。事后证明，上述举措非常正确。

发掘证实，干骨崖墓地自北向南可分为三个小区。下面分别予以介绍。

一　北墓区

北墓区位于河岸北侧断崖一线，范围十分狭窄，西面断崖高3~5米，基本为近90°直角的陡崖。靠北侧的台地较宽，地面也较平坦，紧邻农田，废弃的小水渠在此向东拐入农田。向南一侧地势逐渐狭窄，从东面废弃的小水渠到断崖之间宽仅2米左右。北区所跨的断崖剖面上挂有数座古墓，可见一些暴露的人骨和个别随葬品。

发掘区域选在沿河台地一线（图版二，2）。首先，在近断崖的台地边缘布2米×5米（南北有扩方）探沟一条，编号T1。在T1南北两端和中间各发现1座墓葬（编号M2、M7、M103）。另外对河岸断崖剖面上已暴露的墓葬做了清理，共计7座（编号M1、M3~M6、M8、M14）。最后在北墓区共发掘墓葬10座，发掘面积38.44平方米（图四）。

北墓区发现的墓葬数量不多，分布也较稀疏。其特点是墓穴普遍较深，除了断崖一线因

---

① 参加此次调查的还有酒泉市博物馆郭俊峰、甘肃省文物考古研究所水涛（今南京大学历史学系）、吉林大学考古学系许永杰（今中山大学人类学院）、北京大学考古学系李水城（今北京大学考古文博学院）。

② 为引水灌溉农田，当地村民在墓地所在河岸台地上和断崖下曾挖过引水渠，后废弃。

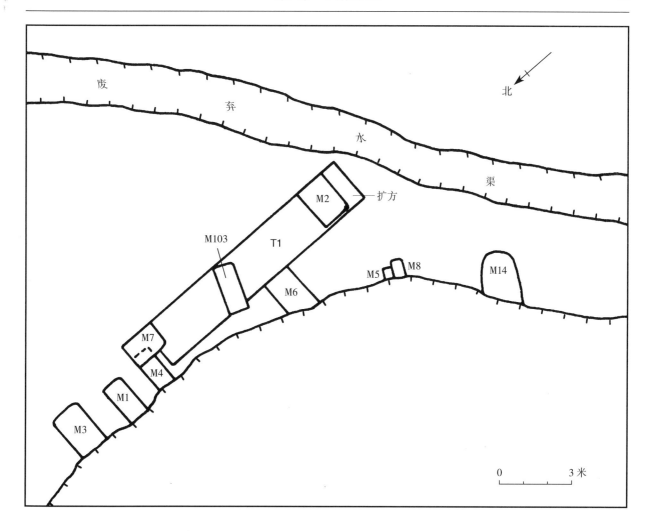

图四 北墓区墓葬分布图

垮塌破坏的墓葬外，其余均保存完好。

在T1东侧的农田内是否还有其他墓葬分布，未做进一步勘探，不详。

（一）地层堆积

从断崖暴露的剖面可知，北墓区的地层堆积比较简单。表土黄褐色，夹杂较多的细碎砂砾石；表土下为灰黄色的次生黄土，厚度超过1米；黄土下面直接叠压着戈壁砾石层。以T1为例，分为五层堆积（图五）。

第1层：表土及现代扰土。厚0.3~0.8米。灰褐色土，内含较细的砂石，质地较为松软，内含植物根茎和少量碎陶片。

第2层：含砂石的淤积沙土。厚0.84米左右。灰色土，质地较硬，包含物不很多。

第3层：沙土层。厚0.55~1米，灰色土，质地比较疏松，内含少量文化遗物。

第4层：黄土。厚约0.5米。土质较为疏松，包含物不很多。

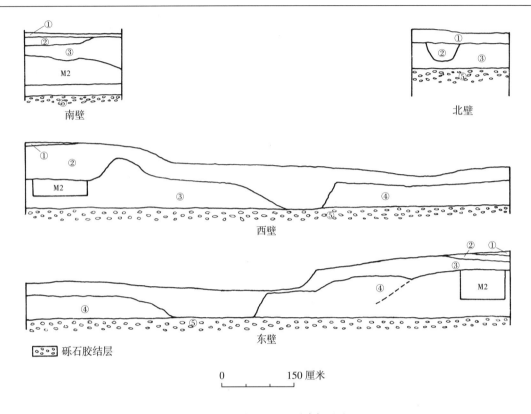

图五　北墓区T1四壁剖面图

第5层：戈壁砂砾胶结层。质地坚硬，未挖到底，厚度不详，无任何遗物。

需要说明，北墓区的地层堆积与中墓区和南墓区有明显差异，造成这个现象的原因是北墓区一带曾长期辟为农田使用，后撂荒多年，这是它与中墓区和南墓区的最大不同。

（二）采集及出土遗物

在北墓区表土、地层及墓葬填土分别出土一批遗物，种类包括石器、蚌器、陶片和个别铜器小件。这里均按采集品处理，兹介绍如下。

1. 石器

石斧　1件。

标本87JG-N015，采集。用砾石打制石片制成。平面"凸"字形，两面平整，顶端手柄部分略窄，两侧出较窄的斜肩，刃部展宽，打制修整出单面斜刃。长13.9、柄宽4.5~5、刃宽10.8厘米（图六）。

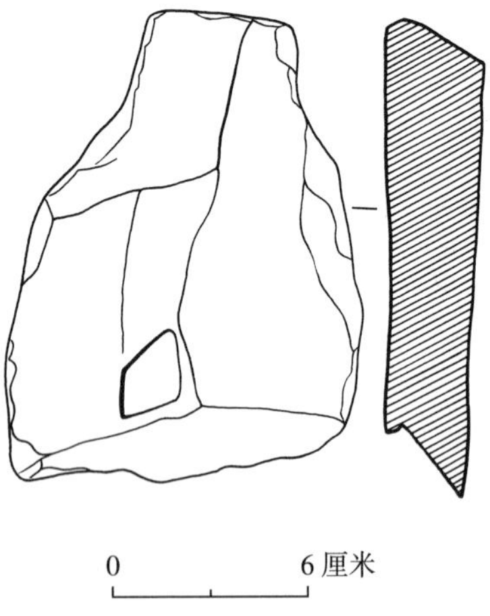

2. 蚌器

蚌泡　1件。

图六　北墓区采集石斧（87JG-N015）

标本87JG-N016，出自T1表土。用淡水河蚌外壳切割打磨制作。平面椭圆形，片状，一面微弧，一面略微内凹，表面保留蚌壳的自然纹理，中心对钻一孔。长径4.3、短径3.8、厚0.8厘米（图七，1）。

3. 铜器

耳环　1件。

标本87JG-N001，出自M8填土，距地表深0.5米。系锻打的铜丝卷制而成。平面近椭圆形，断面圆形，两端圆钝。耳环长径2.35、短径1.9、横断面直径0.3~0.35厘米（图七，2）。

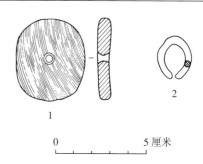

图七　北墓区采集遗物

1. 蚌泡（87JG-N016）　2. 铜耳环（87JG-N001）

4. 陶器

以夹砂红陶为主，部分泥质陶或夹少量细砂的泥质陶。器类以带耳的陶罐为主，有些器物个体较大。装饰简单，有凸棱纹、绳纹、划纹、压印纹、方格纹等。采集标本介绍如下。

单耳罐　2件。

标本87JG-N014，采自M103附近表土。夹细砂黑灰陶，胎内掺杂似云母屑的羼和料，器表泛红色，内壁黑灰色，绘黑色彩。器口和单耳残缺，斜直领较高，束颈，球形腹，平底。器颈部绘横条带纹，器领和腹部绘三角折线纹。残高7.5、腹径8.2、底径4厘米（图八，1）。

标本87JG-N013，采自M103附近表土。夹粗砂红陶，器表内外黄白色。喇叭口，尖圆唇，斜直领，扁圆鼓腹，平底。腹最大径位置捏塑一枚乳突。素面。高6、口径6、底径3.2厘米（图八，2）。

器盖　2件。

标本87JG-N003，夹粗砂红褐陶，器表内外残留烟炱痕。盖口残，盖面圆弧，顶部捏塑四枚微微突起的圆台状捉纽。素面。残高5厘米（图八，3）。

标本87JG-N004，夹砂红陶，器表残留烟炱痕。斗笠状，喇叭盖口，圆唇，盖面圆弧，盖顶有较高的圆柱捉纽。素面。高6.5、口径8.6、纽径3.6厘米（图八，4）。

双耳罐　1件。

标本87JG-N010，泥质橙黄陶。外侈口，尖圆唇，束颈，口沿两侧置双耳。颈部以下和器耳残。素面。残高6、口径16厘米（图八，5）。

敛口罐　1件。

标本87JG-N005，器口残片。夹砂红陶。小口内敛弧曲，尖圆唇，束颈。器表施紫红衣。残高6.4、口径12.8厘米（图八，6）。

器口　3件。

标本87JG-N006，夹砂褐陶，器表内外黄褐色，胎内掺少量粗砂和云母屑，胎芯灰褐色。喇叭口，尖圆唇，斜直领。素面。残高5.6、口径12厘米（图八，7）。

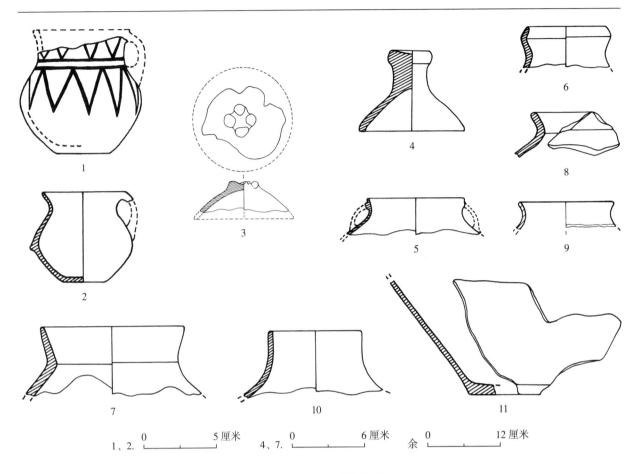

图八　北墓区采集陶器

1、2. 单耳罐（87JG-N014、N013）　　3、4. 器盖（87JG-N003、N004）　　5. 双耳罐（87JG-N010）　　6. 敛口罐（87JG-N005）
7~9. 器口（87JG-N006、N007、N008）　　10. 瓮口（87JG-N002）　　11. 瓮底（87JG-N009）

　　标本87JG-N007，夹砂红陶，内壁土黄色。侈口，圆唇，斜直领。素面。残高6.8厘米（图八，8）。

　　标本87JG-N008，夹砂红陶，器表黄褐色。侈口，圆唇，斜直领。素面。残高4.5、口径16厘米（图八，9）。

　　瓮　2件。

　　标本87JG-N002，瓮口残片。泥质红陶，质地较细腻。直口，圆唇，直立高领。器表施淡黄色陶衣。残高11、口径16厘米（图八，10）。

　　标本87JG-N009，瓮底残片。夹粗砂灰陶，器表红褐色。斜直腹，平底。素面。残高18.5厘米（图八，11）。

　　纹饰陶片　4件。

　　标本87JG-N012，系肩腹部残片。夹粗砂红陶，器表黄白色。火候较高。肩部饰刻划的横竖条带、斜线纹，压印椭圆形凹窝（图九，1）。

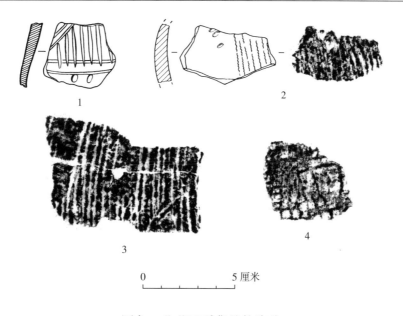

图九　北墓区采集纹饰陶片

1. 87JG-N012　2. 87JG-N011　3. 87JG-N013　4. 87JG-N014

　　标本87JG-N011，系器腹残片。夹粗砂红陶，器表黄白色。残留烟炱痕。饰绳纹和压印的椭圆小凹窝（图九，2）。

　　标本87JG-N013，系腹部残片。夹砂红褐陶。器表饰绳划纹（图九，3）。

　　标本87JG-N014，系腹部残片。夹砂红褐陶。饰方格纹（图九，4）。

　　以上陶器显示出两类特征。其中，有少量接近河西地区的马厂文化，与酒泉金佛寺乡西高疙瘩滩遗址出土的部分遗物风格接近[1]，如彩陶单耳罐即是。其余大部分遗物具有四坝文化的特征。

二　中墓区

　　中墓区位于北墓区以南30米。这一带的台地较低，地势东高西低。从东面废弃小水渠到断崖之间宽4~8米，西侧断崖较低，高度仅1~2米，有些地段坡度较舒缓，或作陡坡状，逐渐向下延伸进入河道。

　　中墓区的低洼地势应与水土流失有关。在中墓区和南墓区之间有一条东西向的冲沟，宽1.9、深1~2米，与东侧废弃的水渠垂直，曲折通向河床。这条冲沟恰好将中墓区与南墓区分割，也是造成中墓区地势低洼的根源。

　　从北墓区到中墓区之间有一段30米长的空白地带，地势狭窄，最窄处不足2米。若在这一区域布方，将会挖穿断崖，将来很难回填，并将威胁到东面的农田。考虑到这一区间的断崖

① 甘肃省文物考古研究所、北京大学考古文博学院：《河西走廊史前考古调查报告》，文物出版社，2011年。

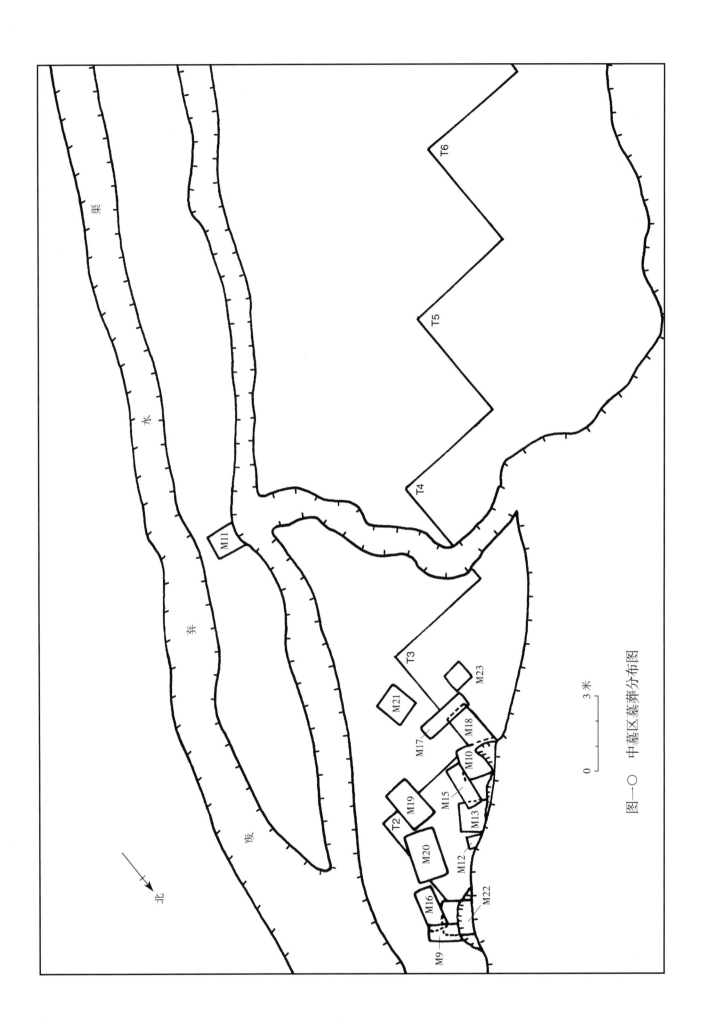

渠

水

弃

暖

北

M11

T6

T5

T4

T3

M21

M23

M17

M18

M10

M19

M15

T2

M13

M20

M12

M16

M22

M9

图一〇　中墓区墓葬分布图

0　　　　3 米

不见有墓穴暴露，遂决定绕开这里，将布方区域选在地势略微开阔的中墓区一带。

中墓区不仅地势倾斜低洼，断崖走向也很不正，布方难度很大。为能有效地将河岸一线全面覆盖，只好采取阶梯的形式布方。最终沿着河岸断崖一线布方6个（编号T2~T7）。需要说明的是，由于地表倾斜呈坡状，这些探方仅有一半将台地罩住，故实际发掘面积仅达到正常探方的一半。日后发掘证明，这一措施起到了极好的效果，将中墓区绝大部分墓葬罩在了T2和T3内（T4~T7未发现墓葬）。由于地势偏低，加之水土流失侵蚀，部分墓葬的开口已遭到破坏（图一〇）。

中墓区共发掘墓葬14座（编号M9~M13、M15~M23），发掘面积47.55平方米。

（一）地层堆积

中墓区所在台地表面分布有一层分选很好的细碎砂砾。由于水土流失，地表覆盖的次生黄土很浅，局部已裸露戈壁砾石。表土颜色灰黑，内中夹杂不少细碎砂砾，其下直接叠压着戈壁砾石层。

中墓区墓葬不多，分布较密集，且集中于河岸台地边缘，个别见于南侧废弃的小水渠里。墓葬开口大多很浅，保存情况很差；有些墓葬的开口几乎暴露于地表，或揭开表土即露出墓口，扰乱破坏严重。

（二）采集及出土遗物

中墓区地表及墓葬填土中采集或出土了少量遗物，主要为陶片和个别的铜器小件，兹介绍如下。

1. 铜器

锥　2件。

标本87JG-M002，出土于T2表土内，距地表深0.2米。残存铜锥的前半截。锥子为长条状，锥头尖锥状，断面呈扁方形。锥子后半截残缺。残长2.6、厚0.3~0.4厘米（图一一，2）。

标本87JG-M003，出土于T3表土内，距地表深0.3米。系铜锥后半截中间一段，锥尖和尾部残缺，横断面圆角扁方形。残长1.6、厚0.3~0.5厘米（图一一，3）。

2. 陶器

纺轮　1件。

标本87JG-M001，夹粗砂红陶，胎内掺入云母屑类羼和料，器表呈土黄色。圆饼状，残缺一半。一面平整，另一面周边微微内收成圆弧状。素面。直径

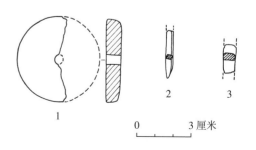

0 　　　3厘米

图一一　中墓区采集遗物

1. 陶纺轮（87JG-M001）　2、3. 铜锥（87JG-M002、M003）

4.5、厚0.8~0.9厘米（图一一，1）。

中区采集遗物多集中在T2、T3范围，陶片非常破碎，未采集。其中，除少数风格接近河西地区的马厂文化（或"过渡类型"）以外，大部分属于四坝文化。

三　南墓区

南墓区位于中墓区以南。这里地势渐高，沿河断崖也变得更加陡峭，最高近10米，呈90°直角绝壁状。从中墓区到南墓区间距31.5米（T4~T7之间），从河岸断崖到农田之间最宽处达20米，这一区间未见墓葬分布，应属间隔区域。南墓区所在台地相对较宽，河岸断崖与水渠之间宽6.5~16.25、长31.25米，墓葬全部集中在这块台地上。台地西侧为高耸的断崖，上部可见零星暴露的墓穴，东侧有两条东北—西南走向的废弃小水渠，西侧小水渠南端止于南区东侧，东侧小水渠沿河岸断崖内侧蜿蜒向南而去（图一二；彩版五，1）。

南墓区是干骨崖墓地中数量最多者。从T8向南，墓葬渐次增多，分布也逐渐变得多起来。特别是进入T10~T13范围，墓葬分布异常密集，叠压打破关系复杂。再向南到T14，未再发现墓葬，应该到了墓地南缘，可以M40和M97作为墓地的南界。

南墓区的墓葬有部分埋藏比较深，另有部分埋藏较浅，个别墓葬开口接近地表，有些墓穴甚至被削掉大半，破坏严重。造成上述现象的原因较复杂。猜测南墓区地势稍高，地面也较平坦，以前曾辟作农田。很可能随着农耕和土地的平整，对原有地表改变较大，导致部分墓葬遭到破坏。

北墓区、中墓区的发掘工作完成以后，发掘重心随之南移。由于南墓区台地断崖的走向较正。如此，可沿着T7西南角向南正方向布方14个（编号T7~T20）。其中，沿断崖一线布方7个（编号T8~T14），基本将台地边缘覆盖。但这批探方多数仅达正常探方面积的2/5或3/4。在这批探方的东侧布方7个，除T19、T20东侧被废弃水渠破坏的少部分以外，其余都较完整。

发掘工作结束以后，可清楚地看倒，南墓区的墓葬基本簇拥在断崖与东侧水渠之间，北侧分布略显稀疏，南面分布非常密集。最终，在南墓区发掘墓葬83座（编号M24~M102、M104、M105，其中M27包括上、中、下三座墓），面积151.52平方米（图版三，1）。

（一）地层堆积

南墓区所在台地位置较高，地表覆盖暗灰褐色土，内中夹杂很多细碎砂砾，质地较坚硬，部分区域黄土堆积略厚，下压戈壁砾石层。根据周围的地形推测，此地原本地势就高于中墓区和北墓区，断崖高2～5米，水土流失程度也较低。早前这里曾辟作农田，地表经过平整，致使部分墓葬遭到破坏。有些墓葬距离地表很浅，揭开表土即出露墓口，有些墓内人骨和随葬品被扰动。其余埋藏较深的墓葬影响不大，墓内普遍填入纯净的黄土。

（二）采集及出土遗物

陶器

在南墓区表土及墓葬填土内采集部分遗物，主要为陶器残片。兹介绍如下。

双耳罐　6件。

标本87JG-S007，器口残件，出自T12表土内。夹砂红褐陶，器表残留厚重的黑色烟炱。器口外侈，尖圆唇，束颈，口沿外两侧置双耳。耳面刻划"X"纹，贴塑小圆饼乳丁。残高8、口径14.6厘米（图一三，1）。

标本87JG-S009，器腹残片，出自T12表土内。夹砂红陶，器表黄白色，残留少许烟炱。器口残缺，两侧置双耳，扁圆鼓腹，器底残。上腹压印六组凹窝纹。残高4、腹径8.2厘米（图一三，2）。

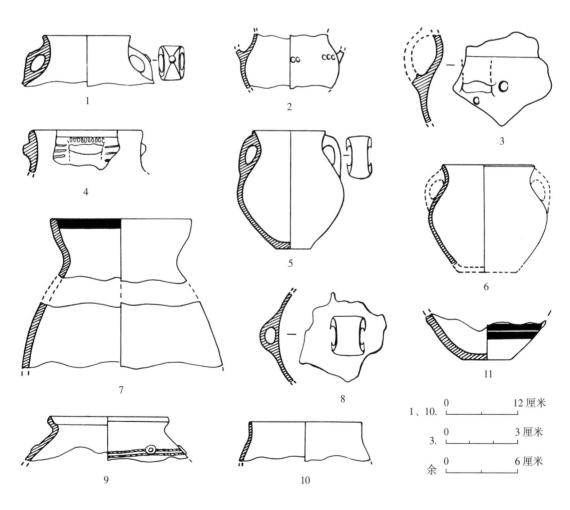

图一三　南墓区采集陶器

1~6.双耳罐（87JG-S007、S009、S011、S013、S015、S016）　7.喇叭口彩陶罐（87JG-S002）　8.器耳（87JG-S010）
9.乳丁堆纹罐（87JG-S006）　10.瓮（87JG-S012）　11.彩陶罐（87JG-S001）

标本87JG-S011，颈腹部残片。夹细砂橙黄陶，胎内掺加似云母屑的羼和料，质地较细，器表黄白色。器耳下部及左右侧压印圆形小凹窝（图一三，3）。

标本87JG-S013，器口残片，采集。夹砂红褐陶，器表残留黑色烟炱，内壁红色。微侈口，唇部叠卷加厚，器口外两侧置双耳。领部刻划凹弦纹，器耳上部压印长方形小凹窝（图一三，4）。

标本87JG-S015，出自M62后部扰坑内。器内装有啮齿类（鸟？鼠？）的骨架。夹砂红褐陶，胎内掺入少量粗砂和类似云母屑的羼和料，残留烟炱痕迹。喇叭口，尖圆唇，斜直领，器口外两侧置双耳，鼓腹，平底。器表施黄白色陶衣。高9.4、口径6.2、底径3厘米（图一三，5）。

标本87JG-S016，出自M63后部西侧扰坑内。夹砂灰陶，胎内掺入少许粗砂和类似云母屑的羼和料，器表色泽不匀，局部红褐色，残留厚重的烟炱。喇叭口，圆唇，束颈，器口外两侧置双耳，圆鼓腹，器底残。素面。残高8、口径7.6厘米（图一三，6）。

喇叭口彩陶罐　1件。

标本87JG-S002，器口至腹部残片，出自T13表土。夹砂红陶，器表内外红色，灰胎。器表及口沿施褐衣，绘黑彩，花纹脱落，口沿内保留横条带纹。口径11.6厘米（图一三，7）。

彩陶罐　1件。

标本87JG-S001，仅存下腹和底部。夹砂红陶，胎内掺加粗砂和似云母屑的羼和料。器表施红衣，绘浓稠黑彩横条带纹。残高4、底径4厘米（图一三，11）。

乳丁堆纹罐　1件。

标本87JG-S006，器口至腹部残片。夹细砂灰褐陶，器表红褐色。打磨较光滑，局部残留烟熏的黑色痕。外侈口，尖圆唇，口沿略内凹，束颈。上腹贴塑细泥条附加堆纹、圆饼小乳丁。残高3.6、口径10厘米（图一三，9）。

瓮　1件。

标本87JG-S012，仅存器口。夹砂黑灰陶，表面灰褐色，内胎灰色，火候较高。大口直立，圆唇，直领。素面。残高6.4、口径18.5厘米（图一三，10）。

器耳　1件。

标本87JG-S010，腹部残片。出自T13、T15范围表土内。夹砂红陶，器表黄白色，胎内掺加粗砂和类似云母屑的羼和料。火候较高。素面（图一三，8）。

彩陶片　4件。

标本87JG-S008，器耳。泥质红褐陶。器表施褐衣，绘黑彩斜宽带纹，中部有一枚戳印的小圆坑（图一四，1）。

标本87JG-S005，器口残片，出自M100附近填土内。泥质红陶。器表打磨较光滑，施红色陶衣，绘黑色彩。器口内绘宽粗的曲线和条带纹，器口外绘横条带纹（图一四，2）。

标本87JG-S003，器口残片。夹砂红陶。器表施红衣，绘黑彩。器口内沿绘横条带纹、短齿带纹。器口外沿绘横条带纹、锯齿纹、竖条带纹（图一四，3）。

标本87JG-S014，器腹残片。夹砂红陶。器表施红色陶衣，绘黑彩宽带纹、弧边三角纹（图一四，4）。

纹饰陶片　5件。

标本87JG-S004，器腹残片。夹细砂褐陶，薄胎，胎内掺加似云母屑的羼和料，器表残留烟炱痕。饰细线绳纹（图一五，1）。

标本87JG-S017，器腹残片。夹砂红褐陶。器表拍印折线粗绳纹（图一五，2）。

标本87JG-S018，器腹残片。夹砂红褐陶。器表刻划规整的直线纹（图一五，3）。

标本87JG-S019，器腹残片。夹砂红褐陶。器表刻划交错线绳纹（图一五，4）。

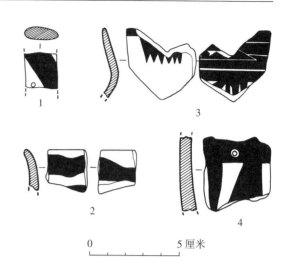

图一四　南墓区采集彩陶片

1. 87JG-S008　2. 87JG-S005　3. 87JG-S003
4. 87JG-S014

标本87JG-S020，器腹残片。夹砂红褐陶。器表刻划细线纹（图一五，5）。

南墓区采集的陶片性质较杂，特别是T12、T13表土采集的陶片有部分风格接近酒泉西高疙瘩滩遗址，属于马厂文化（或"过渡类型"）遗存。可以两块彩陶片（图一四，1、2）为代表。在南墓区T14以南地表采集的部分陶片与上述风格类似。其余陶片年代偏晚，器表常常施黄白色陶衣，属于四坝文化。

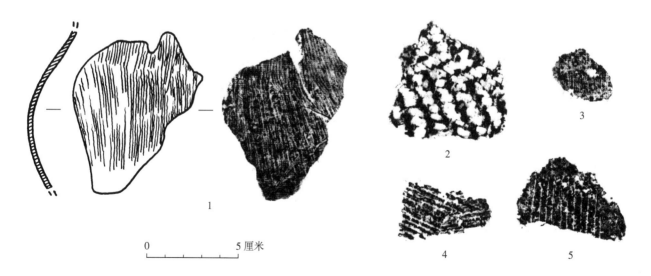

图一五　南墓区采集纹饰陶片

1. 87JG-S004　2. 87JG-S017　3. 87JG-S018　4. 87JG-S019　5. 87JG-S020

（三）T14 出土遗物

T14位于南墓区最南端，这是一个特殊的单位，所在位置地势较高，表土灰色泛黑，质地较坚硬，内含较多细碎砂砾和少量的陶片。表土以下为质地坚硬的灰褐色土，内含较多砂砾，从上到下可分四层堆积（图一六）。

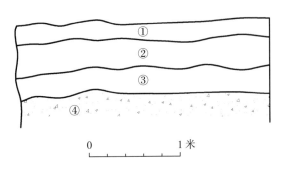

图一六　南墓区T14北壁剖面图

第1层：表土或现代扰土，厚0.2米左右。土灰色泛黑，质地较坚硬，内含较多细碎砂砾和少量的破碎陶片。

第2层：为含较多砂砾的灰褐色土，厚0.35~0.5米。质地较坚硬，包含遗物不多，主要为四坝文化的陶片。

第3层：为含较多砂砾的灰褐色土，厚约0.4米。质地较坚硬，与第2层差异不是很大。包含物主要为少量碎陶片，绝大多数为橙黄陶或红陶，与第2层的陶片差异明显。

第4层：疑为生土，质地坚硬，颜色与第3层接近。包含物多为个体稍大的角砾，无任何遗物。未挖到底，深度不详。

T14的文化堆积分上下两层，下面按出土层位分别介绍出土的遗物。

1. T14上层

出土物均为陶器残片。

双耳罐　2件。

标本T14（上）：9，泥质红陶，胎内掺入少量粗砂粒。器口和器底残缺。束颈，器口外两侧置双耳，扁圆鼓腹。通体施紫红衣，绘浓稠黑彩。颈腹部绘横条带纹、三列构成一组竖条带。残高5.2、腹径12厘米（图一七，1）。

标本T14（上）：5，双耳罐腹部残片。夹粗砂红褐陶，器表黄白色。素面（图一七，3）。

罐口　2件。

标本T14（上）：4，夹砂红褐陶，胎内掺入少量粗砂和云母屑。器口微侈，加厚叠卷的尖圆唇，直颈。颈下压印卵点纹。残高4、口径14厘米（图一七，2）。

标本T14（上）：6，夹砂红陶，胎内掺入少量粗砂粒，素面。器表残留烟炱。器口微侈，尖圆唇。残高4、口径22厘米（图一七，4）。

筒形盖罐器盖　1件。

标本T14（上）：1，夹砂灰褐陶，器表内外红色，胎内掺入少量粗砂粒。浅覆钵状，尖唇，顶面弧折。素面。残高3厘米（图一七，6）。

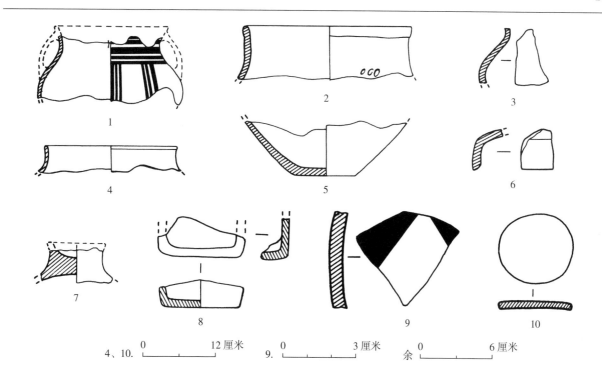

图一七　T14上层出土陶片

1、3. 双耳罐（T14（上）：9、5）　　2、4. 罐口（T14（上）：4、6）　　5. 罐底（T14（上）：3）　　6. 筒形盖罐器盖（T14（上）：1）
7. 器盖（T14（上）：8）　　8. 陶方盒（T14（上）：2）　　9. 彩陶片（T14（上）：10）　　10. 圆饼状陶片（T14（上）：7）

器盖　1件。

标本T14（上）：8，残存盖纽部分。夹砂灰褐陶，局部泛红色。素面。残高2.8厘米（图一七，7）。

方盒　1件。

标本T14（上）：2，圆角长方形，残存器底。夹砂灰陶。原器腹壁微弧，平底。素面。手工捏制。残高2.2、底径6.3厘米（图一七，8）。

罐底　1件。

标本T14（上）：3，夹砂红陶。弧腹，平底。器表施紫红衣。残高4、底径5厘米（图一七，5）。

圆饼状陶片　1件。

标本T14（上）：7，夹粗砂灰褐陶，器表局部泛红褐色，胎内掺入少量粗砂粒。素面。直径11.2~12厘米（图一七，10）。

彩陶片　1件。

标本T14（上）：10，器腹残片。夹砂红陶。器表施紫红衣，绘浓稠黑彩斜宽带纹（图一七，9）。

T14上层所出陶片主要为夹砂红褐陶，部分器表施黄白色陶衣，绘浓稠黑彩几何纹，颜料浓稠，导致彩绘画纹线条凸起于器表。此外，陶片显示器物个体均较大，与干骨崖墓内随葬的陶器不同，应为生活实用器。

2. T14下层

（1）石器

纺轮　1件。

标本T14（下）：11，磨制。圆饼状，中心钻一圆孔，器表打磨较光滑，残存约1/4。纺轮两面直径大小略有差异，边缘精心刻划齿状浅槽，中心刻一道横向凹槽。复原后直径6.9、厚0.7厘米（图一八，1）。

（2）陶器

纺轮　1件。

标本T14（下）：12，夹砂灰陶。圆饼状，中心钻圆孔，残存1/2。器表一面刻划放射线，另一面为素面。直径5、孔径0.6~0.7、厚1.2厘米（图一八，2）。

彩陶罐口　5件。

标本T14（下）：1，夹细砂红陶。侈口，尖圆唇，斜直领，束颈，器口外两侧置双耳。通体施红衣，绘黑彩。口沿内绘横条带和短垂线纹，每组四根；器口外侧绘竖条带、菱形网格纹；器耳绘三道竖条带纹。残高5.6、口径11.2厘米（图一九，1）。

标本T14（下）：6，夹细砂灰褐陶。器表打磨光滑，施黄褐衣，绘黑彩。口沿内绘斜线三角、细斜线纹；外彩绘三角纹（图一九，2）。

标本T14（下）：10，泥质橙黄陶。器表打磨光滑，施黄白衣，绘黑彩。口沿内绘条带纹，外彩绘横条带、菱形网格纹（图一九，3）。

标本T14（下）：17，泥质红陶。侈口，尖圆唇，斜直领，器口外两侧置双耳。器表打磨光滑，施红衣，绘黑彩。口沿内绘横竖条带纹；器口外侧绘横条带、菱形网格纹。残高3厘米（图一九，4）。

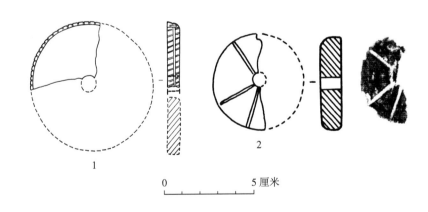

图一八　T14下层出土纺轮

1. 石纺轮（T14（下）：11）　　2. 陶纺轮（T14（下）：12）

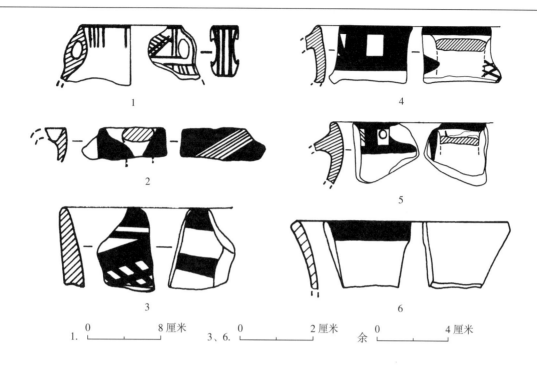

图一九　T14下层出土彩陶罐口

1. T14（下）：1　2. T14（下）：6　3. T14（下）：10　4. T14（下）：17　5. T14（下）：18　6. T14（下）：31

　　标本T14（下）：18，夹细砂红陶。器口微侈，尖圆唇，器口外两侧置双耳。通体施红褐衣，绘黑彩。口沿内绘横竖宽带、细斜线纹，压印圆形小凹窝；器口外侧绘横竖条带纹。残高3.3厘米（图一九，5）。

　　标本T14（下）：31，泥质橙黄陶。绘黑彩横条带纹（图一九，6）。

　　横竖条带网格纹彩陶片　11件。

　　标本T14（下）：2，夹细砂红陶。器表打磨光滑，施褐色衣，绘黑彩宽带、梳齿、折线和网格纹，戳印圆形小凹窝（图二〇，1）。

　　标本T14（下）：4，夹细砂红陶，内胎灰色。器表打磨，施褐色陶衣，绘黑彩斜线条带纹、网格纹（图二〇，10）。

　　标本T14（下）：5，夹细砂橙红陶，胎内掺入少量云母屑。绘褐彩回形网格纹（图二〇，11）。

　　标本T14（下）：7，泥质红陶。器表打磨光滑，施红衣，绘黑彩。内彩绘横条带纹，外彩绘宽带、网格纹（图二〇，9）。

　　标本T14（下）：8，夹细砂灰陶，器表内外红色。器表打磨光滑，施淡褐色陶衣，绘黑彩斜线网格纹（图二〇，6）。

　　标本T14（下）：9，泥质红陶。器表打磨光滑，施红褐衣，绘黑彩斜线网格纹（图二〇，7）。

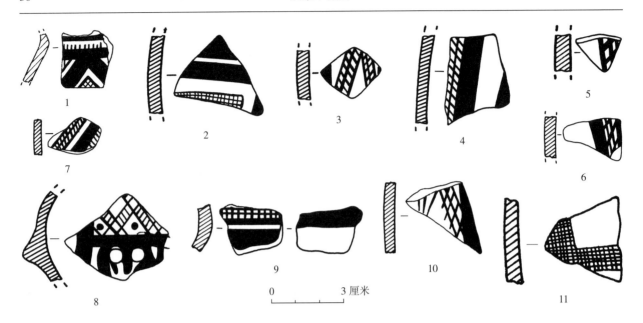

图二〇　T14下层出土横竖条带网格纹彩陶片

1. T14（下）：2　2. T14（下）：20　3. T14（下）：25　4. T14（下）：24　5. T14（下）：26　6. T14（下）：8　7. T14（下）：9　8.
T14（下）：19　9. T14（下）：7　10. T14（下）：4　11. T14（下）：5

　　标本T14（下）：19，夹细砂红陶。器表打磨光滑，施红衣，绘黑彩横竖条带、复线网状
梯格、卵点纹。腹部捏塑并列的乳突（图二〇，8）。

　　标本T14（下）：20，泥质红陶。器表打磨光滑，施紫红衣，绘黑彩条带、回形网格纹
（图二〇，2）。

　　标本T14（下）：24，泥质红陶。器表施淡黄褐衣，绘黑彩竖条、网格纹（图二〇，4）。

　　标本T14（下）：25，泥质红陶。器表施红衣，绘黑彩折线网格纹（图二〇，3）。

　　标本T14（下）：26，夹细砂红陶。器表施红衣，绘黑彩网格纹（图二〇，5）。

　　条带纹彩陶片　10片。均为腹部残片。

　　标本T14（下）：3，泥质红陶。器表打磨光滑，施红衣，绘黑彩横条带、斜线纹（图
二一，9）。

　　标本T14（下）：21，泥质红陶。器表施白衣，绘黑彩粗细竖条带纹（图二一，3）。

　　标本T14（下）：22，夹砂褐陶。器表施褐衣，残留烟炱痕，绘黑彩竖条带纹（图
二一，2）。

　　标本T14（下）：23，夹细砂橙红陶，胎内掺加云母屑。器表施褐衣，绘黑褐彩条带纹
（图二一，1）。

　　标本T14（下）：27，夹细砂褐陶。器表施红衣，绘黑彩竖条带纹（图二一，8）。

　　标本T14（下）：28，泥质橙黄陶。器表打磨光滑，施褐色衣，绘黑彩斜条带纹（图
二一，7）。

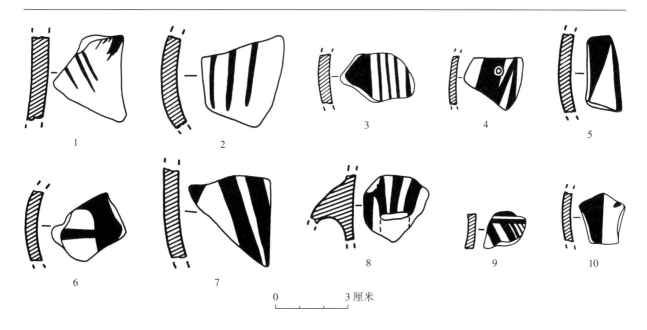

图二一 T14下层出土条带纹彩陶片

1.T14（下）：23 2.T14（下）：22 3.T14（下）：21 4.T14（下）：33 5.T14（下）：30 6.T14（下）：29 7.T14（下）：28
8.T14（下）：27 9.T14（下）：3 10.T14（下）：32

标本T14（下）：29，泥质红陶。器表打磨光滑，施黄白衣，绘黑彩条带纹（图二一，6）。

标本T14（下）：30，泥质红陶，内壁深褐色。器表施褐衣，绘黑彩弧边条带纹（图二一，5）。

标本T14（下）：32，泥质红陶。器表施红衣，绘黑彩宽带纹（图二一，10）。

标本T14（下）：33，泥质红陶。器表施红褐衣，绘黑彩条带纹，钻一小圆孔（图二一，4）。

器口 5件。

标本T14（下）：34，夹砂灰陶，内壁橙黄色。侈口，斜直领，方唇，器口外堆塑短条状錾纽。素面（图二二，1）。

标本T14（下）：35，夹细砂红陶。微侈口，尖圆唇，斜直领。器表磨光，素面。残高3.6、口径6厘米（图二二，2）。

标本T14（下）：36，夹砂红陶，器表黄白色。侈口，圆唇。素面（图二二，3）。

标本T14（下）：37，夹砂红褐陶，器表黑色，残留烟炱痕。束颈，两侧置双耳。素面（图二二，4）。

标本T14（下）：40，夹砂红陶，内壁灰色。侈口，方唇，斜直领。器口外堆塑附加堆纹（图二二，5）。

器底 4件。

标本T14（下）：14，夹砂红褐陶。弧腹，平底。素面。残高4.8、底径12厘米（图二二，6）。

标本T14（下）：41，夹砂褐陶。弧腹，平底。器表拍印斜向篮纹。残高5、底径10厘米（图二二，7）。

标本T14（下）：42，夹砂红陶。弧腹，平底。素面。残高2、底径6厘米（图二二，8）。

标本T14（下）：43，夹砂灰陶。弧腹，平底。素面。残高1.6、底径6.2厘米（图二二，9）。

纹饰陶片　5件。

标本T14（下）：13，夹砂红陶，器表黄白色，内壁灰白。表面拍印细绳纹（图二三，1）。

标本T14（下）：15，夹砂红陶。器表施黄白衣，拍印篮纹（图二三，2）。

标本T14（下）：16，夹砂红陶。加厚叠卷呈附加堆纹状的尖圆唇，器口外侧压印一排卵点凹窝（图二三，3）。

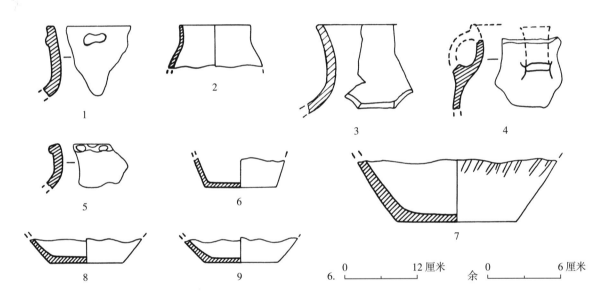

图二二　T14下层出土陶器

1~5. 器口（T14（下）：34~37、40）　6~9. 器底（T14（下）：14、41~43）

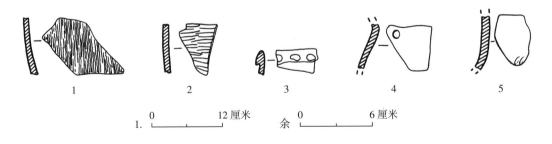

图二三　T14下层出土纹饰陶片

1.绳纹（T14（下）：13）　2.篮纹（T14（下）：15）　3~5.压印纹（T14（下）：16、38、39）

标本T14（下）：38，夹砂褐陶。器表压印圆形小凹窝（图二三，4）。

标本T14（下）：39，夹砂红陶，器表黄白色。器表压印梭形小凹窝（图二三，5）。

T14下层出土陶片包括彩陶和素面陶，质地主要分泥质红陶、泥质橙黄陶、泥质橙红陶及个别细泥磨光橙黄陶，器表普遍施红色陶衣或红褐色陶衣，绘黑彩，个别绘红彩。特点是构图以几何花纹为主，运笔流畅，颜料无浓稠滞涩感，其特征与酒泉西高疙瘩滩遗址的风格接近。此类遗存的相对年代早于四坝文化，大致相当于马厂文化晚期或"过渡类型"阶段。

第三章　墓葬形制与埋葬方式

第一节　墓葬形制及结构

干骨崖墓地共发掘清理墓葬107座。墓地位于丰乐河冲积扇上缘的河岸阶地上，地表堆积一层厚度不等的次生黄土。从河岸断崖裸露的剖面观察，黄土厚度一般在1米上下，局部地段或深或浅。这批墓葬全部为竖穴土坑形制，墓穴大多挖在堆积的黄土深度以内，也有部分挖穿黄土、进入戈壁砾石层。因为砾石层呈胶结状，质地坚硬，不易下挖；加之当时工具简陋，即便挖进戈壁砾石层，下挖也很浅。总之，由于地表堆积黄土厚度有限，这些墓穴的深度都很有限，据统计，墓底距离地表深度一般在0.4~0.6米。最浅的墓距离地表仅0.2米，几乎暴露于地表。但在黄土堆积较厚处，个别墓穴下挖较深，最深者距地表达1.4米。推测当初墓穴下挖深度在0.5~1.5米之间。墓穴一般作竖穴直壁状。也有一些穴壁斜直，口大底小。或者墓的开口较大，底部稍小。墓底一般较平整。也有少部分墓底不平，或横向稍倾斜，或作一端浅、一端略深的形状。总体看，北墓区的墓穴普遍下挖较深，中墓区和南墓区差异较大。有些墓几乎开口在表土之下，个别墓主仅存部分骨殖，甚至破坏殆尽。造成上述现象的原因非常复杂，一方面由于自然营力造成的水土流失，另一方面也与当地的农业生产活动有关。以上两个方面的原因导致了原有地貌景观发生了巨大改变。

干骨崖墓地的墓穴面积多根据葬入人数多寡而定。一般单人葬的墓穴大小仅容一人，也有的略微宽松。双人合葬或多人合葬墓面积相应大一些。总之，各墓间的面积大小相差不大。

干骨崖墓地的墓穴均未作特别的加工处理。其营建程序为，在地表下挖一方形、长方形（或圆角长方形）的竖穴土坑，也有的墓穴形状比较特殊，所见有"刀把"状（M50、M69）、"凸"字形（M51）、近三角形（M60）、梯形（M85）、"圆形"或椭圆形（M27中、M73）等多种。此外，还发现一例偏洞室墓，即M8。此墓前端大半由于河岸断崖崩塌损毁，现存墓穴后部约1/3部分。从断面可见，此墓北壁打破另一竖穴土坑墓（M5），南壁底部中间一段向南掏挖，剖面呈曲尺状，墓底宽度超出墓口。此墓先后葬入两人，下面一位墓

...

主为二次葬，其上叠压另一位墓主，系一次葬（见图九〇）。此外，M67、M99两座墓底部头前一侧还发现有掏挖的头龛。该墓地墓穴底部大多较平整，但也有个别墓底高低不平。大体分两类，一类墓底前高后低，如M35。另一类墓底前低后高，可细分为两种：一种呈缓坡状，如M1、M97；另一种呈台阶状，如M16、M103（见附表）。

一　积石墓

干骨崖墓地的一个显著特征是，这里有超过50%的墓在墓内摆放有数量不等的大块砾石，少者1、2块，多者数十块。可称之为积石墓。这些砾石多为取自丰乐河床内的河卵石，也有的可能是下挖至戈壁砾石层内的石块。砾石磨圆较好，个体大小不一，轻者几千克，重者30~40千克。每座积石墓内砾石的摆放位置、结构各不相同，有的较有规律，有的比较零乱。

（1）墓内堆放砾石数量较多，将石块层叠堆放成封闭的长方框（或呈一侧开口的"凹"字形①），显得较有规律。

此类墓又可细分为如下几类。

① 将墓主葬在围成一近方框形的砾石堆积中间，结构近似石构的"棺椁"状。M38、M39、M40这一组墓可谓此类积石墓的代表（图二四）。其中，M39为合葬墓，墓主采用上下叠压的形式，而且上下两层都堆有这种石围"棺椁"。可归入此类墓的还有M6、M16、M18、M22、M51、M73等。其中，有部分墓因后期遭到扰乱、破坏，石围"棺椁"形状已不完整。也有的墓石围范围较小，未能将墓主全部罩住，如M16墓主头部和肩部就在石框以外（图二五），M103墓主下肢在石框以外（图二六）。

② 将居于主要位置的墓主葬在石筑"棺椁"的中心，在其外围两侧再葬入其他墓主，此类可以M2为代表。

③ 将多位墓主全都葬在"石椁"外围。此类结构可以M14（下层）为代表。但M14（下层）的3位墓主均被安置在石筑"棺椁"以外的右侧，所在空间非常狭窄，3位墓主紧紧相拥在一起（彩版五，2）。反之，在石筑"棺椁"的中心却空无一物。推测原来在石筑"棺椁"中央也葬有死者，可能后来在上层墓下葬过程中对下层墓造成破坏所致。

④ 先将墓主葬入墓内，随即填黄土掩埋，待填埋至一定深度，再将大块砾石摆成一封闭的"棺椁"形状，压在墓主尸体上方，此类可以M91为代表（参见图五七）。此类结构的墓内堆积的砾石"棺椁"与墓主尸体之间有一层黄土。

（2）墓内堆放砾石数量不多，有的将砾石摆放成长方框状，但石块排列稀疏，相互间有一定间隔，且只有一层，墓主尸骨葬在砾石方框范围内。

此类结构可以M74为代表。可归入这一类的墓还有M27（中层）、M28、M32、M65、M85（左侧儿童）、M89等。此类墓主与墓中的砾石互相不接触。但也有的在墓主尸体上堆

① 此类有可能是后期破坏扰动所致。

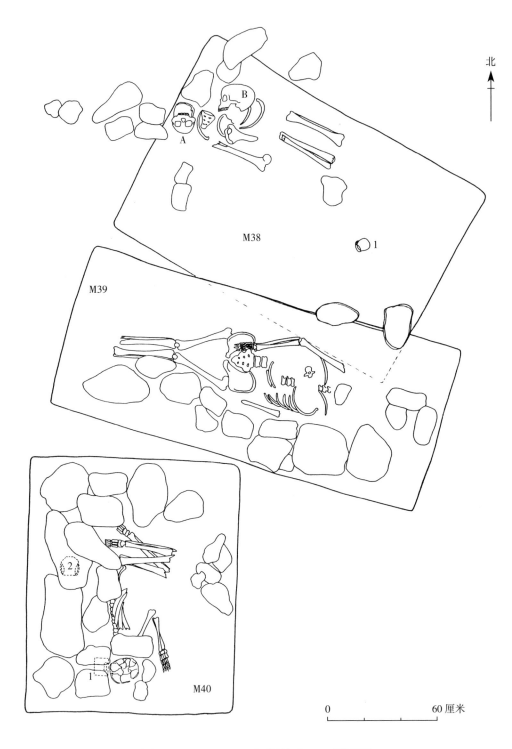

图二四　M38、M39（下层）和M40平面图

M38：1. D型夹砂陶单耳罐

M40：1. I 式陶单把杯　2. III 式彩陶双大耳罐

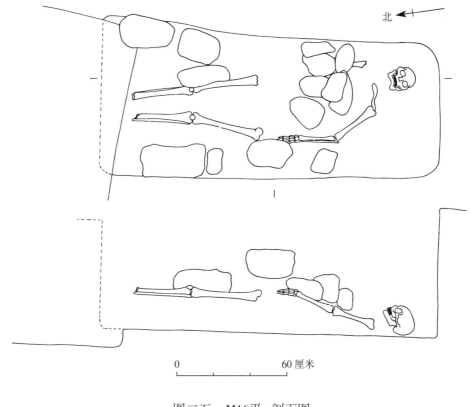

图二五　M16平、剖面图

放部分砾石（如M27中层）。也有的墓先用黄土围出一个高约0.1米的长方形框，再在黄土框上等距离摆放砾石，如M60（彩版六，1）。

（3）墓内堆放砾石数量较多，砾石层层码在一起。

此类墓可细分如下几类。

① 先将墓主葬入墓穴，随即填黄土掩埋，待填埋至一定深度，再堆放数十块大砾石，压在墓主尸骨上方，此类可以M20为代表（图版三，2）。此种结构的墓，墓主尸体与堆放的砾石块之间有一层黄土间隔。

② 在墓主的尸体上直接堆放大块砾石，且数量较多。可以M3（彩版六，2）、M69、M82为代表。此种结构的墓，墓主尸体直接被砾石所压。

（4）墓内砾石数量不多，石块摆放无规律，有的直接压在墓主身上（或上身，或下身，或头部），也有的放在填土中。

具体可细分如下几种。

① 用一块或数块大砾石直接压在墓主尸体上，石块摆放目的明确，即将死者尸体用石块压住。可归入此类的墓有M17、M19、M26（左侧俯身葬者）、M45、M56、M59、M63（图版四，1）、M74（右侧墓主）、M80、M97等。

② 在墓穴头前和足后堆放数块砾石。如M1、M11（残）、M79（图版四，2）等。

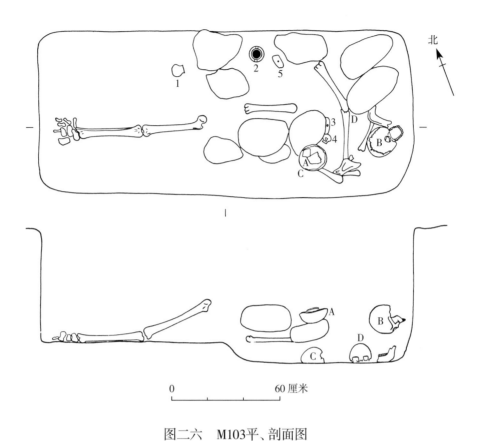

图二六　M103平、剖面图

1. D型夹砂陶单耳罐　2. I式彩陶双耳罐　3、5. A型石刀　4. 铜削（残）

M58、M83将砾石放置在头前；M92、M95则放在足后。

③ 在墓主尸体上放置少量砾石，摆放位置没什么规律。此类墓有M41（图版四，3）、M48、M57、M86。

④ 在墓内及填土中放置砾石，有的与墓主的骨殖混同，散乱于填土中。有些砾石数量比较少，如M50；有的砾石数量较多，如M64、M101（见图七九）等。

上述积石墓的结构比较复杂。墓主葬式有一次葬，也有二次葬；有单人葬，也有合葬；有成人葬，也有儿童葬。

二　简易葬具墓

干骨崖墓地绝大多数的墓没有使用葬具，仅发现9座使用简易木质葬具或相关遗迹的墓，它们分别是M32、M41、M49、M52、M64、M65、M69、M92和M94。所谓简易葬具有一种是圆木棍的组合，占大多数，但保存情况不好。木棍大半已腐朽、炭化，呈棕褐色，大致可看出原来的结构。还有一种是在墓主骨架下保留部分有机物的朽灰，估计应是草席一类朽化的痕迹。根据简易葬具的保存情况可分为如下几种。

（一）人骨上方的简易葬具墓

在墓穴内人骨上方填土中保留部分已炭化的简易木质框架类葬具。以M92为例，这座墓面积不大（1.95米×0.74米），在距离上层墓主骨架约0.1米的填土中保留有纵向排列的圆木棍5根，从墓前向后延伸，木棍后半部基本保持完好，前端有损毁，有的损毁较甚。清理后，东面最外侧一根最长，残存1.7米；西侧第二根最短，残存1米；其余三根的长度大致在1.3米左右。另在墓穴后部尽头有一根横向排列的挡木，长0.55米；在墓底东侧墓壁与最外侧木棍之间残存一小段木棍，长仅0.1米。这些炭化圆木棍的位置距墓底深0.1~0.13米，应为下葬时放在墓主尸体上方的一种简易葬具。从保存下来的遗迹看，推测是用圆木棍搭建的一个框架（图二七）。在M94也发现有同样的葬具，特别是在墓穴后部一侧发现一截竖立的短木棍，显然是起支撑框架的作用（见图八八）。尽管还不清楚这截竖立的短木棍与横木之间的结构，但这一发现证实，这种简易葬具原本是木框的形式。这种简易的木结构框架可将墓主尸体罩住，再在上面铺设草席或树枝条、茅草一类的有机物。由于在墓主尸骨下方未见木棍

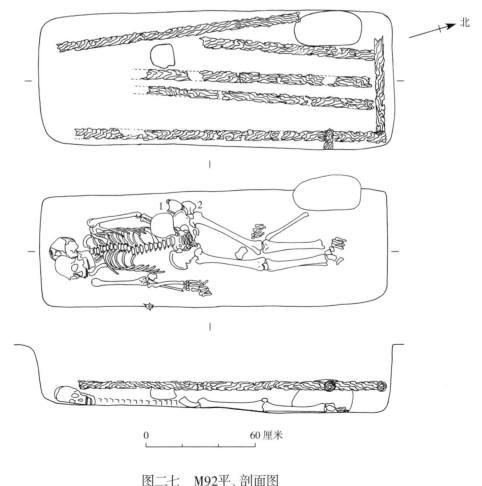

0　　　　　　　　60厘米

图二七　M92平、剖面图

1. A型Ⅲ式彩陶腹耳壶　2. B型Ⅲ式夹砂陶双耳罐　3、4. 白陶（滑石）珠（人骨下）

类痕迹，可知此类简易葬具就是为了阻挡填土与墓主作直接的接触。

干骨崖墓地发现的简易框架葬具大多都与M92一样。但是，除M94的简易葬具和M92保存较好外，相对比较好的还有M41。其余如M52、M64和M65都保存较差，仅保留一根或几根短的朽木棍，有的甚至仅存炭化碎木屑。

（二）人骨下方的简易葬具墓

也是在墓内保留部分已炭化的简易木质框架葬具。不同的是这些木棍位于墓主尸骨下方。以M32为例，此墓为单人葬。在墓穴底部、人骨下方发现一些木质朽灰痕迹，从其形状观察，原物应为直径3~4厘米（或更粗些）的木棍。这些木棍纵向排列于墓底，自东而西共三列。东面一根残长0.85米；中间一根残长0.15米，西面一根残长1.45米。考虑到这些木棍所在位置和形状，特别是它们位于人骨下方，推测有可能是一种用来放置死者尸体的简易棺床，类似现代担架一类，下葬时与墓主一起放入墓穴，可以看作是另一类简易葬具（见图六八）。

（三）其他简易葬具墓

以M69为例。此墓结构非常特殊，分上下两层。上层墓穴面积略大，长约2、宽1.3米，未葬人。下层沿上层墓穴的西壁下挖一个仅容一人的长方形土圹，后部被打破少许，残长1.55、宽0.53米。墓主葬入下层，系单人仰身直肢葬，后遭到人为扰乱。在墓主骨架下发现一层朽烂的板灰痕迹，厚约2厘米。推测是下葬前在墓底铺设木板、树枝或草席一类有机物（图二八）。类似遗存在M49墓主的小腿骨下也有发现。

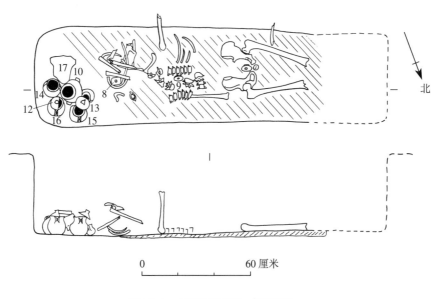

图二八　M69下层平、剖面图

1. A型石刀　2、8、9. 蚌泡　3、5. 骨针筒　4. 骨针（位于3内）　6. A型陶器盖　7. A型陶纺轮　10. A型Ⅰ式彩陶腹耳壶　11. A型Ⅰ式夹砂陶单耳罐（17下）　12. B型陶器盖　13、15. A型Ⅱ式夹砂陶双耳罐　14. Ⅱ式彩陶双耳罐　16. E型陶器盖　17. 石板器盖　18. 蚌珠（2枚）　19. 白陶（滑石）珠（1~7出土于上层，18、19人骨下）

三　墓上封土积石遗迹

在发掘干骨崖墓地期间，在丰乐河岸的阶地和断崖剖面上发现一些比较特殊的现象。如M27所在位置的地表呈锥形隆起状，且隆起部位全部是黄土，显得与周围地表堆积很不一致。为此，我们在发掘时特意将此锥形堆积发掘了一半，另一半暂时保留。挖开的剖面显露纯净的黄土堆积，其形状和结构很像墓上的"封土"遗留（彩版七）。

此外，我们在发掘北区T1内的M2时，在此墓上方也发现有类似的纯净黄土堆积，而且其剖面结构呈圆锥状，也很像"封土"。但也有些类似的封土内夹杂大量砾石。

这里有必要提及干骨崖墓地南侧地表一处极似"封土大墓"的遗迹。该处遗迹位于丰乐河东岸台地边缘，距干骨崖墓地数十米开外。其地表堆积的结构和形状与其周围的自然地貌迥异，是一种用黄土夹杂砾石形成的近乎圆锥堆积，而且似乎还有分层结构，很像是墓上的封土，其平面略呈圆形，直径约5~6、高1米余（彩版八，1）。该遗迹恰好位于断崖边，估计其原来的面积还要大，形态接近椭圆，也更高一些。由于1987年发掘时间紧，加之批准发掘的面积有限，故未对该遗迹进行发掘。但我们一直怀疑这个遗迹很可能是与干骨崖墓地同时期的一座特大型墓①。

上述种种迹象显示，当初干骨崖墓地有些墓在墓上建有封土标记，有些封土的周围可能还堆有砾石。

第二节　埋葬方式

由于自然营力和人为活动的破坏，干骨崖墓地的保存并不理想，部分墓葬遭到程度不等的破坏，有相当一部分早期墓被晚期墓叠压或打破。在已经发掘的107座墓葬中，除一座墓未见人骨以外（M23），其余各墓均程度不等地保留有墓主骨殖。干骨崖墓地的埋葬方式非常复杂，葬式多种多样。分为一次葬、二次葬、一次二次混合葬、单人葬、合葬及其他特殊葬式，每种葬式又有一些不同的结构形式，下面将一一举例介绍说明。

一　单人葬

干骨崖墓地的葬式以单人葬为主，总计达69座，占干骨崖墓地总数的64.5%，是谓该墓地葬制的主流。这些单人葬可进一步细分为一次葬和二次葬。前者又分仰身直肢葬、仰身直肢上肢扰乱葬、侧身直肢上肢扰乱葬、侧身屈肢葬几种。二次葬则根据骨殖摆放形式和骨殖数量多寡作进一步的区分。需要说明的是，在已归入单人葬的墓中，M5、M87、M88这三座墓由于上身被打破，仅存下肢或小腿骨，但仍可看出为直肢葬式，唯M53墓主大部分骨殖被

---

① 2007年夏，我们再次前往干骨崖遗址考察，在丰乐河岸边地表已看不到这处遗迹了。

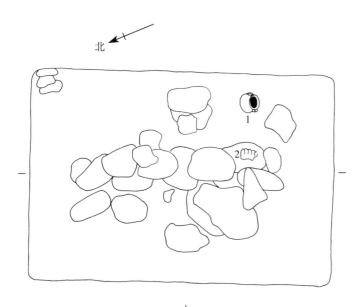

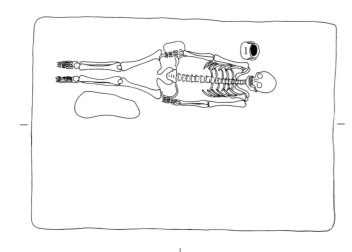

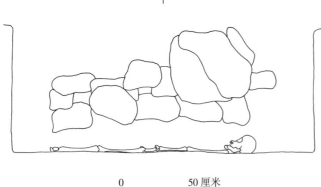

0   50厘米

图二九　M20平、剖面图

1.Ⅳ式彩陶双耳罐　2.兽牙

毁，其上身仍保持仰卧姿态，但下肢不存，很难确认其葬式归属。

（一）单人仰身直肢葬

墓主下葬时采取仰身平卧姿势。有些墓主下肢顺直，有些墓主下肢略弯曲，此类墓共计18座（M20、M28、M29、M30、M31、M44、M49、M54、M59、M61、M63、M66、M68、M75、M92、M96、M98、M104）。以下遴选典型墓例予以介绍。

1. M20

位于墓地中区T2及东壁扩方内，南有M19，西为M12，东北与M16、M22相邻，保存尚好。长方形竖穴土圹积石墓，墓中上部堆放大量积石，南—北向排列，方向200°。墓口距地表深度不详。墓长2.1、宽1.4、深0.85米，未见使用葬具痕迹。墓内上层填黑褐色砂土，中部以下为黄褐色砂土，夹杂石子，下压砂砾石层。墓底中部、人骨上方堆放大砾石30余块，石块最厚处达0.6米，位置最高的石块顶面几乎与墓口平齐，底部砾石高出墓底0.1米，与墓主骨架有一定间隔。墓底东北角放置较小的砾石3块，在墓主左小腿骨处放置大砾石1块。墓主仰身直肢，为一14~18岁的女性。头向西南，面朝上。骨架保存完好，无扰动迹象。骨殖保存不好，清理后采集头骨、盆骨和股骨。此墓随葬Ⅳ式彩陶双耳罐1件，放在墓主的右肩部。另在砾石表面放置兽牙1件（图二九；图版三，2；图版五，1、2）。填土中出有

部分饰细竖线纹、划纹的夹细砂
陶片。

2. M28

位于墓地南区T10北壁中部，
北部伸入T9。北邻M24，南有
M25，东与M29、M72为邻。长方
形竖穴土圹墓，基本保存完整，
南—北向排列，方向196°。墓口距
地表深0.2米，墓长1.7、宽0.9、墓
口距地表深0.2、墓深0.4米。未见
使用葬具痕迹。墓口以上部分叠压
表层的黑灰色土，夹杂砂石。墓内
填黄褐色土，内夹少量砂石。墓
内放置砾石4块，其中1块压在墓主
胸部，2块置于上身右侧，1块位于
右足部。墓主为13~15岁的女性。

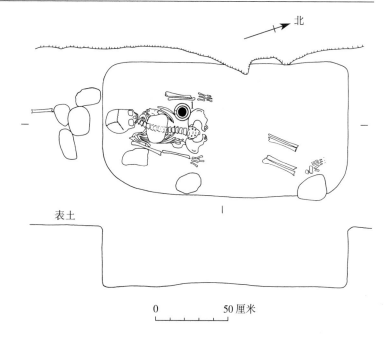

图三〇 M28平、剖面图

1. A型Ⅲ式夹砂陶单耳罐

单人仰身直肢葬。头向西南，面朝上。左侧肱骨、股骨部分缺失，系人为扰动所致。清理后
采集头骨、下颌骨。随葬品仅有1件A型Ⅲ式夹砂陶单耳罐，放在墓主左腹部（图三〇；彩版
八，2）。在此墓南侧上方约0.2米处堆放大块砾石若干，并发现一段人骨，似应为另一座被
M28打破的墓。由于距离地表甚浅，而且损毁严重，未再作编号。

3. M29

位于墓地南区T10东北角。西与M28为邻，南有M41、M72。此墓距离地表甚浅，墓圹前
半部已被表土完全毁坏，人骨也扰动不存。长方形竖穴土坑墓，东—西向排列，方向95°。
墓口已被破坏，现存位置距地表深
0.2米。残长1.18、中部宽0.45、后
部宽0.3、墓深0.3米。未见使用葬
具痕迹。墓口以上部分叠压黑灰色
表土，墓内填土灰褐色，夹杂大量
砂石。墓主为男性，成人。单人
仰身直肢葬，头向朝东（头骨缺
失），上身骨架大部分缺失，仅保
留部分腰椎、尾椎、小臂骨、掌骨
和指骨。下身骨架基本完整，唯足
骨缺失。清理后采集股骨。此墓现

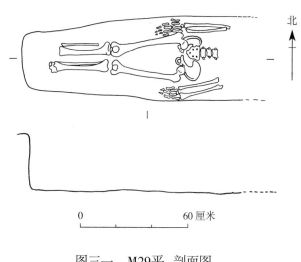

图三一 M29平、剖面图

存部分无随葬品（图三一）。

4. M30

位于墓地南区，横跨于T11、T12之间。西邻M32，叠压M47、M48和M49，东南角被M31所叠压，保存尚好。圆角长方形竖穴土坑墓，南—北向排列，方向185°。墓口距地表深0.15米，墓长1.8、宽0.6、深0.3米。墓底发现少量有机物（木质）朽灰，可能是简易葬具的朽痕，形状不明。墓内填黄褐色土，夹杂砂石。墓主单人仰身直肢，性别、年龄不详，头骨不存，头向应朝南。头前西侧放置1块砾石。右侧骨盆及上半身骨架人为扰动破坏，骨架位移残损严重，右股骨位移至右上肢处，还有一段肢骨扰乱到墓穴东北角。随葬品共9件，有A型Ⅱ式、B型Ⅲ式彩陶腹耳壶各1件，B型Ⅲ式、D型夹砂陶单耳罐各1件（残），石纺轮1、蚌泡1、石贝1、A型石管珠1、白陶（滑石）珠1件（图三二；彩版九，1）。填土中出土部分陶片，1件似为方形陶器器盖残片，另有一些橙黄色陶片，器表施黄白色陶衣或饰类绳纹，年代应早于四坝文化。

5. M31

位于墓地南区T12北壁中部。南邻M59，叠压M30、M63。圆角长方形竖穴土坑墓，南—北向排列，方向212°。墓口距离地表深仅0.15米，墓圹前部东侧及后半部被表土破坏。墓长1.55、宽0.53、墓深仅0.1米。未见使用葬具痕迹。墓内填黄褐色土，夹杂砂石。墓主仰身直肢，性别、年龄不详，头向西南，面朝上。骨架保存不好，面骨、右上臂骨、左腿骨、右小

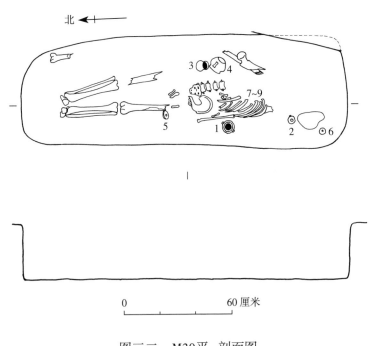

图三二　M30平、剖面图

1. B型Ⅲ式彩陶腹耳壶　2. D型夹砂陶单耳罐　3. B型Ⅲ式夹砂陶单耳罐　4. A型Ⅱ式彩陶腹耳壶　5. 石纺轮　6. 蚌泡　7. 蚌贝　8. A型石管珠　9. 白陶（滑石）珠

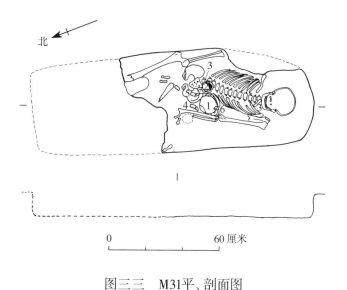

图三三　M31平、剖面图

1. A型Ⅳ式夹砂陶双耳罐　2. C型Ⅱ式彩陶单耳罐　3. A型肉红
石髓珠　4、5. 牙饰　6. B型陶纺轮

腿骨损毁不存。随葬品7件，全部放置在腹部和腰际，计有A型Ⅳ式夹砂陶双耳罐1、C型Ⅱ式
彩陶单耳罐1、牙饰2、A型肉红石髓珠1枚（红色偏橙黄色）、B型陶纺轮1件。在此墓填土中
出土有少量早期（马厂文化晚期或"过渡类型"）的泥质橙黄陶罐口沿，器表饰类绳纹及施
黄白色陶衣的残片等（图三三；彩版九，1）。

6. M49

位于墓地南区，横跨于T11、T12之间，本身打破M47，又被M48打破，再被M30、M32
叠压。圆角长方形竖穴土坑墓，南—北向排列，方向205°。开口距地表0.2米，残长1.55、宽
0.5、深0.32米。墓南端头骨以下至右上臂骨处有一根炭化木棍，直径4~5、残长45厘米。另
在墓主下肢骨下面也发现朽灰痕迹，应为简易葬具遗留。墓内填黄褐色土，夹杂砂石。墓主
系成年男性，仰身直肢，头向西南。墓主头骨被M48打破扰动，方向与肢体相反，下肢也被
打破扰动，部分骨骼缺失，保存情况不好，采集股骨。随葬品2件，计有C型Ⅰ式彩陶单耳罐
1、砺石1件（图三四；彩版九，2）。填土中出土A型Ⅱ式彩陶腹耳壶器口1，花纹较别致。
此外还有一些早期（马厂文化晚期或"过渡类型"）的彩陶片，多为夹细砂橙黄陶，器表施
黄白色陶衣。

7. M54

位于墓地南区，斜跨在T11的东南角，本身被M63打破，南邻M45、M64，北为M70。长
方形竖穴土坑墓，东—西向排列，方向115°。此墓距地表甚浅，开口位置不详，对墓主骨架
造成很大破坏，墓穴后部被打破。残长1.29、宽0.52、深0.28米，未见使用葬具痕迹。墓内填
黄褐色土，夹杂砂石。墓主单人仰身直肢，性别、年龄不详。头骨仅存枕骨部分，面骨与下

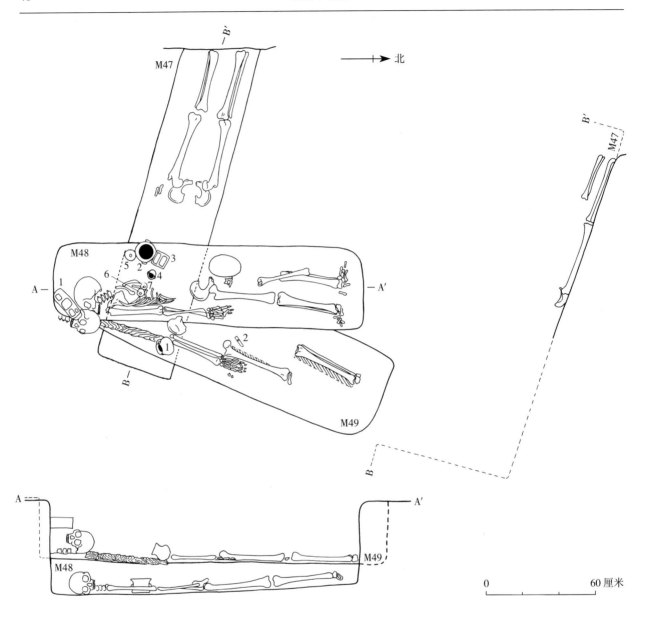

图三四　M47~M49平、剖面图

M48：1.A型陶多子盒（内装肉红石髓料块、细小石器等）　2.彩陶尊形器　3.A型陶多子盒　4.C型Ⅱ式彩陶单耳罐
　　　5.A型陶纺轮　6.蚌泡　7.C型陶器盖
M49：1.C型Ⅰ式彩陶单耳罐　2.砺石（残）

颌骨均损毁不存，小腿也被打掉。骨架保存不好，未采集标本。随葬品仅有彩陶双联罐1件
（残缺一半），放置在墓主右手位置（图三五；图版五，3）。此墓填土出有少量早期（马厂
文化晚期或"过渡类型"）的陶片。

　　8. M59
　　位于墓地南区T12中部，保存完好。南邻M50、M77，东靠M45，北有M31、M63。圆角
长方形竖穴土坑墓，东北—西南向排列，方向225°。开口距地表0.2米，墓长1.7、宽0.56、距

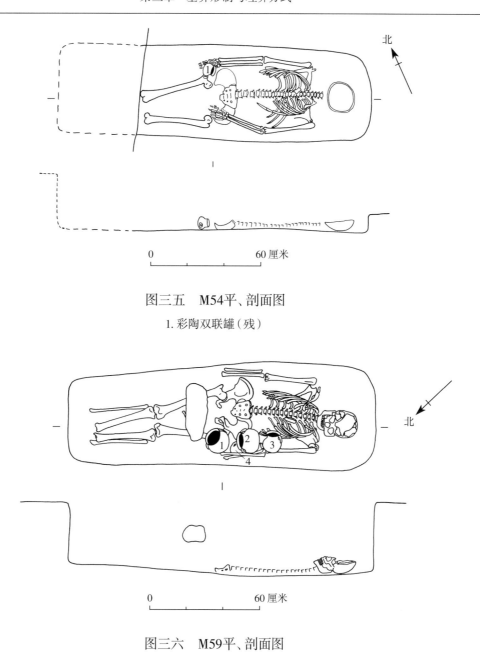

图三五　M54平、剖面图

1. 彩陶双联罐（残）

图三六　M59平、剖面图

1. Ⅰ式彩陶双大耳罐　2. Ⅳ式彩陶双耳罐（内装细石片2、骨针半成品1、骨料9、石块2、绿松石块4、肉红石髓块1）　3. B型Ⅰ式夹砂陶双耳罐　4. A型Ⅱ式夹砂陶双耳罐（残）

地表深0.56、墓深0.36米。未见使用葬具痕迹。墓内填黄褐色土，夹杂砂石。特别是在墓主上身撒有一层小的砂砾石。墓主单人仰身直肢，男性，成年。头向西南，面朝上，骨架保存基本完好，在大腿上压有一块大砾石。清理后采集头骨、盆骨和股骨。随葬品共4件，集中放在墓主左小臂处，计有Ⅰ式彩陶双大耳罐、A型Ⅱ式夹砂陶双耳罐（残）、B型Ⅰ式夹砂陶双耳罐、Ⅳ式彩陶双耳罐1件（内置细石片2、骨针半成品1、骨料9及石块2、绿松石块4、肉红石髓块1）（图三六；彩版一〇，1）。此墓在清理过程中，填土中出有尺骨、脊椎、跖骨、趾骨、指骨和肋骨等，这些人骨可能属于此墓下葬时破坏了另一座墓的墓主骨殖。此外，在此墓填土发现个别夹细砂绳纹白陶片。

9. M61

位于墓地南区T17内，西南邻M71，北邻M60，东邻M96、M92，保存基本完好。圆角长方形竖穴土坑墓，前宽后窄，南—北方向，方向200°。墓葬开口距地表深0.2米，长1.77、宽0.57、深0.39米。未见葬具痕迹。墓内填黄褐色花土，夹杂砂石，质地较坚硬。墓主男性（？），30~40岁，仰身直肢，头向南，面朝西。骨架上肢平顺，下肢略有弯曲，双膝并拢，骨架保存完好，采集头骨、股骨和盆骨。随葬品3件，B型Ⅰ式夹砂陶双耳罐1、Ⅰ式彩陶双大耳罐1、骨针筒1件（图三七；彩版一〇，2）。

10. M63

位于墓地南区，斜跨于T11南壁东段。此墓被M31所叠压，本身打破M54和M70。圆角长方形竖穴土坑墓，南—北向排列，方向210°。墓口距地表0.2米，墓长1.9、宽0.5、深0.48米。清理过程中在墓上部填土内发现少量炭化朽木灰痕，应为简易葬具遗留，但朽毁严重，保留痕迹甚少，结构难辨。墓内填黄褐色土，夹杂少量砂石。在距离墓底约0.1米水平层位堆放5块大砾石，压在墓主身上。墓主单人仰身直肢，男性，60岁左右，头向西南，面朝上。骨架保留完整，保存情况较好，采集头骨、下颌骨、股骨、盆骨。随葬器物3件，全都放在墓主右手位置，计有C型夹砂陶单耳罐1、泥塑动物俑1（残）、陶器盖1件（残）（图三八；见图版四，1）。在此墓填土中出有肉红石髓料块1。另清理出人脊椎骨、盆骨、肋骨、尾椎骨等，可能是此墓下葬时破坏了另一座墓（M70），并将其骨殖埋入此墓填土。

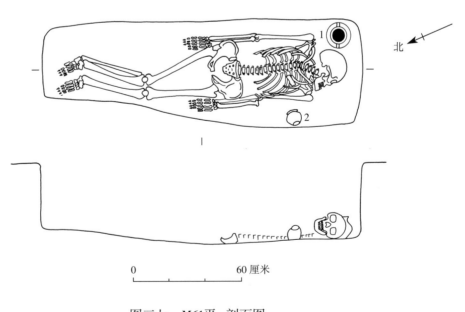

图三七　M61平、剖面图

1. B型Ⅰ式夹砂陶双耳罐　2. Ⅰ式彩陶双大耳罐　3. 骨针筒

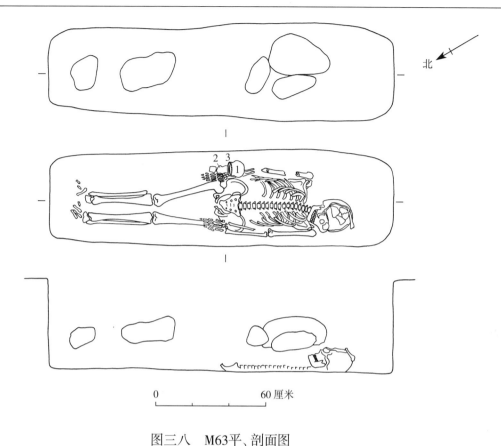

图三八　M63平、剖面图

1. C型夹砂陶单耳罐　2. 泥塑动物俑　3. 其他型陶器盖

11. M68

位于墓地南区T19中部。叠压M93和M99，打破M105。西邻M74，北靠M82，东有M91。长方形竖穴土坑墓，东—西向排列，方向195°。此墓分上下两层，上层墓口距地表甚浅，大部分被破坏。下层墓头前和东南一侧大部分被破坏。墓口距地表深0.6米，墓长1.9、宽0.75、深0.1米。未见使用葬具痕迹。墓内填黄褐色花土，夹杂石子。墓主系成人，性别不详。仰身直肢，头部不存，上半身右半侧骨架被破坏不存，骨殖保存较差，仅采集股骨。随葬品有B型多子盒1件（图三九）。此墓前端西部外侧摆放一堆砾石，与此墓之间的关系不很清楚。

12. M90

位于墓地南区T18南部，南邻M99，本身被M75、M76叠压。此墓北端地表有一小冲沟，对此墓下半部造成严重破坏。在墓北侧沟内发现股骨1件，很可能就属于此墓主。圆角长方形竖穴土坑墓，南—北向排列，方向210°。墓口距地表深0.2米，残长1.4、宽0.52、墓深0.3米。未见使用葬具痕迹，墓内填黄褐色花土。墓北端被毁处放置几块较大的砾石。墓主男性，45+岁，单人仰身直肢葬，头向西南，面朝上。墓主自胸椎骨以下骨架全部缺失，仅保留头骨、部分肋骨、一侧肩胛骨和一副小臂骨等，保存情况不好，采集头骨。随葬品仅A型Ⅱ式彩陶腹耳壶1件（图四○；图版五，4）。

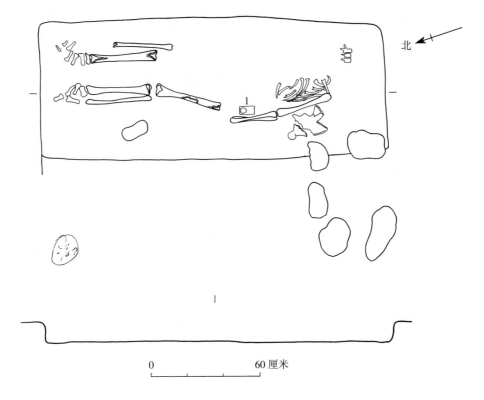

图三九　M68平、剖面图

1. B型陶多子盒

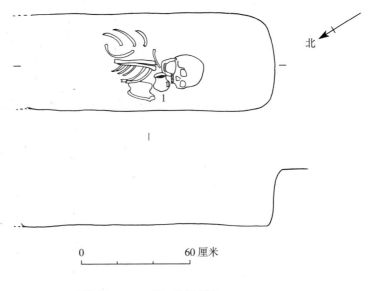

图四〇　M90平、剖面图

1. A型Ⅱ式彩陶腹耳壶

13. M92

位于墓地南区T18的东北角，其上压M89，东邻M101，北邻M96，西邻M61。长方形竖穴土坑墓，口大底小，南—北向，方向195°。墓口距地表深0.3米，墓口长1.95、宽0.74米，墓底长1.93、宽0.63、墓深0.36米。墓内发现炭化木棍5根，直径5厘米上下，纵向排列，从墓穴前部向后延伸，前端部分损毁严重，后半部基本保持完好。清理发现，东侧靠外侧的一根木棍残长1.7米，西侧第二根长1米，其余三根长1.3米左右。另在墓坑的后端有一根横向挡木，长0.55米。在墓底东侧墓壁与最外侧木棍之间还有1截长0.1米上下的短木棍。上述炭化木棍距墓底深0.1~0.13米，位于人骨架之上，应是下葬时扣在尸体上部的简易木质葬具。墓内填黄褐色花土，夹杂有砂石。墓主左小臂压放1块小砾石，左小腿上压1块大砾石。墓主女性，35~40岁，仰身直肢，头向南，面朝东，下肢略微弯曲。骨架保存尚好，清理后全部采集。随葬品4件，计A型Ⅲ式彩陶腹耳壶、B型Ⅲ式夹砂陶双耳罐各1件，白陶（滑石）珠2件（图四一；彩版一〇，3；彩版一一）。

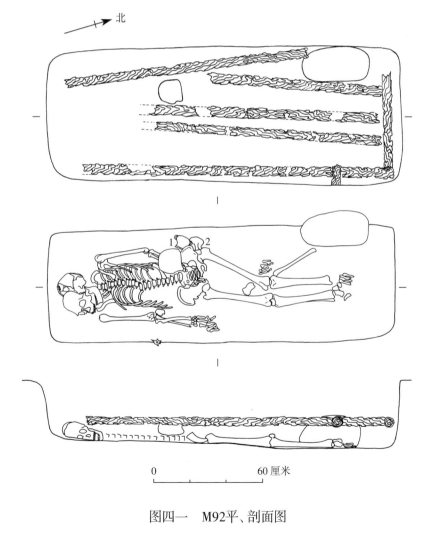

图四一　M92平、剖面图

1. A型Ⅲ式彩陶腹耳壶　2. B型Ⅲ式夹砂陶双耳罐　3、4. 白陶（滑石）珠（人骨下）

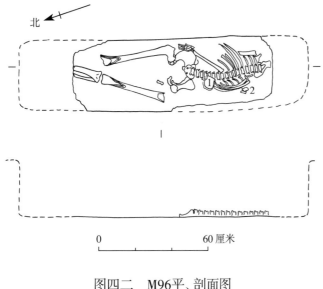

图四二　M96平、剖面图

1. 彩陶小壶　2. 陶片

14. M96

位于墓地南区T17东壁扩方内，西与M60、M61为邻，南邻M92。长方形竖穴土坑墓，南—北向排列，方向197°。此墓距地表很浅，开口部位不详，残长1.1、宽0.4、深0.3米，未见使用葬具痕迹。墓内填黄褐色土，夹杂砂石。墓主单人仰身直肢，头骨及下肢骨皆扰乱不存，头向应朝南，保存不好，采集股骨1根。随葬品仅有彩陶小壶1件（残）（图四二）。

15. M98

位于墓地南区T20内，南邻M95，北邻M88，墓穴后部被M94打破少许。圆角长方形竖穴土坑墓，东南—西北向，方向125°。墓口距地表深0.15米，墓残长1.7、宽0.52、深0.5米。未见葬具痕迹。墓内填黄褐色花土。墓主为成年男性，仰身直肢，头向东南，面朝北。墓主足骨腕骨以下被M94打掉，指骨、右小臂骨缺失。骨架保存一般，清理后全部采集。随葬品仅有B型Ⅰ式彩陶腹耳壶1件（图四三；图版六，1）。

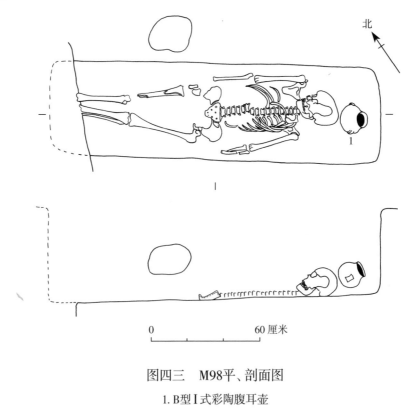

图四三　M98平、剖面图

1. B型Ⅰ式彩陶腹耳壶

16. M104

位于墓地南区T18内，被M76、M80、M84叠压，前后两端损毁，仅保留中间一段。长方形竖穴土坑墓，东—西向排列，方向115°。墓口位置不详，墓残长1、宽0.46、深0.3米。未见使用葬具痕迹。墓内填黄褐色土。墓主单人仰身直肢，性别、年龄不详，头骨缺失，头向朝东南，小腿骨被毁，保存不好，未采集骨殖。随葬品仅有蚌泡1件（图四四）。填土中出有陶片若干，包括1件腹耳大瓮残片。

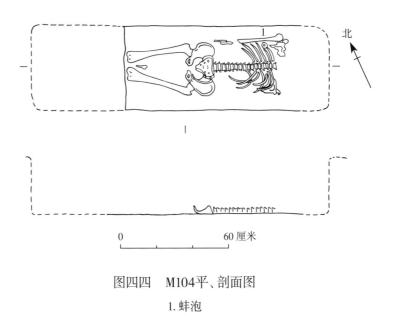

图四四　M104平、剖面图
1. 蚌泡

（二）单人仰身上肢扰乱葬

此类葬式在干骨崖墓地发现较多，可归入一次葬范畴，但又有其特殊之处。推测此类墓是在墓主下葬后，过一段时间，待尸体软组织腐烂，再次开启墓穴，有意将墓主骨架进行扰动。从发掘可知，墓主被扰动的部位集中在头骨和上身的胸、腹部位。根据骨架扰乱程度，可将此类葬俗细分为三类：第一类，仅对墓主上身骨架作轻微扰动，墓主部分肢骨位移或轻度扰乱。第二类，对墓主上身大幅扰动。墓主骨架尚保持原来的仰身直肢状态，但椎骨（包括颈椎、胸椎或腰椎）和肋骨均被扰乱、移位。有的甚至将头骨、下颌骨扰动移位。第三类，墓主上身骨架严重扰乱，骨架凌乱、位移严重。有些甚至严重缺失，唯骨盆及大部分下肢骨还保持原来的直肢状态。此类墓共计17座（M9、M16、M19、M35、M43、M45、M56、M58、M62、M69、M70、M71、M78、M80、M84、M91、M97）。下面遴选典型墓例予以介绍。

1. M9

位于墓地中区T2东北角外，南侧叠压M16和M22。长方形竖穴土坑墓，后半部由于河岸断崖崩塌损毁，东南—西北向排列，方向130°。墓口位置不详，墓残长1.35、宽0.7、深0.9米。未见使用葬具痕迹。墓内填黄褐色土，夹杂砂石，质地较松软。墓主应系单人仰身直肢葬。仅存骨盆和大腿骨部分，上身骨架缺失，应与人为扰动有关。骨骼保存不好，采集股骨、盆骨。随葬品2件，有C型Ⅱ式夹砂陶双耳罐1、白陶（滑石）珠1串25枚（填土内）（图四五）。

在此墓填土中出双耳罐1（残）、深腹盆1件（残）及部分陶片。其中包括一些早期（马厂文化晚期或"过渡类型"）的夹细砂或夹云母的橙黄陶、橙红陶和红陶。计有双小耳罐1，

0   60 厘米

图四五　M9平、剖面图

1. C型Ⅱ式夹砂陶双耳罐　2. 白陶（滑石）珠一串（25枚，填土）

器表橙黄色。彩陶器表多施黄白色陶衣，绘黑褐彩，颜料不浓。另一类为红褐、灰褐陶及个别夹砂黑陶片。有的胎内夹云母末，可辨器类主要为陶罐一类，计有深腹盆1，器形较罕见，属于四坝文化。此外还出有个别饰拍印粗篮纹、方格纹陶片。前者为红褐陶，质地较细腻，火候高，表皮黄白色，纹饰呈交错状（见图一九〇，10）。后者纹样排印规整（见图一九〇，11）。此类陶片应属齐家文化。

2. M16

位于墓地中区T2东北角外，后部被M9打破少许，本身叠压M22北部，保存尚好。长方形竖穴土坑墓，南—北向排列，方向190°。墓圹较浅，头前窄，足后宽，墓底也不在同一水平上，头低足高，前后相差约0.2米。墓内堆放大块砾石14块，摆在墓主上身、西侧一边和东侧下部。墓口距地表深0.13米，墓残长1.8、宽0.73~0.85、深0.57~0.7米。未见使用葬具痕迹。墓内上部填黄褐色砂土，中间夹一层砂砾石，再下面为细砂土。墓主单人仰身直肢，为男性老年。头向南，面朝上。上身右侧堆放7块大砾石。墓主缺失胸骨、脊椎、肋骨、盆骨、尾椎、指骨、足骨及部分肢骨，骨殖保存不好，未采集。没有随葬品（图四六）。

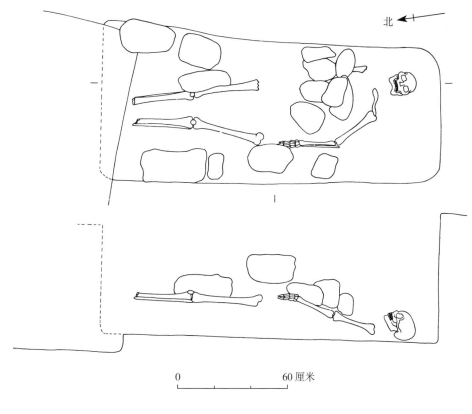

0   60 厘米

图四六　M16平、剖面图

3. M35

位于墓地南区T10南部，被M25叠压，又被M36打破，后部1/3被毁。圆角长方形竖穴土坑墓，东—西向排列，方向95°。墓底头前较浅，呈弧形，中部以下渐趋平缓。墓口距地表深0.15米，墓残长1.4、宽0.6、深0.45米。未见使用葬具痕迹。墓内填黄褐色土，夹杂砂石。单人仰身直肢，男性，约25岁。头向东，面朝后仰。头骨、胸肋骨均被人为扰乱。左侧胸腹部、盆骨、股骨部位被M36打破，部分骨架散乱在填土中，尾椎甚至被翻到墓口位置。此墓后部被毁，墓主小腿骨缺失。采集股骨、盆骨。随葬品共9件，计有白色蚌珠2、白陶（滑石）珠2、A型和B型石管珠各1、B型陶器盖1、B型Ⅱ式陶盘1（残）、蚌壳饰1件（图四七；图版六，2）。

4. M43

位于墓地南区T11东北角，东邻M66，南邻M62，打破M42。墓穴保存完好，圆角长方形竖穴土坑墓，前宽后窄，东北—西南向，方向205°。墓口位置不详，墓长1.7、宽0.65、深0.3米，未见葬具痕迹。墓内填黄褐色花土，夹杂砂石。墓主女性，25~35岁，仰身直肢，头向西南，面朝上。其上肢骨遭人为扰动，胸骨、肋骨和右侧上肢凌乱，左侧肋骨全部位移，堆放在身体右侧，部分腰椎也有移动；左侧腓骨扰乱至足下，其余骨骼保存尚好。清理后采集股骨、盆骨和部分牙齿。墓前部西侧放置砾石1块。随葬品共4件（组），计有B型Ⅱ式彩

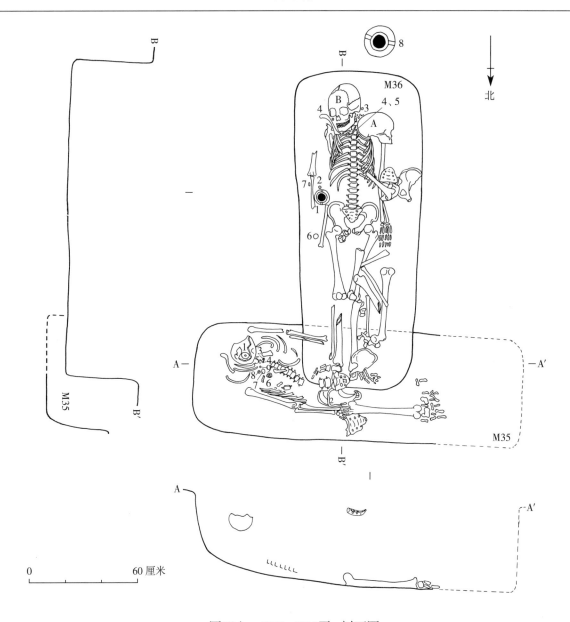

图四七　M35、M36平、剖面图

M35：1. B型陶器盖　2. B型Ⅱ式陶盘　3、8. 蚌珠　4、9. 白陶（滑石）珠　5. A型石管珠　6. 蚌壳饰　7. B型石管珠

M36：1. A型Ⅳ式夹砂陶双耳罐　2. 白陶（滑石）珠一串（80枚）　3. A型石管珠　4. 绿松石珠　5. B型肉红石髓珠
（9枚）　6、7. B型铜泡　8. C型Ⅳ式夹砂陶双耳罐

陶腹耳壶1、D型Ⅲ式夹砂陶双耳罐1、陶器（朽毁不辨）1、白陶（滑石）珠一串12枚（图
四八；图版六，3）。

5. M45

位于墓地南区T12东北角，东邻M64，西邻M59，北有M54，保存完好。长方形竖穴土坑
墓，前宽后窄，南—北向，方向195°。墓口位置不详，墓长1.7、头前宽0.7、足后宽0.5、深
0.4米，未见使用葬具痕迹。墓内填入质地较松软的黄褐色砂土。墓主为成年，20岁左右，仰

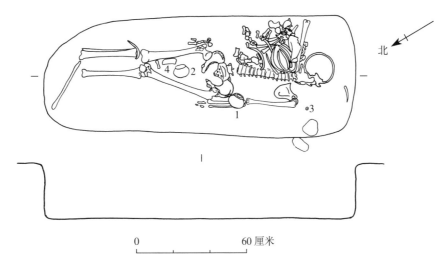

图四八　M43平、剖面图

1.B型Ⅱ式彩陶腹耳壶　2.D型Ⅲ式夹砂陶双耳罐（残）　3.白陶（滑石）珠一串（12枚）　4.朽毁陶器

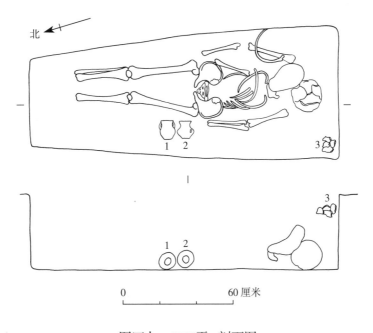

图四九　M45平、剖面图

1.A型Ⅱ式彩陶腹耳壶　2.B型Ⅲ式夹砂陶双耳罐　3.彩陶腹耳壶残件（填土）

身直肢，头向南，面朝上。上肢被人为扰动，比较凌乱，头骨破碎，胸骨、脊椎、锁骨、肩胛骨、指骨均缺失；右臂骨移位；下肢骨尚保持直肢状态，足骨部分缺失。骨殖保存情况不好，清理后采集肢骨、盆骨。随葬品共2件，计有A型Ⅱ式彩陶腹耳壶1、B型Ⅲ式夹砂陶双耳罐1件（图四九；彩版一二，1）。填土中出土彩陶腹耳壶（残）1件，以及一些马厂文化或"过渡类型"的彩陶片。

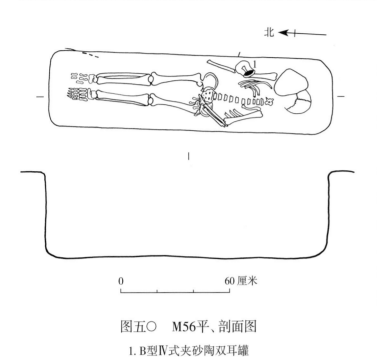

图五〇　M56平、剖面图

1. B型Ⅳ式夹砂陶双耳罐

6. M56

位于墓地南区，斜跨于T12东南角和T13东北角，打破M55，西邻M57，北邻M65，南邻M94。圆角长方形竖穴土坑墓，南—北向，方向175°。墓口位置深度不详，墓长1.55、宽0.4、深0.45米。未见使用葬具痕迹。墓内填黄褐色砂土，夹杂石子。墓主为一少年，年龄不大，性别不详。仰身直肢，头向南，头骨被一块大砾石压碎，面向不明。墓主骨殖保存尚好。随葬品仅有B型Ⅳ式夹砂陶双耳罐1件（图五〇；彩版一二，2）。

7. M58

位于墓地南区T18内，打破M75、M78，西邻M52，北邻M81。长方形竖穴土坑积石墓，东北—西南向，方向215°。墓口位置不详，墓残长1.67、宽0.64、深0.54米。未见使用葬具痕迹。墓内填黄褐色花土，夹杂砂石。在墓穴前端人骨上方填土内放置大砾石数块。墓主15~20岁，性别不详。仰身直肢，头向西南，面朝上。其上肢骨架（盆骨以上）被严重扰乱，极其凌乱，下肢保持直肢葬形式。墓主除头骨仍在原位外，肢体骨骼均散乱于墓内，甚至夹杂在填土中。采集头骨、盆骨和股骨。随葬品共13件，计有牙饰6、骨针筒2、穿孔骨管1、彩陶小壶1、B型Ⅱ式夹砂陶双耳罐1、A型陶纺轮1、彩陶尊形器1件（图五一；图版七，1）。

此墓后部有扰坑3个。第一个坑位于M58下端中间，坑内出部分人骨和遗物，计有A型陶多子盒1（残）、彩陶尊形器1（残）。还有人下颌骨及肩胛骨、肢骨等。第二个坑位于M58下部西侧，坑内出人头骨残片、肩胛骨、肋骨和脊椎等。第三个坑位于下端西侧，坑内无任何遗物。以上3个坑出土人骨和陶器不可能属于M58，应为晚期扰坑。另在M58东侧发现一些散乱的人骨和砾石，上述坑内所出人骨也有可能为被打破的另一座墓的遗留。另在坑内还出有动物纹彩陶钵1件（残）。

8. M62

位于墓地南区，斜跨于T11东壁南段，上压M52，东邻M58，南邻M70，西邻M66。圆角长方形竖穴土坑墓，东—西向，方向120°。墓口距地表深0.15米，墓残长1.5、宽0.43、深0.4米，未见葬具痕迹。墓内填黄褐色花土，夹杂少量砂石。根据墓内骨架可知，墓主男性，成年，仰身直肢，头向上，面朝东南。其上身骨架被人为严重扰乱，部分肢骨、肋骨和头骨集中放置在一起，骨架散乱，骨殖保存不好。采集头骨。随葬品共9件，集中放在墓主头前，计

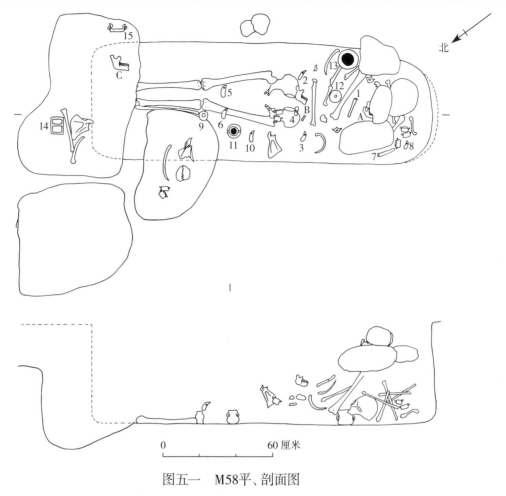

图五一　M58平、剖面图

1、7. 骨针筒　2、3、5、6、8、10. 牙饰　4. 穿孔骨管　9. 彩陶小壶　11. B型Ⅱ式夹砂陶双耳罐　12. A型陶纺轮　13、15. 彩陶尊形器　14. A型陶多子盒

有B型Ⅲ式、A型Ⅱ式、C型Ⅱ式夹砂陶双耳罐各1件，B型Ⅰ式陶四系罐1、B型石刀1、十字穿孔蚌珠1、白陶（滑石）珠3枚、小蚌珠2枚（朽毁）（图五二；图版七，2）。另在此墓西侧以外出陶双耳罐1件，不属于此墓，按采集品处理。

9. M69

位于墓地南区T9东扩方内，西与M51相连（两者边界不很清楚），南邻M60，北有M79。此墓前宽后窄，近梯形，东—西向排列，方向105°。墓口距地表深0.15米，分上下两层，上层墓残长1.55、宽1.3米（图版七，3）。墓内堆放大量砾石，一堆集中在墓内左上角，另一堆集中在墓主腹上部。墓主头骨位于两堆砾石之间，头前有石刀和骨针筒。下层墓穴位于西壁，系长方形竖穴土圹（图版七，4），长1.55、宽0.55、深0.57米。墓口以上覆盖黑灰色表土，夹大量砂石；下为红褐色土，夹大量砂石，较坚硬；其下为灰褐色细砂土，再下为砂砾石层。墓主单人仰身直肢，男性，45+岁，身体上肢及头骨被严重扰乱，上身除少量脊椎骨、肢骨保持原位外，其他骨骼全部位移，保存不好，采集头骨、股骨。在墓主尸体下有一层板灰痕

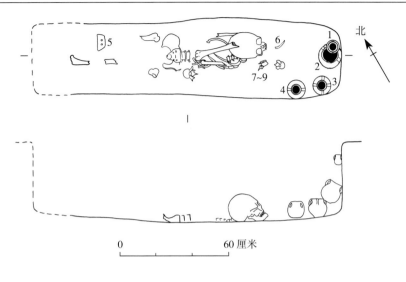

图五二　　M62平、剖面图

1. B型Ⅲ式夹砂陶双耳罐　 2. C型Ⅱ式夹砂陶双耳罐　 3. B型Ⅰ式陶四系罐　 4. A型Ⅱ式夹砂陶双耳罐　 5. B型石刀　 6. 十字穿孔蚌珠　 7. 白陶（滑石）珠（3枚）　 8、9. 小蚌珠（朽毁）

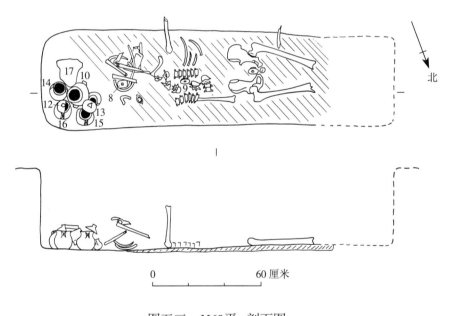

图五三　　M69平、剖面图

1. A型石刀　 2、8、9. 蚌泡　 3、5. 骨针筒　 4. 骨针　 6. A型陶器盖　 7. A型陶纺轮　 10. A型Ⅰ式彩陶腹耳壶　 11. A型Ⅰ式夹砂陶单耳罐（17下）　 12. B型陶器盖　 13. A型Ⅲ式夹砂陶双耳罐　 14. Ⅱ式彩陶双耳罐　 15. A型Ⅱ式夹砂陶双耳罐　 16. E型陶器盖　 17. 石板器盖　 18. 蚌珠（2枚）　 19. 白陶（滑石）珠（1~7出土于上层，18、19人骨下）

迹，厚约2厘米，应为简易葬具痕迹。随葬品共19件，集中放在墓主头前，计有蚌泡3、器盖3（A、B、E型各1件）、骨针筒2、骨针1（置于骨针筒内）及A型Ⅱ式、A型Ⅲ式夹砂陶双耳罐各1件，A型石刀1、A型陶纺轮1、A型Ⅰ式彩陶腹耳壶1、A型Ⅰ式夹砂陶单耳罐1、Ⅱ式彩陶双耳罐1、石板器盖1件及蚌珠2、白陶（滑石）珠1枚（图五三）。另在填土中出土陶纺轮1件。

10. M70

位于墓地南区T11东南角，南邻M54，墓前一角被M52叠压，本身又被M63拦腰打破。圆角长方形竖穴土坑墓，东—西向排列，方向115°。墓口距地表深0.2米，墓长2、宽0.55、深0.4米。未见使用葬具痕迹。墓内填黄褐色土，夹杂砂石。墓主单人仰身直肢，女性，年龄不详。头骨缺失，身体右侧骨架、左侧上肢骨、骨盆及大腿骨缺失，唯右手掌骨、指骨保存在原位。骨架保存不好，未采集。随葬品3件，Ⅰ式彩陶双耳罐1、B型陶器盖1、A型石管珠1（图五四）。在打破此墓的M63填土内清理出骨盆、尾椎等，恰好与此墓缺失的骨殖对应。但此墓缺失的头骨和上半身右侧骨架有可能系人为扰动造成。另在填土中出啮齿类小动物头骨1件。

11. M71

位于墓地南区T17、T18之间，西邻M53，南邻M81，东北邻M61。圆角长方形竖穴土坑墓，南—北向，方向205°。墓口距地表深0.4米，墓穴长1.78、宽0.56、深0.3米。未见葬具使用痕迹。墓口上方覆盖0.4米厚的灰黑色土，夹杂砂石，其下为砂砾石层，厚约0.15米。墓内填黄褐色花土，夹杂砂石，较为坚硬。墓主为老年女性，仰身直肢，头向西南，面朝上。在墓主骨架上方铺有一层纯净的细砂砾。墓主上肢右侧被人为扰动，肋骨全部缺失，小臂骨部分缺失，右侧下肢腓骨、指骨、足骨缺失。随葬品共4件，集中放置于墓主身体左侧，计有彩陶尊形器1、A型Ⅱ式彩陶腹耳壶1、B型Ⅲ式夹砂陶双耳罐1、C型陶器盖1件（图五五；彩版一二，3）。填土中出有少量陶片，包括彩陶尊形器底等。

12. M84

位于墓地南区T18东部，西邻M76、M78，北有M89、M92，下压M80和M104。长方形竖

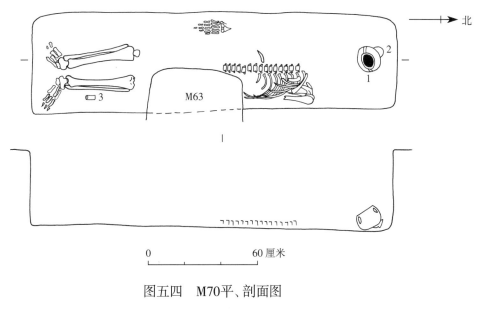

图五四 M70平、剖面图

1. Ⅰ式彩陶双耳罐 2. B型陶器盖 3. A型石管珠

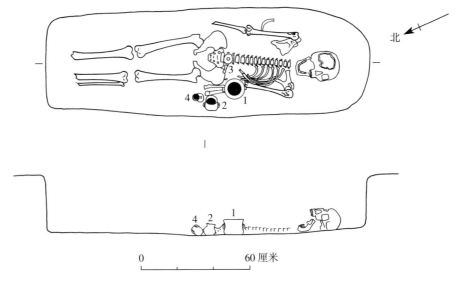

图五五　M71平、剖面图

1. 彩陶尊形器　2. A型Ⅱ式彩陶腹耳壶　3. B型Ⅲ式夹砂陶双耳罐　4. C型陶器盖

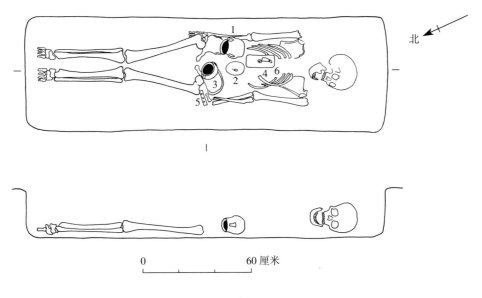

图五六　M84平、剖面图

1. Ⅳ式彩陶双耳罐　2. C型陶器盖　3. B型Ⅱ式夹砂陶双耳罐　4. A型石刀　5. 牙饰　6. 骨针筒

穴土坑墓，南—北向，方向205°。墓口距地表深0.35米，墓穴长2、宽0.6、深0.25米。未见葬具痕迹。墓口以上叠压黑褐色土，墓内填黄褐色砂土。墓主男性，50~55岁。仰身直肢，头向西南，面朝上。由于人为扰动，其上身骨架中的脊椎、尾椎、胸骨、锁骨大部分缺失，骨殖保存较差，采集头骨、盆骨和肢骨。随葬品共6件，计有Ⅳ式彩陶双耳罐1、C型陶器盖1、B型Ⅱ式夹砂陶双耳罐1、A型石刀1、牙饰1、骨针筒1件（图五六；彩版一二，4）。

13. M91

位于墓地南区T19东部，北邻M86，西有M68，被M85叠压墓穴一角，本身又打破M105，保存较好。长方形竖穴土坑积石墓，东南—西北向，方向220°。墓穴口大底小，纵剖面呈"斗"状。墓穴中部堆放大砾石35块，摆成石椁状。墓主被放置在砾石下方。墓口距地表深0.26米，墓口长2.45、宽0.85米，墓底长2.08、宽0.58米，墓深0.67米。未见使用葬具痕迹。墓内填黄褐色花土。墓主男性，35~40岁。仰身直肢，头向西南，面朝东南。墓主上身胸部和右小臂处遭人为扰动，部分胸椎骨缺失，右小臂尺骨脱离原位；另缺失掌骨、指骨和足骨。骨架保存尚好，清理后全部采集。此墓共随葬器物10件。其中，上层出有C型Ⅲ式夹砂陶双耳罐1、Ⅱ式素面陶双大耳罐1件；下层随葬品与人骨放置在一起，计有穿孔骨管1、穿

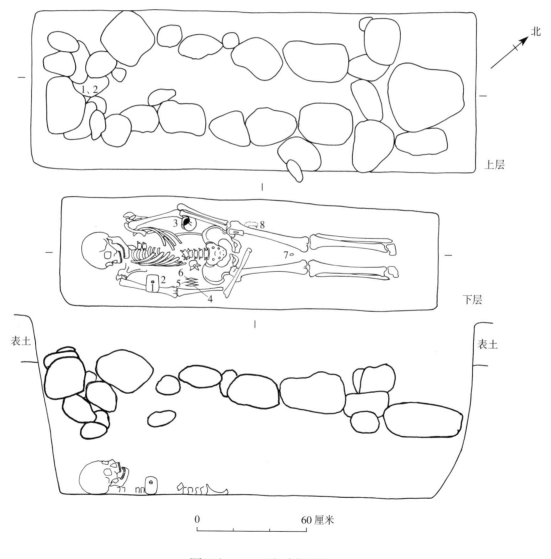

图五七 M91平、剖面图

上层: 1. C型Ⅲ式夹砂陶双耳罐 2. Ⅱ式素面陶双大耳罐

下层: 1. 穿孔骨管 2. 玉斧 3. B型Ⅱ式陶四系罐 4~6. 骨镞 7. A型肉红石髓珠 8. 泥塑动物俑

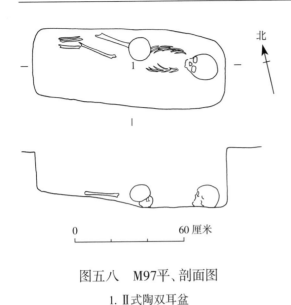

图五八　M97平、剖面图
1. Ⅱ式陶双耳盆

孔玉斧1、骨镞3、B型Ⅱ式陶四系罐1、A型肉红石髓珠1、泥塑动物俑1件（残）（图五七；彩版一三，1）。此墓（包括M93、M95）周围表土和填土出有早期（马厂文化晚期或"过渡类型"）的陶片，包括器形较独特的大口肥腹罐1、双耳罐1件（残）及彩陶片等。

14. M97

位于墓地南区南端T20中部，西北邻M95，保存情况尚好。圆角长方形竖穴土坑墓，东—西向，方向102°。墓口距地表深0.24米，墓长1.06、宽0.42、深0.31米，未见使用葬具痕迹。墓内填黄褐色花土。墓主为儿童，4~5岁，性别不详。仰身直肢，脊椎骨全部缺失。头向东，面朝上。骨殖保存不很好，仅采集部分牙齿。随葬Ⅱ式陶双耳盆1件（图五八）。

（三）单人侧身直肢葬

此类葬式在干骨崖墓地仅发现M4和M48两例。

1. M4

位于墓地北区T1北扩方内，北邻M1，东部被M7打破，西部由于断崖垮塌有少量损毁。长方形竖穴土坑墓，东—西向排列，方向90°。墓开口位置不详，残长1.3、宽约0.8、深0.6米。未见使用葬具痕迹。墓口以上压黄褐土、黑灰色表土。墓内填黄褐色土，夹杂砂石。墓主单人侧身直肢，双腿上下并拢，头向应朝东。上身及头部被M7打破不存，在与M7相交位置保留有小臂骨、双手掌骨及半个髋骨。在M7填土上部发现下颌骨、盆骨及单耳罐1件，推测应属M4所有。清理后采集下颌骨、大腿骨和髋骨。随葬品共6件，放在墓主腿骨两侧，计有C型彩陶腹耳壶1（残）、Ⅱ式彩陶双耳罐2、A型Ⅱ式夹砂陶双耳罐1及A型Ⅰ式、B型Ⅰ式夹砂单耳罐各1件。

在M4南侧同一水平位置清理出下腿骨、小臂骨各1，与M4关系不明。在清理过程中，M4南壁边缘界限一直没有找到，此墓南壁是否延续到南侧小腿骨位置，暂存疑（图五九；彩版一三，2）。

2. M48

位于墓地南区，横跨于T11、T12之间，打破M47、M49，本身被M30、M32所叠压。圆角长方形竖穴土坑墓，南—北向，方向180°。墓口距地表深0.2米，墓长1.71、宽0.43、深0.5米，头低脚高，未见使用葬具痕迹。墓内填黄褐色花土，夹杂砂石。墓主为老年人，性别不详。侧身直肢葬。其上肢左侧骨架被人为扰动。脊椎、右侧肋骨、盆骨、尺骨、桡骨等缺

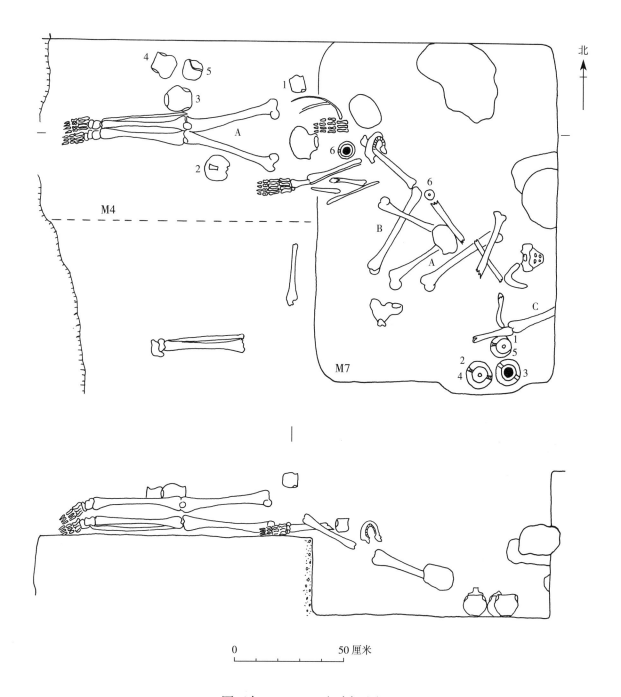

图五九　M4、M7平、剖面图

M4：1. B型Ⅰ式夹砂陶单耳罐　2. C型彩陶腹耳壶　3、4. Ⅱ式彩陶双耳罐　5. A型Ⅱ式夹砂陶双耳罐　6. A型Ⅰ式夹砂
　　陶单耳罐

M7：1. 陶器盖　2、4. A型Ⅲ式夹砂陶双耳罐　3. Ⅲ式彩陶双耳罐　5. E型陶器盖　6. 蚌泡

失。左侧肱骨被扰乱至小腿部位。骨殖保存不好，采集部分牙齿及股骨、盆骨。在墓主头前东侧有另一人的头骨，连带部分颈椎骨，头向北，面朝东。头骨上方有陶多子盒1件。此头颅属于哪座墓的墓主很难确定。推测有可能属于被M48打破的M47或M49，也有可能属于叠压M48的M30或M32。这几座墓主的头颅都缺失不存。此墓共有随葬品7件（套），计A型陶多子盒2（其中1件多子盒一格内装肉红石髓料块21、小陶珠1，另一格内装细石片27件）、彩陶尊形器1、C型Ⅱ式彩陶单耳罐1、A型陶纺轮1、蚌泡1、C型陶器盖1件（见图三四；彩版九，2；图版八，1）。此墓填土出有完整长方形多子盒1件，此器旁边有一具头骨，可能属于被此墓打破、压在其下的M49墓主。此长方形多子盒按M48随葬品处理。

（四）单人侧身屈肢葬

此类葬式在干骨崖墓地发现4例（M12、M40、M46、M65）。

1. M12

位于墓地中区T2内断崖处，由于断崖坍塌大半损毁。南邻M13，北有M22。圆角长方形竖穴土坑墓，东—西向排列，方向120°。墓口位置不详。残长0.6、宽0.5、深0.4米。未见使用葬具痕迹。墓穴浅而小，内填黄褐色砂土。墓主系儿童，年龄不详。侧身屈肢（？），头向东南，面朝南，骨架保存非常不好，仅保留残破的头骨和少量肢骨，下肢被打掉不存，采集头骨。无任何随葬品（图六〇）。

2. M40

位于墓地南区T13中部，叠压M46、M67，北邻M39，保存尚好。

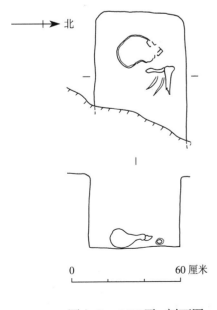

图六〇　M12平、剖面图

图六一　M40平、剖面图

1. Ⅰ式陶单把杯　2. Ⅲ式彩陶双大耳罐

长方形竖穴土坑积石墓，南—北向，方向180°。墓口位置不详，墓长1.35、宽1.15、深0.3米。未见使用葬具痕迹。墓内填较松软的黄褐色砂土。墓底四周摆放20余块大砾石，摆成"凹"字状。墓主为女性，35~40岁。侧身屈肢，头向南，面朝下，其双臂上屈交叉于胸前，双腿弯曲，双足缩至臀下，作踞坐状。骨架保存较差，清理后采集头骨、肢骨。随葬品2件，放在墓主脑后及腰后砾石下面，计有Ⅰ式陶单把杯1、Ⅲ式彩陶双大耳罐1件（图六一）。

3. M46

位于墓地南区T13中部，北邻M39，叠压在M40石圈之下，本身又叠压M67。墓穴小而浅，长方形竖穴土坑墓，东—西向，方向275°。墓口距地表深0.2米，墓长1、宽0.42、深0.15米，未见使用葬具痕迹。墓内填黄褐色砂土，夹杂小石子，较坚硬。墓主为一岁以下的幼儿，性别不详。侧身屈肢（？），头向西，面朝北。其下半身骨架朽毁，保存情况很差，清理后采集头骨。随葬品仅有Ⅳ式彩陶双耳罐1件（图六二；图版八，2）。

4. M65

位于墓地南区T12东壁，墓圹前部被M55打破，本身叠压M64、M74。圆角长方形竖穴土坑积石墓，南—北向，方向195°。墓口位置不详，残长1.5、宽1.3、深0.55米。清理时在墓内东南角发现一段纵向排列的木棍朽灰痕迹，直径5~6厘米，残存部分长0.52米，应为简易木质葬具遗留。墓内填黄褐色五花土，夹杂砂石。墓内东西

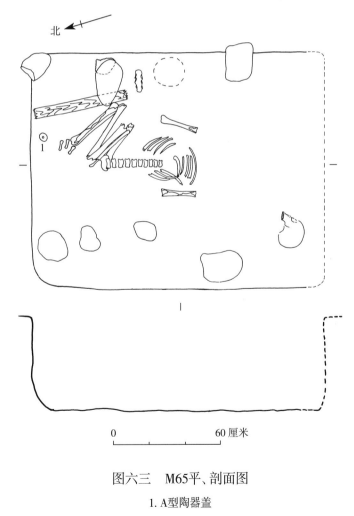

北

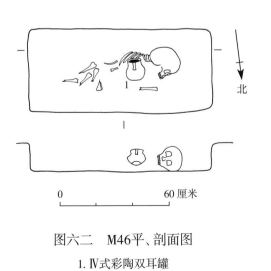

北

0　　　　　　60厘米

图六二　M46平、剖面图

1. Ⅳ式彩陶双耳罐

0　　　　　　60厘米

图六三　M65平、剖面图

1. A型陶器盖

两壁摆放7块大砾石，所在位置距墓底0.2米。墓主为一男性老年人。侧身屈肢，头向南，面朝东。其双腿蜷曲至腹部，双足叠压于臀部下，上肢骨缺失较多，头骨略有位移，骨殖保存情况较差。清理后采集头骨和肢骨。随葬品仅有A型陶器盖1件（图六三）。

（五）二次（乱骨）葬

二次葬指墓主下葬后，经过一段时间，待尸体软组织腐烂，再将墓主骨殖挖出来实施二次埋葬；也有的是为了与后来亡故的其他亲属合葬。一般情况下，迁葬时只拣选头骨和大的长肢骨。干骨崖墓地的二次葬在迁入新墓后未刻意摆放，被迁入者的骨殖往往较凌乱，故称乱骨葬。干骨崖墓地发现单人二次葬24座。此处根据迁葬者骨架摆放情况和骨殖数量的多少，将其细分为三类：第一类骨殖采集相对完整，且集中堆放，较为齐整者。此类有8座（M32、M57、M72、M76、M82、M89、M90、M93）。第二类仅收集主要骨殖，堆放比较零乱，个别骨殖甚至在填土中。此类计有11座（M1、M6、M33、M34、M64、M79、M83、M86、M95、M101、M105）。第三类仅收集少量骨殖，且常常混杂于填土内。此类也有可能是利用旧墓穴葬入新墓主，在开挖旧墓穴时，会将先下葬的墓主骨架扰乱并挖出来，在回填时，旧墓主部分骨殖与填土一起重新埋入墓穴。此类计有5座（M21、M22、M25、M37、M42）。以上三种情况显示了迁葬时对墓主骨殖的不同处理方式。下面遴选部分墓例予以介绍。

1. M6

位于墓地北区T1西壁与河岸断崖之间，北邻M103，南4米外有M5，西端由于河岸断崖垮塌少量损毁。竖穴土坑积石墓，东窄西宽，略呈梯形。墓底不在同一水平位置，东低西高。东—西向排列，方向90°。地表斜坡状，墓口深度不明，墓残长2.05、宽1.3~1.4、深0.55~0.6米。未见使用葬具痕迹。墓口以上叠压砂砾淤积层，墓内填黄褐色土，夹杂砂石，较坚硬。在墓中心位置摆放大小不等的砾石40余块，砾石距墓底最高达0.4米。墓主为单人乱骨葬，成年人，性别、年龄不详。头骨缺失，其他部位骨骼朽腐严重，骨架凌乱，散落于大块砾石之间，未采集。随葬品7件，集中放在墓东端，计有陶器盖4（2残）、A型Ⅰ式和Ⅱ式夹砂陶双耳罐各1、Ⅲ式彩陶双耳罐1件（图六四；彩版一四，1）。在此墓填土出有包括各类陶罐的口沿和器底，器形较大，应为日常生活实用器。

2. M21

位于墓地中区T3东扩方与东侧废弃的水渠之间，北邻M19、M17，保存情况较好。近方形竖穴土坑墓，南—北向，方向170°。墓口深度不明，墓长1.3、宽1.2、深0.6米，未见使用葬具痕迹。墓口上方叠压黑褐色表土，墓内上层填入黄褐色砂土，下层为呈铁锈色的砂砾层。墓主性别、年龄不详。二次乱骨葬，骨架散乱，残缺不整，部分散乱夹杂于填土中，头朝东南。骨殖腐朽严重，未采集。无任何随葬品（图六五；图版八，3）。填土中出有陶罐1件，器形较大，腹部肥硕，通体施紫红色陶衣，器底残缺。

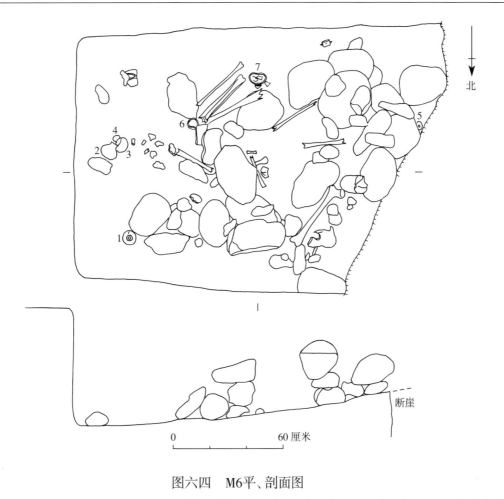

图六四　M6平、剖面图

1. B型陶器盖　2. Ⅲ式彩陶双耳罐　3. A型Ⅱ式夹砂陶双耳罐　4、6. 其他型陶器盖　5. A型陶器盖　7. A型Ⅰ式夹砂陶双耳罐

3. M22

位于墓地中区T2东北角，东端被M9、M16叠压，南邻M20。由于断崖垮塌致使墓穴西部损毁。长方形竖穴土坑积石墓，东南—西北向排列，方向132°。地表斜坡状，墓口深度不详，墓残长1.35、宽1.4米，墓坑下挖较深，深0.9米。未见使用葬具痕迹。墓口以上覆盖黑褐色砂土，中间为黄褐色砂土，夹杂石子，墓底为砂砾石层。墓内堆放10余块大砾石，分作两堆。一堆位于东北角，另一堆在墓中间。单人二次乱骨葬，性别、年龄不详，其骨架和随葬品散乱在砾石之间，甚至夹杂于填土中。骨殖保存不好，采集下颌骨。随葬品共7件，计有A、B、F型陶器盖各1，A型Ⅱ式、B型Ⅰ式夹砂陶单耳罐各1，A型Ⅰ式、C型Ⅰ式夹砂陶双耳罐各1件（图六六；彩版一四，2）。填土中出土1件大陶罐及少量陶片。

4. M25

位于墓地南区T10南壁断崖上，南邻M36，东邻M37，北邻M28，本身叠压M35。西侧由于断崖垮塌被毁。圆角长方形竖穴土坑积石墓，东—西向排列，方向95°。墓口距地表深0.25米，墓残长1.3、宽1.05、深0.2米。未见使用葬具痕迹。墓口以上覆盖灰黑色表土，夹杂砂

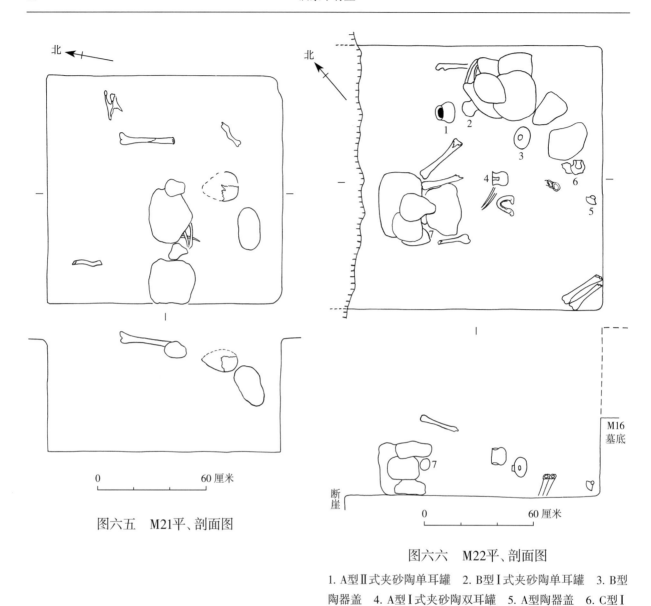

图六五　M21平、剖面图

图六六　M22平、剖面图

1. A型Ⅱ式夹砂陶单耳罐　2. B型Ⅰ式夹砂陶单耳罐　3. B型陶器盖　4. A型Ⅰ式夹砂陶双耳罐　5. A型陶器盖　6. C型Ⅰ式夹砂陶双耳罐　7. F型陶器盖

石，墓内填黄褐色土，含少量砂石。墓中堆放3块大砾石。墓主系二次乱骨迁葬，性别、年龄不详。其骨架分作两堆，一堆被大砾石所压；另一堆集中于北壁中部，保存不好，未采集。随葬品仅有蚌泡1件（图六七）。

5. M32

位于墓地南区，横跨在T11、T12之间，东邻M30，本身叠压M47、M48、M49，西邻断崖。圆角长方形竖穴土坑积石墓，墓前端毁坏部分。南—北向排列，方向185°。墓口距地表深0.15米，墓残长1.7、宽0.56、深0.35米。墓底保留部分木质朽灰及炭屑痕，观察其形状应为直径3~4厘米的朽木遗留。这些朽木痕迹纵向排列于墓底，自东而西共三列。西面一根残长0.85米，中间一根残长0.15米，东面一根残长1.45米。推测可能是当时运送死者的简易葬具。

墓内填黄褐色土，夹杂砂石。墓口和墓内堆积砾石16块。墓主为单人二次乱骨葬，性别、年龄不详。头骨不存，下肢骨和髋骨放在北侧，骨架凌乱不整，墓前端散乱地堆放肋骨、脊椎、部分上肢骨、下颌和另一半髋骨。骨殖保存不好。随葬品2件，计有C型Ⅲ式彩陶单耳罐1、B型Ⅱ式夹砂陶单耳罐1件（图六八；见彩版九，1）。墓内填土出土少量马厂文化晚期或"过渡类型"饰绳纹、施黄白色陶衣的陶片。

6. M57

位于墓地南区T13东北角，本身被M38和M39叠压，东邻M56。圆角长方形竖穴土坑积石墓，南—北向排列，方向210°。墓口距地表深0.3米，墓长1.65、宽0.65、深0.4米。清理中发现简易木质葬具痕迹，但遗痕极其零散，难辨其结构。墓内填黄褐色花土，夹杂石子，墓中部摆放2块砾石。墓主为单人二次乱骨葬，男性，50+岁。头

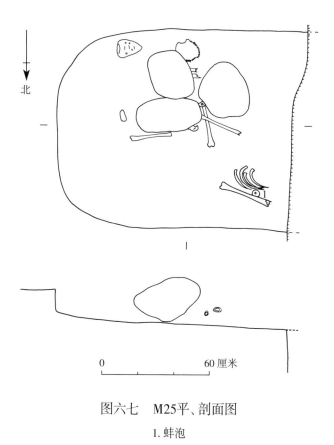

图六七　M25平、剖面图
1. 蚌泡

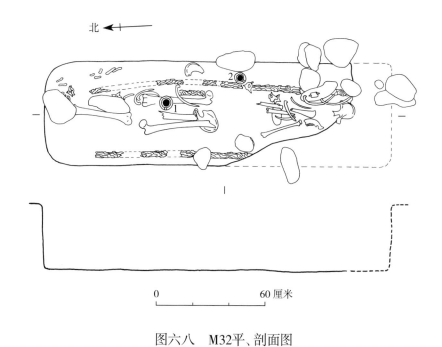

图六八　M32平、剖面图
1. C型Ⅲ式彩陶单耳罐　　2. B型Ⅱ式夹砂陶单耳罐

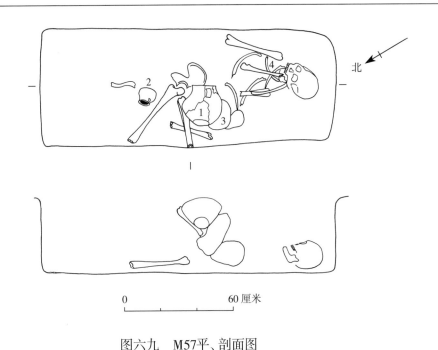

图六九　M57平、剖面图

1. C型Ⅲ式夹砂陶双耳罐　2. D型Ⅲ式夹砂陶双耳罐　3. 陶罐底　4. 泥塑动物俑

向西南，面朝上。上身仅保留少量肋骨和肢骨，下身骨架呈竖立状，有些散落在填土内，保存情况较差，采集头骨、盆骨和股骨。随葬品共4件，计有C型Ⅲ式、D型Ⅲ式夹砂陶双耳罐各1件及陶罐底1、泥塑动物俑1件（残）（图六九；彩版一二，2；彩版一五，1）。

7. M64

位于墓地南区T12、T19之间，西邻M45，北有M54，东有M74，本身被M65少量叠压，保存基本完好。圆角长方形竖穴土坑墓，南—北向排列，方向25°。墓口距地表深0.15米，墓长1.85、宽0.57、深0.5米。清理此墓上部时在填土中发现少许炭化木棍，纵向排列，共有7段，最长者0.25米，短者约0.1米，推测应为下葬时放在尸体上部的简易葬具。墓内填黄褐色土，夹杂少量砂石，在墓南部中间夹有一层砂砾。距墓底深0.4米处堆放近10块砾石。墓主为单人乱骨葬，经鉴定为一小孩，性别、年龄不详。人骨集中在墓穴北侧，仅有肢骨和少量肋骨、脊椎等。部分人骨散乱在填土中，保存不好，采集头骨残片。随葬器物3件，计有牙饰2（均残）、小螺壳饰1件（图七〇）。

8. M72

位于墓地南区T10东壁中部，北邻M29，叠压在M41之下，本身又被M73打破东端（界线不清晰）。圆角长方形竖穴土坑墓，头窄足宽。东—西向排列，方向275°（或95°）。墓口位置不详，墓长1.9、宽0.6~0.7、深0.4~0.5米。墓内发现零星炭化木块，应为简易葬具痕迹，但过于破碎，形制难辨。墓内填黄褐色土，夹杂砂石，底部挖穿进入戈壁砾石层。墓主系单人二次乱骨葬，女性（？），30~35岁。骨架凌乱，数目不整，有些甚至散乱在填土中。头骨、

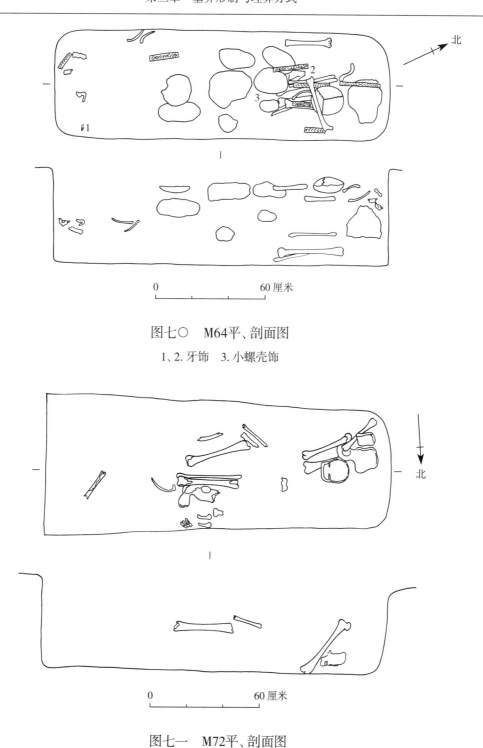

图七〇　M64平、剖面图

1、2. 牙饰　3. 小螺壳饰

图七一　M72平、剖面图

一块髋骨和部分肢骨位于墓穴西侧，中部放置部分肢骨、一片髋骨和肋骨等，保存情况很差，采集头骨、肢骨及盆骨。无随葬品（图七一）。

9. M79

位于墓地南区T16北侧，南邻M51、M69，北邻M27，保存情况较好。圆角长方形竖穴土坑积石墓，东—西向，方向95°（275°）。墓口距地表深0.25米，墓长2.2、宽1、深0.45米，已下挖进入砂砾石层。未见使用葬具痕迹。墓内填黄褐色花土，夹杂砂石。在墓底西端放置7块大砾石，靠东侧中部放置2块砾石。墓主18~20岁，性别不详。二次乱骨葬，人骨无规律地散乱于墓穴内，大部分集中在墓穴中部，包括下颌骨和肢骨等，数量不整，头骨缺失。保存情况较差，采集股骨和下颌骨。随葬品共5件，计有蚌泡2（朽坏）、A型Ⅱ式彩陶单耳罐1、C型铜泡1、铜牌1件（图七二；见图版四，2）。填土中出有彩陶小口腹耳壶1件，器形较独特。另发现一些马厂文化晚期或"过渡类型"的陶片。包括器表施黄白色陶衣的细泥橙黄陶片、饰绳纹、捺印凹窝的陶片等。

10. M82

位于墓地南区T19，叠压M86，本身被M68叠压少许。此墓北侧有大量积石，且与M80上部堆积的砾石连为一体，加之两座墓的底部基本处在同一水平位置，相互之间又无叠压打破关系，应该是同时下葬所致。M82为圆角长方形土坑积石墓，东—西向排列，方向125°。墓口距地表深0.25米，墓长1.5、宽0.5、深0.75米。未见使用葬具痕迹。墓口以上覆盖黑褐色表土，墓内填黄褐色土。有6块大砾石压在人骨上。墓主系单人二次乱骨葬，男性，60岁左右。下颌骨位于头前，头骨缺失，身体其余骨架基本完整，集中放在墓后2/3处，保存情况较好，采集盆骨、肢骨及下颌骨。无随葬品（图七三；彩版一五，2）。在填土出有早期（马厂文化晚期或"过渡类型"）的彩陶罐1和陶双耳罐1。

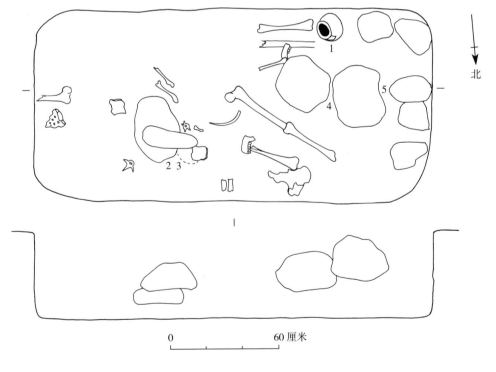

北

0　　　　60厘米

图七二　M79平、剖面图

1. A型Ⅱ式彩陶单耳罐　2、3. 蚌泡　4. C型铜泡　5. 铜牌

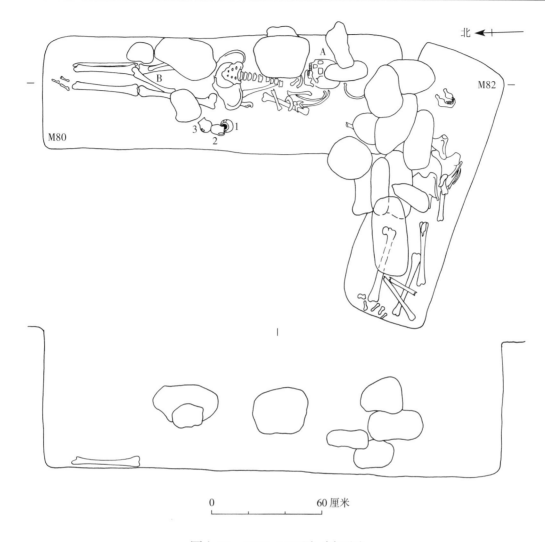

图七三　M80、M82平、剖面图

M80：1. D型Ⅱ式夹砂陶双耳罐　2. A型Ⅲ式夹砂陶单耳罐　3. A型Ⅱ式彩陶腹耳壶　4. 蚌泡（填土）　5. 料块（填土）

11. M83

位于墓地南区T19东北角、小水渠的尽头处，南邻M86，西有M80。长方形竖穴土坑积石墓，东北—西南向，方向215°。墓口距地表深0.25米，墓残长1.4、宽0.6、深0.35米，未见使用葬具痕迹。墓穴前端竖立2块大砾石，墓口以上覆盖黑褐色表土，墓内填黄褐色花土。墓主为一8～9岁儿童。二次迁葬，头向西南，面朝西。除头骨外，其余肢骨缺失甚多。骨殖保存差，仅采集头骨。随葬品有Ⅲ式素面陶双大耳罐1件（图七四）。

12. M86

位于墓地南区T19东端，北邻M83，南有M91，西端被M80、M82叠压，保存尚好。圆角长方形竖穴土坑墓，东—西向排列，方向115°。墓口距地表深0.2米，墓长1.6、宽0.7、深0.5米。未见使用葬具痕迹。墓口以上覆盖黑褐色表土，墓内填黄褐色花土。墓主系单人二次乱

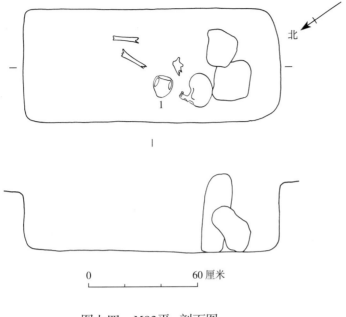

图七四 M83平、剖面图
1. Ⅲ式素面陶双大耳罐

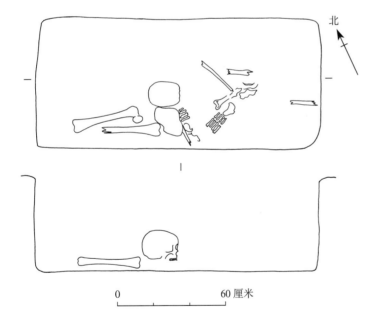

图七五 M86平、剖面图

骨葬，男性（？），20~25岁。头骨放置在墓中部，面朝东南，头骨旁边放置砾石1块。其余肢骨散乱堆在头骨前后，数目不全，保存较差。采集头骨及肢骨。无随葬品（图七五）。

13. M89

位于墓地南区T18东北角，北有M96，西邻M61，南有M84，本身叠压M92、M101。长方形竖穴土坑积石墓，东北—西南向，方向210°。墓口距地表深0.2米，墓长1.4、宽0.9、深0.3米，未见使用葬具痕迹。墓内填黄色砂土，夹杂石子。墓内放置6块大小不等的砾石。墓主男性，50+岁。二次迁葬，骨殖散乱，头骨位于墓内东南角，面朝上。其骨架置于墓中部砾石之间，数量不完整，清理后统计有头骨、下颌骨、部分肢骨和肋骨，骨殖保存尚好，采集头骨、下颌骨和部分肢骨。随葬品共2件，计B型Ⅱ式夹砂陶双耳罐1、骨柄铜锥1件（图七六；彩版一五，3）。

14. M93

位于墓地南区T19内，西与M64为邻，本身被M74、M68叠压，中部被M100拦腰打破，本身叠压M99。圆角长方形竖穴土坑墓，东—西向排列，方向110°。墓口距地表0.45米，墓长1.85、宽0.85、深0.45米。未见使用葬具痕迹。墓内填黄褐色土。墓内少量积石集中堆在墓穴北壁中间（墓中部原来可能堆有较大的砾石块。后由于此墓被M100打破，部分砾石被移走，部分填入M100墓内）。墓主系单人二次葬，性别、年龄不详。骨架散乱堆放在墓前段1/3处（东侧），头骨缺失，仅保留部分脊椎、肋骨、肩胛、胸骨和股骨。另发现几片顶骨散落在北壁砾石之间，保存很差，未采集。随葬品3件，集中堆在墓东壁北侧的角落里。计有Ⅰ式彩陶双大耳罐1、A型Ⅱ式夹

砂陶单耳罐1、胶泥器盖1件（残）
（图七七；图版九，1）。此墓（包括
M91、M95）周围的表土和填土中出
有部分早期（马厂文化晚期或"过渡
类型"）的陶片。

15. M95

位于墓地南区T20内，南邻M97，
北有M98，本身打破M94一角。圆角
长方形竖穴土坑墓，东—西向排列，
方向285°。墓口位置不详。墓长1、
宽0.5、深0.38米。未见使用葬具痕
迹。墓内填黄褐色土。墓主为单人
二次乱骨葬，儿童，4~5岁，性别不
详。头向西，面朝南，仅保留颅骨和
少量肢骨，头骨位于西侧，肢骨放在

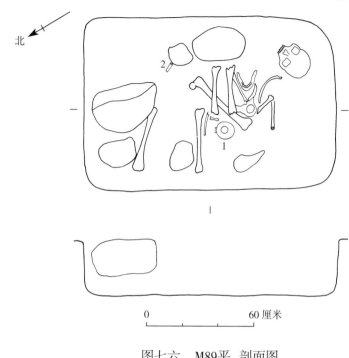

图七六　M89平、剖面图

1. B型Ⅱ式夹砂陶双耳罐　2.（骨柄）铜锥

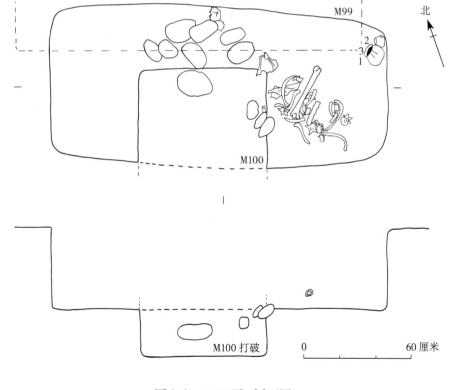

图七七　M93平、剖面图

1. Ⅰ式彩陶双大耳罐　2. A型Ⅱ式夹砂陶单耳罐　3. 其他型胶泥器盖

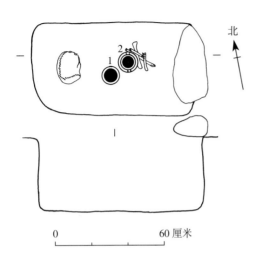

图七八　M95平、剖面图

1. Ⅱ式陶单把杯　2. A型Ⅳ式夹砂陶双耳罐

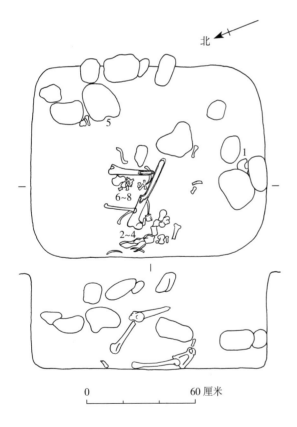

图七九　M101平、剖面图

1. Ⅰ式陶双耳盆　2. B型陶器盖　3. A型陶器盖
4. A型陶纺轮　5. B型石刀　6~8. 海贝

墓中部，保存不好，未采集。随葬品2件，计有Ⅱ式陶单把杯1、A型Ⅳ式夹砂陶双耳罐1件（图七八；见图版六，1）。在此墓（包括M91、M93）周围表土及填土中出有一些早期（马厂文化晚期或"过渡类型"）的彩陶片，还有1块饰篮纹的齐家文化陶片。

16. M101

位于墓地南区T18以东，西部被M89叠压，本身打破M102。圆角近方形土坑积石墓，南—北向排列，方向200°。墓口距地表甚浅，几乎接近地表，局部遭到破坏。墓长1.3、宽1、深0.5米。未见使用葬具痕迹。墓内填黄褐色土，墓东侧和南侧距墓底0.1~0.4米处摆放10余块砾石。墓主系女性，45+岁，单人二次乱骨葬，骨架集中堆在墓中部偏西一隅，有些甚至夹杂在填土中。未见头骨，保存不好，未采集。随葬器物8件，计有海贝3、Ⅰ式陶双耳盆1（残）、A型陶纺轮1、B型石刀1及A、B型陶器盖各1件（图七九）。

二　合葬

干骨崖墓地共发现合葬墓31座，占到墓葬总量的29%。在合葬墓中，有双人合葬，也有多人合葬。假如将性别、年龄等自然因素也考虑进去的话，还可再进一步细分为成年男女异性合葬、成人同性合葬、成人儿童合葬、儿童合葬等不同形式。此外，还有一些性别和年龄不确定的合葬墓。下面将按照一次葬合葬（M3、M47、M52、M74、M85、M102）、先后合葬（M14、M39、M77、M94）、一次葬与二次迁葬合葬（M2、M7、M8、M11、M13、M17、M26、M36、M50、M55、M60、M99、M100、M103）、二次（乱骨）葬合葬（M10、M18、M24、M27（下）、M38、M51、M73）分别予以介绍。

（一）仰身直肢一次合葬

此类合葬墓发现不多。这种一次性合葬系墓主同时下葬，其形式可细分为两类。一类为2~3人的合葬，墓穴面积稍大，墓主并列仰身直肢平卧于墓穴内，死者处在同一水平位置。此类可以M52、M74、M85为代表。另一种采取一上一下、相互叠压的形式，墓穴面积不大，其宽窄程度与一般的单人葬墓穴相等或稍大，墓主在墓内仰身直肢平卧，上下叠压。此类可以M102为代表。下面遴选典型墓例予以介绍。

1. M52

位于墓地南区T11、T18，其本身叠压M62、M70，东邻M58、M75。圆角长方形竖穴土坑墓，墓圹后部被破坏，边际不清。南—北向排列，方向160°。此墓距地表很浅，局部被表土扰动。开口位置不详，墓残长1.9、宽0.82、深0.25米。墓内发现数截炭化木棍，应为简易葬具遗留。木棍直径4~5厘米，纵向排列，一根残长0.8米，位于墓穴后部中间；另一截残长0.15米，位于墓穴中部东侧。墓内填黄褐色土，夹杂砂石。墓主系双人上下叠压合葬。性别、年龄不详。上层墓主仅存一副小腿骨，其余骨骼均破坏殆尽。从保存的骨架姿态看，应为仰身直肢。下层墓主亦为仰身直肢葬，但骨盆以上骨架缺失，保存不好，未采集。随葬品仅有C型Ⅳ式夹砂陶双耳罐1（残）件（图八〇）。

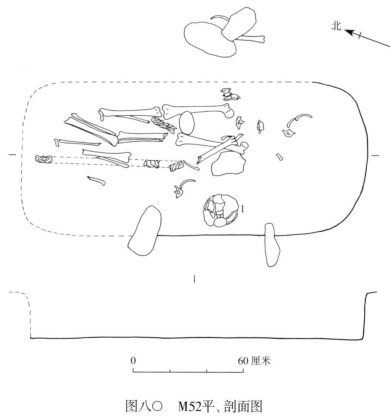

图八〇　M52平、剖面图

1. C型Ⅳ式夹砂陶双耳罐

2. M74

位于墓地南区T19西侧，此墓被M55叠压，又被M65打破，本身叠压M93、M99、M100，并打破M87。长方形竖穴土坑积石墓，南—北向，方向195°。墓口距地表深0.2米，墓长2.9、宽1.45、深0.45米，未见使用葬具痕迹。墓内填黄褐色花土，夹杂砂石，墓中部摆放大块砾石10余块。墓内葬入2人。墓主A女性（？），45+岁。仰身直肢，头向西南，面朝上。其左臂被2块大砾石所压，右下肢微微屈起。墓主B男性，25~30岁。仰身直肢，头骨不存（头向应朝西南）。上肢骨被M65打破，缺失大半，下肢压有6块大砾石。二人上肢均被扰动，骨殖保存很差。采集墓主A头骨、盆骨、肢骨，墓主B盆骨及肢骨。随葬品共11件（组），计有D型I式夹砂陶双耳罐1、D型III式夹砂陶双耳罐2、A型陶器盖1、C型陶器盖1、铜刀2（一件在墓主A右臂处，另一件在墓主B右手下）、穿孔玉斧1（墓主A左手处）、铜指（耳）环1（墓主A头左侧）、牙饰1（墓主B胸前）、肉红石髓珠（3枚。墓主B胸前）（图八一）。填土中

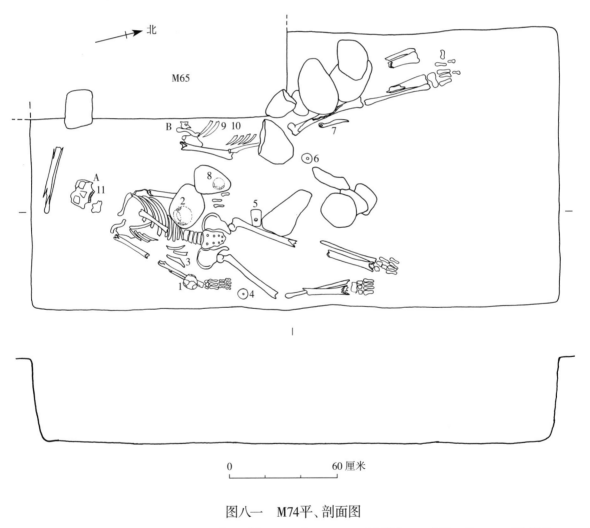

图八一　M74平、剖面图

1、8. D型III式夹砂陶双耳罐　2. D型I式夹砂陶双耳罐　3. B型铜刀　4. C型陶器盖　5. 穿孔玉斧　6. A型陶器盖　7. A型铜刀　9. 牙饰　10. 肉红石髓珠（3枚）　11. 铜指（耳）环

出有彩陶壶2（残）、彩陶尊形器1（残）、双耳罐1（残）以及施拍印纹的器底和陶片等。在墓主A的头前有一根长骨，有可能属于墓主B。

3. M85

位于墓地南区T19与T20之间，本身打破M87、M88，叠压M91、M105，保存情况较好。梯形竖穴土坑墓，前窄后宽，南—北向，方向190°。墓口距地表深0.4米，墓长2.2、头前宽1、足下宽1.3、深0.45米，未见使用葬具痕迹。墓口以上叠压黑褐色表土，墓内填黄褐色花土。墓内前端和右侧放置6块大砾石，其中一块在墓主B头前，一块放在墓主C右臂上。此墓系3人合葬，均作仰身直肢状。墓主A男性（？），50+岁，葬在墓穴西侧，头向南，面朝上。右上肢骨缺失。墓主B为男性，55~60岁，头向南，面朝上，仅保留头骨和一段肱骨，其右侧稍远处的肢骨有可能属于此人所有。墓主C为一8岁左右的儿童，头向南，面朝上，骨架大致完整。采集墓主A、C全部骨骼及墓主B头骨。随葬品共7件（套），计有C型Ⅲ式夹砂陶双耳罐1、A型Ⅱ式彩陶腹耳壶1、D型夹砂陶单耳罐1、牙饰1、骨针筒1、骨针1（置于骨针筒内）、白陶（滑石）珠、蚌珠1串52枚及A型石管珠1枚（出于墓主C颈部和头骨下）（图八二；彩版

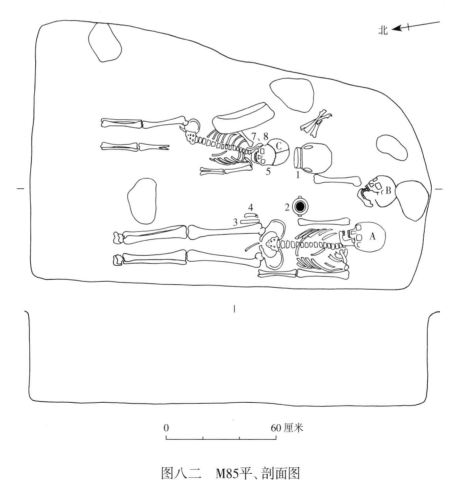

图八二　M85平、剖面图

1. C型Ⅲ式夹砂陶双耳罐　2. A型Ⅱ式彩陶腹耳壶　3. 骨针筒　4. 牙饰　5. D型夹砂陶单耳罐　6. 骨针（骨针筒内）　7. 白陶（滑石）珠、蚌珠一串（52枚）　8. A型石管珠

一六，1）。填土中出土B型双耳罐3。其中1件施黄褐色陶衣绘黑彩的泥质红褐陶片。年代似偏早。另有饰细线刻划菱格纹、篮纹陶片。

4. M102

位于墓地南区T18与废弃的小水渠之间，此墓后半部被M101打破。圆角长方形竖穴土坑墓，东—西向，方向85°。墓口距地表深0.2米，墓残长0.88、宽0.51、深0.35米，未见使用葬具痕迹。墓内填黄褐色花土。墓内同时葬入2人，墓主A系男性，骨架自胸椎以下全被打掉，20~25岁。墓主B自盆骨以下全被打掉，性别、年龄不详。此墓采用上下叠压合葬形式。从保留的上身骨架看，二人均系仰身直肢，头向东，面向上。上身骨架保存完整，骨殖保存较好，清理后采集头骨和下颌骨。随葬品2件，分别放在墓主B的胸部和骨盆上。计有D型Ⅱ式夹砂陶双耳罐1、彩陶圈足小罐1件（图八三；图版九，2）。此墓被打掉的下半截南侧堆放5~6块砾石。

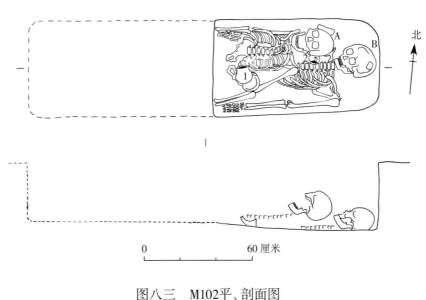

图八三　M102平、剖面图

1. D型Ⅱ式夹砂陶双耳罐　2. 彩陶圈足小罐

（二）仰身直肢先后合葬

此类合葬墓发现不多。采用这种形式的合葬是在同一墓穴内先后两次葬入死者，下葬时间有一段间隔。具体可细分为，一种采用双人上下叠压形式，即先在墓内葬入1人，经过一段时间（不会很久），再将墓穴挖开，待接近先下葬的墓主尸体时，在其尸骨上再葬入第二位墓主。二人均仰身直肢平卧，一上一下，相互叠压。由于不是同时下葬，在埋葬后者时，往往会不同程度地扰动先期下葬的墓主骨架。此类可以M77和M94为代表。第二种也是同穴上下叠压合葬，但上下层墓主之间并不直接接触。即在埋葬后来的墓主时，挖至一定深度即葬入第二位墓主。上下墓主尸骨之间有一定间隔。此类可以M39为代表。第三种为同穴上下叠压多人合葬。由于合葬人多，墓穴也相应较大一些。由于不是同时下葬，在第二次开挖墓圹时往往会对先前下葬墓主尸骨造成一定破坏。此类可以M14为代表。以下遴选典型墓例予以介绍。

1. M14

位于墓地北区南端，由此向东北约6米开外为M8，与墓地中区T2之间相距约30米。由于断崖垮塌，此墓后半部损毁部分。墓穴前端呈圆弧状，后部被毁，推测有可能为前圆后方（？）的竖穴土坑积石墓，前窄后宽，东南—西北向，方向130°。墓口距地表深0.7米，墓残长2、宽1.8、上层墓深0.2、下层墓深0.5米。未见使用葬具痕迹。墓内填土颜色、质地大致以墓穴中心堆积的石块为界明显不同，石块东北填黄褐色花土，夹杂砂石；南侧填黄色花土，质地纯净。此墓分上下两层。上层墓口至墓底深0.2米，发掘前已暴露于河岸断崖剖面。清理时先露出30余块大砾石及部分破碎人骨。砾石堆积厚0.25~0.3米，集中堆在墓穴中后部。在墓穴东北边缘约1/3处有2付下肢骨。清理时发现，有的股骨朝向东北，有的朝向西南。显然这堆人骨属于二次迁葬。墓主性别、年龄不详。另在上层堆积的砾石上摆放B型陶器盖1件（图八四）。

最初，此墓在清理时被误认为两座墓。与墓穴中部堆积的砾石为界。待清理完上层砾石堆积后，发现其下还堆有近20块巨大的砾石，将此墓分成南北两个单元。下层墓底部距上层墓底深约0.3米。在下层墓底偏南一隅合葬三人，在砾石堆积偏北范围，除堆放数块砾石之外，空无一物。

下层墓为三人合葬。他们头向一致，均头朝东。根据骨架摆放位置可知，三人很可能是先后下葬。其中，墓主B和墓主C并列平卧，仰身直肢。墓主B为男性，40±岁，位于内侧，面朝西南，骨架完整，但局部稍有扰动，如右侧髋骨被扰至足骨处，身体右侧一半被大砾石所压。墓

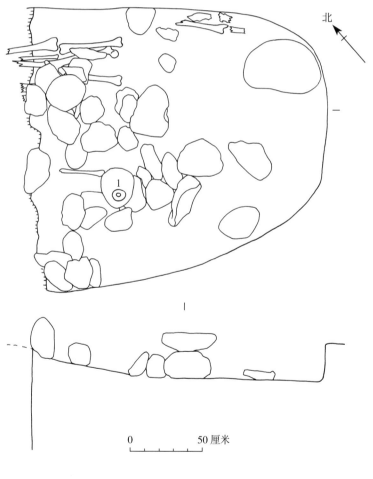

图八四　M14上层平、剖面图
上层：1. B型陶器盖
填土：C型铜耳环

主C为男性，20~25岁，位于墓穴南壁，系侧身直肢葬，面朝上，骨架完整。墓主A为女性，40~45岁，亦为仰身直肢葬，面朝上，骨架完整，其身体叠压在墓主B和墓主C身上。从清理过程分析，此墓上下两层的结构显示墓主是在不同时期分别下葬的，上层晚于下层。但下层3个人的下葬时间也应有先后次序，且间隔时间似乎不太久。推测可能是，墓主B和C同时下葬，其后不久再葬入墓主A。并对先期下葬的墓主B骨架造成扰动。又过了一段时间，此墓被再度挖开，墓穴面积也被扩大，在下挖至原先墓葬的底部时，堆放砾石作为间隔，并将先期葬入的三位墓主向南推挤，由于墓主B位于外侧，其身体右侧骨架被扰动，甚至出现局部位移或被石块所压。发掘中在扩大的墓穴北部未见人骨架，这部分是否曾葬入死者？不详。但在距下层墓穴底面以上约0.3米处发现2个人的少量骨殖，像是二次迁葬。估计M14曾先后挖

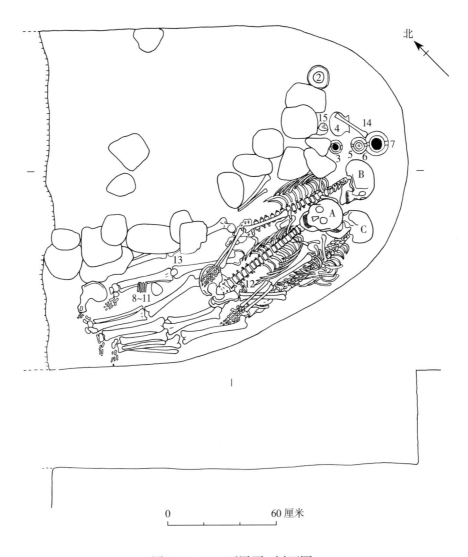

图八五　M14下层平、剖面图

2. 陶罐底　3. A型I式夹砂陶单耳罐　4、7. II式彩陶双耳罐　5、14. A型陶器盖　6、15. A型I式夹砂陶双耳罐　8~11. 骨笄　12. A型陶纺轮　13. C型陶器盖　16、17. 蚌泡（人骨下）

开2~3次，这从墓内砾石两侧填土质地和色泽的明显差异可以看出来。如此，M14至少先后葬入5人，即下层墓3人（或大于3人），上层墓2人（或大于2人），其中，下层墓3人保存较好，上层墓2人保存很差。清理后采集下层墓主头骨、盆骨和股骨。

M14总计随葬器物17件，集中放在下层墓主头前一侧，个别放在墓主身上。计有A型陶器盖2、B型和C型陶器盖各1、骨笄4、Ⅱ式彩陶双耳罐2、A型Ⅰ式夹砂陶双耳罐2、蚌泡2、A型Ⅰ式夹砂陶单耳罐1、罐底1、A型陶纺轮1件（图八五；彩版五，2）。另在填土中出土铜耳环1件和少量陶片。

2. M39

位于墓地南区T13北壁西端，本身打破M38，叠压M57、M67，南邻M40。墓内填黄褐色砂土，比较松软。此墓分上下两层，先后葬入2人，上层墓沿墓穴东侧和南侧堆放近20块大砾石，呈围绕墓主的"石椁"状。墓圹边际不清晰，从石块和人骨排列大致可看出为圆角长方形，东—西向排列，方向120°。墓口距地表深0.2米，残长近2.08、宽0.9、深0.3米。上层墓后部开口位置残存一副小腿骨，应为此墓打破的另一墓主。上层墓仅保留有墓主的下肢骨，保持直肢状，性别、年龄不详。骨殖保存甚差，未采集。墓内东南角砾石下发现朽灰痕迹，可能是简易葬具。下层墓长2.08、宽0.9、深0.4米。下层墓方向100°，与上层略有偏移。墓内积石沿南壁和头前一侧摆放，环绕墓主右侧和头部。墓主单人仰身直肢，成人，头骨和部分上肢骨扰乱缺失，下肢基本完整。头向应朝东偏南。年龄不详。采集肢骨、盆骨，无随葬品（图八六；彩版一六，2）。

3. M77

位于墓地南区T12中部，北邻M59，墓前半部整个被M50打掉，后部一角被M33叠压。圆角长方形竖穴土坑墓，东—西向排列，方向105°。墓口位置不详，墓长1.4、宽0.6、墓底深0.4米。未见使用葬具痕迹。墓内填黄褐色花土。墓主系双人上下叠压合葬，下肢骨上下叠压，上下层之间相隔约0.1米。下层墓主为成人，性别、年龄不详。从残存骨架看，二人均系仰身直肢葬。墓主A（上）仅保留小腿骨；墓主B骨盆以上部位缺失，保存情况较差，采集盆骨和部分肢骨。无随葬品（图八七）。

4. M94

位于墓地南区T20，打破M98，本身被M95打破墓穴东北角。由于这几座墓的底部不在同一水平位置，因此未对M94造成破坏。圆角长方形竖穴土坑墓，南—北向。墓口距地表深0.15米，墓长1.8、宽0.65、深0.41~0.48米。墓内填黄褐色花土。墓穴上部发现已炭化的简易木质葬具痕，呈棕褐色，葬具位于墓主骨架之上。原物系直径5厘米左右的木棍，在墓穴内前后纵向排列，共3根，现存长度分别为1.45米（东侧）、1.55米（中间）和1.2米（西侧）。在墓穴西壁北侧发现一截竖立的短木，残长7~8厘米；另外还发现一些零散的炭化木碎屑，以及在墓主左小腿骨处沿墓壁插立的短木棍一根，可见此类葬具的结构还较复杂。推测当初下葬时，可能在纵横排列的木架上铺有树枝或草席一类有机物，以避免填土与墓主尸体直

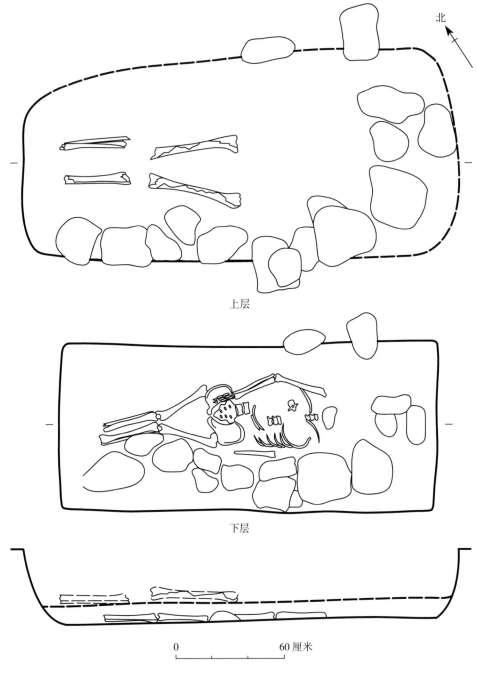

北

上层

下层

0　　　　　　　　60厘米

图八六　M39平、剖面图

接接触。此墓为二人上下叠压的合葬，墓主先后下葬，时间上有间隔。先期下葬的墓主B为
18±岁的女性，仰身直肢，头朝南，方向190°。此人压在墓主A尸骨下面，骨架距墓口深0.58
米，其头骨、部分胸椎、颈椎，足骨和指骨被扰动。骨殖保存尚好，采集大部分骨架。下层
随葬器物4件。在墓主左上臂处置泥塑动物俑1（残），左髋骨处有A型Ⅲ式夹砂陶双耳罐1
（残），右耳有A型铜耳环1枚（破碎）、小骨刺1件。

推测在相隔一段时间以后，此墓被再度挖开，葬入墓主A。此人亦为女性，年龄大于65岁。二次下葬时将墓主B头骨扰动位移至墓的西南角，与其原来位置分隔达0.25米，身体部位骨架也有扰乱。墓主A所在位置距墓口深0.51米，仰身直肢，头朝南，面向上。其上肢骨架有人为扰动，指骨、部分肋骨、小臂骨已不在原位。下肢保存较好，没有扰动，但足骨、趾骨似有缺失。上层墓随葬器物12件。在简易木葬具之上放置Ⅱ式彩陶双大耳罐1。在简易葬具下、墓主腰际放置A型Ⅱ式彩陶腹耳壶2、B型Ⅱ式夹砂陶双耳罐

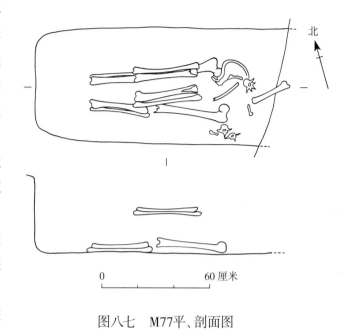

图八七　M77平、剖面图

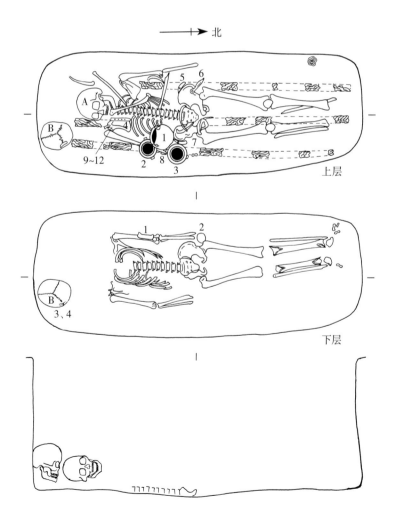

图八八　M94平、剖面图

上层：1. Ⅱ式彩陶双大耳罐　2、3. A型Ⅱ式彩陶腹耳壶　4. 骨针筒　5. A型铜刀　6、7. 牙饰　8. B型Ⅱ式夹砂陶双耳罐　9~12. 骨针

下层：1. 泥塑动物俑　2. A型Ⅲ式夹砂陶双耳罐　3. A型铜耳环　4. 小骨刺

1；腰两侧有牙饰1对；左胸部置刻花骨针筒1件（内置骨针4枚）；左侧腰间放置A型铜刀1柄（图八八；彩版一七；图版六，1）。此墓还有1件陶罐残朽无法修复（未编号）。

（三）仰身直肢一次葬与二次（乱骨）合葬

这是干骨崖墓地比较流行的一种埋葬方式。具体表现为，在合葬墓内，一部分人为仰身直肢一次葬，另一部分人为二次（乱骨）葬。一次葬墓主骨架基本完整，也有部分上身被二次扰乱。二次葬墓主骨架有些较完整，骨殖或集中堆放在一处，或散乱置于一次葬墓主身上，或压在一次葬墓主身下，甚至混在墓内填土中。有些二次葬墓主骨架仅存很少部分，甚至仅有一具头骨。从墓主摆放位置看，有的将一次葬墓主放在墓穴一侧，二次葬墓主放在另一侧；有的将一次葬墓主放在墓穴下部，二次葬墓主压在一次葬墓主身上；有的将二次葬墓主骨殖葬在下部，一次葬墓主压在二次葬墓主身上。还有的将二次葬墓主作为主体放在石筑"棺椁"中间，一次葬墓主则安排在石堆以外；还有的将一次葬墓主葬在墓穴前部，二次葬墓主放在墓穴后部。其中，最为特殊的是M26，此墓下半段由于断崖崩塌被毁，墓内右侧墓主仰身直肢，左侧墓主则为罕见的俯身葬，其下身自股骨以下被整齐地取下，放在墓主自己的身体下面。以下选取典型墓例予以介绍。

1. M2

位于墓地北区T1南端到扩方之间，东南邻废弃的小水渠，保存基本完好。圆角长方形竖穴土坑积石墓，东—西排列，方向90°。墓口距地表深0.3米，墓口以上叠压含大量砂砾的表土。墓长1.9、宽1.56、深0.6米。未见使用葬具痕迹。墓内填黄色花土，较纯净。墓底堆放大砾石40块，摆成全封闭的石椁状。墓内先后葬入4人，系多人合葬墓。墓主A为二次葬，系30~35岁的女性（？），其骨殖集中堆在墓西端的砾石上。头骨直立，面朝西北。墓主B为儿童，置于墓北壁下，性别不详，仰身直肢，头向东，面朝上，骨架不甚完整。墓主C也放置在墓北侧，与墓主B相拥在一起，系20~25岁的成人，性别不详，仰身直肢，头向东，骨架基本完整。墓主D置于墓的西南角，仅保留部分下肢，疑为二次葬；但也可能为仰身直肢，唯其头骨不知去向。另一种可能是墓主D的下肢应属于墓主B，可能是下葬时，将墓主B下肢骨移动所致。在墓主B头骨南侧集中出土人的牙齿30余颗（E）。由于其相互关系难断，这里仍以4人合葬计算。墓主骨殖均保存不好，仅采集墓主A头骨、股骨，墓主C盆骨和下肢骨。此外，从几位墓主葬式看，此墓先后葬入的几人似乎是以墓主A为中心。但奇怪的是在石椁中心位置既无人骨也无随葬品。从年龄看，墓主B年纪不大，与墓主C并列合葬。墓主D则单独葬在另一角落。此墓共有随葬品16件，计有A型陶瓮1、陶筒形盖罐1、A型Ⅰ式夹砂陶单耳罐2、海贝5、小铜泡2、Ⅰ式陶双耳盆1、C型Ⅱ式夹砂陶双耳罐1、Ⅰ式素面陶双大耳罐1、A型石管珠1件（图八九）。

墓内填土出有部分马厂文化晚期或"过渡类型"的夹细砂橙黄陶或砖红陶。其中复原2件。1件为双耳浅腹罐，腹部对称饰两小盲鼻，器表着黄白色陶衣，胎较厚，器耳小而圆；另

图八九　M2平、剖面图

1. A型陶瓮　2+3. 陶筒形盖罐（2为罐，3为器盖）　4、14. A型I式夹砂陶单耳罐　5~8、15. 海贝　9、10. 小铜泡　11. I式陶双耳盆　12. C型II式夹砂陶双耳罐　13. I式素面陶双大耳罐　16. A型石管珠

1件为双耳罐上部，器表保留竖列的细泥条堆纹，器耳缺失。此外还有一些砖红色夹细砂陶片，器表施红衣、紫红衣，未绘彩，可辨器类有罐口、罐底等。

另外，此墓在清理过程时发现墓穴上方堆积较纯净的黄土，剖面近金字塔状，推测有可能是墓上封土遗留。在这些纯净的黄土周围（东西两侧）堆放巨形砾石约20块。

2. M8

位于墓地北区断崖上，本身打破M5，南侧以外6米为M14。由于断崖垮塌，墓圹前面大半损毁。此墓为长方形竖穴土坑偏洞形制，墓底南壁下部掏挖成近偏洞的结构，东—西向排列，方向300°。墓口距地表0.35米，墓残长0.73、口宽0.5、底宽0.6、深0.8米。未见使用葬具痕迹。开口以上覆盖砂砾淤积层。墓内填黄褐色土，夹杂砂石，较坚硬。墓主系双人合葬，性别、年龄不详。骨架分上下两层。上层墓主保留少量下肢骨，可看出为仰身直肢葬。下层墓主保留部分脊椎和一些肢骨，脊椎呈蜷曲状，周围散乱堆放着肢骨、肋骨等，保存很不好，未采集。随葬品2件，计有蚌泡1、B型Ⅰ式陶四系罐1件（图九○）。

3. M11

位于墓地中区T5东面约10米开外的小水渠内。此墓位置距河岸相对较远，在水渠底部断面上暴露出人骨和墓圹，周围没有其他墓葬。墓穴西部一半损毁，推测为长方形竖穴土坑形制，东—西向排列，方向102°。墓口距地表深0.5米，墓残长1.2、宽1.1、深0.6米。未见使用葬具痕迹。墓内填黄褐色土，夹杂小石子和沙子，墓底已进入戈壁砾石层。系双人合葬，墓主A头向东南，面向南，仅存头骨和少量肢骨，性别、年龄不详。残存的下肢骨仍保持直肢葬式，头骨就摆在大腿骨上，在头骨南侧摆放一块大砾石，骨骼保存尚好。墓主B位置略高出墓底，仅存部分头骨残片，头骨上压放石块，系二次迁葬，墓主为35~40岁的女性。采集2具头骨。随葬品共4件，计有陶器盖2（1残）、Ⅰ式彩陶双耳罐1（残）、A型陶盘1件（残）（图九一）。

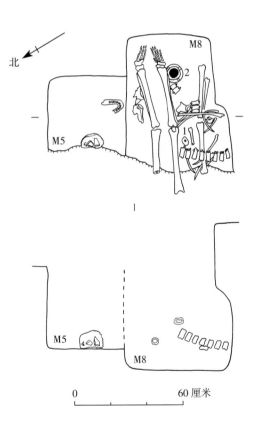

图九○　M5、M8平、剖面图

M8：1.蚌泡　2.B型Ⅰ式陶四系罐

图九一　M11平、剖面图

1. B型陶器盖　2. Ⅰ式彩陶双耳罐　3. A型陶盘　4. 其他型陶器盖

4. M13

位于墓地中区T2断崖上，由于断崖崩塌，墓穴西部损毁大半。该墓北邻M12，南有M10，南壁一角被M15打破。长方形竖穴土坑积石墓，东—西向排列，方向125°。墓口距地表1米，墓残长1.35、宽1.3、深0.3米。未见使用葬具痕迹。墓口以上覆盖黑褐色表土，墓底挖穿进入砂砾石层，墓内填黄褐色砂土。墓内西南角和东北壁有两堆砾石，共8块。系双人二次乱骨合葬。墓主A头骨和下颌分离，位于墓穴东北角，头向西北，尚存部分颈椎、肢骨，为20~25岁的女性（？）。墓主B仅存下颌，位于墓主A头骨下方，其下肢位于西南壁一侧，仍保持着直肢的形态，其余骨架散乱于墓内。采集头骨、肢骨、盆骨和下颌。随葬品3件，计有A型Ⅰ式、C型Ⅰ式夹砂陶双耳罐各1件（1件残）及B型陶器盖1件（残）（图九二；图版九，3）。在填土中出有若干陶片及兽骨，包括Ⅰ式夹砂陶双耳罐1、陶盆1，以及饰有细刻划纹的陶片等。

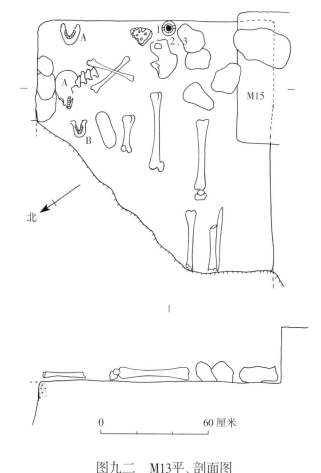

图九二　M13平、剖面图

1. A型Ⅰ式夹砂陶双耳罐　　2. C型Ⅰ式夹砂陶双耳罐
3. B型陶器盖

5. M17

位于墓地中区，横跨T3东壁内外，打破M18。保存尚好。圆角长方形竖穴土坑积石墓，东—西向排列，方向90°。墓口距地表0.6米，墓长2.32、宽0.75、深0.26米。未见使用葬具痕迹。墓内填土灰黄色，夹杂砂石。墓东端摆放3块大砾石，中部2块，西部3块。此墓为3人合葬。墓中部放置的肢骨呈直肢状，在肢骨上下及周围清理头骨3具，均仅存顶骨部分。两副下肢骨上下叠置，上肢骨散乱于墓内，大部分缺失，保存情况不好，采集股骨2件。随葬品3件，计有A型Ⅱ式夹砂陶双耳罐1、蚌泡2（图九三；图版一〇，1）。

6. M26

位于墓地南区T11西侧断崖上，墓穴后半部由于断崖垮塌而损毁，北邻M36，南邻M47，本身打破M44。圆角长方形竖穴土坑积石墓，东—西向，方向95°。墓口距地表深仅0.15米，墓残长1.25、宽1.1、深0.15~0.3米。未见使用葬具痕迹。墓穴以上叠压黑灰色表土，夹杂砂石，墓内填黄褐色花土，夹杂砂石。此墓系双人合葬，墓主A为成人，性别、年龄不详。俯身葬，头向东，面朝下，其身上压着数块大砾石。北侧有下肢骨一副，包括股骨和小腿骨。

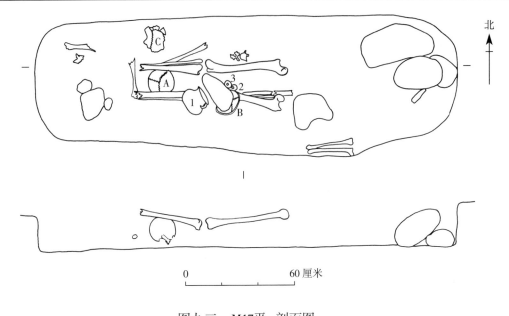

图九三　M17平、剖面图
1. A型Ⅱ式夹砂陶双耳罐　　2、3. 蚌泡

经观察，在墓主A骨盆以下有0.2米的空间，独缺失大腿骨。故可确认这副下肢骨应属墓主A所有。此人上肢骨架未见扰动，猜测墓主A有可能为解体俯身葬。另一种可能是，墓主A为此墓最初下葬者，在后来下葬墓主B时，对骨架做了挪动，将其下肢骨整齐地移至上肢北面。墓主B为青少年，性别、年龄不详，仰身直肢，头向东，面朝上。其骨架所在平面位置较墓主A要低15厘米，骨盆以下部分由于断崖崩塌被毁，上肢骨保存完整。2位墓主骨殖保存极差，仅采集墓主A和墓主B的部分牙齿。随葬品共13件，集中放在墓主A头前和墓主B身体左侧，计有Ⅰ式彩陶双耳罐2、蚌牌2、陶器盖2（1件朽坏）、B型Ⅰ式陶四系罐1、D型Ⅰ式夹砂陶双耳罐1、A型Ⅰ式彩陶单耳罐1、铜镰1、A型铜耳环1（墓主B左耳处）、铜锥1、C型Ⅰ式夹砂陶双耳罐（残）1件以及啮齿类（或鸟）骨架一副（图九四；彩版一八）。此墓填土中出有口唇加厚的小陶罐。另在此墓北侧表土出有1件用来制作捻线线轴的动物肢骨（未编号）。

7. M36

位于墓地南区T10与T11之间，北邻M25，打破M35。长方形竖穴土坑墓，前宽后窄，南—北向。墓口距地表深0.35米，墓长1.7、宽0.7、深0.45米，未见使用葬具痕迹。墓内填黄褐色花土，夹杂砂石。此墓系双人合葬。墓主A为青少年，性别、年龄不详，头向南，面朝西，系二次迁葬，其骨架散乱地堆在墓主B骨架之上，十分凌乱。盆骨、尾椎和少量肢骨置于头骨下方，其他骨殖堆在墓穴后部，骨殖朽损严重。墓主B为男性（？），20~25岁，仰身直肢，头向南，面朝上，方向190°。骨架基本保持完好，采集墓主A盆骨、股骨及墓主B头骨、盆骨和股骨。此墓初葬入墓主B，后将墓主A骨殖迁来合葬。再次下葬时，对墓主B骨架造成一定扰动。M36共有随葬品8件（套），计有A型Ⅳ式夹砂陶双耳罐1、B型肉红石髓珠9枚

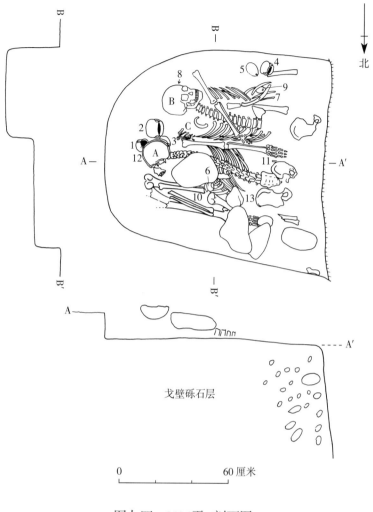

图九四 M26平、剖面图

1. B型I式陶四系罐 2、3. I式彩陶双耳罐 4. D型I式夹砂陶双耳罐 5、9. 蚌牌 6. A型I式彩陶单耳罐 7. 铜镰 8. A型铜耳环 10. 陶器盖 11. 铜锥 12. 其他型陶器盖 13. C型I式夹砂陶双耳罐 C. 啮齿类动物骨架

（分别出土于双耳、颈部和右小臂内）、白陶（滑石）珠1串80枚、绿松石珠1枚、A型石管珠1枚、铜泡2枚（1枚残）、C型Ⅳ式夹砂陶双耳罐1件（见图四七；图版一〇，2）。

此外，在此墓口位置南侧0.1米处放置C型Ⅳ式夹砂陶双耳罐1件，南邻M26。周围填黄褐色土，夹杂砂石，比较松软。罐高16厘米，出土前已破碎，罐内有部分似为婴儿指的骨殖，保存不好。由于断崖坍塌，此罐在出土前有部分残片坠落到5米深的断崖下，罐内部分骨殖缺失。此罐原作为瓮棺处理，考虑到其所在位置，应与M36关系密切，暂归入此墓。

8. M50

位于墓地南区T12南部，北邻M59，南邻M39，东邻M65，东南被M38叠压，本身打破M77，保存尚好。圆角刀把形竖穴土坑积石墓，南—北向。墓口位置不详，墓长2.8、宽0.75~1.15、深0.45米，未见使用葬具痕迹。墓内填黄褐色砂土，夹杂石子、炭屑等。此墓系双人合葬。墓穴北侧摆放5块砾石。墓主A为老年男性，50±岁，仰身直肢，位于墓穴南侧，头向西南，面朝西，方向210°。墓主所有脊椎骨均被扰动，或脱离原位，或散乱在填土中，少量甚至被扰动至足下，右侧上肢骨骼也被扰动。唯骨盆以下至股骨保存完好，小腿骨略有扰动。墓主B为男性，35岁左右，位于墓主A的下部，大致保持仰身直肢的样子，头向西南，面朝下，其上身骨架除左臂骨、少量肋骨和右手骨保持在原位外，其余骨骼均被扰动且十分散乱，特别是其大小腿骨位置较身体所在高出0.1~0.2米。在其骨架上还堆着墓主A的部分脊椎、

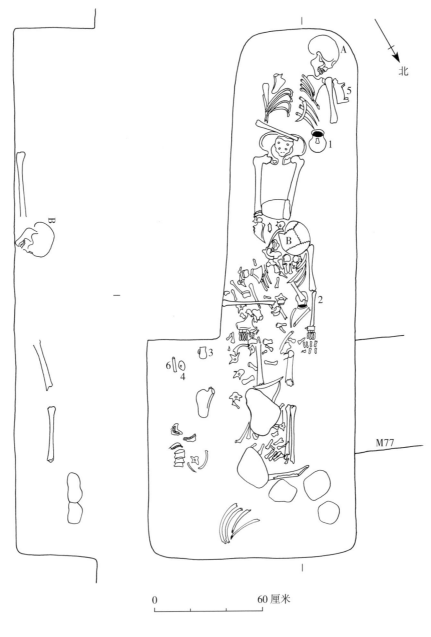

0　　　　　　　　60厘米

图九五　M50平、剖面图

1. B型Ⅳ式夹砂陶双耳罐　2. B型Ⅲ式夹砂陶双耳罐　3. G型夹砂陶双耳罐　4. G型陶器盖　5. 骨针筒　6. 泥塑动物俑
填土出铜器：t7. 铜刀尖　t8、t9、t13. A型铜耳环　t10. B型铜联珠饰　t11. 铜锥　t12. 小铜珠　t14. 铜联珠饰

趾骨和指骨。此墓主骨骼保存较好，采集部分标本。随葬品共6件，计有B型Ⅲ式、B型Ⅳ式、G型夹砂陶双耳罐各1件及G型陶器盖1、骨针筒1、泥塑动物俑1件（图九五；彩版一九，1）。

此墓后端东部界线不清晰，在填土中清理出部分人骨，这些骨殖所在水平位置较靠上，估计有部分遗骸应属被此墓打破的M77墓主。在M50填土中出土一批遗物，计有A型铜耳环3（2残）、铜刀1（残）、铜联珠饰2（1残）、铜锥1、小铜环1、陶双耳罐口沿及陶片若干，包括含彩绘人物纹、饰压印宽竖条带纹等。部分陶片的年代明显偏早。

9. M55

位于墓地南区T12、T19间，墓前一角被M56打破，本身打破M65、M74，南邻M94。长方形竖穴土坑墓，南—北向。墓口位置不详，墓长1.9、宽0.6、深0.3米。墓内发现简易葬具痕迹，从残迹可知为腐朽的木棒。朽痕所在位置较浅，与墓主B头骨大致处在同一平面，当时此物到底放在人骨上方还是放在两侧还很难确定。墓内填黄褐色花土，夹杂砂石。墓主系双人合葬，墓主A为55+岁的男性，仰身直肢，头向南，面朝西，方向190°，骨殖保存较好。墓主B为40+岁的女性，仅存一具残破头骨，放在墓主A的左胯骨上，头向东南，面朝下，骨殖严重腐朽。此墓仅随葬砺石1件（图九六；见彩版一二，2）。另在填土中出土A型铜联珠饰1、夹砂陶双耳罐器口。

10. M60

位于墓地南区T17内，南邻M61，北邻M69，东邻M96，保存尚好。墓穴为近三角形竖穴土坑积石形制，分为上下两层。依墓主头骨方向，上层墓主头骨位于墓穴东北侧，下层墓主头朝南。

上层墓穴近三角形，墓口距地表深0.25米。墓口以上覆盖黑褐色表土。墓长径2.25、短径1.85、深0.4米。墓内填黄褐色砂土，夹杂砂石，未见使用葬具痕迹。墓内摆放大砺石15块。

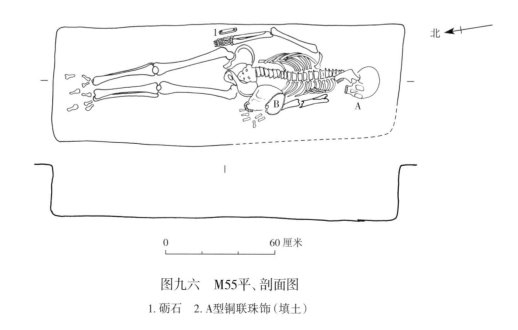

图九六　M55平、剖面图

1. 砺石　2. A型铜联珠饰（填土）

其中，东侧放置5块，西壁一侧堆放4块；在墓穴中部南北纵向堆有一道土垄。在土垄上大致均等地摆放5块略小的砾石，似有意将墓穴分为东西两部分。上层墓墓主头向30°，共有2人，均系二次（乱骨）迁葬，骨殖集中放在墓穴东半部。墓主A系成年男性，年龄不详。墓主B为儿童，性别不详。二具头骨置于墓穴东北侧，距墓底有一定距离，肢骨部分被压在大砾石下面，部分散乱地堆放在土垄一侧及下层墓主的身体上，骨架均保存不好（图九七；见彩版六，1）。

　　下层墓位于土垄西侧另一半。墓底长轴2.05、短轴1.5、墓深0.6米。墓主C为女性，年龄20~25岁。仰身直肢，头向西南，面朝上，方向205°。墓主骨架保存完好，唯胸部脊椎、肋骨经人为扰动。在其骨盆内有一具不足月的婴儿头骨（D）。估计墓主有可能为难产死亡。采集墓主A、B头骨、肢骨和墓主C的头骨、股骨和盆骨。此墓随葬品共8件（套），放置在墓主C肢体周围。计有蚌泡2、B型陶纺轮2、无耳陶尊形器1、A型Ⅲ式素面陶腹耳壶1、联珠

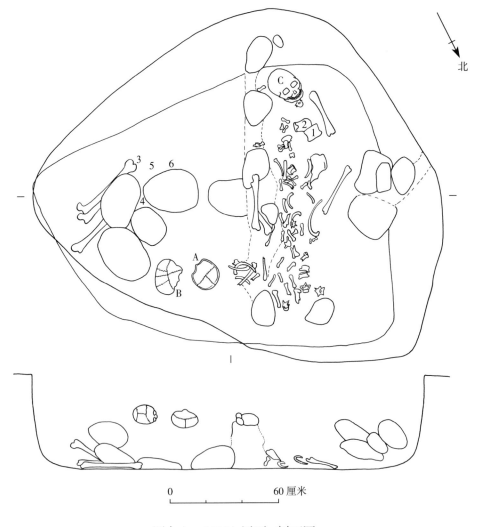

图九七　M60上层平、剖面图

1.无耳陶尊形器　2.陶片　3、5.蚌泡　4.B型陶纺轮　6.联珠波浪管状器

波浪管状器1、A型陶多子盒1（内装小燧石片12，编号8-1~8-12；萤石料块1，编号8-13；肉红石髓料块13，编号8-14~8-26；小石片3，编号8-27~8-29）（图九八；彩版一九，2、3）。填土中出有部分马厂文化晚期或"过渡类型"的彩陶片、交错绳纹陶片。

11. M99

位于墓地南区T19北部。先后被M93、M74、M68叠压或打破，北邻M82、M90。圆角长方形竖穴土坑墓，东—西向。墓口距地表深0.3米，墓穴长1.9、宽0.64、深0.8米，已下挖至砂砾石层。未见使用葬具痕迹。墓地头前部挖有一浅龛。墓内填黄褐色花土。双人上下叠压式合葬。墓主A系成年女性，年龄不详。葬在墓上部，上身仰直，下肢微屈，头向东，面朝北，方向120°。骨架基本完整。墓主B为男性（？），40~50岁，葬在墓主A身下，骨架十分凌乱，头骨缺失。据骨架位置可知头向朝东南。另据其下肢小腿骨姿势，其葬式原为仰身直肢。后来在墓主B下葬时对其骨架有所扰动。骨殖保存不很好，仅采集墓主A部分骨骼。此墓无任何随葬品（图九九；图版一〇，3）。填土中出动物下颌骨1件。

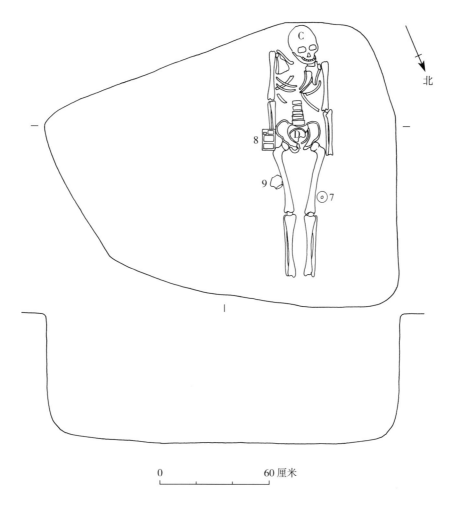

0　　　　　　　　　　　60厘米

图九八　M60下层平、剖面图

7. B型陶纺轮　8. A型陶多子盒　9. Ⅲ式素面陶腹耳壶

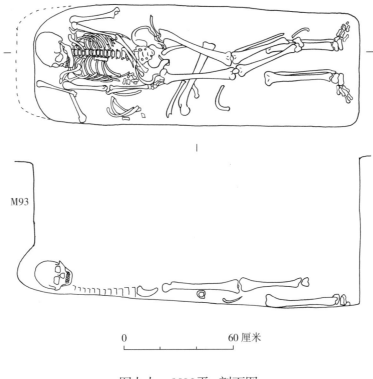

图九九　M99平、剖面图

12. M100

位于墓地南区T19内。被M74、M65、M55叠压，打破M93，基本保存完好。圆角长方形竖穴土坑墓，南—北向。墓口距地表深0.3米，墓长2、宽0.7、深0.7米，已下挖至砂砾石层，未见使用葬具痕迹。墓内填黄褐色花土。此墓系双人合葬。墓主A为成年男性，年龄不详，头朝西南，面向上，方向200°，其下肢保持仰身直肢状，上肢自胸部到腰部曾被人为扰动，除两侧臂骨大致保持原位外，脊椎、肋骨、锁骨均有扰动。墓主B系未成年儿童，性别不详，二次乱骨葬，头向西南，面朝东。头骨位于墓主A右上臂骨处，下颌及部分脊椎、肋骨、肢骨置于墓主A胯骨右侧。其余骨殖或放在墓后部角落，或放在墓主A身体上，骨殖保存不好。采集墓主A部分骨骼和墓主B的头骨。随葬品共15件（套），大部分放在墓主A身体上，计有铜镞3、牙饰3、D型Ⅲ式夹砂陶双耳罐1、B型铜刀1、骨柄铜锥1、泥塑动物俑1、白陶（滑石）珠1、肉红石髓珠1串（14枚，A型3枚，B型11枚）、绿松石珠（8枚）、肉红石髓料块及半成品（25块）、铜削（尖）1（图一○○；彩版一六，3）。

13. M103

位于墓地北区T1中部，南邻M6，西近断崖，北有M4、M7。此墓距地表很深，在发掘近结束回填时才发现，保存尚好。长方形竖穴土坑积石墓，东—西向排列，方向110°。墓口距地表深0.5米，墓长2.05、宽0.86、深0.7米。未见使用葬具痕迹。墓内填黄褐色土，夹杂大量砂石。在墓穴前半放置大砾石9块，摆成近"凹"字形，压在墓主身上。墓内共发现4具头

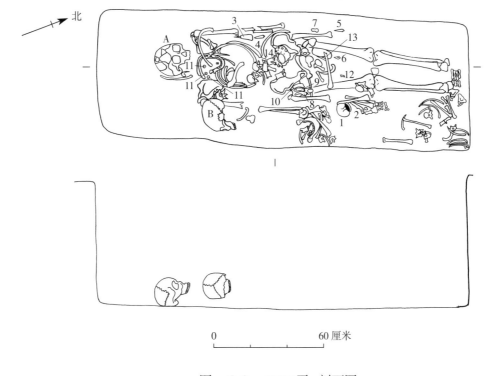

图一〇〇　M100平、剖面图

1. D型Ⅲ式夹砂陶双耳罐　2. B型铜刀　3. 骨柄铜锥　4~6. 铜镞　7. 肉红石髓料块及半成品（25枚）　8~10. 牙饰　11. 肉红石髓珠（14枚）　12. 绿松石珠（8枚）　13. 泥塑动物俑　14. 铜削（尖）　15. 白陶（滑石）珠（人骨下）

骨，系二次乱骨葬，性别、年龄均不详。头骨均集中放在墓的东南角，骨架极散乱，数量不整。据墓后部保留的一副左下肢骨看，此墓首位墓主可能是仰身直肢葬，后来在进行二次迁葬时再埋入3人，并将首位墓主骨架完全扰乱。采集头骨、股骨及盆骨。随葬品共5件，计有A型石刀2、D型夹砂陶单耳罐1、Ⅰ式彩陶双耳罐1、铜削1件（图一〇一）。清理过程中，在此墓附近采集彩陶单耳罐（或为双耳）1、素面陶单耳罐1，为马厂文化晚期或"过渡类型"遗物。

（四）二次（乱骨）葬合葬

此类合葬是一座墓内的墓主均系二次（乱骨）葬的形式。墓主骨殖大多不完整，有些甚至混杂在填土中。下面遴选部分典型墓例介绍。

1. M10

位于墓地中区T2西南角与T3东北角交接处，西部被M18叠压，东部被M15叠压，北部由于断崖垮塌而损毁一半。长方形竖穴土坑墓，东—西向排列，方向110°。墓口位置不详，墓壁向下向内倾斜状，墓口较墓底尺寸略小。墓圹下挖较深，已进入戈壁砾石层。残长1.6、宽1.4、深0.6~0.65米。未见使用葬具痕迹。墓内填黄褐色土，夹杂砂石。墓主系双人二次乱

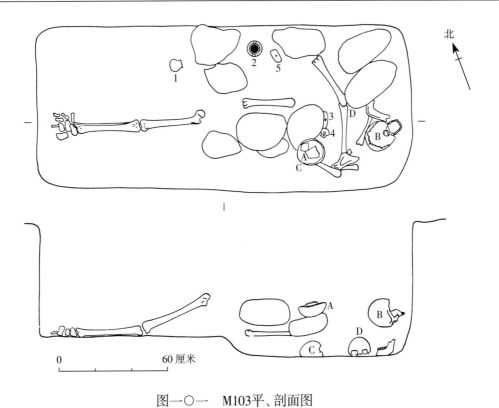

图一〇一　M103平、剖面图

1. D型夹砂陶单耳罐　2. I式彩陶双耳罐　3、5. A型石刀　4. 铜削（尖部）

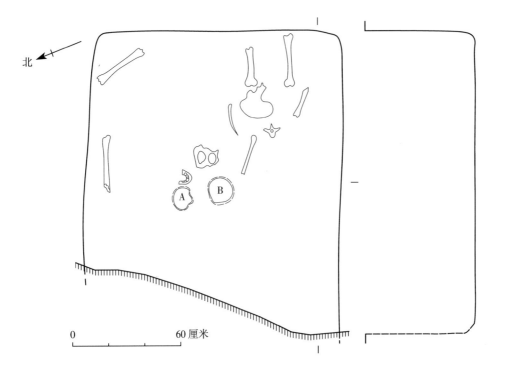

图一〇二　M10平、剖面图

骨葬，墓主A为女性，成人。B为成人，性别不详。墓内仅保留部分较大的肢骨、头骨和下颌等，分布散乱。东南角一髋骨和大腿骨摆放较规整。骨殖保存不好，采集头骨残片。无随葬品（图一〇二）。此墓填土出有部分器表施红衣绘浓稠黑彩的陶片。其中有一片夹细砂红陶，器表施黄白色陶衣，为马厂文化或"过渡类型"遗物。

2. M18

位于墓地中区T3东北角，南端被M17打破，东部叠压M10。由于断崖垮塌北面损毁部分。长方形竖穴土坑积石墓，南—北向排列，方向0°（或180°）。墓口距地表深0.6米，墓残长1.9、宽1.05、深0.34米。未见使用葬具痕迹。墓内填灰黄色土，夹杂砂石。墓内无规律地放置砾石约20块，主要集中在北半部。墓主系双人二次乱骨合葬。其中一位为男性，另一位不详。仅存的少量人骨包括2块顶骨和残破肢骨，置于墓内南部，保存不好，采集顶骨1块。无任何随葬品（图一〇三；图版一〇，4）。填土中出有少量陶片，其中一片饰方格纹。

3. M24

位于墓地南区T9中部断崖上，本身叠压M34，北邻M27，南为M28，西部一半由于断崖崩塌损毁。圆角长方形竖穴土坑墓，东—西向排列，方向120°。墓口距地表深0.25米，残长1.5、宽1.2、深0.3米。未见使用葬具痕迹。墓口以上覆盖黑褐色砂土，夹杂石子。墓内填黄褐色土，夹杂砂石。墓主为双人二次乱骨葬，均为女性。其中上层墓主为一中老年（B）妇

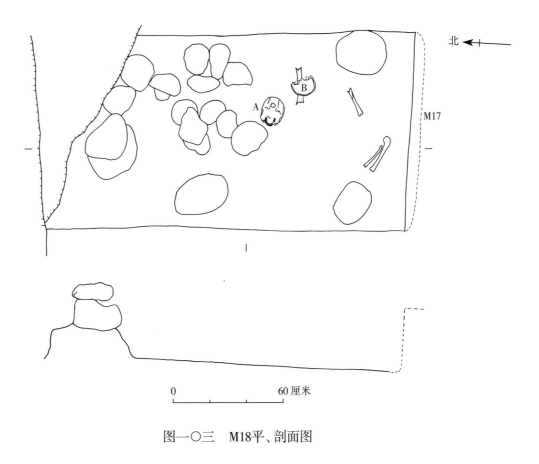

图一〇三　M18平、剖面图

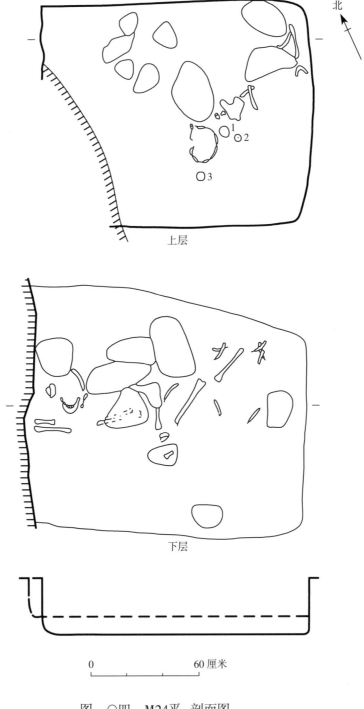

图一〇四　M24平、剖面图

1. A型铜泡　2、3. B型陶器盖

女；下层墓主12~16岁（A）。二人骨架均十分散乱，有的夹杂在填土中。墓圹南侧偏上位置
散乱放置大砾石8块。墓主骨殖散乱于北半部，计有头骨1、下颌1及部分肢骨、肋骨等；下层
墓底放置砾石约10块，人骨散乱于砾石之间，包括下颌1、部分肢骨和肋骨，保存非常不好，
采集下颌骨。随葬品共3件，均出自上层，计有B型陶器盖2、A型铜泡1件（图一○四；图版
一一，1）。填土中出有部分马厂文化或"过渡类型"的彩陶片。

4. M27（下）

位于墓地南区T8、T15，被M27（上）、M27（中）叠压，东南邻M79，保存尚好。圆角
长方形竖穴土坑墓，东—西向排列，方向105°（或285°）。墓口距地表深0.6米，墓长1.9、宽
0.78、深0.45米。未见使用葬具痕迹。墓内填黄褐色土，夹杂砂石。此墓系双人二次乱骨葬，
骨架集中堆放在墓穴中部（包括填土内），多为较大的肢骨、尾椎、下颌骨等，保存情况不
好。采集下颌骨、股骨。随葬品共4件，包括B型Ⅰ式陶盘1、陶双耳罐残片及B、C型铜泡各1
件（图一○五）。

5. M38

位于墓地南区T12与T13之间，西邻M33，南侧一角被M39打破（两者之间界线不很清
晰，唯一证据是M39墓底较M38稍浅），其本身又叠压M50、M57。长方形竖穴土坑墓，
东—西向。墓口距地表很浅，扰乱严重，开口位置不详。墓长1.7、宽1.15、深0.3米，未见
使用葬具痕迹。墓内填黄褐色砂土，夹杂石子，比较松软。此墓系双人二次葬，墓内西北角
及西面摆放砾石10余块。墓主A为成人，年龄不详，头骨位于墓的西北角，面朝上，其肢骨

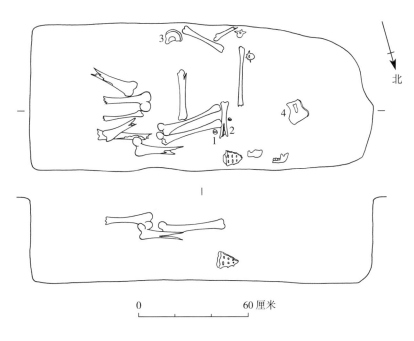

图一○五　M27（下）平、剖面图

1. C型铜泡　2. B型铜泡　3. B型Ⅰ式陶盘　4. 陶片

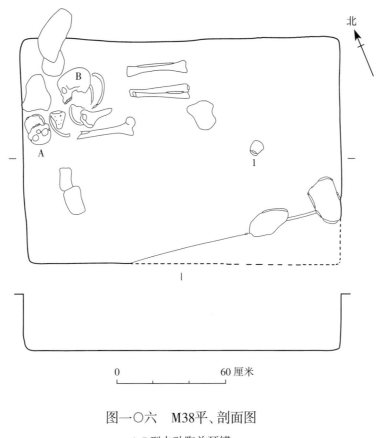

图一〇六　M38平、剖面图

1. D型夹砂陶单耳罐

大部不存。墓主B性别、年龄不详，头向西北，面朝西，方向300°。与部分肢骨堆在一起，骨殖朽坏严重，肢体骨骼有明显病变迹象。采集部分肢骨。随葬品仅有D型夹砂陶单耳罐1件（图一〇六；彩版一六，2）。

6. M51

位于墓地南区T16西南角，此墓东端与M69西端相连，边界不甚清晰，推测可能被M69打破。墓穴平面略近"凸"字形，竖穴土坑积石形制，东—西向，方向75°。墓口位置不详，墓长约2.1、宽1.3、深0.4米，未见使用葬具痕迹。墓内填黄褐色花土，夹杂砂石。此墓中部摆放大砾石10余块，大致分成南北两列。墓内葬入3人，均为二次（乱骨）葬。墓主A性别不明；墓主B为女性，20~25岁；墓主C为幼儿，约2~3岁。人骨分成两堆：一堆集中于墓穴东端，有两具头骨，头向及面向均朝东。在头骨周围散乱地堆放肢骨、下颌、颈椎、脊椎和肋骨等。另一堆集中在墓穴西端南侧，包括脊椎、肩胛骨、肋骨和上肢骨等。另有少量人骨散布于南北两堆砾石之间。清理后采集头骨2具。墓内随葬器物10件（套），集中放在墓穴东侧，计有陶筒形盖罐1、D型Ⅱ式陶器盖2、B型陶纺轮1、蚌泡1、肉红石髓珠8枚、肉红石髓料块4枚、白陶（滑石）珠一串194枚、绿松石片饰1、绿松石珠5枚（图一〇七；图版一一，3）。

另在此墓填土内出有彩陶双耳罐（壶）器口及器表施黄白陶衣的长颈陶罐残件等。其

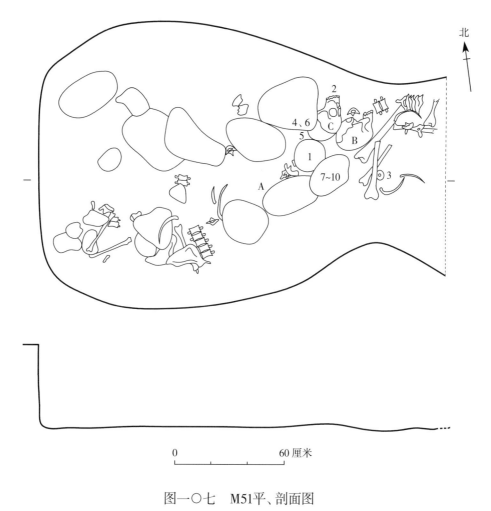

图一〇七　M51平、剖面图

1. 陶筒形盖罐　2. 白陶（滑石）珠（194枚）　3. B型陶纺轮　4、6. D型Ⅱ式陶器盖　5. 蚌泡　7. 绿松石片　8. 绿松石珠（5枚）　9. 肉红石髓珠（7枚）　10. 肉红石髓料块及半成品（5枚）

中，大陶罐内所出部分陶片可与M58填土中的部分陶片缀合。

7. M73

位于墓地南区T10、T17，西邻M41，南邻M53，东有M60，西面似打破M72少许（界线不很清晰），保存较好。圆角近方形竖穴土坑积石墓，南—北向，方向0°。墓口距地表深0.3米，墓长1.25、宽1.2、深0.55米，未见使用葬具痕迹。墓葬以上覆盖灰黑色表土，夹杂砂石；其下为红褐色土，夹杂砂石，较坚硬；再下为砾石层。墓内填黄褐色花土，夹杂砂石。墓内南端放置砾石约20块，砾石底部高出墓底0.05~0.1米，北端有砾石3块。此墓系双人二次迁葬，墓主A为老年男性，骨殖集中堆在墓北端；墓主B亦为老年，似为男性，其骨殖堆在墓东南角，保存不好。采集头骨和下颌骨。随葬品共4件，计有彩陶埙1、B型Ⅰ式夹砂陶单耳罐1、B型陶器盖1、B型铜耳环1枚（图一〇八；图版一一，2）。填土中出有少量马厂文化晚期或"过渡类型"的彩陶片。

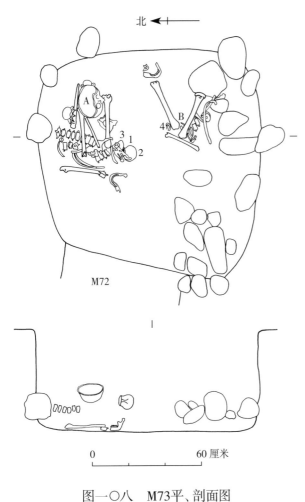

北 ←

M72

0　　　　　　　　　　60 厘米

图一〇八　M73平、剖面图

1. 彩陶埙　2. B型 I 式夹砂陶单耳罐　3. B型陶器盖
4. B型铜耳环

三　特殊墓例

在干骨崖墓地还发现一些很难于归入上述任何一类的特殊墓葬。现举例介绍如下。

（一）迁出葬

在干骨崖墓地发现少量墓内人骨缺失非常严重、特别是人骨的主要部分都缺失，而且很少有随葬品。这些墓并未被其他墓打破，故不应该存在后期扰动破坏的可能。而且即便有打破关系，也不该出现人的主要骨骼缺失的现象。通过进一步观察，可以确认这些墓应是将墓主骨殖迁出实施二次葬的墓。至于墓主骨殖迁到哪儿去了？估计还应该在干骨崖墓地。具体墓例有如下几种。

1. M41

位于墓地南区T10东壁中部，北邻M29，本身叠压M72，东为M73，保存情况较好。长方形竖穴土坑墓，墓穴前宽后窄，南—北向排列，方向180°。墓口距地表深0.2米，长1.9、宽0.85、深0.3米。墓内发现部分已炭化的简易木质葬具，呈棕褐色，原物应为直径5厘米左右的木棍。这些木棍沿墓穴两侧纵向排列，西侧遗留两条，残长约1米；东侧遗留两条，一条残长约1米，另一截残长约0.2米。另还发现一些散落的炭化木碎块，墓穴北端、西壁北段和墓中部有三截，残长10~15厘米。仅从这些木棍的遗迹已很难复原葬具的形状。墓内还散乱堆放10余块中等大小的砾石，摆放无规律，墓前端3块，中间6块，后部3块。墓内遗留骨殖有下颌、牙齿、锁骨、部分脊椎、肋骨及破碎的长骨等。根据下颌骨和锁骨所在位置判断，墓主原来头向应朝南。此墓主身体的所有重要骨骼均缺失，而且也不像是被破坏所致。推测应属于一座迁出人骨的空墓。残余的骨殖保存很差，采集部分牙齿。随葬品仅有A型 II 式夹砂陶单耳罐1件（图一〇九；见图版四，3）。

2. M81

位于墓地南区T18内，东邻M84，西邻M66，北有M71，本身被M78打破。圆角长方形竖穴土坑墓，东—西向，方向105°。墓口距地表深0.2米，墓长2.3、宽0.6~0.8、深0.65米。未见

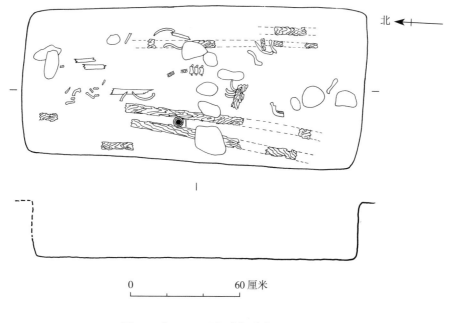

図一〇九　M41平、剖面图

1. A型Ⅱ式夹砂陶单耳罐

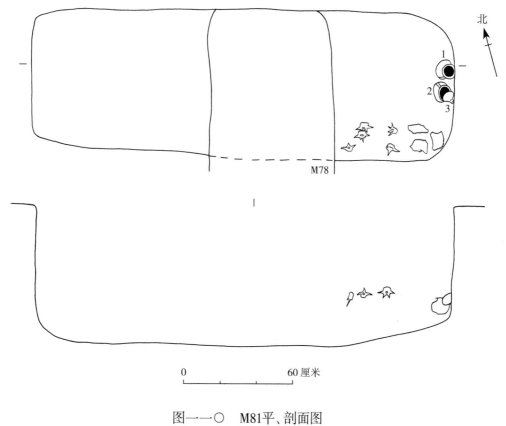

図一一〇　M81平、剖面图

1. Ⅰ式彩陶双耳罐　　2. D型Ⅰ式夹砂陶双耳罐　　3. B型陶器盖

使用葬具痕迹。墓内填黄褐色砂土，墓底已下挖至砂砾石层。墓内仅存几片破碎的头盖骨和少量脊椎骨，头骨残片位于墓的东南角，其西侧有几块脊椎骨，位置高出墓底0.2~0.25米。墓穴后半部相当墓主腿骨的位置空空如也，此墓系迁出葬，原葬有1人，性别、年龄不详。随葬品共3件，集中放在墓内前端。计有Ⅰ式彩陶双耳罐1、D型Ⅱ式夹砂陶双耳罐1、B型陶器盖1件（图一一〇；图版一一，4）。填土中出有彩陶双耳罐、素面陶双耳罐残片等。

（二）祭祀墓（或祭祀坑）

1. M15

位于墓地中区T2南壁，打破M13南壁，叠压M10东壁，保存情况较好。长方形竖穴土坑墓，东—西向，方向125°。墓口位置不详，墓长1.9、宽0.7、深0.35米，未见使用葬具痕迹。墓内填黄褐色砂土，夹杂小石子，较松软。墓底北部下挖至砾石层。此墓系4人二次合葬，共有4具头骨。墓主A为成年女性，年龄不详；墓主B为女性，30~35岁；墓主C性别、年龄不详；墓主D为成年男性，年龄不详。此墓仅有2根肢体骨骼，所有人骨集中放在墓前半部。头骨大多破碎，清理后采集。随葬品2件，计有A型陶瓮1、C型Ⅰ式夹砂陶双耳罐1件（残，装在陶瓮内）（图一一一）。

此墓出土多人头骨，似属于非正常埋葬。随葬的大陶瓮放在墓穴后端，与人骨保持一定距离，是否具有某种特殊的含意？而且这件大陶瓮是整座墓地最大的一件。

2. M23

位于墓地中区T3中部，东北与M17为邻，保存尚好。方形竖穴土坑墓，正方向。墓口距

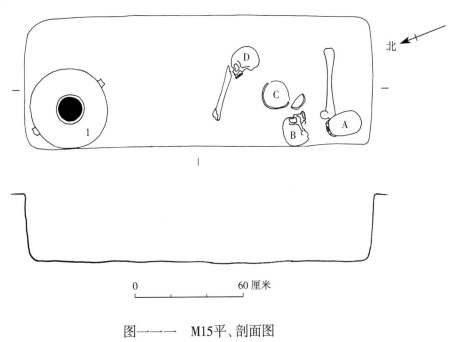

图一一一　M15平、剖面图

1. A型陶瓮　2. C型Ⅰ式夹砂陶双耳罐（2置陶瓮内）

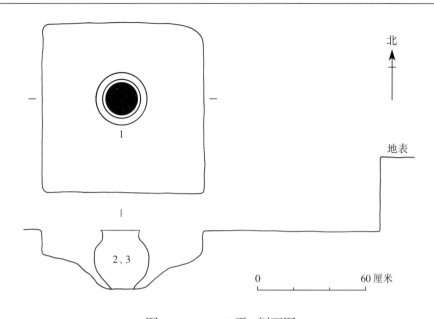

图一一二　M23平、剖面图

1. B型陶瓮　2. 彩陶小罐　3. 陶罐底（2、3置陶瓮内）

地表深0.4米，墓边长0.9、深0.3米。墓内填黄褐色砂土，比较松软。随葬品3件，计有B型陶瓮1、彩陶小罐1、陶罐底1件（图一一二）。

此墓（？）为一方坑，正中心位置放置一大陶瓮，瓮内放置2件残器，没有人骨，应该不是墓葬。推测应是与祭祀有关的遗迹。其所在位置处于墓地中区南端，再南约30米范围内不见有墓葬。值得注意的是，此墓（？）的陶瓮尺寸是该墓地仅次于M15的双耳大陶瓮，大小与M2所出的另一件陶瓮相当。

3. M27（上）

位于墓地南区T8、T15间，南邻M24，本身叠压M27（中）和M27（下）。圆角长方形竖穴土坑墓，南—北向，方向165°。墓口大部破坏，部分已暴露于地表。墓长1.2、宽0.66、深0.04~0.2米；未见使用葬具痕迹。墓内填黄褐色花土，夹杂砂石，极松软。墓主系成人，单人侧身屈肢葬，年龄不详，头向南，面朝南（有扰动），骨架大致保持完整，但朽损严重，清理后仅采集下颌骨和部分牙齿。无随葬品。

此墓地表面呈“⌒”形凸起，地表布满细碎的小砂砾，东部砂砾略少。从河岸一侧断崖剖面观察，此墓向下依次堆积红褐色砂土，戈壁砾石层。地表形态不像自然营力所为，很有可能当时曾建有封土（图一一三；见彩版七）。

4. M27（中）

位于墓地南区T8、T15间，被M27（上）所压，本身叠压M27（下），保存尚好。近椭圆形积石墓，东—西向，方向95°。墓圹不很明显，人骨四周摆放砾石若干。墓口距地表深仅0.1米，墓长1.76、宽1.1、深0.5米；未见使用葬具痕迹。墓口以上叠压黄色表土，较松软，墓内填铁锈色砂土，夹杂大量砂砾。墓底堆放不少砾石，自西南一侧规整地等距离摆放。在中部和北部，墓主尸骨上方亦压有砾石。此墓系双人二次合葬，性别、年龄不详，骨架集中放在墓东侧一半，保存不好，采集下颌骨和部分牙齿。随葬品仅有F型夹砂陶双耳罐1件（图一一三；见彩版七）。

　　5. M27（下）

　　略，见前文第103页。

　　M27上、中、下三座墓在大致面积相同的位置先后葬入，上下叠压，结构非常特殊。当

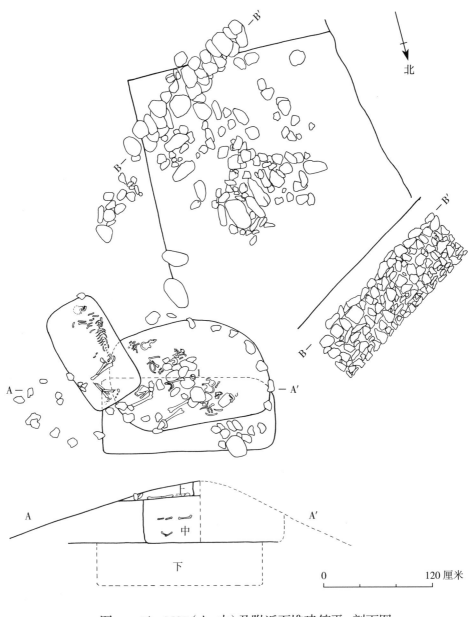

图一一三　M27（上、中）及附近石堆建筑平、剖面图

M27（中）：1. F型夹砂陶双耳罐

初发掘时，不知墓下有墓，待发现下面还有墓时，后面发掘的墓都已编号，因此未再给压在M27（上）下面的墓再编号，只是以M27下、中、上予以区分。此墓所在位置相对较高，而且地面呈明显的"∧"状黄土堆积，故在发掘之前就怀疑是否为当时的封土遗留（见彩版七，1、2）。在发掘时我们先揭露了一半，其剖面堆积形状进一步证实了这一点（见彩版七，3）。特别是在此墓周围没有其他墓葬，显得十分孤立。在这三座墓西南一侧分布有大片的砾石堆积。清理发现，这是个东南—西北排列的砾石堆砌的石墙，靠外一面码放齐整，高度尚存0.6米。在石墙东北侧的地面也铺设砾石（图一一三）。由于早期已被破坏，现存部分已看不出原来的形状。在石墙下方及周围未发现其他遗迹现象。这堵石墙及砾石地面堆积是否与M27有关？联想到M27所在位置恰好处在干骨崖墓地的中心，地表保留有疑似封土的遗迹，加之三座墓相互重叠、上下叠压及石墙和大量的砾石堆积，推测这很可能是一组与祭祀有关的遗存。

第四章　随葬器物

此次在干骨崖墓地共计发掘出土各类文物近457件（套）^①。其中，玉石器53件，骨器39件，牙器19件，蚌器28件，海贝10枚，各类陶质容器230件^②，铜器43件，装饰品35件（套）^③。按功能分为生产工具、日常生活用具、泥塑、乐器、武器、骨料及装饰品等。

第一节　玉石器、装饰珠与原料

干骨崖墓地所出玉石器数量不多，种类相对简单，共计53件。分为生产工具、礼器和装饰品几个门类。从制作工艺看，生产工具可粗略分为磨制石器和打制石器两类，具体可再分为磨制精细的玉石礼器、磨制穿孔石刀、磨制石纺轮和打制的细小石片等，后者包括个别石叶、刮削器和其他小石片、断块等。

一　玉器

仅有3件，包括斧和权杖头，均系礼仪用器。

斧（钺）　2件。

标本M74：5，黑色，表面有少许墨绿条纹。圆角长方形，下宽上窄，中间偏上约1/3位置有单面钻的一个孔，刃部略呈弧形，圆钝。长8.6、宽5.3、孔径0.8~1.1、厚1.6厘米（图一一四，2；图版一二，1）。

标本M91（下）：2，暗墨绿色，表面呈现散点状的浅墨绿色。圆角长方形，中间偏上约1/3部位双面钻一孔，单面弧形刃。长10、宽6.3、孔径1.1~1.5、厚1.3厘米（图一一四，1；图版一二，2）。

权杖头　1件。

---

① 部分填土出土物计算在内。
② 填土中出土部分陶器未计算在内。
③ 装饰品以种类计，一串计1件（套）。

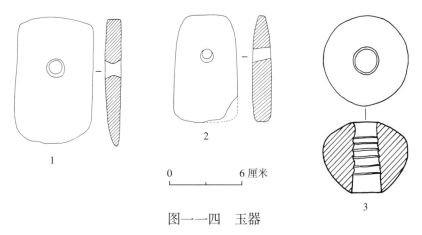

图一一四 玉器

1、2. 斧（钺）（M91（下）：2、M74：5） 3. 权杖头（M44：1）

标本M44：1，白色，局部表面呈浅淡泛黄的颜色。顶视呈圆球状，侧视扁圆形，中心部位上下管钻一孔，上小下大，圆孔内壁保留多道管钻留下的旋槽痕迹。器表打磨十分光滑。高5.7、直径7、孔径1.9~2.5厘米（图一一四，3；图版一二，3）。

二 石器

1. 生产工具

刀 7件。

均系磨制，圆角长方形，均有穿孔。分两型。

A型 5件。单孔石刀。

标本M34：1，灰黑色。长方形，中心部位对钻一孔，剖面一侧微微弧曲，另一侧略向内凹，双面直刃，刃部中间由于长期使用磨损成内凹状。表面打磨光滑，钻孔周边保留有凿琢疤痕。长11、宽5~5.4、孔径0.7~1.1、厚1.1厘米（图一一五，5；图版一二，4）。

标本M69：1，褐色。圆角长方形，中心部位对钻一孔，双面直刃。器表局部打磨，周边保留有打制的疤痕。长10.6、宽5~5.3、孔径0.65~1.8、厚1厘米（图一一五，6；图版一二，5）。

标本M84：4，灰黑色砂岩。圆角长方形，中间对钻一孔，双面微弧形刃。器表经粗磨。长14.4、宽6.9、孔径0.4~1.1、厚0.95厘米（图一一五，2；图版一二，6）。

标本M103：3，暗紫褐色。圆角长方形，中央靠下部位对钻一孔，双面直刃。器表打磨较光滑。长10.8、宽4、孔径0.7~1.3、厚1厘米（图一一五，4；图版一二，7）。

标本M103：5，暗褐色片麻岩。圆角长方形，中间部位对钻一孔，双面直刃。器表未经打磨，保留琢制的疤痕。长9、宽4.6、孔径0.7~1.8、厚1.2厘米（图一一五，7）。

B型 2件。双孔石刀。

标本M62：5，灰黑色。近梯形，上窄下宽，近刀背处对钻有双孔，双面直刃，刃部中间由于长期使用磨损呈内凹状。表面打磨较光滑。长8.9、宽4.1~4.25、孔径0.4~0.9、厚0.6厘米

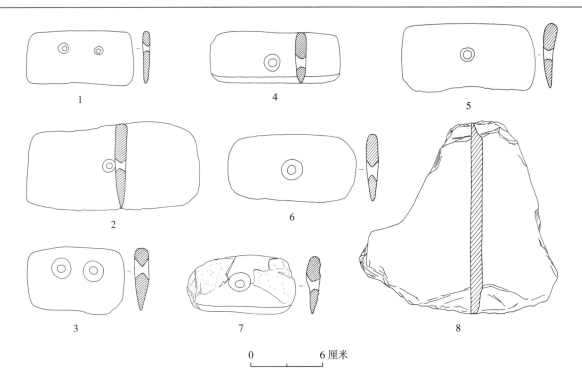

图一一五　石刀及石板器盖

1、3. B型石刀（M62：5、M101：5）　2、4~7. A型石刀（M84：4、M103：3、M34：1、M69：1、M103：5）　8. 石板器盖（M69：17）

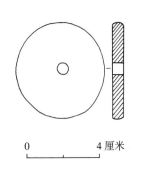

图一一六　石纺轮（M30：5）

（图一一五，1；图版一二，8）。

标本M101：5，黑灰色片麻岩，内含银白色片状颗粒。圆角长方形，近刀背处对钻有双孔，双面直刃，刃部中间由于长期使用磨损呈内凹状。器表经简单粗磨，保留大量琢制的疤痕。长8.1、宽4.9~5.25、孔径0.7~1.65、厚1.2厘米（图一一五，3；图版一二，9）。

纺轮　1件。

标本M30：5，磨制。圆饼形，中心钻一圆孔，器表打磨光滑。直径4.9、孔径0.7、厚0.65厘米（图一一六）。

砺石　3件。

标本M44：7，暗灰褐色，表面打磨规整。长条方柱状，剖面长方形，一端单面斜向钻有一孔，另一端靠中间位置双面对钻一孔。器表打磨光滑。长13.7、宽1.25、厚1、上孔0.2~0.7、下孔径0.35~0.45厘米（图一一七，1；图版一三，1）。

标本M49：2，暗灰褐色。长条方柱状，剖面长方形，近顶部双面对钻一孔，下部残断缺失。表面打磨光滑。残长6.1、宽1.5、孔径0.35~0.7、厚1厘米（图一一七，3；图版一三，1）。

标本M55：1，暗灰褐色。长条方柱状，剖面近方形，上下两端各钻有一孔。表面打磨光滑。长10.2、宽1.8、上孔径0.4~0.2、下孔径0.25~0.5、厚1.25厘米（图一一七，2；图版一三，1）。

2. 日常用具

石板器盖　1件。

标本M69：17，灰黑色页岩石片。简单打制修整。平面近三角形，扁平，片状，出土时盖在一件陶器的器口上。长15.2、宽16.5、厚0.7~0.8厘米（图一一五，8）。

3. 细石器

石叶　1件。

标本M48：1-1，深灰色。长2、宽0.55、厚0.15厘米（图一一八，1；图版一三，2）。

刮削器　2件。

标本M48：1-4，深灰色。长2.2、宽1.6、厚0.3厘米（图一一八，12；图版一三，2）。

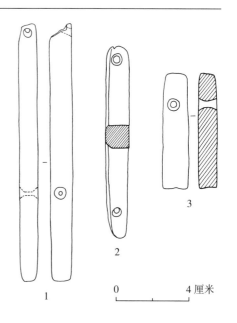

图一一七　砺石

1. M44：7　2. M55：1　3. M49：2

标本M48：1-16，深灰色。长3、宽1、厚0.12厘米（图一一八，11；图版一三，2）。

石片（或断块）　35件。

标本M48：1-17，深灰色。长1.6、宽0.55、厚0.4厘米（图一一八，2；图版一三，2）。

标本M48：1-6，深灰色。长2.4、宽1.2、厚0.25厘米（图一一八，3；图版一三，2）。

标本M48：1-8，深灰色。长1.75、宽1.8、厚0.2厘米（图一一八，4；图版一三，2）。

标本M48：1-15，深灰色。长1.4、宽1、厚0.1厘米（图一一八，5；图版一三，2）。

标本M48：1-3，深灰色。长3.1、宽1.8、厚0.35厘米（图一一八，6；图版一三，2）。

标本M48：1-19，深灰色。长3.7、宽0.9、厚0.3厘米（图一一八，7；图版一三，2）。

标本M48：1-5，深灰色。长2.7、宽0.9、厚0.55厘米（图一一八，8；图版一三，2）。

标本M48：1-20，深灰色。长3.3、宽0.5、厚0.4厘米（图一一八，9；图版一三，2）。

标本M48：1-24，深灰色。长2.15、宽0.75、厚0.38厘米（图一一八，10；图版一三，2）。

标本M48：1-21，深灰色。长1.9、宽0.55、厚0.4厘米（图一一八，21；图版一三，2）。

标本M48：1-25，深灰色。长1.65、宽0.55、厚0.2厘米（图一一八，14；图版一三，2）。

标本M48：1-2，深灰色。长2.7、宽2.15、厚0.15厘米（图一一八，15；图版一三，2）。

标本M48：1-7，深灰色。长2.35、宽1.35、厚0.2厘米（图一一八，16；图版一三，2）。

标本M48：1-9，深灰色。长1.8、宽1.55、厚0.45厘米（图一一八，17；图版一三，2）。

标本M48：1-18，深灰色。长1.6、宽1.1、厚0.4厘米（图一一八，18；图版一三，2）。

标本M48：1-10，深灰色。长4.25、宽1.5、厚0.3厘米（图一一八，20；图版一三，2）。

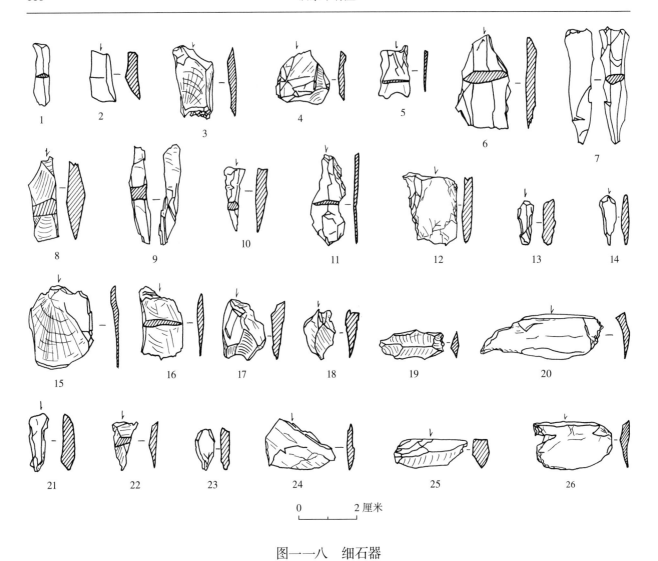

图一一八　细石器

1. 石叶（M48：1-1）　　2~10、13、14、15~26. 石片（或断块）（M48：1-17、1-6、1-8、1-15、1-3、1-19、1-5、1-20、1-24、1-22、1-25、1-2、1-7、1-9、1-18、1-14、1-10、1-21、1-23、1-26、1-12、1-13、1-11）　　11、12. 刮削器（M48：1-16、1-4）

标本M48：1-14，深灰色。通高2.2、宽0.9、厚0.25厘米（图一一八，19；图版一三，2）。

标本M48：1-22，深灰色。长1.45、宽0.5、厚0.35厘米（图一一八，13；图版一三，2）。

标本M48：1-23，深灰色。长1.6、宽0.65、厚0.26厘米（图一一八，22；图版一三，2）。

标本M48：1-26，深灰色。长1.35、宽0.65、厚0.3厘米（图一一八，23；图版一三，2）。

标本M48：1-12，深灰色。长2.45、宽1.6、厚0.25厘米（图一一八，24；图版一三，2）。

标本M48：1-13，深灰色。长2.55、宽0.95、厚0.6厘米（图一一八，25；图版一三，2）。

标本M48：1-11，深灰色。长2.6、宽1.6、厚0.25厘米（图一一八，26；图版一三，2）。

标本M60：8-10，灰色。长2.25、宽0.5、厚0.45厘米（图一一九，2；图版一三，3）。

标本M60：8-9（装在M60：8左格内），灰色。长2.2、宽0.35、厚0.3厘米（图一一九，

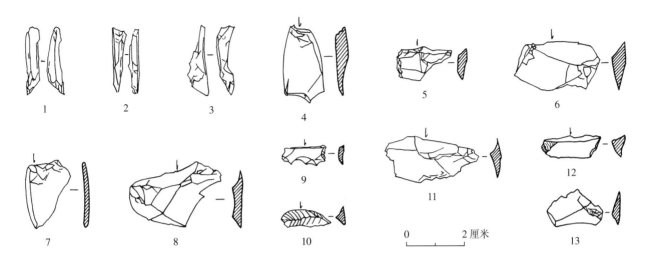

图一一九　细石器

1~4、6~13. 石片（或断块）（M60∶8-11、8-10、8-9、8-4、8-1、8-6、8-2、8-7、8-8、8-3，M59∶2-1、2-2）　　5. 尖状器
（M60∶8-5）

3；图版一三，3）。

　　标本M60∶8-11，灰色。长2.3、宽0.6、厚0.4厘米（图一一九，1；图版一三，3）。

　　标本M60∶8-4，灰色。长2.4、宽1.35、厚0.4厘米（图一一九，4；图版一三，3）。

　　标本M60∶8-1（装在多子盒左格内），灰色。长3、宽1.5、厚0.45厘米（图一一九，6；
图版一三，3）。

　　标本M60∶8-6，灰色。长2.2、宽1.55、厚0.12厘米（图一一九，7；图版一三，3）。

　　标本M60∶8-2，灰色。长3.2、宽1.9、厚0.3厘米（图一一九，8；图版一三，3）。

　　标本M60∶8-7，灰色。长1.5、宽0.6、厚0.15厘米（图一一九，9）。

　　标本M60∶8-8，灰色。长1.7、宽0.55、厚0.3厘米（图一一九，10；图版一三，3）。

　　标本M60∶8-3，灰色。长3.2、宽1.5、厚0.35厘米（图一一九，11；图版一三，3）。

　　标本M59∶2-1，灰色。长2.1、宽0.7、厚0.5厘米（图一一九，12）。

　　标本M59∶2-2，灰色。长1.9、宽1.1、厚0.25厘米（图一一九，13）。

　　尖状器　1件。

　　标本M60∶8-5，灰色。长1.9、宽1.1、厚0.3厘米（图一一九，5；图版一三，3）。

三　装饰珠与原料

　　在干骨崖墓地的一些墓内随葬有装饰品，种类主要为串珠和制作此类饰物的原料块。主
要有如下几种。

　　第一类：自然矿物。

（1）绿松石。分为小串珠或原料块两类。串珠形状分为圆饼状（M36、M51、M100）、短圆柱状（M51、M100）、扁圆柱状（M51）或长条片状（M51）。凡成型者均制作规整，打磨光滑，并有穿孔（彩版二〇，1、3）。另有少量绿松石原料块（M59）。

（2）肉红石髓，分为橘黄色、红色或紫红色，半透明。依形状分为三种：第一种为圆柱状，比高大于直径，纵向穿孔。此类还可细分成两种：一种上下粗细基本一致（M31：3）（彩版二〇，2）；另一种中间粗、两端细，作腰鼓状（M91（下）：7）（彩版二一，4）。此类管珠制作规整，器表打磨光滑。第二种为算盘珠状，比高小于直径，可细分为两种：一种个体偏小，直径0.5厘米上下，制作规整，器表打磨光滑，中心穿孔（M100：11）。另一种形状较规整，除个别略作打磨外，大多未经打磨，表面仍保留粗加工的琢制疤痕（M100：11）。此类还有大小之别，小者直径0.5厘米上下，大者直径1厘米左右（彩版二〇，3、4）。

此外还有不少制作肉红石髓珠子的原料块（M48、M59、M60、M78、M80、M100、M101）。其中，有的料块个体较大，且本身就带有自然孔隙（M100）。另有不少半成品，已雕琢出珠子雏形（M48、M80、M100），或已开始钻孔（M51）。更多的为原料块（彩版二一）。

（3）萤石。目测很像萤石或紫水晶一类矿物。经仪器检测，其成分指标与长石相符，但萤石也常常夹杂在长石类矿物中，故其质地还有待将来进一步验证核实。此次仅发现一小块原料（M60），三角形，片状，淡紫色，半透明（见彩版二一，2）。

（4）岩石。均选用骨白色石料，硬度不很高，材质未经鉴定，岩性不明。均作圆管柱状，比高大于直径，有大小之分，依形态分为两种：一种为标准圆柱状，上下粗细基本一致，此类数量占优（M70：3、M2：16）（彩版二二，1、3）；另一类作腰鼓状，中间粗，两段稍细，数量较少（M35：7）（彩版二二，2）。

（5）煤晶（煤玉）。仅发现2件（M78、干骨崖采集品各1）。纯黑色，数量少。均作短圆柱状，比高大于直径，器表打磨十分光滑，呈现玻璃般的光泽（彩版二二，4）。

第二类：贝壳。

（1）淡水贝壳。整体保留了贝壳的自然形态，仅在顶部钻一孔（M35：6）（彩版二二，2）。有的将小蚌壳顶面打磨掉，仅保留底面的自然形态（M64：3）（彩版二二，6）。

（2）以贝壳为原料，经加工打磨制作所需的形状。分为两种：一种将贝壳原料磨制成海贝状，上端钻一孔，纵向刻有一道沟槽，以像海贝（M30：7）。还有的将贝壳打磨成小圆饼状，中心钻孔（M85：7）（彩版二二，7）。更为复杂的是在打磨成小圆饼的珠子侧面横向钻出对称的十字交叉孔（M62：6）（彩版二二，5）。

第三类：陶珠、球

（1）白陶（滑石）珠。此类物以往多被定为骨珠或石珠。此次经检测证实其中有部分是用含镁质白色黏土烧制的，或可归入滑石一类，故本文采用了白陶（滑石）珠的名称。此类珠子个体小，均呈骨白色，扁圆状，中心穿孔，可穿系成串佩挂。在干骨崖墓地不少墓葬有出土（彩版二二，2、7、8）。

（2）灰陶球。仅发现一件，圆球状，灰色，个体很小，直径0.8厘米，尚未穿孔。可能为半成品（M48：1-50）（见彩版二一，1）。

石管珠　7件。均为骨白色，比高大于直径。中心纵向对钻一孔，两端孔径稍大，上下贯通。器表有些呈细砂粒般的毛糙粗涩质感，也有的打磨较光滑。根据形态差异，分为两型。

A型　6件。圆柱状，上下粗细一致。此处遴选标本5件介绍如下。

标本M2：16（置M2：1陶瓮内），高2.45、直径1、孔径0.5~0.85厘米（图一二〇，1；彩版二二，3）。

标本M30：8，高1、直径0.5、孔径0.15~0.3厘米（图一二〇，2）。

标本M35：5，高1.3、直径0.8、孔径0.15~0.5厘米（图一二〇，3；彩版二二，2）。

标本M42：1，两端稍细，端面不齐整。高2.6、直径1、孔径0.15~0.7厘米（图一二〇，4）。

标本M70：3，高3.65、直径1.3、孔径0.3~0.6厘米（图一二〇，5；彩版二二，1）。

B型　1件。腰鼓状，中间粗，两头细。

标本M35：7，高2.15、直径1.4、孔径0.2~0.6厘米（图一二〇，6；彩版二二，2）。

白陶（滑石）珠　共计353枚，其中少部分为蚌珠。均系骨白色，圆饼状，中心有一孔，为干骨崖装饰珠子中的大宗，出土数量多，个体小。经检测证实，这是一种选用含镁质的黏土（或滑石）烧制、再经切割而成，质地细腻，表面光滑。其中，多数保存较好，也有少部分表面有剥落。这一差异究竟是原料质地不同所致，还是埋藏环境使然？还有待进一步分析。此类珠子或同类穿系成串，或与其他质地的珠子搭配，在各墓出土数量多寡不等，少则几枚，多则数百枚。这里遴选6件标本介绍如下。

标本M30：9，直径0.5、孔径0.15、厚0.25厘米（图一二〇，7）。

标本M35：4，直径0.65、孔径0.1、厚0.28厘米（图一二〇，8）。

标本M35：9，直径0.32、孔径0.08、厚0.15厘米（图一二〇，9）。

标本M36：2，直径0.7、孔径0.15~0.25、厚0.2厘米（图一二〇，10；彩版二二，8）。

标本M43：3，孔径两边粗，中间细。直径0.7、孔径0.08~0.25、厚0.35厘米（图一二〇，11）。

标本M51：2，直径0.65、孔径0.15~0.3、厚0.3厘米（图一二〇，12；彩版二〇，4）。

肉红石髓珠　分为两型。

A型　6枚。红色或橘红色，半透明状，无纹理。圆柱状，中心钻孔。此处遴选标本2枚介绍如下。

标本M31：3，圆柱状。高2.15、直径0.8、孔径0.25~0.35厘米（图一二〇，13）。

标本M91（下）：7，腰鼓状。高1.15、直径0.6、孔径0.1~0.3厘米（图一二〇，14；彩版

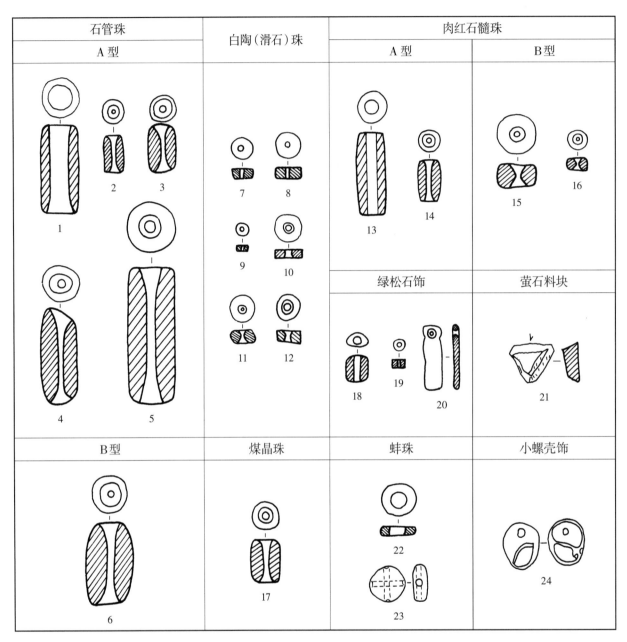

図一二〇　装飾品

1~5. A型石管珠（M2：16、M30：8、M35：5、M42：1、M70：3）　6. B型石管珠（M35：7）　7~12. 白陶（滑石）珠（M30：9、M35：4、M35：9、M36：2、M43：3、M51：2）　13、14. A型肉紅石髄珠（M31：3、M91（下）：7）　15、16. B型肉紅石髄珠（M36：5-2、5-4）　17. 煤晶珠（M78：8）　18~20. 緑松石飾（M51：8-1、M36：4、M51：7）　21. 蛍石料塊（M60：8-13）　22、23. 蚌珠（M35：8、M62：6）　24. 小螺殻飾（M64：3）

二一，4）。

B型 29件。红色、橘红色或紫红色，个别呈暗紫色，半透明状，无纹理。算盘珠状，中央对钻一孔。此处遴选标本2枚介绍如下。

标本M36：5-2，直径1.05、孔径0.1~0.4、厚0.6厘米（图一二〇，15）。

标本M36：5-4，直径0.5、孔径0.06~0.25、厚0.3厘米（图一二〇，16）。

煤晶珠 仅发现2枚，均作短圆柱状，黑色，质地细腻，器表打磨光滑，纵向穿孔。此处遴选标本1件介绍如下。

标本M78：8，高1.1、直径0.8、孔径0.2~0.4厘米（图一二〇，17；彩版二二，4）。

绿松石饰 15件，可分为管、珠、片三类。此处遴选标本3件介绍如下。

标本M36：4，绿松石珠。短圆柱状，中央钻孔。直径0.25、孔径0.06、厚0.2厘米（图一二〇，19）。

标本M51：8-1，绿松石管。侧视呈圆柱状，横断面近等腰三角形，中央纵贯一孔。高0.7、宽0.6、孔径0.2、厚0.4厘米（图一二〇，18；彩版二〇，1）。

标本M51：7，绿松石片。长条、片状，顶端对钻一小孔，穿孔部位两侧内收，呈亚腰状，一侧长边中间内凹。长1.7、宽0.5、厚0.15、孔径0.1~0.2厘米（图一二〇，20；彩版二〇，1）。

萤石料块 1件。

标本M60：8-13（放置在M60：8陶方盒左侧小格子内），淡紫色，半透明状。平面等腰三角形，片状，系制作装饰品的原料。边长1.2、厚0.4厘米（图一二〇，21；彩版二一，2）。

蚌珠 4件。此处遴选标本2件。

标本M35：8，圆饼状，中心位置穿一小孔。直径0.85~0.9、孔径0.35、厚0.25厘米（图一二〇，22）。

标本M62：6，平面圆形，饼状，在侧面横向钻十字交叉暗孔。直径1、孔径0.12、厚0.35厘米（图一二〇，23；彩版二二，5）。

小螺壳饰 1件。

标本M64：3，原料为蜗牛类腕足动物的外壳。将顶面打磨掉，保留腹部的自然形状，平面椭圆形，钻有一孔。长1.2、宽1、孔径0.15~0.2厘米（图一二〇，24；彩版二二，6）。

第二节 骨器、牙器、蚌贝器

一 骨器

1. 生活用具

骨针筒 11件。均选用大型禽鸟类长骨制作，截取中间一段，经切割、钻孔、打磨而成。少量在骨管一侧钻有小圆孔，数目不等；个别甚至刻划花纹。多数骨筒出土时内装数目不等的骨针（或制作骨针的骨料）。

标本M19：5，长条状骨管，一端略粗，无孔。素面。长9.9、两端直径分别为1.3~1.6厘米（图一二一，5；彩版二三，1）。

标本M50：5，长条状骨管，一端略粗，无孔。素面。长9.4、两端直径分别为1.1~1.4厘米（图一二一，9；彩版二三，1）。

标本M58：1，长条状骨管，略弯曲，无孔。素面。长11.9、两端直径分别为1~1.2厘米（图一二一，10；彩版二三，3）。

标本M58：7，长条状骨管，略弯曲，无孔。素面。长11.8、两端直径均1厘米（图一二一，2；彩版二三，3）。

标本M61：3，长条骨管，两端微微上翘，无孔。素面。长10.5、两端直径均1.6厘米（图一二一，8；彩版二三，1）。

标本M69：3，长条骨管，无孔。素面。长9.4、两端直径均1厘米（图一二一，3；彩版二三，3）。

标本M69：5，长条骨管，一端粗，一端细，表面较粗糙，无孔。素面。长9.1、前端长径1.9、短径1.15、后端直径1.3厘米（图一二一，11）。

标本M78：1，长条骨管，两端粗，中间略细，无孔。素面。长12.9、一端长径1.9、短径1.3、另一端长径1.8、短径1.6、中间直径1.4厘米（图一二一，7；彩版二三，3）。

标本M84：6，长条骨管，一端略残，一侧钻有圆孔，残存4枚（其中一孔残存一半），孔与孔之间距1.6厘米。素面。残长8.7、一端直径1.3~1.7、另一端直径1.3~1.4、孔径0.4厘米（图一二一，4）。

标本M85：3，长条骨管，一端钻有小圆孔一枚。素面。长10.2、一端口径1.3~1.6、另一端口径1.2~1.5厘米（图一二一，6；彩版二三，1）。

标本M94（上）：4，长条骨管，一端横截面近三角形，另一端为椭圆形。表面镌刻连续对三角网格纹，另一面钻有小圆孔四枚，孔与孔间距分别为1.8、2、1.6厘米，骨管长11.4、一端直径1.1~1.4、另一端直径1.25~1.4厘米（图一二一，1；彩版二三，6）。

穿孔骨管　2件。均以动物短肢骨为原料，两端关节部位保留，但略经打磨或修整，骨管中部凿穿一孔，用途待研究。

标本M58：4，横切面椭圆形，骨管中部一侧钻有椭圆形小孔。残长6.6、两端宽2.2、中间宽1.9、厚1.2厘米（图一二一，12；彩版二三，2）。

标本M91（下）：1，横断面扁圆形，骨管中央一侧钻有长椭圆形孔。长7.9、一端宽2.5、另一端宽2.4、中间宽1.5、厚0.8厘米，孔长2.1、宽0.75厘米（图一二一，13；彩版二三，2）。

骨针　9件。

标本M69：4，长9.1、中段直径0.2、后段宽0.25、厚0.15、针鼻直径0.04厘米（图

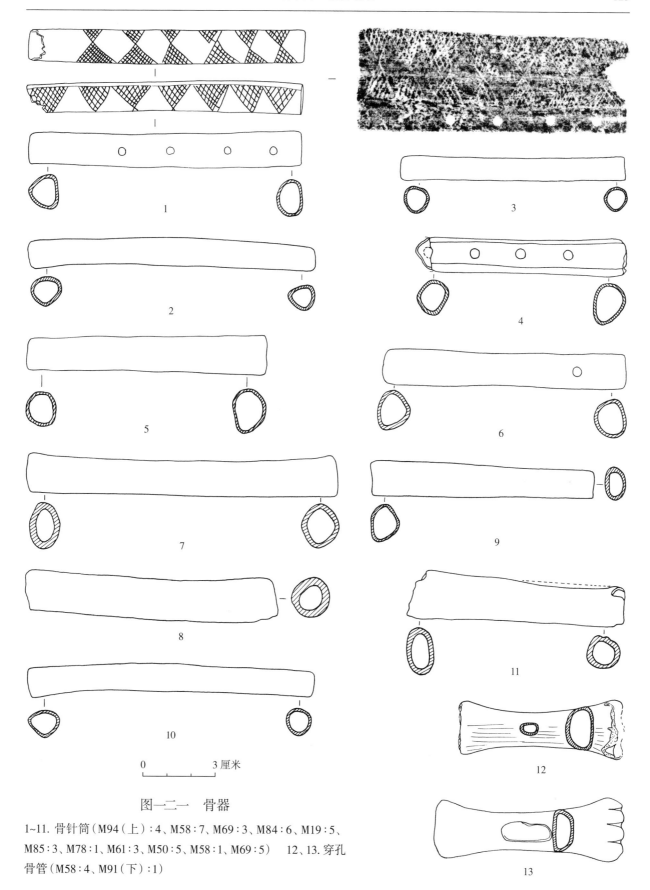

图一二一　骨器

1~11. 骨针筒（M94（上）：4、M58：7、M69：3、M84：6、M19：5、
M85：3、M78：1、M61：3、M50：5、M58：1、M69：5）　12、13. 穿孔
骨管（M58：4、M91（下）：1）

一二二，3）。

标本M78：2，长7.5、直径0.1~0.15、后段宽0.2、厚0.15、针鼻直径0.04厘米（图一二二，1；彩版二三，5）。

标本M78：3，长8、直径0.1~0.25、后段宽0.3、厚0.15、针鼻直径0.04厘米（图一二二，2；彩版二三，5）。

标本M85：6，长7.9、直径0.15、后段宽0.2、厚0.1、针鼻直径0.04厘米（图一二二，4；彩版二三，5）。

标本M94（上）：9，从针鼻部位残断。残长6.4、直径0.15、针鼻直径0.04厘米（图一二二，5；彩版二三，5）。

标本M94（上）：10，从针鼻部位残断，针尖残。残长5.8、宽0.15厘米（图一二二，6）。

标本M94（上）：11，从针鼻部位残断。残长4.5、宽1.8厘米（图一二二，7；彩版二三，5）。

标本M94（上）：12，从针鼻部位残断。残长4.9、宽1厘米（图一二二，8；彩版二三，5）。

骨笄　4件（编号M14：8~11），形制相同。

标本M14：8，前端残损缺失部分，选取鸟类肢骨经简单打磨制作而成。残长5、直径

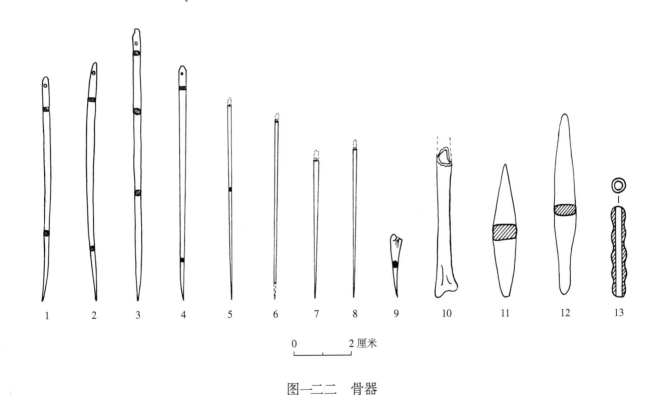

0　　　　2厘米

图一二二　骨器

1~8. 骨针（M78：2、M78：3、M69：4、M85：6、M94（上）：9、M94（上）：10、M94（上）：11、M94（上）：12）　9. 小骨刺
（M94（下）：4）　10. 骨笄（M14：8）　11、12. 骨镞（M91（下）：5、4）　13. 联珠波浪管状器（M60：6）

0.45~0.8厘米（图一二二，10）。

小骨刺 1件。

标本M94（下）：4，细长三角尖锥状，尖锋十分锐利。此器与一铜耳环出自墓主B头骨右耳处。推测很有可能是与耳环配套使用的器具。长2.1、顶端宽0.4厘米（图一二二，9）。

联珠波浪管状器 1件。

标本M60：6，长3、宽0.5、孔径0.25厘米（图一二二，13）。

2. 武器

骨镞 3件。原料为骨片，经切割打磨制成。

标本M91（下）：4，长圆锥状，横断面扁方形，前端出尖锋。长6、宽0.7、厚0.35厘米（图一二二，12；彩版二三，4）。

标本M91（下）：5，平面梭形，横断面扁方形，前端出尖锋。长4.3、宽0.8、厚0.5厘米（图一二二，11；彩版二三，4）。

标本M91（下）：6，朽坏，形制、尺寸不明。

3. 骨料

10件（编号M59：2-3~2-12），其中2-3、2-5为骨针半成品，余为骨料。均选用动物长骨，劈成长条状，形状不一，有些细长，系制作骨针的原料，有些较宽粗，为制作其他骨器的原料（彩版二六，3）。

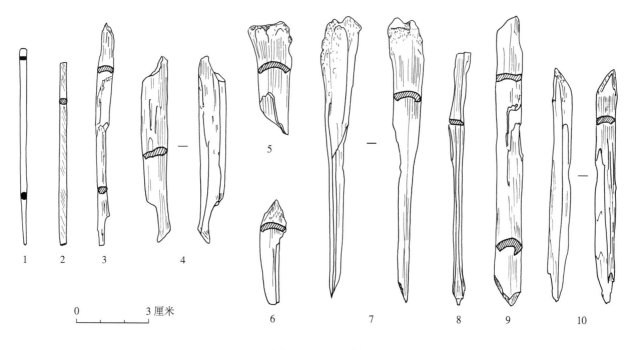

0   3厘米

图一二三 骨料

1. M59：2-3   2. M59：2-5   3. M59：2-4   4. M59：2-10   5. M59：2-11   6. M59：2-12   7. M59：2-6   8. M59：2-9
9. M59：2-7   10. M59：2-8

标本M59：2-3，系骨针半成品。细长条锥形，针鼻一端横断面为扁方形，尚未凿挖出针鼻。长7.8、宽0.3、直径0.2厘米（图一二三，1）。

标本M59：2-5，为制作骨针的备料。细长条状，横断面近椭圆形。长7.25、宽0.3、厚0.2厘米（图一二三，2）。

标本M59：2-4，骨料。长8.9、宽0.2~0.7、厚0.15~0.3厘米（图一二三，3）。

标本M59：2-10，骨料。长7.5、宽0.5~1.05、厚0.2~0.3厘米（图一二三，4）。

标本M59：2-11，骨料。长4.5、宽1.3~1.7、厚0.15~0.2厘米（图一二三，5）。

标本M59：2-12，骨料。长4.1、宽0.5~1.1、厚0.15~0.2厘米（图一二三，6）。

标本M59：2-6，骨料。长11.4、宽0.4~1.5、厚0.2~0.25厘米（图一二三，7）。

标本M59：2-9，骨料。长10、宽0.4~0.6、厚0.2厘米（图一二三，8）。

标本M59：2-7，骨料。长11.5、宽0.9~1.1、厚0.2~0.3厘米（图一二三，9）。

标本M59：2-8，骨料。长9.3、宽0.3~0.9、厚0.3厘米（图一二三，10）。

二 牙器

牙饰 19件。选用野猪獠牙为原料，打磨成薄片状。基本保留野猪獠牙的弯月状，顶端保留齿尖部分，底端打磨成弧形。正面呈微微鼓起的圆弧状，保留牙齿表面的珐琅釉质，背面微内凹，顶端钻一小孔。此类牙器多两两相对伴出，或2枚、或4枚，常常出在墓主颈部两侧或腰际两侧，推测有可能是缝缀在墓主衣物上的饰件或类似扣子的东西。

标本M31：4，左侧獠牙。微微弧曲，顶部尖圆，穿一小孔。底部修整较为平齐。长4.6、宽0.65~1.25、孔径0.2、厚0.2厘米（图一二四，1；彩版二四，1）。

标本M58：6，左侧獠牙。微微弧曲。顶端圆弧，穿一小孔。底端修整成弧形。长5.2、宽0.8~1.15、孔径0.3、厚0.25~0.3厘米（图一二四，2；彩版二四，1）。

标本M100：8，左侧獠牙。弧曲弯月状。顶端尖锥，穿一小孔。底端修整成弧形。长6、宽0.3~1.1、孔径0.15、厚0.2厘米（图一二四，3；彩版二四，2）。

标本M58：2，左侧獠牙。弯月状。顶端原穿孔位置断残，经再次修整钻孔。底端修整成弧形。残长5.7、宽0.7~1.3、孔径0.3、厚0.3~0.35厘米（图一二四，4）。

标本M58：3，左侧獠牙。弧曲弯月状。顶端尖锥，穿一小孔。底端修整成弧形。长7.8、宽0.5~1.4、孔径0.2、厚0.25厘米（图一二四，5；彩版二四，2）。

标本M58：5，左侧獠牙。弧曲弯月状。顶端尖锥，穿一小孔。底端修整成弧形。长7、宽0.5~1.15、孔径0.2、厚0.2~0.25厘米（图一二四，6；彩版二四，2）。

标本M58：10，右侧獠牙。弧曲形。顶端圆弧，穿一小孔。底端修整成舒缓的弧形。长4.9、宽0.9~1.2、孔径0.2、厚0.2厘米（图一二四，7；彩版二四，1）。

标本M64：1，右侧獠牙，弧曲弯月状。顶端尖锥，穿一小孔。底端残缺。残长4.8、宽0.35~1.2、孔径0.2、厚0.15厘米（图一二四，8）。

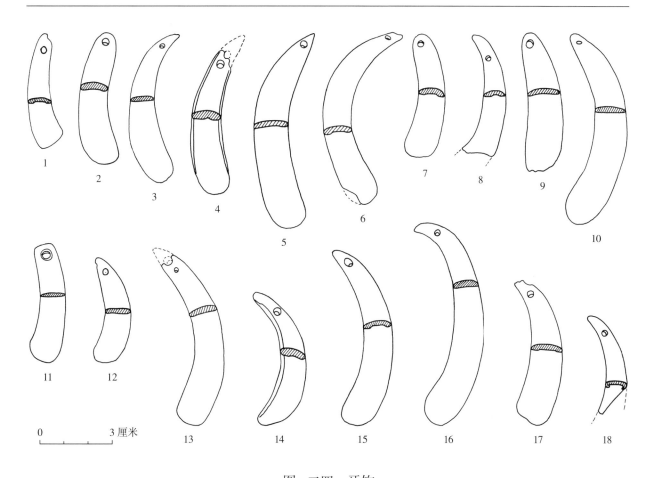

图一二四　牙饰

1. M31：4　2. M58：6　3. M100：8　4. M58：2　5. M58：3　6. M58：5　7. M58：10　8. M64：1　9. M84：5　10. M94（上）：7
11. M100：9　12. M31：5　13. M74：9　14. M58：8　15. M85：4　16. M100：10　17. M94（上）：6　18. M64：2

　　标本M84：5，右侧獠牙。弧曲形。顶端圆钝，穿一小孔。底端修整成舒缓的弧形。长
5.5、宽0.7~1.3、孔径0.3、厚0.2厘米（图一二四，9）。

　　标本M94（上）：7，右侧獠牙。弧曲弯月状。顶端尖锥，穿一小孔。底端修整成圆弧
形。长7.6、宽0.5~1.4、孔径0.2、厚0.2厘米（图一二四，10；彩版二四，2）。

　　标本M100：9，右侧獠牙。弧曲状。顶端磨平，穿一小孔。底端修整成弧形。长4.7、宽
0.8~1、孔径0.4、厚0.15~0.2厘米（图一二四，11；彩版二四，1）。

　　标本M31：5，右侧獠牙。弧曲弯月状。顶端尖锥，穿一小孔。底端修整成弧形。长
4.2、宽0.4~1.1、孔径0.2、厚0.15~0.2厘米（图一二四，12；彩版二四，1）。

　　标本M74：9，右侧獠牙。弧曲弯月状，顶端原穿孔位置断残，再次修整穿孔。底端修整
成弧形。残长6.9、宽0.7~1.3、孔径0.15、厚0.15~0.2厘米（图一二四，13；彩版二四，2）。

　　标本M58：8，右侧獠牙。新月状。顶端较钝，穿一小孔。底端修整成钝方形。长5.3、
宽0.4~1.1、孔径0.3、厚0.25~0.3厘米（图一二四，14；彩版二四，1）。

标本M85：4，弯月形。顶端尖锥，穿一小孔。底端修整成弧形。长6.9、宽1.35、孔径0.3、厚0.2厘米（图一二四，15；彩版二四，2）。

标本M100：10，右侧獠牙。弯月状。顶端尖锥，穿一小孔。底端修整成弧形。长8、宽0.5~1.3、孔径0.2、厚0.2~0.25厘米（图一二四，16；彩版二四，2）。

标本M94（上）：6，右侧獠牙。弧曲弯月状。顶端呈台阶状，穿一小孔。底端修整平齐。长5.8、宽0.4~1.3、孔径0.3、厚0.2~0.25厘米（图一二四，17）。

标本M64：2，右侧獠牙。弧曲弯月状。顶端尖锥，穿一小孔。底端断残。残长3.9、宽0.35~0.8、孔径0.2、厚0.15厘米（图一二四，18）。

三　蚌器、海贝

蚌泡　24件。均选用天然河蚌壳为原料，经打磨、穿孔制作而成。平面圆形或椭圆形，绝大部分正面微弧鼓，保留蚌壳的纹理，背面微内凹，在中心位置单面或双面钻1~2孔。

标本M14：16，平面圆形，靠近左侧对钻一孔，剖面厚薄不一。直径3.7~4.4、孔径0.3~0.6、厚0.35~0.7厘米（图一二五，1；彩版二四，3）。

标本M3：7，平面椭圆形，中心对钻一孔。直径2.9~3、厚0.4厘米（图一二五，2）。

标本M17：3，平面近圆形，中心对钻一孔。直径4.1~4.15、孔径0.35~0.5、厚0.4~0.8厘米（图一二五，3；彩版二四，3）。

标本M30：6，平面圆形，中心对钻一孔。直径2.5~2.8、孔径0.3~0.6、厚0.3~0.45厘米（图一二五，4）。

标本M25：1，平面圆形，中心钻一孔。直径2.9~3.1、孔径0.3~0.4、厚0.4厘米（图一二五，5）。

标本M7：6，平面椭圆形，两面均较平整，中心对钻一孔。直径3.85~4.6、孔径0.8~0.9、厚0.7~0.9厘米（图一二五，6）。

标本M104：1，平面椭圆形，两面较平整，中心对钻一孔。直径2.7~3.1、孔径0.3~0.5、厚0.4~0.65厘米（图一二五，7）。

标本M1：9，平面椭圆形，中心对钻一孔。直径4.6~5.1、孔径0.25~0.35、厚0.2~0.5厘米（图一二五，8；彩版二四，3）。

标本M14：17，平面近圆形，靠中部位置对钻一孔。直径3.9~4、孔径0.45~0.65、厚0.25~0.4厘米（图一二五，9；彩版二四，3）。

标本M48：6，平面近椭圆形，中心靠左对钻一孔。直径3~3.5、孔径0.4~0.7、厚0.4~0.5厘米（图一二五，10）。

标本M78：7，平面圆形，中心对钻一孔。直径2.3、孔径0.3~0.4厘米（图一二五，11）。

标本M51：5，平面近圆形，两面均较平整，中心单面钻一孔。直径3.6~4.1、孔径0.2~0.8、厚0.7厘米（图一二五，12）。

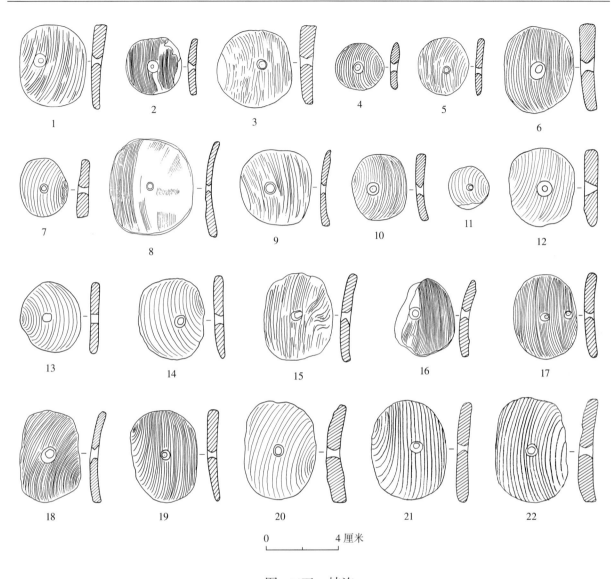

图一二五　蚌泡

1. M14：16　2. M3：7　3. M17：3　4. M30：6　5. M25：1　6. M7：6　7. M104：1　8. M1：9　9. M14：17　10. M48：6
11. M78：7　12. M51：5　13. M60：3　14. M60：5　15. M17：2　16. M3：10　17. M34：3　18. M8：1　19. M34：4
20. M69：2　21. M69：8　22. M69：9

　　标本M60：3，平面圆形，两面均较平整，中心对钻一孔。直径3.4~3.7、孔径0.5、厚0.5厘米（图一二五，13）。

　　标本M60：5，平面椭圆形，中心偏右对钻一孔。直径3.5~4.3、孔径0.3~0.6、厚0.25~0.5厘米（图一二五，14）。

　　标本M17：2，平面椭圆形，中心对钻一孔。直径3.75~4.65、孔径0.35~0.5、厚0.5厘米（图一二五，15）。

　　标本M3：10，平面近扇形，中心对钻一孔。直径3.35~4.2、孔径0.3~0.5、厚0.5厘米（图一二五，16；彩版二四，3）。

标本M34：3，平面椭圆形，中心及靠右一侧各自对钻一孔。直径3.5~4.5、孔径0.25~0.5、厚0.55厘米（图一二五，17；彩版二四，4）。

标本M8：1，平面近长方形，中心对钻一孔。长4.9、宽3.4、孔径0.8~0.9、厚0.3~0.4厘米（图一二五，18；彩版二四，4）。

标本M34：4，平面椭圆形，中心对钻一孔。直径3.65~4.9、孔径0.3~0.5、厚0.25~0.55厘米（图一二五，19；彩版二四，4）。

标本M69：2，平面椭圆形，两面凹凸不整，中心对钻一孔。直径3.9~5.15、孔径0.35~0.6、厚0.5~0.9厘米（图一二五，20）。

标本M69：8，平面椭圆形，中心对钻一孔。直径4.1~5.2、孔径0.3~0.7、厚0.65厘米（图一二五，21）。

标本M69：9，平面近椭圆形，中心对钻一孔。直径3.9~5.5、孔径0.35~0.6、厚0.6~0.8厘米（图一二五，22）。

标本M79：2、3，朽碎。尺寸不详。

蚌牌　2件。

标本M26：9，选用较大的河蚌外壳制作。平面长椭圆形，基本保留河蚌的自然形状，顶端和中心部位各自对钻一圆孔。长径6.8、短径3.9、顶部穿孔直径0.3~0.5、中心钻孔直径0.35~0.7、厚0.3~0.6厘米（图一二六，1；彩版二四，5）。

标本M26：5，选用较大的河蚌外壳经切割、打磨制作而成。平面长椭圆形，片状，顶端对钻一小圆孔。器表打磨十分光滑平整，制作精良。长径7.6、短径5.35、孔径0.3~0.35、厚0.3厘米（图一二六，2；彩版二四，6）。

蚌壳　1件。系用小型淡水贝类闪蚬*Corbicula nitens*（Philippi）外壳制作，基本保留河蚌外壳的自然形态，顶部钻一小孔。

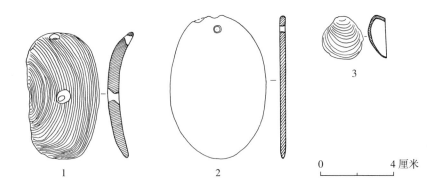

图一二六　蚌器

1、2. 蚌牌（M26：9、M26：5）　3. 蚌壳（M35：6）

标本M35：6，高2.35、直径2.25、厚0.15厘米（图一二六，3；彩版二二，2）。

海贝　共10枚。均为宝贝属（*Money shell*）。其中，M2出土5枚（编号M2：5~8、15）（彩版二四，7），M44出土2枚（编号M44：5、6），M101出土3枚（编号M101：6~8）。

标本M44：5，长2.1、宽1.5厘米（图一二七，1）。

标本M2：5，长2.2、宽1.35厘米（图一二七，2）。

标本M101：6，长2.4、宽1.4厘米（图一二七，3）。

蚌贝　1枚。

标本M30：7，骨白色，蚌壳质地。平面长椭圆形，顶部有一圆形小穿孔，模仿海贝腹部形态，沿圆孔纵向刻有一道凹槽，未向顶部贯通。长1.45、宽0.85、孔径0.3厘米（图一二七，4）。

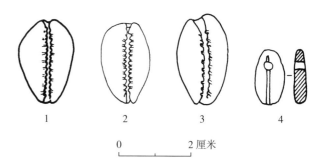

图一二七　海贝、石贝

1~3.海贝（M44：5、M2：5、M101：6）　4.蚌贝（M30：7）

第三节　陶器

干骨崖墓地共出土各类陶质容器230件①。包括日用器皿、乐器、生产工具和泥塑艺术品等。严格讲，干骨崖墓地所出陶器均夹砂，包括很多彩陶也在胎内掺入少量细砂羼和料，由于器表经打磨、施加陶衣而显得质地较细腻，烧造火候较高。夹砂陶分为夹细砂陶和夹粗砂陶，部分夹粗砂陶火候偏低，质地较疏松。上述陶器以红色、红褐色为主色调，有部分灰色（含灰褐色或灰黑色），也有个别黑陶。由于陶器烧造时火候不匀，有些夹砂陶器表面颜色斑驳不一。

干骨崖墓地随葬陶器全部为手工制作，采用泥条盘筑法或泥条圈筑法，分段制坯，套接成型。小型器则直接用手工捏制，尚未发现轮制或模制者。其制作程序为，分别制作器底、下腹、上腹、器领、器耳。待这几部分成型后，将器底与下腹套接，再将带有器底的下腹与上腹对接，然后将器领套接在器身上，最后加装器耳。采用这一技术流程制作的陶器破碎时往往会在衔接部位断裂，特别是腹中部转折处、器领和器底等位置。如随葬彩陶双耳罐腹部最大径往往捏塑四枚乳突，目的应该是用贴塑的泥块加固腹部接口。此外，在器领位置贴塑泥条附加堆纹也应出于同样的目的。

干骨崖墓地随葬彩陶约占陶器总量的1/4，可见当时非常注重陶器的装饰。彩陶的特点

① 以上统计包括朽毁陶器和泥塑动物，填土所出陶器未计算在内。

是，绝大多数在器表先施一层紫红色或红色陶衣，个别陶衣呈黄白色，经过简单打磨，再绘以黑彩。试验分析证实，它们均为烧前绘制，而非烧后绘制花纹的彩绘陶（见附录三）。由于彩陶所用颜料异常浓稠，致使绘画者运笔不畅，而且花纹图案多凸起于器表，易于脱落。

绘彩器类多为双耳罐、单耳罐、腹耳壶、尊形器和陶盘等。绘彩部位主要在器口内外、颈部和上腹部；尊形器通体满绘；陶盘仅绘内彩。其中，彩陶器器口均打磨、施红衣，绘简单的几何纹。常见横条带纹（图一二八，1）、横竖条带纹（图一二八，2）、横条短斜线纹（图一二八，3）、横条折线纹（图一二八，4、5）、横条垂幛纹（图一二八，6）。

此外，彩陶器耳上也普遍绘画花纹，而且较有规律。其中，大多为几何线条纹，如斜线纹（图一二九，1、2）、竖带纹（图一二九，3）、目字纹（图一二九，4）、"X"形纹（图一二九，5）、"N"字纹（图一二九，6、7、25）、横竖线纹（图一二九，8）、垂线纹（图一二九，9~14）。此外，也有一些绘变形动物纹或人物纹，如变形蜥蜴纹和复合变形蜥蜴纹（图一二九，15~23）和侧身人形纹（图一二九，24）。

彩陶以几何纹构成的花纹图案最为常见，如三角、网格、条带、折线、"N"、"Z"、"W"、"E"等。也有少量绘动物或人物纹样，部分较写实，大多已图案格式化。动物类有兔、犬（狼）和图案化的变形蜥蜴等；人物类多为表现众人手拉手在一起歌舞的画面，还发现有个别跪拜祭祀的人物形象。此类彩陶构思巧妙，画面精美，可谓原始艺术中的珍品。

随葬的夹砂陶大多素面，少量施黄白色陶衣，鲜有装饰繁缛纹样者。少量有装饰者纹样简洁，常见压印成组的小卵点凹窝、刻划纹、戳印纹、凹弦纹和附加堆纹；也有极个别拍印散乱的绳纹，再稍加抹平。上述纹样均规律性地饰于器表局部。如压印卵点凹窝多3~5枚构成一组，沿器腹上部排列一周。器耳流行刻划"X"纹，并常在"X"交叉位置贴塑一枚小圆饼乳丁；或在"X"纹四周戳印卵点、"V"字；或仅刻划"X"纹，或仅贴塑小圆饼乳丁（图一三〇）。晚期陶器耳部常捏塑一道断面呈三角形的小凸棱。

随葬陶器的种类和组合均比较简单，常见各类带耳的罐和壶类器，如彩陶双耳罐、彩陶单耳罐、夹砂双耳罐、夹砂单耳罐、器盖、腹耳壶等，其他器类还有尊形器、长方形多子

图一二八　彩陶器口图案举例

1. 横条带纹（M45:1）　2. 横竖条带纹（M58:13）　3. 横条短斜线纹（M26:6）　4、5. 横条折线纹（M33:2、M70:1）　6. 横条垂幛纹（M26:3）

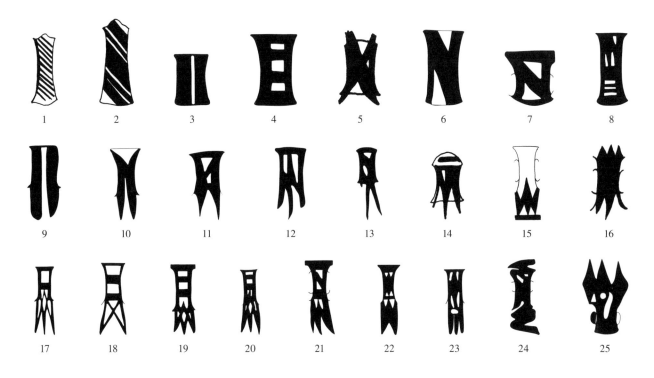

图一二九　彩陶器耳图案举例

1、2.斜线纹（M31：2、M48：4）　3.双竖带纹（M1：3）　4.目字纹（M3：6）　5."X"形纹（M30：1）　6、7、25."N"字纹
（M102：2、M69：10、M45：1）　8.横竖线纹（M59：1）　9~14.垂线纹（M44：2、M4：4、M4：2、M46：1、M94（上）：2、M94
（上）：3）　15、16、22、23.变形蜥蜴纹（M14：7、M71：1、M7：3、M59：2）　17~21.复合变形蜥蜴纹（M69：14、M103：2、
M26：3、M70：1、M6：2）　24.侧身人形纹（M58：13）

图一三〇　夹砂陶器耳纹样举例

1.竖条刻划纹（M26：1）　2.戳印纹（M63：1）　3.贴塑乳丁（M7：2）　4.刻划"X"纹（M14：6）　5.刻划"X"加戳印纹
（M22：6）　6、7.刻划"X"纹加贴塑乳丁（M69：13、M17：1）　8.三角凸棱纹（M59：3）

盒、四系罐、双耳钵、筒形带盖罐、盘、单把杯、四耳带盖罐和陶瓮，但数量均不多。经统
计，造型各异的双耳罐在随葬陶器中所占比例达37.1％，单耳罐占14.4％，器盖占18.5％，腹
耳壶占7.8％。仅这四类器皿就几乎占到了干骨崖墓地随葬陶器总量的80％。它们也构成了干
骨崖陶器的主干和基本组合。

一　日用器

1. 双耳罐类

彩陶双耳罐　19件。绝大部分为夹少量细砂的泥质红陶，也有少量呈灰褐色，质地较细腻，胎厚0.25~0.4厘米之间，器高10~12厘米，两侧器耳略低于器口或与器口平齐，圆鼓腹，下腹内敛，小平底。其中，有相当一部分彩陶双耳罐在器腹最大径部位前后左右对称地捏塑四枚乳突。在器表和口沿内施紫红色或红色陶衣，绘浓稠黑色彩。彩陶双耳罐有一部分配置器盖。器表纹样均为两分式构图，每面绘画3~4组两两相对、上尖细下宽钝的长三角竖条纹，间以若干道细竖条带纹，组成一幅类似"贝纹"的画面。依据器形变化，可分四式。

Ⅰ式　7件。整体形态较矮胖，近扁方形，腹径大于比高。双耳扁薄，耳孔作长扁圆形，器口外侈，短领，较粗的束颈，腹部呈扁椭圆形，垂腹明显，腹最大径位置偏下，在最大腹径部位对称地捏塑四枚乳突。器表和口沿内施红褐色陶衣，绘浓稠黑色彩。口沿内绘四分式垂幛纹，口沿外器领部位绘横条带纹、连续菱形纹，腹部流行绘八组类"贝"纹。器耳绘"目"、"X"或变形蜥蜴纹、复合变形蜥蜴纹、斜线网格纹、折线菱形纹。

标本M26：2，泥质红陶。喇叭口，外侈，尖圆唇，束颈，折腹处捏塑四枚乳突。高8.8、口径8.2、腹径10.7、底径3.8、耳宽1.8厘米（图一三一，1；图版一四，1）。

标本M26：3，泥质红陶。外侈的喇叭口，尖圆唇，束颈。器底有明显的使用痕迹。高9.2、口径8.2、腹径11、底径3.8、耳宽1.8厘米（图一三一，2；彩版二五，1）。

标本M70：1，泥质红陶。外侈的喇叭口，尖圆唇，束颈。高9.6、口径8.6、腹径12.4、底径4.4、耳宽1.5厘米（图一三一，3；图版一四，2）。

标本M103：2，泥质红陶。口微侈，尖圆唇，束颈不很明显。高7.6、口径7、腹径9.6、底径3.4、耳宽1.3厘米（图一三一，4；图版一四，3）。

标本M11：2，泥质红陶。器口残缺部分，束颈。器表原施有红色陶衣，绘浓稠黑彩，大部分脱落，纹样漫漶不清，仅在靠近器耳的局部尚可见残存的类"贝"纹。残高9、腹径11.5、底径4.5厘米（图一三一，6）。

标本M81：1，泥质红陶。微侈口，圆唇，束颈。器表施红色陶衣，口沿内施黄褐色陶衣，绘浓稠深紫色彩。口沿内绘横条带纹，每间隔一段绘一组短斜线纹，共四组，每组各有三列斜线。高10、口径7.5、腹径11.8、底径4.3、耳宽1.5厘米（图一三一，5；彩版二五，2）。

标本M3：4+5（器盖编号为M3：4），夹细砂红陶。侈口，尖圆唇，束颈。器表和口沿内施褐色陶衣，绘浓稠黑彩，口沿内绘四分式垂幛纹，器口外领部绘条带纹和连续菱形纹，腹部绘八组类"贝"纹，器耳绘连续"N"字纹。通高12.9、口径8.8、腹径11.5、底径4.4、耳宽1.8厘米（图一三一，7）。

Ⅱ式　6件。整体比例仍作扁方形，但比高略有增加，腹径大于器高。陶胎和双耳剖面厚度略有增加。腹部扁圆，最大腹径位置仍靠下，垂腹特征消失。另一个明显变化是，腹最大

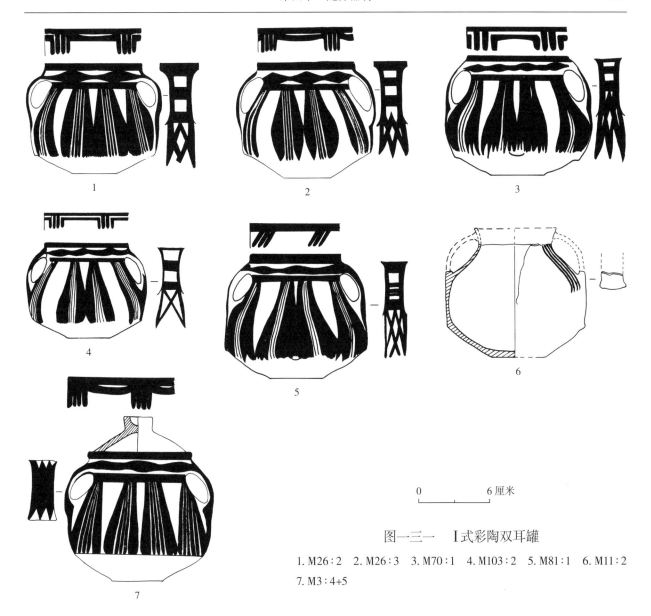

0　　　　　　6厘米

图一三一　　I式彩陶双耳罐

1. M26：2　2. M26：3　3. M70：1　4. M103：2　5. M81：1　6. M11：2
7. M3：4+5

径处乳突不很明显，有的甚至没有。其他方面与 I 式区别不是很大。

标本M14：7，夹细砂灰褐陶，内胎灰色，器表打磨不很精细。外侈口，器领略高，圆唇，束颈。器表和口沿内施红色陶衣，绘浓稠黑彩。口沿内彩脱落，漫漶不清；器口外侧领部绘横条带纹，腹部绘八组类"贝"纹。耳面纹样脱落，尚可辨出绘竖列"之"字纹样。高10、口径8.2、腹径10.6、底径5、耳宽1.5厘米（图一三二，1；图版一四，4）。

标本M4：4，夹细砂红陶，胎内含少量粗白砂粒。侈口不很明显，圆唇，束颈。器表和口沿内施紫红色陶衣，绘浓稠黑彩。口沿内绘横条带纹和间隔的短竖线纹，每组四列；器口外领部绘横条带纹，腹部绘六组类"贝"纹。高9.6、口径8、腹径12、底径4.4、耳宽1.7厘米（图一三二，2；彩版二五，3）。

标本M69：14，夹细砂红陶。外侈的喇叭口，圆唇，束颈较细。器表施红衣，绘浓稠黑

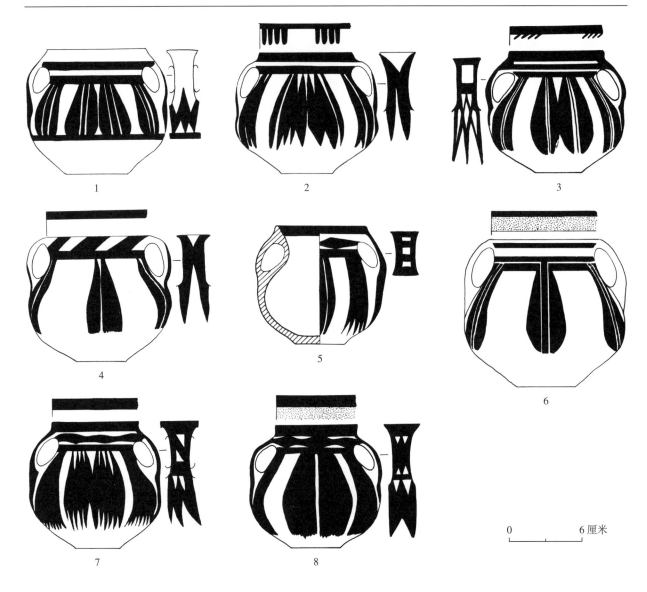

图一三二　Ⅱ、Ⅲ式彩陶双耳罐

1~6. Ⅱ式（M14：7、M4：4、M69：14、M4：3、M3：6、M14：4）　7、8. Ⅲ式（M6：2、M7：3）

彩。口沿内绘横条带纹和间隔的短斜线纹四组，每组四列；器口外领部绘横条带纹，腹部绘八组类"贝"纹，器耳绘复合变形蜥蜴纹。高9.6、口径7.9、腹径11.4、底径3.9、耳宽1.6厘米（图一三二，3；图版一四，5）。

标本M4：3，夹砂红陶，胎内夹少许粗白砂粒。喇叭侈口，束颈。器表和口沿内施陶衣，器腹上部陶衣呈砖红色，下部黄白色，绘浓稠黑彩。口沿内绘条带纹；器口外绘短斜线纹，腹部绘六组两两对称的竖条带，上部尖细，下部较宽粗；器耳绘垂线纹。高10、口径8.5、腹径12、底径4.2、耳宽1.8厘米（图一三二，4；彩版二五，4）。

标本M3：6，夹细砂红陶。外侈的喇叭口，圆唇，细颈，颈下接缝处微微凸起一周（不很明显），圆鼓腹，平底略呈假圈足。器表及口沿内施紫红衣，绘浓稠黑彩。口沿内绘条带纹，器口外领部绘横条带纹和连续菱格纹，腹部绘几何竖条带纹，器耳绘"目"字纹。高9.4、口径7.8、腹径10.8、底径4.2、耳宽1.8厘米（图一三二，5；图版一四，6）。

标本M14：4，夹粗砂红陶，器表打磨精细光滑。侈口，束颈。器表及口沿内施红衣，绘浓稠黑彩。口沿内绘条带纹，器口外领部绘横条带纹，腹部绘六组类"贝"纹。高11.8、口径9.2、腹径13.5、底径4.8、耳宽1.6厘米（图一三二，6；图版一五，1）。

Ⅲ式 2件。器形在比高上明显变化，整体比例接近正方形，腹径与器高大致相若，陶胎与双耳厚度再度增厚，耳孔缩小作卵圆形，腹部变为球状，最大腹径位置上移，乳突饰不很明显，有的甚至缺失。

标本M6：2，夹细砂红陶，胎内夹少量似为云母屑的羼和料。喇叭侈口，圆唇，束颈。器表和口沿内施红衣，绘浓稠黑彩。口沿内绘条带纹，器口外领部绘横带纹和连续菱形纹，腹部绘八组较宽的竖条带纹，上下出齿，器耳绘复合变形蜥蜴纹。高10.2、口径7.2、腹径11、底径1.8、耳宽1.6厘米（图一三二，7；彩版二五，5）。

标本M7：3，夹细砂红陶，胎质细腻。器口外侈不明显，圆唇，微束颈。器表和口沿内施紫红衣，绘浓稠黑彩。口沿内绘条带纹，器口外领部绘横条带纹和连续菱形纹，腹部对称绘六组类"贝"纹，器耳及耳下绘变形蜥蜴纹。高9.8、口径7、腹径11、底径4、耳宽1.5厘米（图一三二，8；彩版二五，6）。

Ⅳ式 4件。器形比高再增加，整体趋于瘦高，比例接近竖长方形，腹径略小于比高，陶胎与双耳剖面明显增厚，器颈更细，领部加高，双耳缩小，耳孔椭圆形，圆球腹，最大腹径上提至腹中部，最大腹径位置对称捏塑四枚乳突。

标本M20：1，夹细砂红陶，内胎灰色。外侈口，圆唇，束颈。器表和口沿内施红衣，绘不很浓的黑彩。口沿内绘条带纹，器口外领部绘横条带纹及四组"之"字纹，腹部绘大三角组成的六组类"贝"纹，下边呈齿状；器耳及耳下绘变形蜥蜴纹。高11.2、口径9、腹径12.4、底径4.8、耳宽2厘米（图一三三，1；图版一五，2）。

标本M46：1，夹细砂灰陶，胎内夹类似云母屑的羼和料，表面遗留烟炱痕迹。喇叭侈口，尖圆唇，细颈。器表及口沿内施黄白衣，绘黑褐彩。口沿内绘横条带纹，器口外领部绘条带纹和四组"之"字纹，腹部绘六组类"贝"纹，器耳绘垂线纹。高10.2、口径7.7、腹径10、底径3.2、耳宽1.7厘米（图一三三，2；彩版二六，1）。

标本M59：2（此罐内装有骨料、肉红石髓、绿松石块和石块），泥质红陶，器表及口沿内打磨光滑。喇叭侈口，圆唇，细颈。器表施红衣，绘不甚浓的黑彩。口沿内绘横条带纹，器口外领部绘条带纹和六组"之"字纹，腹部绘六组类"贝"纹，器耳及耳下绘变形蜥蜴纹。高12.2、口径8.8、腹径12.8、底径5.4、耳宽2厘米（图一三三，3；彩版二六，3、4）。

标本M84：1，泥质红陶，器表遗留烟炱痕迹。喇叭侈口，尖圆唇，细颈。器表及口沿内施红衣，绘不甚浓的紫黑彩。口沿内绘横条带纹，器口外绘倒锯齿纹，腹部绘六组类"贝"

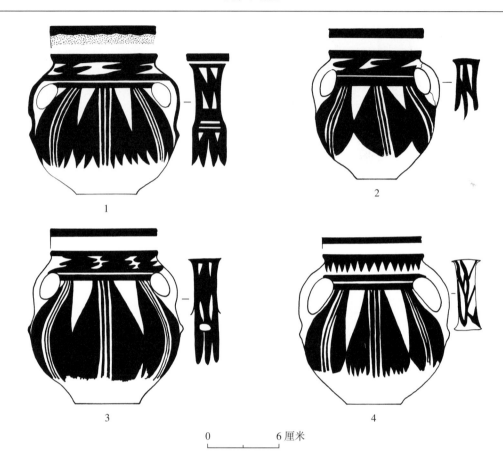

图一三三　Ⅳ式彩陶双耳罐

1. M20∶1　2. M46∶1　3. M59∶2　4. M84∶1

纹，器耳绘蔓草状几何纹。高12、口径7.8、腹径12.4、底径4.6、耳宽1.5厘米（图一三三，4；彩版二六，2）。

彩陶双大耳罐　5件。多数为泥质（或含少量细砂）红陶，质地较细。器高9~15厘米，胎厚0.2~0.3厘米。器形较之彩陶双耳罐略微瘦高，双耳也更大，耳面上端与器口平齐或略高于器口。依形态变化，分三式。

Ⅰ式　3件。器形略显矮胖，器高与腹最大径基本相等。侈口，束颈，球腹，平底。

标本M59∶1，泥质灰陶，器表呈砖红色，打磨光滑。外侈的喇叭口，圆唇。器表施红褐陶衣，绘黑彩。器口领部绘横条带和一组略呈"弯月"纹样，腹部在横条带之间绘精美的人物图案，画面表现了侧身屈肢跪立者的虔诚姿态，共有六组。正面中间一组三人，两侧各为二人，做前后相随状。这些人身着宽松的袍裙，屈膝下跪的足后向身后弯曲上翘，姿态十分优美。器耳绘横竖线纹。高12.2、口径9、腹径12.2、底径5、耳宽1.6厘米（图一三四，1；图版一五，3）。

标本M61∶2，夹细砂灰陶，器表内外红褐色，内胎灰色，器表残留烟炱痕。外侈的喇

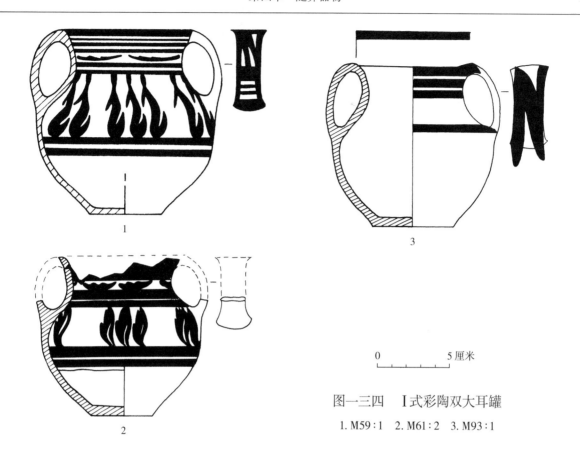

图一三四　Ⅰ式彩陶双大耳罐
1. M59∶1　2. M61∶2　3. M93∶1

叭口（口沿和器耳稍残），尖圆唇。器表施褐色陶衣，绘浓稠黑褐彩。器口外绘横条带纹和"弯月"状纹，腹部绘横条带纹和六组"花苞"（或树木？）纹，画面中央有一组三枚并列的"花苞"，两侧各有两个，作前后相随状。高10.4、腹径11、底径4.2、耳宽1.7厘米（图一三四，2；彩版二七，1）。

标本M93∶1，夹细砂红陶，胎内掺加少许粗白砂粒，器表抹光。外侈的喇叭口，圆唇。器表及口沿内施紫红衣，绘浓稠黑彩。器口内绘横条带纹，器口外侧和上腹部绘横条带纹。高10.6、口径8、腹径11.2、底径5.5、耳宽2厘米（图一三四，3；图版一五，4）。

Ⅱ式　1件。器形略显消瘦，器高大于腹径。外侈口，圆唇，束颈，圆鼓腹，平底。

标本M94（上）∶1，夹砂红陶，器表经打磨抹光。口沿内和器表施紫红色陶衣，绘浓稠黑褐彩。口沿内外及上腹部绘横条带纹，部分脱落。高14.2、口径10.4、腹径14、底径5.4、耳宽2.3厘米（图一三五，1；彩版二七，2）。

Ⅲ式　1件。器形瘦高，器高明显大于腹径，双耳更大。

标本M40∶2，泥质红陶，内胎灰褐色。外侈大喇叭口，圆唇，圆鼓腹，平底。器表及口沿内施红褐色衣，绘较浓稠的黑彩。口沿内彩图案是在横条带纹下每隔一段绘一组下垂的梳状锯齿纹，共有四组。器口外侧颈部绘横条带及两层横向的"勿"字纹。腹部在横条带纹之间绘六组舞蹈的人物纹，每组三人，并列站立。人物头部作瓜子形，身材修长，腰身纤细，

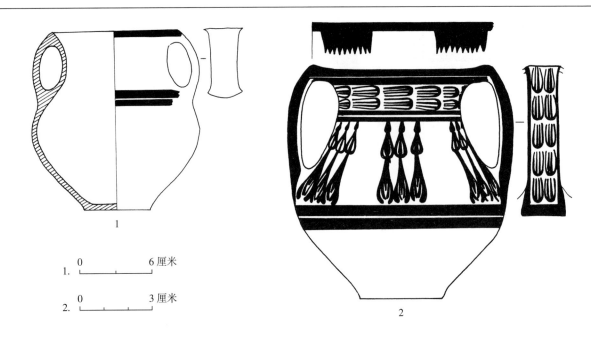

图一三五　彩陶双大耳罐

1. Ⅱ式（M94（上）：1）　2. Ⅲ式（M40：2）

上肢双臂作双手合抱于胸前状。下身着曳地长裙，整组图案呈现出一幅绝美的轻歌曼舞画面。器耳绘上下排列的连续"勿"字纹，左右各两列。高9.1、口径6、腹径9、底径3.5、耳宽1.3厘米（图一三五，2；彩版二七，3）。

　　素面双大耳罐　3件。泥质或夹细砂红陶，器高10厘米左右，器形与彩陶双大耳罐非常接近。双耳比较大，耳面上端与器口平齐或略高出器口。器表施红衣或红褐陶衣。依形态变化分三式。

　　Ⅰ式　1件。器形整体较矮胖，器高小于腹径。

　　标本M2：13，夹砂红陶，胎内掺入少量粗砂粒。仅存器口和器腹部分，器底残缺。外侈的喇叭口，圆唇，束颈，球形腹。通体施红衣。残高8.6、口径10.2、腹径12.2厘米（图一三六，1）。

　　Ⅱ式　1件。器形整体比例近正方形，器高与腹径大致相若。

　　标本M91（上）：2，夹砂红陶，胎内掺少量粗砂粒。外侈的喇叭口，束颈，圆鼓腹。器表通体施褐色陶衣。高8、口径5.8、腹径8、底径3.7、耳宽1.5厘米（图一三六，2；图版一五，5）。

　　Ⅲ式　1件。器形整体趋于瘦高，器高大于腹径。

　　标本M83：1，泥质红褐陶，器表残留部分烟炱痕。外侈的喇叭口，尖圆唇，圆鼓腹。高9、口径6、腹径8.5、底径3、耳宽1厘米（图一三六，3；彩版二七，4）。

　　夹砂双耳罐　59件。此类器皿有相当部分在器表残留烟炱痕，似为实用炊具。依照器形

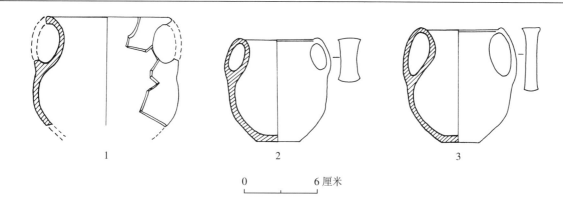

图一三六　素面陶双大耳罐

1. Ⅰ式（M2∶13）　2. Ⅱ式（M91（上）∶2）　3. Ⅲ式（M83∶1）

大小及表面装饰差异，可将其分为七型。

A型　18件。绝大多数为夹砂红褐陶或夹砂灰褐陶。器高一般在10厘米上下。颈部置双耳，器耳上端低于器口。圆鼓腹，平底。此类器多数配置器盖。另一个突出特点是，在器耳中部刻划"X"纹，且多在"X"交叉部位贴塑一枚圆饼小乳丁；也有个别仅贴塑乳丁而无"X"刻划纹。再一个特点是，有相当一部分在上腹部压印卵点状小凹窝，一般2~4枚构成一组，相互间隔，排列围绕器腹一周；也有的连续压印排列一周。个别无此类卵点压印纹者，在器口外侧饰一周附加堆纹。根据器形变化，分四式。

Ⅰ式　5件。器形矮胖，整体比例近扁方形，器高小于器腹最大径或大约相等，扁圆腹。绝大多数在上腹部压印卵点小凹窝，器耳刻划"X"和圆饼状小乳丁。

标本M6∶7，夹砂红陶，胎内掺加部分白色石英砂和少量似为云母屑的羼和料。配有斗笠状器盖。外侈口，圆唇，微束颈，扁圆腹。上腹压印卵点凹窝六组，每组四枚；器耳刻划"X"纹，贴塑圆饼小乳丁，乳丁中心戳印圆点。高8.6、口径7.2、腹径9.8、底径4.4、耳宽1.6厘米（图一三七，1；图版一六，1）。

标本M13∶1，夹砂橙黄陶，胎内掺加似云母屑的羼和料，器表残留烟炱痕。外侈的喇叭口，圆唇，束颈，球形腹。上腹压印卵点凹窝纹六组，每组三或四枚，器耳刻划"X"纹，贴塑圆饼状小乳丁。高8.4、口径6.5、腹径8.5、底径4.3、耳宽1.5厘米（图一三七，2；彩版二八，1）。

标本M14∶6，夹粗砂红陶，胎内掺少许白色石英砂粒和类似云母屑的羼和料，胎质松软，火候偏低。配置有斗笠状器盖。侈口，圆唇，微束颈，扁圆腹。上腹压印卵点小凹窝一周，器耳刻划"X"纹。通高10.5、口径6.2、腹径9.3、底径4、耳宽1.7厘米（图一三七，3；彩版二八，2）。

标本M14∶15，夹粗砂红陶，胎内掺加似云母屑的羼和料，火候偏低。此器配置有斗笠状器盖。侈口，圆唇，微束颈，器耳部分残缺，扁圆腹。上腹压印卵点小凹窝六组，每组两

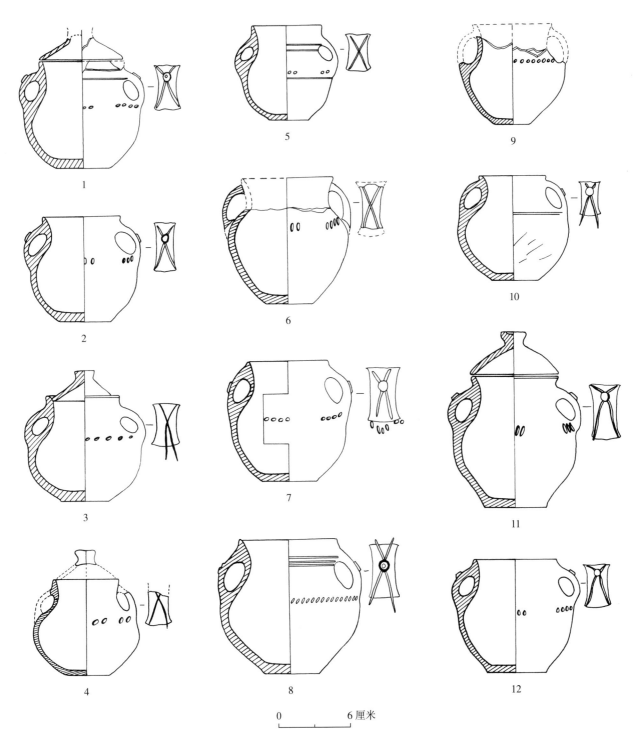

0　　　　　　6厘米

图一三七　A型夹砂陶双耳罐

1~5. Ⅰ式（M6：7、M13：1、M14：6、M14：15、M22：4）　6~12. Ⅱ式（M4：5、M6：3、M17：1、M59：4、M62：4、M69：13、M69：15）

枚，器耳刻划"X"纹。高7.6、口径5.8、腹径9、底径3.4、耳宽1.7厘米（图一三七，4）。

标本M22：4，夹粗砂红陶，胎内掺加少许似云母屑的羼和料。侈口，尖圆唇，束颈，球形腹。器颈和腹部饰三股凹弦纹，上腹压印小卵点凹窝六组，每组两枚，器耳刻划"X"纹。高7.6、口径5.8、腹径7.5、底径3.2、耳宽1.6厘米（图一三七，5；图版一六，2）。

Ⅱ式　7件。器形较矮胖，比高略有增加，器高与腹径大致相等，整体比例近正方形。绝大多数在上腹部压印小卵点凹窝，器耳刻划"X"纹，贴塑泥饼小乳丁。

标本M4：5，夹砂褐陶，胎内掺加少许白色石英砂粒和似云母屑的羼和料，器表残留部分烟炱痕。火候偏低。器领部以上部分残，束颈，圆鼓腹。上腹压印小卵点凹窝六组，每组四枚，双耳刻划"X"纹。高10、口径8、腹径10、底径4.4、耳宽1.7厘米（图一三七，6；图版一六，3）。

标本M6：3，夹砂红褐陶，胎内掺有白色石英砂粒和较多似云母屑的羼和料，器表残留烟炱痕。侈口，圆唇，束颈，球形腹。上腹部压印卵点小凹窝六组，每组四枚；器耳刻划"X"纹，贴塑圆饼小乳丁，器耳下部捺压六枚椭圆形小凹窝。高9.6、口径6.8、腹径9.6、底径4.6、耳宽2.2厘米（图一三七，7）。

标本M17：1，夹粗砂红褐陶，器表色泽不匀，内胎红色，器表残留烟炱痕。火候偏低。外侈的喇叭口，圆唇，束颈明显，圆鼓腹。器颈饰三股凹弦纹，上腹压印小卵点凹窝一周；双耳刻划"X"纹，贴塑泥饼小乳丁，乳丁中心捺压圆窝。高10.6、口径8.2、腹径11.6、底径4.5、耳宽2厘米（图一三七，8；图版一六，4）。

标本M59：4，夹砂灰陶，表面褐色，局部偏红褐色，残留烟炱痕。器口和双耳残失，束颈，圆鼓腹。器腹上部压印小卵点凹窝一周。残高7、腹径8.4、底径3厘米（图一三七，9）。

标本M62：4，夹砂红褐陶，胎内掺有粗砂粒和似云母屑的羼和料，器表色泽不匀，残留烟炱痕。外侈的喇叭口，尖圆唇，束颈，球形腹。上腹饰凹弦纹，下腹残留不甚清晰的稀疏刮擦痕；器耳刻划"X"纹，贴塑泥饼小乳丁。高8.3、口径5.4、腹径9.2、底径3.8、耳宽1.4厘米（图一三七，10；彩版二八，3）。

标本M69：13，夹砂灰褐陶，胎内掺有粗砂粒和似云母屑的羼和料，内胎黑灰色，表面灰褐色。外观较粗糙。此器配有斗笠状器盖。侈口，圆唇，微束颈，球形腹。上腹压印长椭圆形小卵点凹窝六组，每组四枚；器耳刻划"X"纹，贴塑泥饼小乳丁。通高13.8、口径7.2、腹径10.2、底径5、耳宽2厘米（图一三七，11）。

标本M69：15，夹砂灰褐陶，色泽不匀，内壁灰黑色，掺加似云母屑的羼和料。侈口，圆唇，微束颈，圆鼓腹。上腹压印椭圆形小卵点凹窝六组，每组四枚；器耳刻划"X"纹，贴塑泥饼小乳丁。高9、口径6.9、腹径9.6、底径5、耳宽1.7厘米（图一三七，12；彩版二八，4）。

Ⅲ式　3件。比高再有增加，器高略大于腹径，圆鼓腹，整体比例向竖长方形变。大多数在上腹压印小卵点凹窝，器耳刻划"X"纹，贴塑圆饼小乳丁。

标本M7：2，夹砂红陶，胎内夹部分白色石英砂粒和很少的似云母屑羼和料，胎质较细。器表残存厚重的烟炱。此器配置有斗笠状器盖（两者质地略有不同）。侈口，尖圆唇，束颈，圆鼓腹。上腹压印小卵点凹窝六组，每组四~五枚；器耳刻划"X"纹，贴塑圆饼小乳丁。器表上腹和近器底部有少许散乱的线绳纹痕迹。高9.8、口径7.2、腹径10、底径4.4、耳宽1.5厘米（图一三八，2；彩版二八，5）。

标本M7：4，夹细砂红陶，胎内掺加少许白色石英砂粒和很少的似云母屑羼和料。器表残留烟炱痕。此器配有斗笠状器盖（两者质地不同）。外侈的喇叭口，尖圆唇，束颈明显，圆鼓腹。上腹压印小卵点凹窝六组，每组三枚，器耳偏上部贴塑小圆饼乳丁。通高14、口径7.2、腹径10、底径4.4、耳宽1.3厘米（图一三八，1；彩版二八，6）。

标本M94（下）：2，夹砂红褐陶，内壁红色，外表灰色，胎内掺有粗砂粒和少量似云母屑的羼和料，器表残留烟炱痕。火候较高。器口和双耳残缺。束颈，圆鼓腹。上腹压印小卵点凹窝六组，每组五枚。残高8.2、腹径10、底径4.4厘米（图一三八，3）。

Ⅳ式　3件。比高再度增加，器高超过腹径，整体比例呈竖长方形。上腹压印小卵点凹窝

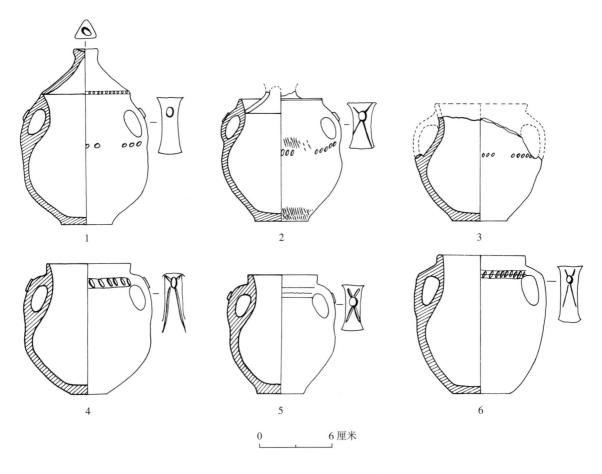

图一三八　A型夹砂陶双耳罐

1~3. Ⅲ式（M7：4、M7：2、M94（下）：2）　4~6. Ⅳ式（M31：1、M36：1、M95：2）

的现象消失，流行在器口外贴塑附加堆纹，器耳仍流行刻划"X"纹并贴塑圆饼小乳丁。

标本M31：1，夹砂褐陶，内胎灰褐色，掺加白色石英粗砂粒和似云母屑的羼和料，器表遗留烟炱痕。侈口，尖圆唇，微束颈，圆鼓腹。器颈贴塑附加堆纹，双耳刻划"X"纹，贴塑泥饼小乳丁。高10.4、口径6.8、腹径10.4、底径3、耳宽1.5厘米（图一三八，4；彩版二九，1）。

标本M36：1，夹砂红陶，内胎红褐色，掺有粗砂粒和似云母屑的羼和料，器表残留烟炱痕。侈口，圆唇，圆鼓腹。器颈贴塑一周断面呈三角形的附加堆纹；器耳刻划"X"状，贴塑泥饼小乳丁。高9.4、口径5.8、腹径8.6、底径4、耳宽1.3厘米（图一三八，5；图版一六，5）。

标本M95：2，夹砂红褐陶，胎较厚，掺有部分似云母屑的羼和料，器表残留烟炱痕。器表抹光。微侈口，圆唇，微束颈，圆鼓腹。器颈贴塑附加堆纹；器耳刻划"X"纹，贴塑泥饼小乳丁。高11、口径7.2、腹径10.4、底径4.7、耳宽1.4厘米（图一三八，6；彩版二九，2）。

B型　14件。绝大多数为夹砂红褐陶或夹砂灰褐陶，火候普遍较A型夹砂双耳罐高，质地也较好。器高一般10厘米左右。最突出的一个特点是，通体素面，唯一是在器耳捏塑一道断面呈三角的凸棱，个别在上腹压印小卵点凹窝，器颈贴塑附加堆纹一周。双耳上端低于器口，圆鼓腹，平底。相当一部分器表残留烟炱痕，似为实用炊具。依照形态变化，分为四式。

I式　2件。器形较矮胖，器高小于腹最大径或基本相等，扁圆腹，整体比例近扁方形。

标本M59：3，夹砂灰褐陶，器表红色，残留烟炱痕。侈口，圆唇，微束颈，球形腹，器耳残缺。腹上部压印小卵点凹窝一排。高11、口径8.4、腹径11.6、底径4.4、耳宽1.4厘米（图一三九，1；彩版二九，3）。

标本M61：1，夹细砂红陶，器表内外红色，胎芯灰色。外侈的喇叭口，尖圆唇，束颈明显，扁圆腹。高12、口径9、腹径13、底径5.2、耳宽1.6厘米（图一三九，2；彩版二九，4）。

II式　5件。器形矮胖，器高略增加，器高与腹径大致相等，整体比例近正方形。

标本M33：1，夹砂红褐陶，胎内掺有类似云母屑的羼和料，器表残留烟炱痕。火候较高。外侈的喇叭口，圆唇，束颈明显，圆鼓腹。高10.2、口径7、腹径9.6、底径3.8、耳宽1.6厘米（图一三九，3；图版一七，1）。

标本M58：11，夹砂红陶，胎内掺有较粗的砂粒和似云母屑的羼和料，器表遗留烟炱痕。外侈的喇叭口，圆唇，微束颈，球形腹。高7.5、口径5.1、腹径7.4、底径3.5、耳宽1.1厘米（图一三九，4；彩版二九，5）。

标本M84：3，夹砂红褐陶，胎内掺有较粗的砂粒和似云母屑的羼和料，器表残留烟炱痕。外侈的喇叭口，圆唇，束颈，球形腹。高8.8、口径6.4、腹径8.8、底径3.8、耳宽1.2厘米（图一三九，6；彩版二九，6）。

标本M89：1，夹砂红褐陶，胎内掺加白色石英砂粒和似云母屑的羼和料，器表色泽不匀，残留烟炱痕。器表抹光，火候偏低。喇叭口，尖圆唇，球形圆腹。高8.9、口径6.8、腹径9、底径3.6厘米（图一三九，5；图版一七，2）。

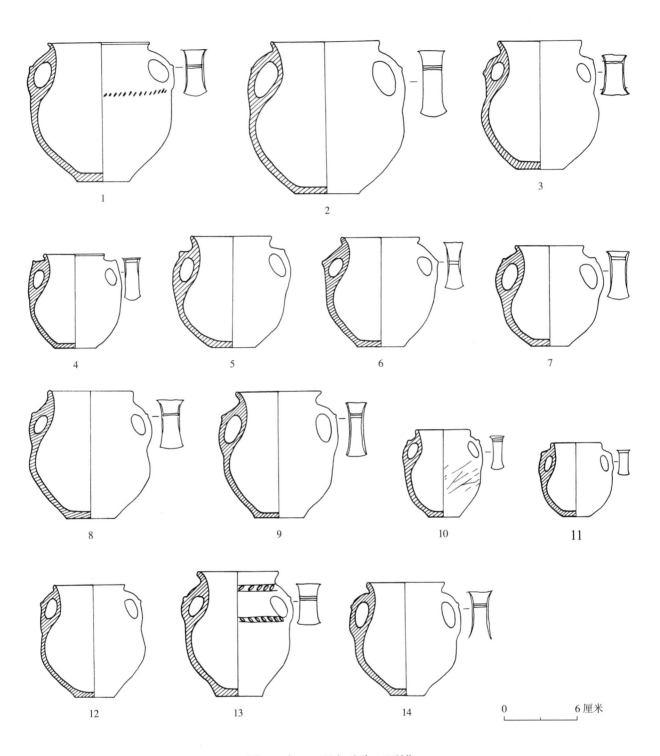

图一三九　B型夹砂陶双耳罐

1、2. Ⅰ式（M59：3、M61：1）　　3~6、8. Ⅱ式（M33：1、M58：11、M89：1、M84：3、M94（上）：8）　　7、9~12. Ⅲ式（M50：2、M45：2、M62：1、M71：3、M92：2）　　13、14. Ⅳ式（M50：1、M56：1）

标本M94（上）：8，夹细砂红褐陶，胎内掺有似云母屑的羼和料，器表残留烟炱痕。侈口，圆唇，圆鼓腹。高10.2、口径7.1、腹径10、底径4、耳宽1.6厘米（图一三九，8；彩版三〇，1）。

Ⅲ式 5件。比高再有增加，器高超过腹径，器形趋于瘦高，整体比例向竖长方形变化。

标本M45：2，夹砂黑灰陶，内胎红褐色，胎内掺有白色石英砂粒和似云母屑的羼和料，器表残留烟炱痕。火候较低。外侈的喇叭口，圆唇，束颈明显，圆鼓腹。高10、口径7.2、腹径9.2、底径4.2、耳宽1.3厘米（图一三九，9；图版一七，3）。

标本M50：2，夹砂红褐陶，厚胎，器表残留烟炱痕。外侈的喇叭口，圆唇，束颈，圆鼓腹，平底。高8、口径5.8、腹径5.7、底径3、耳宽1.4厘米（图一三九，7；图版一七，4）。

标本M62：1，夹砂红褐陶，器表色泽不匀，呈灰红色，胎内掺有粗砂粒和似云母屑的羼和料。外侈的喇叭口，圆唇，束颈，圆鼓腹。腹部残留散乱的稀疏刻划纹。高7、口径4.5、腹径6.2、底径2.5、耳宽0.8厘米（图一三九，10；彩版三〇，2）。

标本M71：3，夹砂红褐陶，器表色泽不匀，胎内掺有粗砂粒。口微侈，圆唇，微束颈，圆鼓腹。高5.9、口径4.2、腹径5.9、底径2.2、耳宽0.8厘米（图一三九，11）。

标本M92：2，夹砂红褐陶，色泽不匀，胎芯灰褐色，胎内掺有较粗的砂粒和似云母屑的羼和料，器表残留烟炱痕。侈口，圆唇，球形腹。高9、口径5.8、腹径8.8、底径3.2厘米（图一三九，12；图版一七，5）。

Ⅳ式 2件。比高再度增加，器高明显超过腹径，整体呈瘦高的长方形。

标本M50：1，夹砂灰褐陶，胎内掺有似云母屑的羼和料，器表残留烟炱痕。外侈的喇叭口，圆唇，圆弧腹，下腹内敛。器颈和肩腹相交处饰附加堆纹两股。高10、口径7、腹径8.8、底径4、耳宽1.5厘米（图一三九，13；彩版三〇，3）。

标本M56：1，夹砂灰褐陶，器表内外红褐色，胎芯灰色，胎内掺有白色石英砂粒，器表残留烟炱痕。火候较高。外侈的喇叭口，圆唇，束颈，圆弧腹。高9、口径6.5、腹径8.4、底径2.8、耳宽1.5厘米（图一三九，14；彩版三〇，4）。

C型 12件。以夹砂红褐陶或夹砂灰褐陶为主，器形较大，通高一般在17厘米上下，个别高者近20厘米，低者近14厘米。双颈耳，器耳上端低于器口，圆鼓腹，平底。器表常残留有烟炱痕，应为实用炊具。其主要特点除器形略大外，其他各方面兼具A、B两型的所有特征，如器耳刻划"X"纹，贴塑圆饼小乳丁，器耳面捏塑断面呈三角的凸棱，以及在器腹上部压印小卵点凹窝、器颈贴塑附加堆纹等。依照形态变化，分为四式。

Ⅰ式 4件。器形肥矮，比高小于腹部最大径，扁圆腹，整体比例呈扁方形。

标本M13：2，夹砂红褐陶，器表残留浓重的烟炱。外侈的喇叭口，圆唇，束颈，扁圆腹，双耳部分残缺，器底缺失。口沿外卷成叠唇，器颈和上腹刻划凹弦纹数股；器耳刻划"X"纹，"X"纹上下压印短条纹三~五组。残高16.5、口径14.5、腹径20、耳宽3厘米（图一四〇，1）。

标本M15：2，夹砂红褐陶，器表遗留烟炱痕。外侈的喇叭口，口唇翻卷成尖圆的叠唇，束颈，双耳残缺，扁圆腹，器底缺失。器领及上腹饰凹弦纹数股。残高14.5、口径14.5、腹径20厘米（图一四〇，2）。

标本M22：6，夹砂红褐陶，器表残存浓重的烟炱，色泽漆黑。外侈的喇叭口，尖圆唇，肩部以下缺失。领部饰凹弦纹、点状戳印纹，肩部饰一周连续倒三角刻划斜线纹；器耳刻划"X"纹、点状戳印纹，贴筑圆饼小乳丁。残高7、口径10、耳宽2.4厘米（图一四〇，3）。

标本M26：13，夹砂红褐陶。仅存肩部以上。口微侈，束颈，口缘翻卷加厚呈叠唇，颈部饰刻划凹弦纹；双耳刻划"X"纹，再以"V"形戳印纹补白。残高7、口径14、耳宽3厘米（图一四〇，4）。

Ⅱ式　3件。比高略有增加，器高与腹径大致相等或略大于腹径，整体比例接近正方形。

标本M9：1，夹砂灰褐陶，器表泛红色，残留浓重焦黑的烟炱痕，厚胎。外侈的喇叭口，圆唇，束颈，圆鼓腹。器颈刻划凹弦纹、间以压印短线纹连接，上腹饰两组刻划的凹弦纹、箆点纹，腹部饰绳纹，器耳刻划"X"纹。高17、口径12.5、腹径17、底径7、耳宽3厘米（图一四〇，7；彩版三〇，5）。

标本M2：12，夹砂黑褐陶，腹部表面残留烟炱痕。双耳及下腹残缺部分。外侈的喇叭口，圆唇，细颈，圆鼓腹。器颈饰两股凹弦纹，上腹压印小卵点凹窝一周。从残存的器耳可见原来也饰有刻划纹。高约15.6、口径11、腹径16.5、底径6.5、耳宽2.5厘米（图一四〇，5；图版一八，1）。

标本M62：2，夹砂红褐陶，器表残留烟炱痕。口微侈，圆唇，圆鼓腹。颈部和上腹饰凹弦纹，弦纹之间饰层层相叠的三角刻划纹六组，器耳刻划"X"纹。高13.6、口径8.2、腹径12.8、底径5.2、耳宽2厘米（图一四〇，6；图版一八，2）。

Ⅲ式　3件。比高再度增加，器高大于腹径，整体比例呈瘦高的长方形，领部加高，束颈明显。

标本M57：1，夹砂红陶，表皮泛黄白色，胎内掺有似云母屑的羼和料。外侈的喇叭口，圆唇，束颈，圆鼓腹。素面。高17、口径11.6、腹径15.5、底径6、耳宽1.8厘米（图一四〇，12；彩版三一，2）。

标本M85：1，夹砂黑陶，器表残留浓重的烟炱。外侈的喇叭口，圆唇，高领，束颈，圆鼓腹。领部贴塑附加堆纹，器耳刻划"X"纹、贴筑泥饼小乳丁。高17.4、口径11.2、腹径17、底径6、耳宽2厘米（图一四〇，8；彩版三〇，6）。

标本M91（上）：1，夹砂红褐陶，胎内掺有粗砂粒和似云母屑的羼和料，器表残留烟炱痕。外侈的喇叭口，束颈，圆弧腹。领部贴塑附加堆纹，耳面捏塑断面呈三角的凸棱（此器内装人指骨一节）。高19.2、口径13.2、腹径18.4、底径6.6、耳宽2.4厘米（图一四〇，9；彩版三一，1）。

Ⅳ式　2件。器形继续趋于瘦高。颈部多饰附加堆纹。

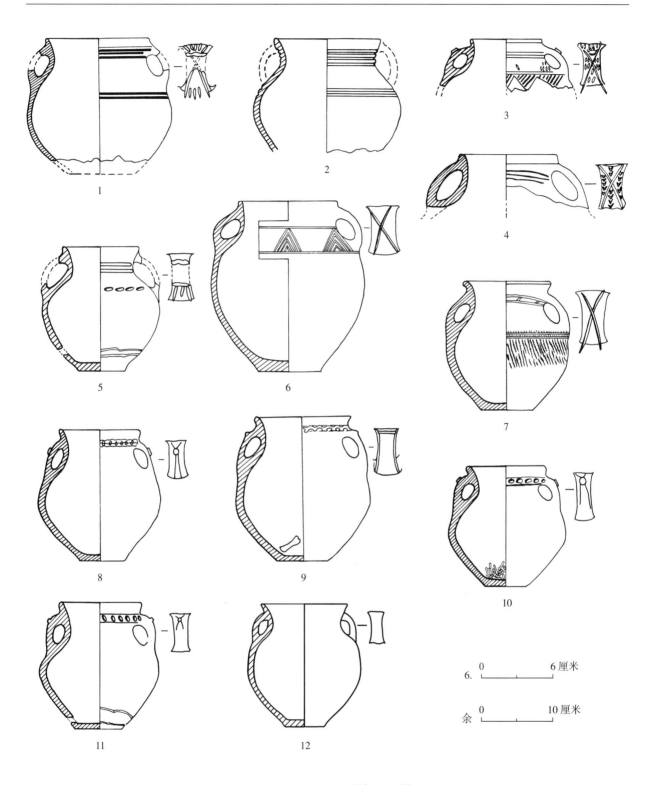

图一四〇　C型夹砂陶双耳罐

1~4. Ⅰ式（M13：2、M15：2、M22：6、M26：13）　5~7. Ⅱ式（M2：12、M62：2、M9：1）　8、9、12. Ⅲ式（M85：1、M91（上）：1、M57：1）　10、11. Ⅳ式（M36：8、M52：1）

标本M36：8，夹砂红褐陶，胎内掺有少量似云母屑的羼和料，表皮黑灰色，残留烟炱痕。外侈的喇叭口，圆唇，束颈明显，鼓腹。领部贴塑附加堆纹，双耳刻划"X"纹、贴塑泥饼小乳丁（此罐内装婴儿指骨）。高16、口径11.5、腹径16.5、底径7.5、耳宽2厘米（图一四〇，10）。

标本M52：1，夹砂黑灰陶，器表色泽不匀，局部暗红色，内壁上半部红色，器表残留烟炱痕。外侈的喇叭口，圆唇，束颈，圆鼓腹，下腹残缺少许。领部贴塑附加堆纹，器耳刻划"X"纹、贴塑圆饼小乳丁。高约17、口径11.5、腹径16.5、底径6.5、耳宽2厘米（图一四〇，11；图版一八，3）。

D型　11件。绝大多数为夹砂红褐陶或夹砂灰褐陶。器高10厘米上下，有的高仅7~8厘米。均为双颈耳，器耳上端低于器口，圆弧腹，平底。特点是除了极个别外，均通体素面无纹。部分器表残留烟炱痕，似为实用炊具。依照形态变化，分为三式。

Ⅰ式　4件。器形矮胖，器高小于腹径或接近腹径，扁圆腹，整体比例近扁方形。

标本M3：9，夹砂褐陶，胎内掺加白色石英砂粒。火候偏低。器口外侈，圆唇，微束颈，扁圆鼓腹。素面。高8.8、口径6.4、腹径9.4、底径3.4、耳宽1.1厘米（图一四一，1；图版一八，4）。

标本M26：4，泥质红陶，薄胎。外侈的喇叭口，圆唇，束颈，扁圆折腹。器颈和上腹饰两股凹弦纹，其间刻划稀疏短线。高6.7、口径5.2、腹径7.5、底径2.5厘米（图一四一，4；彩版三一，3）。

标本M74：2，夹砂红褐陶，器表残留很重的烟炱。外侈的喇叭口，尖圆唇，束颈，扁球形腹。高9.9、口径7.9、腹径11、底径5.4、耳宽1.6厘米（图一四一，2）。

标本M81：2，夹砂红陶，内胎掺有较粗的砂粒和似云母屑的羼和料。侈口，圆唇，束颈，球形腹。高10.2、口径8、腹径10.4、底径5、耳宽1.6厘米（图一四一，3；图版一八，5）。

Ⅱ式　2件。比高有增加，器高与腹径大致相等，整体比例近正方形。

标本M80：1，夹砂灰褐陶，胎内掺有白色石英砂粒和少量似云母屑的羼和料，器表残留烟炱痕。侈口，尖圆唇，束颈，球形腹。高7.4、口径4.9、腹径6.8、底径3.8、耳宽0.8厘米（图一四一，5；彩版三一，4）。

标本M102：1，夹砂灰陶，表面褐色，胎内掺有少量粗砂粒和似云母屑的羼和料。器表抹光。侈口，圆唇，束颈，圆鼓腹，平底。高8、口径4.8、腹径7.2、底径2.8、耳宽1.2厘米（图一四一，6）。

Ⅲ式　5件。比高明显增加，器高超出腹径，口径略微缩小，束颈明显，下腹略向内敛，整体比例呈瘦高的竖长方形。

标本M43：2，夹砂红陶，表皮橙黄色，内壁红褐色，胎内掺有少量似云母屑的羼和料，器表残留烟炱痕。颈部以上和器耳残。束颈，圆鼓腹。残高7、腹径8.6、底径3.2厘米（图

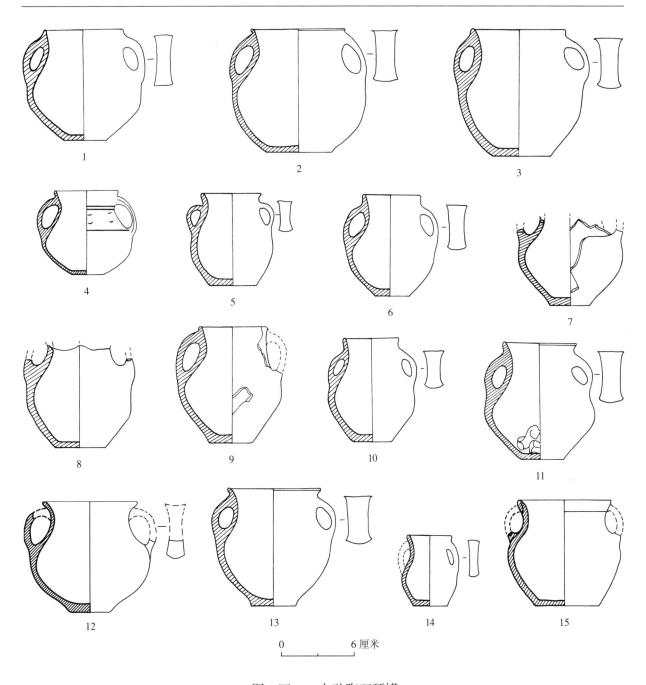

图一四一　夹砂陶双耳罐

1~4. D型Ⅰ式（M3：9、M74：2、M81：2、M26：4）　5、6. D型Ⅱ式（M80：1、M102：1）　7~11. D型Ⅲ式（M43：2、M57：2、M74：1、M74：8、M100：1）　12. E型Ⅰ式（M19：2）　13. E型Ⅱ式（M78：6）　14. G型（M50：3）　15. F型（M27（中）：1）

一四一，7）。

标本M57：2，夹砂黑灰陶，胎内掺有大量白色石英砂粒，器表残留烟炱痕。器口及器耳残。束颈，圆鼓腹。残高8、腹径8.6、底径4厘米（图一四一，8）。

标本M74：1，夹砂红陶，胎内掺有粗砂粒和似云母屑的羼和料，器表烟炱厚重。外侈的喇叭口，尖圆唇，束颈，圆鼓腹。高9.2、口径5.6、腹径8.6、底径3.5厘米（图一四一，9；图版一八，6）。

标本M74：8，夹砂灰陶，胎内掺有粗砂粒和似云母屑的羼和料。侈口，圆唇，微束颈，圆鼓腹。高8.2、口径4.6、腹径7.2、底径3.3、耳宽1.2厘米（图一四一，10）。

标本M100：1，夹砂红陶，表皮色泽不匀。胎内掺少量白色石英砂粒和似云母屑的羼和料，器表残留烟炱痕。喇叭口，圆唇，束颈，圆鼓腹（此器内装人足骨2块）。高9.2、口径6.1、腹径9、底径3.4、耳宽1.6厘米（图一四一，11；彩版三一，5）。

E型　2件。假圈足双耳罐。分两式。

Ⅰ式　1件。

标本M19：2，夹细砂红陶，表皮黄白色，胎内掺加细碎的似云母屑羼和料。大喇叭敞口，圆唇，束颈，双颈耳，扁圆鼓腹，下腹略内敛，假圈足，平底，器耳残缺。素面。高9、口径8、腹径10、底径3.2、耳宽1.2厘米（图一四一，12）。

Ⅱ式　1件。

标本M78：6，夹砂红褐陶，内胎红色，胎内掺加粗砂粒和似云母屑的羼和料，器表残留厚重烟炱。大喇叭口，圆唇，束颈，双颈耳，圆鼓腹，下腹略内敛，假圈足，平底。素面。高9.4、口径7.9、腹径9.4、底径3.6、耳宽1.6厘米（图一四一，13；彩版三一，6）。

F型　1件。双耳叠唇罐。

标本M27（中）：1，夹砂红褐陶，胎内掺加粗砂粒，器表残留烟炱痕。喇叭口，口唇外卷成叠唇，束颈，双耳残，圆弧腹，大平底。素面。高8.4、口径7.8、腹径9.4、底径5.4厘米（图一四一，15）。

G型　1件。双耳小罐。

标本M50：3，夹砂灰陶，胎内掺加粗砂粒。侈口，圆唇，双颈耳，鼓腹，平底。素面。高5.6、口径3.8、腹径4.8、底径2.8、耳宽0.8厘米（图一四一，14；图版一九，1）。

2. 单耳罐

彩陶单耳罐　10件。全部为夹细砂泥质陶，胎质较细腻。按器物高矮和胎骨的厚薄程度，分三型。

A型　4件。器形矮胖，器高小于腹径，整体比例呈扁方形。外侈的喇叭口，束颈，扁圆鼓腹，最大腹径位置靠下，平底。器口外一侧置单耳，器耳上端低于器口或与器口平齐。器表和口沿内施紫红衣或红衣，绘黑色彩。花纹均作两分式构图，正面为主纹样，两侧为陪衬图案。依形态之大小，分两式。

Ⅰ式　2件。器形矮小，高仅5~6厘米。陶胎略厚，器耳断面也较厚。

标本M1：3，夹细砂红陶。侈口，尖圆唇，微束颈，扁圆鼓腹，平底（内装人指骨一节）。器表和口沿内施红衣，绘黑彩，口沿内绘黑彩条带纹，口缘外领部绘宽带纹，腹部绘斜线宽带纹，两侧及器耳绘竖列宽带纹。高5.4、口径4.6、腹径5.6、底径2.6、耳宽1.4厘米

（图一四二，3；图版一九，2）。

标本M26：6，夹细砂红陶。侈口，尖圆唇，扁圆鼓腹，平底。器表及口沿内施红衣，绘浓稠黑彩。口沿内绘横条带纹，间绘四分式短竖斜线纹，每组四～五列。口缘外领部全部涂黑，腹部主纹样为变形的"之"字，器耳一侧绘竖列条带纹，腹部另一侧绘斜线构成的菱格纹；器耳花纹脱落，漫漶不清。高5.6、口径5.7、腹径6.7、底径2.8、耳宽1.4厘米（图一四二，1；图版一九，3）。

Ⅱ式　2件。器形稍大，高7～10厘米。薄胎，厚0.2～0.3厘米，器耳断面也较薄，厚约0.3厘米。

标本M44：2，夹细砂红陶，胎内掺少许粗砂，陶质较好。外侈的喇叭口，束颈，略微下垂的扁圆鼓腹，平底。器表及口沿内施红衣，绘浓稠黑彩。器口内绘横条带纹，口缘外领部全部涂黑，腹部主纹样为一横带接四根并列的细斜线，颇似几何图案化的手掌纹，在此纹样两侧和器耳绘粗细竖条带纹。高6.8、口径6.5、腹径7.7、底径3.6、耳宽2.1厘米（图一四二，2；彩版三二，1）。

标本M79：1，夹细砂红陶，胎内掺少许粗砂粒，此器下部遗留浓重的烟炱痕。外侈的喇叭口，尖圆唇，束颈，扁圆鼓腹，下垂，平底。器表及口沿内磨光，施红褐衣，绘浓稠黑彩。器口内外绘横条带纹，腹部绘变形"手掌"纹，器耳一侧腹部绘竖线纹，另一侧腹部绘竖线菱格纹，器耳绘"N"字纹。高10.6、口径9.8、腹径12.4、底径6.4、耳宽2.6厘米（图一四二，6；图版一九，4）。

B型　2件。器形略高，腹径接近器高，整体比例近正方形。外侈口，束颈，扁圆鼓腹，最大腹径靠近腹中部，平底。器口外置单耳。器表和口沿内施紫红衣或红衣，绘黑彩几何纹。依器形及器耳高低之变化，分两式。

Ⅰ式　1件。器形与A型彩陶双耳罐一致，不同的是仅有单耳。

标本M33：2，夹细砂红陶。外侈的喇叭口，尖圆唇，双颈耳，圆鼓腹，平底。器表施红衣，绘浓稠黑彩。口沿内绘四分式垂幛纹，器口外领部绘横条带纹；腹部花纹脱落，漫漶不清，局部可辨识出几何折线网格构成的画面。高10.2、口径8.5、腹径11.8、底径3.6、耳宽1.7厘米（图一四二，5；图版一九，5）。

Ⅱ式　1件。

标本M19：3，夹砂灰陶。外侈的喇叭口，圆唇，束颈，耳面顶端上翘，有一高起的圆形凸纽，圆鼓腹。器表施红衣，绘褐彩，口沿外至上腹部绘两组横条带纹，其间绘连续"〣"折线纹，下腹部花纹漫漶不清。通高7.6（含耳）、口径6、腹径8、底径2.8、耳宽1.1厘米（图一四二，4；彩版三二，2）。

C型　4件。高度增加，器形略显瘦高，腹径与器高基本相等或略高于腹径，整体比例近竖长方形，最大腹径位于腹中部，平底。器口外一侧置单耳，器耳上端一般高出器口或与口沿平齐，器表和口沿内施紫红衣或红衣，绘黑色彩。依照器形变化，分为三式。

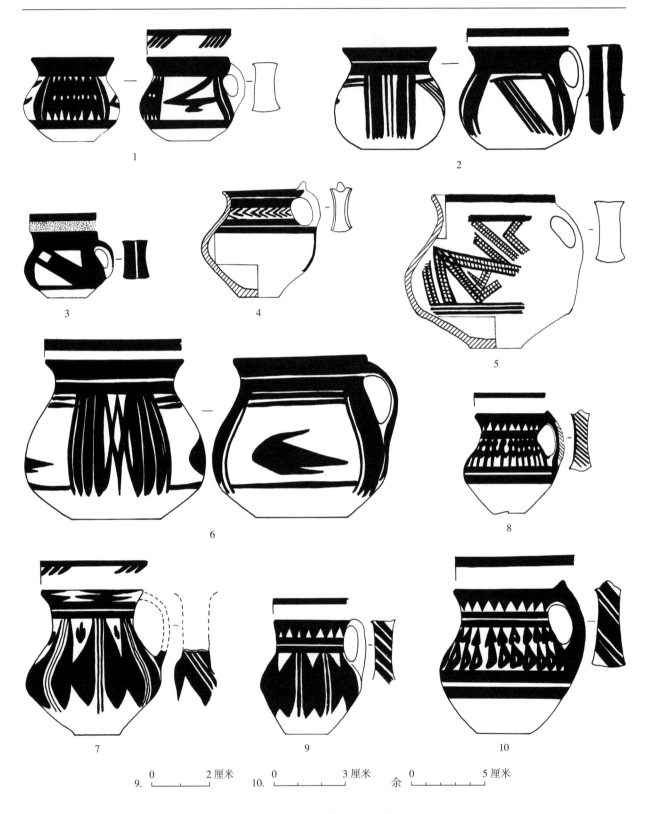

图一四二　彩陶单耳罐

1、3. A型Ⅰ式（M26：6、M1：3）　2、6. A型Ⅱ式（M44：2、M79：1）　4. B型Ⅱ式（M19：3）　5. B型Ⅰ式（M33：2）　7. C型Ⅰ式（M49：1）　8、10. C型Ⅱ式（M31：2、M48：4）　9. C型Ⅲ式（M32：1）

Ⅰ式　1件。

标本M49：1，泥质红陶。外侈的喇叭口，圆唇，束颈，器耳残失，圆鼓腹。器表施红衣，绘黑彩。口沿内绘横条带纹，间绘三组短斜线纹，每组三根。口沿外领部绘横带纹，间绘横列"之"字纹；腹部绘两两相对的类"贝"纹，空白处补以"火焰"纹，器耳（残）下部绘连续斜线纹。高9.8、口径7.2、腹径9.4、底径3、耳宽1.8厘米（图一四二，7；图版一九，6）。

Ⅱ式　2件。

标本M48：4，夹砂红陶，胎内掺粗砂粒和少许似云母屑的羼和料。外侈的喇叭口，圆唇，束颈，圆鼓腹，平底。器表及口沿内施红衣，绘浓稠黑彩。口沿内绘横条带纹，器口外绘倒锯齿纹，腹部在两组横带之间绘图案化的舞蹈人物，排列密集，环绕器腹一周，器耳绘粗细相间的斜线纹。通高5.8（含耳）、口径4.4、腹径5.6、底径2.2、耳宽0.9厘米（图一四二，10）。

标本M31：2，夹砂灰陶，器表红褐色，胎内掺加似云母屑的羼和料。外侈的喇叭口，束颈，器耳上端有一乳突纽，圆鼓腹，微凹底。器表绘浓稠的暗棕色彩，口沿内绘横条带纹，器口外领部绘连续倒三角纹，腹部在横条带纹之间绘图案化的舞蹈人物，排列紧密，环绕器腹一周；器耳绘细斜线纹。通高6.7（含耳）、口径5、腹径6.6、底径2.2、耳宽1厘米（图一四二，8；彩版三二，3）。

Ⅲ式　1件。

标本M32：1，夹砂红陶，胎内掺有粗砂粒和似云母屑的羼和料。器口稍外侈，尖圆唇，微束颈，圆鼓腹，平底。器表施褐色陶衣，绘深褐色彩。口沿内绘横条带纹，器口外领部绘连续倒三角纹，腹部绘类"贝"纹，器耳绘略粗的斜线。高3.75、口径2.7、腹径3.55、底径1.5、耳宽0.6厘米（图一四二，9；彩版三二，4）。

夹砂单耳罐　21件。以夹砂红陶、褐陶（红褐或灰褐色）为主，有些在陶胎内掺粗砂粒或似云母屑的羼和料，绝大多数素面无纹，个别施红衣或绘画简单纹样。器形普遍矮小，口沿一侧至腹部置单耳。依照器形大小及形态上的差异，分为四型。

A型　11件。器形普遍矮胖，短领，束颈。依比高之差异，分三式。

Ⅰ式　5件。器腹与器高大致相若，整体比例近正方形。

标本M14：3，夹砂黑陶，器表灰黑色，胎内掺加似云母屑的羼和料。外侈的喇叭口，圆唇，束颈，鼓腹，平底。口缘外卷呈叠唇，单耳上端低于器口。素面。高6.2、口径5、腹径6.6、底径3、耳宽1.4厘米（图一四三A，1；图版二〇，1）。

标本M2：4，夹砂红陶，胎内掺少量似云母屑的羼和料。外侈的喇叭口，尖圆唇，束颈，鼓腹甚，平底。器口一侧至上腹置单耳，器耳上端高出器口。素面。高7、口径5.6、腹径7.2、底径3.6、耳宽1.4厘米（图一四三A，2；彩版三二，5）。

标本M2：14，夹砂红陶，胎内掺加似云母屑的羼和料。外侈的喇叭口，束颈，鼓腹甚，

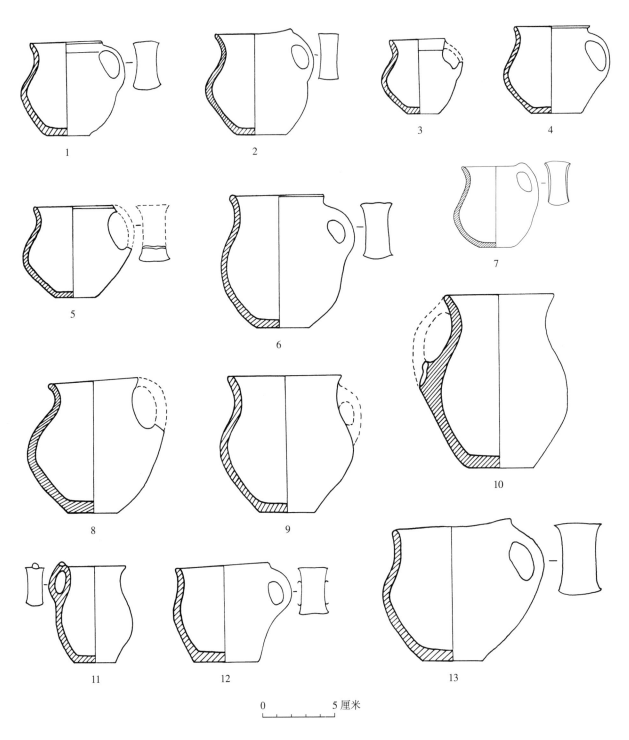

图一四三A　夹砂陶单耳罐

1~5. A型Ⅰ式（M14：3、M2：4、M2：14、M4：6、M69：11）　　6~9. A型Ⅱ式（M93：2、M105：1、M41：1、M22：1）　　10、11. A型Ⅲ式（M28：1、M80：2）　　12、13. B型Ⅰ式（M4：1、M22：2）

平底。口缘外翻呈叠唇，器耳上端与器口平齐。素面。高5、口径3.9、腹径5、底径2.4厘米（图一四三A，3；图版二〇，2）。

标本M4：6，泥质红陶，胎内含少量似云母屑的羼和料，胎质较细。侈口，圆唇，微束颈，鼓腹，平底。单耳上端低于器口。通体施红衣。高5.8、口径5.2、腹径6.5、底径4、耳宽1.5厘米（图一四三A，4；彩版三二，6）。

标本M69：11，夹砂红褐陶，胎内掺少许粗砂粒，胎质较细。侈口，圆唇，束颈，鼓腹甚，平底。器表通体施一层薄薄的红衣（局部脱落），内壁灰色。高6、口径5.4、腹径6.8、底径2.8、耳宽1.6厘米（图一四三A，5；彩版三三，1）。

Ⅱ式　4件。比高增加，腹径小于器高，整体比例近竖长方形。

标本M93：2，夹砂红褐陶，胎内掺白色石英砂粒。侈口，圆唇，球形腹，平底。器耳上端低于器口。高8.8、口径6.6、腹径8.4、底径3.6、耳宽1.6厘米（图一四三A，6）。

标本M105：1，夹砂红陶，表皮泛黄白色，胎内掺粗砂粒和似云母屑的羼和料。外侈的喇叭口，尖圆唇，束颈，圆鼓腹，平底。耳面上端略高于器口。素面。高5.35、口径4、腹径5.4、底径2.4、耳宽1.4厘米（图一四三A，7；彩版三三，2）。

标本M41：1，夹砂红陶，器表保留烟炱痕，胎内掺白色石英粗砂和似云母屑的羼和料。外侈的喇叭口，圆唇，单耳（残），耳面上端与器口平齐，圆鼓腹，平底。素面。高8.6~9、口径6.2、腹径9、底径3.4厘米（图一四三A，8；彩版三三，3）。

标本M22：1，夹粗砂红陶，表皮泛黄白色，胎内掺部分似云母屑的羼和料。外侈的喇叭口，圆唇，束颈，单耳（残），耳面上端略低于器口，圆鼓腹，平底。素面。高9、口径7.8、腹径9.2、底径3.8厘米（图一四三A，9；彩版三三，4）。

Ⅲ式　2件。比高明显增加，整体呈瘦长方形。

标本M28：1，夹砂灰褐陶，器表保留烟炱痕。外侈的喇叭口，束颈，单耳（残），耳面上端与器口平齐，圆弧腹，平底。素面。高11.5、口径7.5、腹径10、底径4.5厘米（图一四三A，10；彩版三三，5）。

标本M80：2，夹砂灰褐陶，表皮色泽不匀，胎内掺白色石英砂粒和少许似云母屑的羼和料。外侈的喇叭口，圆唇，束颈，耳面上端有一凸起的乳突，圆弧腹，平底。素面。高6.4、口径4.3、腹径5.3、底径3、耳宽1.1厘米（图一四三A，11；彩版三三，6）。

B型　5件。器形矮胖，无领，侈口或直口，微束颈。依比高之差异，分三式。

Ⅰ式　3件。腹径与器高相若，整体比例近正方形。

标本M4：1（出自较浅的填土内），夹砂褐陶，胎内掺少量白色石英砂和似云母屑的羼和料。器口略向外侈，圆唇，微束颈，弧腹，平底。单耳上端低于器口。素面。高6.5、口径6.7、腹径8.2、底径4.6、耳宽1.6厘米（图一四三A，12；图版二〇，3）。

标本M22：2，夹粗砂红陶，表皮黄白色，胎内掺部分似云母屑的羼和料。直口，圆唇，直颈，单耳上端略低于器口，圆弧腹，平底。素面。高9.6、口径8.2、腹径10、底径4.2、耳宽2.4厘米（图一四三A，13；彩版三四，1）。

标本M73：2，夹砂红陶，厚胎，胎内掺粗砂粒和似云母屑的羼和料。直口，圆唇，单耳上端略低于器口，球形腹，平底。器耳上端有一斜向穿孔。素面。高8、口径6.2、腹径9、底径4、耳宽2厘米（图一四三B，1；彩版三四，2）。

Ⅱ式　1件。比高增加，腹径小于器高，器形较瘦。

标本M32：2，夹砂褐陶，表皮色泽不匀，内胎灰色。微侈口，器口一侧高、一侧低，圆唇，单耳（残），耳面上端与器口平齐，圆弧腹，平底。素面。高6~6.3、口径4.6、腹径5.8、底径2.6厘米（图一四三B，2；图版二〇，4）。

Ⅲ式　1件。比高再增加，器形瘦高。

标本M30：3，夹砂灰黑陶，器表内外灰黑色，内胎灰褐色。直口，圆弧腹，平底。口沿下贴塑附加堆纹。高8、口径4.8、腹径7、底径4、耳宽1.5厘米（图一四三B，3；图版二〇，5）。

C型　1件。

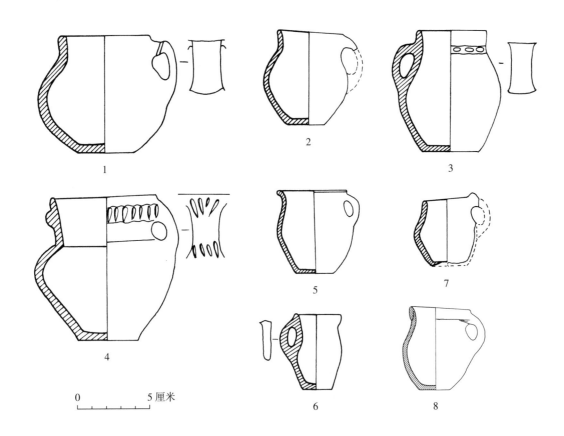

图一四三B　夹砂陶单耳罐

1. B型Ⅰ式（M73：2）　2. B型Ⅱ式（M32：2）　3. B型Ⅲ式（M30：3）　4. C型（M63：1）　5~8. D型（M38：1、M85：5、M30：2、M103：1）

标本M63：1，夹砂黑陶，胎内掺少许粗砂，器表残留烟炱痕。斜直口，尖圆唇，高颈，一侧置宽銴耳，上腹圆鼓，下腹内敛，平底。口沿下贴塑宽粗的附加堆纹，器耳上下戳印短条带纹，耳面上端略低于器口。高9.6、口径7.4、腹径9.4、底径4.2、耳宽2厘米（图一四三B，4；图版二〇，6）。

D型　4件。单耳小罐。器形很小，不再分型式。

标本M38：1，夹砂红陶，表皮一半泛灰白，胎内掺粗砂粒和少量似云母屑的羼和料。侈口，外卷的圆唇，单耳略低于器口，弧腹，平底。素面。高5.5、口径4.8、腹径5.2、底径2.5厘米（图一四三B，5；图版二一，1）。

标本M85：5，夹砂红陶。外侈的喇叭口，圆唇，单颈耳，弧腹，平底。素面。高5、口径3.6、腹径3.4、底径2.1、耳宽0.6厘米（图一四三B，6；彩版三四，3）。

标本M30：2，夹砂灰褐陶，表皮色泽不匀，一半偏红，胎内掺少量似云母屑的羼和料。直口，圆唇，鼓腹，单耳（残），耳面上端有一高起的突纽，平底。素面。高4.4、口径3.6、腹径4.4厘米（图一四三B，7；图版二一，2）。

标本M103：1，夹砂红褐陶，胎内掺少许似云母屑的羼和料。侈口，口沿外卷呈厚叠唇，微束颈，单耳略低于器口，弧腹，平底。素面。高5.3~5.5、口径4.2、腹径5、底径2.1厘米（图一四三B，8；图版二一，3）。

3. 腹耳壶

彩陶腹耳壶　15件。绝大多数为夹细砂红陶或红褐陶，个别为灰陶，胎质较为细腻。最大腹径处置双耳，器表施红衣或红褐衣，绘黑彩或褐色彩。根据器形大小和形态差异，分三型。

A型　11件。外侈的喇叭口，束颈，鼓腹，平底。根据形态变化，分三式。

Ⅰ式　2件。器形稍大，高10余厘米，胎较薄，腹耳稍下垂。

标本M1：5，夹细砂红陶，薄胎。下腹至器底残缺。外侈的喇叭口，圆唇，高领，束颈，鼓肩，扁圆鼓腹，下腹微内敛。器表及口沿内施红衣，绘浓稠黑彩。口沿内外绘横条纹，肩部绘一周前后相续的箭头纹，腹部主纹样为两组横列连续菱形纹，上下叠置，器耳两侧绘竖条带纹。残高10.4、口径8.4、腹径13.8、耳宽1.4厘米（图一四四A，1；图版二一，4）。

标本M69：10，夹细砂红陶，胎内掺少量粗砂粒，薄胎。外侈的喇叭口，圆唇，束颈，鼓肩，扁圆鼓腹，平底。器表及口沿内施红褐衣，绘浓稠黑彩。器口内外绘横条纹，腹部主纹样绘两组"手形"纹，上下叠置；器耳两侧绘竖条纹，器耳绘"N"字纹。高10.8、口径8、腹径12.6、底径5、耳宽2.2厘米（图一四四A，2；彩版三四，4）。

Ⅱ式　8件。器形稍小，高10厘米以下，胎稍厚。

标本M30：4，夹砂灰褐陶，表皮灰褐色，器颈部以上残。溜肩，球形腹，平底。通体施红衣，器表彩绘花纹脱落，漫漶不清。残高8.2、腹径10、底径4、耳宽0.8厘米（图一四四A，3）。

标本M45：1，泥质红褐陶，内胎灰色。外侈的喇叭口，束颈，器领较高，尖圆唇，鼓

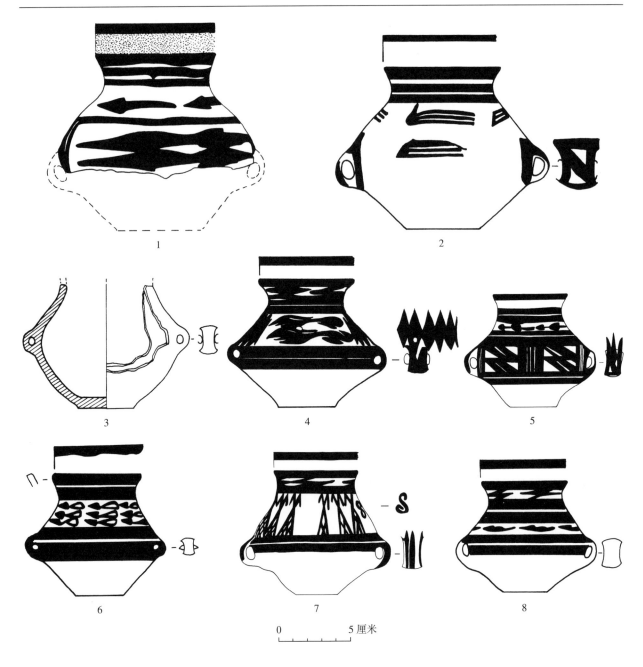

图一四四A　彩陶腹耳壶

1、2. A型Ⅰ式（M1∶5、M69∶10）　　3~8. A型Ⅱ式（M30∶4、M45∶1、M80∶3、M71∶2、M85∶2、M90∶1）

腹，平底。器表及口沿内施黄褐衣，绘不显浓稠的黑彩。口沿内外绘横条带纹，其间加绘四组斜向"之"字纹；腹部花纹前后两分，每组纹样在横带之间绘迅猛奔跑状的动物，共有两只，上下叠置。动物造型为尖嘴，张口，细长耳，蜂腰，大尾上卷。两组动物之间加绘竖列连续菱形纹。器耳绘"N"字竖线纹，器耳上部从外向内戳印（内凸外凹）一枚圆形小凹窝。高8.5、口径6.7、腹径9.4、底径4、耳宽1.2厘米（图一四四A，4；彩版三四，5、6）。

标本M71：2，夹细砂红陶，胎内掺加似云母屑的羼和料。外侈的喇叭口，方唇，束颈，较高的器领，鼓腹，平底。器表施红褐衣，绘黑彩。器口内外绘横条带纹，腹部主纹样为横带纹之间绘上下叠置的六组变形动物，其造型颇似箭头，每组三只。高8、口径6.2、腹径8.2、底径3.2、耳宽0.7厘米（图一四四A，6；彩版三五，1）。

标本M80：3，夹砂灰褐陶，胎内掺粗砂粒。外侈的喇叭口，圆唇，器领较高，束颈，鼓腹，平底。器表及口沿内施褐色陶衣，绘浓稠黑褐彩。器口外绘横条带纹，在肩部的横条带纹之间绘一组前后衔接的图案化变形动物，造型颇像一支伸出的弓箭。腹部主纹样四分，在横竖条带组成的方框内绘斜线纹；器耳绘"N"字纹。高7.5、口径5.3、腹径7.6、底径3.2、耳宽1厘米（图一四四A，5；彩版三五，2）。

标本M85：2，泥质红陶。微侈口，圆唇，器颈微束，溜肩，鼓腹，最大腹径位置靠下，平底。器表和口沿内施褐衣，绘浓稠黑彩。口沿内外绘横条带纹，其间加绘斜向的"N"字纹；腹部在横条带纹之间绘四组站立的图案化山羊，每组三只；器耳上半空白处绘"S"纹，器耳面绘竖条纹。高8.3、口径5.9、腹径8.6、底径2.8、耳宽1.2厘米（图一四四A，7）。

标本M90：1，夹细砂红陶，器表打磨光滑。外侈的喇叭口，束颈，器领较高，鼓腹，平底。器表施红衣，绘褐彩。口沿内外绘横条带纹，其间加绘斜向"N"字纹；腹部主纹样是在横条带纹之间绘前后相续的"弯月"纹。高7.4、口径6、腹径8、底径3、耳宽1.2厘米（图一四四A，8；彩版三五，3）。

标本M94（上）：2，泥质灰陶。喇叭口外侈，圆唇，竖颈，溜肩，扁圆鼓腹，下腹略内敛，平底。器表及口沿内侧施橙黄色陶衣，绘红褐色彩。口沿内外绘横条带纹，其间穿插"弯月"和"N"字纹；肩部横带纹之间绘"弯月"纹；腹部花纹分作四组，各自在横竖条带组成的方块内绘斜线纹，器耳绘垂线纹。高10.6、口径5.4、腹径11.2、底径4.5、耳宽1.2厘米（图一四四B，1；彩版三五，4）。

标本M94（上）：3，夹砂灰褐陶，胎内掺夹粗砂粒和似为云母屑的羼和料。大喇叭状侈口，圆唇，束颈，高领，扁圆鼓腹，平底。器表及口沿内侧施褐色陶衣，绘红褐彩。自器领至器颈部绘横条带纹，腹部绘齿尖朝上的锯齿纹六组，每组四枚锯齿。高9.8、口径9.2、腹径10.5、底径3.6、耳宽1.1厘米（图一四四B，2）。

Ⅲ式　1件。

标本M92：1，夹砂红陶。外侈的喇叭口，圆唇，束颈，器领较高，鼓腹，平底。口沿内及器表施褐色陶衣，绘黑彩。口沿内外绘横条带纹，肩部绘一组变形动物纹，颇似长长的弓箭，腹部是在横条带纹之间绘斜线纹。高7.4、口径6、腹径8.2、底径3、耳宽1厘米（图一四四B，3；彩版三五，5）。

B型　3件。器口略小，侈口，微束颈，双耳位置大多偏上靠近肩部，平底。根据器形变化，分为三式。

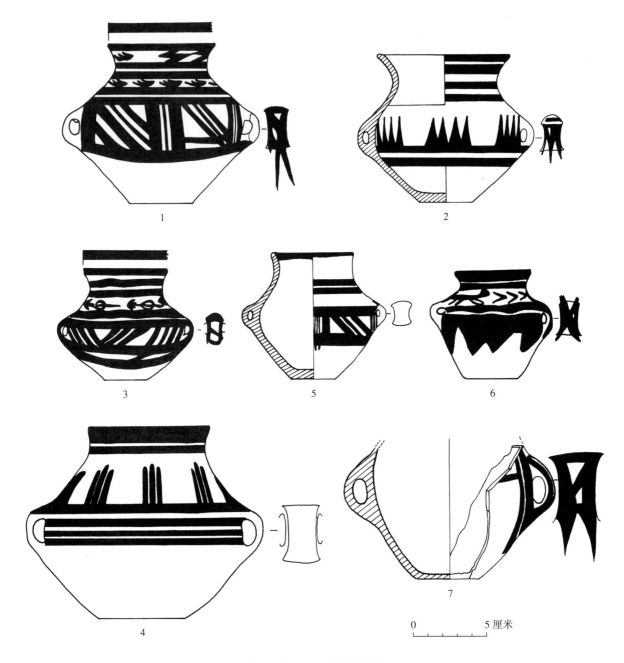

图一四四B　彩陶腹耳壶

1、2. A型Ⅱ式（M94（上）：2、M94（上）：3）　3. A型Ⅲ式（M92：1）　4. B型Ⅰ式（M98：1）　5. B型Ⅱ式（M43：1）　6. B型Ⅲ式（M30：1）　7. C型（M4：2）

　　Ⅰ式　1件。

　　标本M98：1，夹砂红陶，表皮泛灰白色。小口，微侈，圆唇，器口外贴塑一周不是明显的薄泥片。矮领，微束颈，溜肩，略显圆鼓的折腹，平底。器表及口沿内施紫红衣，绘浓稠黑彩。高12.8、口径8.6、腹径13.8、底径6、耳宽2厘米（图一四四B，4；彩版三五，6）。

Ⅱ式　1件。

标本M43∶1，夹砂褐陶，器表色泽不匀，局部泛灰褐色，胎内掺入白色石英砂粒。火候较高。器口微侈，短直颈，较圆鼓的折腹，最大腹径位置靠上，平底。器表及口沿内施褐衣，绘浓稠黑彩，局部有脱落现象。器口内外绘横条带纹，腹部花纹两分，在横竖条带纹之间绘斜线纹。高8.4、口径5.8、腹径8.7、底径3、耳宽1厘米（图一四四B，5；图版二一，5）。

Ⅲ式　1件。

标本M30∶1，夹砂红陶，胎内掺粗砂粒和似云母屑的羼和料。外侈的喇叭口，束颈，短溜肩，圆弧腹，上腹近肩部置双小耳，平底。器表施褐衣，绘黑褐彩。口沿外绘横条带，肩部绘一只奔跑的动物和一组"⟫⟫⟫⟫"纹，腹部绘横条带纹和倒三角大锯齿纹；器耳绘"X"纹。高7.2、口径5.2、腹径7、底径3.5、耳宽1.2厘米（图一四四B，6；彩版三六，1）。

C型　1件。

标本M4∶2，夹砂红陶，胎内掺加似云母屑的羼和料。上腹部残失，球形腹，腹部最大径处置器耳，平底。器表施红衣，绘浓稠黑彩，腹部花纹不辨，器耳绘垂线纹。残高9、腹径10.6、底径4.4、耳宽2.5厘米（图一四四B，7）。

素面腹耳壶　3件。造型与彩陶腹耳壶相同。根据器领部长短和腹部形态差异，分三式。

Ⅰ式　1件。

标本M78∶5，夹砂灰陶，胎内掺大量的粗砂粒。大敞口，圆唇，束颈，短领，鼓腹，平底。器表及口沿内施褐色陶衣，打磨较光滑。高10.2、口径8.8、腹径11.2、底径4.2、耳宽1.3厘米（图一四五，1；彩版三六，2）。

Ⅱ式　1件。

标本M78∶4，夹砂红褐陶，胎内掺粗砂粒和似云母屑的羼和料。外侈的喇叭口，器领较高，束颈，尖圆唇，圆鼓腹，腹中部置小耳（残）一对，平底。器表及口沿内施红衣。高9.6、口径7.2、腹径9.5、底径4.6厘米（图一四五，2；彩版三六，3）。

Ⅲ式　1件。

标本M60∶9，夹砂红褐陶，表皮色泽不匀，胎内掺粗砂粒和似云母屑的羼和料。喇叭小口，外侈，圆唇，束颈，细高领，鼓腹，平底。素面。高7.2、口径4.4、腹径6.6、底径3.2厘米（图一四五，3；彩版三六，4）。

4. 四系罐

5件。特点是在器口外颈部十字对称的置四只环耳。器表多残

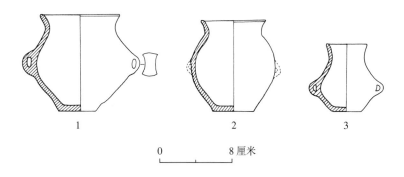

图一四五　素面陶腹耳壶

1. Ⅰ式（M78∶5）　2. Ⅱ式（M78∶4）　3. Ⅲ式（M60∶9）

留烟炱痕，应为实用类炊具。根据形态变化，分两型。

A型　1件。

标本M3：3，夹砂褐陶，表皮色泽不匀，局部泛灰褐色，器表残留轻微的烟炱痕。大喇叭敞口，尖圆唇，束颈，球形圆腹，平底。素面。通高15.6、口径10、腹径12、底径5、耳宽1.8厘米（图一四六，1；图版二二，1）。

B型　4件。根据器形变化，分为两式。

Ⅰ式　3件。

标本M8：2，夹砂红陶，胎内掺少量白色石英砂粒和似云母屑的羼和料，器表残留烟炱痕。喇叭状侈口，圆唇，束颈，球形腹，平底。素面。高9、口径7.7、腹径9.5、底径5、耳宽1.5厘米（图一四六，2）。

标本M26：1，夹砂黑陶，器表有厚重的烟炱痕。侈口，圆唇，束颈，球形腹，平底。器耳刻划竖线纹。高7.5、口径6.6、腹径8.5、底径4.2、耳宽1厘米（图一四六，3；彩版三六，5）。

标本M62：3，夹砂红褐陶，器表残留灰黑色烟炱痕。侈口，尖圆唇，束颈，球形腹，平底。器表刻划稀疏的短线纹，器耳刻划"X"、竖条和"ⅠX"纹。高8.4、口径6.6、腹径8.8、底径3.5、耳宽1.4厘米（图一四六，4；彩版三六，6）。

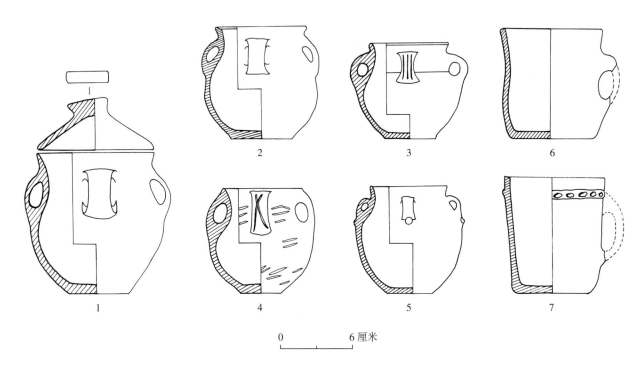

图一四六　陶四系罐、单把杯

1. A型四系罐（M3：3）　2~4. B型Ⅰ式四系罐（M8：2、M26：1、M62：3）　5. B型Ⅱ式四系罐（M91（下）：3）　6. Ⅰ式单把杯（M40：1）　7. Ⅱ式单把杯（M95：1）

Ⅱ式　1件。

标本M91（下）：3，夹砂黑灰陶，表皮泛灰白，残留烟炱痕。侈口，圆唇，微束颈，球形腹，平底。四个器耳下部各捏塑一乳突。素面。高8.6、口径6.4、腹径8.8、底径4、耳宽1厘米（图一四六，5；彩版三七，1）。

5. 单把杯

2件。根据器形差异，分两式。

Ⅰ式　1件。

标本M40：1，夹砂灰褐陶，器表色泽不匀，残留烟炱痕。微侈口，直筒状腹，腹中部稍向外弧曲，一侧置单耳（部分残），平底。素面。高8.8、口径8.5、底径7厘米（图一四六，6；彩版三七，2）。

Ⅱ式　1件。

标本M95：1，夹砂红褐陶，器表色泽不匀，胎内掺加白色石英砂粒和似云母屑的羼和料。火候偏低。直立敞口，方唇，斜直腹，一侧置较大的单耳（残），平底。器口外贴塑一股附加堆纹。高9.2、口径8.3、底径6厘米（图一四六，7；彩版三七，3）。

6. 四耳带盖罐

1件。

标本M1：1+2，夹粗砂红陶，胎内掺少量似云母屑的羼和料。内敛口，斜方唇，耸肩，斜直弧腹，平底。肩部置一对较小的环耳；腹部置一对宽鋬器耳。素面。此器配器盖（编号标本M1：1）。其色泽、胎质、羼和料与罐完全相同，系一套器皿。盖作斗笠状，喇叭口，盖面斜直，顶面有三角形捉纽，纽心内凹，纽部有一横向小穿孔，整体造型颇似鸟首。通高11.2、口径4、腹径12.6、底径5.4、耳宽1.5厘米，盖高3.6、口径6.4厘米（图一四七，1；彩版三七，4）。

7. 羊角四耳罐

1件。

标本M19：1，夹粗砂红陶，胎内掺有似云母屑的羼和料。侈口，圆唇，微束颈，两侧肩部有向上弯曲似羊角的器耳一对，球形腹，下腹置一对宽鋬环耳，平底。通体及口沿内施紫红衣。素面。高13.6、口径10.8、腹径15、底径8、下耳宽2.6厘米（图一四七，2；彩版三七，5）。

8. 筒形盖罐

2件。水桶状造型，腹中部置宽鋬大耳一对，器口上配置大平顶器盖，器盖两侧置一对环形耳，犹如倒置的平底浅盘。

标本M2：2+3，夹砂红陶。器口内敛，斜方唇，子母口，弧腹，大平底。器表施红衣。器盖（M2：3）系夹砂红陶，器表施红衣，大平顶，双小耳，直口，圆唇。素面。通高20、口径15.5、腹径19、底径14、耳宽4厘米，盖高5、盖顶直径20、盖口径20、耳宽2.5厘米（图

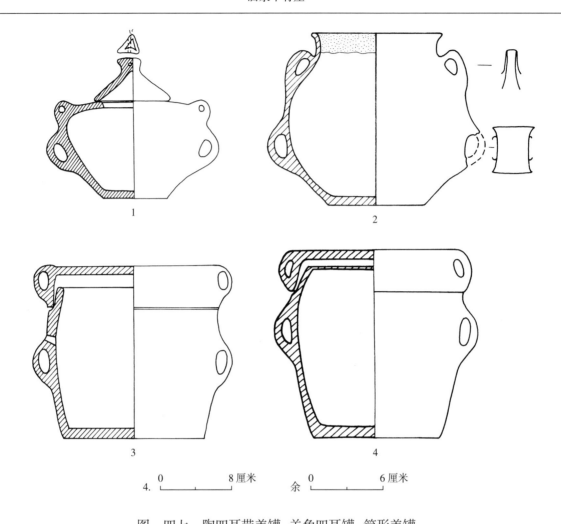

图一四七　陶四耳带盖罐、羊角四耳罐、筒形盖罐

1. 四耳带盖罐（M1∶1+2）　　2. 羊角四耳罐（M19∶1）　　3、4. 筒形盖罐（M51∶1+2、M2∶2+3）

一四七，4；图版二二，2）。

　　标本M51∶1+2，夹砂橙黄陶，胎内掺少量似云母屑的羼和料。器口内敛，方唇，子母口，弧腹，大平底　腹中部器耳上部有一小穿孔（由外向内戳制、孔径内大外小），直径0.6厘米。器表施红衣，内壁黑灰色。器盖（M51∶2）系夹砂橙黄陶，内壁黑灰色。大平顶，双小耳，直口，方唇。器表施红衣。通高13.6、口径12.5、腹径14、底径11.8厘米，盖高3.5、直径12.4、盖顶直径13厘米（图一四七，3；彩版三八，1）。

　　9. 器盖

　　43件。器形均不大，造型基本为斗笠状，除少量残破者据此标准难以划分型式，另类处理。余36件根据器纽形态差异，分为七型。

　　A型　7件。斗笠状，盖面斜直或圆弧，蘑菇状捉纽，纽顶面平整或略作圆弧状。

　　标本M3∶1，夹砂红陶，胎内掺加白色石英砂粒。喇叭口，圆唇，盖面圆弧，捉纽顶面平直。素面。高3.8、口径7.7、纽径2.4厘米（图一四八，1；彩版三八，2）。

标本M6：5，夹砂黄褐陶，胎内掺加白色石英砂粒和少量似云母屑的羼和料。喇叭口，尖圆唇，盖面斜直，捉纽顶面圆弧。素面。高3.5、口径8、纽径2.2厘米（图一四八，2）。

标本M22：5，夹粗砂灰褐陶，器表泛红色，内壁灰褐色。喇叭口（残），盖面斜直，捉纽顶面平直。素面。残高3.8、纽径2.6厘米（图一四八，3）。

标本M65：1，夹砂红褐陶，胎内掺粗砂粒和似云母屑的羼和料。喇叭口，圆唇，盖面斜直，捉纽顶面平直。素面。高2.6、口径5.3、纽径1.6厘米（图一四八，4；图版二二，3）。

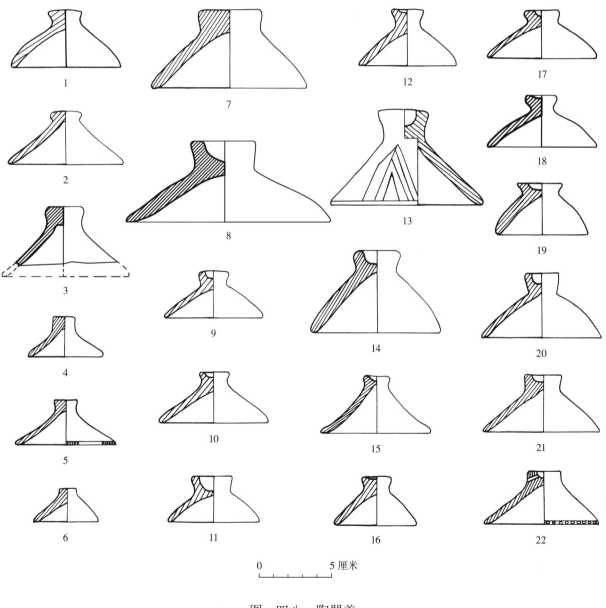

0   5厘米

图一四八 陶器盖

1~7. A型（M3：1、M6：5、M22：5、M65：1、M69：6、M74：6、M101：3）　8~22. B型（M3：4、M6：1、M11：1、M13：3、M14：1、M22：3、M24：2、M24：3、M35：1、M70：2、M69：12、M73：3、M81：3、M101：2、M105：2）

标本M69：6，夹砂红陶，表皮泛黄白色，残留烟熏痕迹。喇叭口，尖圆唇，盖面略微内凹，捉纽顶面平直。盖口沿周边饰切割状花边四组。高3、口径7、纽径1.6厘米（图一四八，5）。

标本M74：6，夹砂红陶。喇叭口，尖圆唇，盖面圆弧，捉纽顶面平直。素面。高2.2、口径4.5、纽径1.1厘米（图一四八，6；图版二二，4）。

标本M101：3，夹粗砂黑灰陶，器表泛黄褐色，胎内掺粗砂粒和似云母屑的羼和料。喇叭口，尖圆唇，盖面弧鼓，捉纽顶面平直。素面。高5.2、口径10.8、纽径4.4厘米（图一四八，7；图版二二，5）。

B型 15件。斗笠状，盖面斜直或圆弧，蘑菇状捉纽，不同的是盖纽顶面有凹窝，深浅不一。

标本M3：4，夹粗砂红褐陶，器表泛红色，内胎灰色。喇叭口，盖面圆弧，圆唇，纽顶凹窝较浅。高3.5、口径8、纽径3厘米（图一四八，8）。

标本M6：1，夹砂红陶。喇叭口，盖面弧鼓，纽顶凹窝较深。素面。高3.2、口径6.8、纽径2.1厘米（图一四八，9；图版二二，6）。

标本M11：1（残缺一半），夹砂灰黑陶，器表残留烟炱痕迹，胎内掺粗砂粒和似云母屑的羼和料。火候偏低。喇叭口，尖圆唇，盖面斜直，纽顶凹窝较浅。素面。高3.6、口径7.6、纽径2.2厘米（图一四八，10）。

标本M13：3，夹粗砂红褐陶。火候偏低。喇叭口，尖圆唇，盖面弧鼓，纽顶凹窝大且深。素面。高3.2、口径6.4、纽径2.8厘米（图一四八，11；图版二二，7）。

标本M14：1，夹粗砂红褐陶。喇叭口，盖面斜直，纽顶凹窝小而浅。素面。高3.6、口径6.6、纽径2.2厘米（图一四八，12；图版二二，8）。

标本M22：3，夹粗砂红陶，表皮泛黄白色，胎内掺加似云母屑的羼和料（与M22：2单耳罐的陶色、质地相同）。喇叭口，圆唇，盖面斜直，纽顶面凹窝较深。盖面刻划三角线纹。高6.5、口径10.7、纽径3.7厘米（图一四八，13；彩版三八，3）。

标本M24：2，夹粗砂黑褐陶，器表黑色，遗留较厚的烟炱。喇叭口，圆唇，盖面弧鼓，纽顶面凹窝大而深。素面。高5.4、口径9、纽径3.2厘米（图一四八，14；图版二三，1）。

标本M24：3，夹粗砂红陶。火候偏低。喇叭口，圆唇，盖面内敛，纽顶面凹窝小而浅。素面。高3.8、口径7.7、纽径1.5厘米（图一四八，15；图版二三，2）。

标本M35：1，夹砂红陶，内胎灰褐色，掺加粗砂粒和似云母屑的羼和料。火候偏低。喇叭口，圆唇，盖面弧鼓，纽顶面凹窝浅。素面。高3.3、口径5.8、纽径2厘米（图一四八，16）。

标本M70：2，夹砂灰褐陶，胎内掺加粗砂粒。火候偏低。喇叭口，尖圆唇，盖面弧鼓，纽顶面凹窝小而浅。素面。高3.3、口径7.6、纽径2.3厘米（图一四八，17；图版二三，3）。

标本M69：12，夹砂红陶，器表残存烟炱痕迹，胎内掺粗砂粒。喇叭口，圆唇，盖面弧鼓，纽顶面凹窝小而浅。器表施黄白色陶衣。高3.4、口径7.2、纽径2.1厘米（图一四八，18；图版二三，4）。

标本M73：3，夹砂红褐陶，器表色泽不匀，胎内掺粗砂粒。火候较低。喇叭口，尖圆唇，盖面弧鼓，纽顶面凹窝大而浅。素面。高3.4、口径6.4、纽径3厘米（图一四八，19；图版二三，5）。

标本M81：3，夹砂红褐陶，盖面灰黑色，色泽不匀，内壁橙黄色，胎内掺加粗砂粒和似云母屑的羼和料。喇叭口，尖圆唇，盖面弧鼓，纽顶面凹窝小而深。素面。高4.3、口径8.4、纽径2.2厘米（图一四八，20；图版二三，6）。

标本M101：2，夹砂红陶，胎内掺加粗砂粒和似云母屑的羼和料，器表残留烟炱痕。喇叭口，尖圆唇，盖面斜直，纽顶面凹窝较浅。素面。高3.8、口径8.2、纽径2.6厘米（图一四八，21；图版二三，7）。

标本M105：2，夹砂红陶，胎内掺加粗砂粒和似云母屑的羼和料。喇叭口，尖圆唇，盖面斜直，纽顶面凹坑小而浅，斜向穿一小孔。盖口周边侧面捺压一周花边饰。高3.4、口径8、纽径2.4厘米（图一四八，22）。

C型　5件。亦作斗笠状。但器纽较高，呈圆柱或尖柱状。

标本M14：13，夹细砂红陶，胎质较细，器表残留烟炱痕。喇叭口，圆唇，盖面微弧鼓，圆柱高纽。素面。高3.8、口径7.5、纽径1.4厘米（图一四九，1；彩版三八，4）。

标本M48：7，夹砂灰黑陶，胎内掺粗砂粒和似云母屑的羼和料。喇叭口，尖圆唇，盖面微弧鼓，圆柱纽。素面。高2.8、口径6.2、纽径1.4厘米（图一四九，2；图版二三，8）。

标本M71：4，夹砂灰褐陶，胎内掺粗砂粒。喇叭口，圆唇，盖面微弧，扁圆柱纽。素面。高2.2、口径5.9、纽径1.1、纽宽0.6厘米（图一四九，3；图版二四，1）。

标本M74：4，夹砂灰褐陶，器表色泽不匀。喇叭口，尖圆唇，盖面弧鼓，圆柱高纽，下粗上细。素面。高3.3、口径5.3、纽径1.2厘米（图一四九，4；图版二四，2）。

标本M84：2，夹砂灰褐陶，内胎灰黑，掺加粗砂粒和似云母屑的羼和料，器表残留烟炱痕。火候不高。喇叭口，圆唇，盖面弧鼓，短圆柱捉纽。素面。高5.1、口径9.8、纽径1.8厘米（图一四九，5；彩版三八，5）。

D型　4件。斗笠状。盖纽为长方形，有的在盖纽上穿一小孔。依盖纽穿系的有无，分两式。

Ⅰ式　2件。盖纽无穿孔。

标本M3：2（与四系罐搭配），夹砂褐陶，器表色泽不匀，局部灰褐色，残留轻微烟炱痕。喇叭口，盖面微弧，长条形捉纽，一端高，一端矮。素面。高4.2、口径10、纽长3.6、纽宽0.9厘米（图一四九，6；见图版二二，1）。

标本M67：1，夹砂红陶，胎内掺白色石英砂粒和似云母屑的羼和料。喇叭口，尖圆唇，盖面微弧，条形捉纽。器形不甚规整，盖口椭圆。素面。高3.2、口径6.6、纽长2.8、纽宽1厘

0　　　　　　　5 厘米

图一四九　陶器盖

1~5. C型（M14∶13、M48∶7、M71∶4、M74∶4、M84∶2）　　6、7. D型Ⅰ式（M3∶2、
M67∶1）　　8、9. D型Ⅱ式（M51∶4、M51∶6）　　10~12. E型（M1∶1、M7∶5、M69∶16）
13. F型（M22∶7）　　14. G型（M50∶4）　　15~21. 其他（M6∶4、M6∶6、M7∶1、M11∶4、
M26∶12、M63∶3、M93∶3）

米（图一四九，7；彩版三八，6）。

　　Ⅱ式　2件。盖纽上有一穿孔。

　　标本M51∶4，夹砂红陶，胎内掺加粗砂粒和似云母屑的羼和料。喇叭口，圆唇，盖面圆
弧，长条捉纽，中间穿一小孔。素面。高4、口径6.6、纽长3.6、纽宽1.1、孔径0.4厘米（图
一四九，8；彩版三八，7）。

　　标本M51∶6，夹砂红陶，器表残留烟熏痕，胎内掺加粗砂粒和似云母屑的羼和料。火候

不高。喇叭口，圆唇，盖面圆弧，鞋底状捉纽，中间穿一小孔。素面。高4.2、口径6.8、纽长2.6、纽宽0.6~1.2、孔径0.5厘米（图一四九，9；图版二四，3）。

E型　3件。斗笠状。器纽顶面作三角形。

标本M1：1（系四耳带盖罐M1：2的器盖），夹粗砂红陶，胎内有少量似云母屑的羼和料。喇叭口，盖面斜直，盖纽面中心内凹，盖纽下有一小穿孔，侧视似鸟首。素面。高3.6、口径6.4、纽边长2厘米（图一四九，10）。

标本M7：5，夹粗砂红陶，胎内掺加白色石英粗砂粒。火候偏低。喇叭口，圆唇，盖面略向内敛，纽顶面中心凹窝较浅，器口边缘捺印一周规整的齿状花边。高3.8、口径7.4、纽边长1.8厘米（图一四九，11）。

标本M69：16，夹砂红陶，胎内加有似云母屑的羼和料，器表残留烟炱痕。喇叭口，尖圆唇，盖面斜直，纽顶面中心略内凹。素面。高4.3、口径7.6、纽边长2.5厘米（图一四九，12；图版二四，4）。

F型　1件。

标本M22：7，夹粗砂红陶。斗笠状，喇叭口，圆唇，盖面微弧，圆柱状捉纽，纽顶面中心内凹，捉纽一侧置一环状单耳。素面。高3.2、口径6.8、纽径1.8厘米（图一四九，13；图版二四，5）。

G型　1件。

标本M50：4，夹砂红褐陶。斗笠状，喇叭口，圆唇，盖面斜直，无捉纽。素面。高2.4、口径5厘米（图一四九，14；图版二四，6）。

其他　7件。盖纽残缺，难以归类者。

标本M6：4，夹砂灰黑陶，胎内掺加粗砂粒，火候偏低。喇叭口，斗笠状，尖圆唇，盖面斜直，捉纽残。素面。残高1.9、口径5.4厘米（图一四九，15）。

标本M6：6，夹砂红陶，胎内掺白色石英砂粒和少量似云母屑的羼和料。喇叭口，斗笠状，尖圆唇，盖面斜直，捉纽残。素面。残高1.8、口径6.8厘米（图一四九，16）。

标本M7：1，夹砂红陶，胎芯灰色，胎内掺白色石英砂粒和少量似云母屑的羼和料。火候偏低。喇叭口，斗笠状，尖圆唇，盖面略向内敛，捉纽残。素面。残高1.7、口径6厘米（图一四九，17）。

标本M11：4，夹砂红褐陶，器表残留烟炱痕，胎内掺部分粗砂粒。喇叭口，斗笠状，尖圆唇，盖面微弧，捉纽残。素面。残高2.8、口径10.4厘米（图一四九，18）。

标本M26：12，夹粗砂红褐陶。火候偏低。喇叭口，斗笠状，圆唇，盖面微弧，捉纽残。素面。残高2.2、口径5.4厘米（图一四九，19）。

标本M63：3，红褐色泥胎，未经焙烧。喇叭口，斗笠状，尖圆唇，盖面斜直，捉纽残。素面。残高2.3、口径4.3厘米（图一四九，20）。

标本M93：3，紫红色夹砂泥胎，未经焙烧。喇叭口，斗笠状，圆唇，盖面微弧，捉纽残。盖面残留似为黑色彩绘（或为烟炱渗入所致）的痕迹。残高1.4、口径5厘米（图一四九，21）。

10. 尊形器

所谓尊形器是一种造型较特殊的器类，出土数量不多，多数为彩陶。其造型均为大喇叭敞口，内敛腹，双腹耳，个别无耳无彩，大平底。

彩陶尊形器　4件。

标本M48：2，夹细砂红陶，胎内掺加似云母屑的羼和料。大喇叭敞口，尖圆唇，腹部内敛，双腹耳，大平底。器表施红衣，绘浓稠黑彩。口沿内绘横条带纹，间隔一段绘一组短竖线纹，共四组。由于涂料太过浓稠，线条已相连成近锯齿状。通体绘彩，腹部两侧绘粗细相间的竖条带，中间用横条隔出两个长方形空间，每个空间上下绘画叠置的三列六组"∞"字纹；下面一栏上下绘画叠置的三列九组"∞"字纹；器耳绘竖条带纹。高8.9、口径11.2、底径10、耳宽1.5厘米（图一五〇，1；彩版三九，1、2）。

标本M58：13，夹砂红陶，胎内掺加粗砂粒和似云母屑的羼和料。大喇叭敞口，尖圆唇，敛腹，双腹耳，大平底。器表及口沿内施红衣，通体绘浓稠黑彩。口沿内绘横条带纹，每间隔一段绘一组短竖线，每组四列，共四组。通体绘彩，腹部两侧绘粗竖条带纹，中间用横条带隔出两个长方形空间，空间内上下两栏绘画叠置的四列八组"新月"纹；器耳绘侧身人形纹。高7.2、口径9.8、底径7.8、耳宽1厘米（图一五〇，2）。

标本M58：15，夹砂灰陶。仅存器底和器耳。器表施褐色陶衣，绘棕黑色彩，花纹部分脱落，可辨认出与前两器大致类似的纹样。残高6.3、底径10.4、耳宽1厘米（图一五〇，3；图版二四，7）。

标本M71：1，夹细砂红陶。大喇叭敞口，尖圆唇，内敛腹，双腹耳，大平底。器表施红衣，绘浓稠黑彩。口沿内绘横条带纹，每隔一段绘一组短斜线纹，共四组。由于彩绘涂料浓稠，线条相连近锯齿状。通体绘彩，腹部两侧绘粗细相间的竖条带，中间用横条隔出两个长方形空间，上面一栏绘画上下叠置的三列九组"∞"纹，下面一栏绘一列连续"∞"纹；器耳绘连续"N"字纹。高7.6、口径10.4、底径9.2、耳宽1.3厘米（图一五〇，4；彩版三九，3）。

无耳尊形器　1件。

标本M60：1，夹砂红陶，胎内掺加粗砂粒和似云母屑的羼和料。敞口，尖圆唇，器腹内敛，大平底。素面。高6.4、口径8.6、底径7.7厘米（图一五〇，5；彩版三九，4）。

11. 多子盒

5件。根据器体大小和形态差异，分两型。

A型　4件。器形稍大。完整者俯视、侧视均呈长方形，唯器口部分大于底部。盒内一般分成均等的三个隔段，右侧一格再分割成两个小格，形成四个封闭的空间，分别有大格2、小格2的结构。其中，左侧一小格的顶面局部被封堵，仅露出一长方形小口。中间一格为敞口；右侧两小格中，一个器口稍大，全部裸露；另一个器口较小，器口部分封堵。容积较大

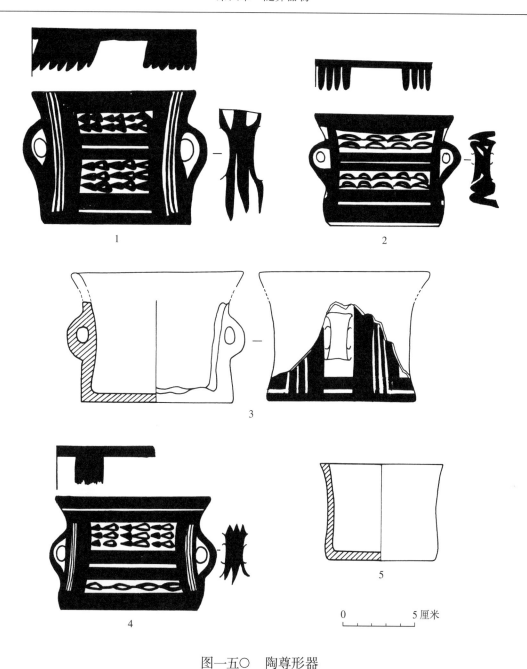

图一五〇　陶尊形器

1~4.彩陶尊形器（M48∶2、M58∶13、M58∶15、M71∶1）　　5.无耳尊形器（M60∶1）

的一格底面较浅，深度仅及方盒高度的一半；器口小的一格下部弯曲伸入器口较大一格的下面，容积也相应要大。

标本M48∶1，夹砂红陶，胎内掺加粗砂粒，器表色泽不匀，局部泛黄褐色。此器俯视长方形，侧视呈"斗"状，上大下小。器顶面表层施紫红色陶衣，大半脱落，原是否绘彩，不明。左面一格内装肉红石髓料块若干，中间一格放置一块骨头（属性不明）、细石器原料若干。高6.8、长16.2、宽7.2~7.6厘米（图一五一，1；图版二五，1）。

　　标本M48：3，夹细砂红陶，器表磨光，泛橙黄色，内胎灰色。此器残缺约1/3，仅存左侧和中间的两格，右侧残失。左侧一格容积略小于中间一格。素面。高8.2、器口残长8.2、器底残长9.4、宽5.2~5.4厘米（图一五一，4）。

　　标本M58：14，夹砂红陶，胎内掺加粗砂粒和似云母屑的羼和料。此器残损约2/3，仅存右侧一格的两小格。素面。高7.7、口残长6.4、口宽8.8、底残长7.2、底宽7.4厘米（图一五一，3）。

　　标本M60：8，夹砂灰黑陶，器表施黄褐色衣，色泽不匀。素面。左侧一格内装细石片、石料等小件。高6.2、口长11.4、口宽6.2、底长10.8、底宽6.2厘米（图一五一，2；彩版三九，5）。

　　B型　1件。器形较小。器体内部不分割，顶面局部封堵。

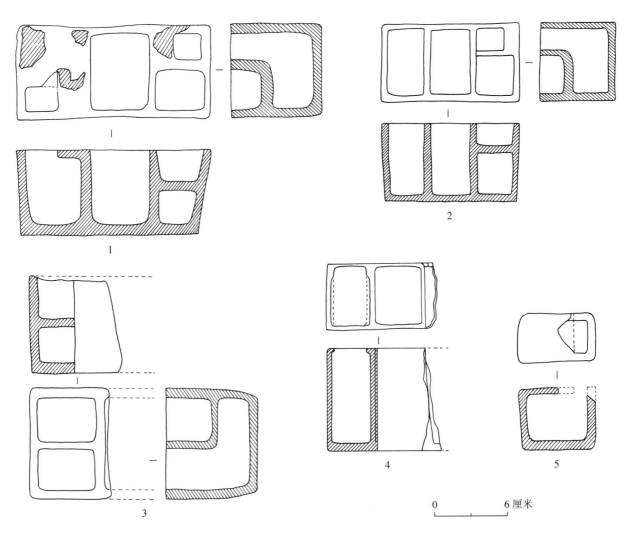

0　　　　　　6厘米

图一五一　陶多子盒

1~4. A型（M48：1、M60：8、M58：14、M48：3）　5. B型（M68：1）

标本M68：1，夹砂红陶，胎内掺加粗砂粒，器表似残留烟炱痕。俯视、侧视均作长方形，顶面局部封堵，仅留一长方形小口。素面。高5、口长6.4、口宽3.8~4、底长6厘米（图一五一，5）。

12.双耳盆

3件。大敞口，双颈耳，平底。根据器形差异，分两式。

Ⅰ式　2件。器形略高。

标本M101：1，夹砂红陶，器表泛黄白、灰白色，胎内掺加少量似云母屑的羼和料，器表残留烟炱痕。大敞口，外侈，圆唇，束颈，斜直腹，平底。高8、口径14、底径5.4、耳宽1.8厘米（图一五二，1）。

标本M2：11，夹细砂红陶，厚胎，胎内掺加似云母屑的羼和料。大敞口，外侈，圆唇，束颈，斜直腹，器口至上腹置环耳一对，平底。素面。高6.8、口径10.6、底径5厘米（图一五二，2；图版二五，2）。

Ⅱ式　1件。比高略降低。

标本M97：1，夹砂红陶，胎内掺加少量粗砂粒和似云母屑的羼和料。火候不高。大敞

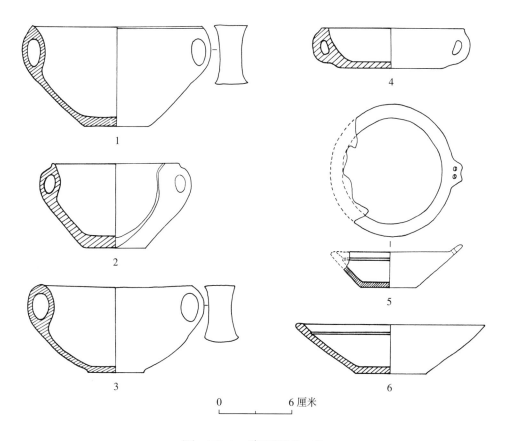

图一五二　陶双耳盆、盘

1、2.Ⅰ式双耳盆（M101：1、M2：11）　3.Ⅱ式双耳盆（M97：1）　4.A型盘（M11：3）　5.B型Ⅰ式盘（M27（下）：3）　6.B型Ⅱ式盘（M35：2）

口，外侈，圆唇，束颈明显，斜直弧腹，一对环耳较大，平底。素面。高6.8、口径12.4、底径4.5、耳宽2厘米（图一五二，3；图版二五，4）。

13. 盘

3件。根据形态差异，分两型。

A型　1件。双耳盘。

标本M11：3，夹砂红陶，器表泛黄白色，胎内掺部分白色石英砂粒和较多似云母屑的羼和料（呈金色）。大敞口，方唇，浅弧腹，器腹两侧置双环耳，大平底。素面。高3.2、口径12、底径9厘米（图一五二，4）。

B型　2件。大敞口盘。根据器錾的有无，分两式。

Ⅰ式　1件。带錾盘。

标本M27（下）：3，夹砂红陶，胎内掺加粗砂粒。大敞口，圆唇，斜直浅腹，口沿内壁有一梯形突起，平底。器口另一侧有一翘起的錾突，錾突顶部略向内凹，上有二个小穿孔。器表施黄白色陶衣。高2.8、口径10.4、底径4.6、纽高3.5厘米（图一五二，5）。

Ⅱ式　1件。无錾。

标本M35：2，夹砂红陶，胎内掺加粗砂粒和似云母屑的羼和料。大敞口，圆唇，口沿内有一凸棱状台阶，斜直腹，平底。素面。高4、口径16、底径6厘米（图一五二，6）。

14. 瓮

3件。根据腹部器耳有无，分两型。

A型　2件。腹耳瓮。

标本M2：1，夹砂红陶，表皮泛黄白色，胎内掺加似云母屑的羼和料和粗砂粒。小口，束颈，广肩，球形圆腹，小平底，双腹耳。器颈下压印一周卵点状小凹窝。残高28.8、腹径28.5、底径9.4、耳宽4厘米（图一五三，1；彩版四〇，1）。

标本M15：1，夹粗砂红褐陶，器表色泽不匀，局部黄白色或泛青灰色，胎内掺加少量白色石英砂粒和类似云母屑的羼和料。喇叭状小口外侈，圆唇，微束的短颈，广肩，球形腹，双腹耳，小平底。通体磨光，颈部贴塑一周附加堆纹。高46、口径18、腹径44、底径10.5、耳宽7厘米（图一五三，2）。

B型　1件。无耳瓮。

标本M23：1，夹砂红陶，表皮泛黄白色，胎内掺少量白色石英砂粒。大口外侈，矮领，圆唇，短颈，圆鼓腹，平底。抹光。素面。高32、口径21、腹径31、底径14厘米（图一五三，3；彩版四〇，2）。

15. 彩陶小壶

2件。器形偏小，高度不足10厘米。

标本M58：9，夹砂红陶。外侈小口，圆唇，器口近圆角方形，束颈，圆鼓腹，下腹略内敛，平底。口沿下左右相对位置钻有一对小孔。器表施红褐色陶衣，绘浓稠黑彩。器口外领

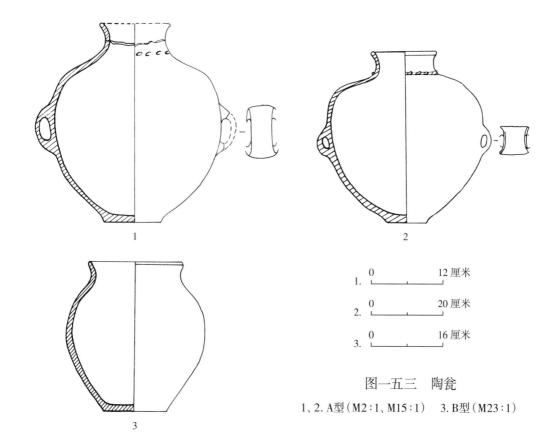

1. 0 ⊢——————⊣ 12 厘米

2. 0 ⊢——————⊣ 20 厘米

3. 0 ⊢——————⊣ 16 厘米

图一五三　陶瓮

1、2. A型（M2：1、M15：1）　3. B型（M23：1）

部绘一组倒锯齿纹，肩部绘横条带纹，其间再绘上下排列的图案化变形动物，均作"ㄷ"状，腹部在横条带纹之间绘粗细相间的斜折线纹。高7.3、口径4.3、腹径6.8、底径2.8厘米（图一五四，3；彩版三九，6）。

标本M96：1，泥质红褐陶，器表褐色，内壁灰褐色。小口直立，圆唇，直颈，圆鼓腹，平底。器表及口沿内施红衣，绘黑彩。口沿内外绘横条带纹，颈部在横带纹之间绘连续的"《《《"纹，腹部在横带纹之间绘竖条带和斜线几何纹。高9、口径5.4、腹径8.4、底径3.2厘米（图一五四，2）。

16. 彩陶双联罐

1件。

标本M54：1，泥质红陶，胎内掺少许白色石英砂粒和似云母屑的羼和料。此器残存一半，相连的另一半及后侧上方连接两个罐的把手残失。外侈的喇叭口，圆唇，束颈，扁圆鼓腹，平底。器表及口沿内施紫红衣，绘浓稠黑彩。器口内外和领部绘横条带纹，腹部绘一周大小重叠相套的等腰三角纹。高6.6、口径5.8、腹径7、底径3.2厘米（图一五四，1；彩版四〇，3）。

17. 彩陶圈足小罐

1件。

图一五四 陶器

1.彩陶双联罐（M54:1） 2、3.彩陶小壶（M96:1、M58:9） 4.彩陶圈足小罐（M102:2）

标本M102：2，夹砂红陶，胎内掺少许粗砂粒和似云母屑的羼和料。器口直立，圆唇，微束颈，双颈耳，球形腹，喇叭口状小圈足。器表面抹光，通体施黄褐色陶衣，绘淡褐彩，颜料不显浓稠，器口外绘横条带纹，腹部花纹前后两分，每面绘三个相连的等腰三角纹，下接横条带纹，侧面绘竖条带纹。高6.4、口径4.4、腹径6.3、底径3.1、耳宽1.1厘米（图一五四，4；彩版四〇，4）。

二　乐器

彩陶埙　1件。

标本M73：1，夹细砂红陶。其整体立面造型颇像一只站立的鸟。顶部鸟首部分为近三角形的实体，中央位置有一圆形小穿孔，象征鸟的眼睛。鸟首之下为细颈，再下为腹腔，中空，为陶埙的音腔，平面呈球状，侧视扁圆，这部分恰好构成鸟的躯体。再向下有一略微突起部分，象征鸟之尾翼，也是陶埙之吹孔。陶埙腹腔上钻有三个音孔，分别位于腹腔一面的右上方和腹腔底部的左右两侧，孔径均为0.3厘米。底部吹孔扁圆形，长径1.6、短径0.9厘米。器表施黄白色陶衣，绘浓稠黑褐彩。陶埙表面绘画花纹，一面图案繁缛，鸟首部位绘三组"V"字纹。腹部用"X"纹将埙体表面平分为四组，在每个小的空间内绘画套叠的"V"字纹，周围用"Z"字、"V"字、"N"字纹补白。另一面纹样略显简洁，鸟首绘二组"V"字，一组"N"字。顶部绘三个锯齿。腹部用"Z"字和"人"字将埙体分成五个小空间，在右下侧空间内绘叠置的"人"字和"V"字纹。高8.1、腹径5.5、腹部胎厚3.6厘米，顶部宽2.25、厚0.8厘米，吹口长1.6、宽0.9厘米（图一五五；彩版四〇，5、6）。

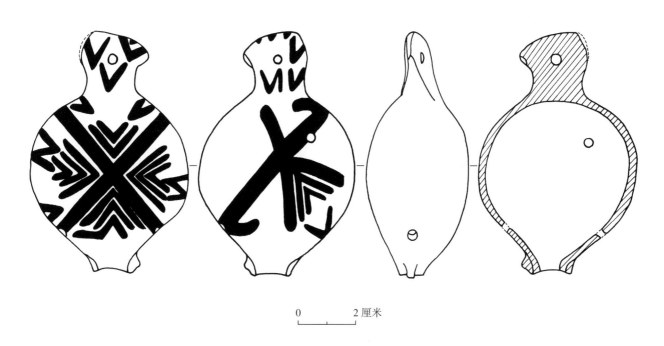

0　　　　　2厘米

图一五五　彩陶埙（M73：1）

三　工具

纺轮　12件。均作圆饼造型，中央穿一圆孔。根据器表装饰花纹的有无，分两型。

A型　7件。器表一面刻划几何纹，另一面素面。

标本M1：8，夹细砂红陶。一面中央穿孔周边刻划长折线菱形纹，两侧饰双弧线纹；另一侧素面。直径5、孔径0.7、厚1.1厘米（图一五六，1）。

标本M34：2，夹砂褐陶。器表一侧素面，另一侧刻划一对反"Z"字纹。直径5.7、孔径0.8、厚1.1厘米（图一五六，2；图版二五，3③）。

标本M69：7，夹砂红陶。剖面弧曲。器表一侧刻划反"Z"字、"X"纹，另一侧素面。直径5.5、孔径0.45、厚1.25厘米（图一五六，3；图版二五，3②）。

标本M48：5，夹细砂灰褐陶，器表色泽不匀，局部泛红褐、灰色。器表一侧刻划折线纹、"》"纹，另一侧素面。直径6.3、孔径0.7、厚0.9~1厘米（图一五六，4）。

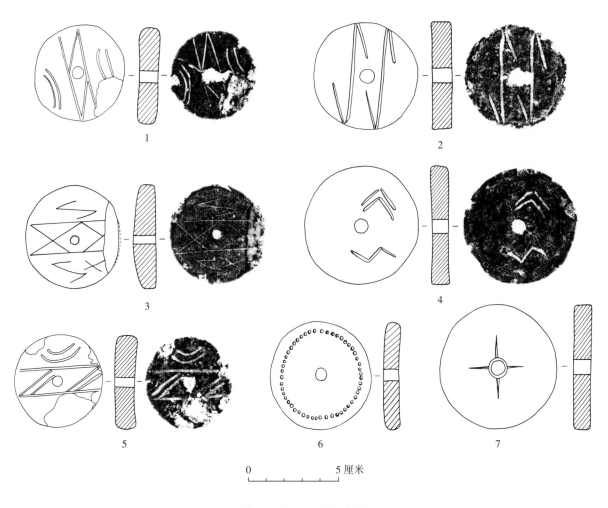

图一五六　A型陶纺轮

1. M1：8　2. M34：2　3. M69：7　4. M48：5　5. M101：4　6. M14：12　7. M58：12

标本M101：4，夹砂红陶，胎内掺加部分粗砂粒和似云母屑的羼和料。剖面不甚平整。器表表皮泛黄白色，似为陶衣，局部有剥落。一侧素面，另一侧刻划长折线菱形纹，外侧饰双弧线纹。直径4.8、孔径0.55、厚1.15厘米（图一五六，5）。

标本M14：12，夹砂红陶，胎内掺加似云母屑的羼和料。沿纺轮周边戳印一周密集的联珠纹。直径5.5、孔径0.7、厚0.9厘米（图一五六，6；图版二五，3①）。

标本M58：12，夹砂红陶，胎内掺加少量似云母屑的羼和料。一面在中央圆孔的四周刮划十字纹。直径6.4、孔径0.8、厚0.9厘米（图一五六，7）。

B型　5件。器表两面均素面无纹饰。

标本M31：6，夹砂红褐陶，内胎灰黑色。直径5.5、孔径0.8、厚0.9厘米（图一五七，1；图版二五，3④）。

标本M51：3，夹砂橙黄陶，胎内掺加粗砂粒和似云母屑的羼和料。残缺一半。直径4.6、孔径0.5、厚0.8厘米（图一五七，2）。

标本M60：4，泥质红陶。器表施黄白色陶衣。直径5、孔径0.5、厚0.9厘米（图一五七，3；图版二五，3⑤）。

标本M60：7，夹砂红褐陶。剖面弯曲呈微弧曲状。微弧的一面施红褐色陶衣。直径7、孔径0.6、厚0.7厘米（图一五七，4）。

标本M66：1，夹砂红褐陶，胎内掺加似云母屑的羼和料。直径6、孔径0.6、厚0.8厘米（图一五七，5）。

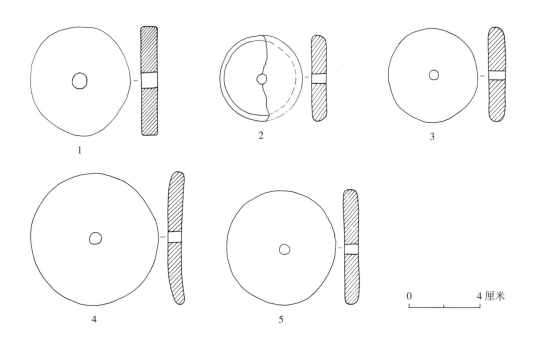

图一五七　B型陶纺轮

1. M31：6　2. M51：3　3. M60：4　4. M60：7　5. M66：1

第四节　泥塑制品

使用原料为红褐色胶泥（似为第三纪红土，未经检测），捏塑成型，再经日晒干燥，未经焙烧。所见多为动物造型，也发现有个别器盖（参见器盖一节）。

泥塑动物俑　6件。器表暗红褐色，胎内掺有一些粗石英砂粒，质地较松软。发现时与泥土极难分辨，加之质地松软，清理时很难剥离。此类动物俑的头部与肢体是分别制作的。头部被捏成圆柱形或"凸"字状，躯体一般呈扁长方形，前后简约地捏出四肢形状，器表原来均涂有陶衣，并绘彩，出土时大多已脱落，纹饰漫漶不清，难辨图形。从保存的局部迹象看，有些动物躯体似整体涂黑，没有具体纹样。再就是动物头部未见有明确彩绘者。动物头部中央有十字交错穿孔，前后横向再穿一孔。推测此类穿孔的功能有二：中央的小圆孔似代表动物双目；前后贯通的小孔起到将动物头部与躯体相连接的功用（连接物质可能是小木棍或草棍等有机物）。此外，在动物躯体正中间部位往往有一圆形的凹窝或浅洞，功能不详。

标本M63：2，紫红色胶泥质地。前腿及头部残缺。动物头部作圆柱状，两端略细，头部中央纵向穿一小圆孔，圆面中央横向穿一小圆孔，可穿插小木棍与肢体相连。躯体部位扁平状，前后捏塑四肢，腹正中部位有一圆形小洞。深0.7、直径0.8厘米。器表残存黑色彩绘痕迹。动物躯体长6.6、厚1.65、后足高4.3~4.5、厚2.1、腹高3厘米；头长4、直径1.7~2.4厘米（图一五八，1；彩版四一，1）。

标本M94（下）：1，夹砂红褐色胶泥质地。四肢和头部残缺，仅存躯体部分，断面呈扁长方形，正视作长方形。躯体大部分保留黑色彩绘痕，花纹不辨。残长7.2、厚2.7、残高2.6厘米（图一五八，2）。

标本M57：4，红褐色胶泥质地，胎内掺粗砂粒。动物躯体短为四块，头部保留约2/5。动物头部作球形，后部突出一截似为颈，中央穿十字小孔，象征动物双目。最大一残块为躯体中心，另两块中的一块为前腿位置，另一块为后腿的上部。器表残存黑色彩绘痕迹，图案不辨。腹部残块高3、残长3.9、残厚2厘米；腹部与前腿交接部位残长2、残高1.8厘米；后腿部位残长2、残宽0.5厘米。头长4.1、直径约3.8、吻部直径2.4、孔径0.4厘米（图一五八，3）。

标本M100：13，红褐色胶泥质地。残存躯体部分，四肢和头部缺失。肢体部位残高2.8、残长5.3、厚1.7厘米（图一五八，4）。

标本M50：6，红褐色胶泥质地，胎内掺有红色粗砂粒。动物头部侧视近"凸"字，无彩绘痕迹；中央对称穿十字小孔，与头前端另一穿孔贯通。动物躯体作扁长方，捏塑出前后四肢（前足残）。身体正中有一浅圆凹窝。器表原本绘彩，大半脱落，漫漶不清。动物躯体长10.8、厚2.6厘米，后腿高6.4、厚2.6厘米，前腿残高5、厚1.5厘米，头部残长4.4、直径3.8、吻部直径1.8厘米（图一五八，5；彩版四一，1）。

标本M91：8，红褐色胶泥质地，胎内掺有粗砂粒。残存躯体，头部缺失。造型与上述基

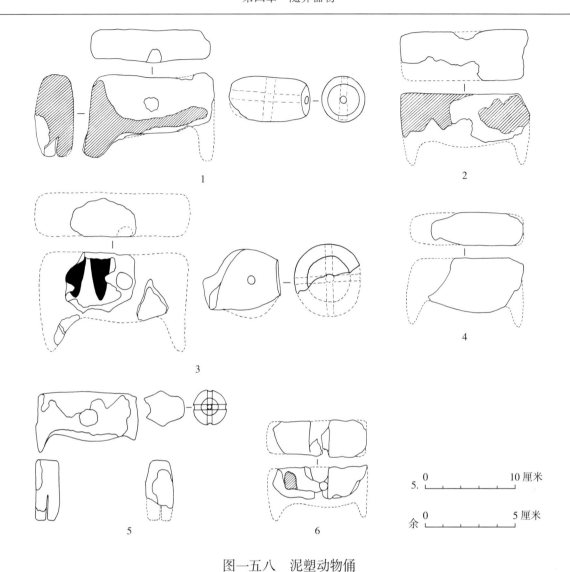

图一五八　泥塑动物俑

1. M63∶2　2. M94（下）∶1　3. M57∶4　4. M100∶13　5. M50∶6　6. M91∶8

本类似。腹中部有一凹洞。器身局部残存黑色彩绘痕迹。残高1.7、残长5.2、背宽1.7~1.9、孔径0.5厘米（图一五八，6）。

第五节　铜器

干骨崖墓地共出土铜器43件①。种类包括各类生产工具、武器、日常生活用具和装饰品等。

---

① 干骨崖墓地包括墓葬填土出土铜器43件，其中干骨崖遗址采集铜器3件，总计46件。

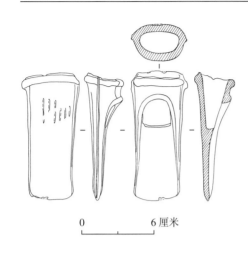

0 _____ 6厘米

图一五九　铜斧（M19∶4）

1. 生产工具、武器

斧　1件。

标本M19∶4，整体近长方形，顶部有一椭圆形、上下贯通的銎孔，刃部正面横切面呈圆弧形，纵切面圆锥形，弧形刃。两侧边缘保留有明显的铸缝痕。銎孔下端有一狭窄台面。斧长10.1、顶宽4.8、刃宽3.7、顶端厚3.35、刃厚0.85、銎孔外部长轴4.65、内部长轴3.3、銎孔外短轴3、内短轴1.8厘米（图一五九；彩版四一，2、3）。

锥　6件。均作长条圆锥状，前段锥尖部分较长，横切面圆形，直径稍大于后半段。后半段约占全器的1/3左右，横断面近方形，这部分插入木柄或骨柄。根据出土的情况看，这类铜锥原来均安装有木柄或骨柄。木柄全部朽毁不存，骨柄有些保存下来，但朽损非常严重。

标本M3∶8，出土于墓主左小臂位置，残留部分木屑朽灰，原器应配木柄。锥体长条圆锥状，前段2/3系锥尖部分，断面圆形，直径0.65厘米；后段1/3断面扁方形，边长0.35厘米。全长7.2厘米（图一六〇，4；彩版四一，4）。

标本M26∶11，前段2/3系锥尖部分，断面圆形，直径0.55厘米；后段1/3断面近方形，边长0.45厘米。全长6厘米（图一六〇，5）。

标本M44∶8，前段2/3系锥尖，断面圆形，直径0.55厘米；后段1/3横断面方形，边长0.4厘米。全长6.3厘米（图一六〇，3；彩版四一，5）。

标本M50∶t11，前端约3/4系锥尖部分，断面圆形，直径0.4厘米；后段约1/4断面为四棱形，边长0.3厘米。全长3.1厘米（图一六〇，6）。

标本M89∶2，骨柄铜锥。锥尖部分残缺，后端嵌入骨柄内。残长3、直径0.5厘米；后段近方形，边长1.9~2.2厘米。锥柄用动物长骨截取后端一截制成，前窄后宽，横断面近圆形，前面部分残缺。残长7.9厘米，骨柄长6.2、宽1.8~2.2厘米（图一六〇，2；彩版四一，6）。

标本M100∶3，骨柄铜锥，保存较完整。铜锥后半段插入骨柄。前段锥尖断面圆形，长4.1、直径0.35厘米；后段近方形，边长0.4~0.5厘米。锥子柄部用动物肢骨制作，前面细，后端粗，横断面扁圆形。全长10.8厘米，柄长7.8、前端直径1.1、宽1.8、后端直径1.45~1.85厘米（图一六〇，1；彩版四一，7）。

镰　1件。

标本M26∶7，弧背凹刃，刃部内凹，后部有较长的直柄，柄部一面中间铸一道凹槽，另一面平整。长18.1、柄宽1.6~1.8、厚0.35~0.6、刃宽2、刃背部厚0.65厘米（图一六一，1；彩版四一，8）。

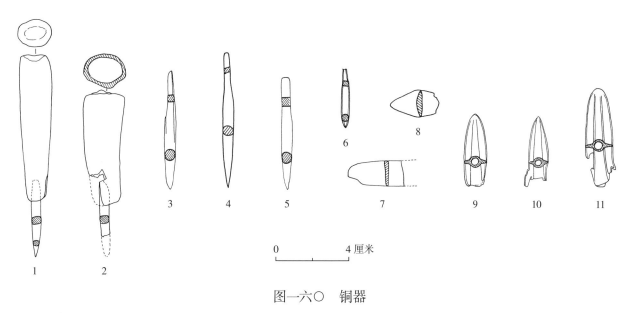

图一六〇　铜器

1~6. 锥（M100：3、M89：2、M44：8、M3：8、M26：11、M50：t11）　　7、8. 削（M100：14、M103：4）　　9~11. 镞（M100：5、M100：4、M100：6）

刀　6件。依据是否有环首之差异，分两型。

A型　3件。环首刀。形状各不相同。

标本M44：3，弧背直刃环首。直柄，较长，尾端有椭圆形环首。刀背微弧，直刃，刀尖前端斜方形。刀柄与刀刃之间有一道略微突起的短格，柄部两面中间位置有一道凹槽。长21.5、环首部分宽2.65、环首孔径0.8~1.65、刀柄宽1.75、刀柄边缘厚0.8、中心厚0.3、格部宽2.25、刃宽2.15、刀刃背部厚0.3~0.5厘米（图一六一，2；彩版四一，9）。

标本M74：7，弧背翘尖弧刃环首。柄部较长，刀背部弧曲，刀尖略微向上翘起，弧形刃，较短，柄端为圆角近方形首。刀柄一面平整，另一面中间铸有一道凹槽。长15.2、环首宽1.9厘米，孔长1.2、宽1.1厘米，刀柄长9、宽1.3~1.9厘米，刃宽2、刀背厚0.4厘米（图一六一，3；彩版四二，1）。

标本M94（上）：5，弧背直刃环首。刀柄较短，刀背微微弧起，短直刃，柄端为圆形小环首。刀柄至刀刃中间铸有双面凹槽。长10.8、环首宽1.4、孔径0.5、刀柄长4.9、宽1.2、厚0.3~0.4、刃宽1.8、刀背厚0.45厘米（图一六一，4；彩版四二，2）。

B型　2件。直柄刀。形状略有不同。

标本M74：3，直首凹背直刃。尖锋，部分残缺，刀锋上翘，刀背内凹弧曲，刀刃平直，前窄后宽，较直的短首，刀柄两侧中间铸一道凹槽。残长9.3、刃部残长4.5、刃部最宽约2、刀背厚0.3厘米，柄长4.5、宽1.4、厚0.3~0.4厘米（图一六一，5；彩版四二，3）。

标本M100：2，直首弧背直刃。刀锋及刃部部分残缺。刀背弧曲，刃部略残，估计为直刃或凹刃，柄部微微弧曲，一面平整，另一面中间铸一道凹槽。残长10.7、刃宽2、刀背厚

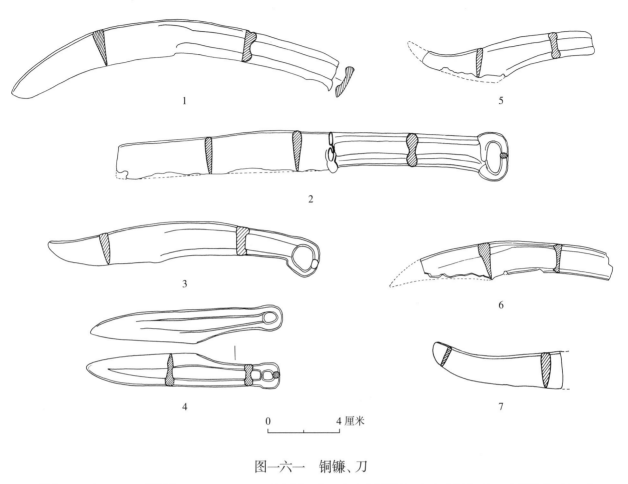

图一六一　铜镰、刀

1. 镰（M26：7）　2~4. A型刀（M44：3、M74：7、M94（上）：5）　5、6. B型刀（M74：3、M100：2）　7. 刀尖（M50：t7）

0.65厘米，刀柄长6.7、宽1.5、厚0.2~0.45厘米（图一六一，6；彩版四二，4）。

刀尖　1件。

标本M50：t7，尖锋圆钝上翘，凹背弧刃，残存刃部大半，刀刃后部及刀柄残缺。残长7、刃宽1.7、背厚0.2~0.4厘米（图一六一，7；彩版四二，5）。

削　2件。

标本M100：14，残存前端锋刃部分。薄片状，直背，稍厚，直刃。残长3.1、宽1.35、厚0.25厘米（图一六〇，7）。

标本M103：4，也有可能为复合器之刃部。近等腰三角形薄片状，前端尖锋呈菱形，中间厚，两侧减薄。残长2.3、宽1.2、厚0.2厘米（图一六〇，8）。

镞　3件。

标本M100：5，平面近圆锥状，横断面近菱形；尖锋不很突出，中央纵向贯通一突脊；两侧尾翼出锋；下端有一短铤，圆形铤孔。长3.9、宽1.3、孔径0.3厘米（图一六〇，9；彩版四二，6）。

标本M100∶4，平面近圆锥形，横断面近菱形。前部尖锋锐利，中央有纵向贯通一突脊，两侧尾翼出锋钩，左侧一钩向外斜向伸出；下端有短銎，圆形銎孔。长3.8、宽1.25、孔径0.3厘米（图一六〇，10；彩版四二，6）。

标本M100∶6，平面近圆锥形，横断面近菱形。尖锋较圆钝，中央纵向贯通一突脊，尾翼两侧出锋，一侧锋下有翼尖；尾端有一长銎，圆形銎孔。长5.25、宽1.5、孔径0.3厘米（图一六〇，11；彩版四二，6）。

2. 生活用具

铜牌　1件。

标本M79∶5，圆形，片状，正面圆弧，背面内凹，中央有一桥形纽，纽下有穿。直径5.6、纽长1.5、高0.5、孔径0.15、厚0.3厘米（图一六二，1；彩版四三，1）。

铜泡（扣）　6件。按其形状差异，分三型。

A型　1件。

标本M24∶1，圆饼形，两面平整，背部中心靠上部位有一桥形纽（残），纽下有穿。直径3.5、纽长1.2、孔径约0.2、厚0.3厘米（图一六二，2）。

B型　3件。圆形，片状，剖面较厚，正面微微圆弧，背面内凹，中心位置有一桥形小纽，纽下有穿。

标本M27（下）∶2，直径2.1、纽长1.4、孔径0.15、厚0.25厘米（图一六二，3）。

标本M36∶6，残损严重，仅存原器约1/5。顶端有一小圆孔，背面中间有穿（残痕）。复原直径约1.9、顶部小孔直径0.15、厚0.3厘米（图一六二，4）。

标本M36∶7，圆片状，正面弧鼓，背面内凹，中心有一带穿纽。直径2.4、纽长0.45、孔径0.1、厚0.25厘米（图一六二，5）。

C型　2件。圆形，剖面乳状弧突，背面内凹，中间有一带穿纽。

标本M27（下）∶1，直径2.1、纽长1.2、孔径0.15、厚0.2厘米（图一六二，6）。

标本M79∶4，直径2.8、纽长1.8、孔径0.15、厚0.2~0.3厘米（图一六二，7；彩版四三，2）。

圆牌　1件。

标本M44∶4，圆饼形，片状。正面中心部位微微弧鼓，背面略微内凹，周边一圈较平整，上下对称位置各有一穿系。直径4.25、孔径0.3、厚0.25厘米（图一六二，8；彩版四三，3）。

小铜泡　2枚（编号M2∶9、10）。器形甚小。圆形，正面弧状突起，背面平齐，无穿系。

标本M2∶9，直径0.8、厚0.25厘米（图一六二，9）。

小铜环　1件。

标本M50∶t12，短圆柱状，中央有一穿，上下贯通。直径0.7~0.8、孔径0.3~0.4、厚0.6厘米（图一六二，10）。

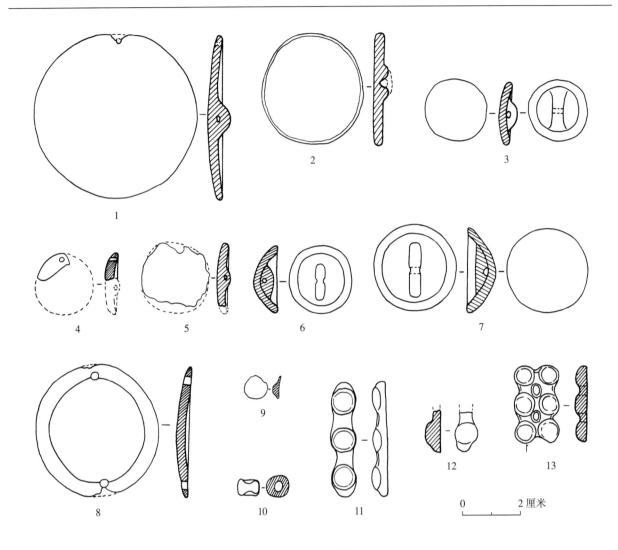

图一六二　铜器

1. 铜牌（M79：5）　　2. A型铜泡（扣）（M24：1）　　3~5. B型铜泡（扣）（M27（下）：2、M36：6、M36：7）　　6、7. C型铜泡（扣）
（M27（下）：1、M79：4）　　8. 圆牌（M44：4）　　9. 小铜泡（M2：9）　　10. 小铜环（M50：t12）　　11、12. A型联珠饰（M55：t1、
M50：t14）　　13. B型联珠饰（M50：t10）

联珠饰　3件。根据造型差异，分两型。

A型　2件。三联珠。

标本M55：t1，一面平整，另一面为三个相连在一起的突起状圆珠。长3.8、宽0.85、厚
0.3~0.5厘米（图一六二，11；彩版四三，4）。

标本M50：t14，仅存一端残块。残长1.3、宽0.8、厚0.5厘米（图一六二，12）。

B型　1件。六联珠。

标本M50：t10，整体近长方形，一面平整，另一面为六个相连在一起的圆珠状突起，中
间有二孔。长2.5、宽1.5、厚0.2~0.4厘米（图一六二，13；彩版四三，5）。

3. 装饰品

耳环 8件。根据形态差异，分三型。

A型 6件。用细铜丝弯曲锻打制作而成。耳环两端头被锻打砸扁展宽，横断面为片状，其余部位断面圆形；整体近椭圆形或桃形，下部两端合拢。

标本M26：8，两端砸扁呈尖圆形，厚0.26~0.33厘米；中段铜丝直径0.2~0.3厘米；两端头最宽0.4厘米。长轴3.3、短轴2.6、断面0.3厘米（图一六三，1）。

标本M94（下）：3，朽断为数截，两端头砸扁呈尖圆形。长轴约2.7、短轴约2.2、断面0.2厘米（图一六三，2）。

标本M50：t8，椭圆形，两端头稍稍砸扁。长轴4.8、短轴3.6、内长轴4、内宽轴2.95、断面0.3~0.4厘米（图一六三，3）。

标本M50：t9，上圆下尖的瓜子形，两端头砸扁。长轴5.9、短轴4.4、内长轴4.6、内短轴3.5、断面直径0.4~0.5、两端宽0.7、厚0.2厘米（图一六三，4；彩版四三，6）。

标本M50：t13，残失一半，原器椭圆形，两端头砸扁。宽0.5、厚0.25、中段铜丝直径0.3厘米（图一六三，5）。

B型 1件。一端为喇叭钉头，另一端尖锥，两端合拢成长椭圆状。

标本M73：4，此器制作时先将前端锻打成大头钉状，再将钉头砸扁，钉头中心内凹，整体弯曲近"O"形，使钉头与钉尖合拢。钉头正面椭圆形。长3.2、宽1.8厘米，钉头长轴1.2、

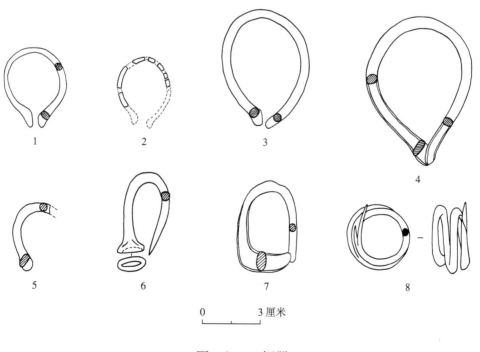

0   3厘米

图一六三 铜器

1~5. A型耳环（M26：8、M94（下）：3、M50：t8、M50：t9、M50：t13） 6. B型耳环（M73：4）
7. C型耳环（M14：t1） 8. 指（耳）环（M74：11）

短轴0.55厘米，耳环中间部位的铜丝断面直径0.3厘米（图一六三，6；彩版四三，7）。

C型　1件。一头砸成扁薄片，另一端圆棍状，两端合拢成"D"字形。

标本M14：t1，整体作椭圆形。此器将铜丝锻打弯曲而成。其中，约一半作圆棍状，较细，直径0.35厘米。另一半锻打砸扁，端部最宽，呈上翘状，断面椭圆，宽0.85厘米。两端头弯曲合拢成椭圆形。全长3.7、宽2.5厘米，内长轴2.4、短轴1.7厘米（图一六三，7；彩版四三，8）。

指（耳）环　1件。

标本M74：11，平面圆环状螺旋形，套合约三圈。一端铜丝呈圆锥状，另一端残缺。直径2.7、铜丝断面直径0.3厘米（图一六三，8）。

第五章　典型墓例随葬品组合及填土出土遗物

第一节　典型墓例随葬品组合

为进一步探讨干骨崖墓地的分期，这里选取部分在随葬品组合方面具有代表性的墓例介绍如下。

1. M1

位于墓地北区T1北侧断崖位置，北邻M3，南邻M4。长方形竖穴土坑积石墓，头窄足宽，东—西向，方向90°。墓穴西端由于断崖垮塌，部分损毁。墓残长1.8、宽0.8~0.9米，墓坑底部头低脚高，深0.83~1米，未见使用葬具痕迹。墓内填黄褐色砂土，夹杂石块。墓主系一成人，性别不详，二次乱骨葬。根据墓主的下肢骨推测其头向朝东（头骨缺失），下颌骨位于墓穴中央，其他骨骼散乱在墓底中部，保存不好。

此墓随葬器物9件，其组合为：陶双耳罐1（残）、A型Ⅰ式彩陶单耳罐1、A型Ⅰ式彩陶腹耳壶1、E型器盖1、四耳带盖罐1（配E型器盖）、A型纺轮1及蚌泡1、兽角1对。另在填土中出少量陶片和兽骨（图一六四）。

2. M2

位于墓地北区，其葬制见本报告第三章的墓例介绍。

此墓随葬器物16件。其组合为：陶筒形盖罐1、A型瓮1、Ⅰ式素面双大耳罐1、A型Ⅰ式夹砂单耳罐2、Ⅰ式双耳盆1、C型Ⅱ式夹砂双耳罐2、海贝5、小铜泡2及A型石管珠1件（图一六五）。另在此墓填土出双耳罐2件。其中1件为大口浅腹双耳罐，腹最大径位置捏塑小盲鼻一对，器表施黄白色陶衣，陶胎较厚，器耳较小，耳孔较圆（图一六五，t1）。另1件为侈口罐上半部，此器应有双耳，器腹贴塑竖列泥条堆纹（图一六五，t2）。

3. M3

位于墓地北区T1北侧，南邻M4，由于断崖垮塌使墓穴西壁有少量损毁。长方形竖穴土坑积石墓，头前端略窄，东—西向，方向90°。墓口距地表深0.5米，残长2、宽1.2~1.4、深0.4~0.5米，未见使用葬具痕迹。墓内填黄褐色砂土，下接戈壁砾石层。在墓底前部、人骨架

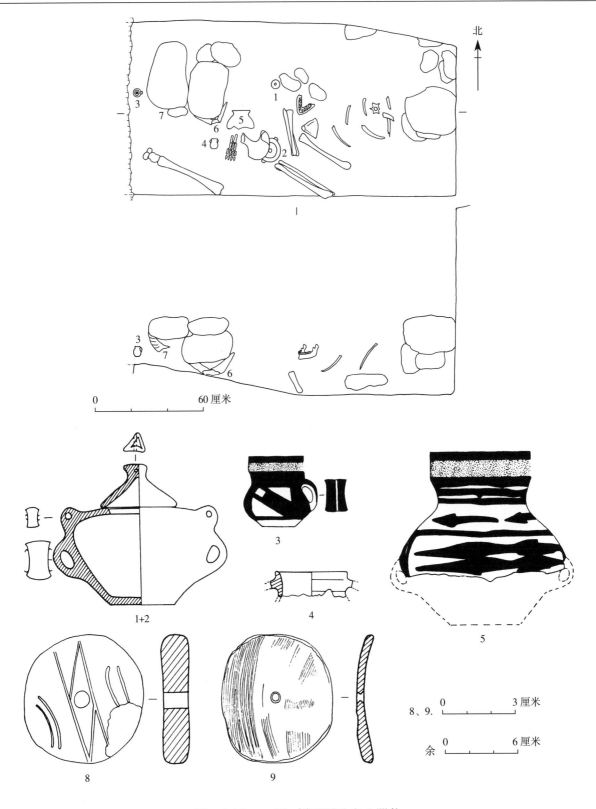

图一六四　M1平、剖面图及出土器物

1+2. 陶四耳带盖罐（2）配E型陶器盖（1）　3. A型Ⅰ式彩陶单耳罐　4. 陶双耳罐（残）　5. A型Ⅰ式彩陶腹耳壶（残）

6、7. 兽角　8. A型陶纺轮（压在石下）　9. 蚌泡（置于2内）

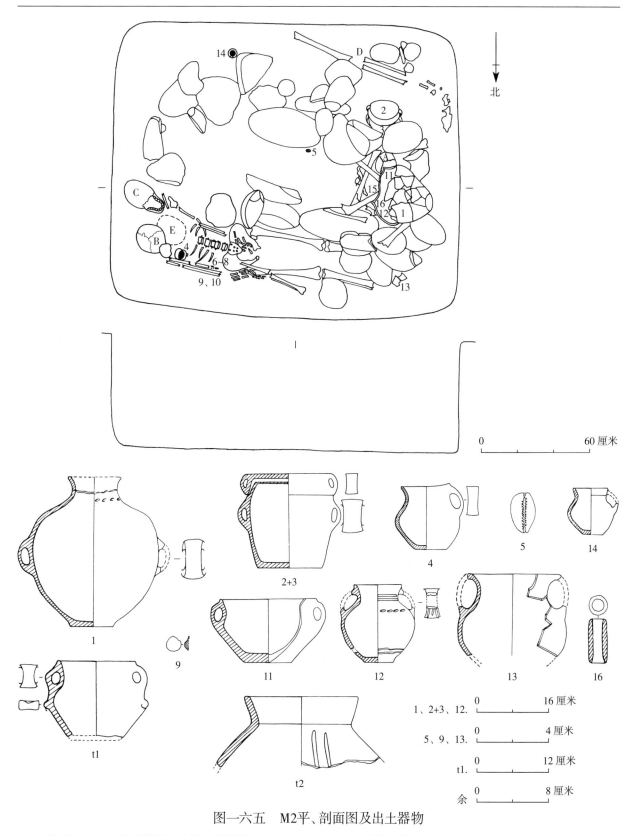

图一六五　M2平、剖面图及出土器物

1. A型陶瓮　2+3. 陶筒形盖罐（2为罐，3为器盖）　4、14. A型Ⅰ式夹砂陶单耳罐　5~8、15. 海贝　9、10. 小铜泡　11. Ⅰ式陶双耳盆　12. C型Ⅱ式陶夹砂双耳罐　13. Ⅰ式素面陶双大耳罐（残）　16. A型石管珠　t1、t2. 素面陶双耳罐

上方摆放32块大小不一的砾石，砾石堆北侧呈闭合状。砾石块最高位置高出墓底0.45米，其摆放形式与M2墓内石堆类似。墓主骨架及随葬品放置在砾石堆以内。墓内葬入3人，墓主A为男性（？），20~25岁，仰身直肢葬，头向东，面朝上，骨架上半身压在一堆砾石下面，头部被一块大砾石叠压遮盖，骨盆以下骨架裸露。此人除右小腿骨缺失外，其余骨架大致完整。墓主B为女性，25~30岁，葬在墓主A左侧，其上身仍保留仰身直肢葬式，头向东，面朝上，但腹部以下的骨架缺失。墓主C为二次葬，其骨架集中放在墓底部西北角，无头骨，骨架不整，仅存四肢长骨，大部分叠压在砾石下。

此墓为一座双人合葬墓。即墓主A为一次葬。墓主B和墓主C为同一人。女性为此墓的第一位墓主。在后来下葬墓主A时，对墓主B造成破坏，将其下肢骨移动到墓内西北角，以至于造成了三处人骨的假象。墓内随葬器物10件，集中放置在墓主A、B的头前和上身附近，其组合为：A型、B型、D型Ⅰ式陶器盖各1件，陶四系罐1，D型Ⅰ式夹砂陶双耳罐1，Ⅰ、Ⅱ式彩陶双耳罐各1件及蚌泡2（置墓主B胸前、颌下）、铜锥1（墓主A左小臂骨下，旁有木柄朽灰痕）（图一六六；见彩版六，2）。

4. M4

位于墓地北区T1北侧扩方位置，北邻M1，东半部被M7打破，西部由于断崖垮塌部分损毁。长方形竖穴土坑墓，东—西向，方向90°。残长1.3、残宽0.8、深约0.6米。未见使用葬具痕迹。墓内填黄褐色花土，夹杂砂石。墓主为男性成人，单人侧身直肢，头骨缺失（头向东），上半身被M7打掉，骨盆以上部分骨架混入M7墓内。

打破此墓的M7墓穴较M4深0.34米。在M7填土中出有M4下颌、骨盆及夹砂陶单耳罐1件。另在M4南侧同一水平位置有小腿骨、小臂骨各1件，它们与M4的关系不是很明确。在发掘过程中，M4南壁边缘一直不清楚，是否此墓向南扩大到另一人的小腿骨位置，不明。

此墓随葬品放在墓主下肢两侧，共有6件，均为陶器。其组合为：Ⅱ式彩陶双耳罐2、A型Ⅱ式夹砂双耳罐1、A型Ⅰ式和B型Ⅰ式夹砂单耳罐各1、C型彩陶腹耳壶1件。其中，C型彩陶腹耳壶和B型Ⅰ式夹砂单耳罐出自离墓底有一定距离的填土中（图一六七）。

5. M7

位于墓地北区T1北壁及扩方位置，北邻M1，打破M4。圆角长方形竖穴土坑墓，南—北向，墓主头向180°。墓口距地表深0.5米，墓长1.5、宽1.12、深0.65米。未见使用葬具痕迹。墓内填黄色砂土，下接戈壁砾石层。此墓为3人二次乱骨合葬，骨架散乱，部分出于填土中。墓内仅存股骨、髋骨及部分长骨。清理证实骨殖分属3人，头骨均缺失。其中，两人为男性成年，一人为女性老年。骨殖保存尚好，采集股骨3根及盆骨。

此墓打破M4上半部，墓底比M4深0.34米。西壁与M4边界不很清楚。在与M4交接位置出有小臂骨、小腿骨和指骨等，其水平位置大致与M4墓底相当，似应属M4墓主被打掉的部分骨架，但奇怪的是这些骨架扰动较轻。另在此墓填土还出有下颌、骨盆和夹砂陶单耳罐等，也应属M4所有。

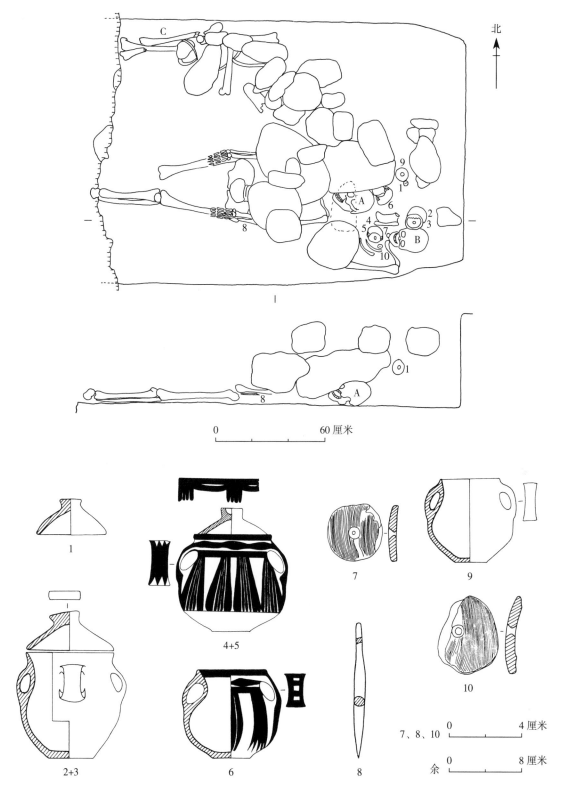

图一六六　M3平、剖面图及出土器物

1. A型陶器盖　2+3. A型陶四系罐（3）配D型I式陶器盖（2）　4+5. I式彩陶双耳罐（5）配B型陶器盖（4）　6. II式彩陶双
耳罐　7、10. 蚌泡　8. 铜锥　9. D型I式夹砂陶双耳罐

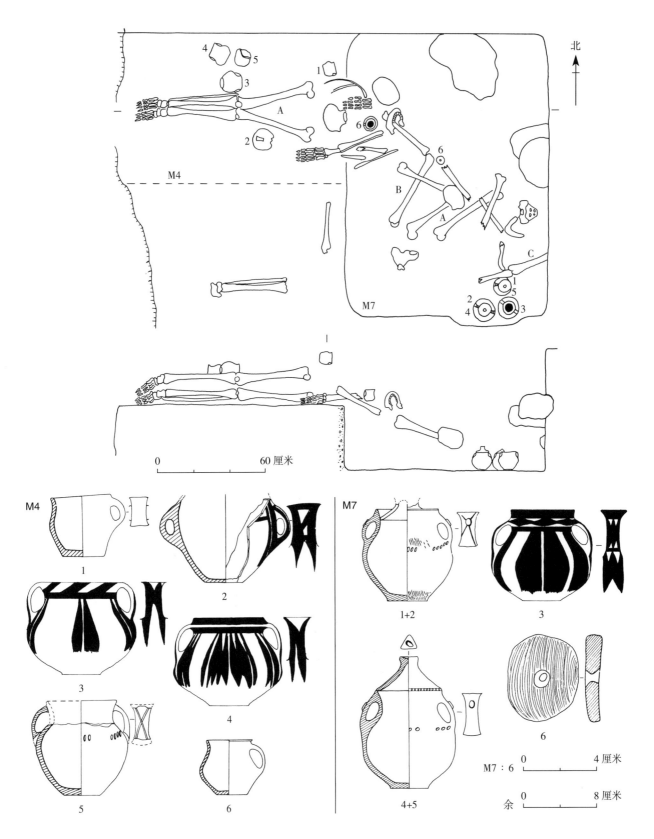

图一六七　M4、M7平、剖面图及出土器物

M4：1. B型Ⅰ式夹砂陶单耳罐　2. C型彩陶腹耳壶（残）　3、4. Ⅱ式彩陶双耳罐　5. A型Ⅱ式夹砂陶双耳罐　6. A型Ⅰ
式夹砂陶单耳罐

M7：1+2. A型Ⅲ式夹砂陶双耳罐（2）配其他型陶器盖（1）　3. Ⅲ式彩陶双耳罐　4+5. A型Ⅲ式夹砂陶双耳罐（4）配E
型陶器盖（5）　6. 蚌泡

此墓随葬器物6件，其组合为：A型Ⅲ式夹砂陶双耳罐2、E型及其他型陶器盖各1、Ⅲ式彩陶双耳罐1、蚌泡1（图一六七）。

6. M14

位于墓地中区，其墓葬形制详见本报告第三章中的墓例介绍。

此墓随葬器物17件，集中放在下层墓主头前一侧，个别放在墓主的身体上。其组合为：A型陶器盖2、B型和C型陶器盖各1、Ⅱ式彩陶双耳罐2、A型Ⅰ式夹砂陶双耳罐2、A型Ⅰ式夹砂陶单耳罐1、陶罐底1、A型陶纺轮1、蚌泡2、骨笄4件。另在填土内出有C型铜耳环1件（图一六八）。

7. M19

位于墓地中区T2南壁内外，北邻M20，保存较好。长方形竖穴土坑积石墓，南—北向，方向180°。墓长1.9、宽1.2、深0.5米。未见使用葬具痕迹。墓口以上叠压黑褐色土，下接戈壁砂砾石层。墓内填黄褐色砂土，砾石15块，摆放位置没有规律。墓主系女性，40±岁。单人仰身直肢，头向南，面朝东。上身经人为扰动，墓主胸骨、肋骨、足骨缺失，胸部压3块大砾石，骨盆和大腿压3块砾石，骨骼保存尚好。

此墓随葬品均放置在墓主头部和身体左侧，共计7件，其组合为：陶羊角四耳罐1、E型Ⅰ式夹砂陶双耳罐1、B型Ⅱ式彩陶单耳罐1及铜斧1、骨针筒1、黄牛臼齿2件（图一六九）。

8. M26

位于墓地南区，有关此墓的形制详见本报告第三章中的墓例介绍。

此墓随葬器物13件，集中放在墓主A头前和墓主B身体左侧，其组合为：陶器盖2、Ⅰ式彩陶双耳罐2、B型Ⅰ式四系罐1、D型Ⅰ式夹砂双耳罐1、C型Ⅰ式夹砂双耳罐1（残存器口）、A型Ⅰ式彩陶单耳罐1及蚌牌2、铜镰1、A型铜耳环1、铜锥1件。另在填土中出有1件器表贴塑堆纹的小陶罐和啮齿类骨架一副（图一七〇）。

9. M33

位于墓地南区T12南壁紧靠断崖位置，北邻M32，东北叠压M77。墓口距地表很浅，墓穴也很浅，墓中部地表横贯一条水土流失造成的小冲沟，对此墓下半部造成一定破坏，墓主下肢骨缺失与此有直接关系。长方形竖穴土坑墓，南—北向，方向190°。墓长1.3、宽0.9、深0.3米。未见使用葬具痕迹。墓内填黄褐色砂土，比较松软。墓主性别、年龄不详，单人二次乱骨葬，头朝南，面向西，骨架损毁严重，下半身骨架基本无存。

此墓仅随葬陶器2件，置于墓穴中部，其组合为：B型Ⅱ式夹砂陶双耳罐1、B型Ⅰ式彩陶单耳罐1件（图一七一）。

10. M44

位于墓地南区T11中部，北邻M36，东邻M42，被M26打破下半部。圆角长方形竖穴土坑墓，东—西向，方向84°。墓残长0.96、宽0.6、深0.3米。未见使用葬具痕迹。墓内填黄褐色花土，夹杂砂石。墓主系20~25岁的成人，性别不详。单人仰身直肢，头朝东，面向上，墓

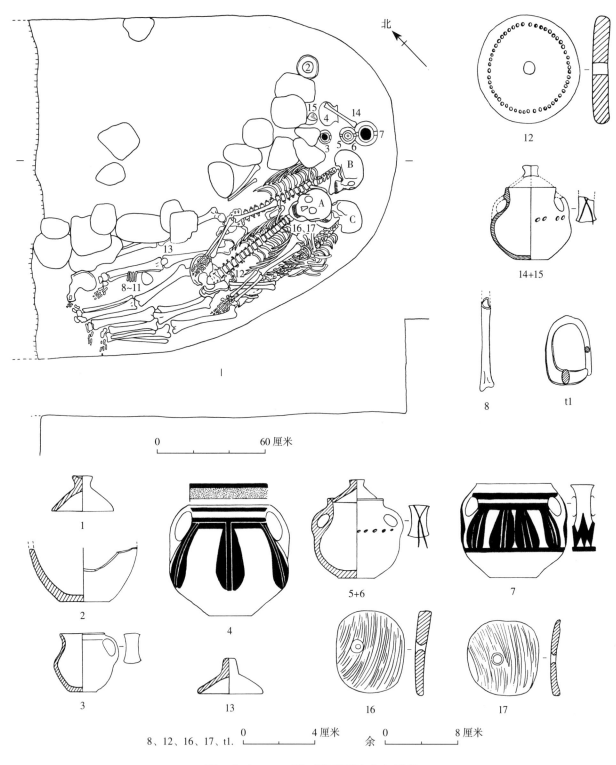

北

0　　　　　　　60厘米

8、12、16、17、t1.　0　　　　　4厘米　　余　0　　　　　8厘米

图一六八　M14平、剖面图及出土器物

上层：1. B型陶器盖　t1. C型铜耳环

下层：2. 陶罐底　3. A型Ⅰ式夹砂陶单耳罐　4、7. Ⅱ式彩陶双耳罐　5+6. A型Ⅰ式夹砂陶双耳罐（6）配A型陶器盖
　　　（5）　8~11. 骨笄　12. A型陶纺轮　13. C型陶器盖　14+15. A型Ⅰ式夹砂陶双耳罐（15）配A型陶器盖（14）
　　　16、17. 蚌泡

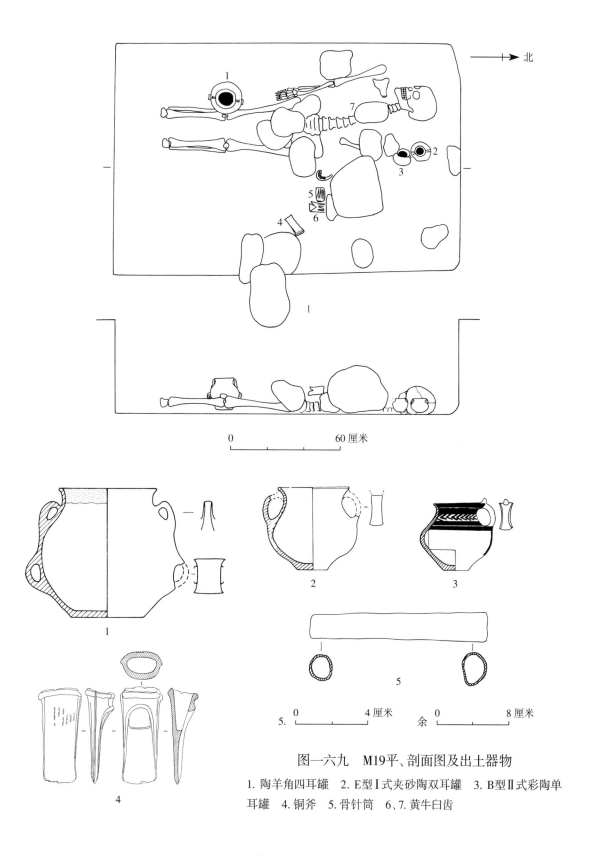

图一六九　M19平、剖面图及出土器物

1. 陶羊角四耳罐　2. E型Ⅰ式夹砂陶双耳罐　3. B型Ⅱ式彩陶单
耳罐　4. 铜斧　5. 骨针筒　6、7. 黄牛臼齿

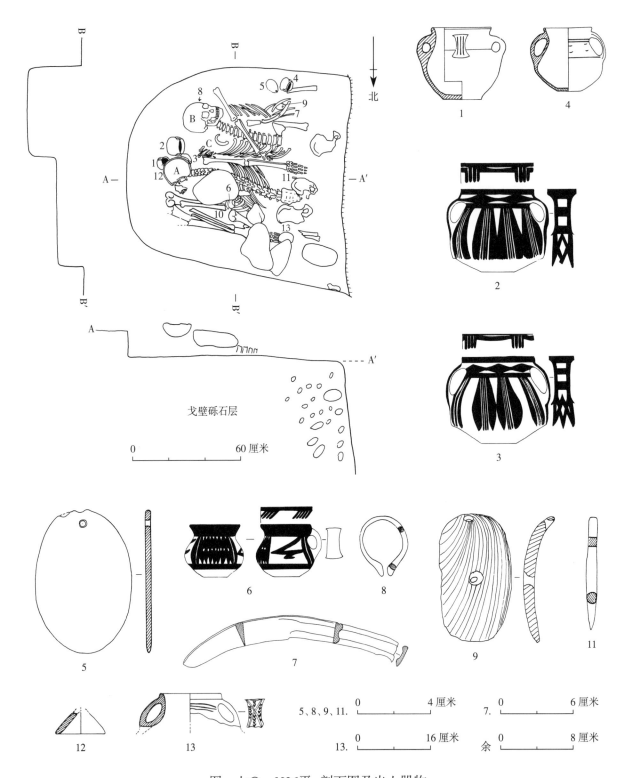

图一七〇　M26平、剖面图及出土器物

1. B型 I 式陶四系罐　2、3. I 式彩陶双耳罐　4. D型 I 式夹砂陶双耳罐　5、9. 蚌牌　6. A型 I 式彩陶单耳罐　7. 铜镰
8. A型铜耳环　10. 陶器盖（朽毁）　11. 铜锥　12. 陶器盖　13. C型 I 式夹砂陶双耳罐

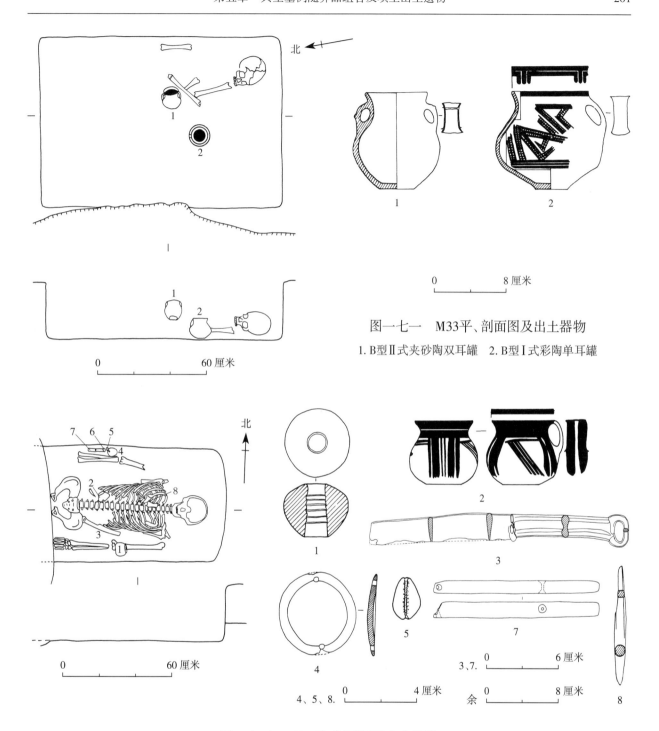

图一七一　M33平、剖面图及出土器物

1. B型Ⅱ式夹砂陶双耳罐　2. B型Ⅰ式彩陶单耳罐

图一七二　M44平、剖面图及出土器物

1. 玉权杖头　2. A型Ⅱ式彩陶单耳罐　3. A型铜刀　4. 铜圆牌　5、6. 海贝　7. 砺石　8. 铜锥

主面骨被扰动，毁坏严重；骨盆以下的肢骨被打破损毁，骨架保存情况不好。

　　此墓随葬器物8件，其组合为：玉权杖头1、A型Ⅱ式彩陶单耳罐1、A型铜刀1、铜圆牌1、砺石1、铜锥1、海贝2枚（图一七二）。

11. M58

位于墓地南区，有关此墓的形制参见本报告第三章中的墓例介绍。

此墓随葬器物15件，其组合为：牙饰6、骨针筒2、穿孔骨管1、彩陶小壶1、B型Ⅱ式夹砂陶双耳罐1、A型陶纺轮1、彩陶尊形器2、A型陶多子盒1件（图一七三）。

12. M74

位于墓地南区，有关此墓的形制参见本报告第三章中的墓例介绍。

此墓随葬器物11件（套），其组合为：D型Ⅰ式夹砂陶双耳罐1、D型Ⅲ式夹砂陶双耳罐2、A型和C型陶器盖各1、A型和B型铜刀各1、玉斧1、铜指（耳）环1、肉红石髓珠1串数枚、牙饰1件。另在填土中出彩陶腹耳壶2（残）、彩陶尊形器1（残）、双大耳罐1件（残）等（图一七四）。

13. M78

位于墓地南区T18内，东邻M76，被M58叠压部分墓边，本身打破M81。圆角长方形竖穴土坑墓，头窄足宽，东—西向，方向205°。墓口距地表深0.2米，墓长1.8、宽0.7~0.8、深0.6米，未见使用葬具痕迹。墓内填黄褐色花土，夹杂石子，墓底坐落在戈壁砾石层上。系单人葬。墓主为成年女性，仰身直肢，头朝东北，面向西，身体右侧上肢、胸骨、肋骨等被人为扰乱，手足骨部分缺失。填土中出有部分儿童骨骼，保存很差。

此墓随葬器物8件，其组合为：Ⅰ、Ⅱ式素面陶腹耳壶各1及E型Ⅱ式夹砂陶双耳罐1、骨针筒1、骨针2、蚌泡1、煤精珠（黑色，在墓主B骨架上）1件（图一七五）。

14. M80

位于墓地南区T18、T19之间，东邻M83，西邻M82，北端被M84叠压，本身叠压M86、M104。圆角长方形竖穴土坑积石墓，南—北向，方向195°。墓口距地表深0.25米，墓长1.95、宽0.6、深0.75米。未见使用葬具痕迹。墓内填黄褐色花土，比较松软。此墓下挖较深，墓内堆放积石与M82墓内的联成一体，两者之间未见明确的叠压打破关系，或许为同时下葬所致。墓底摆放砾石10余块，其中7块压在墓主A头部和肢体上，另有几块堆在墓底前端，与M82墓内砾石相连。石块最厚处高达0.5厘米。此墓为双人合葬，墓主A为男性（？），30±岁。仰身直肢，头朝南，面向上。上肢骨被人为扰动，除脊椎骨基本保持原位外，其余骨架均扰乱。下肢骨基本完好，右腿腓骨似有位移。墓主B性别不详，为儿童，骨架放在墓主A身上，大部分残缺。另在此墓上层表土下发现一副人骨架，严重残朽，未做编号处理（见彩版一五，2）。

此墓随葬器物3件，其组合为：D型Ⅱ式夹砂陶双耳罐1、A型Ⅲ式夹砂陶单耳罐1、A型Ⅱ式彩陶腹耳壶1件。填土中出有残损的陶双耳罐1、陶器盖1、蚌泡1以及肉红石髓料块（25）、白陶（滑石）珠（4）及陶片等（图一七六）。

15. M81

位于墓地南区，有关此墓的形制参见本报告第三章中的墓例介绍。

此墓随葬器物3件，均为陶器，其组合为：Ⅰ式彩陶双耳罐1、D型Ⅰ式夹砂双耳罐1、B

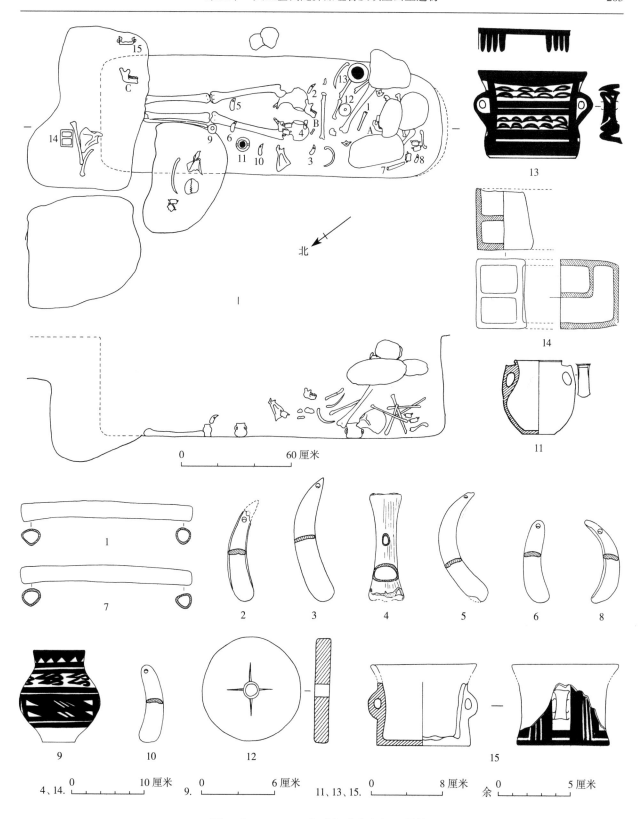

图一七三　M58平、剖面图及出土器物

1、7. 骨针筒　2、3、5、6、8、10. 牙饰　4. 穿孔骨管　9. 彩陶小壶　11. B型Ⅱ式夹砂陶双耳罐　12. A型陶纺轮　13、15. 彩陶尊形器　14. A型陶多子盒

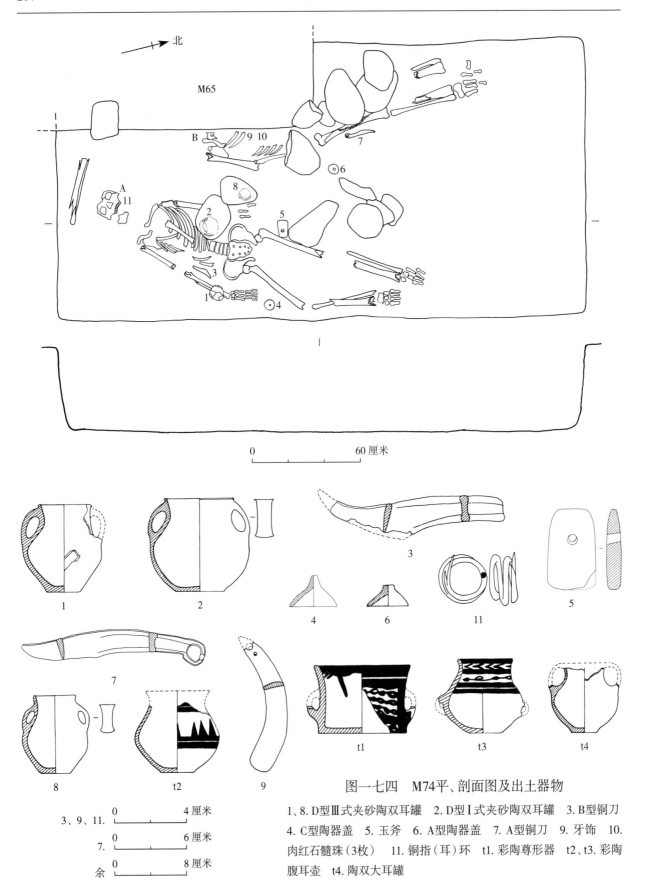

图一七四　M74平、剖面图及出土器物

1、8. D型Ⅲ式夹砂陶双耳罐　2. D型Ⅰ式夹砂陶双耳罐　3. B型铜刀　4. C型陶器盖　5. 玉斧　6. A型陶器盖　7. A型铜刀　9. 牙饰　10. 肉红石髓珠（3枚）　11. 铜指（耳）环　t1. 彩陶尊形器　t2、t3. 彩陶腹耳壶　t4. 陶双大耳罐

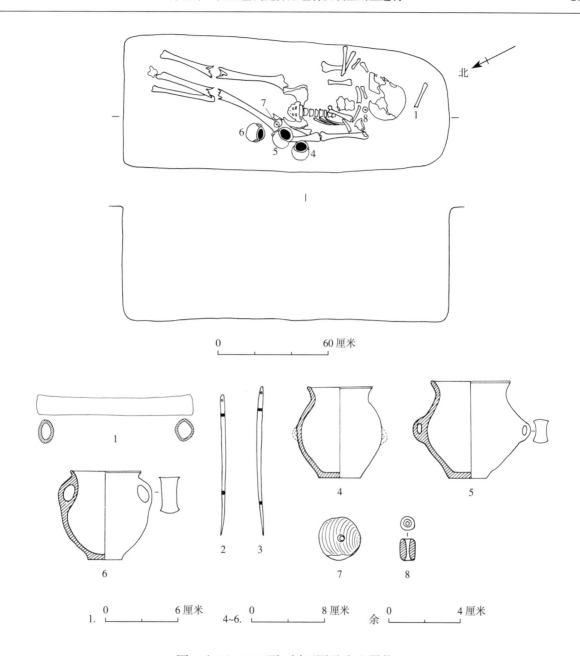

图一七五　M78平、剖面图及出土器物

1.骨针筒　2、3.骨针（骨针筒内）　4.Ⅱ式素面陶腹耳壶　5.Ⅰ式素面陶腹耳壶　6.E型Ⅱ式夹砂陶双耳罐
7.蚌泡　8.煤精珠

型器盖1件（图一七七）。

16. M84

位于墓地南区，有关此墓的形制参见本报告第三章中的墓例介绍。

此墓随葬器物6件，其组合为：Ⅳ式彩陶双耳罐1、C型陶器盖1、B型Ⅱ式夹砂陶双耳罐
1、A型石刀1、牙饰1、骨针筒1件（图一七八）。

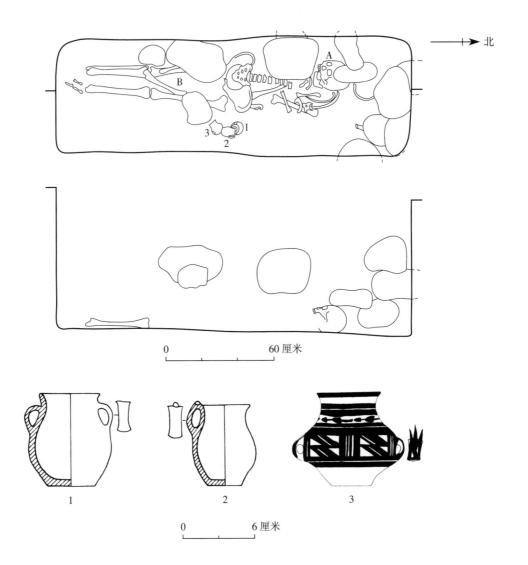

图一七六　M80平、剖面图及出土器物

1. D型Ⅱ式夹砂陶双耳罐　2. A型Ⅲ式夹砂陶单耳罐　3. A型Ⅱ式彩陶腹耳壶

17. M89

位于墓地南区，有关此墓的形制参见本报告第三章中的墓例介绍。

此墓随葬器物2件，其组合为：B型Ⅱ式夹砂陶双耳罐1、铜锥1件（有骨柄，柄部残朽）（图一七九）。

18. M94

位于墓地南区，有关此墓的形制参见本报告第三章中的墓例介绍。

此墓随葬器物16件。其中，上层随葬12件。在简易木质葬具上部放置Ⅱ式彩陶双大耳罐1件；墓主骨架旁放置随葬品11件，其组合为：A型Ⅱ式彩陶腹耳壶2、B型Ⅱ式夹砂陶双耳罐1

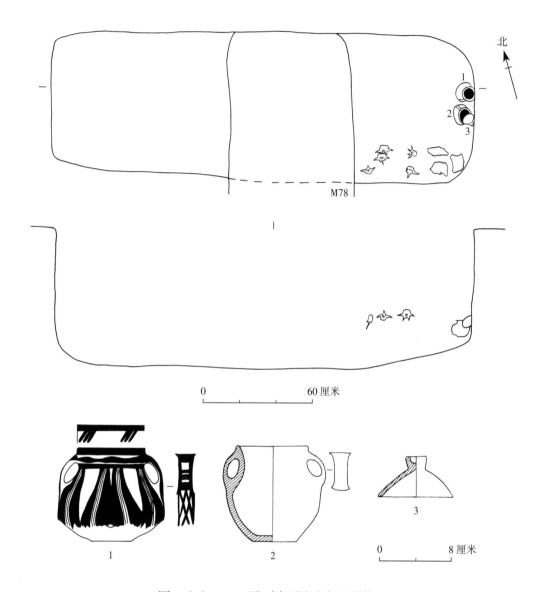

图一七七　M81平、剖面图及出土器物
1. I 式彩陶双耳罐　2. D 型 I 式夹砂陶双耳罐　3. B 型陶器盖

及牙饰2、骨针筒1、骨针4、A 型铜刀1件。下层随葬器物4件，其组合为：泥塑动物俑1、A 型Ⅲ式夹砂陶双耳罐1、A 型铜耳环1、小骨刺1件（图一八〇）。

19. M100

位于墓地南区，有关此墓的形制参见本报告第三章中的墓例介绍。

此墓随葬器物15件（套），大部分放在墓主A的身体上。其组合为：铜镞3、牙饰3、D 型Ⅲ式夹砂陶双耳罐1、B 型铜刀1、铜削1、铜锥（骨柄）1、肉红石髓珠1、绿松石珠1、白陶（滑石）珠1、泥塑动物俑1、肉红石髓料块及半成品（图一八一）。

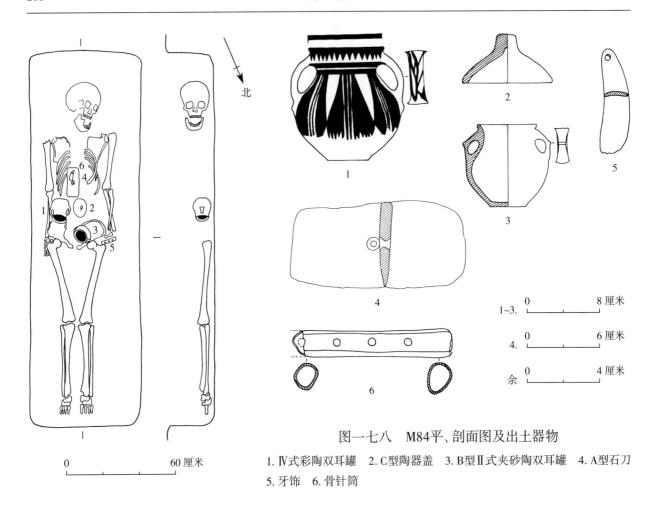

0　　　　　　　　60 厘米

图一七八　M84平、剖面图及出土器物
1. Ⅳ式彩陶双耳罐　2. C型陶器盖　3. B型Ⅱ式夹砂陶双耳罐　4. A型石刀
5. 牙饰　6. 骨针筒

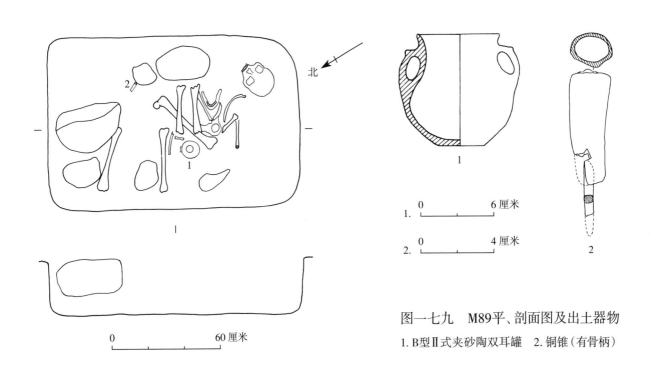

0　　　　　　　　60 厘米

图一七九　M89平、剖面图及出土器物
1. B型Ⅱ式夹砂陶双耳罐　2. 铜锥（有骨柄）

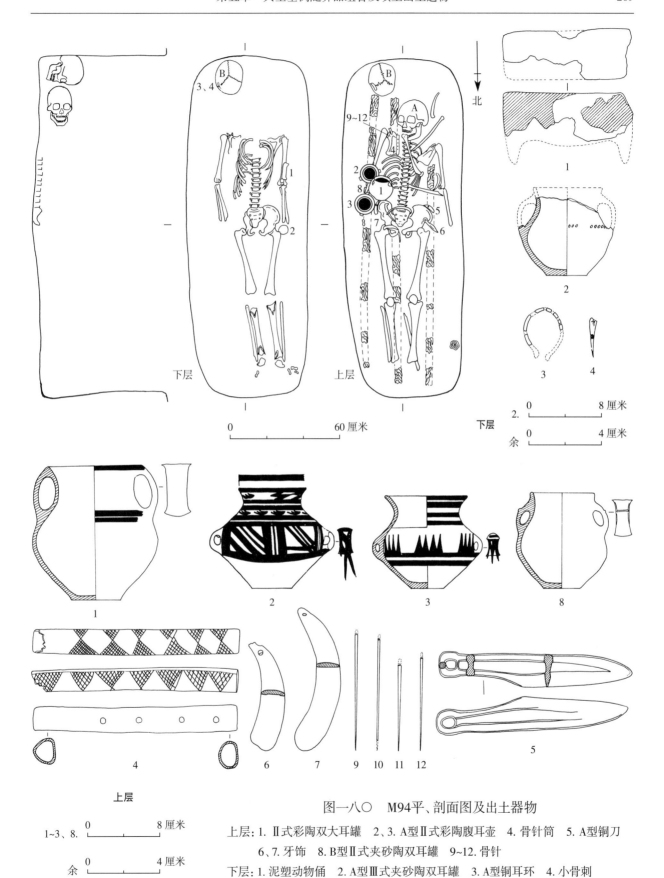

图一八〇　M94平、剖面图及出土器物

上层：1. Ⅱ式彩陶双大耳罐　2、3. A型Ⅱ式彩陶腹耳壶　4. 骨针筒　5. A型铜刀
6、7. 牙饰　8. B型Ⅱ式夹砂陶双耳罐　9~12. 骨针
下层：1. 泥塑动物俑　2. A型Ⅲ式夹砂陶双耳罐　3. A型铜耳环　4. 小骨刺

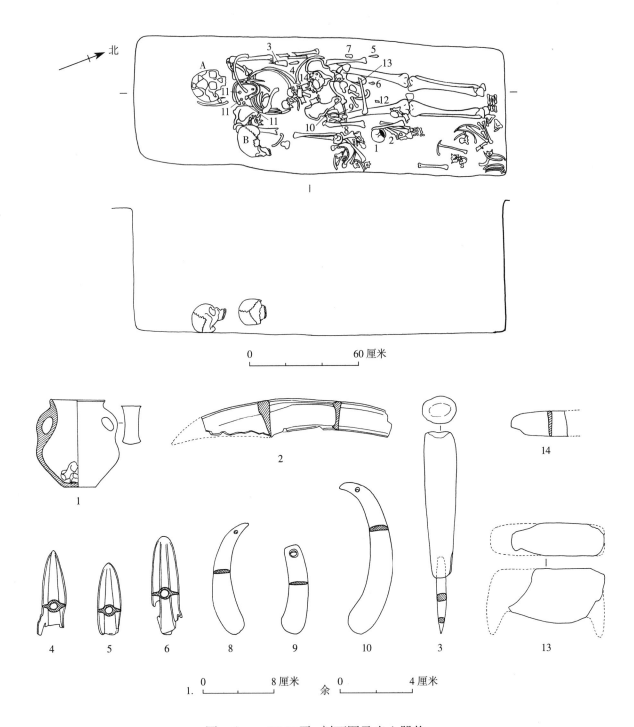

图一八一　M100平、剖面图及出土器物

1. D型Ⅲ式夹砂陶双耳罐　2. B型铜刀　3. 铜锥（骨柄）　4~6. 铜镞　7. 肉红石髓料块及半成品（25枚）　8~10. 牙饰　11. 肉红石髓珠（14枚，A型3枚，B型11枚）　12. 绿松石珠（8枚）　13. 泥塑动物俑　14. 铜削　15. 白陶（滑石）珠（人骨下）

第二节　墓葬填土出土遗物

在干骨崖墓地部分墓葬填土中出土一批遗物，包括陶器（陶片）、铜器、蚌器和兽骨等。这其中，有部分遗物对了解四坝文化的年代和分期研究具有重要价值。以下按出土遗物种类和文化性质作一介绍。

一　马厂文化晚期（"过渡类型"）

干骨崖墓地部分墓葬的填土中出有马厂文化晚期（或"过渡类型"）的遗物，可识别者有个别的完整陶器和一些彩陶片。

彩陶单耳罐　1件。

标本M82：t1，泥质红陶，器表残留烟炱痕迹。外侈的喇叭口，尖圆唇，斜直短领，束颈，球形腹，平底。器口外一侧置单耳（残）。器表打磨较光滑，施黄白色陶衣，绘红彩。通体绘粗疏的红彩网格纹。高9、口径7.8、底径6.2厘米（图一八二，4）。

彩陶双耳罐　1件。

标本M24：t1，仅存口沿部分。泥质红陶。外侈的喇叭口，尖圆唇，束颈，器口外两侧置双耳（残）。器表及口沿内施褐色陶衣，绘黑彩。器口内绘横条带纹、折线纹四组，器领部绘横条带纹间菱形网格纹。口径8、残高2.5厘米（图一八二，2）。

素面双耳罐　2件。

标本M2：t1，夹细砂红陶，胎较厚，胎内掺加云母屑。外侈口，圆唇，斜弧领，微束颈，器口外两侧置双小耳，扁圆鼓腹，最大腹径两侧各捏塑一短条状盲鼻，平底（残）。器表略经打磨，施黄白色陶衣。残高12、口径13、耳宽2.4厘米（图一八二，3）。

标本M2：t2，残存口沿及上腹部。夹砂褐陶，胎内掺加云母屑，器表黄褐色，内胎灰色，器表残留烟炱痕迹。外侈的喇叭口，圆唇，斜直领，器口外两侧置双耳（残）。腹部贴塑竖列细泥条附加堆纹，两条并列为一组。残高7.2、口径12厘米（图一八二，1）。

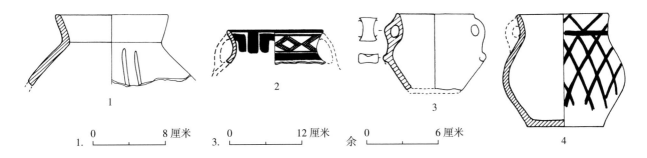

图一八二　墓葬填土出土马厂文化晚期（"过渡类型"）陶器

1、3. 素面双耳罐（M2：t2、M2：t1）　2. 彩陶双耳罐（M24：t1）　4. 彩陶单耳罐（M82：t1）

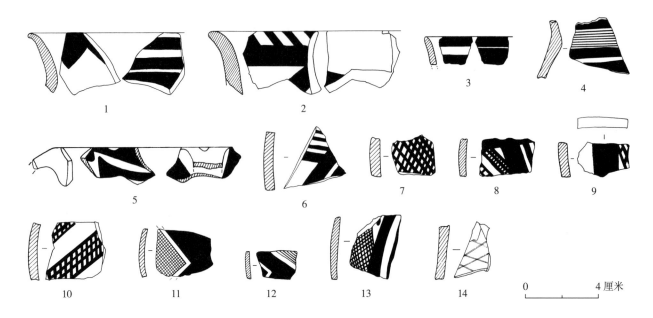

图一八三　墓葬填土出土马厂文化晚期("过渡类型")彩陶片

1~4、6、12. 几何线条纹（M73：t9、M95：t1、M49：t3、M91（上）：t3、M19：t2、M54：t1）　5. 弧线三角纹（M19：t3）

7~11、13、14. 线条网格纹（M19：t1、M49：t2、M45：t2、M60：t2、M24：t2、M50：t6、M85：t4）

彩陶片　若干。绝大部分为罐、盆类器物。以夹细砂的橙黄陶、砖红陶居多，器表大多经打磨，施陶衣，绘黑彩；也有个别绘红彩。特点是使用颜料不显浓稠，运笔流畅，构图以几何类粗细线条（图一八三，1~4、6、12）、弧线三角纹（图一八三，5）、网格纹（图一八三，7~11、13、14）为主。

二　四坝文化

分为装饰品、工具、陶器（陶片）和个别铜器。

1. 装饰品

在部分墓葬填土中出有小件装饰品，如蚌泡、石珠及铜耳环等（见装饰品部分）。

蚌泡　1件。

标本M80：t5，选用天然蚌壳，经切割、打磨及钻孔制成。平面呈不规则梯形，中心部位对钻一孔。长4.1、宽3、厚0.8厘米（图一八四，1）。

2. 工具

陶纺轮　1件。

标本M69：t1，泥质橙黄陶。圆饼状，平面圆形（残缺约1/4），中心部位稍厚，边缘部位略减薄，中央有一穿孔。一面素面，另一面刻划"Z"字纹，两侧刻划线条纹。直径6.3、孔径0.5、厚1.5厘米（图一八四，2）。

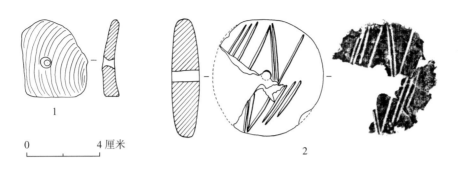

0　　　　　4厘米

图一八四　墓葬填土出土四坝文化遗物

1.蚌泡（M80：t5）　2.陶纺轮（M69：t1）

3. 陶器

墓葬填土所出陶器有部分完整器和大量陶片。器类以双耳罐、腹耳壶为主，其他还有少量盆、钵、瓮和器盖等。

彩陶腹耳壶　5件。

标本M74：t3，夹砂红陶。外侈口，圆唇，束颈，扁圆鼓腹，腹部最大径处置双耳，平底。表面经打磨处理。器表及口沿内施红色陶衣，绘黑彩。器口外及颈部、上腹部绘横条带纹，其间以连续"《"形纹、变形动物（鸟）纹补白。高7.9、口径6、底径3.6厘米（图一八五，1）。

标本M74：t2，夹砂红陶。器口残缺，束颈，圆鼓腹，腹部最大径处置双耳（残），平底。表面经打磨处理。器表及口沿内施红色陶衣，绘黑彩。器颈和腹部绘横条带纹，腹部横条带纹之上绘锯齿纹。残高7.5、底径3.6厘米（图一八五，3）。

标本M45：t1，夹砂红褐陶。器口残缺，束颈，球形腹，腹部最大径处置双耳，平底（残）。表面经打磨处理，器表及口沿内施褐色陶衣（下腹陶衣呈暗褐色），绘黑彩。器颈及腹部绘横条带纹，其间绘奔跑的动物纹。残高7、腹径10厘米（图一八五，2）。

标本M49：t1，夹砂灰褐陶，内壁灰色。外侈的喇叭口，尖圆唇，束颈，下腹及器底残。表面经打磨处理，器表及口沿内施红褐色陶衣，绘黑彩。器颈和腹部绘横条带纹，其间穿插连续"《"纹、"ɔ"、"X"纹。残高4.2、口径6厘米（图一八五，4）。

标本M79：t1，泥质红陶，胎内掺加云母屑。外侈的喇叭小口，尖圆唇，束颈，扁球形腹，腹部最大径处置双大耳，平底（残）。表面经打磨处理，器表及口沿内施红色陶衣，绘黑彩。器口内绘横条带纹，器表由上至下依次绘横条带纹、重叠倒三角锯齿纹、手掌纹；器耳绘"N"字纹。腹部正中位置前后各捏塑一椭圆形乳突。残高8、口径5、底径约3.5厘米（图一八五，5）。

彩陶双耳罐　1件。

标本M81：t3（此器部分残片出自M79填土），泥质红陶。器口及颈部残缺，扁圆鼓

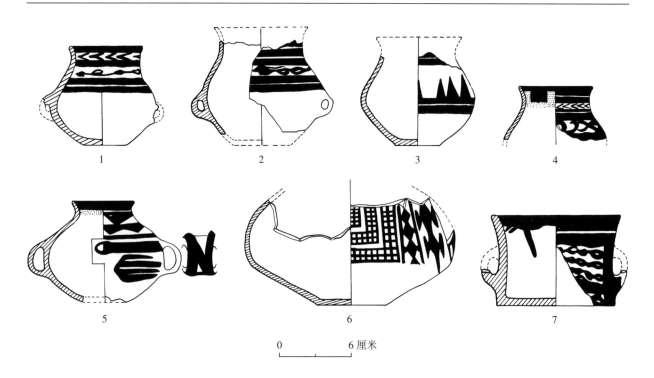

0   6厘米

图一八五　墓葬填土出土四坝文化彩陶器

1~5.彩陶腹耳壶（M74：t3、M45：t1、M74：t2、M49：t1、M79：t1）　　6.彩陶双耳罐（M81：t3）　　7.彩陶尊形器（M74：t1）

腹，下腹部内敛，小平底。器表打磨光滑，施红色陶衣，绘黑彩。腹部绘折线回字网格纹、变形蜥蜴纹。残高8.3、腹径17.6、底径5.8厘米（图一八五，6）。

　　彩陶尊形器　1件。

　　标本M74：t1，夹砂红陶，胎内掺少许粗砂粒和云母屑。大敞口，圆唇，内敛腹，腹中部置双耳（残缺部分），大平底。表面经打磨处理，器表及口沿内施红色陶衣，绘黑彩。器口内沿绘横条带纹、下垂斜线纹；器表绘宽带纹；其间用连续"∞"纹补白。高7.2、口径10.5、底径9.8厘米（图一八五，7）。

　　彩陶双耳罐　4件。均残。

　　标本M21：t1，夹砂红陶。侈口稍外卷，尖圆唇，矮领，器口外两侧置双耳（残），扁圆鼓腹，下腹及器底残。器表及口沿内施红色陶衣，绘黑彩（大部脱落）。残高10.6、口径12、腹径19.6厘米（图一八六，1）。

　　标本M51：t1，夹砂红陶，胎内掺少许粗砂粒和云母屑。侈口稍外卷，尖圆唇，矮领，器口外两侧置双耳，扁圆鼓腹，下腹及器底残。器表及口沿内施红色陶衣，绘黑色彩（大部脱落）。残高5.4、口径8.4厘米（图一八六，2）。

　　标本M51：t3，泥质红陶，薄胎，胎内掺入少许粗砂粒。外侈的喇叭口，圆唇，斜直短领，束颈，器口外两侧置双耳（残），下腹及器底残。器表及口沿内施紫红色陶衣，绘黑

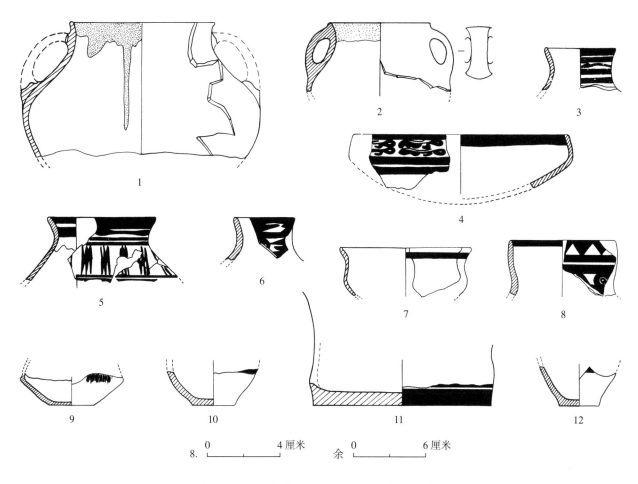

8.　0 _____ 4厘米

余　0 _____ 6厘米

图一八六　墓葬填土出土四坝文化彩陶器

1、2、5、9. 彩陶双耳罐（M21∶t1、M51∶t1、M51∶t3、M10∶t1）　3、6、8. 彩陶小口壶（M74∶t7、M66∶t1、M51∶t2）　4. 彩陶钵（M58∶t1）　7. 彩陶敞口盆（M13∶t2）　10、12. 彩陶罐底（M73∶t3、M50∶t2）　11. 尊形器（M71∶t2）

彩。器口内外绘横条带纹，领部横条带之间绘连续菱格纹；上腹绘横条带纹，其间以连续的"ж"字纹补白。残高5、口径9厘米（图一八六，5）。

标本M10∶t1，夹细砂红陶。残存下腹和器底部，折腹明显，腹部最大径处捏塑乳突四枚，平底。器表施紫红色陶衣，绘黑彩，器腹下部残存黑彩几何纹。残高2.5、底径4厘米（图一八六，9）。

彩陶罐底　2件。

标本M50∶t2，夹砂红陶。弧腹较瘦，小平底。器表施红色陶衣，绘黑彩。下腹残存少许黑彩宽带纹。残高3、底径3.2厘米（图一八六，12）。

标本M73∶t3，夹细砂红褐陶。圆鼓腹，小平底。器表施紫红色陶衣，绘黑彩。下腹残存少许黑彩宽带纹。残高2.6、底径3.5厘米（图一八六，10）。

彩陶钵　1件。

标本M58：t1，夹砂灰陶。敛口，方唇，折腹，似为圜底（残）。器表打磨十分光滑，施褐色陶衣，绘黑褐彩，内壁红色。器口内绘横宽带纹，器口至腹部绘横条带纹，其间绘上下叠置的奔跑动物纹数组。残高4.2、口径18厘米（图一八六，4）。

彩陶小口壶　3件。均残存器口。

标本M74：t7，夹砂红陶，胎内掺入少许粗砂粒和云母屑。仅存器口。外侈的喇叭口，圆唇，束颈。器表及口沿内施红色陶衣，绘黑彩。器口至颈部绘横条带纹、变形动物纹。残高3.3、口径5.8厘米（图一八六，3）。

标本M66：t1，夹砂红褐陶。火候高，质地坚硬。侈口，圆唇，束颈。器表施褐色陶衣，绘黑彩。器口以下绘条带纹、弧线纹。残高3.4、口径5厘米（图一八六，6）。

标本M51：t2，细泥红陶。器口微内敛，圆唇，曲颈。器表施红色陶衣，绘黑彩。器口内绘横条带纹，器口外侧绘倒三角锯齿纹、横条带纹、螺旋纹等。残高3、口径6厘米（图一八六，8）。

彩陶敞口盆　1件。

标本M13：t2，夹砂红陶。大喇叭敞口，尖圆唇，束颈，圆鼓腹，底部残。器表及器口内施红色陶衣，绘黑彩。器口下部绘黑彩横条带纹。残高8、口径22厘米（图一八六，7）。

尊形器　1件。

标本M71：t2，仅存器底。夹砂灰陶。火候高，质地坚硬。器表施褐色陶衣，绘黑彩。近器底部可见黑彩宽带纹。残高2、底径15厘米（图一八六，11）。

素面双耳罐　11件。

标本M80：t1，夹砂红陶，质地较粗，器表局部泛灰褐色，胎内掺入少许粗砂粒和云母屑。外侈口，圆唇，束颈，器口外侧置双耳，圆鼓腹，平底。高9、口径6.8、底径4.4、耳宽1.7厘米（图一八七，1）。

标本M82：t2，夹砂红褐陶，内壁灰褐色，胎内掺入少许粗砂粒和云母屑。火候不很高，质地疏松。侈口，尖圆唇，束颈，器口两侧置双耳（残），扁圆鼓腹，平底（残）。器颈下肩部压印横列的梭形小凹窝八组，上下重叠，每组五枚。高8.4、口径5.4、腹径9、底径5厘米（图一八七，3）。

标本M85：t3，夹砂红褐陶，器表褐色，胎内掺入少量粗砂粒和云母屑，残存烟炱痕迹。火候不高，质地疏松。外侈口，尖圆唇，束颈，器口两侧置双耳，球形腹，平底。器耳上部捏塑一道断面呈三角形的突起。高10.8、口径6.6、腹径10.4、底径3.2厘米（图一八七，2）。

标本M85：t2，夹细砂红陶。火候高，质地坚硬。小喇叭口，尖圆唇，束颈，器口两侧置双耳，圆鼓腹，下腹及底部残。领部刻划凹弦纹三组，器耳上方贴塑圆饼小乳丁一枚，器耳下方压印梭形小凹窝一对。残高5.8、口径5厘米（图一八七，4）。

标本M85：t1，夹砂红褐陶，器表黑褐色，内壁红色，胎内掺入少量粗砂粒和云母屑，残存烟炱痕迹。外侈口，束颈，尖圆唇，器口两侧置双耳，圆鼓腹，下腹及底部残。器颈以

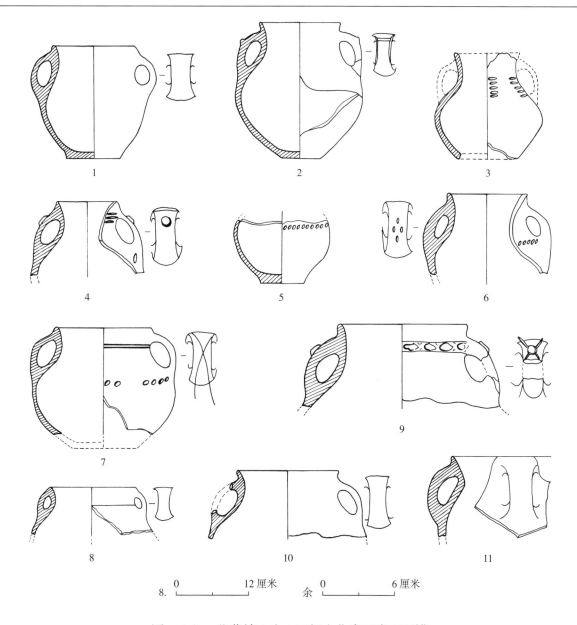

图一八七　墓葬填土出土四坝文化素面陶双耳罐

1. M80：t1　2. M85：t3　3. M82：t2　4. M85：t2　5. M60：t1　6. M85：t1　7. M91（上）：t1　8. M9：t1　9. M50：t1
10. M55：t1　11. M32：t1

下压印梭形小凹窝数组；器耳压印梭形小凹窝四枚，菱形十字排列。残高6.4、口径6.4厘米（图一八七，6）。

标本M60：t1，夹砂红褐陶，外观较粗糙，胎内掺入少许粗砂粒和云母屑，残存烟炱痕迹。器口及上腹部残，球形腹，小平底。残高5、底径3.8厘米（图一八七，5）。

标本M91（上）：t1，夹砂红褐陶，器表色泽不匀，胎内掺入少量粗砂粒和云母屑，器表残存烟炱痕迹。外侈口，圆唇，束颈，器口两侧置双耳，扁圆鼓腹，平底（残）。器领刻划凹弦纹两组，上腹压印卵圆形小凹窝一周六组，每组四枚。器耳刻划"X"纹。残高8.6、口径8厘米（图一八七，7）。

标本M50：t1，夹砂灰褐陶，胎内掺入少许云母屑，胎芯灰色，器表残留烟炱痕迹。微侈口，圆唇，束颈，器口两侧置双耳，下腹及底部残。器颈捏塑一道附加堆纹，器耳刻划"X"纹，贴塑圆饼小乳丁一枚。残高6.6、口径11厘米（图一八七，9）。

标本M55：t1，夹砂褐陶，薄胎，残留烟炱痕。外侈口，尖圆唇，束颈，器口两侧置双耳，下腹及底部残。器表略经打磨处理，施红色陶衣。残高5.4、口径8.4厘米（图一八七，10）。

标本M9：t1，夹砂灰褐陶，器表橙黄色，局部偏灰，胎内掺入云母屑，胎芯灰色，器表残留烟炱痕迹。外侈口，圆唇，束颈，器口两侧置双耳，下腹及底部残。残高7.5、口径14、耳宽2厘米（图一八七，8）。

标本M32：t1，夹砂灰褐陶，器表橙黄色，局部偏灰，胎内掺入云母屑，胎芯灰色，器表残留烟炱痕迹。外侈口，尖圆唇，束颈，器口外两侧置双耳，残存口沿及一侧器耳。残高6.4、耳宽2厘米（图一八七，11）。

小口高领瓮　1件。

标本M51：t5，夹砂红陶，胎内掺入云母屑。微侈口，尖圆唇，高领，折鼓肩，斜弧腹，平底。器表施黄白色陶衣，局部泛青灰色。高约24、口径9、底径6.4厘米（图一八八，1）。

敞口深腹盆　1件。

标本M9：t2，夹砂红陶。大敞口外侈，叠卷加厚的尖圆唇，微束颈，圆弧腹，下腹及底

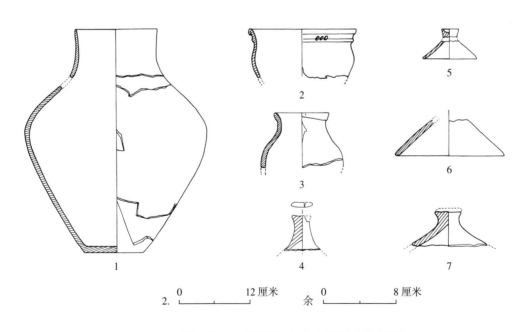

图一八八　墓葬填土出土四坝文化陶器

1. 小口高领瓮（M51：t5）　2. 敞口深腹盆（M9：t2）　3. 小口叠唇罐（M26：t3）　4~7. 器盖（M10：t5、M19：t4、M80：t2、M71：t1）

部残。器表及口沿内施红色陶衣，器口外侧贴塑一周凸棱状附加堆纹，上压橄榄状印纹。残高8、口径18厘米（图一八八，2）。

小口叠唇罐 1件。

标本M26：t3，夹砂褐陶，胎芯灰色，器表残留烟炱痕迹。小喇叭口，叠卷加厚的尖圆唇，束颈，球形腹，下腹及底部残。素面。残高6、口径6厘米（图一八八，3）。

器盖 4件。均为斗笠状。素面。

标本M10：t5，夹砂红陶。仅存盖顶捉纽及部分盖面，盖纽长条状，向下内敛收成亚腰。残高3.7、盖纽长2.1、宽0.5厘米（图一八八，4）。

标本M19：t4，夹砂灰褐陶，器表红褐色。喇叭盖口，盖面斜直，捉纽为短圆柱状，顶面稍内凹。残高3.2、盖口直径6、盖纽直径1.9厘米（图一八八，5）。

标本M71：t1，夹砂红褐陶，器表灰色，残存烟炱痕；内壁红色。残存捉纽及部分盖面，盖纽为圆形蘑菇状，顶面残缺部分。残高3.8厘米（图一八八，7）。

标本M80：t2，夹砂红陶，器表残存烟炱，胎内掺入少许粗砂粒和云母屑，内壁灰色。盖纽残缺，喇叭盖口，圆唇。残高3.9、盖口径12厘米（图一八八，6）。

纹饰陶片 在干骨崖墓地墓葬填土中出土一批带有纹饰的陶片。包括绳纹、篮纹、压印纹、刻划纹、方格纹、压划纹、附加堆纹、乳丁纹、凹槽纹、篦纹和鸡冠耳饰等。纹样多为单一形式，也有部分施两种纹样。这里挑选部分典型纹样介绍如下。

附加堆纹

标本M32：t2，直口圆唇罐口沿部分。夹砂黑褐陶，胎内掺加少量石英砂粒，器表面局部泛红，残留厚重的烟炱痕。此器为器口外领部捏塑一周附加堆纹（图一八九，1）。

标本M26：t4，夹砂褐陶。器口外领部捏塑一周附加堆纹（图一九〇，12）。

鸡冠状鋬耳 1件。

标本M27（中）：t1，夹砂黑褐陶，器表色泽不匀，残留较重的烟炱。此器为直口罐口沿残片，器口外捏塑一对鸡冠状鋬耳。素面（图一八九，2）。

刻划纹 多施于器耳部位。另有一件陶片压印横条凹槽，在突起部位刻划密集的细斜线纹。如M20：t2（图一九〇，5）。

标本M66：t2，器耳。夹细砂褐陶。烧制火候较高，质地坚硬。器耳上部刻划两道竖列短条（图一八九，3）。

标本M50：t3，器耳。夹砂红褐陶，器表局部泛黑灰色、褐色。器耳刻划"X"纹，贴塑小泥饼乳丁（图一八九，5）。

标本M10：t4，器耳。夹砂红陶。器表施红衣，刻划双线"人"字状折线纹（图一八九，10）。

竖凹槽纹 所见数量不多。在腹部的部分距离压印较宽粗的竖列凹槽。如标本M50：t5（图一八九，7）、M56：t1（图一九〇，4）。

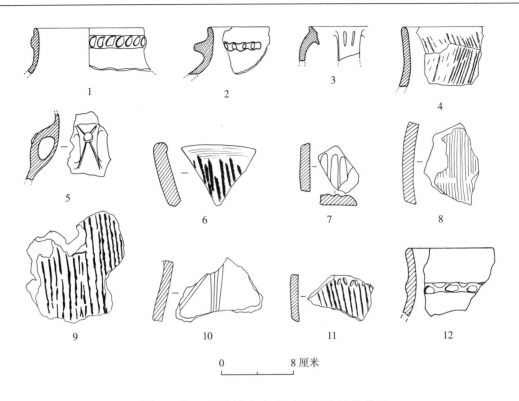

图一八九　墓葬填土出土四坝文化纹饰陶片

1、12. 附加堆纹（M32∶t2、M26∶t4）　2. 鸡冠状鋬耳（M27（中）∶t1）　3、5、10. 刻划纹（M66∶t2、M50∶t3、M10∶t4）
4、6、9、11. 绳纹（M32∶t3、M59∶t1、M10∶t6、M79∶t2）　7. 竖凹槽纹（M50∶t5）　8. 篦纹（M13∶t4）

篦纹　很少见。

标本M13∶t4，夹粗砂红陶。器表施黄白衣。在器腹部刮出纤细的竖列篦纹（图一八九，8）。

绳纹　出土数量不多。可分为竖列和交错排列两种，粗、中、细三类。其中，细绳纹仅1件。如标本M32∶t3，夹细砂橙黄陶，器表内外保留手制刮抹痕。器表滚压细绳纹，排列稀疏（图一八九，4）。粗绳纹仅有一例，如标本M59∶t1，夹细砂灰白陶，烧制火候很高，质地坚硬。厚圆唇内侧凸起。器表滚压竖列宽粗绳纹，排列稀疏。器表周边轮旋纹痕迹清晰（图一八九，6）。中等粗细的绳纹为数较多，竖列中绳纹如标本M10∶t6（图一八九，9）、M79∶t2（图一八九，11）。两者均系夹砂红陶，器表施黄白陶衣，滚压竖列绳纹，排列较稀疏；后者还在绳纹上部压印"八"字梭形小凹窝。交错绳纹均为中等粗细，纹样较密集。如标本M19∶t9（图一九〇，1）、M54∶t3（图一九〇，2）、M60∶t3（图一九〇，3）。

篮纹　所见不多，分粗细两类。偏细的篮纹仅一例，横向排列密集，如标本M85∶t5（图一九〇，10）。粗篮纹基本为斜向排列，如标本M9∶t5、M19∶t7、M19∶t8、M95∶t2（图一九〇，6~9），唯倾斜角度略有差异。

方格纹　仅发现2片。拍印而成，方格大小均等。如标本M9∶t4（图一九〇，11）、

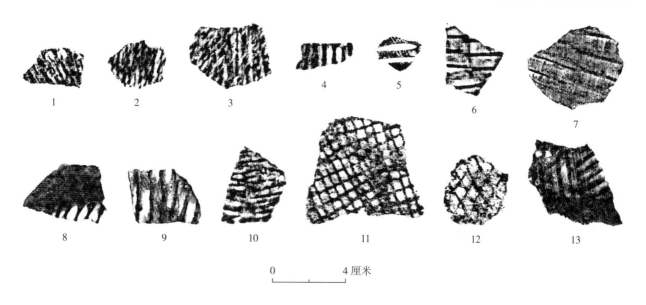

0 ————————— 4厘米

图一九〇　墓葬填土出土四坝文化纹饰陶片

1~3.绳纹（M19∶t9、M54∶t3、M60∶t3）　4.压印竖凹槽纹（M56∶t1）　5.压印刻划纹（M20∶t2）　6~10.篮纹（M9∶t5、
M19∶t7、M19∶t8、M95∶t2、M85∶t5）　11、12.方格纹（M9∶t4、M18∶t1）　13.压印纹（M74∶t8）

M18∶t1（图一九〇，12）。

压印纹　纹样较粗，压印而成，施纹力度较轻，排列密集，结构呈交错编织状。如标本M74∶t8（图一九〇，13）。

以上各类纹样所属文化性质有所不同。在四坝文化陶器中，纹样种类不多，样式简单，装饰位置比较有规律。如附加堆纹、刻划纹多饰于口沿外侧或颈部，上腹一般装饰压印卵点纹，器耳常常刻划 "X" 纹或贴塑小泥饼乳丁。在四坝文化的陶器中，很少见到典型的绳纹、方格纹和篮纹。这三种纹样多属于齐家文化，它们均出现在填土中，可见其年代略早于四坝文化。

4. 铜器

干骨崖墓地墓葬填土中还出有部分铜器，除M14填土中出铜耳环外，其他大多出自M50。种类包括铜耳环（M14∶t1、M50∶t9、M50∶t8、M50∶t13）、铜锥（M50∶t11）、铜刀尖（M50∶t7）、铜联珠饰（M50t∶10、M50∶t14）及铜泡（M50∶t12）等。这部分内容已在随葬器物的铜器部分介绍，此不赘。

第六章　墓地分期、结构与年代

第一节　墓地分期

一　叠压、打破关系

此次，在干骨崖墓地共发掘清理墓葬107座。其中，发现多组墓葬之间存在叠压或打破关系，涉及墓葬总数达87座，占所发掘墓葬总量的81％强。这批叠压或打破关系可归纳为25组：

第一组：M7 ⟶ M4

第二组：M8 ⟶ M5

第三组：M15 ⟶ M10

⟶ M13

第四组：M9 ⟶ M16 ⟶ M22

第五组：M17 ⟶ M18 ⟶ M10

第六组：M24 ⟶ M34

第七组：M25 ⟶ M35

第八组：M26 ⟶ M44

第九组：M27（上）⟶ M27（中）⟶ M27（下）

第十组：M31 ⟶ M30 ⟶ M48 ⟶ M49

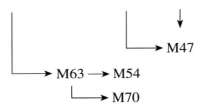

第十一组：M32 → M48 ──────→ M49
　　　　　　　　└──→ M47　　↑

第十二组：M33 → M77
第十三组：M36 → M35
第十四组：M39 → M38 → M57
　　　　　　　　　　↓
　　　　　　　　　M50
　　　　　　　　　　↓
　　　　　　　　　M77
　　　　　└────→ M67
第十五组：M40 → M46
　　　　　　　└──→ M67
第十六组：M41 → M72
第十七组：M43 → M42
第十八组：M52 → M62
　　　　　　　└──→ M70
第十九组：M56 → M55 → M65 → M64
　　　　　　　　　　↓
　　　　　　└──→ M74 → M87
　　　　　　　　　　↓
　　　　　　└──→ M100 → M93 → M99
第二十组：M68 → M93 → M99
　　　　　　　└──→ M105
第二十一组：M58 → M75 → M90
　　　　　　　　└──→ M78 → M81
第二十二组：M76 → M104
　　　　　　　└──→ M90
第二十三组：M82 → M86
第二十四组：M84 → M104
　　　　　　　└──→ M80 → M86

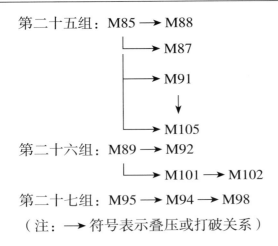

第二十五组：M85 —→ M88
—→ M87
—→ M91
↓
—→ M105
第二十六组：M89 —→ M92
—→ M101 —→ M102
第二十七组：M95 —→ M94 —→ M98
（注：—→ 符号表示叠压或打破关系）

二 叠压、打破关系与典型器组合

干骨崖墓地共出土陶器236件，平均每座墓仅随葬陶器两三件。这些陶器的种类主要有：彩陶双耳罐、夹砂双耳罐、彩陶单耳罐、夹砂单耳罐、器盖、彩陶腹耳壶、素面腹耳壶、彩陶尊形器、长方形多子盒、夹砂四系罐、双耳盆、筒形带盖罐、盘、杯、四耳带盖罐和大陶瓮等。其中，双耳罐、单耳罐所占比例最大，其次还有器盖和腹耳壶。各类双耳罐占随葬陶器的36.4％，单耳罐占13.1％，器盖占16.5％，腹耳壶占7.6％。以上四种器物的总和就占到了干骨崖墓地随葬陶器的近80％。这其中，最具代表性、且形态变化轨迹清晰的器类是彩陶双耳罐和夹砂双耳罐；其次为单耳罐等器类。以上几类出现频率高、典型性突出的陶器是我们下面分期研究的重点对象。对于其他一些出现频率不是很高、但在器物组合方面具有明显时代特征的器物我们也将给予充分的关注。依照墓葬的叠压打破关系，根据典型陶器的形态变化及组合关系，寻找干骨崖墓地陶器形态的早晚阶段性变化规律。

干骨崖墓地出土的陶器数量不是很多，但典型器物相对集中，加上墓葬之间频繁地发生了叠压或打破关系，为分期研究提供了重要证据。下面我们将以墓葬叠压和打破关系为线索，观察典型器的形态变化及组合关系，同时参照其他方面的间接信息，完成对干骨崖墓地的分期研究。

前面我们列举了干骨崖墓地的27组叠压打破关系墓例。但是，这些墓葬有部分损毁严重，有些墓没有任何随葬品，或者有随葬品，但缺乏可资比对分析的典型陶器，这些墓葬对于分期研究的作用有限。有鉴于此，可将这27组叠压打破关系的墓例进一步精简出18组，进而根据各墓出土的典型器形态及组合，确定各自的相对时间位置。

（1）M7 —→ M4

M4所出器物包括：Ⅱ式彩陶双耳罐2、A型Ⅱ式夹砂陶双耳罐、A型Ⅰ式和B型Ⅰ式夹砂单耳罐、C型彩陶腹耳壶。其器物形态组合属于第二段。

M7所出器物包括：Ⅲ式彩陶双耳罐、A型Ⅲ式夹砂双耳罐2，以及器盖、蚌饰等。其器物形态组合属于第三段。

（2）M15 —→ M13

M15所出器物包括：C型Ⅰ式夹砂双耳罐、A型陶瓮。此墓所出C型Ⅰ式夹砂双耳罐系残器，被随意放置在大陶瓮内，情况比较特殊。考虑到此墓叠压M10[①]、打破M13（一组），时代显然略微偏晚，可归入第二段。

M13所出器物包括：A型Ⅰ式、C型Ⅰ式夹砂双耳罐以及器盖等。其器物形态组合属于第一段。

（3）M9 —→ M22

M9仅出C型Ⅱ式夹砂陶双耳罐等。其器物形态属于第二段。

M22所出器物包括：A型Ⅰ式和C型Ⅰ式夹砂双耳罐、A型Ⅱ式和B型Ⅰ式夹砂单耳罐，以及器盖等。其器物形态组合属于第一段。

（4）M26 —→ M44

M26所出器物包括：Ⅰ式彩陶双耳罐2、C型Ⅰ式和D型Ⅰ式夹砂双耳罐、A型Ⅰ式彩陶单耳罐、B型Ⅰ式四系罐，以及器盖、蚌牌、铜耳环、铜锥等。其器物形态组合属于第一段。

M44所出器物包括：A型Ⅱ式彩陶单耳罐，以及玉权杖头、铜刀、铜圆牌、砺石、铜锥、海贝等。根据A型Ⅱ式彩陶单耳罐的形态，可将此墓归入第一段。

（5）M31 —→ M30 —→ M48 —→ M49

M31所出器物包括：A型Ⅳ式夹砂双耳罐、C型Ⅱ式彩陶单耳罐，以及牙饰、陶纺轮、肉红石髓珠等。根据A型Ⅳ式夹砂双耳罐的形态，此墓属于第四段。

M30所出器物包括：B型Ⅲ式和D型夹砂单耳罐、A型Ⅱ式和B型Ⅲ式彩陶腹耳壶，以及石纺轮、蚌泡、蚌贝、石管珠、白陶（滑石）珠等。根据彩陶腹耳壶的形态特征，此墓应属第三段。

M48所出器物包括：C型Ⅱ式彩陶单耳罐、彩陶尊形器、A型陶多子盒2，以及陶纺轮、蚌泡、器盖等。根据C型Ⅱ式彩陶单耳罐的形态，可将此墓归入第三段。

M49仅出一件C型Ⅰ式彩陶单耳罐以及砺石。根据C型Ⅰ式彩陶单耳罐的形态及花纹装饰，可将此墓归入第二段。

（6）M31 —→ M63 —→ M54
　　　　　　　└—→ M70

依前述，M31属于第四段。

M63所出器物包括：C型夹砂单耳罐，以及泥塑动物俑、器盖等。此墓缺少典型器，归属暂不明。

M54仅出1件彩陶双联罐（残缺一半），根据此器形态与A型Ⅰ式彩陶单耳罐相同这一点看，年代显然偏早，故可将此墓归入第一段。

————————————

① M10无出土器物，未分期。但此墓为东西朝向，方向110°，推测属一期的可能性为大。

M70所出器物包括：Ⅰ式彩陶双耳罐以及器盖、石管珠等。其器物形态属于第一段。

（7）M32 → M48 → M49

M32所出器物包括：C型Ⅲ式彩陶单耳罐、B型Ⅱ式夹砂单耳罐。根据C型Ⅲ式彩陶单耳罐的形态，可将此墓归入第四段。

依前述，M48属于第三段。

依前述，M49属于第二段。

（8）M38 → M50

　　　　└→ M57

M38仅出D型夹砂单耳罐1件。此墓缺少典型器，考虑到此墓叠压的两座墓均属于第四段，可知其年代较晚，暂归入第四段。

M50所出器物包括：B型Ⅲ式、B型Ⅳ式、G型夹砂双耳罐，以及器盖、骨针筒、泥塑动物俑等。根据B型Ⅳ式夹砂双耳罐的形态，此墓属于第四段。

M57所出器物包括：C型Ⅲ式、D型Ⅲ式夹砂双耳罐，以及泥塑动物俑等。根据C型Ⅲ式夹砂双耳罐的形态，此墓属于第三段。

（9）M40 → M46

M40所出器物包括：Ⅲ式彩陶双大耳罐、Ⅰ式陶单把杯。其器物形态组合属于第四段。

M46出有Ⅳ式彩陶双耳罐1件，属于第四段。

（10）M52 → M62

　　　　　└→ M70

M52仅出C型Ⅳ式夹砂陶双耳罐1件，属于第四段。

M62所出器物包括：A型Ⅱ式、B型Ⅲ式、C型Ⅱ式夹砂双耳罐，B型Ⅰ式四系罐，以及石刀、蚌珠、白陶（滑石）珠等。其器物形态组合属于第三段。

依前述，M70属于第一段。

（11）M56 → M74 → M100 → M93

M56仅出B型Ⅳ式夹砂双耳罐1件，属于第四段。

M74所出器物包括：D型Ⅰ式夹砂陶双耳罐、D型Ⅲ式夹砂陶双耳罐2，以及器盖、铜刀、玉斧、铜耳环、牙饰、肉红石髓珠等。根据D型Ⅲ式夹砂双耳罐的形态，可将此墓归入第三段。

M100仅出D型Ⅲ式夹砂双耳罐1件，其他还有铜镞、铜刀、铜削、骨柄铜锥、牙饰、泥塑动物俑、肉红石髓珠、绿松石珠、肉红石髓料块及白陶（滑石）珠等。根据D型Ⅲ式夹砂双耳罐的形态，可将此墓归入第三段。

M93所出器物包括：Ⅰ式彩陶双大耳罐、A型Ⅱ式夹砂陶单耳罐，以及胶泥器盖等。其器物形态组合属于第二段。

（12）M68 → M93
　　　　　 └──→ M105

M68仅出B型多子盒1件，此器归属不明。但若将其归入A型多子盒，此墓可归入第三段。

依前述，M93属于第二段。

M105所出器物有：A型Ⅱ式夹砂单耳罐及器盖等，其器物形态属于第二段。

（13）M58 → M90

M58所出器物包括：B型Ⅱ式夹砂双耳罐、彩陶尊形器2、陶多子盒、彩陶小壶，以及牙饰、骨针筒、穿孔骨管、陶纺轮等。其器物形态组合属于第三段。

M90仅出A型Ⅱ式彩陶腹耳壶1件，属于第三段。

（14）M58 → M78 → M81

依前述，M58属于第三段。

M78所出器物包括：E型Ⅱ式夹砂双耳罐、Ⅰ式和Ⅱ式素面腹耳壶，以及骨针筒、骨针、蚌泡、煤精珠等。根据Ⅱ式素面腹耳壶与A型Ⅱ式彩陶腹耳壶造型相同这一点，可将此墓归入第三段。

M81所出器物包括：Ⅰ式彩陶双耳罐、D型Ⅰ式夹砂双耳罐、器盖等。其器物形态组合属于第一段。

（15）M84 → M80

M84所出器物包括：Ⅳ式彩陶双耳罐、B型Ⅱ式夹砂双耳罐，以及器盖、石刀、牙饰、骨针筒等。其器物形态组合属于第四段。

M80所出器物包括：D型Ⅱ式夹砂双耳罐、A型Ⅲ式夹砂单耳罐、A型Ⅱ式彩陶腹耳壶。其器物形态组合属于第三段。

（16）M85 → M91
　　　　　 └──→ M105

M85所出器物包括：C型Ⅲ式夹砂双耳罐、A型Ⅱ式彩陶腹耳壶、D型夹砂单耳罐，以及牙饰、骨针筒、骨针、白陶（滑石）珠、蚌珠、石管珠等。其器物形态组合属于第三段。

M91（上层）所出器物包括：C型Ⅲ式夹砂双耳罐、Ⅱ式素面双大耳罐；M91（下层）出土器物有：B型Ⅱ式四系罐，以及穿孔骨管、玉斧、骨镞、肉红石髓珠、泥塑动物俑等。其器物形态组合属于第三段。

依前所述，M105属于第二段。

（17）M89 → M92
　　　　　 └──→ M101 → M102

M89仅出B型Ⅱ式夹砂双耳罐和骨柄铜锥。B型Ⅱ式夹砂双耳罐为第二段的典型器，但此墓叠压了第三组的M92，故应将其归入第三段。

M92所出器物包括：B型Ⅲ式夹砂双耳罐、A型Ⅲ式彩陶腹耳壶，以及白陶（滑石）珠等。以上器物形态组合可归入第三段。

　　M101所出器物包括：Ⅰ式双耳盆，以及器盖、陶纺轮、石刀、海贝等。据Ⅰ式双耳盆可将此墓归入第二段。

　　M102所出器物包括：D型Ⅱ式夹砂陶双耳罐、彩陶圈足小罐。此墓缺少典型器。但所出彩陶圈足小罐与Ⅰ式、Ⅱ式彩陶双耳罐形态接近，时代偏早，据此可将此墓归入第二段。

　　（18）M95 ⟶ M94 ⟶ M98

　　M95所出器物包括：A型Ⅳ式夹砂双耳罐、Ⅱ式单把杯。其器物形态组合属于第四段。

　　M94（上层）所出器物包括：Ⅱ式彩陶双大耳罐、B型Ⅱ式夹砂双耳罐、A型Ⅱ式彩陶腹耳壶2，以及牙饰、骨针筒、骨针、铜刀等；M94（下层）所出器物有：A型Ⅲ式夹砂双耳罐，以及泥塑动物俑、铜耳环、小骨刺等。其器物形态组合属于第三段。

　　M98仅出B型Ⅰ式彩陶腹耳壶，属于第一段。

三　分组与分期

　　前面一节所做的归类和分组结果为我们下面将要进行的墓葬分期奠定了基础。

　　根据前一节1组M7 ⟶ M4的叠压打破关系，可以确定第三段的相对年代晚于第二段。

　　根据前一节2组M15 ⟶ M13的叠压打破关系，可以确定第二段的相对年代晚于第一段。

　　根据前一节3组M9 ⟶ M22的叠压打破关系，可以确定第二段的相对年代晚于第一段。

　　根据前一节5组M31 ⟶ M30 ⟶ M48 ⟶ M49的叠压打破关系，可以确定第四段的相对年代晚于第三段，第三段又晚于第二段。

　　根据前一节6组M31 ⟶ M63 ⟶ M54的叠压打破关系，可以确定第四段的相对年代晚于
　　　　　　　　　　　　　　　　⟶ M70
第一段。

　　根据前一节7组M32 ⟶ M48 ⟶ M49的叠压打破关系，可以确定第四段的相对年代晚于第三段，第三段又晚于第二段。

　　根据前一节10组M52 ⟶ M62的叠压打破关系，可确定第四段的相对年代晚于第三段，
　　　　　　　　　　　　　⟶ M70
也晚于第一段。

　　根据前一节11组M56 ⟶ M74 ⟶ M100 ⟶ M93的叠压打破关系，可以确定第四段的相对年代晚于第三段；第三段又晚于第二段。

　　根据前一节12组M68 ⟶ M93的叠压打破关系，可以确定第三段的相对年代晚于第二段。
　　　　　　　　　　　　⟶ M105

　　根据前一节14组M58 ⟶ M78 ⟶ M81的叠压打破关系，可以确定第三段的相对年代晚于第一段。

　　根据前一节15组M84 ⟶ M80的叠压打破关系，可以确定第四段的相对年代晚于第三段。

根据前一节16组的M85 → M91的叠压打破关系，可以确定第三段的相对年代晚于第二段。
    └──→ M105

根据前一节17组M89 → M92的墓葬叠压打破关系，可以确定第三段的相对年代晚于第二段。
    └──→ M101 → M102

根据前一节18组M95 → M94 → M98的叠压打破关系，可以确定第四段的相对年代晚于第三段，第三段又晚于第一段。

以上18组中有14组叠压打破关系证实，典型器的型式划分及归属时段为：四段晚于三段，三段晚于二段，一段时间最早。剩余第4、第9、第13四组均为同时期的墓葬相互叠压打破，很有可能为短时期内相互扰动所为，兹从略。

以上典型陶器的型式划分及组合关系归纳为表一。据此表可知，A型Ⅰ式、B型Ⅰ式、C型Ⅰ式夹砂双耳罐、Ⅰ式彩陶双耳罐和Ⅰ式夹砂单耳罐为同时期典型器组合，它们之间频繁出现共存。与这些典型器偶尔发生共存的器类还有：B型Ⅰ式四系罐、A型Ⅰ式彩陶腹耳壶、A型彩陶单耳罐等。考虑到干骨崖墓地每座墓内随葬的陶器数量偏少，有些典型陶器复见率较低，尽管后者与前者共存几率并不是很高，但在不发生矛盾的前提下，它们处在同一时间

表一 干骨崖墓地陶器分期表

分段	墓号	夹砂双耳罐			彩陶双耳罐	双大耳罐	夹砂单耳罐		彩陶单耳罐			彩陶腹耳壶	四系罐	尊形器	陶多子盒	其他
		A	B	C			A	B	A	B	C					
一	M1								Ⅰ			AⅠ				四耳带盖罐，器盖，残双耳罐，A型陶纺轮；蚌泡，兽角
	M11				Ⅰ											A盘，器盖2
	M13	Ⅰ			Ⅰ											器盖
	M15				Ⅰ											A型瓮
	M22	Ⅰ			Ⅰ		Ⅱ	Ⅰ								器盖3
	M26			Ⅰ	Ⅰ2				Ⅰ				BⅠ			DⅠ夹砂双耳罐、铜镰、铜锥、铜耳环、器盖2，蚌牌2
	M44								Ⅱ							铜刀、铜圆牌、铜锥，石权杖头，海贝，砺石
	M54															仅出彩陶双联罐，器形与AⅠ彩陶单耳罐一致，可归入此段

分段	墓号	夹砂双耳罐			彩陶双耳罐	双大耳罐	夹砂单耳罐		彩陶单耳罐			彩陶腹耳壶	四系罐	尊形器	陶多子盒	其他
		A	B	C			A	B	A	B	C					
一	M61		I			彩I										骨针筒
	M70					I										器盖，石管珠
	M79								II							铜镜（牌），铜扣，蚌泡2
	M81					I										DI夹砂双耳罐，器盖
	M98											BI				
	M103					I										D夹砂单耳罐，石刀，铜削
二	M2		II			素I	I 2									A瓮，筒形盖罐，I双耳盆，小铜泡2，海贝5，石管珠
	M3				I、II								A			DI夹砂双耳罐，器盖3，铜锥，蚌泡2
	M4	II				II 2	I	I				C				
	M9					II										填土中出白陶（滑石）珠一串25枚
	M14	I 2				II 2	I									残罐，器盖4，铜耳环，骨笄4，陶纺轮，蚌泡2
	M17	II														蚌泡2
	M33		II							I						
	M49										I					砺石
	M51															筒形盖罐，器盖2，陶纺轮，蚌泡，绿松石片，白陶(滑石)珠一串194枚，绿松石珠5枚，肉红石髓珠7枚，肉红石髓料块及半成品5枚
	M69	II 2				II	I					A I				器盖3，蚌泡3，骨针筒2，骨针，陶纺轮，石刀，石板器盖，蚌珠2，白陶(滑石)珠
	M93					彩I	II									器盖（胶泥制）

续表一

分段	墓号	夹砂双耳罐			彩陶双耳罐	双大耳罐	夹砂单耳罐		彩陶单耳罐			彩陶腹耳壶	四系罐	尊形器	陶多子盒	其他
		A	B	C			A	B	A	B	C					
二	M101															Ⅰ双耳盆,器盖2,A型陶纺轮,石刀,海贝3,肉红石髓料块2
	M105						Ⅱ									器盖
三	M6	Ⅰ Ⅱ				Ⅲ										器盖4
	M7	Ⅲ 2				Ⅲ										器盖2,蚌泡
	M19									Ⅱ						羊角四耳罐,ⅠⅠ夹砂双耳罐,铜斧,骨针筒,黄牛臼齿
	M28	Ⅲ														
	M30								Ⅲ				AⅡ BⅢ			D夹砂单耳罐,石纺轮,蚌泡,蚌贝,石管珠,白陶(滑石)珠
	M43												BⅡ			DⅢ夹砂双耳罐,白陶(滑石)珠一串12枚,朽毁陶器1件
	M45		Ⅲ										AⅡ			
	M48											Ⅱ		1	2	器盖,陶纺轮,蚌泡,陶盒内装细石片,肉红石髓料块、小陶珠
	M57			Ⅲ												DⅢ夹砂双耳罐,罐底,泥塑动物俑
	M58		Ⅱ											2	1	彩陶小壶,骨针筒2,牙饰6,穿孔骨管,A型陶纺轮
	M60													1	1	Ⅲ式素面腹耳壶,蚌泡2,B型陶纺轮2,联珠状小骨管,陶多子盒内装燧石片、萤石料块、肉红石髓料块、小石片
	M62	Ⅱ	Ⅲ	Ⅱ									BⅠ			石刀,蚌珠3,白陶(滑石)珠3

续表一

分段	墓号	夹砂双耳罐			彩陶双耳罐	双大耳罐	夹砂单耳罐		彩陶单耳罐			彩陶腹耳壶	四系罐	尊形器	陶多子盒	其他
		A	B	C			A	B	A	B	C					
三	M71		Ⅲ									AⅡ		1		器盖
	M80						Ⅲ					AⅡ				DⅡ 夹砂双耳罐，填土出蚌泡、肉红石髓料块、白陶（滑石）珠等
	M85			Ⅲ								AⅡ				D 夹砂单耳罐，骨针筒，牙饰，骨针、白陶（滑石）珠一串53枚
	M90											AⅡ				
	M91			Ⅲ		素Ⅱ							BⅡ			穿孔骨管，玉斧，骨镞3，肉红石髓珠，泥塑动物俑
	M92		Ⅲ									AⅢ				白陶（滑石）珠2枚
	M94	Ⅲ	Ⅱ			彩Ⅱ						AⅡ 2				骨针筒，牙饰2，骨针4，铜刀，铜耳环，小骨刺，泥塑动物俑，肉红石髓料块2，朽毁陶器1
	M100															DⅢ 夹砂双耳罐，铜刀，铜削，铜镞3，骨柄铜锥，牙饰3，肉红石髓珠14枚，绿松石珠8枚，白陶（滑石）珠1枚，泥塑动物俑
四	M20				Ⅳ											兽牙
	M31	Ⅳ									Ⅱ					陶纺轮，牙饰2，肉红石髓珠
	M32								Ⅱ		Ⅲ					
	M36	Ⅳ		Ⅳ												铜泡2，肉红石髓珠9枚，白陶（滑石）珠一串80枚，绿松石珠
	M40					Ⅲ										Ⅰ单把杯
	M46				Ⅳ											

续表一

分段	墓号	夹砂双耳罐			彩陶双耳罐	双大耳罐	夹砂单耳罐		彩陶单耳罐			彩陶腹耳壶	四系罐	尊形器	陶多子盒	其他
		A	B	C			A	B	A	B	C					
四	M50		III IV													G 夹砂双耳罐,器盖,骨针筒,泥塑动物俑,填土出铜器 8
	M52			IV												
	M56		IV													
	M59	II	I		IV	彩 I										彩陶双耳罐内装细石片、绿松石块、肉红石髓块、骨针半成品、骨料、石块
	M68															B 型多子盒
	M74															D I、D III夹砂双耳罐
	M78															I、II素面腹耳壶,E II夹砂双耳罐
	M83					素 III										
	M84		II			IV										器盖,石刀,骨针筒,牙饰
	M95	IV														II 单把杯

说明：1. "双大耳罐"栏中,"彩"指"彩陶","素"指"素面"。
　　　2. "其他"栏中,未注明质地者均为陶器。

段的可能性非常大，故由这几类形式的典型器共同构成干骨崖墓地第一段器物群。

　　Ⅱ式彩罐双耳罐、B型Ⅱ式夹砂双耳罐晚于干骨崖墓地第一组的Ⅰ式同类器。Ⅱ式彩陶双耳罐与A型Ⅱ式夹砂双耳罐、B型Ⅱ式夹砂双耳罐、A型Ⅱ式夹砂单耳罐、Ⅰ式彩陶双大耳罐等器类有共存。此外，与上述典型器偶尔出现共存的器物还有：筒形带盖罐、B型Ⅱ式夹砂单耳罐、C型Ⅱ式夹砂双耳罐等。需要说明的是，尽管未见B型Ⅰ式彩陶单耳罐与本组典型器共存的例证，但考虑到B型Ⅱ式彩陶单耳罐与年代更晚的另一组陶器有共存，故可将B型Ⅰ式彩陶单耳罐纳入本组。上述几类形式的典型器共同构成干骨崖墓地第二段的器物群。

　　A型Ⅲ式夹砂双耳罐晚于第二组的A型Ⅱ式夹砂双耳罐。与A型Ⅲ式夹砂双耳罐经常出现共存的器类有：Ⅲ式彩陶双耳罐、Ⅱ式彩陶双大耳罐、彩陶尊形器、长方形多子盒、A型Ⅱ式腹耳壶等。偶尔与它们共存的器类还有：C型Ⅲ式夹砂双耳罐、Ⅱ式四系罐等。此外，B型

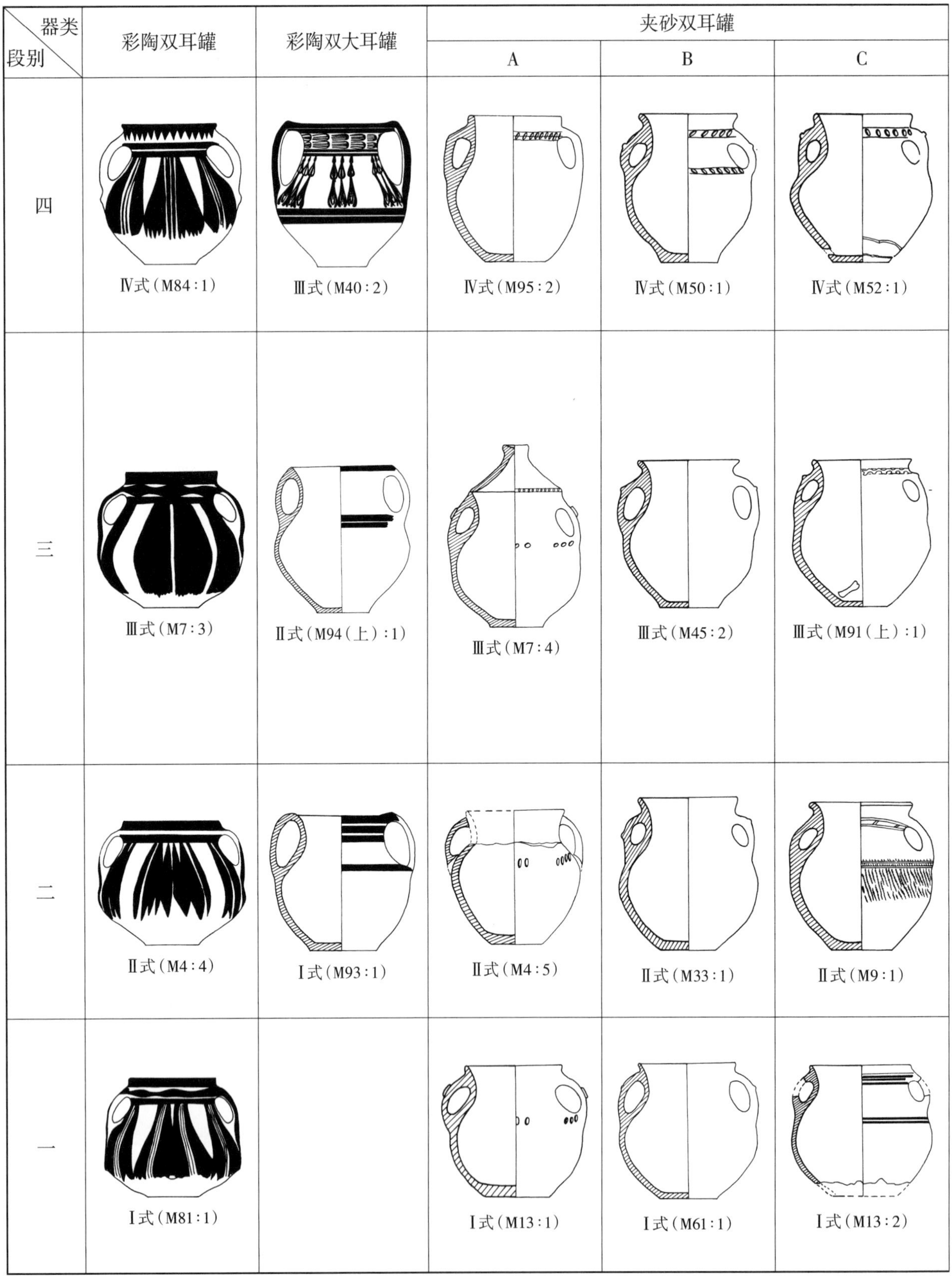

器类 段别	彩陶双耳罐	彩陶双大耳罐	夹砂双耳罐		
			A	B	C
四	Ⅳ式（M84：1）	Ⅲ式（M40：2）	Ⅳ式（M95：2）	Ⅳ式（M50：1）	Ⅳ式（M52：1）
三	Ⅲ式（M7：3）	Ⅱ式（M94（上）：1）	Ⅲ式（M7：4）	Ⅲ式（M45：2）	Ⅲ式（M91（上）：1）
二	Ⅱ式（M4：4）	Ⅰ式（M93：1）	Ⅱ式（M4：5）	Ⅱ式（M33：1）	Ⅱ式（M9：1）
一	Ⅰ式（M81：1）		Ⅰ式（M13：1）	Ⅰ式（M61：1）	Ⅰ式（M13：2）

図一九一　干骨崖墓地

彩陶单耳罐	夹砂单耳罐	彩陶腹耳壶	四系罐	其他
C	B	A	B	
Ⅲ式（M32:1）				Ⅱ式单把杯（M95:1）
Ⅱ式（M48:4）	B型Ⅲ式（M30:3）	Ⅱ式（M94（上）:2）	Ⅱ式（M91（下）:3）	彩陶尊形器（M48:2） 陶多子盒（M48:1）
Ⅰ式（M49:1）	A型Ⅱ式（M93:2）			筒形带盖罐（M2:2+3）
Ⅱ式（M44:2）	B型Ⅰ式（M22:2）	Ⅰ式（M1:5）	Ⅰ式（M26:1）	四耳带盖罐（M1:1+2）

随葬陶器分期图

Ⅱ式彩陶单耳罐还分别与彩陶尊形器、长方形多子盒有共存关系，它们应属于同一时段的器物。以上形式的典型器共同构成干骨崖墓地第三段的器物群。

A型Ⅳ式、B型Ⅲ式、C型Ⅳ式夹砂双耳罐等为干骨崖墓地最晚一时段的典型器物群代表。这个时段的墓葬随葬陶器数量急剧减少，共存关系也变得更为简单。与上述典型陶器发生共存且不见于前面几组的器类仅有：单把杯、B型Ⅲ式彩陶单耳罐、B型Ⅲ式夹砂单耳罐等。其中，Ⅲ式彩陶双大耳罐与单把杯有共存关系，可归入本组，以上形式的典型器共同构成干骨崖墓地第四段的器物群。

依据上述分组结果，干骨崖墓地的M1、M11、M13、M22、M26、M44、M54、M61、M70、M79、M81、M98、M103所出陶器的型式均未超出第一段的范畴，应为同一时期遗留。可以M1为代表构成干骨崖墓地的第一段。

干骨崖墓地M2、M3、M4、M9、M14、M15、M17、M33、M49、M51、M69、M93、M101、M102、M105所出陶器型式均未超出第二段的范畴，应为同一时期遗留。可以M3为代表构成干骨崖墓地的第二段。

干骨崖墓地M6、M7、M19、M28、M30、M43、M45、M48、M57、M58、M60、M62、M71、M74、M78、M80、M85、M89、M90、M91、M92、M94、M100所出陶器型式均未超出第三段的范畴，应为同一时期遗留。可以M85为代表构成干骨崖墓地的第三段。

干骨崖墓地M20、M31、M32、M36、M38、M40、M46、M50、M52、M56、M59、M83、M84、M95所出陶器型式均属第四段的范畴，应为同时期遗留。可以M36为代表构成干骨崖墓地的第四段。

以上4组器物分别代表了干骨崖墓地的四个发展阶段（图一九一）。其余各墓，或因没有随葬品，或有随葬品但缺乏典型器，兹付阙如。

参照上面的分期，不难看出干骨崖墓地的4个发展阶段出现了非常富有规律的变化。首先，典型器的形式有明显的变化。以出现频率最高的双耳罐为例。夹砂双耳罐第二段较之第一段的式别变异率为58.8%；第三段较之第二段的式别变异率达81.2%；第四段较之第三段的式别变异率竟高达100%。再看彩陶双耳罐。第二段较之于第一段的式别变异率为77.7%；第三段较之第二段的式别变异率达85.7%；第四段较之第三段的变异率也达到了100%。其次，上述4个发展阶段的陶器组合也程度不等地出现了一些新的变化。如第二段出现了B型Ⅰ式彩陶单耳罐、筒形带盖罐；反之，A型彩陶单耳罐却消失敛迹。第三段新出现长方形多子盒、彩陶尊形器等，且两者常常搭伴共出，时代特征非常突出。第四段不仅器形普遍发生改变，器类组合变得更加单调，出现了单把杯这一新器形，小型明器化的现象更为普遍。第三，陶器色泽的变化也较明显。统计结果表明，第一段随葬红陶、褐陶的比例占90%，灰陶、黑灰陶仅占4%（余为灰褐陶，下同）。第二段随葬红陶、褐陶的比例下降到80%，灰陶、黑灰陶上升至8.4%。第三段随葬红陶、褐陶的比例再下降至73%，灰陶、黑灰陶则上升至16%。第四段随葬红陶、褐陶的比例降至62%，灰陶、黑灰陶比例提升到21%。

综上所述，不难看出，干骨崖墓地第一、第二两段和第三、第四两段的共性非常突出，相互衔接也更为紧密；第二、第三两段之间的差异性拉大，变化幅度较为明显。为更加准确地把握该墓地的阶段性变化，可将前面划分的四段进一步整合为前后两期。即将第一、第二两段合并，构成干骨崖墓地的早期，将第三、第四两段合并，构成干骨崖墓地的晚期。

第二节　墓地布局与结构

一　墓地与聚落布局

此次发掘表明，干骨崖墓地集中分布在丰乐河东岸的一条南北向的狭窄台地上。由于数千年来的自然营力和人类生产活动，特别是丰乐河水自祁连山口倾泻而下对河岸的冲刷，导致这一河段的河床不断拓宽，河岸崩塌，对干骨崖墓地造成了一定破坏。随着墓地所在河岸一线的断崖垮塌，暴露出多座墓葬，说明这一带的景观和地貌环境发生了巨大的变化。

据当地村民介绍，早年当地发生洪水时，曾在河岸东侧的农田里冲出过完整的陶器和小件铜器。另在村南的刘家沟口附近还有人挖出过金环环（耳环）。推测此类遗存很可能为出自墓中的随葬品。这似乎暗示，干骨崖墓地有向东延伸的可能；抑或在东侧农田范围内还有另一处墓地分布。

早在青铜时代早期，干骨崖这处氏族公共墓地就已存在并长期使用，从已经发掘的部分可以看出，当初的聚落和墓地选择是有一定规划的。根据周围的地貌形态看，丰乐河床与大庄村东侧的巨大冲沟地势低洼，是每年夏秋时节雨季疏导河水和山洪的自然通道。在西面的丰乐河与东面的冲沟之间是微微隆起的一块高地，地表覆盖较厚的黄土，这一空间既可躲避祁连山水患，也是农业生产和人类居所的首选区域，至今仍是现代村落和大片农田所在。为了能最大限度地利用当地有限的水土资源和居住环境的安全，人们只能将生产和生活区域选择在这一区间，而将氏族墓地建在生产和生活区域边缘的丰乐河岸一线。

通过对干骨崖墓地南侧三坝洞子遗址的发掘，我们发现有直径10余厘米的圆形柱洞遗迹，遗址地表还残留的用砾石垒砌的院落遗迹，有早期的房屋建筑。可见在南面地势更高的三坝洞子也有生活聚落存在。由于发掘面积有限，这一推测还有待将来的考古工作证实。

二　墓地结构

此次在干骨崖墓地发掘墓葬107座。根据这些墓葬的分布可将墓地分为北、中、南三个小区。其中，北区和中区墓葬为数不多，此次发掘各有10来座。南区墓葬数量最多，分布也最密集。由于墓地紧邻河岸断崖，有些墓葬已经随着河岸的垮塌被毁，墓地西界的范围已无法确定。

北墓区沿着河岸断崖一线依次排列有10座墓葬。其中，7座已经暴露在垮塌的断崖上，程度不等地遭到毁坏，尤以M5、M8为甚。在这10座墓中，有5座为东西向排列，方向90°

（M1~M4、M6）。其余3座为东向偏南，方向100°左右（M5、M14、M103）。这10座墓排列规整，各墓之间的距离较为宽松，其间也有相互打破者，如M7打破M4，M8打破M5。以墓室面积论，M2、M3、M6、M14的墓穴稍大，M5、M8墓穴窄小。若考虑到各墓葬入的实际人数，各墓之间并无大的差异。M6墓主系单人二次葬，墓穴面积略大，但随葬品一般。M2系4人合葬，墓室面积较大，随葬品也较多（16件）。

中墓区的14座墓绝大多数集中在断崖边缘，仅M11位于南侧稍远的小水渠位置。其中，M9、M10、M12、M13、M18由于河岸垮塌和水土流失遭到很大破坏，M11被开挖的小水渠破坏部分。中墓区的墓葬可分为两组，一组靠近西侧断崖，多东西向排列，方向100°~120°；唯有M15、M17为东西向，90°。另一组为南北向排列，方向170°~200°，如M16、M18~M21即是。这批墓葬中，M10、M13、M19、M20、M22墓室面积略大。其中，M10、M13系双人合葬墓，由于破坏严重，墓主葬式及随葬品数目不详。余3座为单人葬，M19、M20墓主系成年女性，M22为幼童，似乎很难从性别和年龄来衡量墓主的身份、地位。但有一点值得注意，即凡墓室面积略大者，墓内均积石，有的墓内堆积的砾石不仅数量多，个体也硕大，如M20即是。似乎可以从墓内是否积石以及砾石数量的多寡作为评判墓主地位和财力的一个标志。

南墓区墓葬不仅数量多，结构也非常复杂。自北而南，墓葬排列从疏到密。北面T8、T9、T15、T16几个探方内的墓葬排列比较稀疏，且多东西向排列。这其中，值得关注的是位于南区最北端的M27（上、中、下）。墓葬所在地表凸，从断崖下面观察可见地表呈缓缓凸起的坟丘状。尤为特殊的是此墓在大致相同的位置自下而上先后建有3座墓，相互叠压。最初不知墓下有墓，故只给最先发现的上层墓编了号（M27）。后来发现墓下还有墓，只好以上、中、下加以区别。M27（下）为长方形竖穴土坑墓，大致呈东西向，墓内堆放少量砾石，墓主系二次葬，头向不明，仅存肢骨、尾椎、脊椎和下颌骨等。经辨认，此墓实际葬入3人。1人系成年男性，另2人性别、年龄不详。M27（中）压在M27（下）之上，两者墓穴大面积重合。中层墓位为圆角长椭圆形竖穴土坑墓，墓穴周边等距离摆放一圈小砾石，墓内亦埋葬2人，均为二次葬。M27（上）位于M27（下）和M27（中）的偏东一侧，为圆角长方形竖穴土坑墓，埋葬1人，侧身屈肢，头向朝南。此墓几乎暴露于地表，破坏严重，未见随葬品。在上述3座墓的西南侧空档发现有大片砾石堆积。清理后发现，南侧有一道东西向的石墙，残留部分长约2、厚0.5米，石墙堆砌比较平整，残高超过0.6米。沿此石墙北面的地表堆积大量砾石，残存的部分大致呈方形，不像是倒塌的墙体，更像一个人为铺就的石结构地面。墙体下部及这片砾石之上未见任何遗迹和遗物。考虑到这片砾石堆积以及东北侧上下相互叠压的3座墓，这一组特殊的遗迹现象之间似乎存在某种关联。从空间位置观察，这组遗存大致处在整个墓地的中心，推测它是某种带有祭祀功能的特殊场所（见图一一三）。

在上述遗迹西南的断崖位置也有两座上下相互叠压的墓（M24、M34），这两座墓的东侧是M79，后者形状规整，墓室面积较大，墓内堆放近10块砾石，墓主为二次葬。M79以南是墓穴呈"凸"字形的M51。此墓一头宽一头窄，墓主埋葬在墓穴南侧，墓底堆放40余块砾石，且大半压在墓主上身，少数堆在墓主右侧。从墓主的骨架看，推测初下葬时，墓主仰身直肢，身上堆压多块大砾石。后来墓主上肢曾被扰乱，下肢骨尚保留原位。这也导致墓主部分骨殖缺失，原来压在身上的砾石也移向北侧。后端一半墓穴西宽东窄，墓底堆放砾石10余块，分成南北两列，墓主系二次葬，骨殖也分成两堆，一堆在东，包括两具头盖骨、下颌、肢骨、脊椎和肋骨等。另一堆在南侧西端，包括肩胛、脊椎、肋骨和肢骨等。经辨认，此墓共埋葬2人，系一成年女性1，另一位是2~3岁的幼童。M51东侧的M69结构也较奇特，其长方形的竖穴土坑墓穴分上下两层，墓主为一约45岁的男性，仰身直肢，上肢扰乱。在上层发现的散乱骨殖中还有一10~18岁的人骨。墓底堆放大量砾石，有简易木质葬具朽灰痕迹。

总之，围绕南墓区北侧M27（上、中、下）及石构建筑堆积周围的几座墓不仅规模略大，分布松散，墓葬的形状和结构也显得比较特殊。反观这个区域以南，墓葬排列一下子变得极为紧凑，叠压打破关系复杂，两个区域的反差十分强烈，似乎暗示南墓区北部边缘带有某种祭祀性质的特殊氛围。

南墓区墓葬为数众多，按照墓葬排列方向可大致分为两类。一类东西向排列，共计35座（M24、M25、M26、M27（下）、M27（中）、M29、M34、M35、M38、M39、M44、M46、M47、M51、M54、M62、M67、M69、M70、M72、M75、M77、M79、M81、M82、M86、M87、M88、M93、M95、M97、M98、M99、M102、M104）。其余为南北向排列，共计48座。其中，前一类墓葬之间仅有个别的叠压、打破关系，而且有相当一批是被后一类墓葬叠压或打破的。后一类墓葬除打破或叠压前一类墓葬外，它们之间也频繁发生叠压打破关系。

由此可得出下列初步结论：

第一，在干骨崖墓地，凡东西向排列、头向朝东的墓葬年代绝大多数偏早，南北向排列的墓葬包括头向朝西者年代绝大多数则偏晚。

第二，干骨崖墓地早期，墓葬相互排列较为疏松，鲜有叠压或打破现象。干骨崖墓地晚期，墓葬相互之间的排列日渐紧凑，叠压打破现象相当频繁。

第三，干骨崖墓地早期，墓地已分为南、中、北三个小区；干骨崖墓地晚期，大部分死者都被葬在南墓区，北墓区和中墓区仅发现个别的晚期墓。正是由于绝大多数晚期墓被安排在南墓区，对该区域内部分早期墓葬造成一定破坏，主要表现为叠压或打破了早期墓葬。

第四，根据早期墓葬鲜有相互叠压打破的现象，推测当时在地表有可能设置了某种墓上标志。由于时间推移，随着早期墓葬的地面标志被破坏，遂不断造成晚期墓对早期墓的破坏。

第五，南墓区北端形成一处以M27（上、中、下）和石构建筑为中心的祭祀场所，M27的上下叠压以及上层墓主的单人侧身屈肢葬形式也似乎暗示了这一点。

根据干骨崖墓地的结构和整体布局，可看出一些与墓地分期有关的迹象：

1）干骨崖墓地的墓葬排列随时间推移在逐渐变化。早期第一、第二两段的墓几乎全部为东西向排列，墓主头向东或略偏南，方向90°~120°之间。晚期第三、第四两段的墓基本为南北向排列，墓主头向南或偏西，方向180°~210°之间。

2）联系到前一节的分期研究，显示随着时间推移，干骨崖墓地到了晚期已全面转向南区。其根据是，北墓区发掘的10座墓葬大多数属于早期第一、第二段；中墓区发掘的14座墓大多数属于早期第一、第二两段；南墓区凡东西向排列的墓均偏早，南北向排列的墓绝大多数属于晚期。

3）干骨崖墓地北、中、南三个小区之间的距离均为30米上下，似乎很有规律。其中，北墓区墓葬数量不多，分布稀疏，鲜有叠压或打破现象。中墓区墓葬分布较集中，叠压打破关系较多。南墓区墓葬众多，分布十分密集，叠压打破关系非常复杂。

4）北墓区和中墓区发掘的墓葬内大多在墓内积石，尤其有大量积石的墓多见于北墓区和中墓区。南墓区除部分积石墓以外，有相当数量的墓不见积石。

5）北墓区、中墓区未见使用简易木制葬具者。根据此次发掘，凡有简易木质葬具者均在南墓区，或许此类葬俗出现较晚。统计结果证实，在干骨崖墓地早期第一段未见使用简易木质葬具者；第二段仅有个别墓例；晚期第三、第四两段为数最多。

6）早期墓随葬陶器以红陶、红褐陶为主，晚期灰陶、灰黑陶的比例逐步增多。反之，随葬铜器则有随时间推移递减的趋势。以铜刀为例，第一、第二两段最多，第三段少见，第四段不见。此外，随葬陶器的种类有随时间推移而渐趋简单和小型明器化的现象。

综上所述，干骨崖墓地早晚两期的文化特征可作如下归纳。

早期：墓葬已规划为北、中、南三个小区。墓葬排列以东西向为主，鲜有使用简易木制葬具者。随葬陶器以红陶、红褐陶为主，陶器整体造型较为矮胖。

晚期：墓葬集中转入南区。墓葬排列以南北向为主，使用简易木制葬具者增多。随葬陶器中的灰陶和黑灰陶增多，陶器整体造型转为瘦高和小型化，彩陶口沿外流行绘制倒三角锯齿纹，夹砂陶流行在颈部饰附加堆纹。

第三节　墓地年代

干骨崖墓地有少量墓使用了简易木制葬具，发掘时采集了部分木炭样标本。鉴于当时加速器高能质谱（AMS）碳–14测年技术尚未普及，常规碳–14检测标本用量较大，在采集样本时，我们将有些出土木炭样本不多的墓作了合并处理。

第一份样本出自干骨崖墓地M41，此墓为正南北向排列，180°。墓内积石，有简易木质葬具，随葬品仅有1件A型Ⅱ式夹砂陶单耳罐。按照前面的陶器分期研究，此墓期属不明，但偏早的可能性较大。

第二份样本出自干骨崖墓地M63、M64。其中，M64为南北向排列，方向25°，墓内积石，发现有简易木质葬具，无随葬陶器。M63亦为南北墓向，方向210°，墓内积石，随葬C型夹砂陶单耳罐1件。根据地层关系，M63打破M70、M54，后两墓属于第一段，M63本身又被M31叠压，M31属于第四段，故M63属于第三段的可能性较大。

缘此，以上两座墓例代表了干骨崖墓地晚期偏早阶段。

第三份样本出自干骨崖墓地M32和M48两墓。按照前面的分期结果，M32属于干骨崖墓地晚期第四段，M48属于干骨崖墓地晚期第三段。故这两座墓亦作为干骨崖墓地晚期的代表。

第四份样本出自干骨崖墓地M92，按照前述分期，此墓属于干骨崖墓地晚期第三段。

以上碳样本送交北京大学考古学系年代学实验室进行常规碳–14检测。其中，第一份样本（M41）检测所得年代为公元前1895±100年（数轮校正值）；第二份样本（M63、M64）检测所得年代为公元前1820±125年（数轮校正值）；第三份样本（M32、M48）检测所得年代为公元前1580±130年（数轮校正值）；第四份样本（M92）检测所得年代为距今3220年（半衰期5730±40年）。

经进一步整合，干骨崖墓地上述四组数据的绝对年代大致落在公元前1850~前1500年（前1600年）之间（数轮校正值）。这一时间相当于中原地区的夏代晚期至商代早期，这也与以往考古学界对四坝文化年代的认识基本相符[①]（以上检测结果见表二）。

表二　干骨崖墓地碳–14年代检测数据

编号	标本	距今年代 半衰期（5730±40年）	达曼表校正值 （公元前）
BK–87059	M41（朽木）	3550±40年	1895±100
BK–87060	M63（朽木） M64（朽木）	3490±70年	1820±125
BK–87063	M32（朽木） M48（朽木）	3300±80年	1580±130
BK–87028	M92（朽木）	3220±60年	?

注：北京大学考古系年代学实验室，1988年。

在发掘整理研究报告后期，为进一步深化对四坝文化年代的认识，我们请北京大学考古文博学院年代学实验室吴小红教授对干骨崖墓地1988年所做的常规碳–14年代检测数据重新作了拟合研究，得出的碳–14绝对年代为公元前1520~前1250年至公元前1890~前1660年（置信区间：95.4%。所用树轮校正曲线为Intcal04 [Reimeretal（2004）]，所用树轮校正程序为OxCal v3.10 [Bronk Ramsey（2005）]）。

根据重新拟合的年代，对于干骨崖墓地绝对年代的上限同以往认识出入不大，但绝对年代的下限较之以往认识要晚很多。

干骨崖墓地重新拟合的绝对年代数据请参见附录一。

---

① 李水城：《四坝文化研究》，《考古学文化研究》（三），文物出版社，1993年，第80~121页。

第七章　1987年部分遗址调查、试掘及其收获

第一节　干骨崖遗址

干骨崖遗址位于酒泉市东南60千米的丰乐乡大庄村以西、丰乐河东岸的冲击台地上。由此向东南8千米为酒泉丰乐乡政府所在地，向西南10千米为金佛寺乡所在地。遗址所在地理坐标为北纬39°22′59″，东经98°51′01″，海拔1836米（见图二；见彩版二，2）。

1971年，酒泉地区博物馆副馆长冯明义先生被下放到丰乐乡大庄村第八生产队（当地俗名"下乱沟"）任农宣队队员。在他下放期间，在干骨崖遗址南侧的"刘家沟口"北面的弃耕农田内发现一些彩陶片。后来又在当地村民劳动取土的土坑断面上发现夹杂有兽骨、陶片和石器的文化堆积层；在丰乐河东岸（干骨崖一线）断崖上发现出露的人骨和墓葬，在断崖下垮塌的堆积内采集到散落的陶器残片和其他遗物。根据这些发现，他认为丰乐河东岸的干骨崖、刘家沟口等地应是新石器时代的遗址。1976年，甘肃省博物馆文物工作队副队长张学正先生前往发掘玉门火烧沟遗址，其间路过酒泉，冯明义先生邀请张学正前往干骨崖遗址进行考察。张学正认为这座遗址的性质与玉门火烧沟墓地接近。1981年，酒泉地区博物馆在进行文物普查期间，正式调查了干骨崖遗址。后经上报酒泉市政府批准将该址定为县级文物保护单位[①]。

1986年10月，北京大学考古学系与甘肃省文物考古研究所联合组成河西走廊史前考古调查队，抵达酒泉后，在市博物馆冯明义、郭俊峰同志带领下，再次前往干骨崖遗址进行复查，确认这是河西地区一处分布范围广大、文化堆积丰厚、保存情况良好的史前—青铜时代早期的遗址。该址不仅保留有新石器时代晚期至青铜时代的文化堆积，还发现有青铜时代的聚落居址和氏族墓地。这个遗址群的范围南北长约1000、东西宽约200米，面积在20万平方米以上。

以干骨崖遗址为中心的遗址群坐落在丰乐河冲积扇的上缘。这一区域海拔较高，地势南

[①] 后酒泉市博物馆再次上报，干骨崖遗址被批准定为省级文物保护单位。

高北低，地表普遍堆积次生黄土，黄土以下为深厚的戈壁砾石层。干骨崖遗址的主体位于丰乐乡大庄村以西至丰乐河东岸之间的农田内，北至高苜蓿地，南靠刘家沟口和三坝洞子。大庄村东侧紧邻一条季节性泄洪河道，由南向北逐渐加宽，在村北约1千米外的地方筑有一道拦截洪水的蓄水坝，大坝顶部即为酒泉通向东面高台县的公路。

在大庄村以西的丰乐河岸一带为干骨崖墓地，由此向南数百米以外为三坝洞子遗址。在墓地至村庄之间为大片农田，其间不时发现陶片、石器等遗物。其中，在一个名叫西岗槽的地方有水渠穿过，由于渠水冲刷，形成一处较高的断崖，可见在表土之下堆积的黄土和深厚的文化堆积，内中包含陶器、骨锥、兽骨等遗物。据村民介绍，1953年，曾有人在这附近挖出过金耳环、陶方盒等遗物。另在挖出的大陶器内还发现小孩骸骨，应该是瓮棺葬的遗留。由此可见，在这一农田范围内还可能分布有墓葬。调查过程中，我们在西岗槽北面约30米外的地方采集有泥质橙黄陶和泥质红陶的彩陶片，其作风与四坝文化的彩陶不同，接近马厂文化（或"过渡类型"）彩陶的风格。可见，这处遗址还包含有年代更早的文化遗存。

1987年5~6月，北京大学考古学系、甘肃省文物考古研究所联合组成的考古发掘队对干骨崖墓地进行了抢救性发掘。发掘期间，对干骨崖墓地及周围的东岭岗、刘家沟口、三坝洞子、照壁滩、高苜蓿地、西高疙瘩滩等遗址进行了调查，并对部分遗址作了测量和小规模试掘。其中，东岭岗、干骨崖、照壁滩、高苜蓿地、西高疙瘩滩遗址的调查试掘资料已经发表[①]。1987年，我们在对干骨崖墓地进行发掘之前，再次对这处遗址进行了调查，在地表采集少量石器、陶器等遗物，下面介绍一下1987年采集的标本。

一　石器

斧　6件。均系打制石片石器。原料均来自河床中的砾石，经选料、打片、修整制成。

标本87JG–015，平面圆角长方形，表面较平整，两面打制修整，双面直刃。长12.3、宽7.5、厚2.85厘米（图一九二，1）。

标本87JG–019，平面圆角长方形，中部略呈亚腰状，两面打制修整，双面弧形刃。长11.1、亚腰宽6、刃宽6.4、厚2.7厘米（图一九二，2）。

标本87JG–025，原器应为圆角长方形，后半截残失。两面打制修整，刃部似经简单打磨，单面直刃。残长7.3、宽6.3、厚3.2厘米（图一九二，3）。

标本87JG–024，平面圆角长方形，表面较平整，两面打制修整，单面直刃。长15.8、宽8、厚3.3厘米（图一九二，4）。

标本87JG–020，平面呈"凸"字形，一面保留部分砾石表皮，后端稍细，为手柄部分，前端展宽成扇形，两面打制修整，双面弧形刃。长11.8、柄宽4.5、刃宽7.7、厚2.45厘米（图一九二，5；图版二六，1①）。

[①] 甘肃省文物考古研究所、北京大学考古文博学院：《河西走廊史前考古调查报告》，文物出版社，2011年。

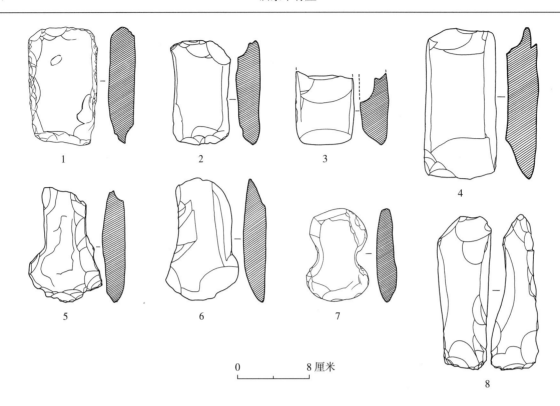

0 _____ 8厘米

图一九二　　1987年干骨崖遗址采集打制石斧、石锤

1~7. 石斧（87JG-015、019、025、024、020、026、014）　　8. 石锤（87JG-021）

标本87JG-026，平面近"凸"字形。一面微弧，保留砾石表皮，劈裂面较平整。后端稍窄细，前端展宽近扇形，单面弧形刃。长13、亚腰宽5.8、刃宽7.8、厚2.5厘米（图一九二，6）。

标本87JG-014，平面圆角亚腰状，两面微微圆弧，一面保留部分砾石表皮，中间打出亚腰，双面打制修整，双面弧形刃。长9.8、亚腰宽4.3、厚2.1厘米（图一九二，7；图版二六，1②）。

锤　1件。

标本87JG-021，选用天然砾石打制而成。平面圆角长条状，后端较粗，侧视端部渐细，似有刃。中部略呈亚腰状，前端稍窄，侧视较宽，锤端面较平。长16.4、后端宽6（侧视宽3）、前端宽4.7（侧视宽5）厘米（图一九二，8）。

盘状器　7件。均系打制的石片石器，原料来自河床中的砾石，经选料、打片、修整制成。

标本87JG-016，近圆形，一面微弧，保留部分砾石表皮，劈裂面较平整，沿周边打制修整器刃。长径10.6、短径10.1、厚3.1厘米（图一九三，1；图版二六，1③）。

标本87JG-017，平面圆形，两面较平整，一面保留部分砾石表皮，沿周边打制修整器刃。长径9.8、短径8.9、厚1.85厘米（图一九三，2）。

标本87JG-018，平面圆形，一面凸起，保留部分砾石表皮，劈裂面较平整，沿周边打制

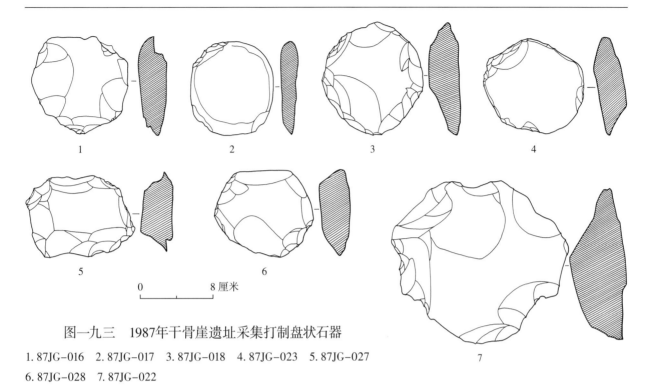

图一九三 1987年干骨崖遗址采集打制盘状石器

1. 87JG-016 2. 87JG-017 3. 87JG-018 4. 87JG-023 5. 87JG-027
6. 87JG-028 7. 87JG-022

修整器刃。长径12、短径11.1、厚3.35厘米（图一九三，3）。

标本87JG-023，平面椭圆形，一面保留大量砾石表皮，劈裂面突起，沿周边打制修整器刃。长径11.1、短径9.7、厚3厘米（图一九三，4）。

标本87JG-022，平面不规则圆形，一面凸起，保留部分砾石表皮，劈裂面凹凸不整，沿周边打制修整器刃。长径20、短径15、厚6.1厘米（图一九三，7）。

标本87JG-027，平面圆角长方形，两面均较平整，一面保留部分砾石表皮，沿周边打制修整器刃。长11.2、宽8.7、厚3.6厘米（图一九三，5；图版二六，1④）。

标本87JG-028，平面近椭圆形，一面较平整，保留部分砾石表皮，劈裂面微突，有一打击台面，沿周边打制修整器刃。长径10.7、短径9.1、厚3.4厘米（图一九三，6）。

二 陶器

砖（？） 1件。

标本87JG-001，夹细砂红陶。残存部分，似为陶砖的端面。残存部分为长方形，片状。原器若复原，有可能为长方形。器表残留彩绘痕迹，原器可能双面有彩。一侧端面下方残留小块近方形黑彩痕迹。可看出彩绘颜料非常之浓稠。顶端残留有似经抹压的稀疏绳纹。残长7、宽5.1、残厚2.6厘米（图一九四）。

彩陶 均为泥质红陶或细泥红陶，也有的掺加少量细砂，器表经打磨处理，施加红色、褐色或黄白色陶衣，绘黑彩。

彩陶双耳罐口沿　4件。

标本87JG-002，泥质红陶。口微侈，圆唇，高领。器表及口沿内打磨光滑。施褐色陶衣，绘黑彩。器口内沿绘横条带纹、折线纹，领部绘横条带纹间以菱形网格纹（图一九五，1）。

标本87JG-003，泥质红陶，胎内掺有云母屑。口微侈，圆唇，高领。器表及口沿内打磨光滑，施黄白色陶衣，局部泛粉红色，绘黑彩。器口内沿绘横条带纹间以短宽带纹，领部绘横条带纹间以菱形网格纹（图一九五，2）。

标本87JG-010，细泥红陶。器表打磨光滑，施红色陶衣，绘黑彩。器口内沿绘横条带纹间以弧边三角纹，领部绘横条带纹间以菱形网格纹（图一九五，3）。

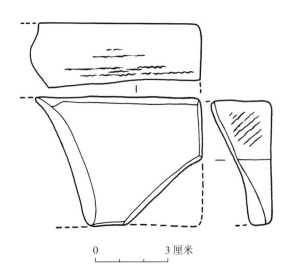

图一九四　1987年干骨崖遗址采集陶砖（？）

（87JG-001）

标本87JG-013，泥质红陶。器表及口沿内打磨光滑，施红色陶衣，绘浓稠黑彩。器口内沿绘横条带纹、锯齿纹，领部绘横条带纹间以重叠的短条纹（图一九五，4）。

彩陶罐残片　4件。

标本87JG-004，夹细砂黄褐陶。器表施黄白色陶衣，绘黑彩横条带纹、三角纹（图一九五，5）。

标本87JG-005，夹细砂红陶。器表施红衣，绘黑彩回形网格纹（图一九五，6）。

标本87JG-007，夹细砂红陶。器表施黄褐色陶衣，绘黑彩条带网格纹（图一九五，7）。

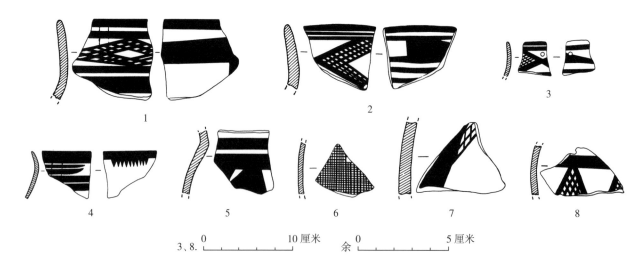

图一九五　1987年干骨崖遗址采集彩陶片

1~4.双耳罐口沿（87JG-002、003、010、013）　5~8.罐残片（87JG-004、005、007、009）

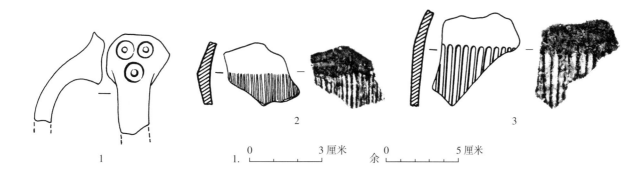

图一九六　1987年干骨崖遗址采集纹饰陶片

1. 器耳（87JG-008）　　2、3. 篮纹陶片（87JG-012、011）

标本87JG-009，泥质红陶。器表施红色陶衣，绘黑彩横条带纹、三角网格纹（图一九五，8）。

纹饰陶片　3件。

标本87JG-008，夹细砂红陶器耳。耳面上端戳印倒三角排列的三枚小圆窝纹，圆窝中心有一小圆突。显系用一种管状空心之物戳印而成（图一九六，1）。

标本87JG-011，夹砂橙红陶。陶罐肩腹部残片。肩部打磨光滑，腹部拍印竖列篮纹（图一九六，3）。

标本87JG-012，夹砂红陶。陶罐肩腹部残片。肩部磨光，腹部拍印竖列篮纹（图一九六，2）。

上述在干骨崖遗址采集的遗物年代并不一致。其中，石器的性质较难认定，但大多数还是属于四坝文化阶段的东西。陶片可以分为性质不同的三组。

第一组性质属于马厂文化晚期（或"过渡类型"阶段）。包括彩陶片中的大多数和饰有戳印纹的器耳，年代应在公元前2000年前后。

第二组性质属于齐家文化，数量不多，主要是饰竖列篮纹的陶片，应为齐家文化的高领篮纹罐残片，年代也应在公元前2000年上下。

第三组遗存的性质属于四坝文化，包括大部分石器及少量绘浓稠黑彩颜料的彩陶片，年代应在公元前二千纪前半叶。

第二节　刘家沟口遗址

刘家沟口遗址位于酒泉市丰乐乡大庄村南约200米外。此地东侧不远处为一条大冲沟，西邻一条南北向的村路便道，便道以西为三坝总干渠，水渠西面为三坝洞子，再西即丰乐河。该址的范围四至不很清楚，从地貌形态可知，该址与西面的三坝洞子原本连在一起，后由于

修筑便道和引水干渠而将其割裂开来。本文这里将其作为两个独立的单位处理。刘家沟口的
地理位置是北纬39°22′37″，东经98°50′50″，海拔1851米（图一九七；见彩版四，1）。

　　该址于1971年由酒泉市博物馆副馆长冯明义先生发现。1986年秋，河西走廊史前考古
调查队在干骨崖遗址调查时曾在此调查，未采集到任何遗物[①]。1987年在发掘干骨崖墓地之

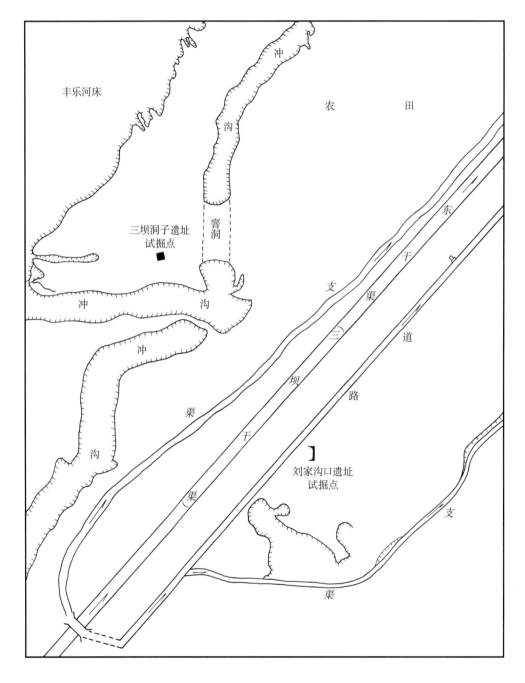

图一九七　刘家沟口与三坝洞子遗址位置示意图

　　① 甘肃省文物考古研究所、北京大学考古文博学院：《河西走廊史前考古调查报告》，文物出版社，2011年。

前，再次来到该址调查，在大庄村村民经常取土的一个直径3米多的大土坑剖面上发现了暴露的文化堆积层。

遗址地表散落有大小不等的砾石，表土之下有浅薄的黄土堆积，质地较坚硬，内夹杂有大量砾石。表土以下为文化层，最厚处约0.5米，内含少量陶片、石器和破碎的铜渣等。

1987年，在干骨崖墓地发掘的收尾阶段，我们对刘家沟口遗址进行了简单测绘，对取土坑内暴露的文化层断面作了局部清理，发掘出土少量遗物。另在遗址地表也采集到部分遗物，主要为石器和陶片等。现将这批遗物介绍如下。

一　石器

以打制品为主，另有少量磨制石器，种类有刀、斧和刻槽器等。

1. 磨制石器

穿孔斧（钺）　1件。

标本87JFL-001，原器推测为圆角长方形，现穿孔部位以下大半残缺，偏上部位中间钻有一枚穿孔。器表打磨较精细。残长6、宽6.7、孔径1.2、厚1.65厘米（图一九八，1；图版二六，3④）。

刀　2件。

标本87JFL-002，利用破损石刀经二次加工改制而成。器表打磨较光滑，周边还保留有制坯阶段打制的疤痕。圆角长方形，顶面微弧，右侧中间位置保留有最初对钻的大半个单孔痕迹，改制后在近顶部一侧对钻双孔，双面直刃。长6.6、宽5.4、孔径0.5、厚0.8厘米（图一九八，2；图版二六，3⑥）。

标本87JFL-003，器表打磨较光滑，原器系半月形，现残缺右侧小半及左侧一角，近顶部一侧有钻孔，推测原器应为双孔，现存一孔。弧背，双面直刃。残长6.2、宽4.8、孔径0.4~0.7、厚0.7厘米（图一九八，3；图版二六，3⑤）。

刻槽器　1件。

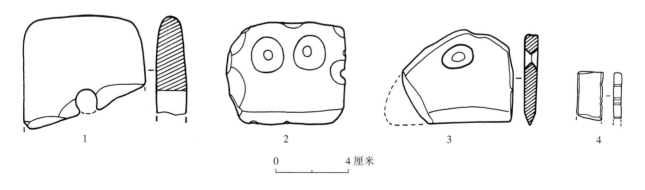

图一九八　1987年刘家沟口遗址采集磨制石器

1. 穿孔石斧（钺）（87JFL-001）　　2、3. 石刀（87JFL-002、003）　　4. 刻槽石器（87JFL-021）

标本87JFL-021，选用质地细腻的灰色石材制作，表面打磨精细光滑。推测原器为长条片状，残存中间一段。器表一侧边缘凿刻若干道凹槽，线条粗细相若。残存部分有凹槽五个，其中四个槽略深，一个槽浅细。中间两道深槽间距甚近，外侧两道深槽间距稍大，距离均等。此器用途不明。残长2.5、宽1.4、厚0.5厘米（图一九八，4）。

2. 打制石器

斧　2件。均利用自然河卵石经打片修整制成。

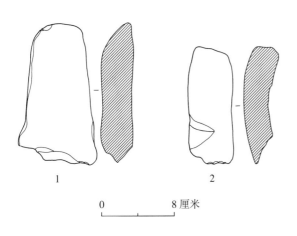

图一九九　1987年刘家沟口遗址采集打制石斧
1. 87JFL-006　2. 87JFL-014

标本87JFL-006，平面近长条钟形，一面微弧，保留大部分砾石表皮，表面遗留数道条状浅凹槽，劈裂面较平整。后端手柄位置略收窄作圆弧状，前端器刃部分略微展宽，经双面打制修整器刃。此器长期使用，刃部有明显缺损痕迹。长14.5、柄宽6、刃宽8.8、厚3.5厘米（图一九九，1；图版二六，3①）。

标本87JFL-014，平面圆柱状，一面明显弧凸，保留大部分砾石表皮，劈裂面呈内凹状。前端简单地打制修整出单面器刃。此器经长期使用，刃部有缺损。长12.5、宽5、厚3.2厘米（图一九九，2）。

盘状器　8件。均选用河床内的河卵石经打片、修整制作。

标本87JFL-013，平面长椭圆形，一面微弧，保留部分砾石表皮，劈裂面亦呈弧形。沿周边单面打制修整器刃。长径15、短径12.3、厚5.4厘米（图二○○，1）。

标本87JFL-004，平面近圆角长方形，一面圆弧，保留部分砾石表皮，劈裂面较平整，沿周边经单面打制修整器刃。长11、宽9.1、厚3.1厘米（图二○○，3；图版二六，3⑦）。

标本87JFL-009，平面椭圆形，一面微弧，保留大部分砾石表皮，劈裂面较平整。沿周边单面打制修整器刃。长径8.5、短径7.3、厚3.2厘米（图二○○，6）。

标本87JFL-012，平面近椭圆形，一面弧鼓，保留部分砾石表皮，劈裂面圆弧突起。沿周边经单面打制修整器刃。长径14.3、短径12.7、厚5.8厘米（图二○○，2）。

标本87JFL-007，平面椭圆形，一面高低错落，保留部分砾石表皮，劈裂面斜折，较平整。沿周边单面打制修整器刃。长径11.8、短径10、厚5.1厘米（图二○○，4）。

标本87JFL-005，平面近圆角正方形，一面较平，保留少量砾石表皮，劈裂面凹凸不整。沿周边单面打制修整器刃。长11.3、宽11.5、厚5.5厘米（图二○○，7）。

标本87JFL-008，平面近椭圆形，一面圆弧，保留大部分砾石表皮，劈裂面平整，略有内凹。器身一侧经简单的砸击修整，器刃未见明显加工痕迹。长径13、短径11.7、厚3.2厘米（图二○○，5）。

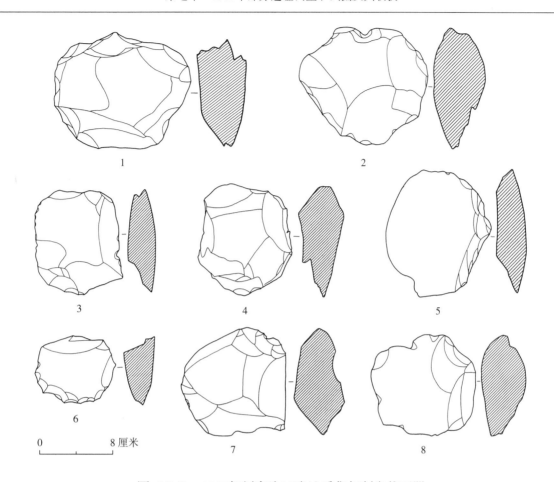

图二〇〇 1987年刘家沟口遗址采集打制盘状石器

1. 87JFL-013　2. 87JFL-012　3. 87JFL-004　4. 87JFL-007　5. 87JFL-008　6. 87JFL-009　7. 87JFL-005　8. 87JFL-011

标本87JFL-011，平面近椭圆形，一面圆弧，保留大部分砾石表皮，劈裂面弧状突起。一侧经单面打制修整，器刃未见明显加工的痕迹。长径12、短径10.9、厚5厘米（图二〇〇，8）。

有磨槽石器　7件。此类石制工具比较罕见。其造型近似打制手斧，有的甚至也有器刃。有的近似石锤，有的为盘状器形状。故有可能就是利用上述器物加工制作，但兼有上述器类的原初功能，其功能是多重的。有磨槽石器均选用河床内的砾石为原料，经打片制作修整而成。其特殊功能是利用器物边缘打磨其他器物，如石器、骨器或铜器等。长此以往，会在磨制部位形成较深的凹槽。沟槽的剖面呈开放的三角形，显然是长期打磨制作其他器物使然。推测此类器具是为专门打磨加工其他器具的磨石一类工具。

标本87JFL-017，平面圆柱状，后端收窄，弧顶，底部略微展宽，底面平齐略有内凹。有可能兼具锤杆的功能。器表经简单打磨，中部两侧凿磨出十余枚小凹槽，左右不对称。长16.5、宽6.7、厚4.4厘米（图二〇一，1）。

标本87JFL-018，平面剖面均呈圆柱石锤状，顶端略微收窄，弧顶，底端略微展宽，底面平整，可兼任锤杆一类功能。此器表面经打磨，中部两侧凿磨出十余枚小凹槽，有些呈左右对称分布。长13.5、宽6.5、最厚4.5厘米（图二〇一，2；图版二六，3②）。

标本87JFL-020，平面半圆形，两面略呈圆弧，器表经一定打磨修整，无明显的器刃。沿周边凿磨二十余枚小凹槽，大小深浅不一，排列呈上下左右大致对称状。长径13.6、短径9.8、厚4.1厘米（图二〇一，6）。

标本87JFL-019，器形原料厚重，平面长椭圆形，一面弧凸，保留大部分砾石表皮，劈裂面较平整，器表略打磨，无明显器刃。沿周边凿磨十余枚小凹槽，大小深浅不一，有些呈上下对称分布。长径13、短径9.2、厚达6厘米（图二〇一，7；图版二六，3③）。

标本87JFL-015，平面近椭圆形，纵剖面三角形。器表略打磨修整，局部保留打制疤痕，下端有较明显的刃部。器身一侧边缘凿磨四枚小凹槽。长径9、短径7.8、厚3.5厘米（图二〇一，4）。

标本87JFL-016，平面近梨形，剖面近梭形，中间粗两端细。器表经一定打磨，无明显的器刃。在器身左右边缘凿磨七枚小凹槽，最下面两对左右大致对称分布。长径12.3、短径7.1、厚3.9厘米（图二〇一，3）。

标本87JFL-010，平面近椭圆形，一侧微弧，保留大部分砾石表皮，劈裂面平缓，沿器身周边可见打击修整痕迹，下端有刃。在近器刃下方两侧凿磨出一对大致对称的小凹槽。长径12.8、短径9.6、厚4厘米（图二〇一，5）。

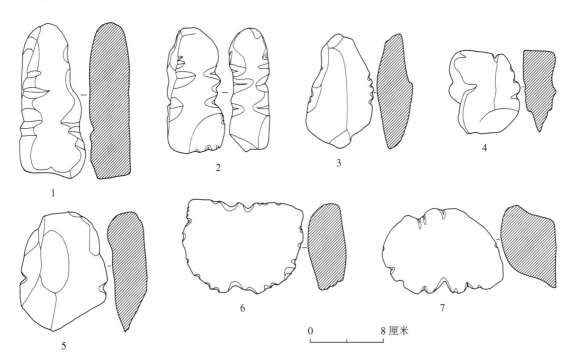

图二〇一　1987年刘家沟口遗址采集打制有磨槽石器

1. 87JFL-017　2. 87JFL-018　3. 87JFL-016　4. 87JFL-015　5. 87JFL-010　6. 87JFL-020　7. 87JFL-019

二　陶器

1987年在刘家沟口遗址发掘的陶器全部为残片。所见基本为夹砂陶，部分夹粗砂，纯泥质陶较少见。这些陶片以褐色（灰褐、红褐）、红色和灰色居多。多数器表经简单的打磨处理。彩陶均施红色或黄褐色陶衣，绘黑彩，也有个别绘褐色或暗褐色彩（或为褪色所致）。花纹以几何形构图为主，也有部分动物或人物纹样。素面陶鲜见有刻意装饰者。施纹者多为纹饰简单的刻划纹、附加堆纹、凹弦纹和贴塑乳丁等，也有极个别滚压细绳纹。刘家沟口采集陶片特点是：器形普遍较大，应为生活实用器具。器类多为带耳的罐、壶一类。此外，还发现少量穿孔陶片。

穿孔陶片　2件。系用陶片改制的半成品。

标本87JFL-022，系陶片改制的纺轮。夹砂灰褐陶。平面圆形（残缺一半），中心对钻一孔。直径6、孔径约1、厚1厘米（图二〇二，1）。

标本87JFL-023，系陶片改制的陶刀（？）。夹砂灰褐陶。平面近长方梯形，中间对钻一孔。一面保留器表原有的红色陶衣。残长5.6、宽3.6、厚1厘米（图二〇二，2）。

勺　1件。

标本87JFL-041，夹砂红陶。残存椭圆形勺子底部及少许器柄。素面。残长4.2、残宽2.8厘米（图二〇二，3）。

砖块（？）　1件。

标本87JFL-026，夹砂灰陶，器表暗红褐色。仅保留残块，形状不整，长宽均不明，厚度也不一致。器表抹光。素面。残长6、残宽5.4、一侧厚2.2、另一侧厚1.6厘米（图二〇二，4）。

双耳罐　2件。器口残片。

标本87JFL-027，夹粗砂灰黄陶。直口，圆唇，较高的斜直领，器口外两侧置双耳，口缘外侧捏塑一对泥突状盲鼻。素面。器表显露很多砂眼。残高6、口径8厘米（图二〇三，1）。

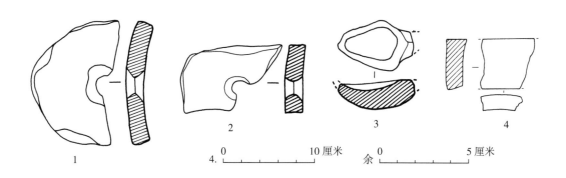

图二〇二　1987年刘家沟口遗址采集陶器

1、2. 穿孔陶片（87JFL-022、023）　3. 勺（87JFL-041）　4. 砖块（？）（87JFL-026）

标本87JFL-029，夹砂红陶，器表残留较厚的烟炱。侈口，圆唇，斜曲高领，器口外两侧置双耳。素面。残高6厘米（图二〇三，2）。

彩陶小口壶　1件。器口残片。

标本87JFL-047，泥质红陶，薄胎。侈口，尖圆唇，高领，束颈。器表和口沿内施黄褐色陶衣，绘黑褐彩。口沿内绘横条带纹和四组短斜线纹，每组三列。外彩绘横条带纹，间以菱形网格纹。残高7.5、口径14厘米（图二〇三，3）。

堆纹小口瓮　2件。器口残片。

标本87JFL-036，夹砂红褐陶。火候高，质地坚硬。小口直立，圆唇，高领。器领饰一周附加堆纹。残高4.8、口径8厘米（图二〇三，4）。

标本87JFL-035，夹砂红陶。器表残留烟炱痕。侈口，尖圆唇。器领捏塑一周附加堆纹。残高3.6、口径14厘米（图二〇三，6）。

彩陶大口瓮　1件。器口残片。

标本87JFL-028，夹砂紫褐陶。侈口，方唇，斜直短领。器表打磨光滑，施暗褐色陶衣，绘黑褐彩。器口内外绘横条带纹，肩部残留三角几何纹。残高6、口径24厘米（图二〇三，5）。

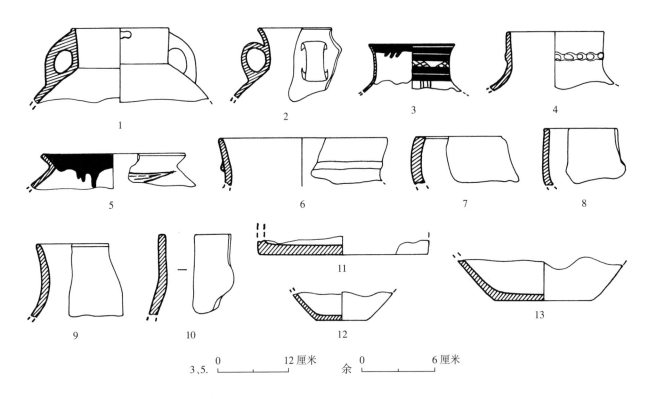

图二〇三　1987年刘家沟口遗址采集陶器

1、2. 双耳罐（87JFL-027、029）　3. 彩陶小口壶（87JFL-047）　4、6. 堆纹小口瓮（87JFL-036、035）　5. 彩陶大口瓮（87JFL-028）　7、8. 敛口钵（87JFL-032、054）　9. 束颈罐（87JFL-034）　10. 直口杯（87JFL-033）　11. 彩陶尊形器（87JFL-042）　12、13. 罐底（87JFL-044、043）

敛口钵　2件。器口残片。

标本87JFL-032，夹砂红褐陶，器表较粗糙。敛口，方唇，弧腹。素面。残高3.8厘米（图二〇三，7）。

标本87JFL-054，泥质灰陶。直口，方唇。器表内外磨光，施暗褐色陶衣，器表彩陶脱落，花纹漫漶不清。残高4.4厘米（图二〇三，8）。

束颈罐　6件。器口残片。

标本87JFL-034，夹砂红褐陶，器表泛黄白色，胎芯灰色。侈口，尖唇，束颈。素面。残高6厘米（图二〇三，9）。

直口杯　1件。器口残片。

标本87JFL-033，夹砂砖红陶，胎内掺有少量云母屑。直口，圆唇。素面。残高6.4厘米（图二〇三，10）。

彩陶尊形器　1件。器底残片。

标本87JFL-042，夹砂灰褐陶，内壁红色。器表施褐色陶衣，花纹不存。残高1、底径约14厘米（图二〇三，11）。

罐底　2件。

标本87JFL-043，夹砂灰褐陶。器表施暗褐色陶衣。残高3.4、底径8厘米（图二〇三，13）。

标本87JFL-044，泥质灰黑陶。素面。残高2.2、底径4.2厘米（图二〇三，12）。

刻划纹圆盘器盖　2件。

标本87JFL-024，夹砂灰陶，器表边缘一周熏成黑色。约残存原器的五分之一。原器应为圆饼状，两面平整，顶部圆心位置有捉纽（残存残迹）。盖面刻画一幅动物纹，残存动物头部和身体前半部，线条简约流畅。动物身体和头部用三根线表示，头上方有后翘的兽耳（或兽角），前面嘴下有下垂的线条，似表现山羊一类动物的胡须。足部用叉开的双线表现偶蹄动物。画面构图准确简洁。此器盖若复原，其直径应在18厘米左右。残长9.6、残宽8、厚1厘米（图二〇四，1；图版二六，2）。

标本87JFL-025，夹砂灰陶，器表橙黄色。原器为圆饼状，两面平整，残存器盖边缘。盖面保留刻划纹，线条十分流畅，残存纹样似为花瓣之一部，也可能为禽鸟的身体。陶质较松软，背面大半剥蚀，呈内凹状。此器若复原其直径应在18厘米左右。残长7、残宽3.8、厚1.2厘米（图二〇四，2）。

彩陶片　8件。可分为人物、动物纹和几何纹几类。

舞蹈人物纹　6件。均系双耳罐腹部残片。

标本87JFL-045，夹细砂红陶。器表打磨光滑，施红色陶衣，绘黑彩。在残片上绘三人一组、手拉手舞蹈人物形象。原器应有六组图案，现存两组，画面较完整。人物上方绘横条带纹、菱形纹。残高6.6、残宽7厘米（图二〇五，1）。

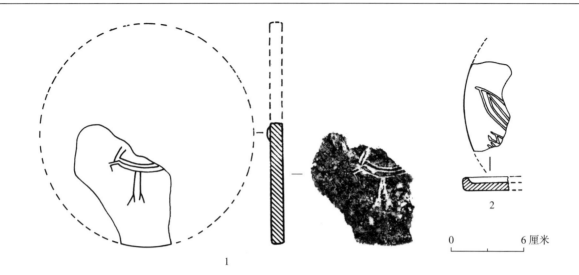

图二〇四　1987年刘家沟口遗址采集刻划纹圆盘陶器盖

1. 87JFL-024　2. 87JFL-025

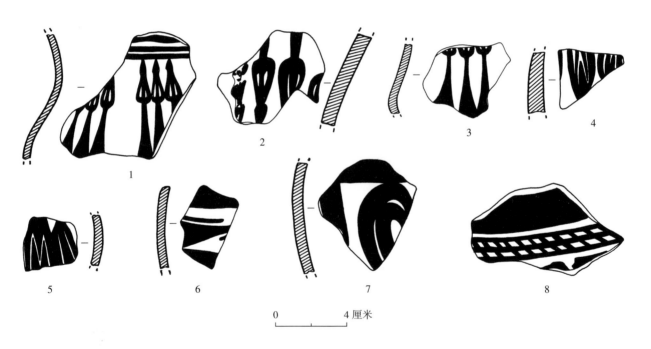

图二〇五　1987年刘家沟口遗址采集彩陶片

1~5. 舞蹈人物纹（87JFL-045、049、046、054、052）　6. 动物纹（87JFL-051）　7、8. 几何纹（87JFL-048、053）

标本87JFL-049，泥质红陶，胎芯灰色。器表打磨光滑，施红色陶衣，绘黑彩。在残片上绘多人排列的舞蹈人物，画面不完整，残留人首、双臂和腰身部分。残高5、残宽6厘米（图二〇五，2）。

标本87JFL-046，夹细砂红陶，胎芯灰色。器表打磨光滑，施红褐色陶衣，绘黑彩。在残片上绘三人一组的舞蹈人物，残存一组，画面不很完整，仅存人物腰身及双手部分。残高4、残宽4.5厘米（图二〇五，3）。

标本87JFL-054，夹细砂褐陶，器表橙黄色。器表打磨光滑，施红色陶衣，绘黑彩。残存舞蹈人物下身裙摆。残高3、残宽3.5厘米（图二〇五，4）。

标本87JFL-052，夹细砂红陶。器表打磨光滑，施黄褐色陶衣，绘暗褐彩，残存舞蹈人物的下身裙摆。残高2.9、残宽3厘米（图二〇五，5）。

动物纹　1件。

标本87JFL-051，系双耳罐腹部残片。夹细砂红陶。器表打磨光滑，施黄褐色陶衣，绘暗褐色彩。在残片上绘奔跑的动物纹，画面残存奔跑的动物头部和身体一段。残高4.4、残宽3.3厘米（图二〇五，6）。

几何纹　2件。器口、领部和腹部残片。

标本87JFL-048，夹细砂红陶。器表打磨光滑，施红褐色陶衣，绘黑彩横竖条带纹、重环纹等。残高6、残宽5.5厘米（图二〇五，7）。

标本87JFL-053，夹粗砂灰褐陶，内壁黄色。器表施棕色陶衣，绘黑彩宽带纹、梯形网格纹等。残高5、残宽8.3厘米（图二〇五，8）。

纹饰陶片　6件。

标本87JFL-038，口沿残片。夹砂红褐陶。器领中部饰一周附加堆纹（图二〇六，1）。

标本87JFL-039，口沿残片。夹砂红褐陶。器口外饰附加堆纹，其下饰散乱的细绳纹（图二〇六，2）。

标本87JFL-037，口沿残片。夹细砂红陶。器口外缘突起加厚，其上压印一周"V"形"幼芽"纹（图二〇六，3）。

标本87JFL-031，器耳残件。夹砂红褐陶，表面残留烟炱痕。器耳上端刻划连续叠置的"V"字纹，器耳刻划"X"纹（图二〇六，4）。

标本87JFL-030，器耳残件。夹砂红陶，胎内掺云母屑，表面残留烟炱痕。器耳上方捏塑一道断面为三角的凸棱（图二〇六，5）。

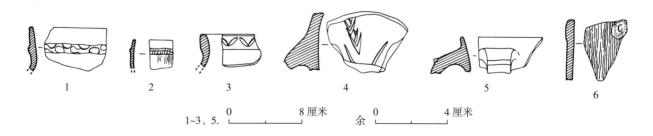

图二〇六　1987年刘家沟口遗址采集彩陶纹饰陶片

1、2.附加堆纹（87JFL-038、039）　3.压印纹（87JFL-037）　4.刻划纹（87JFL-031）　5.凸棱纹（87JFL-030）　6.绳纹+乳丁（87JFL-040）

标本87JFL-040，器腹残片。夹砂红陶，表面残留烟炱痕。饰细密竖绳纹，绳纹上贴塑中间有凹窝的乳丁纹（图二○六，6）。

上述采集标本显示，刘家沟口遗址的文化性质属于典型的四坝文化。这些陶片的特点是器形普遍较大，陶胎厚重，烧造火候较高，应为日常生活中的实用器皿。可见，这里属于四坝文化的生活聚落遗址。

第三节　三坝洞子遗址

三坝洞子遗址发现于1971年。该址位于酒泉市丰乐乡大庄八队西南200米开外，隔三坝总干渠与刘家沟口遗址相望。这里地处干骨崖遗址群的最南端，靠近丰乐河冲积扇上缘，地势也最高。所在河岸台地由于河水与洪水冲刷已被切割的支离破碎。远远看去，沟壑纵横，若干巨大的冲沟陡峭蜿蜒，最深达10余米。有些冲沟底部被流水击穿，形成巨大的窨洞，相互连通。三坝洞子之名即由此而来。该遗址的东界止于三坝总干渠，西界止于丰乐河，南界越过三坝洞子冲沟，向北延伸至干骨崖遗址。其地理坐标为北纬39°22′36″，东经98°50′45″，海拔高1858米（见图一九七；见彩版四，1）。

1986年10月，北京大学考古学系与甘肃省文物考古研究所组成的河西走廊史前考古调查队曾前往该址调查[①]。

1987年5~6月，上述两家单位联合组成的考古发掘队在发掘干骨崖墓地期间，多次前往该址调查。待墓地发掘行将结束，在三坝洞子遗址西侧靠近河岸断崖和遗址南侧各选择一处地点进行了小规模试掘，面积约4平方米（2米×2米）。

三坝洞子遗址地势南高北低，东高西低（向河岸一线倾斜），临近河岸一线，地表覆盖的黄土已经流失殆尽，戈壁砾石层裸露于地表，河岸断崖局部呈绝壁状，最高近10米。遗址所在台地表面遍布砾石，大小不等，也有少量的石器和陶片。个别区域可见分布较为规律的石堆，从其堆积形状和走向看，有些颇像废弃的院落或房屋，对这类遗迹未作任何扰动（见彩版四，1）。

经试掘可知，三坝洞子遗址堆积有厚约0.3~0.45米的黑灰色表土和黑褐色文化层，土质异常之松软、细腻，其间未发现分层现象，夹杂大量兽骨以及部分石器和陶片。其下为坚硬、深厚的戈壁砾石层。在遗址南侧试掘清理至底部时，发现一个直径10~12厘米的圆形柱洞，由于清理面积过小，对该建筑的结构、形态不清楚。可以肯定的是，这应该是早期房屋建筑的遗留，其年代应不晚于四坝文化。柱洞的存在表明，该建筑应该是带有插立的木柱和木骨泥墙，联想到地面的石堆遗迹，似乎在房屋外围还建有用砾石搭建的院墙。可证，干骨崖遗址的生活聚落区域可能延伸到了三坝洞子一带。

---

① 甘肃省文物考古研究所、北京大学考古文博学院：《河西走廊史前考古调查报告》，文物出版社，2011年。

在对三坝洞子遗址进行调查和试掘期间，采集并出土一批石器、陶片和兽骨。现分别介绍如下。

一　石器

在三坝洞子遗址采集和出土的石器有手斧、盘状器和磨石等。此外，还发现有少量的细石器。

1. 磨制石器

斧　1件。利用长条状自然砾石略加修整制作。

标本87JFS-012，圆角长条形，一面微微弧起，另一面较平整。前段刃部残断，恰好形成单面弧形斜刃。残长10.7、宽7.3、厚2.5厘米（图二〇七，1；图版二六，4⑥）。

2. 打制石器

手斧　11件。均选用自然砾石打片制成。

标本87JFS-013，平面近钟形，一面圆弧，保留大部分砾石表皮，劈裂面较平整，略向内凹。两侧经单面打击修整，刃部没有太多加工，双面弧刃。长9、宽5.8、厚1.8厘米（图二〇七，2；图版二六，4⑤）。

标本87JFS-015，平面圆角长方形，亚腰，前端器刃部分展宽。一面较平整，略向内凹，保留大半砾石表皮，劈裂面较平整。上端经打制修整，刃部残断缺损。残长11、宽8.5、厚3.7厘米（图二〇七，3）。

标本87JFS-001，平面圆角长方形，亚腰。一面圆弧，保留部分砾石表皮，劈裂面较平整，两侧及刃部经简单打制修整，单面弧形刃。长8、亚腰宽4、刃宽4.9、厚3厘米（图二〇七，4；图版二六，4⑨）。

标本87JFS-009，平面近亚腰葫芦形。一面保留少量砾石表皮，劈裂面较平整。沿周边打制修整，双面弧形刃。长13.8、亚腰宽5.3、刃宽8.8、厚3.1厘米（图二〇八，1；图版二六，4①）。

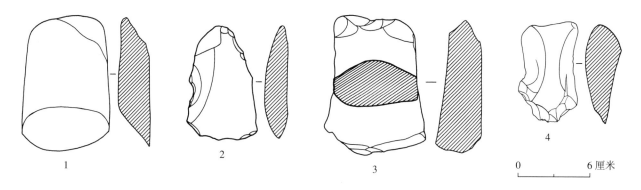

图二〇七　1987年三坝洞子遗址采集石器

1. 磨制石斧（87JFS-012）　2~4. 打制手斧（87JFS-013、015、001）

　　标本87JFS-002，平面近亚腰葫芦形，一面保留大部分砾石表皮，劈裂面较平整。打制修整出弧形双面刃。长12.5、亚腰宽5、刃宽7、厚2.5厘米（图二〇八，2）。

　　标本87JFS-007，平面近梨形。一面保留大部分砾石表皮，劈裂面上端扁薄尖锐，下端厚重。经打制修整出略呈尖状的器刃。长径13.5、短径8.8、厚3.2厘米（图二〇八，3）。

　　标本87JFS-006，平面近圆柱状，一面平整，保留大部分砾石表皮，劈裂面呈阶梯状起伏。经打制修整出双面刃，较圆钝。长15.7、宽7.6、厚5.4厘米（图二〇八，4）。

　　标本87JFS-014，平面近圆角长方形，亚腰，刃部展宽呈扇形。两面均较平整，一面保留大部分砾石表皮。经单面打制修整出双面刃。长12、亚腰宽5、刃宽8、厚2.2厘米（图二〇八，5；图版二六，4②）。

　　标本87JFS-003，平面近亚腰葫芦形。一面保留大部分砾石表皮，劈裂面较平整。经打制修整出单面弧刃。长14.5、亚腰宽5、刃宽7.8、厚2.2厘米（图二〇八，6）。

　　标本87JFS-011，平面椭圆近梨形，保留大部分砾石表皮，劈裂面凹凸不整。顶端单面打制修整，刃部展宽为扇形。一面圆弧，打制修整出单面弧刃。长径11.4、短径9.5、厚2.1厘米（图二〇八，7；图版二六，4⑦）。

　　标本87JFS-008，平面近梯形，后段收窄，前端展宽为斜扇状，一面略向内凹，保留部

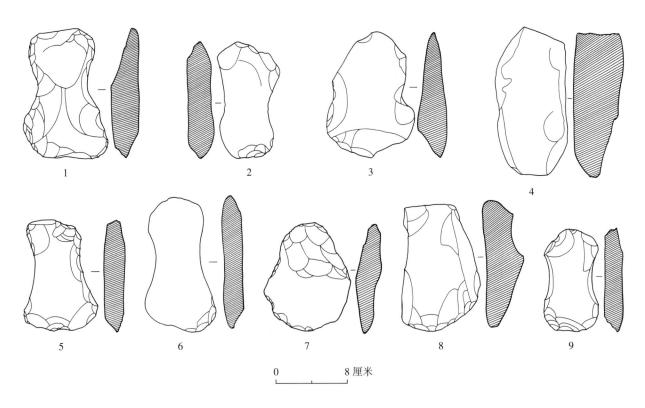

图二〇八　1987年三坝洞子遗址采集打制手斧

1. 87JFS-009　2. 87JFS-002　3. 87JFS-007　4. 87JFS-006　5. 87JFS-014　6. 87JFS-003　7. 87JFS-011　8. 87JFS-008　9. 87JFS-010

分砾石表皮，劈裂面凹凸不整。打制修整出双面弧形刃。长13.6、宽8.5、厚4.1厘米（图二〇八，8）。

标本87JFS-010，平面圆角长方形，亚腰，周边经打制修整，一面保留大部分砾石表皮，劈裂面较平整。打制修整出单面弧形器刃。长10.9、亚腰宽4.6、刃宽6、厚2厘米（图二〇八，9；图版二六，4⑧）。

有磨槽石器 5件。均选用自然砾石，经打片、加工制作，由于长期打磨加工制作骨器、铜器、石器而形成若干磨槽，器形多样，造型有的接近石斧，有的接近盘状器，也有的接近尖状器，系多用途加工器具。

标本87JFS-019，平面近橄榄形，两头窄而尖，中部较宽。一面弧形圆鼓，保留部分砾石表皮，劈裂面较平整。此器两侧和前端各磨出十余枚三角形小凹槽，大小深浅不一，有的明显左右对称。长16、宽10、厚4.5厘米（图二〇九，1）。

标本87JFS-018，平面近椭圆形，圆弧顶略微收窄，前端逐渐展宽。两面均凹凸不平，一面保留砾石表皮。此器四外周边磨出二十余枚三角形小凹槽，大小深浅不一。有些左右对称。长14、宽10.3、厚3.4厘米（图二〇九，2；图版二六，4③）。

标本87JFS-016，平面近凸字亚腰状，后端顶部收窄，前端展宽成扇形。两面均凹凸不平，一面保留部分砾石表皮。周边经打制修整，在中部亚腰位置磨出六枚三角形小凹槽，大致左右对称。前端保留有打制修整的器刃，较圆钝。长13.3、亚腰宽6.3、刃宽8.3、厚2.7厘米（图二〇九，3）。

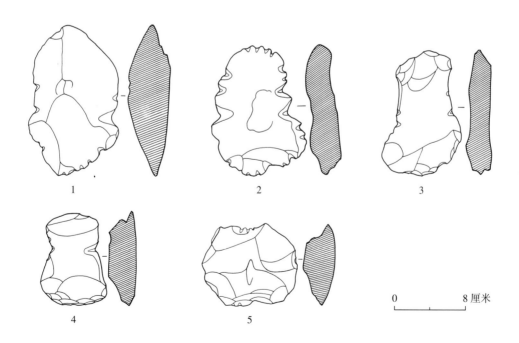

图二〇九 1987年三坝洞子遗址采集打制有磨槽石器

1. 87JFS-019 2. 87JFS-018 3. 87JFS-016 4. 87JFS-017 5. 87JFS-027

标本87JFS-017，平面圆角长方形，亚腰，一面较平整，保留部分砾石表皮，劈裂面圆弧。周边经单面打制修整，亚腰位置两侧磨出一对三角形小凹槽。前端保留有打制的弧形双面刃。长10、亚腰宽5、刃宽7.2、厚3厘米（图二〇九，4；图版二六，4④）。

标本87JFS-027，平面椭圆形，一面凹凸不平，局部保留砾石表皮，劈裂面呈圆弧状。沿周边单面打制修整出器刃。在上下大致相对的位置磨制五枚三角形小凹槽。长径10.5、短径8.5、厚3.4厘米（图二〇九，5）。

盘状器　12件。均利用自然砾石经打片、修整制成。

标本87JFS-028，平面圆形，一面保留大部分砾石表皮，劈裂面较平整。沿周边单面打制修整出器刃。直径12~13、厚3.6厘米（图二一〇，1）。

标本87JFS-023，平面椭圆形，一面内凹，保留大部分砾石表皮，劈裂面圆弧。沿周边单面打制修整出器刃。直径12.2~13、厚2.6厘米（图二一〇，2）。

标本87JFS-030，平面大半圆形，一面非常平整，保留部分砾石表皮，劈裂面凹凸不整。沿周边单面打制修整出器刃。长径12.7、短径11.6、厚4.6厘米（图二一〇，3）。

标本87JFS-024，平面椭圆形，一面较平整，保留部分砾石表皮，劈裂面凹凸不平。沿周边单面打制修整出器刃。长径10.2、短径9、厚2厘米（图二一〇，4）。

标本87JFS-005，平面近圆形，一面较平整，保留部分砾石表皮，劈裂面中心呈锥状突起。沿周边单面打制修整出器刃。直径13.5~14.5、厚3.8厘米（图二一〇，5）。

标本87JFS-020，平面近圆形，一面呈龟背状突起，保留部分砾石表皮，劈裂面较平整。沿周边单面打制修整出器刃。长径10~11.8、厚3.2厘米（图二一〇，6）。

标本87JFS-025，平面近心形，一面微弧，保留大部分砾石表皮，劈裂面中间部位突起。沿周边单面打制修整出器刃。长10.6、宽9.9、厚2.7厘米（图二一〇，7）。

标本87JFS-004，平面近圆形，一面平整，中心部位保留砾石表皮，劈裂面弧突。沿周边单面打制修整出器刃。直径10~10.6、厚2.9厘米（图二一〇，8）。

标本87JFS-026，平面近正方形，两面均较平整，一面保留大部分砾石表皮。周边单面打制修整器刃。边长约9.5、厚2.2厘米（图二一〇，9）。

标本87JFS-022，平面近圆形，两面均较平整，一面保留部分砾石表皮。沿周边单面打制修整出器刃。直径8.2~9.1、厚2.8厘米（图二一〇，10）。

标本87JFS-029，平面圆形，一面凹凸不平，保留大部分砾石表皮，劈裂面略向内凹。沿周边单面打制修整出器刃。直径9.7、厚1.9厘米（图二一〇，11）。

标本87JFS-021，平面近椭圆形，一面中心突鼓，保留部分砾石表皮，劈裂面凹凸不整。沿周边单面打制修整出器刃。长径11.8、短径9.6、厚3.8厘米（图二一〇，12）。

3. 细小石器

刮削器　2件。

标本87JFS-031，平面"凸"字形。打制石片石器，两面凹凸不平，一面保留少量砾

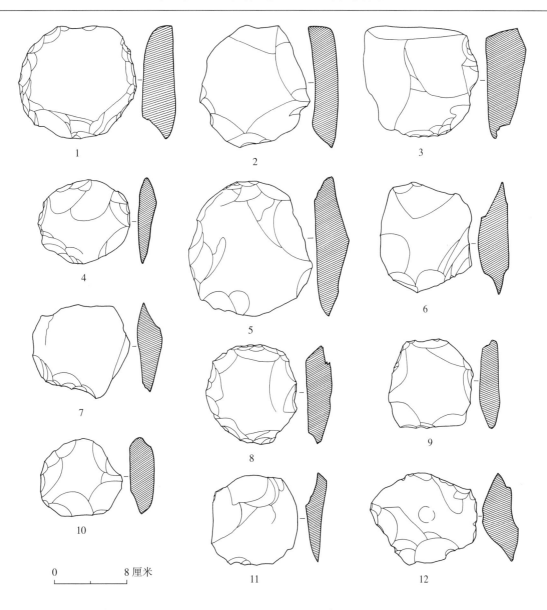

0 ⊢————⊣ 8 厘米

图二一○　1987年三坝洞子遗址采集打制盘状石器

1. 87JFS-028　2. 87JFS-023　3. 87JFS-030　4. 87JFS-024　5. 87JFS-005　6. 87JFS-020　7. 87JFS-025　8. 87JFS-004　9. 87JFS-026　10. 87JFS-022　11. 87JFS-029　12. 87JFS-021

石表皮。顶端细窄，刃部展宽，打制修整出弧形器刃。长径7.4、宽5.6、厚1厘米（图二一一，1）。

标本87JFS-037，平面近三角形。打制石片石器，周边略修打制修整出器刃。长3.6、宽3.4、厚1厘米（图二一一，5）。

石片　6件。选用砾石原料打片制作。

标本87JFS-032，平面近梯形，一面微弧，保留部分砾石表皮，劈裂面平整。上下打制修整出单面器刃。长4.8、宽4.7、厚1.2厘米（图二一一，2）。

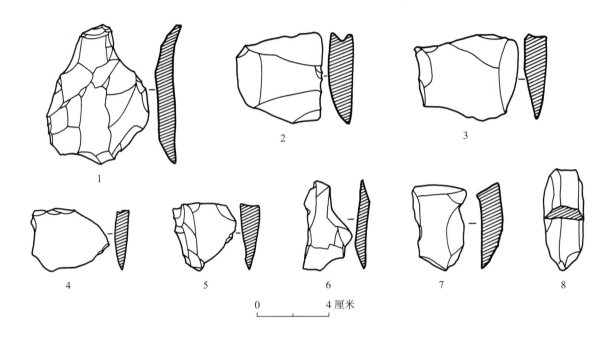

图二一一　　1987年三坝洞子遗址采集和发掘细小石器

1、5. 刮削器（87JFS-031、037）　　2~4、6~8. 石片（87JFS-032、033、036、035、034、038）

标本87JFS-035，平面近凸字形，两面平整，顶端细窄，底端展宽呈扇形。打制修整出单面斜刃。长4.8、宽2.5、厚0.6厘米（图二一一，6）。

标本87JFS-034，平面近长方形，一面略向内凹，劈裂面弧突。两侧经打制修整出尖刃。长4.6、宽3、厚1.1厘米（图二一一，7）。

标本87JFS-036，平面近三角扇形，一面微弧，保留砾石表皮，劈裂面平整，弧形器刃。长4.2、宽3.3、厚0.7厘米（图二一一，4）。

标本87JFS-033，平面近长方形，两面均较平整，一面保留部分砾石表皮。周边打制修整出单面刃。长5.6、宽4.6、厚1.1厘米（图二一一，3）。

标本87JFS-038，平面长条状，一面弧凸，另一面略向内凹，下端修整出单面尖刃，两侧经简单修整。长5.3、宽2.2、厚0.6厘米（图二一一，8）。

二　陶器

三坝洞子遗址采集陶器均系陶片。所见全部为夹砂陶，夹粗砂质地居多，烧造火候较高，有相当一部分器表残留有烟炱痕迹。以红褐色、红色为主，也有部分器表偏黄白色；其次为灰陶、灰褐陶以及少量的黑灰陶。彩陶所占比重较大，器表施红衣或紫红衣，绘黑彩。器类主要是带耳或口沿带錾突的罐类器皿，其他还有尊形器、器盖、钵、豆、圆盘形器盖等。特点是器物普遍较大，为生活实用器。可分为陶制生产工具和日常生活用具两类。

1. 生产工具

纺轮　2件。圆饼状。

标本87JFS-043，泥质褐色陶。残存约1/4，中心钻一圆孔。素面。直径约6.6、孔径0.5、厚0.85厘米（图二一二，1）。

标本87JFS-125，夹砂红陶，胎内掺加云母屑。残存一半强，中心钻一圆孔。器表抹光，施黄白色陶衣。直径约5.8、孔径0.5、厚0.85厘米（图二一二，2）。

圆形陶片　3件。均为圆形，可能为改制纺轮的半成品。

标本87JFS-124，夹砂红陶，胎内掺少许云母屑。器表施黄白色陶衣，保留一道附加堆纹。直径6.3、厚1厘米（图二一二，3）。

标本87JFS-122，夹砂红陶，内壁灰色，胎内掺少许云母屑。素面。直径4.2~4.4、厚0.7厘米（图二一二，4）。

标本87JFS-123，夹砂红陶，内壁灰色，胎内掺少许云母屑。器表施红色陶衣，绘黑彩。直径3.9~4.3、厚0.7厘米（图二一二，5）。

拍子　1件。

标本87JFS-121，夹细砂褐陶，胎芯灰色。据残存部分推测原器应为圆角长方形（或近方形）。正面弧形圆鼓，背面平整，有一凸起的圆形纽状物。残存约1/3。素面。残长2.5、宽5.6、厚1.2、器纽高0.6厘米（图二一二，6）。

2. 生活用具

彩陶双耳罐　2件。

标本87JFS-137，残存器口。夹砂褐陶。侈口，圆唇，斜直短领。器表施紫褐色陶衣，

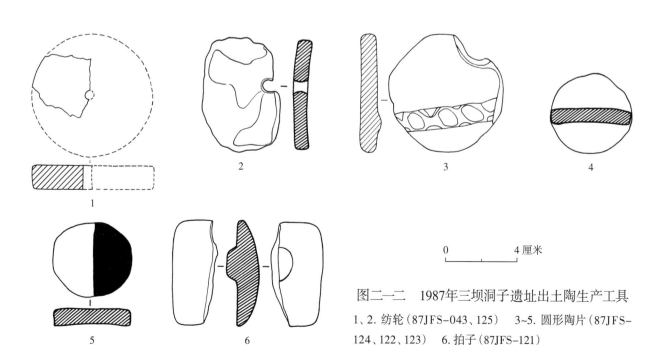

0　　　　　　4厘米

图二一二　1987年三坝洞子遗址出土陶生产工具

1、2. 纺轮（87JFS-043、125）　3~5. 圆形陶片（87JFS-124、122、123）　6. 拍子（87JFS-121）

绘黑彩。口沿内绘横条带、锯齿纹，口沿外绘斜线三角及多人并列舞蹈纹的头部。残高4.5、口径20厘米（图二一三，1）。

标本87JFS-130，残存器物下半部。夹细砂橙红陶。器口残缺，束颈，双大耳（残），鼓腹，平底。器表施红褐色陶衣，绘黑彩。在器腹上部绘多人并列的舞蹈纹，画面简洁，人物密集，人物头部均简化为三角形，双肘相挎，下着曳地长裙。腹径12.5厘米（图二一三，4）。

彩陶突纽大罐　1件。残存器口。

标本87JFS-139，泥质红陶。侈口，外卷尖圆唇。器表及口沿内打磨光滑，器表施红色陶衣，绘黑彩。器口处两侧置椭圆突纽，绘横条带纹。残高4.5、口径24厘米（图二一三，2）。

彩陶瓮　3件。均残存器口。

标本87JFS-136，夹砂陶，外表红色，内壁灰色。喇叭口，圆唇，斜直短领。器表施红色陶衣，绘黑彩。口内沿绘横条带纹，口沿外彩绘脱落，残存部分似为网格纹。残高6、口径

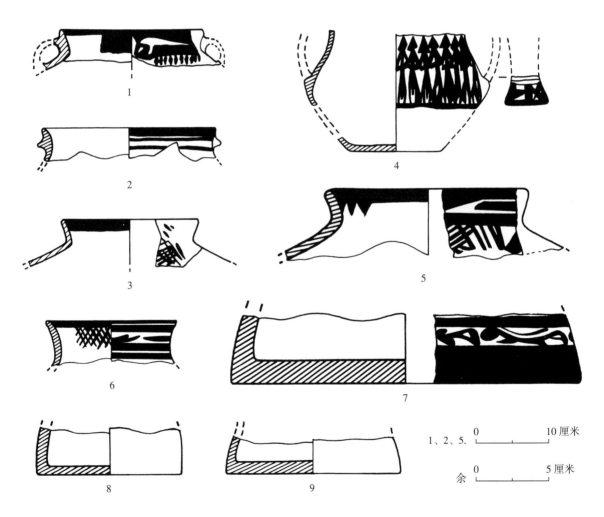

图二一三　1987年三坝洞子遗址出土彩陶器

1、4.彩陶双耳罐（87JFS-137、130）　2.彩陶突纽大罐（87JFS-139）　3、5、6.彩陶瓮（87JFS-136、134、135）　7~9.彩陶尊形器（87JFS-127、099、128）

19.2厘米（图二一三，3）。

标本87JFS-134，夹砂灰褐陶。侈口，圆唇，斜直短领。器表施暗褐色陶衣，绘浓稠黑彩。口内沿绘横条带纹、锯齿纹，口沿外至肩部绘横条带纹、交错斜线纹。残高4.4、口径14厘米（图二一三，5）。

标本87JFS-135，夹砂橙黄陶。喇叭口，尖圆唇，束颈。器表施淡褐色陶衣，绘黑彩。器口内沿绘横条带纹、网格纹，器口外和器领绘横条带纹、"草叶"纹。残高3、口径9厘米（图二一三，6）。

彩陶尊形器　3件。均残存器底。

标本87JFS-127，夹砂红陶。弧敛腹，大平底。器表施红褐色陶衣，绘黑彩。器底部绘横条带纹，间绘一周奔跑的长耳动物纹。残高4.5、底径24厘米（图二一三，7）。

标本87JFS-099，夹砂红陶，胎芯灰色，胎内掺入少量云母屑。弧敛腹，大平底。器表施褐色陶衣，彩绘花纹脱落。残高3.2、底径10厘米（图二一三，8）。

标本87JFS-128，夹砂红陶，胎芯灰色，胎内掺入少量云母屑。内敛腹，大平底。器表施褐色陶衣，彩绘花纹脱落。残高2.4、底径12厘米（图二一三，9）。

豆　9件。根据其形态差异，分三型。

A型　6件。鼓腹钵形豆。仅存豆盘部分。

标本87JFS-060，夹砂灰褐陶，器表褐色。大口直立，圆唇，豆盘腹部向外凸鼓，下腹内敛，豆柄缺失。器表打磨较光滑。素面。残高8、口径22厘米（图二一四，1）。

标本87JFS-062，仅存豆盘口缘部分。夹砂褐陶，器表内外泛灰色。大口直立，圆唇，豆盘腹部凸鼓，豆盘下部及豆柄缺失。器表打磨光滑。素面。残高4.8、口径18厘米（图二一四，2）。

标本87JFS-063，仅存豆盘口缘部分。夹砂黑褐陶，胎内掺入少量云母屑。大口直立，圆唇，豆盘腹部凸鼓，豆盘下部及豆柄缺失。器表打磨光滑。素面。残高4.8、口径18厘米（图二一四，3）。

标本87JFS-140，仅存豆盘残片。夹细砂灰陶，器表内外褐色，表皮暗褐色。器口残缺，鼓腹，豆柄残缺。豆盘上部绘黑褐彩横条带纹。残高4.5、腹径20厘米（图二一四，4）。

标本87JFS-064，仅存豆盘口缘部分。夹砂灰陶。大口直立，圆唇，豆盘腹部凸鼓，豆盘下部及豆柄缺失。器表打磨光滑。素面。残高4、口径20厘米（图二一四，5）。

标本87JFS-065，仅存豆盘部分残片。夹细砂灰陶，器表内外褐色。鼓腹，豆柄残缺。残高4.5厘米（图二一四，7）。

B型　敛口钵形豆。1件。

标本87JFS-061，仅存豆盘口缘部分。夹砂灰褐陶，胎内掺入少量云母屑，器表红褐色，有烟炱痕迹。大口内敛，圆唇，弧腹，豆盘下部及豆柄缺失。素面。残高4.8、口径20厘

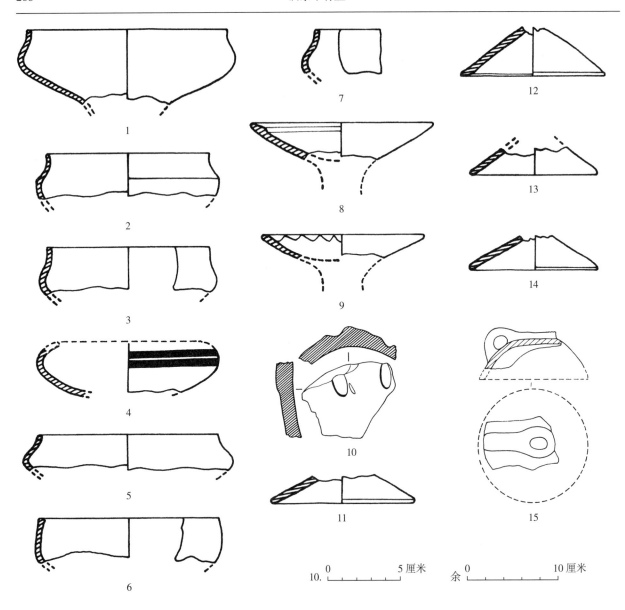

图二一四　1987年三坝洞子遗址出土陶器

1~5、7. A型豆（87JFS-060、062、063、140、064、065）　6. B型豆（87JFS-061）　8、9. C型豆（87JFS-068、069）　10. 豆柄（87JFS-120）　11~14. A型器盖（87JFS-071、072、073、074）　15. B型器盖（87JFS-075）

米（图二一四，6）。

C型　盘形豆。2件。

标本87JFS-068，仅存豆盘。夹砂灰褐陶，器表内外红褐色，口沿周边被烟熏成黑色。大喇叭口，圆唇，口沿内加厚出一台阶，斜弧腹，豆柄残失。素面。残高4、口径20厘米（图二一四，8）。

标本87JFS-069，残存豆盘部分。夹砂灰陶，器表色泽不匀，局部泛褐色，口沿内周边被烟熏成黑色。大喇叭口，圆唇，口沿内加厚出一台阶，斜弧腹，豆柄残失。器口内刻划连续的曲折线纹。残高2.5、口径18厘米（图二一四，9）。

豆柄 1件。

标本87JFS-120，豆柄部残片。夹砂褐陶，胎内掺入少量云母屑，器表黄白色，局部黑色。表面压印椭圆窝纹。残高5厘米（图二一四，10）。

器盖 5件。根据形态差异分两型。

A型 4件。斗笠状器盖。

标本87JFS-071，夹砂灰褐陶，器表内外红褐色。喇叭盖口，圆唇，盖面斜直，盖顶和捉纽残。素面。残高3、口径16厘米（图二一四，11）。

标本87JFS-072，夹砂灰陶。喇叭盖口，尖圆唇，盖面微微弧曲，器顶及捉纽残。素面。残高5、口径16厘米（图二一四，12）。

标本87JFS-073，夹砂灰陶，器表被烟熏成黑色。喇叭盖口，尖圆唇，盖面斜直，器顶及捉纽残。素面。残高2.8、口径14厘米（图二一四，13）。

标本87JFS-074，夹砂红陶，胎内掺入少量云母屑，器表被烟熏成黑色。喇叭盖口，圆唇，盖面斜直，盖顶及捉纽残。素面。残高4、口径14厘米（图二一四，14）。

B型 1件。单耳覆碗状。

标本87JFS-075，夹砂红陶，胎内掺入少量云母屑，器表黄白色。盖口缘残缺，盖面圆弧，盖顶一侧安置环形器纽，顶面中央有一椭圆状突起，似为却置的圈足。素面。残高4.3厘米（图二一四，15）。

突纽罐 1件。

标本87JFS-067，夹砂红陶。口缘及器底部分残缺。原器应为侈口，束颈，器口外两侧置对称的突纽，圆鼓腹。素面。残高6、腹径10厘米（图二一五，1）。

突纽瓮 8件。均为陶瓮残存的器口。

标本87JFS-083，夹砂灰陶，胎内掺入少量云母屑，器表被烟熏成黑色。微侈口，圆唇，短领，器口外置对称的椭圆突纽。素面。残高6、口径20厘米（图二一五，2）。

标本87JFS-094，夹砂灰陶，器表残留烟炱。直口，圆唇，短领直立，器口外置对称的短条突纽。素面。残高6.8、口径24厘米（图二一五，3）。

标本87JFS-082，夹砂红陶，胎内掺入少量云母屑。侈口，尖唇，器口外置乳突纽。素面。残高7、口径20厘米（图二一五，4）。

标本87JFS-088，夹砂红陶，胎内掺入少量云母屑，外表黄白色。侈口，圆唇，斜直短领，器口外置对称的短条突纽。素面。残高8、口径20厘米（图二一五，6）。

标本87JFS-089，夹砂褐陶。直口，圆唇，器口外置对称的长条突纽。素面。残高6、口径20厘米（图二一五，7）。

标本87JFS-095，夹砂红陶，胎内掺入少量云母屑，器表泛黄褐色。侈口，尖圆唇，束颈，器口外置斜翘的短条突纽。素面。残高5、口径20厘米（图二一五，5）。

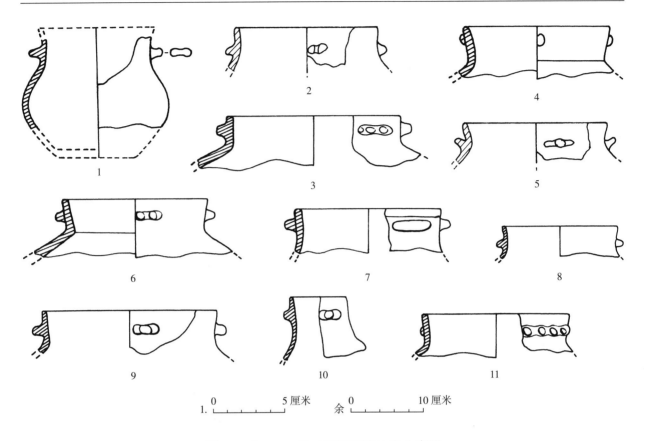

图二一五　　1987年三坝洞子遗址出土陶器

1. 突纽罐（87JFS-067）　　2~10. 突纽瓮（87JFS-083、094、082、095、088、089、096、097、098）

11. 堆纹口瓮（87JFS-091）

标本87JFS-097，夹砂红褐陶，胎内掺入少量云母屑，器表残留烟炱。侈口，圆唇，斜直短领，器口外置短条突纽。素面。残高5.5、口径24厘米（图二一五，9）。

标本87JFS-096，夹砂红陶，胎内掺入少量云母屑，器表残留烟炱痕，器口烟炱厚重。侈口，厚圆唇，器口外侧置卵圆突纽。素面。残高4.5、口径16厘米（图二一五，8）。

标本87JFS-098，夹砂红陶，胎内掺少量云母屑，器表黄白色。斜直口，圆唇，高领，器口外置突纽。残高8厘米（图二一五，10）。

堆纹口瓮　1件。

标本87JFS-091，夹砂红陶，胎内掺少量云母屑，器表泛黄白色。斜直口，圆唇，短领。器口外置一周附加堆纹。残高5.6、口径20厘米（图二一五，11）。

盘　1件。

标本87JFS-066，夹砂灰褐陶，器表内外泛黄白色。大敞口，尖圆唇，浅腹，平底。素面。高3.4、口径12、底径6厘米（图二一六，1）。

夹砂双耳罐　1件。

标本87JFS-076，器口残片。夹砂红陶。侈口，尖圆唇，斜直短领，器口外两侧置双耳

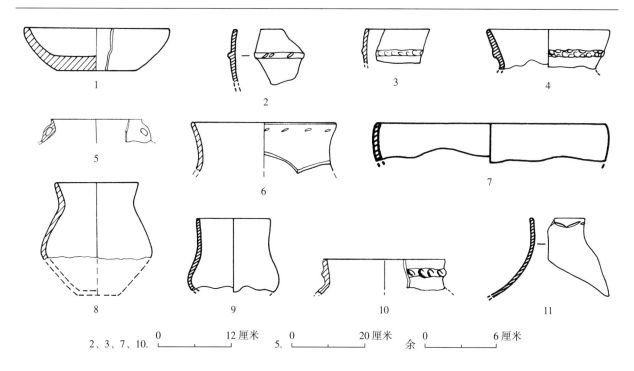

2、3、7、10. ├─────────────┤　　├─────────────┤　　├─────────────┤
　　　　　　　 0　　　　12厘米　0　　　　20厘米　0　　　　6厘米
5.
余

图二一六　　1987年三坝洞子遗址出土陶器

1. 盘（87JFS-066）　　2、3. B型钵（87JFS-092、093）　　4、6、10、11. 罐口（87JFS-102、079、091、104）　　5. 夹砂双耳罐（87JFS-076）　　7. A型钵（87JFS-100）　　8. 侈口罐（87JFS-070）　　9. 鼓腹杯（87JFS-105）

（残）。素面。残高6、口径24厘米（图二一六，5）。

侈口罐　1件。

标本87JFS-070，泥质红褐陶，胎内掺入少量云母屑，器表泛灰白色。喇叭口，斜直领，束颈，折腹，下腹及器底残。素面。残高6、口径7厘米（图二一六，8）。

鼓腹杯　1件。均残存器口。

标本87JFS-105，泥质红陶，胎芯灰色，胎内掺入少量云母屑。小口微侈，圆唇，斜直高领，鼓腹，一侧应有单耳（残），器底残。素面。残高6、口径5.8厘米（图二一六，9）。

钵　3件。均为口沿残片。分两型。

A型　1件。

标本87JFS-100，夹砂灰褐陶，胎内掺入少量云母屑。内敛口，圆唇，弧腹，下腹及器底残。素面。残高6、口径36厘米（图二一六，7）。

B型　2件。

标本87JFS-092，夹砂红陶。器口微敛，圆唇，弧腹。上腹部堆塑附加堆纹一周。残高8.5厘米（图二一六，2）。

标本87JFS-093，夹砂灰陶。敛口，圆唇，弧腹。腹部堆塑附加堆纹一周。残高5.5厘米（图二一六，3）。

罐口　4件。均系器口残片。

标本87JFS-091，夹砂红陶，胎内掺入少量云母屑，器表黄白色。侈口，圆唇，斜直短领。器领堆塑一周附加堆纹。残高5.5、口径20厘米（图二一六，10）。

标本87JFS-102，夹砂红陶，胎内掺入少量云母屑，器表烟炱厚重。喇叭口，尖圆唇，斜直高领。领部捏塑附加堆纹一周。残高3.5、口径10厘米（图二一六，4）。

标本87JFS-079，夹砂灰褐陶，胎内掺入少量云母屑，器表内外被烟熏成黑色。侈口，圆唇，束颈。口沿外侧压印疏朗的斜向梭形纹一周。残高4、口径12厘米（图二一六，6）。

标本87JFS-104，夹砂红褐陶，胎内掺入少量云母屑。微侈口，圆唇，束颈。器口外压印人字纹。残高6厘米（图二一六，11）。

瓮口　8件。根据器口有无压印纹，分两型。

A型　4件。均为器口残片，素面。

标本87JFS-084，夹砂红陶，胎内掺入少量云母屑。侈口，圆唇，斜直短领。残高5、口径18厘米（图二一七，1）。

标本87JFS-085，夹砂灰陶。器表抹光。侈口，尖圆唇，束颈。残高6.5、口径18厘米（图二一七，2）。

标本87JFS-087，夹砂灰褐陶，胎内掺入少量云母屑，器表色泽不匀。直口，圆唇，短领。残高7.5、口径20厘米（图二一七，3）。

标本87JFS-090，夹砂红陶，器表色泽不匀，局部泛黄白色。大口外侈，卷缘，叠唇，

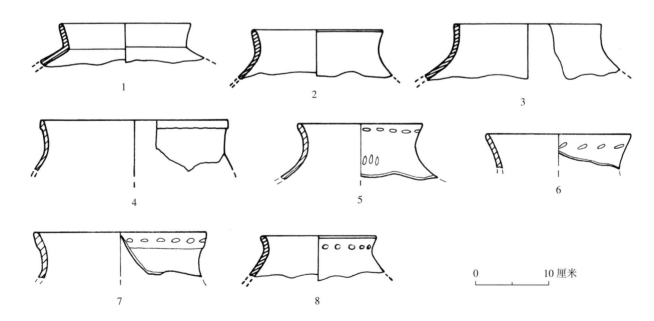

图二一七　1987年三坝洞子遗址出土陶瓮口

1~4. A型（87JFS-084、085、087、090）　　5~8. B型（87JFS-078、080、081、086）

束颈。残高6.5、口径26厘米（图二一七，4）。

B型 4件。均为器口残片，口沿外周有压印纹。

标本87JFS-078，夹砂灰陶，器表泛黄白色。喇叭口，尖圆唇，束颈。口沿外压印横列卵圆点纹一周，器颈部压印卵点纹。残高7.5、口径17.2厘米（图二一七，5）。

标本87JFS-080，夹砂灰陶，胎内掺入少量云母屑。喇叭口，圆唇。口沿外压印疏朗的斜向梭形点纹一周。残高4.5、口径20厘米（图二一七，6）。

标本87JFS-081，夹砂红陶，胎内掺入少量云母屑。喇叭口，卷缘，叠唇加厚，尖圆唇。器口外压印联珠纹一周。残高6、口径24厘米（图二一七，7）。

标本87JFS-086，夹砂灰褐陶，内壁红色，器表被烟熏成黑色。侈口，圆唇，短领，束颈。口沿外压印联珠纹一周。残高5.5、口径16厘米（图二一七，8）。

罐底 4件。均系夹砂罐器底残片。

标本87JFS-107，夹砂红陶，胎内掺入少量云母屑。直腹，平底。素面。残高7.8、底径10.4厘米（图二一八，1）。

标本87JFS-108，夹砂红陶，内壁红色，外壁灰褐色。较瘦的弧腹，平底。素面。残高4.5、底径6厘米（图二一八，2）。

标本87JFS-112，夹砂红褐陶。弧腹，平底。素面。残高2、底径3.8厘米（图二一八，3）。

标本87JFS-113，夹细砂灰陶，器表抹光。弧腹，平底。素面。残高2.2、底径6厘米（图二一八，4）。

瓮底 3件。

标本87JFS-109，夹砂灰陶，胎芯褐色，器表泛灰色，抹光。弧腹，平底。素面。残高9.5、底径10.5厘米（图二一八，5）。

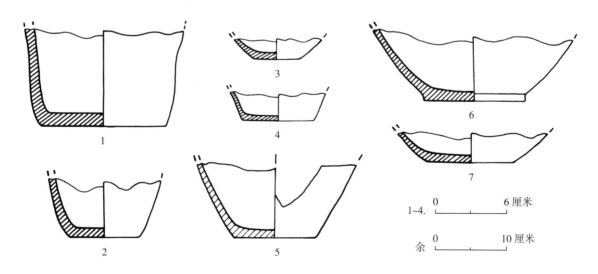

图二一八 1987年三坝洞子遗址出土陶器底

1~4.罐底（87JFS-107、108、112、113） 5~7.瓮底（87JFS-109、110、111）

标本87JFS-110，夹砂红陶，胎芯灰褐色。弧腹，假圈足，平底。素面。残高9、底径14厘米（图二一八，6）。

标本87JFS-111，夹粗砂灰陶。弧腹，平底。素面。残高4、底径12厘米（图二一八，7）。

圆盘器盖　总计出土45件，多为残片。此类物为首次发现，推测其用途应为器盖的一种。现遴选标本16件，根据形态差异，分四型。

A型　1件。

标本87JFS-044，夹砂灰褐陶。圆饼状，顶面圆弧，盖底面内凹，盖面中央部位有一突起的小乳突纽。素面。直径10.2、厚1.4厘米（图二一九，1）。

B型　2件。

标本87JFS-045，夹砂灰褐陶，胎内掺杂云母屑，器表局部泛红褐色。圆饼状，残存约1/3，盖顶和盖底两面平整，盖面一侧有一枚较高耸的乳突（残缺部分）。素面。复原直径10、厚1厘米（图二一九，2）。

标本87JFS-046，夹砂灰褐陶，胎内夹杂少量云母屑。圆饼状，残存约1/3，盖顶和盖底两面平整，盖面正中有一枚高耸的乳突。素面。复原直径12、厚1.6厘米（图二一九，3）。

C型　1件。

标本87JFS-047，夹砂灰陶。圆饼状，残存约1/5，盖顶和盖底两面平整。盖面正中有一桥形捉手。盖顶边缘刻划短线、"V"形纹。直径12、厚1.2厘米（图二一九，4）。

D型　12件。均系圆盘边缘残片，由于残块小，盖面是否有乳突或器纽，不详，这里均归为D型处理。

标本87JFS-048，夹砂红陶，胎内掺入少量云母屑，边缘一圈被烟熏黑。圆饼状，仅存边缘小残块，盖顶和盖底两面平整。盖底边缘饰一周联珠纹，盖顶边缘饰刻划连续菱格纹。复原直径20、厚1.6厘米（图二二〇，1）。

标本87JFS-049，夹砂红陶。圆饼状，残存约1/4，盖顶和盖底两面平整。盖顶周缘捺压

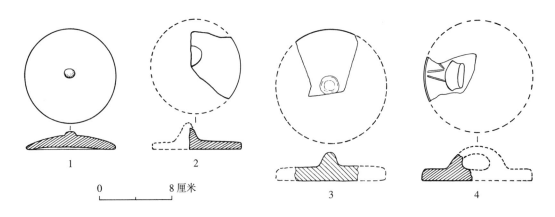

图二一九　1987年三坝洞子遗址出土圆盘陶器盖

1. A型（87JFS-044）　2、3. B型（87JFS-045、046）　4. C型（87JFS-047）

连续花边凹窝纹。复原直径16、厚1.6厘米（图二二○，2）。

标本87JFS-050，夹砂红陶，胎内掺入少量云母屑，器表斑驳，局部泛灰褐色。圆饼状，残存约1/5，盖顶和盖底两面平整。盖顶饰捺印联珠纹一周。复原直径20、厚2厘米（图二二○，3）。

标本87JFS-051，夹砂灰褐陶，器表局部泛黄白色。圆饼状，仅存边缘残块。盖顶和盖底两面平整。盖顶边缘捺印联珠纹。复原直径20、厚1.6厘米（图二二○，4）。

标本87JFS-052，夹砂灰褐陶，周边两面被烟熏黑。圆饼状，仅存边缘残块，盖顶和盖

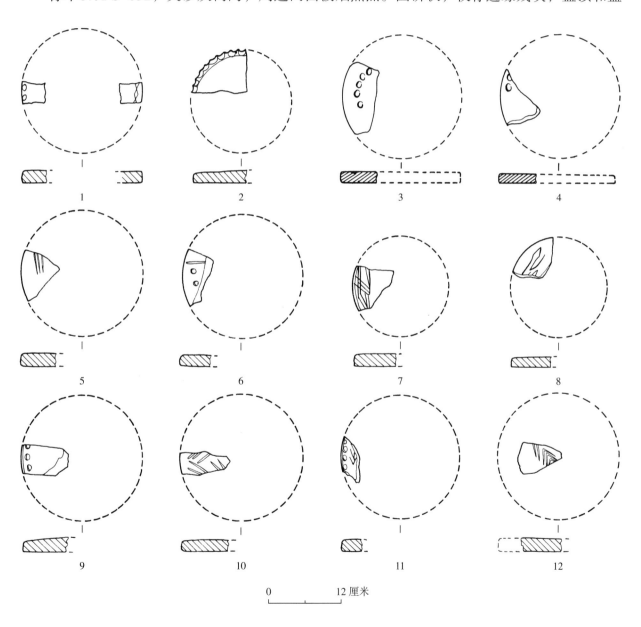

图二二○　1987年三坝洞子遗址出土D型圆盘陶器盖

1. 87JFS-048　2. 87JFS-049　3. 87JFS-050　4. 87JFS-051　5. 87JFS-052　6. 87JFS-053　7. 87JFS-054　8. 87JFS-055
9. 87JFS-056　10. 87JFS-057　11. 87JFS-058　12. 87JFS-059

底两面平整。盖顶刻划线条纹。复原直径20、厚2.2厘米（图二二〇，5）。

标本87JFS-053，夹砂灰褐陶，周边两面被烟熏黑，器表曾施陶衣，色泽不匀，泛红、黄和白等色。圆饼状，仅存边缘残块，盖顶和盖底两面平整。盖顶边缘刻划线纹、捺印联珠纹。复原直径20、厚1.8厘米（图二二〇，6）。

标本87JFS-054，夹砂红褐陶，胎内掺入少量云母屑。圆饼状，残存约1/4，盖顶和盖底两面平整。盖顶边缘刻划密集的交错几何线条纹。复原直径16、厚1.8厘米（图二二〇，7）。

标本87JFS-055，夹砂红褐陶，器表色泽不匀，局部泛黄白色。圆饼状，残存约1/4，盖顶和盖底两面平整，周边两面被烟熏黑。盖顶边缘刻划几何纹（似为动物）。复原直径16、厚1.6厘米（图二二〇，8）。

标本87JFS-056，夹砂红褐陶，周边两面被烟熏黑。圆饼状，仅存边缘残块，从剖面可见此器中间厚、边缘薄。盖顶边缘捺压联珠纹一周。复原直径20、厚约1.6~2.5厘米（图二二〇，9）。

标本87JFS-057，夹砂红陶，周边两面被烟熏黑。圆饼状，仅存边缘残块，正反两面均平整。盖顶刻划几何纹。复原直径20、厚2厘米（图二二〇，10）。

标本87JFS-058，夹砂褐陶。圆饼状，仅存边缘残块，正反两面平整。盖顶边缘刻划联珠纹、几何折线纹。复原直径20、厚2厘米（图二二〇，11）。

标本87JFS-059，夹砂灰褐陶。仅存中间一小块，正反两面平整。盖顶刻划连续"V"字纹。厚2厘米（图二二〇，12）。

砖　3件。均为陶砖一类器物的残块。

标本87JFS-039，夹砂灰褐陶。火候甚高，器表抹光。推测原器为长方形砖状，一面完整，余三面均残缺。素面。残长8.8、残宽5.8、厚2.4厘米（图二二一，1）。

标本87JFS-040，夹砂灰陶。器表抹光。推测原器为长方形砖状，一面完整，余三面均有残缺。素面。残长5.6、残宽4.4、厚2厘米（图二二一，2）。

标本87JFS-041，系砖的侧面残块。夹砂灰陶，胎内掺入部分云母屑，器表抹光，颜色略斑驳，局部泛灰褐色。素面。残长7.6、宽6.6、残厚2厘米（图二二一，3）。

方盒　1件。

标本87JFS-126，夹细砂红褐陶。器壁垂直，仅存底部残片。素面。残长5.3、残宽3.2、残高1厘米（图二二一，4）。

器足　2件。系某类器物的实足根残件。

标本87JFS-118，夹砂灰褐陶。侧视圆柱状，断面圆角长方形。素面。残高3.8、宽3.3、厚3厘米（图二二一，6）。

标本87JFS-119，夹砂红陶，胎内掺入少许云母屑，器表泛黄白色。足根底部一侧弯曲近"L"状，断面圆角长方形。素面。残高3.4、宽2.5、厚2.1厘米（图二二一，5）。

鬲裆（？）　1件。

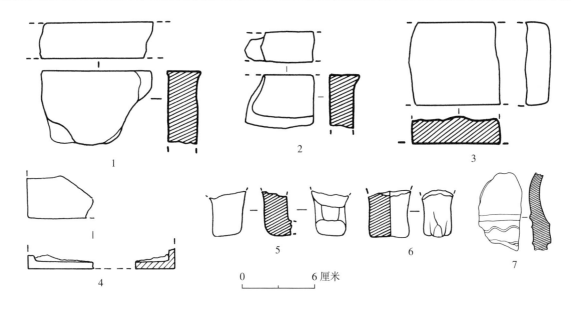

图二二一　1987年三坝洞子遗址出土陶器

1~3.砖残块（87JFS-039、040、041）　4.方盒（87JFS-126）　5、6.器足（87JFS-119、118）　7.鬲裆（？）（87JFS-117）

标本87JFS-117，夹砂红陶，器表被烟熏黑。保留有直线和曲线形状的附加堆纹。此器很像陶鬲裆部残片（图二二一，7）。

车轮模型（？）　1件。

标本87JFS-042，夹砂灰褐陶，胎内掺入部分云母屑。烧制火候高，质地坚硬。圆饼状（残缺一半），周边薄，中心厚。中央钻一圆孔，孔径周边较厚突起。素面。复原直径7.8、边缘厚0.7、孔径四周厚2.6厘米（图二二二）。

彩陶片　21件。分舞蹈人物纹、动物纹和几何纹三类。

舞蹈人物纹　3件。均为彩陶罐腹部残片。

标本87JFS-128，夹砂红陶。器表施褐色陶衣，绘黑彩舞蹈人物纹，人物造型已几何图案化（图二二三，1）。

标本87JFS-129，夹细砂红陶，胎芯灰色。器表施红衣，绘黑彩舞蹈人物纹，舞者头部和身体呈箭头状，造型简洁，几何图案化（图二二三，2）。

标本87JFS-142，夹砂灰陶，器表施褐色陶衣，绘黑褐彩舞蹈人物纹，仅存人物下身裙摆部分，构图已几何图案化，呈网状（图二二三，3）。

动物纹　8件。均为罐或壶的腹部残片。

标本87JFS-141，夹砂红陶，内壁灰色。器表施红色陶衣，绘黑彩宽带纹、奔跑动物纹，仅残存身体部分（图二二三，4）。

标本87JFS-143，夹砂褐陶，内壁灰色。器表施褐色陶衣，绘黑褐彩奔跑动物纹，仅残

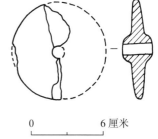

图二二二　1987年三坝洞子
遗址出土陶车轮模型（？）
（87JFS-042）

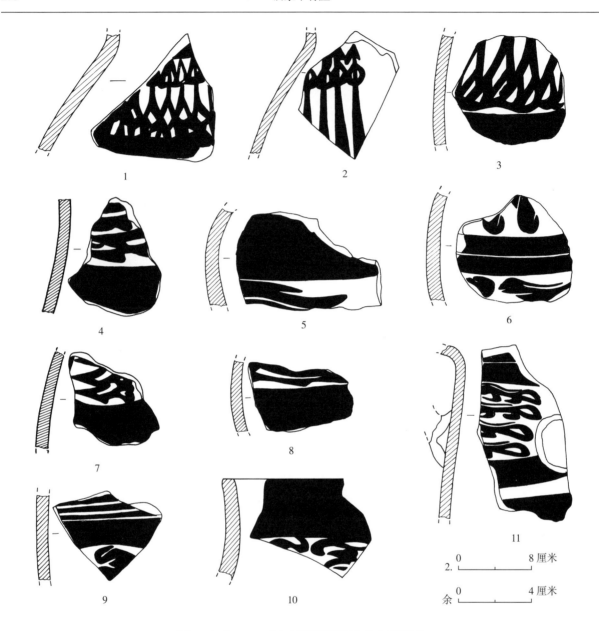

图二二三　　1987年三坝洞子遗址出土彩陶片

1~3. 舞蹈人物纹（87JFS-128、129、142）　　4~11. 动物纹（87JFS-141、143、144、145、148、151、149、152）

存身体部分（图二二三，5）。

　　标本87JFS-144，夹砂红陶。器表施褐色陶衣，绘黑彩横条带纹，条带纹上下残存奔跑的长耳动物纹（图二二三，6）。

　　标本87JFS-145，夹砂灰陶。器表施褐色陶衣，绘黑褐彩宽带纹、几何图案化的动物纹（图二二三，7）。

　　标本87JFS-148，夹砂红陶，胎芯灰色。器表施紫色陶衣，绘黑褐彩宽带纹和奔跑的动物纹（图二二三，8）。

标本87JFS-149，夹砂橙红陶，胎芯灰色。器表施红褐色陶衣，绘黑彩宽带纹和奔跑的动物纹（图二二三，10）。

标本87JFS-151，夹砂灰陶，内壁红色。器表施紫红色陶衣，绘浓稠黑彩。器口内沿彩绘脱落。器表绘宽带纹、兽角动物纹（图二二三，9）。

标本87JFS-152，夹砂红陶，胎芯灰色。器表施红色陶衣，绘黑彩宽带纹，其间绘四层上下叠置的奔跑动物纹（图二二三，11）。

几何纹 9件。

标本87JFS-147，夹砂红陶。器表打磨光滑，施红色陶衣，绘黑彩几何纹（图二二四，1）。

标本87JFS-146，夹砂红陶。器表打磨光滑，施红色陶衣，绘黑彩几何纹（图二二四，2）。

标本87JFS-150，夹砂红陶。器表打磨光滑，施红色陶衣，绘黑彩几何纹（图二二四，3）。

标本87JFS-131，彩陶罐器口残片。夹砂红陶。器表打磨光滑，施褐色陶衣，绘黑色彩。器口内外绘宽带锯齿纹、横带纹（图二二四，6）。

标本87JFS-154，器腹残片。夹砂红陶，器表黄白色，胎芯灰色，胎内掺入少量云母屑，烧制火候较高。器表绘黑褐彩横条带纹（图二二四，5）。

标本87JFS-153，器腹残片。夹砂红陶，胎芯灰色，胎内掺入少量云母屑。器表施红褐色陶衣，绘粗细相间的黑褐彩斜线纹（图二二四，4）。

标本87JFS-133，夹砂红陶。器表打磨光滑，施红色陶衣，绘黑彩倒三角纹（图二二

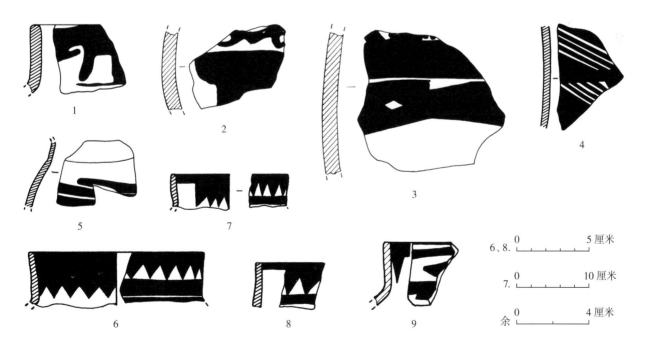

图二二四 1987年三坝洞子遗址出土几何纹彩陶片

1. 87JFS-147 2. 87JFS-146 3. 87JFS-150 4. 87JFS-153 5. 87JFS-154 6. 87JFS-131 7. 87JFS-132 8. 87JFS-133
9. 87JFS-138

四，8）。

标本87JFS-132，彩陶罐口残片。夹粗砂灰褐陶。器表施紫红色陶衣，绘黑彩。器口内外绘横条带纹、锯齿纹（图二二四，7）。

标本87JFS-138，彩陶罐口残片。夹砂红陶。器表施褐色陶衣，绘黑彩。器口内绘锯齿纹，器口外绘几何条带纹（图二二四，9）。

三坝洞子遗址出土遗物基本上属于四坝文化，而且都很典型。但在这些标本中有1件颇似陶鬲（？）裆部的残片（87JFS-117）。此器为夹砂红陶，器表局部被烟熏黑，用细泥条贴塑直线、曲线附加堆纹。迄今为止，在已知四坝文化的遗存中还从未发现有空三足器一类器皿。若此器确属陶鬲，有可能是晚于四坝文化的遗物。根据目前所知河西走廊西部的史前文化序列，最有可能的是骟马文化。

此外，还出土两件器足，个体不大，也比较短。根据以往的发现，很有可能是长方形四足器皿的足。此类器在民乐县东灰山墓地有出土。类似遗物在玉门火烧沟墓地也有发现。

三坝洞子遗址出土陶器个体均比较大，陶胎厚重，烧造火候较高，与干骨崖墓地随葬的器皿判然有别。后者个体均偏小，陶胎较薄，部分器物火候偏低，应是专门为死者随葬的明器。可见当时的陶器制造已经有了服务于不同目的的产品。

在三坝洞子遗址发现有房屋建筑的柱洞。考虑到该址的堆积中出有大量动物骨骼（参见附录七），地表散落有大量的废弃石器，出土陶器均为生活实用器，推测这里（包括刘家沟口遗址）应是与干骨崖墓地对应的生活聚落区。

第八章　结语

第一节　干骨崖墓地及周边遗址遗存特征

1. 遗物

（1）石器

干骨崖墓地及周边遗址出土石器可以分为三大类：

第一类为打制石器，所占比重最大，主要是在遗址地表采集。器类以带柄手斧和盘状器最多。石器原料主要采自丰乐河床内的河卵石，经打片、成型、修整而成。特点是器体普遍厚重，制作规范，格调粗放。如带柄手斧大多平面呈长条"凸"字形，两侧打出双肩，后端有稍窄细、便于捉握的手柄，前端展宽，双面打制修整出弧形刃。也有一些中部内凹呈亚腰葫芦状，前端双面打制修整出弧形刃。盘状器为较厚重的饼状，平面多圆形、椭圆形，也有的近方形、长方形。沿周边双面打制修整出器刃。以上两类工具的使用功能较接近，主要用于砍和砸。其他打制石器还有少量石锤、砍砸器和刮削器。此外，还有一种个体较大的石器，选用砾石打片、修整，一般无刃，也有个别带刃者，或可兼作他器使用。

第二类为磨制石器，为数不多，大多为墓中随葬品。器类有穿孔石刀、小石斧（锛）、砺石等。石刀多作圆角长方形，分单孔、双孔，个别有四孔者，普遍磨制不精，双面对钻器孔，直刃或弧形刃。磨制小石斧（锛），个体偏小，长条状，磨制较精，双面弧刃。砺石系打磨骨器、铜器、装饰品或其他小件器物的特殊工具，按器形差异分两种。一种形似小石斧，顶端有一对钻的孔，无刃；另一种为窄细长条状，横断面长方形，两端均有对钻的小孔。这些砺石个体小巧，且均穿孔，应是随身携带使用的器具。有磨槽的石器造型不很固定，或似石斧，或似石锤，或似盘状器，或许就是利用这些石器加工改制的。特点是在器物周边或两侧打磨"V"形沟槽，数量多寡不等，一般呈对称分布，也有的位置不是很固定。这些"V"形沟槽应是长期打磨石器、铜器或骨器造成的，故我们将此类石器命名为"有磨槽石器"。此类石器个体普遍大而厚重，不便随身携带，应是放置在聚落内固定场所使用的。这些"有磨槽石器"均出土于聚落遗址，不见于墓葬。在干骨崖等遗址还采集到少量的石磨盘、石磨棒、石臼、环状穿孔石器等。石磨盘、石磨棒选用花岗岩为原料，平面长方形或椭圆形，器体厚重。由于长期使用，磨面呈马鞍形。磨棒分长条形和椭圆形两种，断面为圆角方形或半圆形。

第三类为细小石器，出土数量不多，很多为石片，仅有个别成型的石叶或刮削器。特点是聚落遗址出土的个体稍微偏大，随葬品个体普遍较小。其质地大多为燧石，也有一般的石料，有些甚至就是用河卵石打制的小石片。

（2）玉器

玉器出土数量稀少，全部为墓中随葬品。器类仅有权杖头和穿孔石斧（钺）。权杖头白色，器表打磨十分光滑，俯视圆形，侧视扁圆状，中心管钻有上下贯通的圆孔，上小下大，用于纳柄。玉斧均为祁连玉，暗墨绿色，圆角梯形，后端稍窄，刃部略展宽，近顶端位置对钻一孔，器表打磨精细，无刃。以上两种玉器制作精致，应是与昭示墓主身份、地位有关的礼仪用具。

（3）骨器

骨器出土不多，几乎全部为墓中随葬品。种类有骨针筒、骨针、骨管、骨锥、骨笄以及制作骨器的骨料。其中，骨针筒为专用器具，长条管状，选用大型禽鸟的腿骨为原料，截取长约10厘米左右的一段制成。有的在骨管上钻4~5枚圆孔，间距均等，颇似骨笛。个别还在器表刻划三角网格纹作为装饰。此类骨管出土时多装有骨针或骨针半成品，可证其功能是专门用来存放骨针的器具，可随身携带。还有一种粗短的骨管，选用一节动物趾骨为原料，长度约5厘米上下，在骨头的中间位置开凿一枚椭圆或不规则形状的孔，用途不明。骨笄发现很少，用啮齿类动物或禽鸟肢骨制作；还有一种骨制的长条菱形骨片，可能为骨镞。此外，干骨崖墓地随葬的铜锥常配有骨质（或木质）的手柄。

（4）牙器

牙器均出土于墓葬。所见仅牙饰一种。经动物考古专家鉴定，其原料应为雄性野猪（或早期家猪）的下犬齿。经打磨、减薄，制成形若新月的弧形片状饰物，其正面保留牙齿的珐琅质釉面。在尖细的牙齿顶端位置钻出一枚小孔，底端打磨成圆弧状。此类牙饰一般出在墓主腰际或颈下胸前的两侧，且往往成对出土。推测其用途极有可能是缝缀在衣物上的某种饰物，或作为扣饰，既可作装饰，也兼有实用价值。

（5）蚌器与海贝

蚌器大多数为墓中的随葬品。主要有蚌泡及个别的蚌牌、小螺壳一类饰物。有2件尚保持河蚌的自然形态。其中，个体偏小的一件经初步鉴定属于河蚬中的闪蚬 *Corbicula Nitens*（Philippi）。同类物在甘肃民乐东灰山墓地也有出土①。此器表面未作任何加工处理，仅在

---

① 甘肃民乐东灰山墓地出土有类似的蚌壳和蚌泡遗物，其中一件完整蚌壳经鉴定为闪蚬 *Corbicula nitens*（Philippi），估计干骨崖墓底所出蚌壳亦属同类。参见：甘肃省文物考古研究所、吉林大学考古系：《民乐东灰山考古——四坝文化墓地的揭示与研究》，科学出版社，1998年，第186页。

蚌壳前端的顶部钻一孔，可作为佩戴的饰物。另在M26出有一件较大的蚌壳，未作任何加工，仅在中心和顶部各钻一孔（彩版二四，5）。此类蚌器大部分都经切割、打磨、钻孔处理，被制成直径2~4厘米的圆形或椭圆形蚌泡，剖面还保留一定弧度，推测其原状与M26：9相同，种属应为淡水蚌类。它们出土时大多被放置在墓主胸腹两侧，估计是缝缀于衣物上的饰件，与前述牙饰的功能相近①。在M26还出有一件较大的椭圆形蚌牌，器表打磨平整、精细、光滑，顶端钻有一孔，应是用较大而厚重的蚌壳为原料制成的。此外，干骨崖墓地还出有少量蚌珠类小饰件，有一件在侧面位置横向钻有十字交叉双孔，比较特殊。

海贝发现不多，除背部打磨外，尚保留自然形态。据目测，这些海贝均为生长在南海或印度洋的货贝（*Monetaria Moneta*）或环纹货贝（*Monetaria Annulus*〈Linneus〉）②。此外，还出土一枚蚌贝，打磨平整光滑，顶端有一穿孔，纵向刻有一道凹槽，似模仿海贝的壳口部③。此类器物的功能还有待于研究。

（6）陶器

干骨崖墓地及周边遗址出土的陶器分为早晚两个时段。早段的遗物主要出自干骨崖遗址地表及墓葬填土，绝大部分为陶器残片。分泥质陶（包括红、橙黄和红褐色）、夹细砂陶（包括红、橙黄、褐、灰褐、灰色）和夹砂陶（包括红、红褐、灰、黑灰色）。其中比例最大的为红陶、红褐陶和橙黄（红）陶，灰陶和黑灰陶较少。泥质陶和夹细砂陶常施红色陶衣，部分施黄白、白色陶衣。彩陶较常见，器表普遍经打磨处理，施红衣或黄白色陶衣，绘黑彩，个别绘红彩。彩绘颜料无浓稠涩滞感。花纹线条流畅，主要以几何线条组成的横竖条带纹、宽带纹，斜向条带纹、网格纹为主，也有一些三角纹、折线纹、垂线纹、梳齿纹、菱形网格纹、弧边条带纹、复线交错梯格纹、卵点纹等。素陶施纹简单，主要有附加堆纹、滚压绳纹、拍印篮纹、戳印卵点纹、凹窝纹等。器类比较简单，几乎全部为平底器，极个别圈足器，不见圜底器和三足器，以各类双耳罐、单耳罐、堆纹口罐等为主。较大型的器物仅有陶瓮。

早段的遗迹单位可以T14下层出土物为代表。其总体特征与河西地区马厂文化晚期或"过渡类型"风格接近，特别是与酒泉西高疙瘩滩遗址出土物相似，年代早于四坝文化。需要说明的是，在属于早段的少量陶片中发现有一些饰线绳纹或篮纹者，应为齐家文化的遗物。早期遗存的年代在公元前2000年前后。

晚段的陶器绝大多数夹砂。即便是泥质陶也掺少许细砂，但质地较细。器表一般经简单打磨处理，再施陶衣，绘彩。陶色以红、红褐为主，部分褐色或灰黑色。彩陶数量较多，比例约占总量的1/4。特点是胎质较细，胎较薄，器表施红色或紫红色陶衣，绘黑彩。最后入窑

---

① 1976年在玉门火烧沟墓地发掘出土的部分四耳带盖罐的器盖顶部捉纽上镶嵌有圆形的蚌泡。

② 货贝（*Monetaria Moneta*）、环纹货贝（*Monetaria Annulus*〈Linneus〉）生活在潮间带、中潮区的岩石和珊瑚礁之间。在我国的海南岛4~5月及12月曾采集到产卵标本；台湾、海南岛南部、西沙群岛均有出产。为印度—太平洋广泛分布种（见齐钟彦等编著：《中国动物图谱——软体动物》（第二册），科学出版社，1983年，第41~42页）。

③ 甘肃省文物考古研究所、吉林大学考古系：《民乐东灰山考古——四坝文化墓地的揭示与研究》，科学出版社，1998年。

烧制①。晚段彩陶的特点是彩绘颜料质地浓稠,画面线条不很流畅,烧成后花纹显得厚重,颜料明显凸起于器表,易于脱落。实际上,有相当数量的晚期彩陶出土时颜料已经脱落,但在绘彩部位会留下清晰的纹样印记。晚期彩陶流行几何纹构图,常采用条带、网格、三角、锯齿、菱形、叶片、梳齿、花蕾、手掌等纹样。也有一些描绘动物和人物的纹样,风格比较写实,所表现的动物有鹿、狼、兔子等野生动物以及羊和狗等家畜;也有的构图相当写意,乃至于几何图案化了。表现人物的彩陶多为手拉手多人一起集体舞蹈的画面,有的比较写实,有的已完全图案化。此外,在干骨崖还发现一件绘有人物跪拜祈祷状的彩陶双耳罐,画面构图极为罕见,堪称彩陶艺术的珍品。晚期夹砂陶的特点是,器表素雅,即便施纹,也常常采用刻划、戳印、附加堆塑、乳丁等简单的纹样,不见通体施纹者。无论彩陶还是素陶,常用"N"、"Z"、"W"、"Ⅱ"等字母纹样补白。在器耳上流行刻划"X"纹,并贴塑小泥饼乳丁。晚期陶器类别简单,常见基本组合有带耳罐、壶和器盖等。典型器包括双耳罐、单耳罐、四耳罐、腹耳壶、盘、筒形盖罐、尊形器、长方形多子盒、杯、羊角耳壶(罐)及器盖。

晚期陶器可分两类。一类出自聚落遗址,个体普遍较大,胎体厚重,火候高、质地坚硬,系生活实用器;另一类为出自墓葬的部分明器,特点是器形小,火候低,个别器皿出土时已完全酥朽。此类明器仅具象征意义,无实用价值。但也有相当一部分随葬器皿表面残留烧灼或烟炱痕迹,系使用过的陈器。值得指出的是,无论是实用器还是明器,两者在器类、造型及彩绘装饰等方面均无明显差异。

晚期陶器中有些造型别致的器类。如乐器中的陶埙,扁球造型,腹部中空,前端捏制一突起的吹孔,后端捏塑成鸟首状,整体造型颇似一浑圆肥硕的雏鸟。有学者曾对玉门火烧沟墓地出土同类陶埙作过测试,认为当时人们已初步掌握了七声音阶知识②。干骨崖墓地所出陶埙未作这方面检测,推测此地对音律的认识应与火烧沟同。此外,晚期随葬品中还发现少量泥塑作品。此类遗物均选用紫红胶泥原料,胎内掺入少许白色砂粒,分别捏塑出动物的头部和肢体,造型简单、稚拙,器表经简单的打磨,再施以紫红陶衣,绘黑彩和白彩(纹样脱落不辨)。泥塑动物的头部和肢体前端戳有小洞,可用小木棍(草棍)连接。此类泥塑均未入窑过火,胎体松软易碎,发掘时稍不注意,便会损坏。至于这些泥塑具体表现的是何种动物?尚难考证。晚期的陶工具主要有圆饼状纺轮,特点是一面施刻划、压印几何纹,另一面素雅无纹,中心穿孔。还发现有陶拍子。在东岭岗遗址曾发现疑为陶范的残块③;在刘家沟口和三坝洞子遗址发现疑似陶砖的残块。可见当时此地居民已能够铸造铜器,在房屋建筑上也出现了一些新内容。

---

① 北京大学考古文博学院年代学试验室检测分析证实四坝文化彩陶系烧前绘制。参见本书附录三。
② 吕骥:《从原始氏族社会到殷代的几种陶埙探索我国五声音节的形成年代》,《文物》1978年第10期,第54~61页。
③ 甘肃省文物考古研究所、北京大学考古文博学院:《河西走廊史前考古调查报告》,文物出版社,2011年。

晚期遗存的性质属四坝文化，年代约当公元前2千纪前半叶。

（7）铜器

干骨崖墓地共出土铜器43件。按其功能分为工具、武器类的有刀、镰、削、锥、斧、镞；生活用具类的有镜（形器）、牌、泡（扣）、联珠饰；装饰品类的有耳环、指环等。这批铜器制作工艺比较简单，显示出早期铜器的特征。

铜器中以刀为数最多，形态比较复杂，按造型分环首和直首两类。具体还可细分为凹背弧刃直首、弧背凹刃直首、直背直刃环首、曲背直刃环首、弧背直刃环首等数种。这批铜刀尺寸相差悬殊，最长者达22厘米，最短者仅10余厘米。铜镰仅出土1件，比较罕见。整体弯月形，弧背凹刃，直柄较长，通体长18.1厘米。铜斧出1件，背部有透銎，銎孔椭圆形，上下贯通，位于背部上端1/4位置，下端有一凸起的浅台，系纳柄的终端。铜斧两侧残留铸缝痕，显然是多范铸造的。铜锥数量较多，均作尖锥形，前端断面圆形，后端断面近方形。后半部系插入骨柄（或木柄）部分。有2件铜锥出土时还保留有骨柄。在发掘中曾发现木柄的朽痕。铜镞出土3件。平面尖锥形，横断面近菱形，下有銎孔，尾翼出锋。其中一件在左侧尾翼斜向伸出一弯钩，造型别致。生活用具类的铜镜（牌）、铜泡（扣）器形都不大，圆形，背有穿系。耳环均用铜丝制成，分三种形态。第一种两端合拢近桃形；第二种一端为喇叭钉头，另一端尖锥，两端合拢成椭圆状；第三种一头砸成扁薄片，另一端圆棍状，两端合拢呈"D"字形。指环（耳环）仅1件，螺旋形，上下套叠三圈。

经北京科技大学冶金史专家检测研究，干骨崖墓地所出铜器在合金成分上主要显示为铜、锡、砷，其次为铅、铁、硫等，锈蚀成分中有的铜器含氯。结合金相检测结果，材质包括红铜、铜锡、铜砷、铜锡砷、铜锡铅、铜锡铅（锡）六种类型。其中红铜所含元素除铜外，其他元素含量均小于1%，为铜中的杂质元素；其他五种铜合金类型所包括的铜器数目随划分合金元素的标准不同而有所差别。若以2%作为合金元素标准来划分材质，干骨崖四坝文化铜合金材质有五种类型，包括二元合金：锡青铜23件，砷铜10件；三元合金：铜锡砷1件，铜锡铅2件，铜砷铅1件。

金相检验结果证实，干骨崖墓地所出铜器中的红铜器物铸造和热锻均有；锡青铜器物中还有铸造后冷加工和热锻加冷加工的，砷铜器物没有热锻；三元合金中铜锡砷和铜铅砷器物为铸造，它们都与含砷有关。不含砷的铜锡铅器物为热锻。采用不同的技术处理，应与器物的使用功能有密切关系。

干骨崖铜器的技术特点表现为：1）材质不够纯净，含杂质较多；2）材质类型多样；3）不见铜铅二元合金，这与中原地区商周时期的合金特点不同，却与二里头文化早期铜器成分类似；4）铜合金的锡、砷含量不高，属于低锡青铜和低砷的砷铜；5）铜器铸造组织不均匀；6）均为小件器物，制作技术显示出早期冶金术的工艺特点。

干骨崖墓地出土铜器年代早、种类较杂，它们对于研究我国铜器的起源、特点以及早期东西文化的交流研究有重要价值。

（8）装饰品

干骨崖墓地出土一批装饰品，其特点是普遍采用肉红石髓、绿松石、石料、蚌壳、陶器（滑石）等做原料，大多制成带有穿系的圆管或珠子，也有的呈片状坠饰，包括一批制作装饰品的原料（肉红石髓、绿松石、萤石等）。从外形的差异可做如下的分类：一类为圆管状，外观呈圆柱或腰鼓状，纵向有穿孔。此类管珠的质地包括石质、肉红石髓、绿松石、煤晶。第二类为扁圆的小珠子，中心钻孔，可用线绳穿系成串佩挂。此类珠子的质地有白陶（滑石）、绿松石、肉红石髓等。第三类为片状的绿松石饰件，或在顶端钻孔，或纵向穿孔。

此次我们特别注意到，以往那些被称作"骨珠"、"石珠"的质地是有问题的。此类珠子呈圆饼状，直径0.4~0.6、厚0.2~0.3厘米。此类珠子在我国西北地区出现较早，分布广泛，延续时间也很久。经目测观察，其穿孔部位光滑，不大像是物理钻孔造成的，而且也没有明显的施钻痕迹。但是，既然有如此光滑匀称的孔洞，足见其材质比较柔软。显微观察进一步表明，此类物质有类似陶器的组织结构，原料似应为黏土，其孔洞应是预制坯阶段在内部放置了芯核使然。经仪器检测证实，除少数珠子质地为贝壳原料外，大量珠子的成分组成较复杂，与我国北方地区的普通陶器相比，其显著特征是MgO含量很高，超过15%，化学成分与我国长江中游地区新石器时代晚期的大溪文化、屈家岭文化的含镁质白陶接近，后者是用一种滑石质黏土烧制而成。干骨崖所出此类白色小珠子也应该是用类似黏土烧制的。目前尚不清楚干骨崖遗址附近是否蕴藏此类黏土原料，在不否认西北地区有掌握类似工艺的前提下，也不排除此类珠子的出现与对外文化交流和贸易往来有密切关系。至于交流的方向在什么地方，还有待于进一步研究（参见本书附录八）。

2. 遗迹

在干骨崖墓地发掘期间，我们曾对周边一些遗址反复进行了调查。在发掘后期还做了勘测和试掘。其中，东岭岗、干骨崖（1986年）、高苜蓿地、照壁滩、西高疙瘩滩等遗址的调查和试掘资料已先期发表[①]，此不赘。本报告发表了干骨崖（1987年）、刘家沟口、三坝洞子这3处遗址的调查和试掘资料。

1987年夏，我们对刘家沟口、三坝洞子遗址进行了测绘和小规模试掘。其中，在刘家沟口遗址的试掘未见任何遗迹现象。在三坝洞子遗址发现有房屋地面和柱洞遗迹。柱洞为圆形，直径10余厘米，未作解剖，深度不详[②]。另在三坝洞子遗址地表残存有疑似砾石堆砌的房屋院落和建筑残迹，但未做任何清理和进一步工作，对其形制尚不清楚。此外，我们还对干骨崖墓地以东的遗址范围作了调查和遗物采集。通过地表采集品和地下出土遗物可知，其性质与干骨崖墓地相同。

干骨崖墓地为此次发掘的最大收获。该墓地沿着丰乐河东岸阶地南北狭长分布。已发掘

---

① 甘肃省文物考古研究所、北京大学考古文博学院：《河西走廊史前考古调查报告》，文物出版社，2011年。
② 因发掘面积有限，对该址房屋和柱洞结构缺乏进一步的了解。

部分可分为北、中、南三个小区，相互间有明显的间隔。其中，北墓区墓葬数量少，分布较稀疏。中墓区墓葬数量也不多，但非常集中，相互间多有叠压打破。南墓区墓葬为数最多，分布也最密集，叠压打破关系非常复杂。

干骨崖墓地所在的丰乐河冲积扇地表覆盖有较浅的次生黄土，其下为坚硬的戈壁砾石层，因此墓穴下挖深度都不是很深。考虑到自然力长期对地表的作用，加上人为的活动，墓地所在的地貌形态肯定有了很大变化，这从多数墓葬开口距地表很浅这一点便可看出端倪。也正因为如此，该墓地除少量墓葬还保留着原初的开口外，多数墓葬开口已遭到不同程度的毁坏，有相当一部分墓葬的深度较当初下葬时为浅，这一点是需要指出的。

根据本报告初步分期的结果，干骨崖墓地早期，墓葬的排列主要为东西向，墓主头朝东或略偏南。到了晚期，墓葬排列改为南北向排列，墓主头向朝南或略偏西。如果将这一现象与墓地所在的景观环境联系起来看，似乎很有些寓意在内。在墓地的东方偏南方向，恰恰是祁连山主峰的位置，山顶终年积雪，犹如一位头戴银盔的武士。晚期墓葬改向朝南，那里正好是丰乐河涌出祁连山口的位置。这个现象表明，在干骨崖墓地早期，当地人崇拜的是雄伟壮丽的山神，晚期则改为对河水产生无比的敬意。这似乎暗示，当时的宗教习俗还停留在较原始的自然崇拜阶段。

干骨崖墓地最独特之处是普遍流行墓内积石的葬俗，或者用大石块压在墓主身上，这在目前所知的四坝文化中还很少见到。该墓地的墓葬绝大多数为长方形竖穴（圆角长方形、圆角方形）土坑形制，也有一些墓穴较为独特。其中，最大特点是有一半的墓内摆放数量不等的大块砾石，这些砾石均在丰乐河床内就地取材，也有一些可能是下挖墓穴时戈壁砾石层内的石块。有些砾石摆放成近似石椁状，墓主被压在"石椁"下（M20）；或葬在"石椁"中间（M40）；还有的置于"石椁"两侧（M2）。但更多是将数量不等的石块直接压在墓主身上（M63）。该墓地流行仰身直肢葬，尤为常见上肢扰乱葬（如M84）。推测是在墓主下葬以后经过一段时间，再将墓穴重新开启，对墓主上身骨架进行有意地扰乱，有些墓主肢体扰乱严重，甚至造成部分骨殖缺失。但墓主下肢大都保持最初下葬的形态。此外，也有部分二次乱骨葬和个别侧身屈肢葬、俯身葬等。合葬占相当比例，其结构分为异性合葬、同性合葬、成人与儿童合葬、多人合葬、二次乱骨合葬等。除同层位的合葬外，还发现少量特殊合葬。如在仅容一人的墓内先后葬入二人，采用上下叠压的形式（M94）。还发现有的墓在下层合葬数人，上层再合葬数人（M14）。干骨崖墓地的儿童墓与成人葬在同一墓地，葬式与成人相同。具体可分为单人仰身直肢葬、单人侧身屈肢葬、儿童与成人合葬、二次葬等。有些儿童墓内也摆放大块砾石，甚至用石块压住肢体。1986年调查时，我们曾在干骨崖墓地东侧一水渠内发现埋在地下的大陶瓮。据当地村民介绍，曾挖出内装人骨的大陶瓮[①]。估计应

---

① 甘肃省文物考古研究所、北京大学考古文博学院：《河西走廊史前考古调查报告》，文物出版社，2011年。

该是瓮棺葬，但是否属于儿童瓮棺葬以及墓葬的时代等还有待于进一步考证。

干骨崖墓地的墓葬分布密集，叠压打破关系复杂，清理发掘难度很大。更为特殊的是，该墓地有很多墓葬的填土中发现有散乱的人骨，且多寡不等，毫无规律。起初我们还注意收集，但随着露头的墓葬越来越多，工作量很大，处理起来也就不那么得心应手了。分几种情况：一种是在下层墓主身上放置有散乱的人骨，人骨相对完整，应属于二次迁葬的合葬墓（M36、M100）。另一种比较难判断，即填土中的散乱人骨与墓主之间有一定的间隔，骨殖也比较零散、不整（M69、M78、M80）。这种情况究竟是二次迁葬的合葬？还是下葬时误将其他墓葬的人骨挖了出来？考虑到骨殖散乱，骨架不整，只好以单人葬处理。类似情况也涉及个别的二次葬，究竟是二次葬，还是迁出葬？确实感到有些困惑和纠结。

在干骨崖墓地还发现一些特殊的遗迹现象。最早是在墓地北区发掘M2时，在填土上方发现堆积纯净的次生黄土，其剖面结构呈圆锥状，非常像是墓上的"封土"。此后，在发掘南墓区时，我们注意到M27所在位置地表呈锥状隆起。在发掘时特意留出一半，其剖面也为纯净的次生黄土，很像墓上的"封土"遗留（见彩版七，1、2）。这些遗迹现象显示，当初，干骨崖墓地地表很可能建有封土，有些封土周边还摆放大块砾石（见M26等，见彩版一八）。

这类现象在北墓区至南墓区的北端均有所表现。在南墓区，墓葬排列密集，叠压打破关系十分复杂，未发现明确的封土迹象。值得注意的还有，在南墓区M36墓口上方前侧随葬1件C型Ⅳ式夹砂双耳罐，罐内似装有婴儿的部分骨殖。这种现象在干骨崖墓地仅此一例。考虑到M36为叠压合葬墓，底部墓主系一次葬，在其身体上散乱放置着另一位墓主的二次葬骨架，后者显然是从他处迁移过来。我们推测这件放在墓口的双耳罐很有可能是堆在封土内的遗留？抑或带有某种祭祀性质？

第二节　干骨崖遗址文化性质和年代

通过对干骨崖墓地及周边遗址出土遗物的研究可知，该址的性质包括了马厂晚期文化（或"过渡类型"）、四坝文化、甚至个别年代更晚的遗存。

在丰乐河东岸台地、干骨崖墓地以东的大片农田内均发现有马厂文化晚期或"过渡类型"遗存。另在干骨崖部分墓葬的填土中也普遍出有马厂文化晚期或"过渡类型"的陶片。特别是在干骨崖T14发现四坝文化叠压马厂文化晚期或"过渡类型"的地层，进一步证实四坝文化的年代晚于马厂文化晚期或"过渡类型"，也为探索它们之间的文化关系提供了明确的地层证据。

在干骨崖墓地及周边遗址发现有个别器表饰绳纹、篮纹的陶片，其特征与齐家文化非常接近，应该是齐家文化的遗物。近些年来，考古调查和发掘证实，齐家文化的一些因素已进入张掖和酒泉[①]。截至目前，河西走廊西段发现的齐家文化遗存并不多，再一个现象就是齐家文化遗存往往与"过渡类型"共存。这也表明，齐家文化与"过渡类型"的年代相同，但两者的关系还有待进一步研究。

干骨崖墓地、刘家沟口和三坝洞子遗址属于性质单纯的四坝文化。前者为墓地，后两者为生活聚落。通过对干骨崖墓地的研究，确认该墓地年代属四坝文化晚期。碳-14检测结果为公元前1800~前1500年[②]。

在三坝洞子出土1件似为陶鬲裆部的残片。若此物属实，应是晚于四坝文化的东西，值得关注。以往曾在酒泉北大河流域的赵家水磨遗址发现骟马文化遗存，后者普遍采用陶鬲为炊具，其年代应在公元前1000年前后[③]。

综上所述，干骨崖墓地及周边遗址的发现表明，该遗址存在不同发展阶段的遗留。据目前掌握的资料，当地最早的史前文化为马家窑文化，绝对年代在公元前3000年以降[④]。接下来为马厂文化、"过渡类型"遗存，绝对年代为公元前2000年前后。与此同时，齐家文化也进入到这一地区。至少从马厂文化开始，这里已经出现了简单的金属用具，在照壁滩和高苜蓿地遗址分别出有铜锥和冶炼铜块，可以为证。再晚到齐家文化和四坝文化时期，已逐步进入青铜时代早期。四坝文化作为河西走廊西部的主体文化，不仅延续时间久，而且还在不断向西迁徙扩展。骟马文化为走廊西部地区的晚期青铜文化，与四坝文化的关系还不清楚。

在上述文化发展序列中，还存在一些缺环，如马家窑文化与马厂晚期文化之间，四坝文化与骟马文化之间等。

第三节　干骨崖遗址经济形态分析

在干骨崖墓地南侧的三坝洞子遗址进行试掘时，出土一批文化遗物和动物骨骼。通过对三坝洞子遗址文化堆积采集土样的浮选，发现小麦、大麦、裸麦、麦类作物穗轴、粟粒、黍属以及藜属等植物遗骸标本（参见本书附录六）。其中，大麦、小麦、粟和黍应是当时栽培的农作物。这一发现以实物证实，干骨崖及周边地区青铜时代早期的居民不仅从事一定的农业生产，除了种植传统的粟、黍一类本土的旱地农作物外，已经引入并种植大麦和小麦等外来的农作物。需要说明的是，麦类作物的种植，须掌握一定的田间管理技术和水利灌溉设

---

① 张掖西城邑和酒泉西河滩均发现有少量齐家文化的遗物。参见甘肃省文物考古研究所、北京大学考古文博学院：《河西走廊史前考古调查报告》，文物出版社，2011年；《酒泉西河滩——新石器时代晚期—青铜时代遗址》，《2004中国重要考古发现》，文物出版社，2005年，第44页。

② 李水城：《四坝文化研究》，《考古学文化论集》（三），文物出版社，1993年，第80~121页。

③ 甘肃省文物考古研究所、北京大学考古文博学院：《河西走廊史前考古调查报告》，文物出版社，2011年。

④ 主要发现在照壁滩和高苜蓿地遗址，见甘肃省文物考古研究所、北京大学考古文博学院：《河西走廊考古调查报告》，文物出版社，2011年。

施，也需要具备相应的生产组织技能。总之，麦类作物的广泛种植反映出当时的农业生产已形成一定的规模。

体质人类学研究表明，干骨崖墓地人骨中约有4.4%的患龋率。这与中国北方地区新石器时代群体的平均值较接近，但要低于华北地区商周时期的古人群均值。患龋率的高低在一定程度上反映人类食物中谷类粮食作物的比重及加工的精细程度。显然，干骨崖墓地略微偏低的患龋率可能与当时人们从事半农半牧的经济形态有关[1]。此外，干骨崖墓地人骨较低的下颌圆枕发生几率与新疆很多古人群表现出明显不同，可能与其经济形态偏重农业有关[2]。

20世纪90年代，郑晓瑛通过对干骨崖墓地人骨股骨中的22种化学元素含量的分析，获取一批数据，并得出如下几点结论：

（1）在所分析的22种化学元素中，除个别以外，均无性别差异。

（2）其中有部分元素存在时代差异。

（3）食物相关元素与年龄的相关性很大，但与性别相关性很小。如锶、锌、镁、钼的骨含量随年龄增加而下降；儿童锌含量很低，青春期以后达到一生的最高期；儿童骨铜含量较高，但随年龄增加下降，40岁左右开始随年龄增长而增加；骨钙在40岁左右开始下降，50岁左右又有增高。

（4）镁、锌的时代变化不明显。干骨崖后期，铜、锶、钼高于前期。但钙有下降趋势。

（5）干骨崖墓地居民以植物类食物为主，肉食类为辅。特别是干骨崖的后期，植物类食物较前期更为丰富。其表现为后期铜、钼、锶、钙均程度不等地高于前期。推测从后期开始，当地可能开始种植豆类作物。

郑氏还指出，干骨崖墓地后期人骨中的锶含量明显高于前期。从锶/钙比值看，干骨崖墓地前期和后期的均值接近并高于现代人，却远低于史前人类。这似乎提示，从古至今，人类食物结构中含蛋白的肉类所占比重逐渐增多。同时，人类肌体对蛋白的吸收利用率也在提高。干骨崖墓地前期和后期居民骨骼中钙含量没有变化，锶含量变化较大，显示后期居民可能开发了更多的植物类食物，开始更多地依赖种植作物。否则，仅靠采集自然界的植物，很难达到这么高的骨锶量，只能保持在与史前人类骨锶量相似的程度[3]。上述结论对深入探讨四坝文化的生业活动具有一定的参考价值。

在干骨崖墓地仅有少数墓葬随葬动物。如M1随葬兽角一对；M19随葬黄牛牙齿一对；M20随葬兽骨1件；M97随葬动物肩胛骨1片。此外，在M26、M62、M64、M70还发现啮齿类骨骼。这些啮齿类动物有些可能是后期混入的，但M26墓内的鼠骨和鸟骨堆在一起的遗留极为罕见，不大像是后期混入的。另有一些墓（M50、M57、M63、M91、M94（下）、

---

[1] 何嘉宁：《酒泉干骨崖墓地出土人骨研究》，见本书附录四。

[2] 刘武、张全超、吴秀杰、朱泓：《新疆及内蒙古地区青铜—铁器时代居民牙齿磨耗及健康状况的分析》，《人类学学报》2005年第24期，第32~53页。

[3] 郑晓瑛：《中国甘肃酒泉青铜时代人类股骨化学元素含量分析》，《人类学学报》1993年第12卷第3期，第241~250页。

M100）随葬泥塑动物俑（见图一五八）。尽管难以确认这些偶像模仿的对象究竟是什么，但可能性最大的是当时人们豢养的家畜，如狗、猪甚至马一类。

通过对三坝洞子遗址的试掘，在不大的面积内出土大量动物骨骼，从其破碎程度看，显然是当时人们食用后废弃的。经检测，数量较多的有山羊/绵羊、黄牛、猪和鹿科动物。其中，山羊/绵羊占到总量的1/4；牛和猪各自占不到10%；鹿科动物比例与山羊/绵羊大致相若。此外，还发现个别马/驴的骨骼。这些动物中反刍食草类动物所占比例很大，杂食性动物——猪也占一定比例。其中，除鹿科动物为野生外（也有野生山羊、羚羊等），其余作为家畜的可能性很大。当然也不排除部分山羊/绵羊的骨骼为野生动物，但猪与农业强相关。大量野生动物的存在表明，狩猎是当时重要的食物来源，狩猎对象除了鹿和羊以外，还包括一些小型动物，如兔子、鼠类和鸟等。

值得关注的是，在三坝洞子遗址出有少量马/驴的骨骼，暗示当时已开始豢养家马。联想到三坝洞子遗址出土的陶车轮模型，不妨大胆推测，当时已有简易的轮车，并开始驾驭马／驴。

无论如何，干骨崖墓地随葬动物的比例远远低于火烧沟墓地，这表明，干骨崖一带居民的畜养业比重明显逊于火烧沟的居民，但狩猎经济的比重则要高于后者。

第四节　干骨崖墓地居民体质形态研究

此次在干骨崖共发掘墓葬107座。发掘时根据人骨的保存状况采集了其中37座墓主的头骨或牙齿；另有约50位墓主除采集头骨外，还采集了肢骨（股骨和骨盆）。20世纪90年代初，北京大学考古学系博士研究生郑晓瑛曾对这批人骨进行研究，并撰写了博士论文，内容涉及人种体质类型[①]及人骨化学元素等方面[②]。其主要结论如下：

（1）采用计算机技术和多元统计分析法对干骨崖墓地居民种系纯度、种系类型及地理变异和时代变化做了较系统的研究。并结合地理学、考古学、年代学、医学等方面进行了研究分析，以避免机械引用计算结果可能造成与实际情况偏离的现象。

（2）研究结论：干骨崖墓地的居民属于蒙古人种支系。在所检测人骨中，未见可信的西方人种个体。

（3）干骨崖墓地居民与蒙古人种支系东亚类型最为接近。但是有的男性头骨（M57和M91）与蒙古人种支系北亚类型接近。

（4）干骨崖墓地居民与史前华北合并组、史前华北组和现代华北组关系密切。在甘肃地区，从新石器时代到现代的人类头骨特征无明显时代变化，其差异可能在蒙古人种东亚类型

---

① 郑晓瑛：《甘肃酒泉干骨崖四坝文化人骨研究》，北京大学博士研究生学位论文，1991年，北京大学考古文博学院资料室藏。

② 郑晓瑛：《甘肃酒泉青铜时代人类头骨种系类型的研究》，《人类学学报》1993年第12卷第4期，第327~336页；郑晓瑛：《中国甘肃酒泉青铜时代人类股骨化学元素含量分析》，《人类学学报》1993年第12卷第3期，第241~250页。

的体质变异范围以内。

（5）中国西北地区的人种类型是多元的，与人骨出土地理位置有关。甘青地区古代居民的主体是蒙古人种支系东亚类型。新疆地区古代居民是西方人种不同类型与蒙古人种成分混布。陕西地区的古代居民与甘青地区古代居民的体质特征之间存在有较明显的差异，前者可能属于蒙古人种支系东亚类型更古老的类型，后者可能更接近现代华北类型。宁夏地区存在蒙古人种的两个类型，即东亚类型和北亚类型。各地区的种族类型成分之间存在更复杂的关系。但还有待更多的材料予以阐明。

（6）干骨崖墓地居民与现代西藏东部居民体质特征相近，这或许暗示藏族的一部分在人类学关系上与甘青地区古代居民有密切关系。

（7）研究结果提示，干骨崖墓地居民和哈密古代居民之间可能有不同程度的接近关系。但与同一文化、时代相近的火烧沟墓地居民之间表现出较疏远的关系。后者还有待更多的调查和深入的研究①。

自郑氏研究以来，又已过去了20年。此间四坝文化体质人类学的研究也积累了一些新资料，尤其是与干骨崖墓地关系密切的火烧沟、东灰山的研究成果已正式刊布，为进一步深化四坝文化居民体质形态的比较提供了重要的资料。为能及时反映这些体质人类学的新成果，我们邀请北京大学考古文博学院的何嘉宁副教授对干骨崖墓地人骨资料重新作了深入的形态学观察和测量，并与相关遗址的人骨样本作了比较。

何氏的研究结果表明，干骨崖墓地族群头骨具有较大的面部扁平度、较小的鼻部突出、较小的面部矢状突度，加之整体不甚发达的乳突、枕外隆凸、眼眶口不前倾等特征，表明这批头骨在人种类型上属于蒙古人种。进一步与Howells人群数据库和亚洲现代人群对比，可以明确，干骨崖人群头骨的形态特征与东亚蒙古人种类型最为接近，属东亚蒙古人种。与北方古代人群的比较表明，同属于东亚蒙古人种类型的不同时代和地区的中国北方古代居民头骨形态存在较大变异。其中，干骨崖墓地人骨的颅面形态与青海境内的卡约文化居民最为相似，其次为东灰山（甘肃民乐）、火烧沟（甘肃玉门）、阳山（青海民和）、柳湾（青海乐都）等甘青地区的古人群体。与其他中国北方古代居民的头骨形态有一定的差异。由于颅面形态差异更多反映的是遗传上的差异和多样性，这也暗示了头骨形态相近的各组之间可能存在更为密切的遗传联系②。

对中国西北地区史前考古学的深入考察表明，自马家窑、齐家文化，及至后来的四坝文化、卡约文化、辛店文化、寺洼文化等均可归入古羌人系统③。体质人类学研究也表明，甘青地区古代各对比人群头骨形态相对于其他人群更为相似，表明他们在遗传上可能存在较近

① 郑晓瑛：《甘肃酒泉干骨崖四坝文化人骨研究》，北京大学博士研究生学位论文，1991年，北京大学考古文博学院资料室藏。

② 何嘉宁：《酒泉干骨崖墓地出土人骨研究》，见本书附录四。

③ 李水城：《四坝文化研究》，《考古学文化论集》（三），文物出版社，1993年，第80~121页。

的亲缘关系，或许这正是他们同属于古羌人文化系统在人种学上的体现。也说明同一文化体系内部人群之间更容易发生生物学（遗传）的交流与联系。

但在甘青地区古代人群内部，不同组别头骨形态相似性之间仍存在一定差异。在对比人群中，柳湾组恰恰是以马厂文化为主体的古代人群。他们与属于四坝文化早期阶段的火烧沟组、东灰山组的头骨形态很相近，这与四坝文化的分期研究结果相符[①]。形态上的相似表明，马厂文化居民与四坝文化早期居民之间可能存在较近的亲缘关系。

可是，同属于四坝文化的干骨崖和火烧沟、东灰山之间却存在较明显的差异现象。首先，推测这或许与时代不同有关。考古学研究表明，火烧沟、东灰山属于四坝文化的早期阶段，干骨崖属于晚期阶段，两者间相差约200年。其次，三者所处地理位置和生态环境有所不同。尽管其经济形态总体都可划为半农半牧形态，但干骨崖处在有利于发展农业的山前地带，水热条件较好，次生黄土发育，农业所占比重较大；火烧沟、东灰山地处荒漠或河流尾间，畜养业的经济成分或许更高一些。此外，生业环境及食物差异也会影响到体质形态。干骨崖墓地人骨较低的下颌圆枕发生比率与新疆很多古人群的表现明显不同，很可能与前者的经济形态略偏重于农业有关。还有，干骨崖与火烧沟两地人群头骨形态差异也可能是受到了生存环境、经济形态，尤其是食物结构等方面的某些影响。最后，也不排除四坝文化在其发展进程中与其他地区古人群发生交流、融合的可能。

干骨崖墓地人群的头骨形态与卡约文化几组古代居民最为相似（如上孙家寨、李家山、阿哈特拉山），这似乎暗示，干骨崖与卡约文化居民可能存在较密切的亲缘关系。卡约文化（距今3600~2800年或更晚）的年代要晚于四坝文化，后者与马厂文化和齐家文化存在亲缘关系。尽管目前尚无线索证明四坝文化与卡约文化存在源流关系，但个别陶器造型及丧葬习俗等方面的相似表明，两者之间应该存在接触。特别是卡约文化与齐家文化存在历史渊源关系也为这一推论做了注脚。尽管人种类型和考古学文化是不同的概念，也不存在必然的对应，但干骨崖与卡约文化头骨的明确相似性提示，我们在以后的研究中应对这两个文化群体的体质状况及文化交流给予更多的关注。

依性别计，干骨崖墓地人骨男女比例构成为1.13∶1。按年龄计，其成人个体占总比例的74%，未成年人占26%。成人中，青年比例较高。干骨崖墓地男性平均身高163.6厘米，低于黄河流域新石器时代的居民（如仰韶文化、大汶口文化等古代居民），与商周时期中国北方地区的居民身高更为接近。女性平均身高160.1厘米，这一指数甚至已略微超出现代华北人的平均水平，高于中国古代各时期北方地区女性的平均水平。干骨崖墓地男、女两性平均身高相差仅3.5厘米。但这些女性的身高数据仅统计了3例，所得结果或许与样本数量过少有关。干骨崖墓地男、女性别的平均体重相差约6.1千克，但体重指数很接近。按照现代中国人的标

---

① 李水城：《四坝文化研究》，《考古学文化论集》（三），文物出版社，1993年，第80~121页；水涛：《甘青地区青铜时代的文化结构和经济形态研究》，《中国西北地区青铜时代考古论集》，科学出版社，2001年，第193~327页。

准，无论男女的体型都很标准、匀称。

何氏的研究还指出，古代女性各组的比较结果不如男性明确。这种情况的出现与目前我国古代居民体质人类学研究很少关注女性有关。此外，遗址中女性头骨出土量往往少于男性，这会产生更大的抽样误差。这个现象提示我们，应在今后研究中加强对女性人骨的分析。仅就干骨崖墓地女性头骨比较而言，与男性组比较结果完全一致的是，其头骨形态与卡约文化各组最为相似；其次为火烧沟、阳山、柳湾等组。这三组头骨形态较相近，且聚合在一起。但安阳殷墟中小型墓女性头骨形态与甘青地区古代居民的差别较明显，与男性的表现不同[1]。

早年，郑晓瑛曾撰文指出，在干骨崖发现一些骨骼病变的案例。这些病例包括有头骨病变、口腔疾病、椎骨病变、肢骨病变等。认为干骨崖的居民中存在氟骨症发病证据；骨质疏松症的发病年龄有低于现代人发病年龄的倾向；此外还发现有骨包虫病和脑肿瘤等。作者认为这些发现对研究古人的骨病理提供了重要资料[2]。

古病理学是考古学研究的一个重要内容，以往在这一方面的研究和关注度都很不够，从这一角度出发，郑氏的研究显然具有积极意义。但是，对古病理的诊断需持慎重态度，尤其是某些罕见的疾病，应明确诊断标准和鉴别诊断的手段和方法。

第五节　四坝文化研究

1. 发现

干骨崖墓地及周边遗址的性质主要属于青铜时代早期的四坝文化。这里有必要对四坝文化作一简略的介绍。

1948年，在山丹县清泉乡南关村南侧培黎学校[3]的四坝滩农场挖筑水渠时出土一批史前陶器、石器和个别金属器[4]。1954年，培黎学校的创始人路易·艾黎（Alley，Rewl）[5]将这批文物移交给甘肃省文物管理委员会。1956年，中国科学院考古研究所的安志敏先生前往四坝滩遗址调查，采集一批遗物。随后，他在兰州发表演讲时指出，四坝滩遗址属于一种新的考古学文化，它与沙井文化的分布范围接近，但在文化性质上毫无共同之处，当是较早于沙

---

① 何嘉宁：《酒泉干骨崖墓地出土人骨研究》，见本书附录四。
② 郑晓瑛：《酒泉干骨崖墓地居民骨骼的病理鉴定》，《人类学学报》1992年第11卷第4期，第300~302页。
③ 培黎工艺学校由新西兰籍诗人、社会活动家路易·艾黎（Alley, Rewl）创办，以纪念金陵大学教授、开明基督教徒约瑟夫·培黎（Bailie, Joseph）。培黎为汉语译音，寓意为中国的黎明培养人才。该校初建于陕西省汉中市双石铺。1944年迁至甘肃省山丹县，并在县郊的四坝滩兴建农场。1949年以后，培黎工艺学校迁至兰州市。
④ 安志敏：《甘肃山丹四坝滩新石器时代遗址》，《考古学报》1957年第3期，第7~16页。
⑤ 路易·艾黎（Alley, Rewl），新西兰籍诗人、社会活动家。抗日战争期间来到中国帮助中国人民抗战，建立培黎工艺学校。此人非常热爱中国文化，曾收购大量中国文物。晚年将其珍藏的3700余件文物捐献给甘肃省山丹县。今在山丹县建有路易·艾黎纪念馆。

井文化的一种新石器时代文化，建议暂名"四坝文化"[①]。1959年，安志敏先生撰文介绍了四坝滩遗址的调查收获，同时发表了1948年四坝滩农场挖出的那批遗物。他认为，四坝滩遗址包含了三组不同性质的遗存，甲组属于马厂类型文化，乙组属于四坝文化，丙组属于沙井文化。乙组为四坝滩遗存主体，属于一种地域性的新文化，也是分布在河西走廊的新石器时代晚期文化。其年代可能介于甘肃仰韶文化与沙井文化之间，与齐家文化相等[②]。在这以后，甘肃省博物馆等单位曾陆续派员前往四坝滩遗址进行过调查。

1960年，张学正先生采用了"四坝式遗址"和"四坝式陶器"的命名，重申这是一种新石器时代文化，并撰文提到四坝文化晚于马厂文化[③]。后来也有学者表示，四坝文化的分布地域、陶器风格与沙井文化有相似因素，两者可能属同一文化系统，并将其归入甘青地区青铜文化体系[④]。

1976年，甘肃省博物馆文物工作队在玉门市清泉乡发掘了火烧沟墓地，清理四坝文化墓葬312座，出土大批陶器、玉石器、铜器及少量金、银器。这一发现扭转了以往学界对四坝文化性质和年代的误判。此后，也有人将四坝文化称为"火烧沟类型"[⑤]，甚至"火烧沟文化"。

1978年，严文明先生指出，四坝文化彩陶的部分纹样与武威皇娘娘台所出彩陶相似，表明两者之间曾互有影响。四坝文化应是中国境内含彩陶因素的史前文化不断西渐的产物[⑥]。1984年，严文明先生通过对火烧沟墓地出土铜器的研究认为，四坝文化属于中国青铜时代的早期阶段[⑦]。

1986年，甘肃省文物考古研究所和北京大学考古学系合作在河西走廊进行了大范围的考古调查，核查了四坝文化已知的所有遗址，亦有不少新发现，采集大批遗物[⑧]。1987年，甘肃省文物考古研究所分别与吉林大学和北京大学对东灰山墓地[⑨]和干骨崖墓地[⑩]进行了发掘，出土大批遗物。此后，陆续有一批四坝文化的研究成果面世[⑪]。上述发现和研究大大深化了对四坝文化性质和内涵的了解，并将该文化的研究推向一个新的历史阶段。

[①] 安志敏：《甘肃远古文化及其有关的几个问题》，《考古通讯》1956年第6期，第9~19页。
[②] 安志敏：《甘肃山丹四坝滩新石器时代遗址》，《考古学报》1957年第3期，第7~16页。
[③] 甘肃省博物馆：《甘肃古文化遗存》，《考古学报》1960年第2期，第11~52页。
[④] 北京大学历史系考古教研室商周组编著：《商周考古》，文物出版社，1979年。
[⑤] 甘肃省博物馆：《甘肃省文物考古工作三十年》，《文物考古工作三十年》（1949~1979），文物出版社，1979年，第139~153页。
[⑥] 严文明：《甘肃彩陶的源流》，《文物》1978年第10期，第62~76页。
[⑦] 严文明：《论中国的铜石并用时代》，《史前研究》1984年第1期，第36~44页。
[⑧] 甘肃省文物考古研究所、北京大学考古文博学院：《河西走廊史前考古调查报告》，文物出版社，2011年。
[⑨] 甘肃省文物考古研究所、吉林大学考古系：《民乐东灰山考古——四坝文化墓地的揭示与研究》，科学出版社，1998年。
[⑩] 甘肃省文物考古研究所、北京大学考古文博学院：《河西走廊史前考古调查报告》，文物出版社，2011年。
[⑪] 李水城：《四坝文化研究》，《考古学文化论集》（三），文物出版社，1993年，第80~121页；张忠培：《东灰山墓地研究》，《中国文化研究所学报》N.S. No.6，1997，香港，第288~323页；水涛：《中国西北地区青铜时代考古论集》，科学出版社，2001年；张忠培：《东灰山墓地研究》，《中国文化研究所学报》N.S. No.6，1997，香港，第288~323页。

2. 分布和年代

截至20世纪80年代，学界对四坝文化的了解还很有限。对于该文化的分布，一般认为东起山丹县，西止于瓜州市（原安西县）。随着研究的深入和新的考古发现，有关该文化的分布空间也逐渐明确。目前所了解的四坝文化分布四至为：东界未超出山丹县，南界止于祁连山山前地带，西界进入新疆维吾尔自治区的哈密市①，北界则进入黑河下游尾闾的内蒙古自治区额济纳旗范围②。由此不难看出，该文化的分布范围十分广阔，涉及省区包括甘肃、内蒙古和新疆。具体涉及甘肃山丹、张掖、民乐、高台、酒泉、金塔、玉门、瓜州（安西）、肃北等县市，以及新疆的哈密和内蒙古额济纳旗、阿拉善右旗。

20世纪80年代以来，一批新的出土资料不断丰富四坝文化的内涵，有力地推动了四坝文化的研究，其中也包括一批新的年代检测数据。

玉门火烧沟墓地送检的碳–14样本有四例③。这四组样本除了M84为出自墓葬的木棍外，其余样本均采自晚于墓葬的文化层④（表三）。

表三　火烧沟墓地碳 –14 年代检测数据

地点编号	5570±30 年为半衰期年代		达曼表校正值	
ZK–408YHT43 ③：2（木炭）	3300±85BP	1350BC	3660±135BP	1710BC
ZK–409YHT1 ②（木炭）	3485±100BP	1535BC	3890±120BP	1940BC
BK–77008YHT42 ③：3（木炭）	3245±100BP	1295BC	3580±145BP	1630BC
BK–77010YHM84（木棒）	3350±100BP	1400BC	3720±145BP	1770BC

火烧沟墓地的这批数据经树轮校正后，绝对年代大致落在了公元前1950~前1700年之间，约相当于中原地区的夏代早期。

民乐东灰山遗址送检的碳–14样本分前后两批。前一批检测数据包括如下四例（表四）。

上述样本第1例系由中国科学院遗传研究所调查采集；第2例由中国科学院地理研究所古地理研究室调查采集。第3、4两例由甘肃省文物考古研究所和吉林大学考古系发掘时采集。以上样本分别交由中国科学院地理研究所、北京大学考古学系年代学实验室和国家文物局文物保护科学技术研究所进行检测。其中，东灰山遗址的炭化小麦籽粒样本为加速器质谱碳–14（AMS）检测。这批数据除第4例（87MDTG②，木炭）与四坝文化的年代相符外，其

---

① 常喜恩：《哈密市雅满苏矿、林场办事处古代墓地》，《中国考古学年鉴·1989》，文物出版社，1990年，第274~275页；
　李水城：《天山北路墓地一期遗存分析》，《俞伟超先生纪念文集》（学术卷），文物出版社，2009年，第193~202页。
② 温成浩：《内蒙古阿拉善地区史前文化研究》，北京大学硕士学位论文，2012年，北京大学考古文博学院资料室藏。
③ 中国社会科学院考古研究所：《中国考古学中碳十四年代数据集（1965~1981）》，文物出版社，1983年，第272页。
④ 甘肃省博物馆：《甘肃省文物考古工作三十年》，《文物考古工作三十年（1949~1979）》，文物出版社，1979年，第152页。

表四　东灰山遗址碳 –14 年代检测数据（一）

样品地点及编号	实验室编号	样品物质	测样物质	碳 –14 年代（BP）（$T_{1/2}=5730$）	树轮校正值（BC, 2σ）	备注
东灰山 [*]	中国科学院地理研究所	黑炭土	黑炭土	4484±108BP	3400~2650	
东灰山 [**]	BK89096	炭化枝杆	炭化枝杆	4150±115BP	2900~2200	
东灰山 [**]	BK92101	炭化小麦	炭化小麦	4230±250BP	3400~1900	
87MDTG ②	WB89~7	木炭	木炭	3490±100BP	1940~1440	

[*]：附：中国科学院地理研究所碳十四实验室（金力）对遗传所送交碳十四样品的检测结果：

（1）化学制备：锂法合成

（2）物理测量：液体闪烁谱仪测量

（3）仪器本底：039

（4）测定结果：距今 4356±105（5568 年）、距今 4484±108（5730 年）（备注：树轮校正年代 5000±159 年）

[**]：我们请北京大学考古系年代学实验室主任吴小红教授对这批碳 –14 数据重新作了拟合。另经咨询中国文物研究所吴加安先生及该所实验室人员，得知该所实验室检测的碳 –14 数据所用半衰期为 5730 年，并据此作了比对，特此说明。

余均早于四坝文化的绝对年代，对此我们已有专文讨论，此不赘①。

　　鉴于东灰山遗址以往检测的年代数据跨度甚大，特别是有部分年代与遗址的文化性质存在偏差。2005 年我们再次前往该址采集了一批土壤样本，并从中浮选出大量炭化植物籽粒。通过对炭化小麦进行加速器质谱碳–14（AMS）检测，获取 16 组数据。这批数据分布相当集中，普遍落在了公元前 1600~前 1400 年之间（表五）②。

　　如前所述，酒泉干骨崖墓地采集的碳样本共有 4 例，均来自墓内简易葬具——朽木棍（检

表五　东灰山遗址碳 –14 年代检测数据（二）

实验室编号	样品	样品原编号	碳 –14 年代（BP）	树轮校正后年代（BC）	
				1σ（68.2%）	2σ（95.4%）
BA06022	小麦	MDG–NW Ⅱ–2	3235±35	1530BC（68.2%）1445BC	1610BC（95.4%）1430BC
BA06023	木炭	MDG–NW Ⅰ–4	3295±35	1615BC（68.2%）1525BC	1680BC（95.4%）1490BC
BA06024	小麦	MDG–NW Ⅱ–8	3250±35	1610BC（16.4%）1570BC 1540BC（39.2%）1490BC 1480BC（12.7%）1450BC	1620BC（95.4%）1440BC

---

① 李水城、莫多闻：《东灰山遗址炭化小麦年代考》，《考古与文物》2004 年第 6 期，第 51~60 页。

② Rowan Flad, Li Shuicheng, Wu Xiaohong and Zhao Zhijun (2010), Early Wheat in China: Results from New Studies at Donghuishan in the Hexi Corridor, *The Holocene* Volume 20, Number 6: 955–965, September.

续表五

实验室编号	样品	样品原编号	碳-14年代（BP）	树轮校正后年代（BC）	
				1σ（68.2%）	2σ（95.4%）
BA06025	木炭	MDG-NWⅡ-5	3250±35	1610BC（16.4%）1570BC 1540BC（39.2%）1490BC 1480BC（12.7%）1450BC	1620BC（95.4%）1440BC
BA06026	小麦	MDG-NWⅡ-6	3235±35	1530BC（68.2%）1445BC	1610BC（95.4%）1430BC
BA06028	小麦	MDG-NWⅡ-4	3175±35	1495BC（19.2%）1470BC 1465BC（49.0%）1420BC	1520BC（95.4%）1390BC
BA06029	小麦	MDG-NWⅡ-7	3260±35	1610BC（68.2%）1490BC	1620BC（95.4%）1440BC
BA06030	小麦	MDG-NWⅠ-2	3195±50	1510BC（68.2%）1420BC	1610BC（95.4%）1380BC
BA06031	小麦	MDG-NWⅡ-9	3265±35	1610BC（68.2%）1490BC	1630BC（95.4%）1450BC
BA06032	小麦	MDG-NWⅡ-11	3280±35	1610BC（68.2%）1515BC	1640BC（95.4%）1450BC
BA06033	小麦	MDG-NWⅠ-3	3215±40	1515BC（68.2%）1435BC	1610BC（6.6%）1570BC 1560BC（88.8%）1410BC
BA06034	小麦	MDG-NWⅠ-1	3215±50	1525BC（68.2%）1430BC	1620BC（95.4%）1400BC
BA06035	小米	MDG-NWⅡ-1	3345±35	1690BC（59.8%）1600BC 1570BC（8.4%）1530BC	1740BC（5.7%）1710BC 1700BC（89.7%）1520BC
BA06036	小麦	MDG-NWⅡ-3	3225±35	1525BC（68.2%）1445BC	1610BC（7.9%）1570BC 1560BC（87.5%）1420BC
BA06037	小麦	MDG-NWⅡ-10	3240±35	1610BC（4.3%）1590BC 1540BC（63.9%）1450BC	1610BC（95.4%）1430BC
BA06038	小麦	MDG-NWⅠ-5	3195±35	1495BC（68.2%）1435BC	1530BC（95.4%）1400BC

说明：所用碳-14半衰期为5568年，BP为距1950年的年代。树轮校正所用曲线为IntCal 04[1]，所用程序为OxCal v3.10[2]。

测数据参见表二）。后来，经吴小红教授对干骨崖的年代数据进行了重新拟合，结果经树木年轮校正，年代落在了公元前1800~前1500年之间，约相当于中原地区的夏代晚期至商代早期（表六）。

四坝文化的分期研究表明，玉门火烧沟墓地的绝对年代要早于酒泉干骨崖墓地。这一结果与碳-14检测数据吻合。通过分析这组年代数据，我们将四坝文化绝对年代的跨度划在距今3950~3500年之间。其中，以玉门火烧沟墓地为代表，是为四坝文化的早期；以干骨崖墓

① Reimer PJ, MGL Baillie, E Bard, A Bayliss, JW Beck, C Bertrand, PG Blackwell, CE Buck, G Burr, KB Cutler, PE Damon, RL Edwards, RG Fairbanks, M Friedrich, TP Guilderson, KA Hughen, B Kromer, FG McCormac, S Manning, C Bronk Ramsey, RW Reimer, S Remmele, JR Southon, M Stuiver, S Talamo, FW Taylor, J van der Plicht, and CE Weyhenmeyer. 2004 *Radiocarbon* 46:1029–1058.

② Christopher Bronk Ramsey 2005 www.rlaha.ox.ac.uk/orau/oxcal.html.

表六　干骨崖墓地重新拟合的碳 –14 年代数据

序号	实验室编号	标本	碳 –14 年代数据(年, BP)		树轮校正后年代(BC)	
			T$_{1/2}$=5730	T$_{1/2}$=5568	1σ (68.2%)	2σ (95.4%)
1	BK–87059	M41（朽木）	3550±40	3450±40	1880 (0.24) 1840 1820 (0.11) 1790 1780 (0.65) 1690	1890 (1.00) 1660
2	BK–87060	M63（朽木） M64（朽木）	3490±70	3390±70	1870 (0.03) 1850 1780 (0.92) 1600 1570 (0.03) 1560 1550 (0.02) 1540	1880 (1.00) 1520
3	BK–87063	M32（朽木） M48（朽木）	3300±80	3225±80	1610 (1.00) 1420	1690 (1.00) 1310
4	BK–87028	M92（朽木）	3220±60	3125±60	1490 (0.04) 1480 1460 (0.96) 1310	1520 (1.00) 1250

说明: 所用树轮校正曲线为 Intcal 04[1]，所用树轮校正程序为 OxCal v3.10[2]。

地为代表，是为四坝文化的晚期[3]。

3. 物质遗存

四坝文化出土的随葬品有石（玉）、骨、蚌（海贝）、牙、陶、泥塑等。

（1）石器

分打制、磨制和细石器三类。打制石器所占比例最大。器类以带柄手斧和盘状器为主，其他还有磨槽石器、石锤、砍砸器、石球、环状穿孔器等。磨制石器以穿孔石刀为主。其他还有小石斧、砺石、石磨盘、石磨棒、石臼、权杖头等。细石器（或细小石器）数量不多。各个遗址的情况也不一样。所见多为燧石、玛瑙、水晶或其他原料，器类有石叶、刮削器、尖状器、镞、石片、石核等。此外，也有少量用滑石或其他质地材料制作的小型挂件饰品。

（2）玉器

发现不多。材质均为祁连山软玉，所见有白色和墨绿色，以后者居多。制作较精细，器表打磨光滑。器类有权杖头、穿孔斧（钺）等。

① Reimer PJ, MGL Baillie, E Bard, A Bayliss, JW Beck, C Bertrand, PG Blackwell, CE Buck, G Burr, KB Cutler, PE Damon, RL Edwards, RG Fairbanks, M Friedrich, TP Guilderson, KA Hughen, B Kromer, FG McCormac, S Manning, C Bronk Ramsey, RW Reimer, S Remmele, JR Southon, M Stuiver, S Talamo, FW Taylor, J van der Plicht, and CE Weyhenmeyer. 2004 *Radiocarbon* 46:1029–1058.
② Christopher Bronk Ramsey 2005 www.rlaha.ox.ac.uk/orau/oxcal.html.
③ 李水城：《四坝文化研究》，《考古学文化论集》（三），文物出版社，1993 年，第 80~121 页。

（3）骨器

种类较多，有针筒、管、锥、笄、镞（？）等。

（4）牙器

仅有一种，即用野猪牙制作的弯月状饰件。

（5）蚌贝器

多为蚌泡，也有少量蚌牌、蚌珠和海贝。

（6）陶器

以夹砂红陶、红褐陶为主，其次为灰陶和黑灰陶。造型以平底器为主，也有部分圈足器，圜底器非常罕见。器类较简单，以各种造型的带耳罐和壶为数最多。其他还有瓮、器盖、盘、豆、尊形器、双大耳罐、碟、筒形盖罐、羊角耳罐、长方形多子盒、长方形带盖盒、长方形四足盒、四足鼎、人足罐、双联罐、圈足小罐等。彩陶为烧前绘制。所占比例颇高，在生活聚落占到25%上下，随葬明器高达50%。器表普遍施红衣、紫红衣或黄白陶衣，绘黑彩或棕红彩。最大特点是，所用矿物颜料十分浓稠，以至所绘彩纹线条凸起于器表，易脱落。彩陶构图以几何线条为主，组合成三角、网格、条带、折线、"N"、"Z"、"W"、"E"等。也有一些象生花纹，主要为动物和人物，部分画面写实，也有的相当图案化。动物类花纹有羊、鹿、兔、犬（狼）和蜥蜴；人物类花纹常见众多人物手拉手一起歌舞的画面；也有极个别作跪拜祈祷状的人物。有部分彩陶在器表镶嵌绿松石薄片或圆形蚌泡，非常罕见[①]。夹砂陶多素面，少部分施简单纹样。所见有刻划纹、戳印纹、附加堆纹或贴塑小圆饼乳丁。偶尔也见在器表刻划人物和繁缛几何花纹者。陶雕塑也有一些。如1988年在火烧沟遗址采集的圆雕女性立像[②]；火烧沟遗址出土的四足陶鼎，在盖子上捏塑三只并立的圆雕动物（狗或狼）；也有的将器底捏塑成人足的双耳罐等。在干骨崖、火烧沟发现有用泥塑动物偶像随葬的风俗，动物形象稚拙，造型简约，所表现的应是家畜一类动物。此外，四坝文化流行陶埙一类乐器，埙体作中空扁圆状，上端有吹孔，下端捏塑成鱼尾或鸟头形。整体颇似雏鸟或鱼的形象，周身施红衣、绘黑彩，埙体设有数枚音孔。吹奏时可发出五个音阶，能演奏简单的乐曲。音乐家研究后指出，当时已形成了较为完备的七声音阶概念[③]。

（7）铜器

目前，在所有已知的四坝文化遗址都发现有铜器，可见当时制作和使用铜器已是普遍现象。四坝文化的铜器以小件工具、武器、礼仪用具和装饰品为主，未见容器。其中，工具一类主要有刀、削、镰、斧（镢）、锥等；武器一类有镞、矛、匕首等；装饰品类有耳环、

---

① 火烧沟墓地出有贴镶嵌绿松石的双大耳彩陶罐和嵌蚌片的四耳带盖罐。前者图像见：大阪府立近つ飞鸟博物馆：《シルケロ—ドのまもり——その埋もれた记录开馆纪念特别展》，1994 年，日本大阪，第 28 页；后者资料未发表。

② 中国文物交流服务中心、《中国文物精华》编辑委员会编：《中国文物精华》图版 12，人物彩陶罐，文物出版社，1990 年。

③ 吕骥：《从原始氏族社会到殷代的几种陶埙探索我国五声音节的形成年代》，《文物》1978 年第 10 期，第 54~61 页。

鼻环、镯、环、扣等；日常生活用具有镜形器、牌等；礼仪一类有权杖头。通过检测和金相分析证明，四坝文化的铜器分为红铜、砷铜和铅锡青铜。制作工艺包括锻造（包括热锻和冷锻）和铸造技术。后者多采用单范浇铸。也有少数铜器制作工艺较复杂，如透銎铜斧就采用了复合范铸造术，四羊首权杖头采用了铸造加镶嵌的特殊工艺。总体看，四坝文化的铜器制作工艺属于北方系统，器类相对简单，有浓郁的北方草原文化特征[①]。

（8）金银器

在玉门火烧沟、民乐东灰山、瓜州（安西）鹰窝树等四坝文化墓葬都发现了随葬的金、银器。器类有耳环、鼻环，全部为装饰品。

4. 聚落与葬俗

截至目前，已正式发掘的四坝文化遗址大多为墓地。对四坝文化的村落和房屋建筑等聚落信息还缺乏实质性了解。过去曾在民乐东灰山遗址发现个别土坯残块[②]；可见当时存在土坯建造的房屋。前不久，在张掖西城邑遗址发现了四坝文化和更早阶段的土坯房屋，再次印证了这一点。另外，在酒泉三坝洞子遗址地表遗留有砾石堆砌的房屋院落残迹，在遗址文化层下还发现了直径10厘米上下的圆形柱洞和平整的地面，证实当时还有木结构（木骨泥墙）或石砌墙体的院落建筑。可见当时的建筑形式较为多样，具有因地制宜的色彩。总之，上述考古发现为了解四坝文化的聚落形态提供了想象的空间。

2003~2004年，甘肃省文物考古研究所与西北大学合作对酒泉西河滩遗址进行了大规模发掘，清理房屋基址50余座，以及豢养家畜的大型畜栏。其房屋结构包括半地穴和地面建筑两种，面积多在20平方米上下[③]。西河滩遗址的性质属于马厂文化晚期（或"过渡类型"）到四坝文化的早期，该址所在位置与干骨崖相距很近，地理环境相同，其聚落形态可以作为四坝文化聚落和房屋样式的参考。

自20世纪70年代中期以来，已经发掘了玉门火烧沟、民乐东灰山、酒泉干骨崖、安西（今瓜州）鹰窝树等四坝文化的墓地，墓葬总数达700余座。这些发现证实，四坝文化仍实行氏族公共墓地制度，墓地均位于聚落附近，布局统一，排列密集。在一个大致稳定的时间段，墓向排列方向一致，葬俗相同，显示氏族成员遵守共同的信仰和习俗。因地域不同，在墓葬形制、丧葬习俗等方面显示出较明显的差异。

以干骨崖墓地为例，此地流行竖穴土圹积石墓，墓穴内常摆放数量不等的大块砾石，有些砾石被摆成近石椁状，墓主或压在石椁下，或置于石椁内，或放置在石椁外。不少墓主身体被数量不等的砾石所压。干骨崖墓地流行上肢扰乱葬，也有不少二次乱骨葬。合葬较多，较特殊的是将墓主上下叠压合葬。使用葬具者不多，且葬具非常简单。

---

① 孙淑云、韩汝玢：《甘肃早期铜器的发现与冶炼、制造技术的研究》，《文物》1997年第7期，第75~84页。

② 甘肃省博物馆、吉林大学考古系：《民乐东灰山考古——四坝文化墓地的揭示与研究》，科学出版社，1998年。

③ 《酒泉西河滩——新石器时代晚期—青铜时代遗址》，《2004中国重要考古发现》，文物出版社，2005年，第44页。

玉门火烧沟墓地流行竖穴土圹偏洞室墓，部分墓底挖有单侧生土二层台，墓内铺设草席，再用木棒封门。流行仰身直肢葬，也有侧身屈肢葬或俯身葬，合葬较少，也发现有少量上下叠置的合葬墓[①]。

民乐东灰山墓地均为圆角长方形竖穴土坑墓，墓穴前端多挖有小的浅龛，内置随葬品。墓主骨架凌乱不整，骨架缺失严重，合葬比例很大，流行男女合葬[②]。

在瓜州（安西）鹰窝树墓地清理3座竖穴土圹墓，均不见人骨，也不像是火葬，葬制不清楚[③]。

5. 经济形态

河西走廊地域广阔，各地的自然地理和景观环境差异甚大。由于气候极度干旱，多风沙，降水稀少，蒸发量大，在生产力十分低下的史前时期，很不利于发展农业。在那些水资源匮乏的地区，人们会因地制宜地发展畜牧经济。在山前地带、河流两岸及尾闾湖泊区，水资源较丰富，形成丰饶的绿洲，环境较好，也利于发展农业。总之，环境的优劣极大地影响到农牧业经济的比重。

（1）农业

从河西地区的史前文化进程看，早在马家窑文化时期，旱地农业已被引入。马厂文化（或"过渡类型"）时期，延续这一经济形态。考虑到地理环境和气候因素对农作物的影响，也制约着人们对作物品种的选择。在河西走廊这种极度干旱的地区，若水热条件好可种植粟、黍类旱地作物。20世纪70年代，在永昌鸳鸯池墓地发掘出装有粟（黍）的陶罐[④]，证实了这一点。近年的考古发现表明，大约在马厂文化晚期（或"过渡类型"）阶段，已有开始引入并种植麦类作物，但规模还很有限。四坝文化时期，继续维持传统的旱地农业种植。玉门火烧沟墓地出土有存放粟（黍）的陶瓮[⑤]，可以为证。20世纪80年代以来，在民乐东灰山曾多次发现小麦、大麦、燕麦、黑麦、粟、黍等农作物籽实[⑥]。可见当时的农作物种类已多样化。在酒泉三坝洞子遗址也发现了这一时期的小麦、大麦、裸麦、粟和黍等农作物。显示这一时期的麦类作物栽培有了飞速发展，并广泛普及。考虑到麦类作物的种植需要一定的田间管理技术和灌溉系统，暗示这一时期可能已经出现了原始的农田水利设施。

考古发现的生产工具也间接证实，四坝文化的农业具备了一定规模。鉴于农业生产对气候要素有严苛的要求，其中最主要、影响最大的不外乎水、光热及灾害性气候。考虑到河西

---

① 甘肃省文物考古研究所王辉先生见告。

② 甘肃省文物考古研究所、吉林大学考古系：《民乐东灰山考古——四坝文化墓地的揭示与研究》，科学出版社，1998年。

③ 甘肃省文物考古研究所、北京大学考古文博学院：《河西走廊史前考古调查报告》，文物出版社，2011年。

④ 甘肃省博物馆文物工作队、武威地区文物普查队：《永昌鸳鸯池新石器时代墓地的发掘》，《考古》1974年第5期，第299~308、289页；甘肃省博物馆文物工作队、武威地区文物普查队：《甘肃永昌鸳鸯池新石器时代墓地》，《考古学报》1982年第2期，第199~227页。

⑤ 甘肃省博物馆：《甘肃省文物考古工作三十年》，《文物考古工作三十年》（1949~1979），文物出版社，1979年，第139~153页。

⑥ 李璠：《甘肃民乐县东灰山新石器遗址古农业遗存新发现》，《农业考古》1989年第1期，第56~69、73页。

走廊特殊的自然环境，特别是极度干旱的气候制约了四坝文化的农业发展。从目前掌握的四坝文化遗址的分布、文化堆积的规模看，山前地带的遗址分布较密集，堆积也较深厚，显示出比较稳定的定居生活状态。特别是山前地带的冲积扇有发育良好的次生黄土，水资源相对充足，有利于农业发展。这也使得分布在这一区域的四坝文化形成了以农为主、或半农半牧的经济形态[①]。时至今日，这一区域仍是河西地区的粮仓和人口分布稠密区，这应该是历史文化传统长期延续的结果。

（2）畜牧业

河西走廊除了河流沿岸及尾闾湖泊绿洲以外，绝大部分为沙漠、戈壁、荒滩、草甸和高山牧场，这类地理环境为畜牧业的发展提供了优越条件。在酒泉照壁滩遗址发现有描绘动物形象的马家窑文化彩陶片，暗示河西地区的畜牧业相对发达。前些年，在酒泉西河滩遗址发现豢养牲畜的畜栏，面积达200平方米。这也间接证明四坝文化时期的畜养业具有一定规模，有的地区甚至成为主要的产业。正是从马厂文化开始，河西地区新出现一种深腹单把陶杯，这很可能是与畜养业和制作奶制品有关的专用器皿。传统的观点认为，马厂文化时期豢养的家畜主要为猪和狗。但有迹象显示，当时已引进了山羊、绵羊和牛等反刍食草动物。四坝文化时期，河西地区的畜牧业有了进一步发展，在玉门火烧沟墓地普遍随葬羊骨和羊腿，足以为证。另一方面，在河西走廊自然环境恶劣的荒漠戈壁，很难发展农业，特别是在生产力不发达的早期，但却可因地制宜地发展畜牧经济。体质人类学的研究也表明，干骨崖与火烧沟两地人们的头骨形态差异很有可能是受到生存环境与经济形态，尤其是食物结构等方面的影响[②]。

据考古发现可知，四坝文化居民除了养殖猪、羊（绵羊/山羊）、牛等家畜以外，还可能驯养了马、驴，甚至骆驼。在酒泉三坝洞子遗址发掘出的兽骨中鉴定有马蹄[③]。这一发现表明，四坝文化时期，可能已引入并饲养家马、家驴等大型食草动物，甚至可能包括驯化的骆驼。在四坝文化的彩陶中，经常可以看到绘画的山羊/绵羊、牛、犬等，充分印证了这一点。畜牧业这一生产方式在很大程度上影响了人和动物的关系，拓展了人类的生存领域，将人类无法利用的草场转化为可资利用的肉和奶等高蛋白食物，有助于人类获取除肉类以外的奶制品、兽皮、毛织品、蛋、骨头等一系列重要的副产品，增强了人类适应环境的能力，也大大解放了生产力。

（3）狩猎经济

河西走廊地域宽广，自然环境复杂多变，野生动物资源异常丰富，为史前时期人类肉食提供了重要来源。酒泉三坝洞子遗址出土的兽骨就包括了鹿、麝、黄羊、羚羊等野生动

---

① 民乐东灰山遗址位于河流尾闾地带，此地曾发现大量炭化麦类作物。有学者指出，这里的炭化小麦是从河流上游某个早期遗址冲刷下来的。

② 刘歆益：《酒泉干骨崖、三坝洞子遗址出土人和动物骨骼的稳定同位素分析》，见本书附录五。

③ 傅罗文（Rowan K. Flad）：《酒泉干骨崖、三坝洞子遗址出土人和动物骨骼分析研究》，见本书附录七。

物①。在干骨崖墓地除随葬少量的牛、羊等家畜骨骼外，也发现有一些小型野生动物，如兔子、啮齿类和鸟等。总之，四坝文化时期，狩猎是一项重要的经济补充。

综上所述，四坝文化阶段的经济形态与其各族群所处的地理环境和资源配置息息相关。一般而言，在水热条件较好的山前冲积扇、河流绿洲和尾闾地带，农业经济相对发达，所占比重也要大一些。在水资源缺乏、环境恶劣的荒漠戈壁，则因地制宜地发展畜牧业。这些已被考古发现所证实。如地处山前地带的干骨崖墓地就很少殉葬动物，出土细石器也非常有限。但在地处荒漠的火烧沟墓地，则普遍随葬大小不一、成对的羊角、羊腿和羊肩胛骨等②。在地势更为偏北的玉门花海沙锅梁遗址，细石器所占比例较高。

6. 手工业

虽然四坝文化已进入青铜时代，但还没有达到可以取代石器和骨器的程度。这个时期仍大量制作和使用石器、骨器，甚至仍采用打制技术制作石器。磨制石器数量不多，制作也不甚精细。细石器主要为石叶，但未发现骨梗刀一类复合工具。骨器数量不多，种类有限，制作一般，或许这与当时已普遍使用铜器有关。牙器和蚌器多为饰物。

最能代表四坝文化生产力发展水平的还是冶铜业，包括少量金银装饰品。仅就目前所发现的器物种类和数量而言，四坝文化的冶金术与同时期其他考古学文化相比，堪称佼佼者。

四坝文化的铜器均为小件武器、工具和装饰品，种类比较简单，但在中国早期冶金技术发展史上占有重要地位。有关冶金术的起源是中国考古界关注的热点，而焦点又集中在中国的冶金术到底是本土起源，还是外力影响的产物？依照目前的考古发现，中国境内发现的早期铜器③中的绝大部分集中在甘肃和新疆。可见，西北地区是探索冶金术起源的重要地区。

考古发现表明，中国西北地区的冶金术出现时间早，且比较突兀。此后，经历了一个漫长的发展阶段，大约在公元前3千纪末，特别是在齐家文化阶段有了飞速发展。进入四坝文化以后，几乎所有遗址都发现有铜器，重要的有如下几批。

（1）1948年，甘肃山丹四坝滩遗址挖出四坝文化遗物的同时，曾出有少量铜器和金器，但种类、数目不详④。

（2）1976年，在甘肃玉门火烧沟墓地发掘的312座墓葬中，有106座墓出土铜器，总数达200余件。种类有斧、镢、镰、凿、刀、削、匕首、矛、镞、锥、针、泡、耳环、钏、管、

---

① Rowan K. Flad, Yuan Jing and Li Shuicheng. 2007. Zooarchaeological Evidence for Animal Domestication in Northwest China, *Late Quaternary Climate Change and Human Adaptation in Arid China*. Edited by David B.Madson, Chen Fa-hu and Gao Xing, Elsevier (Amsterdam Boston Heidelberg London New York Oxford Paris San Diego San Francisco Singapore Sydney Tokyo): 167-203.

② 甘肃省博物馆：《甘肃省文物考古工作三十年》，《文物考古工作三十年》（1949~1979），文物出版社，1979年，第139~153页。

③ 这里的早期铜器是指年代在公元前1500年以前这一历史阶段。

④ 安志敏：《甘肃山丹四坝滩新石器时代遗址》，《考古学报》1957年第3期，第7~16页。

锤、权杖头、镜形器等。此外，该址还采集有铸造铜镞的石范[1]。

（3）1986年，在河西史前考古调查过程中，在瓜州（原安西）鹰窝树墓地出土刀（残）1、耳环2、三联珠1、泡2、残器（耳环或锥）1、锈痕1、金耳环1件。在墓地表面采集铜器8件，计有镞2、刀1、锥1、耳环1、扣1、小环1等。另在瓜州（安西）博物馆还征集到一些铜器，有些属于四坝文化。另在民乐西灰山遗址采集刀、削各1[2]。

（4）1987年，在甘肃民乐东灰山墓地出土铜器16件，种类计有削、锥、镯、环等，以及个别的金耳环[3]。

（5）1987年，在酒泉干骨崖墓地出土四坝文化铜器46件[4]，种类有刀、削、锥、镞、泡、耳环、联珠饰、圆牌、透銎斧、扣、珠、指环等。另在酒泉照壁滩、高苜蓿地出土马厂文化铜器2件[5]。

（6）1989年至20世纪90年代初，在新疆哈密天山北路（林雅办）墓地发掘数百座史前时期的墓葬，其中有相当部分属于四坝文化，并出土数量不菲的铜器，种类非常丰富，包括有刀、锥、斧（镢）、锛、矛、凿、镜、镰、别针、管、手镯、耳环、扣、泡、牌、联珠饰等。除铜器以外，也有少量的金、银装饰品。此地出土的铜器与四坝文化接近，也有一些新的内容，如长方形镂空牌、短剑、镰形刀、别针以及饰辐射状花纹的铜镜等[6]。

（7）近几年，在张掖西城邑遗址发现一些铜器，更重要的是在该址发现大量冶炼和铸造铜器有关的矿石、炼渣、铸范、鼓风管、炉壁等遗物[7]。

据初步统计，除新疆哈密天山北路墓地以外，四坝文化出土铜器已超过300件[8]。从上述发现不难看出，该文化的冶铜业不仅广泛普及，而且呈现出稳定、成熟的特征，这具体表现在：

（1）铜器制作和使用普及。在已调查发掘的四坝文化遗址均发现铜器。尽管各遗址之间还存在发展不平衡的现象。如火烧沟出土铜器的墓占到总量的1/3；干骨崖占到总量的近1/5；鹰窝树清理的3座墓均出铜器；东灰山墓地出土铜器较少，仅占总量的6.4%。

（2）铜器种类更加复杂、多样化。

（3）青铜比例已超过红铜。如火烧沟墓地经过检测的65件铜器中，纯铜30件，仅占45.5%。

（4）合金技术成分复杂。除锡青铜以外，普遍发现砷铜、锡铅青铜和其他多元合金制品。

（5）铸造工艺逐渐占据了统治地位。其他还有热锻和冷加工技术。经对火烧沟墓地出土

---

① 甘肃省博物馆：《甘肃省文物考古工作三十年》，《文物考古工作三十年》，文物出版社，1979年。

② 甘肃省文物考古研究所、北京大学考古文博学院：《河西走廊史前考古调查报告》，文物出版社，2011年。另参见本书附录二。

③ 甘肃省文物考古研究所、吉林大学考古系：《民乐东灰山考古——四坝文化墓地的揭示与研究》，科学出版社，1998年。

④ 包括采集品3件。

⑤ 参见甘肃省文物考古研究所、北京大学考古文博学院：《河西走廊史前考古调查报告》，文物出版社，2011年。

⑥ 潜伟：《新疆哈密地区史前时期铜器及其与邻近地区文化的关系》，知识产权出版社，2006年。

⑦ 甘肃省文物考古研究所、北京大学考古文博学院：《河西走廊史前考古调查报告》，文物出版社，2011年。

⑧ 这里尚不包括新疆天山北路墓地出土的大批早期铜器在内。

的65件铜器进行检测，仅4件为锻造，余皆系铸造。此外，各遗址的制作工艺上也显示出不同，如火烧沟出土铜器以铸造为主；干骨崖出土铜器铸造、锻造各占一半；东灰山出土铜器全部系锻造。

（6）铸造工艺进步。小件铜器一般采用单范浇注，较大器物采用合范铸造。像四羊首权杖头就采用了合范、分铸及镶嵌等复杂工艺，代表了四坝文化冶铸业的最高水平。

（7）铜镞普遍出现。在火烧沟、干骨崖、鹰窝树等地均发现铜镞，且被用于随葬。在火烧沟墓地还发现有铸造铜镞的石范。镞为远程发射的武器，发射后极难收回。在青铜时代早期，铜属于贵重之物，不到一定程度不会用来制作铜镞这类高消耗性的武器。

以上诸项说明，四坝文化的冶铜业已脱离了初始阶段，步入成熟期。特别是在西城邑和火烧沟发现有石范，证明这些铜器是在当地铸造的。

四坝文化冶铜业的一大特点是砷铜的普遍存在，这一发现对于深入了解中国冶金术的发展及区域特色有重要价值。有研究表明，四坝文化的冶铜业经历了从制作纯铜到砷铜、再到锡青铜的发展历程。东灰山出土铜器的检测表明，该址砷铜的含砷量在2.62%~6.01%之间，平均值为4.37%，且全部系锻造加工，这一特征与西亚、东南欧及北非地区的早期砷铜制品相同[1]。这似乎暗示，四坝文化的冶炼业很可能与外界存在某种形式的交流互动，也有可能与河西走廊的矿产资源有关。

砷铜是人类最早掌握的二元合金技术，在人类冶金史上占有重要一页。自公元前4000年开始，砷铜便在安那托利亚高原（今土耳其东部）出现并流行，随着文化的扩散，砷铜合金技术也随之向四外传播，并影响到东南欧、高加索和中亚地区[2]。公元前2千纪前半叶，在欧亚大陆交界的乌拉尔山一线出现了砷铜生产中心，并有继续向东扩张的迹象。这一现象对于了解砷铜在中国西北地区的出现有重要意义[3]。

众所周知，地球上每一地区的文化发展往往与其资源配置相辅相成。小亚和近东在公元前4000年出现砷铜，这与当地居民获取硫砷铜矿（Cu_3AsS_4）有密切关系。此类矿石熔解后，总会有部分砷的成分残留在铜液中。四坝文化所在区域蕴藏的铜矿资源与小亚非常接近。据地质部门调查，在河西走廊的祁连山北麓，有色金属矿藏分布丰富，已发现硫砷铜矿（Cu_3AsS_4）、砷黝铜矿（$CuAsS_3$）和其他种类的砷铜矿，这些矿脉很早就被四坝文化居民发现并加以利用。据研究，冶炼含砷铜矿时，砷存留于铜器中的比例最高达7%，这也是使用铜砷共生矿冶炼砷铜的重要特征。四坝文化砷铜的含砷量低于6%，极有可能是冶炼砷铜共生矿的结果，这一方面说明四坝文化的砷铜应是在本地获取并冶炼的，而非远程贸易的结果，另一方面也不可否认，中国的大西北与中亚地区存在文化上的密切交往。特别是随着四坝文

---

① 甘肃省文物考古研究所、吉林大学考古系：《民乐东灰山考古——四坝文化墓地的揭示与研究》，科学出版社，1988年。
② 李延祥：《巴尔干半岛铜冶金考古》，《文物保护与考古科学》1999年第11卷第2期，第53~56页。
③ 梅建军、刘国瑞、常喜恩：《新疆东部地区出土早期铜器的初步分析和研究》，《西域研究》2002年第2期，第1~10页。

化的西迁，不断与西来的族群接触并产生文化互动和贸易往来，四坝文化遗存中大量外来文化元素的存在也强烈地暗示了这一点。

最近几年，在甘肃张掖、金塔、玉门等地先后发现一批与早期冶铜业有关的遗址。特别是在张掖黑水国南城附近的西城邑遗址发现了冶炼铜渣和铜矿石残块，部分遗存的时代甚至早于四坝文化[①]。这些重要发现对于探讨中国西部冶金术的起源、发展及对周边和内地的影响和技术传播提供了重要信息。

7. 社会发展形态

根据考古发现可以确认，四坝文化已经进入青铜时代，但其社会发展阶段仍然带有明显的原始性。特别是各个遗址的情况不尽一致。如民乐东灰山墓地，每座墓随葬陶器3件左右，相当平均。墓穴大小、墓葬形制及死者的葬式都看不出有明显差别。瓜州（原安西）鹰窝树墓地的情况也大致如此。在干骨崖墓地，每墓平均随葬陶器2.5件。若以单人计，最多5件，相差约2倍。仅有个别墓使用了简易的木质葬具。各墓的面积反差也不大，人数多则墓室稍大，反之则小，比较自然。不少二次乱骨葬墓也有随葬品。总体看，尽管各墓之间在随葬品的数量上有些微的差异，但贫富分化并不严重。该墓地有一位墓主手持权杖，似乎是一位执掌大权的社会上层人物。即便是这座墓，除随葬3件铜器较特殊外，墓穴的尺寸和随葬品数量、质地也并不特别突出。

火烧沟墓地的情况比较特殊。从随葬品数量、质地及铜器、金银饰品、玉石器、殉牲及多寡、有无等多个层面显示出社会的分层。以随葬品为例，该墓地中少者1~2件，多者仅陶器一项就达十余件，有些墓还出有铜器、金银器、玉器、绿松石、肉红石髓、海贝、有特殊饰物的器皿等。可见在火烧沟的社会内部，伴随着财富的积累，已出现了凌驾于氏族社会成员之上的特殊人物。这些人不仅生前聚敛了大量财富，掌握经济和政治特权，死后也随葬精美的器物和奢侈品、殉牲，甚至殉人。其中，少量上层氏族首领墓内随葬铜或玉制的权杖，表明他们是少数把握军权，可以支配和役使其他氏族成员、甚至握有生杀予夺的权贵。火烧沟墓地20余墓发现人殉[②]，足以证实那里的社会分化现象已相当严重。

囿于资料限制，目前还难以深入探讨四坝文化的社会性质。但我们注意到这样一个现象，尽管四坝文化的社会生产力发展水平已进入到青铜时代，但在河西走廊那种封闭的地理环境下，遗址分布稀疏，人口密度不高，加之资源配置等多方面的限制，其社会发展阶段尚保留强烈的军事民主制和父权家长制色彩。这种生产力水平与社会发展阶段不甚吻合的脱节现象在中原腹地以外的周边地区具有一定的典型性。自公元前2千纪始，受资源、环境和生业诸多方面的制约，加之华夷对峙的民族心理，边远地区诸多青铜时代的考古学文化未能发

---

① 甘肃省文物考古研究所、北京大学考古文博学院：《河西走廊史前考古调查报告》，文物出版社，2011年。

② 甘肃省博物馆：《甘肃省文物考古工作三十年》，《文物考古工作三十年（1949~1979）》，文物出版社，1979年，第139~153页。

展形成统一的部落联盟，没能按部就班地走上封邦建国的文明之路，而是长期停滞在相对原始的氏族部落社会。再后来，随着秦汉帝国的建立和不断扩张，这些边地部落社会的族群或被镇压、或被征服，先后融入华夏系统，也有相当一部分被驱赶、挤压到更为边远的高山深谷，偏安一隅。

8. 居民的体质形态和族属

（1）体质形态

20世纪20年代，安特生在中国甘肃收集了一批史前居民的遗骨。后经加拿大解剖学家步达生（Black，Davidson）研究，认为甘肃史前人种为原始中国人类型（Proto-Chinese），与现代华北人有诸多的相似性[①]。体质人类学的研究表明，甘肃西部及河西走廊地区自新石器至青铜时代一直为东亚蒙古人种的分布区，他们与河湟地区的古人种一致。

火烧沟墓地的人骨数量和保存的完整程度都较好，文化性质也单一。在已经发掘的312座墓中，对197座墓内的257具人骨进行了检测。其中男性约119人，女性107人，男女性别比基本平衡。研究结果表明，火烧沟人的平均寿命仅29.56岁，男性平均32.95岁，女性平均32.00岁。也就是说，该群体约有一半人活不过30岁。火烧沟人的主要特征为卵圆形头骨具多，此类特征组合较多见于蒙古人种。男性头骨主要为中—长颅型，女性头骨中高颅型成分明显要少，其他方面与男性基本相似。火烧沟组的头骨与亚洲蒙古人种东亚（远东）类型最为符合，与北亚（西伯利亚）和北极蒙古人种头骨组明显疏远。

研究结论认为，火烧沟组头骨代表的甘肃青铜时代居民具有步达生所指的所谓"东方人"的特点，其人骨体质形态与步达生检测的甘肃史前组最接近，与我国史前和现代华北人类学材料表现出明显的同质性，与河南安阳殷墟中小墓组更为接近。在现代各蒙古人种中和东亚人种关系最密切。这表明，至少在甘肃境内，从史前到青铜时代的居民体质类型并未发生明显改变，他们在组成现代华北居民的体质形态的过程中起到了重要作用[②]。

火烧沟墓地头骨整体具明显的蒙古人种东亚类型性质，尤其是与中原地区殷商人的头骨接近，其次是与西藏B组（"甘姆斯组"或"武士组"）和现代华北人表现出中等程度的联系。在种族成分构成上未见可信的西方人种影响[③]。

民乐东灰山墓地共发掘249座墓葬。在总计221例个体中仅选出5例可供人类学观察和测量的较完整的成年颅骨标本。其中，男性4人，女性1人。其研究结果可归纳为如下几项。

1）东灰山墓地居民寿命较低。男女两性死亡年龄分布有所区别。男性多死于壮年和中年；女性多死在青年时期。

---

① Black, D. A. 1925. Note on the Physical Characters of the Prehistoric Kansu Race. *Mem. Geolog. Surv. China* Ser.A., No. 5: 52-56.

② 韩康信、潘其风：《古代中国人种成分研究》，《考古学报》1984年第2期，第245~263页。

③ 韩康信、谭靖泽、张帆：《中国西北地区古代居民种族研究》（第二部分：甘肃玉门火烧沟墓地人骨的研究），复旦大学出版社，2005年，第191~284页。

2）东灰山墓地的居民存在性别比例失调的现象，男性个体数高于女性，两性之间的比率大致为1.47∶1。

3）在体质特征上表现出较明显的个体差异，暗示当时的人类群体之间或许存在较之于新石器时代更为频繁的社会交往、人口迁移和基因交流。

4）其基本种系成分应归属东亚蒙古人种，但也可能存在某些北亚蒙古人种的体质因素影响。

5）其基本的体质形态特征与火烧沟组、安阳1组、甘肃史前组及近代华北组最为近似，与古代崞县窑子组及近代蒙古族和和通古斯组差异显著。

6）东灰山居民在主要种系特征上与分布在黄河上游甘青地区新石器至青铜时代居民颇为一致，均表现出以接近现代华北类型特征相分离的倾向；如该批居民所具有的较大面部扁平度便超出了东亚人种的相应界值，而与某些北亚类型的居民比较接近[①]。

酒泉干骨崖墓地的体质人类学研究经历了两个阶段。20世纪90年代初得到的主要研究结论为：干骨崖墓地的居民属于蒙古人种支系。他们与蒙古人种支系的东亚类型最为接近，有个别男性头骨与蒙古人种支系北亚类型接近，与史前华北合并组、史前华北组和现代华北组关系密切。在甘肃地区，从新石器时代到现代的人类头骨特征无明显时代变化，其差异可能在蒙古人种东亚类型的体质变异范围以内。在所有检测的人骨中，未见可信的西方人种个体。

新的研究结果表明，干骨崖墓地群体头骨特征均表明这批人在人种类型上属于蒙古人种。可以明确其头骨的形态与东亚蒙古人种类型最接近，属于东亚蒙古人种。与北方古代人群比较表明，同属于东亚蒙古人种类型的不同时代和地区的中国北方古代居民头骨形态存在较大变异。其中，其颅面形态与青海境内的卡约文化居民最为相似，其次为甘肃民乐东灰山、玉门火烧沟，青海民和阳山、乐都柳湾等地的古人群体，与其他中国北方古代居民的头骨形态有一定差异。这暗示以上各组之间可能存在更密切的遗传联系。

同为四坝文化的干骨崖和火烧沟、东灰山之间的差异则相对较明显。一方面这可能与时代有关，火烧沟、东灰山处在四坝文化的早期，干骨崖的年代则较晚。其次是它们各自所处的地理位置和生态环境不尽相同。最后，也不排除四坝文化在其发展进程中与其他相关的古文化群体杂处、通婚乃至融合之可能。

（2）族属

俞伟超先生通过对中国西北各考古学文化的研究指出："把安国式、寺洼文化、卡约文化综合起来观察，他们相互之间的关联和各自具备的特有的表征，说明它们都是羌人文化，但已经形成为几个明显的分支。"在这个基础上，他进一步强调："由此看来，把齐家、马厂，乃至上溯到半山、马家窑、石岭下文化，看作是羌人文明的前驱，是有道理的。"[②]对

[①] 甘肃省文物考古研究所、吉林大学考古系：《民乐东灰山考古——四坝文化墓地的揭示与研究》，科学出版社，1998年。

[②] 俞伟超：《古代"西戎"和"羌"、"胡"考古学文化归属问题的探讨》，《先秦两汉考古学论文集》，文物出版社，1985年，第180~192页。

此我们深表赞同，即自马家窑文化、齐家文化始，及至稍晚的四坝文化、卡约文化、辛店文化和寺洼文化都是具有古羌人血统的考古学文化[①]。

体质人类学的研究也为上述认识提供了证据。如甘青地区古人群内部不同组别的头骨形态存在一定差异。经对比研究证实，乐都柳湾组是以马厂文化为主的群体，这个群体恰恰与属于四坝文化早期的火烧沟组、东灰山组的头骨形态很相近[②]。这种形态上的相似表明，两者之间存在较近的亲缘关系。可见，河西走廊也是早期羌人分布的重要地区。

有学者认为，火烧沟墓地有些墓内出土有椎发的用具和"鼻环"一类装饰，此类文化特质与古文献中"若夫文身鼻饮缓耳之主、椎结左衽镂鍝之君"记载暗合[③]。再者，火烧沟墓地随葬羊角、羊骨现象非常普遍，可见当时的养羊业是很发达的。考虑到火烧沟地处大西北内陆荒漠地带，上述殉牲习俗印证了羌人以畜牧业为生业及"西方牧羊人"的传说。四坝文化为马厂文化的延续，也吸收了部分齐家文化的元素，上述史实也与俞伟超先生的推测相符。

据马长寿先生研究，氐、羌源起西方，上古时曾广泛活动在我国西北、西南地区。先秦时期，羌人主要活动在河西走廊之南，洮、岷二州之西，其中心位置在青海东部的"河曲"及以西以北地区[④]。

《后汉书·西羌传》有如下的记载：

"河关之西，南羌地是也。滨于赐之，至乎河首，绵地千里。"

"（西羌）南接蜀，汉徼外蛮夷，西北（接）鄯善、车师诸国。所居无常，依随水草。地少五谷，以产牧为业。"

大量的考古发现证实，"河曲"地区自马厂文化、齐家文化开始，与日后活跃在这一地区的卡约文化、辛店文化、寺洼文化存在十分复杂的文化亲缘关系，尽管至今尚未廓清它们之间的文化发展谱系，但在将上述文化归并羌人系统这一点上，诸家并无歧义。同样，分布于河西走廊西部与马厂文化和齐家文化存在密切亲缘关系的四坝文化，也应归入这个庞大的"史前羌人文化系统"。

《汉书·地理志》涉及河西走廊地区的羌人记载还有如下诸条：

"张掖郡鳞得……羌谷水出羌中，东北至居延入海，过郡二，行二千一百里。"

又："酒泉郡禄福：呼蚕水出南羌中，东北至会水入羌谷。"

又："敦煌郡冥安：南籍端水出南羌中，西北入其泽，溉民田。"

据顾颉刚先生考证，羌谷水即今之黑河；呼蚕水，今名洮赖河；南籍端水即今之疏勒

① 李水城：《四坝文化研究》，《考古学文化论集》（三），文物出版社，1993 年，第 80~121 页；水涛：《甘青地区青铜时代的文化结构和经济形态研究》，《中国西北地区青铜时代考古论集》，科学出版社，2001 年，第 193~327 页。

② 何嘉宁：《酒泉干骨崖墓地出土人骨研究》，见本书附录四。

③ 《后汉书·杜笃传》。

④ 马长寿：《氐与羌》，上海人民出版社，1984 年。

河，它们均发源于祁连山。而"羌中"、"南羌中"、"羌谷"皆因羌人所居而得名。可见，从酒泉至玉门，沿祁连山一线，直至汉代一直为羌人居地[①]。总之，羌人在河西走廊的存在有着悠久的历史。

另据文献记载，羌人行火葬习俗。《荀子·大略篇》记："氐羌之虏也，不忧其系垒（累）也，而忧其不焚也。"杨倞注："氐羌之俗，死则焚其尸，今不忧虏获而忧不焚，是愚也。"《吕氏春秋·孝行览·义赏篇》也有相同记载。如前所述，迄今为止，尚未发现明确为火葬的四坝文化墓葬。但在瓜州（原安西）鹰窝树墓地的墓中却未见人骨，似有火葬之嫌，若能证实，极有意义。实际上，根据目前掌握的考古资料，在西北地区属于古羌人的诸文化中，仅有极少数存在火葬。可见，先秦时期古羌人行火葬之俗并非其主流。

9. 源流

（1）来源

20世纪50年代在甘肃酒泉下河清遗址曾发现四坝文化叠压在马厂文化之上的地层关系[②]。张学正先生认为四坝文化的相对年代要晚于马厂，但却未言两者之关系。直到1976年火烧沟墓地发掘以后，学术界才开始意识到，四坝文化属于青铜时代，也开始讨论其文化来源问题。张学正先生后来指出，"（火烧沟的彩陶）花纹承袭马厂类型，器形与皇娘娘台齐家文化接近"，"从（火烧沟墓地）大量出土的陶器特点分析，（四坝文化）所受齐家文化的影响是很深的"[③]。20世纪80年代，严文明先生进一步指出："四坝文化的彩陶比齐家文化稍多一些，突出的特点是上色极浓，纹饰凸起。部分彩陶还有陶衣，花纹多为黑色，只有少数为紫红色。细条粗细比较均匀。多平行横线、平行竖线及交错平行斜线等，也有菱形纹、变体回纹和网格纹，后几种与齐家文化的彩陶相似，说明两者有相互交流影响的关系。"[④]

20世纪80年代以来的考古发现和研究表明，四坝文化应是从河西走廊的马厂文化发展而来的。在其演变进程中，也汲取了齐家文化的部分元素。

1）与马厂文化及"过渡类型"的关系

在四坝文化早期，不少典型器在造型、装饰乃至某些细节上均保留了河西地区马厂文化的一些基本元素。碳-14测年数据也表明，两者年代先后衔接。此外，两者在埋葬习俗上也有诸多相似之处，如偏洞室结构的墓穴、墓葬排列方向、墓主头向、随葬品摆放位置等。

另一方面，河西地区的马厂文化与四坝文化也存在某些差异。如四坝文化盛行手斧、

---

① 顾颉刚：《从古籍中探索我国的西部民族》，《社会科学战线》1980年第1期，第117~152页。

② 下河清遗址的资料未发表。参见张学正等：《谈马家窑、半山、马厂类型的分期和相互关系》，《中国考古学会第一次年会论文集》，文物出版社，1980年，第50~71页。

③ 甘肃省博物馆：《甘肃省文物考古工作三十年》，《文物考古工作三十年》（1949~1979），文物出版社，1979年，第139~153页。

④ 严文明：《甘肃彩陶的源流》，《文物》1978年第10期，第62~76页。

盘状器等打制石器，此类生产工具在马厂文化中就很少见。四坝文化的陶器制作比较粗放，彩绘颜料极为浓稠，花纹厚重，画面构图风格与马厂文化大相异趣。总之，两者之间还存在缺环。

通过河西走廊的调查和发掘，我们找到了一种在文化面貌上既有别于马厂文化、齐家文化和四坝文化，又与这三支文化有着某种联系的遗存。发现此类遗存的地点有：武威皇娘娘台，山丹四坝滩，民乐东灰山，张掖西城邑，金塔砖沙窝、二道梁、缸缸洼，酒泉西河滩、干骨崖，安西潘家庄，敦煌西土沟、新疆哈密天山北路、内蒙古阿拉善等地。这一空间恰好与四坝文化的分布范围重合。此类遗存的特征为，陶器以泥质或夹细砂红陶为主，部分褐陶或黑褐陶。器表多经打磨，彩陶较为习见，特点是施红衣，绘黑彩，个别绘棕红彩。所用颜料不甚浓稠，运笔流畅，盛行几何纹构图，而且各个部位的图案布局很有规律，如器颈部绘菱形网格，腹部绘平行斜线、横线、竖线或由此构成的网格纹、棋盘格纹。器类以双耳罐、单耳罐为主，还有四耳罐、双耳盆、瓮、杯等，组合较简单。流行捏塑乳突，或自外向内戳印圆形小凹窝。部分双耳罐特征与马厂文化相似，有些甚至很难区分。总之，上述特征也见于河西地区的马厂文化，在四坝文化陶器上也有孑遗。研究表明，此类遗存是马厂文化向西迁徙过程中不断演化的产物，其绝对年代应处在马厂文化与四坝文化之间。正因为此类遗存具有明显的中介性质，故我们称其为"过渡类型"①。

1987年，在发掘酒泉干骨崖墓地时曾发现四坝文化叠压在"过渡类型"之上的地层关系，而且在不少四坝文化的墓葬填土中出有此类遗存的陶片，证实四坝文化晚于"过渡类型"。正是通过"过渡类型"遗存这个中介，我们将马厂文化与四坝文化衔接起来，最终解决了四坝文化的来源问题。

2）与齐家文化的关系

四坝文化在形成过程中汲取了齐家文化的某些元素。特别是"过渡类型"的彩陶有时会出现在齐家文化的墓中，如武威皇娘娘台墓地等②。这种共存关系不仅证实两者年代相同，也暗示两者之间存在密切的联系。

最显著的例证是四坝文化陶器中保留有某些齐家文化的器类。如火烧沟墓地随葬的彩陶双大耳罐，此类器皿的质地和造型完全模仿齐家文化，无论是薄胎、还是超大的双耳造型都是如此。所不同的是齐家文化的双大耳罐仅有少量绘画简单的红彩，四坝文化的双耳大罐则通体满绘，包括在口沿内部的很大一部分都绘有浓密的网格纹。有个别双大耳罐甚至在器腹部镶嵌绿松石片，极度之奢华，暗示此类器皿或许有着某种特殊功能。但这种彩陶双大耳罐在四坝文化中并不多见，除火烧沟外，仅在玉门沙锅梁遗址采集有残片③。再就是这种器形

---

① 李水城：《四坝文化研究》，《考古学文化论集》（三），文物出版社，1993年，第80~121页。
② 甘肃省博物馆：《武威皇娘娘台遗址第四次发掘》，《考古学报》1978年第4期，第421~448页。
③ 甘肃省文物考古研究所、北京大学考古文博学院：《河西走廊史前考古调查报告》，文物出版社，2011年。

有明确的时代指标意义，它仅存在于四坝文化早期，晚期便消亡了。另一种来自齐家文化的陶器是豆，此类器皿在河西走廊的马厂文化中不见。在玉门火烧沟、沙锅梁、民乐东灰山、酒泉三坝洞子等遗址和墓地均有发现，且大多绘彩，形制与齐家文化的同类器非常接近。另在民乐东灰山、玉门火烧沟等地还出有绳纹罐，在张掖西城邑、酒泉干骨崖等地发现有高领篮纹罐等齐家文化的典型器。

齐家文化与四坝文化的关系还可通过两者都拥有较多的早期冶金制品这一点得到证实。考古发现和研究表明，齐家文化的铜器中有不少元素是外来的，很有可能是受到中亚一带的影响。其间，四坝文化则扮演了极为关键的中介角色，后者所处的空间位置也决定了这一点。

需要说明的是，尽管四坝文化接受了部分来自齐家的文化特质，但大多已经过改造。如双大耳罐、豆等通体绘彩、质地明显粗糙等。

（2）去向

对于四坝文化的去向，目前还缺乏了解。在四坝文化分布范围内，晚于该文化的有沙井文化、骟马文化以及在内蒙古额济纳旗境内发现的"绿城"遗存。

1）与沙井文化的关系

据现有的考古发现和研究，沙井文化的分布集中在河西走廊东北部的民勤、永昌一线，西面有可能达张掖，东界未超出河西走廊。但是，沙井文化的绝对年代和分布范围与四坝文化相去甚远，年代也有较大距离，两者之间不可能存在文化上的传承关系。

2）与骟马文化的关系

骟马文化分布在河西走廊西部，与四坝文化的分布大面积重合。20世纪70年代，在火烧沟墓地曾发现骟马文化叠压在四坝文化之上的层位关系，证实两者存在相对年代的早晚关系。从目前掌握的资料看，骟马文化的年代和文化面貌上与四坝文化也存在较大差距，尚看不出它们在文化谱系上有任何关联。

3）与"绿城"遗存的关系

20世纪70年代，甘肃省博物馆文物工作队在额济纳旗[1]调查汉代烽燧遗址时，在"四一"农场三队东南35千米的老高苏木（绿城）[2]西南约500米的红柳丛中发现一座古城障，它恰好建在一处早期遗址上。在四周围墙的夯土层内夹杂有早期陶片，城址下面叠压的文化堆积十分丰富。在地表采集有夹砂红陶、灰陶和个别彩陶片。特点是陶胎普遍较厚，器类主要为罐和鬲等。最初，该址的发现者将其归入汉代以前的骟马和火烧沟[3]。

21世纪初，内蒙古自治区文物考古研究所在额济纳旗发掘了绿城遗址，出土一批既含彩陶又有陶鬲的遗存。其中，部分双耳罐、器盖及彩陶花纹与四坝文化的遗物极为相似，可见

---

[1] 20世纪70年代"文化大革命"期间，额济纳旗的行政区划曾一度隶属于甘肃省。

[2] 老高苏木（或瑙高苏木），蒙古语："绿城"（绿庙）之意。

[3] 甘肃省文物工作队：《额济纳河下游汉代烽燧遗址调查报告》，《汉简研究文集》，甘肃人民出版社，1984年，第62~84页。

两者之间存在可能的联系[①]。但是，鉴于此类遗存发现大量陶鬲，其相对年代显然要晚于四坝文化。总之，"绿城"遗存的发现为寻找四坝文化的去向提供了重要线索。

自2009年以来，内蒙古额济纳旗文物管理所在达来呼布镇乌素荣贵嘎查以东16千米的沙漠中找到一处四坝文化的遗址[②]。这个重要发现不仅将四坝文化的分布范围扩展到内蒙古西部的中蒙边界一线，也为探讨四坝文化与"绿城"遗存的关系提供了新的资料。

4）与卡约文化的关系

1976年，在玉门火烧沟墓地出土1件腹耳小口壶和1件彩陶双折耳罐。前者腹部及器口施紫红陶衣，腹中部前后各捏塑一枚圆形乳突。这两件器物造型、风格与分布在青海湟水流域的卡约文化几乎没有区别。在大通上孙家寨墓地曾出有类似器物。联想到卡约文化流行偏洞室墓、上肢扰乱葬、殉牲等习俗，以及陶器表面普遍施紫红衣或黄白衣、在器腹和双耳捏塑乳突等在四坝文化中均有所见。说明四坝文化与分布在祁连山南面的卡约文化存在文化联系。

卡约文化分布在青海境内的湟水流域和黄河上游。沿湟水逆流而上溯源可达其支流北川河，进入海北藏族自治州，由此穿越祁连山扁都口即进入甘肃民乐县境，再西行不远即为河西重镇张掖市。此通道的开辟可谓久远！有学者研究，卡约文化出现的年代上限为距今3600年，与四坝文化存在的时间有重合。尽管目前尚不了解四坝文化与卡约文化存在怎样的联系，但两者之间的葬俗和某些文化元素的相似显示，分布在祁连山南北的两支青铜时代文化存在接触的条件。

体质人类学研究也表明，干骨崖墓地居民头骨形态与卡约文化的几组古代居民最为相似，两地居民很可能存在较密切的遗传关系[③]。这一研究结果也提示我们，应进一步关注这两支青铜文化的联系，包括西部地区的族群迁徙和文化交流。

3. 小结

研究表明，四坝文化的直接源头为河西地区的马厂文化，在其形成过程中也受到齐家文化的影响。截至目前，对四坝文化的流向尚不清楚。新的发现表明，四坝文化与"绿城"遗存之间可能存在某种亲缘关系，但尚缺少中间环节的支持。鉴于中国西北，特别是甘青地区，自新石器时代晚期到青铜时代，各考古学文化出现了频繁的族群迁徙、扩散、融合，呈现出极为错综复杂的关系，四坝文化西迁新疆东部的哈密以及与卡约文化居民体质形态的近似充分说明了这一点。但是，若要厘清西北地区各考古学文化之间的关系，还有待于日后新的考古发现及深入的研究。

以往我们曾强调，中国西北地区史前文化的西渐以及由此带来的后续影响在四坝文化中表现得尤为突出。考古发现证实，从新石器时代晚期开始，中国的史前文化便开始了西迁

[①] 内蒙古自治区文物考古研究所于21世纪初曾在额济纳旗发掘绿城遗址，发现土坯结构的房屋和土坯垒砌的墓葬，并出土一批含彩陶因素的遗物。

[②] 额济纳旗文物管理所：《额济纳旗巴彦陶来遗址调查简报》，《草原文物》2012年第1期，第8~16页。

[③] 何嘉宁：《酒泉干骨崖墓地出土人骨研究》，见本书附录四。

的历程，这个人口和文化的流动大潮一直持续到青铜时代，乃至更晚的历史时期。在中国西部，仰韶文化早期分布在陇山西部；仰韶文化中晚期西进至青海东部和四川西北部，并演变为马家窑文化；而马家窑文化又进一步扩散到河西走廊西部的酒泉和川西北的大渡河流域；到了马厂文化，已西进至新疆东部的哈密盆地；并持续到"过渡类型"、四坝文化以及后来的历史时期。这样一个绵延长达数千年的过程对于中国早期的历史、对新疆史前文化的演进以及更晚的历史进程所产生的重大影响是怎么说都不为过的。纵观整个西域的开发史，如此大规模、长时段的民族迁徙和文化融合可谓经久不衰，历久弥坚。究其原因，一方面与人口不断膨胀产生的压力、以及某些天灾人祸的发生有一定的关系。从另一方面看，从中也折射出人类本身所固有的开发与征服未知领域的本能和欲望[1]。

由此连带出来的问题是，为何这个持续不断的文化迁徙大潮成为四坝文化族群的一个选项？是何原因迫使四坝文化居民向遥远的新疆东部迁徙？四坝文化的消亡是否与此有关？河西走廊的四坝文化居民迁出去了多少？滞留下来的人最后又发展去了哪里？是沿着黑河北上居延海、演变为另一支考古学文化了呢？还是从此走向了消亡？这些历史谜团还有待考古学家一个个地解开。

---

① 李水城：《天山北路墓地一期遗存分析》，《俞伟超先生纪念文集》（学术卷），文物出版社，2009 年，第 193~202 页。

附表 干骨崖墓地墓葬登记表

（长度单位：米）

墓号	墓向	墓穴 长×宽－深	葬式	性别 年龄	随葬器物	分段	备注
M1	90°	残1.8× （0.8~0.9）－ （0.83~1）	单人二次（乱骨）葬	?，成人	9件： 1. E器盖，2. 四耳带盖罐（配E器盖），3. AⅠ彩陶单耳罐（内有人指骨1），4. 双耳罐（残），5. AⅠ彩陶腹耳壶（残），6、7. 兽角，8. A陶纺轮，9. 蚌泡	一	断崖垮塌导致墓穴少量损毁；墓内积石；蚌泡放置在M1：2内；填土出鹿下颌骨1、马牙1、鹿盆骨1、羊牙4
M2	90°	1.9×1.56 －1.9	4人合葬。 A：二次葬（乱骨）； B、C：仰身直肢葬； D：二次葬（乱骨）	A：女，30~35岁； B：?，儿童，3~4岁； C：?，20~25岁； D：?	16件： 1. A瓮（内有少许兽骨），2+3. 筒形盖罐，4、14. AⅠ夹砂单耳罐，5~8、15. 海贝，9、10. 小铜泡，11. Ⅰ双耳盆，12. CⅡ夹砂双耳罐，13. Ⅰ素面双大耳罐（残），16. A石管珠	二	墓上覆盖纯净黄土似为封土遗留；墓穴内有樟状积石； 填土出： t1、t2－素面双耳罐，彩陶片等
M3	90°	残2× （1.2~1.4）－ （0.4~0.45）	三人合葬。 A：仰身直肢葬； B：仰身直肢、上肢扰乱葬； C：二次（乱骨）葬	A：男?，20~25岁； B：女，25~30岁； C：?	10件： 1. A器盖，2. DⅠ器盖，3. A四系罐（配DⅠ器盖），4. B器盖，5. Ⅰ彩陶双耳罐，6. Ⅱ彩陶双耳罐，7、10. 蚌泡，8. 铜锥，9. DⅠ夹砂双耳罐	二	断崖垮塌导致墓穴少量损毁；墓内大量积石
M4	90°	残1.3×宽 （残）0.8－ （约）0.6	单人侧身直肢葬	男，成人	6件： 1. BⅠ夹砂单耳罐，2. C彩陶腹耳壶（残），3、4. Ⅱ彩陶双耳罐，5. AⅡ夹砂双耳罐，6. AⅠ夹砂单耳罐	二	断崖垮塌导致墓穴少量损毁；前半部被M7打破，部分上肢骨散乱在M7内；腹耳壶、单耳罐出在偏上位置填土内
M5	120°	残0.4×残 0.44－0.53	单人，葬式不明	?	1件： 彩陶双耳罐（残片）	?	断崖垮塌导致墓穴大半被毁；被M8打破
M6	90°	残2.05×（1.3 ~1.4）－ （0.55~0.6）	单人二次（乱骨）葬	?，成人	7件： 1. B器盖，2. Ⅲ彩陶双耳罐3. AⅡ夹砂双耳罐，4、6. ?器盖，5. A器盖，7. AⅠ夹砂双耳罐	三	断崖垮塌导致墓穴少量损毁；墓内大量积石

墓号	墓向	墓穴 长 × 宽 – 深	葬式	性别 年龄	随葬器物	分段	备注
M7	180°	1.5 × 1.1–0.65	3 人二次（乱骨）合葬	A：女，老年，B：男，成人，C：男，成人	6 件： 1. 其他型器盖，2、4. A Ⅲ夹砂双耳罐，3. Ⅲ彩陶双耳罐，5. E 器盖，6. 蚌泡	三	此墓打破 M4；墓内少量积石；填土出有属 M4 的下颌骨、盆骨和单耳罐，此墓所处股骨应属 3 个人
M8	300°	残 0.73 ×（0.5~0.6）–0.8	上下叠压双人合葬 A：仰身直肢葬；B：二次（乱骨）葬	？	2 件： 1. 蚌泡， 2. B Ⅰ四系罐	？	断崖垮塌导致墓穴大半被毁；此墓打破 M5
M9	130°	残 1.35 × 0.7–0.9	单人仰身直肢、上肢扰乱葬	女，成人	1 件： 1. C Ⅱ夹砂双耳罐	二	断崖垮塌导致墓穴部分损毁；此墓叠压 M16、M22； 填土出： t1– 素面双耳罐口，t2– 敞口深腹盆，t3– 彩陶片，t4– 方格纹，t5– 篮纹陶片，t6– 白陶（滑石）珠一串（25 枚）
M10	110°	残 1.6 × 1.4–（0.6~0.65）	双人二次（乱骨）合葬	A：女，成人 B：？，成人	无	？	断崖垮塌导致墓穴部分损毁；被 M15 叠压、被 M18 打破。 填土出： t1~t6– 彩陶片、陶片
M11	102°	残 1.2 × 1.1–0.6	双人二次（乱骨）合葬	A：？，B：女，35~40 岁	4 件： 1. B 器盖，2. Ⅰ彩陶双耳罐，3. A 盘，4. 其他型器盖	一	此墓部分被小水渠破坏；墓内少量积石，B 墓主迁葬？
M12	120°	残 0.6 × 0.5–0.4	单人侧身直肢葬？	？，儿童	无	？	断崖垮塌导致墓穴大半被毁
M13	125°	残 1.35 × 1.3–0.3	双人二次（乱骨）葬	A：女？，20~25 岁，B：？	3 件： 1. A Ⅰ夹砂双耳罐，2. C Ⅰ夹砂双耳罐，3. B 器盖	一	断崖垮塌导致墓穴大半被毁；被 M15 叠压；墓内积石 30 余块； 填土出： t1~t5– 彩陶片，陶片；少量兽骨

墓号	墓向	墓穴 长 × 宽 - 深	葬式	性别 年龄	随葬器物	分段	备注
M14	130°	残 2 × 1.8- （0.2（上层） ~0.5（下层））	上层：双人二 次（乱骨）葬； 下层：3 人合 葬； A、B：仰身直 葬； C：侧身直肢 葬	上层？ 下层： A：女， 40~45 岁， B：男， 40±岁， C：男， 20~25 岁	18 件： 上层：1. B 器盖。 下层：2. 罐底，3. A I 夹砂单耳罐，4、7. II 彩 陶双耳罐，5、14. A 器盖， 6、15. A I 夹砂双耳罐， 8~11. 骨笄，12. A 陶纺 轮，13. C 器盖，16、17. 蚌泡	二	断崖垮塌导致墓穴后部 损毁；墓内大量积石；上 层墓仅存少量人肢骨； 填土出：t1-C 铜耳环（距 地表 0.3 米处）
M15	125°	1.9 × 0.7- 0.35	4 人二次（乱 骨）合葬	A：女， 成人， B：女， 30~35 岁， C：？， D：男， 成人	2 件： 1. A 瓮， 2. C I 夹砂双耳罐（残）	二	此墓叠压 M10、打破 M13；仅有 4 具头骨和 零星肢骨，性质较特殊
M16	190°	残 1.8 × （0.7~0.8） -0.7	单人仰身直 肢、上肢扰乱 葬	男，老年	无	？	断崖垮塌导致墓穴部分 损毁；此墓叠压 M22， 被 M9 叠压，墓内积石 较多
M17	90°	2.32 × 0.75- 0.26	3 人二次（乱 骨）合葬	？	3 件： 1. A II 夹砂双耳罐，2、3. 蚌泡	二	此墓打破 M18；墓内少 量积石
M18	0 ° 或 180°	残 1.9 × 1.05- 0.34	双人二次（乱 骨）合葬	A 男，？ B？	无	？	断崖垮塌导致墓穴部分 损毁；此墓叠压 M10、 被 M17 打破；墓内大量 积石；填土出 t1-方格纹 陶片 1
M19	180°	1.9 × 1.2-0.5	单人仰身直 肢、上肢扰乱 葬	女，40± 岁	7 件： 1. 羊角四耳罐，2. E I 夹砂双耳罐，3. B II 彩 陶单耳罐，4. 铜斧，5. 骨针筒，6、7. 黄牛臼齿	三	墓内积石多，分布无规 律，大块砾石压在墓主 身上；另有人下颌骨与 兽牙； 填土出：t1~ t3、t6-彩 陶片，t4-器盖，t5、 t7~t9-篮纹、绳纹陶片
M20	200°	2.1 × 1.4- 0.85	单人仰身直 肢葬	女， 14~18 岁	2 件： 1. IV 彩陶双耳罐，2. 兽 牙	四	墓内大量积石压在墓主 身上，几与墓口平齐； 填土出： t1~t3-陶片

墓号	墓向	墓穴 长×宽－深	葬式	性别 年龄	随葬器物	分段	备注
M21	170°	1.3×1.2－0.6	单人二次（乱骨）葬	？	无	？	填土内夹杂石块、人骨及陶罐残片
M22	132°	残1.35×1.4－0.9	单人二次（乱骨）葬	？	7件：1. AⅡ夹砂单耳罐，2. BⅠ夹砂单耳罐，3. B器盖，4. AⅠ夹砂双耳罐，5. A器盖，6. CⅠ夹砂双耳罐（残），7. F器盖	一	断崖垮塌导致墓穴部分损毁；被M9、M16叠压；墓内有10余块积石。填土出大陶罐残片
M23	？	边长0.9－0.3	无人骨		3件：1. B瓮，2. 彩陶小罐（残），3. 罐底（残）	？	此墓未见人骨，罐底盖在瓮口上
M24	120°	残1.5×1.2－0.3	双人二次（乱骨）合葬	A：女，12~16岁；B：女？，中老年	3件：上层：1. A铜泡，2、3. B器盖 下层：无	？	断崖垮塌导致墓穴部分损毁；此墓叠压M34；墓内积石；人骨散乱，分为上下两层；填土出：t1、t2-双耳罐残片、彩陶片
M25	95°	残1.3×1.05－0.2	单人二次（乱骨）合葬	？	1件：蚌泡	？	断崖垮塌导致墓穴部分损毁；叠压M35；墓内积大块砾石3
M26	95°	残1.25×1.1－（0.15~0.3）	双人合葬A：俯身、下肢解体；B：仰身直肢葬	A：？，成人；B：？，少年	12件：1. BⅠ四系罐，2、3. Ⅰ彩陶双耳罐，4. DⅠ夹砂双耳罐，5、9. 蚌牌，6. AⅠ彩陶单耳罐，7. 铜镰，8. A铜耳环，10. 器盖（朽毁），11. 铜锥，12. 其他型器盖	一	断崖垮塌导致墓穴一半被毁；此墓打破M44；墓主A上身压石块；A、B人骨间出啮齿类动物骨架；填土出：t1-CⅠ夹砂双耳罐（残），t2~t4-陶片、彩陶片
M27（上）	165°	1.2×0.66－（0.04~0.2）	单人侧身屈肢葬	？，成人	无	？	此墓叠压M27（中）、M27（下）；墓东部地表有环状列石
M27（中）	95°	1.76×1.1－0.5	双人二次（乱骨）合葬	？	1件：1. F夹砂双耳罐	？	被M27（上）叠压，下压M27（下）；墓周边列石；墓内积石
M27（下）	105°	1.9×0.78－0.45	双人二次（乱骨）合葬	A：男，成人，B：？	5件（套）：1. C铜泡，2. B铜泡，3. BⅠ盘，4. 陶片，5. 白陶（滑石）珠一串（13枚）	？	上压M27（上）、M27（中）；墓主骨架大半出于填土

墓号	墓向	墓穴 长 × 宽 – 深	葬式	性别 年龄	随葬器物	分段	备注
M28	196°	1.7 × 0.9–0.4	单人仰身直肢葬	女， 13~15 岁	1 件： 1. A Ⅲ 夹砂单耳罐	三	墓主胸部压有石块，股骨不存；墓口前部有少量砾石块和人骨，与此墓关系不明
M29	95°	残 1.18 ×（0.3~0.45）–0.3	单人仰身直肢葬	男，成人	无	？	此墓上半被毁，墓主上肢不存
M30	185°	1.8 × 0.6–0.3	单人仰身直肢葬	？	9 件： 1. B Ⅲ 彩陶腹耳壶，2. D 夹砂单耳罐，3. B Ⅲ 夹砂单耳罐，4. A Ⅱ 彩陶腹耳壶，5. 石纺轮，6. 蚌泡，7. 蚌贝，8. A 石管珠，9. 白陶（滑石）珠	三	被 M31 打破，叠压 M47、M48、M49；墓主小腿不存；墓底有少量木质朽灰
M31	212°	1.55 × 0.53–0.1	单人仰身直肢葬	？	6 件（套）： 1. A Ⅳ 夹砂双耳罐，2. C Ⅱ 彩陶单耳罐，3. A 肉红石髓珠，4、5. 牙饰，6. B 陶纺轮	四	打破 M30，叠压 M63；此墓下半部被表土扰动
M32	185°	残 1.7 × 0.56–0.35	单人二次（乱骨）葬	？	2 件： 1. C Ⅲ 彩陶单耳罐，2. B Ⅱ 夹砂单耳罐	四	叠压 M47、M48、M49；此墓前部损毁，墓主头骨不存，骨架凌乱；墓内积石，有简易木质葬具；填土出： t1– 素面双耳罐，t2、t3– 饰附加堆纹、细绳纹陶片
M33	190°	残 1.3 × 0.9–0.3	单人二次（乱骨）葬	？	2 件： 1. B Ⅱ 夹砂双耳罐，2. B Ⅰ 彩陶单耳罐	二	此墓叠压 M77，墓穴甚浅，墓主下肢被冲沟毁坏
M34	100°	残 1.45 × 0.9–1	单人二次（乱骨）葬	男， 30~35 岁	4 件： 1. A 石刀，2. A 陶纺轮，3、4. 蚌泡	？	断崖垮塌导致墓穴部分损毁；此墓被 M24 叠压
M35	95°	残 1.4 × 0.6–0.45	单人仰身直肢、上肢扰乱葬	男， 20~25 岁	9 件： 1. B 器盖，2. B Ⅱ 盘，3、8. 蚌珠，4、9. 白陶（滑石）珠，5. A 石管珠，6. 蚌壳，7. B 石管珠	？	此墓被 M25、M36 打破，足部损毁，小腿不存，部分骨架混入 M36 填土

墓号	墓向	墓穴 长×宽－深	葬式	性别 年龄	随葬器物	分段	备注
M36	190°	1.7×0.7－ 0.45	双人合葬 A:二次(乱骨)葬； B:仰身直肢葬	A：?，少年； B：男?，20~25岁	8件(套)： 1. A Ⅳ夹砂双耳罐, 2.白陶(滑石)珠一串(80枚), 3. A石管珠, 4.绿松石珠, 5. B肉红石髓珠(9枚), 6、7. B铜泡, 8. C Ⅳ夹砂双耳罐	四	打破M35。C Ⅳ夹砂双耳罐放置在此墓头前地表, 内有婴儿指骨, 原编号W1, 归入此墓
M37	175°	残0.8×0.6－ 0.25	单人二次(乱骨)葬?	?，成人	无	?	此墓前后均被耕土损毁
M38	300°	1.7×1.15－ 0.3	双人二次(乱骨)合葬	?，成人 ?	1件： 1. D夹砂单耳罐	四	被M39、M50叠压, 本身压M57, 墓内及墓口前积石；墓主B肢骨病变
M39	100°	2.08×0.9－ 0.2	双人上下叠压合葬上层:单人仰身直肢、上肢扰乱葬；下层:单人仰身直肢、上肢扰乱葬	上层：?，成人； 下层：?，成人	无	?	叠压M38、M57、M67；墓内大量积石呈椁状；上层墓主仅存腿骨；下层墓主缺失头骨及部分上肢骨；墓穴东南角石块下有朽木灰痕
M40	180°	1.35×1.15－ 0.3	单人侧身屈肢葬	女，35~40岁	2件： 1. Ⅰ单把杯, 2. Ⅲ彩陶双大耳罐	四	叠压M46、M67；墓内积石呈椁状
M41	180°	1.9×0.85－ 0.3	单人迁出葬	?，20~25岁	1件： 1. A Ⅱ夹砂单耳罐	?	叠压M72, 墓内少量积石, 有简易木质葬具
M42	175°	残 1.35×0.52－ 0.25	单人二次(乱骨)或迁出葬	?	1件： 1. A石管珠	?	此墓被M43打掉一半
M43	205°	1.7×0.65－ 0.3	单人仰身直肢、上肢扰乱葬	女，25~35岁	4件(套)： 1. B Ⅱ彩陶腹耳壶, 2. D Ⅲ夹砂双耳罐(残), 3.白陶(滑石)珠一串(12枚), 4.朽毁陶器	三	此墓打破M42, 墓主上身骨架集中于墓内右侧
M44	84°	残0.96×0.6－ 0.3	单人仰身直肢葬	?，20~25岁	8件： 1.玉权杖头, 2. A Ⅱ彩陶单耳罐, 3. A铜刀, 4.铜圆牌, 5、6.海贝, 7.砺石, 8.铜锥	一	此墓下部被M26打掉

墓号	墓向	墓穴 长×宽-深	葬式	性别 年龄	随葬器物	分段	备注
M45	195°	1.7×（0.5~0.7）-0.4	单人仰身直肢、上肢扰乱葬	？，20岁左右	2件：1. A Ⅱ彩陶腹耳壶，2. B Ⅲ夹砂双耳罐	三	墓主颈部压大石块1；填土内有部分人骨；填土出：t1-彩陶腹耳壶（残），t2-彩陶片
M46	275°	1×0.42-0.15	单人侧身直肢葬	？，1岁左右儿童	1件：Ⅳ彩陶双耳罐	四	被M40叠压，本身叠压M67
M47	115°	残1.4×0.46-（0.78~0.88）	双人上下叠压合葬上下层层均仅保留有直肢的小腿骨	上层：？，儿童？下层：？	无	？	被M30、M32叠压，被M48、M49打破；墓南侧上层20块砾石压在人骨上，应系另一未编号的墓
M48	180°	1.71×0.43-0.5	单人侧身直肢葬	？，老人	7件（套）：1. A陶多子盒（盒内装细石片27，编号：1-1~1-27；肉红石髓料块21，编号：1-28~1-49；小陶珠1，编号：1-50），2.彩陶尊形器，3. A陶多子盒（残），4. C Ⅱ彩陶单耳罐，5. A陶纺轮，6. 蚌泡，7. C器盖	三	被M30、M32叠压，本身打破M47、M49；墓主上身向右扭曲，部分骨骼缺失；M49墓主的头骨置于此墓主的头上方
M49	205°	残1.55×0.5-0.32	单人仰身直肢葬	男，成人	2件：1. C Ⅰ彩陶单耳罐，2. 砺石（残）	二	被M30叠压、被M48打破，墓底有炭化木棍和朽木痕。填土出：t1-彩陶腹耳壶器口，t2、t3-彩陶片
M50	210°	长2.8×（0.75~1.15）-0.45	双人合葬A：仰身直肢、上肢扰乱葬；B：二次葬	A：男？，50±岁；B：男，35岁左右	14件：1. B Ⅳ夹砂双耳罐，2. B Ⅲ夹砂双耳罐，3. G夹砂双耳罐，4. G器盖，5. 骨针筒，6. 泥塑动物俑 填土出：t7. 铜刀尖，t8、t9、t13. A铜耳环，t10. B铜联珠饰，t11. 铜锥，t12. 小铜环，t14. A铜联珠饰	四	被M38叠压、本身打破M77；墓内积石；墓主B腿骨高出身体0.1~0.2米；此墓南侧有一残墓（未编号）；填土还出：t1-素面双耳罐，t2~t6-陶片、彩陶片

墓号	墓向	墓穴 长×宽−深	葬式	性别 年龄	随葬器物	分段	备注
M51	75°	约 2.1×1.3 −0.4	三人二次（乱骨）葬	A：？， 成人 B：女， 20~25， C：小孩， 2~3 岁	11 件（套）： 1. 筒形盖罐，2. 白陶（滑石）珠一串（194枚），3. B 陶纺轮（残），4、6. D Ⅱ 器盖，5. 蚌泡，7. 绿松石片，8.绿松石珠（5 枚），9.A 肉红石髓珠，10. B肉红石髓珠（6 枚），11. 肉红石髓料块及半成品（5 枚）	二	墓内积石；填土出：t1、t3− 彩陶双耳罐口，t2− 彩陶小口壶,t4− 彩陶片,t5− 小口高领瓮；部分陶片可与 M58 填土出陶片缀合
M52	160°	残 1.9×0.82−0.25	双人上下叠压合葬 A：仰身直肢葬；B：仰身直肢、上肢扰乱葬	A：？ B：？	1 件： C Ⅳ 夹砂双耳罐	四	叠压 M62、M70；上层被耕土扰动；墓内少量积石；有炭化木棍等简易葬具
M53	190°	1.65×0.5−0.3	单人仰身直肢葬	？	无	？	此墓被耕土扰动，打破另一未编号墓
M54	115°	残 1.29×0.52−0.28	单人仰身直肢葬	？	1 件： 1. 彩陶双联罐（残）	一	被 M63 打掉此墓主的小腿部分；填土出：t1~t3− 陶片、彩陶片
M55	190°	1.9×0.6−0.3	双人合葬 A：仰身直肢葬；B：二次葬	A：男，55+ 岁；B：女，40+ 岁	1 件： 1. 砺石	？	被 M56 打破，本身打破 M65、M74、M100；有简易木质葬具朽痕；填土出 A 铜联珠饰（t1）、素面双耳罐器口等
M56	175°	1.55×0.4−0.45	单人仰身直肢、上肢扰乱葬	？，少年	1 件： 1. B Ⅳ 夹砂双耳罐	四	打破 M55；墓主头部压有砺石块 1；填土出：t1− 竖凹槽纹陶片
M57	210°	1.65×0.65−0.4	单人二次（乱骨）葬	男，50+岁	4 件： 1. C Ⅲ 夹砂双耳罐，2. D Ⅲ 夹砂双耳罐，3. 罐底，4. 泥塑动物俑	三	被 M38、M39 叠压；墓内少量积石，有简易木质葬具朽痕

墓号	墓向	墓穴 长×宽－深	葬式	性别 年龄	随葬器物	分段	备注
M58	215°	残 1.67×0.64－0.54	单人仰身直肢、上肢扰乱葬	?， 15~20岁	15件： 1、7. 骨针筒，2、3、5、6、8、10. 牙饰，4. 穿孔骨管，9. 彩陶小壶，11. BⅡ夹砂双耳罐，12. A陶纺轮，13. 彩陶尊形器，14. A陶多子盒（残），15. 彩陶尊形器（残）	三	打破M75、M78；墓主上肢散乱于填土；墓前端有大块积石若干；墓后有扰坑3，出有人骨及多子盒、彩陶尊等，归入此墓；此墓东部还有散乱人骨，应属另一被毁墓；填土出： t1-彩陶钵（残），t2-陶片
M59	225°	1.7×0.56－0.36	单人仰身直肢葬	男，成人	4件（套）： 1. Ⅰ彩陶双大耳罐，2. Ⅳ彩陶双耳罐（罐内装细石片2，编号：2-1、2-2；绿松石块4，编号：2-13~2-16；肉红石髓块1，编号：2-17；骨料10件，编号：2-3~2-12；石块2，编号：2-18、2-19），3. BⅠ夹砂双耳罐，4. AⅡ夹砂双耳罐（残）	四	墓主大腿压大砾石1；填土内混杂人骨，可能属另一被毁墓主；填土出： t1-绳纹陶片
M60	上层：30° 下层：205°	上层：2.25×2.05－0.4 下层：1.95×1.5－0.6	3人合葬。 A、B：二次（乱骨）葬；C：仰身直肢、上肢扰乱葬	A：男，成人；B：?，小孩；C：女，20~25岁	9件（套）： 上层：1. 尊形器，2. 陶片，3、5. 蚌泡，4. B陶纺轮，6. 联珠波浪管状器；下层：7. B陶纺轮，8. A陶多子盒（内装小燧石片12，编号：8-1~8-12；萤石料块1，编号：8-13；肉红石髓料块13，编号：8-14~8-26；小石片3，编号：8-27~8-29），9. Ⅲ素面腹耳壶	三	墓内大量积石。上层墓主头骨置土垄东侧；下层墓主葬在土垄西侧，骨盆内有未足月婴儿；填土出： t1-素面双耳罐（残），t2-彩陶片，t3-绳纹陶片
M61	200°	1.77×0.57－0.39	单人仰身、下肢微屈葬	男?，30~40岁	3件： 1. BⅠ夹砂双耳罐，2. Ⅰ彩陶双大耳罐，3. 骨针筒	一	

墓号	墓向	墓穴 长 × 宽 - 深	葬式	性别 年龄	随葬器物	分段	备注
M62	120°	残 1.5×0.43-0.4	单人仰身直肢、上肢扰乱葬	男，成人	9 件（套）： 1. B Ⅲ 夹砂双耳罐，2. C Ⅱ 夹砂双耳罐，3. B Ⅰ 四系罐，4. A Ⅱ 夹砂双耳罐，5. B 石刀，6. 蚌珠，7. 白陶（滑石）珠 3 枚，8、9. 蚌珠（朽坏）	三	被 M52 叠压；墓主下肢大部被扰；墓后填土出啮齿类动物骨架；此墓西侧出双耳罐 1
M63	210°	1.9×0.5-0.48	单人仰身直肢葬	男，>60 岁	3 件： 1. C 夹砂单耳罐，2. 泥塑动物俑，3. ? 器盖	?	被 M31 叠压，本身打破 M54、叠压 M70；墓主身上压大砾石 5；墓上部填土发现少量朽木痕，可能为简易葬具；填土出肉红石髓料块（t1）及人脊椎、盆骨、肋骨、尾椎，有可能为 M70 缺失的骨殖
M64	25°	1.85×0.57-0.5	单人二次（乱骨）葬	?，小孩	3 件： 1、2. 牙饰，3. 小螺壳饰	?	被 M65 叠压；上层填土出少量炭化木棍；部分肢骨集中在填土内；墓内积石 10 余块，发现啮齿类小动物骨架
M65	195°	残 1.5×1.25-0.55	单人侧身屈肢葬	男，老年	1 件： 1. A 器盖	?	被 M55 打破、下压 M64、M74；墓两侧摆放砾石；有简易木质葬具朽痕
M66	184°	残 1.5×0.4-0.6	单人仰身直肢葬	?	1 件： B 陶纺轮	?	墓下部被毁，墓主骨架有缺失；填土出：t1- 彩陶小口壶，t2- 刻划纹陶片
M67	95°	（2~2.08）×0.53-（0.2~0.35）	单人迁出葬	?	1 件： 1. D Ⅰ 器盖	?	被 M39、M40、M46 叠压；墓底前低后高，头前有一浅龛
M68	195°	1.9×0.75-0.1	单人仰身直肢、上肢扰乱葬	?	1 件： 1. B 陶多子盒	?	叠压 M93、M99，打破 M105；墓主骨架部分缺失；墓前右侧少量积石

墓号	墓向	墓穴 长×宽－深	葬式	性别 年龄	随葬器物	分段	备注
M69	105°	上层: 1.55×1.3; 下层: 1.55×0.55－ 0.57	单人仰身直 肢、上肢扰乱 葬	男,45+ 岁	19件(套): 1.A石刀,2、8、9.蚌泡, 3、5.骨针筒,4.骨针(置 于3内),6.A器盖, 7.A陶纺轮,10.AⅠ 彩陶腹耳壶,11.AⅠ 夹砂单耳罐,12.B器 盖,13、15.AⅡ夹砂 双耳罐,14.Ⅱ彩陶双 耳罐,16.E器盖,17. 石板器盖,18.蚌珠(2), 19.白陶(滑石)珠	二	墓内大量积石,分上下 两层,西侧与M51连接, 界限不清;墓底有木质 葬具朽灰; 此墓填土出有散乱人骨, 与墓主关系不明;填土 出陶纺轮1
M70	115°	2×0.55－0.4	单人仰身直 肢、上肢扰乱 葬	女,?	3件: 1.Ⅰ彩陶双耳罐,2.B 器盖,3.A石管珠	一	被M52叠压、被M63拦 腰打破;墓主部分骨架 缺失(部分混入M63填 土);填土出啮齿类动 物头骨
M71	205°	1.78×0.56－ 0.3	单人仰身直 肢葬	女,老年	4件: 1.彩陶尊形器,2.AⅡ 彩陶腹耳壶,3.BⅢ夹 砂双耳罐,4.C器盖	三	人骨上压纯净的砂砾; 填土出: t1-器盖(残),t2-彩陶 尊形器底
M72	275°	1.9× (0.6~0.7)－ (0.4~0.5)	单人二次(乱 骨)葬	女?, 30~35岁	无	?	被M41叠压,被M73打 破;墓内发现少许炭化 朽木痕
M73	0°或 180°	1.25×1.2－ 0.55	双人二次(乱 骨)合葬	A:男, 老年; B:男?, 老年	4件: 1.彩陶埙,2.BⅠ夹砂 单耳罐,3.B器盖,4.B 铜耳环	?	打破M72。墓内大量积 石; 填土出: t1~t3-彩陶片
M74	195°	2.9×1.45－ 0.45	双人合葬。 A、B:仰身直 肢、上肢扰乱	A:女, 45+岁; B:男, 25~30岁	11件(套): 1、8.DⅢ夹砂双耳罐, 2.DⅠ夹砂双耳罐,3. B铜刀,4.C器盖,5. 玉斧,6.A器盖,7.A 铜刀,9.牙饰,10.肉 红石髓珠3枚,11.铜 指(耳)环	三	被M55、M65打破, 本身打破M87,叠压 M93、M99、M100;墓内 积石10余块;墓主A头 前有长骨1。 填土出: t1-彩陶尊形器,t2、t3- 彩陶腹耳壶,t4-双大耳 罐,t5、t6~t8-陶片、彩 陶片,t7-彩陶小口壶器 口

墓号	墓向	墓穴 长 × 宽 – 深	葬式	性别 年龄	随葬器物	分段	备注
M75	120°	1.6×0.43 –0.15	单人仰身直肢葬	?	无	?	被 M58 打破，本身叠压 M90，此墓西端被打掉约 0.1 米；墓主骨架部分缺失
M76	207°	残 1×0.5–0.25	单人仰身直肢葬?	?	无	?	打破 M90、M104；墓后部被毁；西侧同一水平位置有一堆人骨，关系不明
M77	105°	残 1.4×0.6–0.4	双人上下叠压合葬 A、B：仰身直肢、上肢扰乱葬	A：?， B：? 成人	无	?	前部被 M50 打掉，后部被 M33 叠压
M78	205°	1.8×（0.7~0.8）–0.6	单人仰身直肢、上肢扰乱葬	A：女，成人	9件（套）： 1. 骨针筒，2、3. 骨针，4. Ⅱ素面腹耳壶，5. Ⅰ素面腹耳壶，6. EⅡ夹砂双耳罐，7. 蚌泡，8. 煤晶珠，9. 肉红石髓料块（16）	三	被 M58 叠压，本身打破 M81； 此墓填土出有散乱的孩童骨，与墓主关系不明
M79	95°	2.2×1–0.45	单人二次（乱骨）葬	?， 18~20 岁	5件： 1. AⅡ彩陶单耳罐，2、3. 蚌泡（朽毁），4. C 铜泡（扣），5. 铜牌	一	墓内部分积石；仅存下颌及部分肢骨； 填土出： t1– 彩陶腹耳壶（残）， t2– 绳纹、黄白衣陶片
M80	195°	1.95×0.6–0.75	单人仰身直肢、上肢扰乱葬	男?， 30± 岁	3件： 1. DⅡ夹砂双耳罐， 2. AⅢ夹砂单耳罐， 3. AⅡ彩陶腹耳壶	三	被 M84 叠压，本身叠压 M86、M104；墓底与 M82 在同一水平，两墓积石相连； 此墓上层填土出有小孩骨架，残朽严重，与墓主关系不明； 填土出：t1– 素面双耳罐，t2– 器盖，t3、t4– 陶片，t5– 蚌泡，t6– 肉红石髓料块 25，t7– 白陶（滑石）珠 4 枚
M81	105°	2.3×（0.6–0.8）–0.65	单人迁出葬	?	3件： 1. Ⅰ彩陶双耳罐，2. DⅠ夹砂双耳罐，3. B 器盖	一	被 M78 拦腰打破，填土出人脊椎骨及双耳罐残片

墓号	墓向	墓穴 长 × 宽 - 深	葬式	性别 年龄	随葬器物	分段	备注
M82	125°	1.5×0.5-0.75	单人二次（乱骨）葬	男，>60岁	无	?	叠压 M86，被 M68 叠压；与 M80 连为一体；人骨上压大量砾石；填土出：t1-彩陶单耳罐，t2-夹砂双耳罐，t3-彩陶双耳罐（残）
M83	215°	残 1.4×0.6-0.35	单人二次（乱骨）葬？	?，小孩，8~9岁	1件： 1. Ⅲ素面双大耳罐	四	仅存头骨和少量肢骨；墓内有大石块2
M84	205°	2×0.6-0.25	单人仰身直肢，上肢扰乱葬	男，50~55岁	6件： 1. Ⅳ彩陶双耳罐，2. C 器盖，3. BⅡ夹砂双耳罐，4. A 石刀，5. 牙饰，6. 骨针筒（残）	四	叠压 M80、M104；墓主部分骨架缺失
M85	190°	2.2×（1~1.3）-0.45	3人合葬 A、B：仰身直肢葬； ?：仅存头骨	A 男？，50±岁；B 男，55~60岁；C？，小孩，8岁	8件（套）： 1. CⅢ夹砂双耳罐，2. AⅡ彩陶腹耳壶，3. 骨针筒，4. 牙饰，5. D 夹砂单耳罐，6. 骨针，7. 白陶（滑石）珠、蚌珠一串（52枚），8. A 石管珠	三	打破 M87、M88。叠压 M91、M105；墓内有大块砾石6；填土出：t1~t3-素面双耳罐（残），t4-网格纹陶片，t5-篮纹陶片
M86	115°	1.6×0.7-0.5	单人（乱骨）葬	男？，20~25岁	无	?	被 M80、M82 叠压；墓内积石2
M87	120°	残 0.95×0.55-0.45	单人仰身直肢葬？	?,	无	?	被 M74 叠压，被 M85 打破
M88	105°	残 0.65×0.45-0.45	单人仰身直肢葬？	?	无	?	被 M85 打破
M89	210°	1.4×0.9-0.3	单人二次（乱骨）葬	男，50+岁	2件： 1. BⅡ夹砂双耳罐，2. 骨柄铜锥	三	叠压 M92、M101；少量积石；墓主鼻骨很高
M90	210°	残 1.4×0.52-0.3	单人二次（乱骨）葬	男，45+岁	1件： AⅡ彩陶腹耳壶	三	被 M75、M76 叠压，下肢骨缺失，北侧冲沟所出股骨有可能属此墓

墓号	墓向	墓穴 长×宽–深	葬式	性别 年龄	随葬器物	分段	备注
M91	220°	（2.45（墓口）~2.08（墓底））×（0.58~0.85）–0.67	单人仰身直肢、上肢扰乱葬	男，35~40岁	10件： 上层：1. C Ⅲ 夹砂双耳罐，2. Ⅱ 素面双大耳罐； 下层：1. 穿孔骨管，2. 玉斧，3. B Ⅱ 四系罐，4~6. 骨镞，7. A 肉红石髓珠，8. 泥塑动物俑	三	被 M85 叠压，本身打破 M105；墓内大量积石呈椁状，压在墓主身上。 填土出： t1– 夹砂双耳罐，t2– 罐底，t3– 彩陶片
M92	195°	（1.93（墓口）~1.91（墓底））×（0.63~0.74）–0.36	单人仰身直肢葬	女，35~40岁	4件： 1. A Ⅲ 彩陶腹耳壶，2. B Ⅲ 夹砂双耳罐，3、4. 白陶（滑石）珠	三	被 M89 叠压；墓内少量积石；有简易木质葬具
M93	110°	1.85×0.85–0.45	单人二次（乱骨）葬	？	3件： 1. Ⅰ 彩陶双大耳罐，2. A Ⅱ 夹砂单耳罐，3. ？器盖（胶泥质地）	二	被 M68、M74 叠压，被 M100 拦腰打破，本身叠压 M99；墓主骨架集中于墓前部，头骨缺失，墓内中部积石；填土出年代偏早的陶片
M94	190°	1.8×0.65–（0.41~0.48）	双人上下叠压合葬 A：仰身直肢、上身扰乱葬；B：仰身直肢葬	A：女，>65岁；B：女，18±岁	17件（套）： 上层：1. Ⅱ 彩陶双大耳罐，2、3. A Ⅱ 彩陶腹耳壶，4. 骨针筒，5. 铜环首刀，6、7. 牙饰，8. B Ⅱ 夹砂双耳罐，9~12. 骨针；朽毁陶器（未编号），13. 肉红石髓料块2 下层：1. 泥塑动物俑，2. A Ⅲ 夹砂双耳罐，3. A 铜耳环（残），4. 小骨刺	三	被 M95 打破一角，本身打破 M98；上层有简易木质葬具；下层墓主头骨扰动
M95	285°	残1×0.5–0.38	单人二次（乱骨）葬	？，小孩4~5岁	2件： 1. Ⅱ 单把杯，2. A Ⅳ 夹砂双耳罐	四	打破 M94 一角；墓底有大块砾石1；填土出：t1– 彩陶片，t2– 篮纹陶片，t3– 陶片
M96	197°	残1.1×0.4–0.3	单人仰身直肢葬	男，？	1件： 1. 彩陶小壶	？	此墓两端被毁，墓主骨架部分缺失

墓号	墓向	墓穴 长×宽-深	葬式	性别 年龄	随葬器物	分段	备注
M97	102°	残1.06×0.42 -0.31	单人仰身直肢葬	？，儿童，4~5岁	1件：1. Ⅱ双耳盆	？	墓主腹部压砾石块1；填土出动物肩胛骨
M98	125°	残1.7×0.52- 0.5	单人仰身直肢葬	男，成人	1件：1. BⅠ彩陶腹耳壶	一	被M94打破
M99	285° 120°	1.9×0.64- 0.8	双人上下叠压合葬 A：仰身直肢葬；B：二次（乱骨）葬	A：女，成人；B：男，40~50岁	无	？	被M68、M74、M93叠压；墓前有浅龛；填土出动物下颌骨
M100	200°	2×0.7-0.7	双人上下叠压合葬 A：仰身直肢、上肢扰乱葬；B：二次（乱骨）葬	A：男，成人；B：？，未成年	15件（套）：1. DⅢ夹砂双耳罐（内有跟骨2），2. B铜刀，3. 骨柄铜锥，4~6. 铜镞，7. 肉红石髓料块及半成品（40），8~10. 牙饰，11. 肉红石髓珠（A3，B11），12. 绿松石珠（8），13. 泥塑动物俑，14. 铜削（尖），15. 白陶（滑石）珠	三	被M55、M65、M74叠压，本身打破M93
M101	200°	1.3×1-0.5	单人二次（乱骨）葬或迁出葬	女，45+岁	9件（套）：1. Ⅰ双耳盆，2. B器盖，3. A器盖，4. A陶纺轮，5. B石刀，6~8. 海贝，9. 肉红石髓料块（2）	二	被M89叠压，本身打破M102；此墓北部被耕土扰动；墓主骨架散乱于填土内
M102	85°	残 0.88×0.51- 0.35	双人上下叠压合葬，A、B：仰身直肢葬	A：男 20~25岁；B：？	2件：1. DⅡ夹砂双耳罐，2. 彩陶圈足小罐	二	此墓下部被M101打破
M103	110°	2.05×0.86- 0.7	四人合葬 A：仰身直肢葬；B、C、D：二次（乱骨）葬	？	5件：1. D夹砂单耳罐，2. Ⅰ彩陶双耳罐，3、5. A石刀，4. 铜削（残）	一	此墓系回填时发现；墓内前半部积石；此墓周围采集有彩陶单耳罐、素面单耳罐各1，年代偏早
M104	115°	残1×0.46- 0.3	单人仰身直肢葬	？	1件：1. 蚌泡	？	被M76、M80、M84打破
M105	200° ？	残0.8×宽 0.7-？	单人二次（乱骨）葬	？	2件：1. AⅡ夹砂单耳罐，2. B器盖	二	被M68、M85、M91叠压打破，残存墓穴一角

说明："随葬器物"栏中未注明质地者均为陶器；器物前的数字为器物编号，如M1中"1. E器盖"，指E型器盖编号为M1∶1。

附录一　酒泉干骨崖墓地碳-14年代检测报告

吴小红

（北京大学考古文博学院）

1. 样品采集

共采集酒泉干骨崖墓地出土的四个木头标本进行了碳-14年代测定。样品的前处理、制备和碳-14测量工作于1987年在北京大学考古系碳十四实验室由陈铁梅、原思训主持完成，工作过程如下：

样品前处理：去除样品表面污垢，制成小碎块。利用酸碱酸的标准程序清除样品中可能的无机碳和腐殖酸等有机碳的污染，去离子水清洗至中性。烘干后待用。

样品制备：将烘干后的样品置于特制真空炉中干馏，制成木炭。在真空系统中，木炭与金属钙作用形成碳化钙，水解制备乙炔，在CrO_3-Al_2O_3-SiO_2催化剂作用下合成苯[①]。

碳-14测量：利用国产FJ-2101液体闪烁计数器进行样品和标准的碳-14 β衰变测量，计算后得到碳-14年代[②]。

2. 树轮校正

将所得到的碳-14年代数据经过树轮校正后得到日历年代。所用的树轮校正曲线为Intcal 04[③]，所用树轮校正程序为OxCal v3.10[④]。

3. 检测结果

检测结果如下表。

---

① 原思训：《液体闪烁 ^{14}C 断代用样品苯的制备》，《第一次全国学术会议文集》，科学出版社，1984年，第18~26页。

② 陈铁梅、陈先、韩道山、王华：《FJ-2101液体闪烁计数器的改进》，《第一次全国学术会议文集》，科学出版社，1984年，第64、65页。

③ Reimer PJ, MGL Baillie, E Bard, A Bayliss, JW Beck, C Bertrand, PG Blackwell, CE Buck, G Burr, KB Cutler, PE Damon, RL Edwards, RG Fairbanks, M Friedrich, TP Guilderson, KA Hughen, B Kromer, FG McCormac, S Manning, C Bronk Ramsey, RW Reimer, S Remmele, JR Southon, M Stuiver, S Talamo, FW Taylor, J van der Plicht, and CE Weyhenmeyer. 2004 *Radiocarbon* 46:1029–1058.

④ Christopher Bronk Ramsey 2005 www.rlaha.ox.ac.uk/orau/oxcal.html.

序号	实验室编号	标本	碳-14 年代数据 (年, BP)		树轮校正后年代（BC）	
			$T_{1/2}$=5730	$T_{1/2}$=5568	1σ（68.2%）	2σ（95.4%）
①	BK-87059	M41（木）	3550±40	3450±40	1880（0.24） 1840 1820（0.11） 1790 1780（0.65） 1690	1890（1.00） 1660
②	BK-87060	M63（木） M64（木）	3490±70	3390±70	1870（0.03） 1850 1780（0.92） 1600 1570（0.03） 1560 1550（0.02） 1540	1880（1.00） 1520
③	BK-87063	M32（木） M48（木）	3300±80	3225±80	1610（1.00） 1420	1690（1.00） 1310
④	BK-87028	M92（木）	3220±60	3125±60	1490（0.04） 1480 1460（0.96） 1310	1520（1.00） 1250

附录二　酒泉干骨崖墓地出土四坝文化铜器的分析与研究

孙淑云

（北京科技大学冶金与材料史研究所）

　　对甘肃酒泉干骨崖四坝文化遗址和墓葬出土的41件铜器进行了成分分析，对其中30件进行了金相检验。所分析铜器包括工具18件、镞2件、装饰品21件。工具主要是锥和刀，装饰品主要是耳环，其次是铜泡。器物一般较小，形制简单，具有一定原始风格。分析器物名称、编号和检验项目见表一。

表一　样品名称、编号和检验项目

实验室编号	样品名称	原编号	检验项目	备注
1675	铜泡	M79：4	成分	
1676	铜锥	M100：3	成分　金相	
1677	螺旋指（耳）环	M74：11	成分　金相	
1678	铜耳环	M50：t8	成分　金相	
1679	铜锥尖（残）	87JG-M002	成分　金相	
1680	铜锥残件	87JG-M003	成分　金相	
1681	铜刀	M100：2	成分　金相	
1682	铜镞	M100：5	成分　金相	
1683	铜镞	M100：6	成分　金相	
1684	铜泡	M36：6	成分　金相	全部锈蚀
1685	铜锥	M50：t11	成分　金相	
1686	铜耳环	M14：t1	成分　金相	

实验室编号	样品名称	原编号	检验项目	备注
1687	铜刀尖	M50：t7	成分　金相	
1688	铜耳环	M26：8	成分　金相	
1689	铜大耳环	M50：t9	成分	
1690	铜削尖	M103：4	成分　金相	
1691	铜削	M100：14	成分　金相	
1692	小铜环	M50：t12	成分　金相	
1693	铜联珠饰	M50：t10	成分　金相	
1694	铜泡	M27（下）：1	成分　金相	
1695	铜耳环	M94（下）：3	成分	
1696	铜联珠饰	M55：t1	成分　金相	
1697	铜圆牌	M44：4	成分	
1700	小铜泡	M2：10	成分	
1701	铜环首刀	M74：7	成分	
1702	铜斧	M19：4	成分	
1703	铜环首刀	M94（上）：5	成分　金相	
1704	铜刀	M74：3	成分　金相	
1705	铜泡	M24：1	成分	
1707	铜环首刀	M44：3	成分　金相	
1708	铜镰	M26：7	成分	
1709	铜锥	M44：8	成分　金相	
1710	铜锥	M3：8	成分　金相	
1711	铜耳环	M73：4	成分	
1712	铜锥	M26：11	成分　金相	
1713	铜牌	M79：5	成分　金相	
1715	铜耳环	M50：t13	成分　金相	全部锈蚀
1716	铜泡	M27（下）：2	成分　金相	
1717	铜联珠饰（残）	M50：t14	成分　金相	
1718	铜锥（残）	M89：2	成分　金相	
1721	铜耳环	87JG-N001	成分	

（一）样品锈蚀及其对分析结果的影响

干骨崖四坝文化墓葬出土的铜器大部分锈蚀严重，表面被较厚的绿色锈蚀产物所覆盖。金相观察样品截面，锈蚀从表面向中心延伸，部分样品仅心部残留少量金属，部分样品全部被锈蚀。经扫描电子显微镜能谱分析和金相显微镜下偏光观察，锈蚀产物主要是氧化物和碳酸盐，如氧化亚铜、碱式碳酸铜。在此需要指出的是，由于所用扫描电镜能谱分析仪使用的Si（Li）探测器Be窗口，对轻元素特征X射线有吸收作用，所以此仪器只能检测原子序数11（钠）以上的元素，而碳、氢、氧等轻元素不能测定。因此对样品锈蚀产物中的氧、碳含量没有测定。要想判定氧化锈蚀物的种类，需要配合矿相检测结果。此次所分析样品的锈蚀除了氧化产物外，其次就是氯化物，部分样品氯的含量较高，其中有6件铜器的锈蚀产物含氯高于10%。在这批铜器的保存中，应注意防止青铜疫的产生和蔓延。

青铜合金在锈蚀过程中易发生选择性腐蚀。在分析中发现有的样品如铜镞（M100：5）未被腐蚀的金属部位含有10.6%的锡，而锈蚀部位锡含量却高达28%左右，其原因就是选择性腐蚀使铜流失而锡保留下来，致使锡的含量相对增高。因此，对于那些已完全被腐蚀了的样品，其扫描电镜能谱分析的数据只能定性的反映铜器的性质而不代表铜器原来金属元素的百分含量。部分铜器表面锈蚀分为多层，不同层次的成分不同，锈蚀产物也不相同。造成这种现象的原因之一，也是与选择性腐蚀有关。腐蚀的过程是青铜中的铜优先被腐蚀而发生流失，导致锡的含量相对增高。流失的铜离子在铜器表面与氧、碳酸根和氯离子结合而沉积为不同层次的锈蚀产物。因此，在分析样品时，要尽可能地选择残留的金属部位进行分析。如果样品全部锈蚀，则要注意不同锈蚀层的差别。一般来说中心部位的锈蚀成分较接近原金属的性质，可定性的代表金属的成分。此批所分析的干骨崖样品普遍锈蚀较严重，因此在制备样品时，均选择截面进行镶样，分析时充分注意各锈蚀层的差别。

此外，此批样品中的铸造青铜、砷铜器多存在成分偏析现象，因此在扫描电镜能谱分析时，使电子束尽可能大，放大倍数尽可能小，样品被扫描的面积尽可能大，并测量样品截面的不同部位，取其平均值以代表该样品的成分。

（二）分析检验结果

对41件干骨崖四坝文化铜器进行扫描电镜能谱分析的结果见表二。30件铜器金相检验结果见表三。仪器型号：剑桥S-250MK3扫描电子显微镜，LinkAN10000能谱仪。测量条件：激发电压20kV，扫描时间为60秒。金相检测使用德国产NEOPHOT21卧式金相显微镜。金相样品经三氯化铁盐酸乙醇溶液浸蚀。

（三）讨论

根据表二列出的干骨崖四坝文化铜器的成分，将它们按材质分类，对进一步研究此批铜器

表二 铜器成分分析结果

实验室编号	名称原编号	分析部位	wt%							
			铜（Cu）	锡（Sn）	砷（As）	铅（Pb）	铁（Fe）	硫（S）	氯（Cl）	其他平均值
1675	铜泡（M79：4）	表面锈层1	86.8	0.0	7.3	微	0.7	微	1.4	Si 1.7 Ca 1.1
		表面锈层2	85.9	0.0	2.6	微	0.6	微	5.0	Si 4.9 Ca 0.4
1676	铜锥（M100：3）	金属部位1	88.5	8.9	微	0.0	0.9	1.6	0.0	
		金属部位2	87.3	10.5	0.0	0.0	0.8	1.5	0.0	
		金属部位3	91.6	7.1	微	0.0	0.6	0.6	0.0	
1677	铜螺旋指（耳）环（M74：11）	金属部位1	92.8	6.5	0.0	微	微	0.0	0.0	
		金属部位2	91.8	7.6	微	微	0.0	0.0	0.0	
		金属部位3	93.7	6.2	0.0	0.0	0.0	0.0	0.0	
1678	铜耳环（M50：t8）	金属部位1	94.7	0.7	3.6	0.0	微	1.0		
		金属部位2	93.7	微	4.8	0.0	微	1.0		
		金属部位3	95.5	微	3.8	0.0	微	0.4		
1679	铜锥（尖）（87JG-M002）	金属部位1	97.6	微	2.2	0.0	0.0	微		
		金属部位2	97.5	0.0	2.4	0.0	0.0	微		
		金属部位3	97.6	0.0	2.1	0.0	微	微		
1680	铜锥（残）（87JG-M003）	金属部位1	98.9	0.0	微	0.0	0.0	0.0	0.9	
		金属部位2	98.4	微	微	0.0	微	微	0.7	
		金属部位3	99.4	0.0	微	0.0	0.0	0.0	0.0	
1681	铜刀（M100：2）	金属部位1	91.9	6.0	0.0	0.0	1.9	0.0	0.0	
		金属部位2	91.6	5.8	0.0	0.0	2.1	0.4	0.0	
		金属部位3	91.3	5.6	0.0	微	2.5	微	0.2	
		夹杂物	57.6	微	0.0	0.0	12.9	29.3	0.0	
1682	铜镞（M100：5）	金属部位	89.0	10.6	0.0	微	0.0	0.0		
		锈蚀部位1	67.8	29.4	微	1.1	微	1.3		
		锈蚀部位2	70.1	27.7	微	1.1	微	0.8		

续表二

实验室编号	名称原编号	分析部位	wt%							
			铜（Cu）	锡（Sn）	砷（As）	铅（Pb）	铁（Fe）	硫（S）	氯（Cl）	其他平均值
1683	铜镞（M100：6）	金属部位1	87.0	7.6	微	微	1.9	1.4	微	
		金属部位2	87.9	7.8	0.0	微	2.0	1.5	微	
		偏析富铜部位A	95.3	1.5	0.0	0.0	3.0	微	0.0	
		偏析富锡部位D	85.1	13.0	微	0.0	1.0	0.0	0.0	
		硫化物夹杂B	75.3	微	微	0.0	微	23.5	微	
1684	铜泡（M36：6）	锈蚀层1	12.4	85.4	0.0	微	0.0	0.3	0.9	Si 0.3
		锈蚀层2	92.1	2.7	0.0	0.0	0.0	0.0	4.7	
		锈蚀层3	13.7	83.7	微	0.0	微	0.5	1.1	
		锈蚀层4	98.2	微	0.0	0.0	微	微	1.4	
1685	铜锥（M50：t11）	金属部位1	97.9	0.9	微	0.0	微	0.0		
		金属部位2	98.5	0.6	微	0.0	微	0.0		
		偏析部位A	95.8	2.1	1.8	微	0.0	微		
		偏析部位B	98.7	微	微	微	0.0	0.3		
1686	铜耳环（M14：t1）	金属部位1	81.2	18.0	微	0.0	0.0	0.3		
		金属部位2	81.3	17.0	微	0.0	0.0	0.2		
		金属部位3	85.0	14.5	微	0.0	0.0	0.2		
1687	铜刀尖（M50：t7）	金属部位面扫	94.8	1.5	2.3	微	0.0	0.5	0.2	
		金属部位点A	94.2	1.9	2.2	0.0	微	1.1	0.3	
		金属部位点B	95.8	2.4	1.6	0.0	微	0.0	0.0	
		金属部位点C	95.6	2.1	2.3	0.0	0.0	0.0	0.0	
1688	铜耳环（M26：8）	金属部位1	88.9	8.3	微	0.0	微	0.8	1.3	
		金属部位2	89.0	8.0	1.7	0.0	0.0	0.4	1.0	
		金属部位3	93.0	6.2	微	0.0	微	0.0	0.0	
1689	铜耳环（M50：t9）	锈蚀部位1	70.2	27.0	0.0	0.0	0.0	0.6	2.2	
		锈蚀部位2	54.1	41.6	微	0.0	0.0	1.3	2.4	
		锈蚀部位3	71.1	24.9	0.0	0.0	0.0	微	3.9	
1690	铜削尖（M103：4）	金属部位	90.7	8.5	微	0.0	微	微	0.0	
		夹杂物	71.3	2.0	0.0	4.7	0.0	21.7	0.4	

实验室编号	名称原编号	分析部位	wt%							
			铜（Cu）	锡（Sn）	砷（As）	铅（Pb）	铁（Fe）	硫（S）	氯（Cl）	其他平均值
1691	铜削（M100：14）	金属部位晶内	91.1	7.5	微	微	0.5	微	微	
		晶内＋晶界	73.7	12.3	微	9.6	1.4	2.0	0.9	
		铅颗粒A				大量				
		硫化物B	85.3	4.7	0.0	2.5	0.4	6.8	0.3	
1692	小铜环（M50：t12）	金属部位1	98.4	微	微	0.0	0.0	0.3	0.0	
		金属部位2	98.8	微	0.0	微	0.0	微	0.0	
		夹杂物	大量				0.0	大量		
1693	铜联珠饰（M50：t10）	金属部位1	93.2	5.9	0.0	微	微	0.2	微	
		金属部位2	93.1	6.0	0.0	微	0.0	0.0	0.4	
		含锈的金属部位	87.5	11.5	0.0	微	0.0	微	0.8	
1694	铜泡（M27（下）：1）	金属部位1	95.9	0.0	3.9	0.0	0.0	0.0	微	
		金属部位2	95.1	微	4.6	0.0	0.0	0.0	0.0	
1695	铜耳环（M94（下）：3）	锈蚀部位1	87.7	0.0	17.5	0.0	0.0	微	0.7	
		锈蚀部位2	92.5	0.0	7.3	0.0	0.0	微	0.0	
		锈蚀部位3	97.6	微	1.9	0.0	0.0	微	微	
1696	铜联珠饰（M55：t1）	金属部位1	94.3	微	2.3	2.2	0.0	0.3	0.4	
		金属部位2	93.9	1.0	2.9	1.6	微	微	0.2	
		偏析富铜部位A	97.6	微	1.4	微	0.0	微	0.3	
		偏析富锡砷部位B	95.5	1.2	3.0	微	0.0	0.0	微	
		细小颗粒C	88.4	0.8	4.5	5.3	微	0.5	0.5	
1697	铜圆牌（M44：4）	锈蚀部位1	51.7	38.7	1.2	1.3	微	微	6.8	
		锈蚀部位2	58.9	31.3	1.7	1.0	微	微	6.9	
1700	小铜泡（M2：9）	锈蚀中心部位1	64.6	33.9	微	0.0	0.0	0.4	0.4	
		锈蚀中心部位2	99.3	微	0.0	0.0	0.0	0.0	0.0	
		锈蚀边缘部位	83.0	3.2	0.0	0.0	0.0	0.5	12.6	Si 0.3
1701	铜环首刀（M74：7）	锈蚀部位1	85.9	10.9	微	微	微	0.0		
		锈蚀部位2	84.8	13.1	微	微	0.0	0.5		
		锈蚀部位3	88.0	10.0	微	微	0.0	0.0		

实验室编号	名称原编号	分析部位	wt%							
			铜（Cu）	锡（Sn）	砷（As）	铅（Pb）	铁（Fe）	硫（S）	氯（Cl）	其他平均值
1702	铜斧（M19：4）	金属部位1	88.9	7.1	微	微	1.5	1.4	0.0	Si 微
		金属部位2	78.0	8.1	微	微	4.1	1.3	2.1	Si 3.1
		金属部位3	87.6	8.8	微	0.0	1.7	1.4	0.1	
1703	铜环首刀（M94（上）：5）	金属部位1	89.2	9.6	微	微	微	0.0	0.4	
		金属部位2	88.2	10.2	微	微	0.3	0.0	0.4	
1704	铜刀（M74：3）	金属部位1	83.0	8.9	0.0	微	0.0	0.6		
		金属部位2	84.9	7.5	1.1	微	00	0.6		
		金属部位3	85.3	7.5	微	0.0	0.0	0.6		
		锈蚀部位	62.5	3.8	0.0	0.0	微	0.0	30.1	
1705	铜泡（M24：1）	锈蚀部位1	64.8	30.5	微	微	0.0	微	0.5	
		锈蚀部位2	65.3	30.2	微	微	0.0	0.3	0.3	
1707	铜环首刀（M44：3）	金属部位1	98.6	0.0	微	0.0	0.0	0.8		
		金属部位2	98.0	微	1.1	微	0.0	0.5		
		金属部位3	93.9	微	2.5	0.0	0.0	0.6		
		金属部位4	96.0	0.0	2.2	微	0.0	0.5		
1708	铜镰（M26：7）	锈蚀部位1	59.9	31.2	微	6.1	微	1.6	0.6	
		锈蚀部位2	67.1	24.3	0.0	5.2	微	0.4	1.0	
1709	铜锥（M44：8）	金属部位1	94.9	0.0	3.7	0.0	0.0	0.0	1.2	
		金属部位2	95.3	微	4.1	微	0.0	0.0	0.0	
		锈蚀部位	76.6	0.0	5.8	9.8	0.0	1.4	0.4	
1710	铜锥（M3：8）	金属部位1	91.3	7.7	微	微	0.0	0.0	0.0	
		金属部位2	92.3	7.2	微	0.0	微	0.0	0.0	
		硫化物夹杂	75.8	0.0	微	0.0	微	23.9	0.0	
1711	铜耳环（M73：4）	锈蚀部位1	89.0	3.9	0.0	0.0	0.7	微	5.8	Si 微
		锈蚀部位2	93.5	1.1	微	0.0	微	微	3.2	
		锈蚀部位3	95.6	0.0	微	0.0	微	微	2.7	Si 0.6

续表二

实验室编号	名称原编号	分析部位	wt%							
			铜(Cu)	锡(Sn)	砷(As)	铅(Pb)	铁(Fe)	硫(S)	氯(Cl)	其他平均值
1712	铜锥（M26：11）	金属部位1	92.5	5.3	1.4	微	微	微	0.4	
		金属部位2	95.3	3.1	微	0.0	微	0.6	0.4	
		白圆点状相	85.2	12.3	1.7	微	微	0.0	0.3	
		金属夹带锈	71.3	7.5	1.1	微	微	微	19.1	
		硫化物夹杂	75.9	微	0.0	0.0	微	22.6	0.0	
1713	铜牌（M79：5）	金属夹带锈1	82.7	微	5.5	0.0	0.0	0.2	10.7	
		金属夹带锈2	80.9	微	5.1	1.8	0.0	0.0	11.8	
		析出相	69.4	微	28.4	微	微	微	微	
1715	铜耳环（M50：t13）	锈蚀层1	86.0	微	6.9	微	0.0	0.0	1.6	
		锈蚀层2	58.6	0.0	22.6	微	0.1	微	13.3	
		样品右侧锈蚀	97.3	微	微	微	0.0	0.0	0.3	
1716	铜泡（M27（下）：2）	金属部位1	93.4	微	1.5	微	微	3.5	0.6	
		金属部位2	92.2	0.0	3.2	微	微	3.2	0.8	
		硫化物夹杂	76.0	0.0	微	0.0	微	23.4	0.0	
1717	铜联珠饰（残）（M50：t14）	锈蚀层中心	84.0	14.4	微	0.0	0.0	0.4	0.6	
		锈蚀层次层	99.3	微	0.0	0.0	0.0	0.0	0.3	
		锈蚀层外层	77.2	微	0.0	0.0	0.0	0.0	22.4	
1718	铜锥（残）（M89：2）	金属部位1	84.2	10.3	微	微	2.7	1.0	0.0	
		金属部位2	84.7	9.3	微	微	2.5	1.0	0.0	Sb 1.2
		金属部位3	90.2	8.4	0.0	微	1.0	0.0	微	
		硫化物夹杂A	58.1	0.0	微	0.0	11.8	29.3	0.0	
		富铁相B1	70.5	5.1	微	2.4	19.5	0.4	1.2	
		富铁相B2	43.8	5.9	17.7	2.5	25.3	0.7	微	Sb 2.9
1721	铜耳环（87JG-N001）	锈蚀部位1	94.7	1.3	微	0.0	0.0	0.0	3.9	
		锈蚀部位2	83.9	14.7	微	0.0	微	0.5	0.4	

注：表中"微"表示此元素含量甚少，已超出仪器所能精确检测的范围，所测得数值不准，故以微量标之。

表三　铜器金相检验结果

实验室编号	器物及原编号	金相组织
1676	铜锥 （M100：3）	铜锡 α 固溶体再结晶晶粒，晶粒细小，有少量孪晶，较多硫化物夹杂。晶界遭到腐蚀（图版二七，1），为锡青铜热锻组织
1677	铜螺旋指（耳）环 （M74：11）	样品锈蚀严重。残留金属部位可观察到铜锡 α 固溶体再结晶晶粒，为锡青铜热锻组织
1678	铜耳环 （M50：t8）	铜砷 α 固溶体树枝晶偏析明显，为砷铜铸造组织
1679	铜锥尖 （87JG-M002）	铜砷 α 固溶体树枝状晶呈方向性拉长状，为砷铜铸造后经冷加工组织
1680	铜锥（残） （87JG-M003）	铜 α 固溶体再结晶晶粒及孪晶，样品为红铜热锻组织
1681	铜刀 （M100：2）	铜锡单相 α 固溶体晶粒状，晶内偏析存在但不明显。较多铜铁硫化物夹杂，有的包裹在孔洞周围。黑色铸造缩松和孔洞较多（图版二七，2）。为锡青铜铸造组织
1682	铜镞 （M100：5）	铜锡 α 固溶体树枝晶偏析明显，δ 相细小。α 富锡部位锈蚀严重，并有较多条状自由铜沉积。硫化物夹杂较多。为锡青铜铸造组织
1683	铜镞 （M100：6）	铜锡 α 固溶体呈网状（图版二七，3）。扫描电镜下高倍观察和能谱分析结果表明，α 固溶体富铜部位 A 被富锡部位 D 所围绕；富铁相 C 为铜锡铁氧化物，呈深色块状、多角状分布在富锡部位，并分布大量的硫化亚铜夹杂 B（图版二七，4）。为锡青铜铸造组织
1684	铜泡 （M36：6）	样品全部锈蚀。锈蚀呈层状，规则排列。扫描电镜显示致密和疏松锈蚀交替排列，每层厚度 20~80 微米不等（图版二七，5）。疏松层（标示 2、4）以铜的氧化物为主；致密层（标示 1、3）为铜锡的氧化锈蚀产物。各层都有氯化物锈蚀，疏松层含氯高于致密层。
1685	铜锥 （M50：t11）	少量锡砷溶入铜中形成 α 固溶体枝晶，晶内存在偏析（图版二八，1）。扫描电镜下观察（图版二八，2），晶界（A 点）锡、砷含量都在 2% 左右，晶内（B 点所示）只含微量锡、砷。晶内遭到腐蚀呈疏松状，有的部位被完全腐蚀，金相观察呈黑色枝状（图版二八，1 右侧）。此样品为红铜铸造组织
1686	铜耳环 （M14：t1）	样品锈蚀较严重。仅有少量金属残留。在残留的金属部位可观察到 α 固溶体再结晶晶粒和孪晶。硫化物夹杂细小分散。晶界多遭腐蚀。此样品为锡青铜热锻组织
1687	铜刀尖 （M50：t7）	样品锈蚀较严重，残留金属部位，晶界已经腐蚀（图版二八，3）。铜锡砷三元合金 α 固溶体呈晶粒状，铸造枝晶基本消失。有硫化物夹杂和细小析出相存在。此样品为受热均匀化的铜锡砷合金铸造组织。

实验室编号	器物及原编号	金相组织
1688	铜耳环 （M26：8）	铜锡（砷）α 固溶体再结晶晶粒，晶粒较细小，晶界平直，晶界存在硫化物夹杂。锈蚀较多。为含砷的锡青铜热锻组织
1690	铜削尖 （M103：4）	样品取自削尖。铸造铜锡合金 α 固溶体枝晶已被拉长，呈方向性排列。硫化物夹杂也发生相应变形。部分晶内存在滑移带，δ 相细小、数量少。有较大的裂隙存在（图版二八，4）。此样品为铸造锡青铜冷加工组织
1691	铜削 （M100：14）	样品取自刀尖部。铜锡 α 固溶体再结晶晶粒及孪晶，晶粒细小。晶界多遭锈蚀，存在较多孔洞（图版二八，5）。扫描电镜高倍观察（图版二九，1），晶界分布有铅（A）、铅的锈蚀产物（C）及硫化物夹杂（B）。此样品为铅锡青铜热锻组织
1692	小铜环 （M50：t12）	铜 α 再结晶晶粒及孪晶，晶界分布有硫化物夹杂（图版二九，2），为红铜热锻组织
1693	铜联珠饰 （M50：t10）	铜锡 α 固溶体树枝状晶，晶内偏析明显。锈蚀沿树枝状晶的高锡部位进行。有较多硫化物夹杂。为锡青铜铸造组织
1694	铜泡 （M27（下）：1）	样品锈蚀较严重。残留金属部位可观察到铜砷 α 固溶体树枝状晶，晶内偏析明显。锈蚀发生于树枝状晶富砷部分。为砷铜铸造组织
1696	铜联珠饰 （M55：t1）	铜砷（锡）α 固溶体树枝晶，晶内偏析明显。扫描电镜下观察（图版二九，3），有较多铅的小颗粒（C）分布于枝晶的富锡砷（B）部位。此样品为含锡的铜铅砷三元合金铸造组织
1703	铜环首刀 （M94（上）：5）	样品锈蚀严重，在残留的少量金属部位可见 α 再结晶晶粒和孪晶，晶粒细小，晶界均被腐蚀（图版二九，4）。为锡青铜热锻组织
1704	铜刀 （M74：3）	样品锈蚀严重，仅有少量金属残留。样品经浸蚀后，可见枝晶偏析存在。此样品为含砷的锡青铜铸造组织
1707	铜环首刀 （M44：3）	铜砷 α 固溶体树枝晶，晶内偏析明显。枝晶变形呈方向性排列（图版二九，5），为砷铜铸造后，经一定冷加工的组织
1709	铜锥 （M44：8）	铜砷 α 固溶体树枝晶，晶内偏析明显。枝晶的富砷部位多发生锈蚀。有少量 γ 相析出。此样品为砷铜铸造组织
1710	铜锥 （M3：8）	铜锡 α 固溶体再结晶晶粒及孪晶，晶内存在大量滑移带。硫化物夹杂较多且变形（图版三〇，1），为锡青铜热锻和冷加工组织
1712	铜锥 （M26：11）	样品锈蚀较严重。经浸蚀，在残留的金属部位可见树枝状偏析存在。在偏析的暗区分布有边界清晰的白亮 δ 相和许多较亮的圆点相，圆点相的边界不如 δ 相清晰。有硫化亚铜夹杂。扫描电镜能谱分析，圆点相的锡、砷含量均高于面扫平均成分。样品在锥尖部位，存在滑移带，枝晶有拉长变形现象，呈方向性排列，δ 相细碎、变形（图版三〇，2）。此样品为含砷的锡青铜铸造组织，局部经冷加工

续表三

实验室编号	器物及原编号	金相组织
1713	铜牌 （M79：5）	样品锈蚀较严重。残留的金属部位分散有大量锈蚀呈黑色团块状，铜砷 α 固溶体树枝晶，晶内偏析明显，有大量白亮不规则细小的高砷 γ 析出相（图版三○，3）。此样品为砷铜铸造组织
1715	铜耳环 （M50：t13）	样品全部锈蚀。金相和扫描电镜都观察到锈蚀明显分层。扫描电镜能谱分析结果表明各层的成分不同，样品右侧应是铜的氧化锈蚀。其他层次含铜、砷、氯，应为铜砷氧化物和氯化物锈蚀。此样品系由砷铜制成
1716	铜泡 （M27（下）：2）	样品锈蚀严重。在残留的金属部分可观察到 α 树枝晶偏析及硫化物夹杂。此样品为砷铜铸造组织
1717	铜联珠饰（残） （M50：t14）	样品锈蚀严重。中心锈蚀区域可见晶粒和锈蚀的晶界，此样品应是锡青铜热锻而成
1718	铜锥（残） （M89：2）	样品锈蚀严重，在残留的金属部位可观察到铜锡 α 固溶体再结晶晶粒及孪晶。较多硫化铜铁颗粒，还有黑色富铁相存在（图版三○，4）。扫描电镜下高倍观察并进行微区成分分析的结果表明，富铁相（B）和硫化物（A）多分布在晶界（图版三○，5）。富铁相是铜锡铁砷氧化物，用 JEOL JSM-6480LV 型扫描电镜和 NORAN System X- 射线能谱仪分析其含氧量达 18.5%、含铁 18%、含铜 47.5%，还含有锡 4.1%、砷 8.5% 和少量铅、氯。此样品为锡青铜热锻组织

的制作技术具有一定意义。同时可为考古学、历史学研究利用这批分析数据提供一定的方便。在对此批铜器进行材质分类之前，将铜与铜合金分类标准做一介绍，以使分类有据可依。

1. 纯铜的概念

现代生产的纯铜是对粗铜进行精炼后得到的高纯度铜，铜的含量达到99.99%以上。在工业上使用的普通纯铜有不同的型号和等级，如T1纯度为含铜99.95%，T4纯度为含铜99.5%，通常称之为紫铜。但在三千多年前四坝文化时期没有对铜进行精炼的技术，纯度不可能太高，尤其是在地表孔雀石用完，开始开采、使用地下的矿石冶炼后，铜矿中的杂质和共生元素较多的进入到铜中，因此，早期的纯铜有很多是含较多杂质的粗铜，经常以传统的称谓"红铜"称之。比如此次检验的干骨崖四坝文化的3件红铜器（1680、1685、1692），它们的平均含铜量都没超过99%，都含有微量锡、砷、铁等杂质元素。其中锥（1685，M50：t11）的锡含量平均达0.7%，引起铜的组织呈现 α 树枝状偏析。同样的组织在新疆罗布淖尔出土的公元前2000年的残铜器上也存在。在新疆和甘肃其他早期遗址出土的铜器中亦有发现。

2. 铜合金的概念

根据百科全书和现代金属学，"合金"的定义是"两种或两种以上的金属元素（或金属元素与非金属元素）溶合在一起的复合体"。"铜合金"是指以铜为基加入一定量的其他元素组成的合金。例如黄铜是铜与锌等元素组成的合金；白铜是以镍为主要合金元素的铜基合金；青铜是除黄铜和白铜外，其余的铜合金都称为青铜。青铜前面常冠以主要合金元素的名称，如锡青铜、铝青铜、铍青铜等[1]。金属中加入合金元素的过程称为"合金化"，通过合金化可改变金属材料的性能，所以现代铜合金都是人们有意识合金化的产物。合金元素的加入量则根据所需要的材料性能决定。如型号QBe2的铍青铜，添加的铍（Be）含量为2%、镍（Ni）含量为0.35%。型号QSn6.5-0.1的锡磷青铜，加入的锡（Sn）含量为6.5%、磷（P）含量为0.1%。因此，现代的铜合金尽管所含某组分的量很低，如上述所列铍青铜中的镍仅仅有0.35%、锡磷青铜中的磷仅有0.1%，但它们都是人们有意识加入纯铜中的合金元素。由于现代生产对合金元素的添加量有严格的控制，所以不同型号的合金具有固定的组成和含量。当获取到一个样品，不知道它是什么合金和型号，只要通过分析化验就可以得到结论。

而对于早期铜器来说，它的组成元素除铜外，其他元素是人们有意识加入的,还是由冶炼共生矿"带入"的？要做出判断有时比较困难。如有的学者指出含砷量达1%~3%的砷铜不是人们有意识生产的，而仅仅是使用了某些富砷矿的结果[2]。自然界存在着铜和砷的共生矿，如黝砷铜矿（Cu, Fe）$_{12}$As$_4$S$_{13}$，硫砷铜矿Cu$_3$AsS$_4$等，在冶炼这些矿石时，砷和铜一起被还原而生成砷铜是较容易的。有的即使是有意识加入某种金属或其他的矿物到铜中去，也会因为原始冶炼的条件较差、操作不可能严格控制加入量和易挥发组分的烧损量，致使产品的成分波动很大，甚至造成有意添加组分的含量很低。此外，有些铜合金在加工过程中，所含的某些组分会进一步氧化掉。有研究者在常压下的空气中加热锻打砷铜，结果含砷量由4.2%下降到0.8%[3]。因此，对早期铜器来说，以"是否有意识合金化"作为唯一标准来判断某件铜器是不是合金，是什么合金类型显然是很困难的。在这种情况下，只能根据早期冶炼水平和可能使用的矿物类型人为制定一个判别标准。当铜器中某元素含量超过此标准时，可视之为"合金元素"，由此判定此铜器的合金类型；低于这一标准的元素则按"杂质元素"对待。而人为制定判别标准会带来标准不统一的问题，如对砷铜的确定，到目前为止国内外没有统一的标准。如一些学者把那些公元前第4~第3千纪出现的含有1%以上砷的铜器都称为砷铜[4]。有学者认为在原始条件下冶炼砷铜，通常砷含量是在2%~10%

[1]《中国大百科全书·矿冶卷》，中国大百科全书出版社，1984年，第639~641页。

[2] A. Hauptmann, G. Weisgerber, H. G. Bachmann: Early Copper Metallurgy in Oman, *The Beginning of the Use of Metals and Alloys*. Cambridge. MA.MIT Press. 1988. p. 46.

[3] H. Mckerrell, R. F.Tylecote: The Working of Copper-arsenic Alloys in the Early Bronze Age and the Effect on the Determination of Provenance. *Proceedings of the Prehistoric Society*. 1972. Vol.39. pp. 209–218.

[4] R. F. Tylecote: Furnaces, Crucibles, and Slags. *The Coming of the Age of Iron*, Edited by Theodore A. Wertime and James D. Muhly, New Haven London Yale University Press. 1980. pp. 183–185.

D. Heskel, C.C. Lamberg-Karlovsky: An Alternative Sequence for the Development of Metallurgy: Tepe Yahya, Iran. *The Coming of Age of Iron*. Edited by Theodore A. Wertime and James D. Muhly, New Haven London Yale University Press. 1980. pp. 229–252.

范围[①]。H. Lechtman依照现代工业标准，从组织和性能方面将砷铜分类[②]：砷铜（arsenic copper<0.1%As），低砷的铜砷合金（low arsenic copper–arsenic alloy 0.1%~0.5%As）、砷青铜（arsenic bronze>0.5%As）。所以，对砷铜的判断因人而异，至今没有统一的标准。

即使有一般公认的统一标准，如以2%作为"合金元素"的最下限，但在判定该元素是属于"合金元素"还是"杂质元素"亦不能机械的套用，还要结合金相组织和其他方面来判断。如铁元素的问题，干骨崖铜刀（1681）、铜镞（1683）和铜锥（1718）的扫描电镜能谱分析结果都含有平均高于2%的铁（Fe）。但铜刀（1681）硫化物夹杂较多（见图版二七，2），且对硫化物的点分析显示含铁（Fe）达到12.9%，说明铁是以硫化物夹杂形式存在，而不是金属铁与金属铜形成的合金。铜镞（1683）虽然硫化物夹杂基本不含铁（Fe），铁在组织中以富铁相存在，但富铁相不是金属铁与金属铜的合金相，而是以铁、铜复合氧化物的形式存在（见图版二七，3、4）。铜锥（1718）所含的铁，一部分在硫化物夹杂中（含11.8%的铁），一部分在富铁氧化物中（见图版三○，4、5）。三件样品所含的铁都不是以金属铁与金属铜的合金形式存在。富铁氧化物的存在，说明当时炼铜的原料不纯净，铜矿中含铁，冶炼时由于造渣不好，未把氧化铁完全脱掉而残留在铜中。故铁（Fe）在此三件样品中是"杂质元素"而不为"合金元素"。在这里铁不作为划分材质的元素对待。

3. 干骨崖四坝文化铜器的材质

经分析的41件干骨崖四坝文化铜器成分主要是铜、锡、砷，其次是铅、铁、硫，锈蚀成分中有的铜器含氯（见表二）。24件锡青铜样品中，锈蚀和部分锈蚀的样品11件。对未锈蚀的13个锡青铜样品成分进行统计，主要合金元素锡平均含量为7.2%，集中分布在4.2%~9.3%之间。10件砷铜样品中，锈蚀的2件，对未锈蚀的8件砷铜样品成分进行统计，主要合金元素砷含量均小于7%，集中分布在2.1%~5.3%之间。表明干骨崖铜器属于低锡青铜和低砷的砷铜。结合金相检验结果，此批铜器的材质包括红铜、铜锡、铜砷、铜锡砷、铜锡铅、铜铅砷（锡）6种类型。其中红铜所含元素除铜外，其他元素含量均小于1%，为铜中的杂质元素，器物有1680铜锥（残）、1685铜锥和1692小铜环。其他5种铜合金类型所包括的铜器数目随划分合金元素的标准不同而有所差别。本文分别以2%和1%二种标准作为划分合金元素的标准。铜器材质所含元素高于此标准被认为是"合金元素"；低于此标准便以"杂质元素"看待。

当以2%作为合金元素标准来划分材质时，干骨崖四坝文化铜合金材质有5种类型，包括二元合金：铜锡（锡青铜）24件，铜砷（砷铜）10件；三元合金：铜锡砷1件，铜锡铅2件，铜铅砷（锡）1件。每种合金类型所包含的器物编号和数量统计于表四。

当以1%作为合金元素的标准来划分材质时，铜合金材质也是5种类型（表五）。其中铜

① J. A. Charles: Arsenic and old bronze .*Chemistry and Industry*. 1974. Vol.15. June pp. 470–471.

② H. Lechtman: Arsenic Bronze: Dirty Copper or Chosen Alloy? A View from the Americas. *Journal of Field Archaeology*. 1996. Vol.23. pp. 477–514.

表四　铜器材质的分类结果（以 2% 作为合金元素的最低标准）

材质	器物编号	总数
铜锡（Cu–Sn）二元合金（锡青铜）	1676、1677、1681、1682（α 富锡部位严重锈蚀）、1683、1684（锈）、1686（晶界腐蚀）、1688（As）、1689（锈）、1690、1693、1697（As）（锈）、1700（锈）、1701（局部锈蚀）、1702、1703、1704（As）、1705（锈）、1710、1711（锈）、1712（As）、1717（锈）、1718、1721（锈）	24
铜砷（Cu–As）二元合金（砷铜）	1675、1678、1679、1694、1695（锈）、1707、1709、1713、1715（锈）、1716	10
铜锡砷（Cu–Sn–As）三元合金	1687	1
铜锡铅（Cu–Sn–Pb）三元合金（锡铅青铜）	1691、1708	2
铜铅砷（锡）（Cu–Pb–As（Sn））三元合金	1696	1

注：（As）是指 1% ≤ As 含量 ≤ 2%；（Sn）是指 1% ≤ Sn 含量 ≤ 2%。

表五　铜器材质的分类结果（以 1% 作为合金元素的最低标准）

材质	器物编号	总数
铜锡二元合金（锡青铜）	1676、1677、1681、1682（α 富锡部位严重锈蚀）、1683、1684（锈）、1686（晶界腐蚀）、1689（锈）、1690、1693、1700（锈）、1701（局部锈蚀）、1702、1703、1705（锈）、1710、1711（锈）、1717（锈）、1718、1721（锈）	20
铜砷二元合金（砷铜）	1675、1678、1679、1694、1695（锈）、1707、1709、1713、1715（锈）、1716	10
铜锡砷三元合金	1687、1688、1697（锈）、1704、1712	5
铜锡铅三元合金（锡铅青铜）	1691、1708	2
铜铅砷（锡）三元合金	1696	1

砷、铜锡铅和铜铅砷（锡）3 种类型所包括的铜器数量和编号与以 2% 标准划分的都相同，因为所含合金元素大于 2%，当然大于 1%。唯有铜锡和铜锡砷 2 种类型的铜器数量和编号有差别。差别就在于砷的含量。样品 1688、1697、1704、1712 的砷含量大于 1%，但小于 2%。以 1% 为标准，它们所含砷可按"合金元素"对待，则此 4 件样品的材质为铜锡砷。若以 2% 为标准，砷就是"杂质元素"，样品划为铜锡二元合金类型，在金相检测的表述中称之为含砷的锡青铜。无论是按 2% 还是 1% 的标准来划分材质，都是铜锡二元合金数量最多，其次是铜砷二元合金。三元合金数量少，类型不集中，因所含合金元素不同，而分为 3 种类型。

铜器材质与器物类型的关系见表六，可见锡青铜用于制作工具和武器的数量与制作装饰品的数量相当。砷铜用于制作装饰品的数量多于制作工具的数量。三元合金多用于制作工具。红铜3件器物中，2件是工具锥。

表六　铜器材质与类型的关系（合金元素以 2% 作为划分材质的最低标准）

器物类别 材质　器物名	工具				武器	装饰品				总计
	锥	刀、削	斧	镰	镞	耳环	泡	联珠饰	其他	
红铜	2								1	3
铜锡二元合金	4	5	1		2	6	3	2	1	24
铜砷二元合金	2	1				3	3		1	10
铜锡砷三元合金		1								1
铜锡铅三元合金		1		1						2
铜铅砷（锡）三元合金								1		1
总计	8	8	1	1	2	9	6	3	3	41

此次经检测的器物，数量较多的是铜锥，铜刀，铜耳环和铜泡。这几类器物从材质上看以二元合金锡青铜和砷铜为主。其中铜锥有用红铜制作的，刀有用三元合金制作的，但所占比例不高。

4. 铜器材质、制作工艺与器物类型的关系

金相检测30件样品中，1684锡青铜泡和1715砷铜耳环由于全部锈蚀，组织未知，不在统计之列。对其余28件金相检测结果进行统计，铜器材质、制作工艺与器物类型的关系见表七。

从材质与制作工艺关系上看，红铜器物铸造和热锻皆有；锡青铜器物不仅有铸造和热锻的，还有铸造后冷加工和热锻加冷加工的；砷铜器物没有热锻的；三元合金中铜锡砷和铜铅砷（锡）器物是铸造的，它们都与含砷有关，不含砷的铜锡铅器物是热锻的。

从器物类型与制作工艺关系上看，铜锥热锻和铸造数量相等，各4件。铸造器物中有2件局部经过冷加工。铜刀和削7件器物中，经热锻有2件，5件是铸造成形的，其中1件刀局部冷加工，削尖也经过冷加工。从机械性能角度，器物经热锻使成分和组织均匀化，改变微观缺陷的分布；铸造器物的使用部位，如刃部、尖部进行冷加工，可以提高硬度。所以干骨崖铜锥和刀、削的使用性能良好。从器物成形角度，刀、削为切削之用，其受力的刃部、尖部在铸造成形时就会比脊部薄、尖一些。考古发现的刀范内部范腔，脊部大于刃部，就是明证。铸造成形的铜刀和削再进一步热锻或冷加工，使其更加锋利和尖锐。从使用性能角度，刀、锥之类的工具，由于随身携带，反复使用，在对磨损和毁坏的部位进行修整的过程中，有可能进行加热锻打或对尖、刃部进行冷锻或磨砺。但不排除当时人们认识到热锻和冷加工的

表七　铜器材质、制作工艺和器物类型的关系（合金元素以 2% 作为划分材质的最低标准）

材质	工艺	工具			武器	装饰品				总计
		锥	刀、削	镰	镞	耳环	泡	联珠饰	其他	
红铜	铸造	1								3
	热锻	1							1	
铜锡二元合金	铸造		2		2			1		15
	热锻	2	1			3		1		
	铸造后冷加工	1	1							
	热锻加冷加工	1								
铜砷二元合金	铸造	1				1	2		1	7
	铸造后冷加工	1	1							
铜锡砷三元合金	铸造		1							1
铜锡铅三元合金	热锻		1							1
铜铅砷（锡）三元合金	铸造							1		1
总计		8	7		2	4	2	3	2	28

工具比铸造的更好使用，故在制造过程中，有意进行热锻和冷加工的可能性。铜镞则不同，其作为射杀武器，往往是一次性使用，所以经检测的2件铜镞均为铸造的，未经热锻或冷加工。耳环共检测4件，其中3件锡青铜耳环都是热锻的，1件砷铜耳环是铸造的。铜泡2件和铜牌1件也是砷铜铸造的，说明干骨崖人们对砷铜器物多采用铸造的方法制作。

5. 干骨崖铜器的技术特点

从成分分析和金相检测结果统计表可以看出，干骨崖铜器的材质和制作工艺具有中国早期铜器的特点。（1）材质不够纯净，含杂质元素较多。（2）材质类型多样，红铜、锡青铜、砷铜都有，还有三元铜合金。其中红铜器占有一定比例，约7.3%；锡青铜数量最多，约占58.5%；砷铜数量次之，约占24.4%。（3）未见铜铅二元合金，只有2件铜锡铅三元合金（1691，1708），铅含量不高，平均含量低于10%。这与中原地区商周时期大量青铜器含大量铅的特点不同，而与二里头二期铜器成分类似[①]，（4）铜合金的锡、砷含量不高，除去锈蚀的铜器外，锡含量平均7.2%，最高含量不超过10%；砷含量最高不超过7%，在2.1%~5.3%之间，都属于低锡青铜和低砷的砷铜。（5）铸造铜器组织不均匀。由于成分偏析，在低砷、锡含量的铜器组织中有析出相出现。如含砷量平均只有5.3%的砷铜牌（1713）组织中出现高砷的 γ

---

① 梁宏刚：《二里头遗址出土铜器制作技术研究》，北京科技大学博士学位论文，2004 年。

（Cu₃As）析出相（见图版三〇，3），这一现象在其他早期遗址出土铜器中也有发现，如青海贵南尕马台齐家文化遗址出土含砷7.1%的铜镯[1]、新疆哈密天山北路墓地出土含砷3.6%的铜耳环（XJ281）[2]。干骨崖青铜锥（1712）含锡量平均只有4.2%，但组织中出现δ相，此样品还出现砷、锡含量高于平均成分的圆点相（见图版三〇，2），与山东泗水尹家城岳石文化遗址出土的铜刀（T221⑦：21）类似[3]，此现象也存在于新疆哈密天山北路墓地和河南偃师二里头二期等早期遗址出土的铜器中。（6）干骨崖铜器均为小件器物，工具类器物主要是锥、刀，装饰类器物主要是耳环、铜泡，未见容器类器物。制作技术既有铸造，也有热锻，铸造简单，锻制器物占比较高的比例，还有局部冷加工的现象，不同类型器物的铸造与热锻比例有所不同。这些都具有早期铜器制作技术的特点。干骨崖四坝文化铸造技术与发达青铜时代相比明显具有原始性。

6. 干骨崖与鹰窝树铜器制作技术比较

甘肃瓜州鹰窝树墓地是一处四坝文化时期遗存，1986年9月，河西史前考古调查队曾在此清理了3座墓葬，其中出土铜器7件。同时在此墓地地表还采集到铜器8件，锈蚀较严重。曾对6件采集品和1件墓葬出土的铜刀（86AY-M3：4）进行了扫描电镜能谱分析，并对其中4件采集铜器进行了金相检测。结果表明，7件铜器材质都是锡青铜；1件耳环是热锻组织，另外3件分别是刀柄、锥和镞，均为铸造组织[4]。

此后，在对干骨崖出土铜器进行研究过程中，又对鹰窝树墓葬出土的2件铜器进行了金相检测，4件铜器进行了成分分析，金相检测结果见表八，成分分析结果见表九。可见鹰窝树墓

表八　鹰窝树四坝文化墓地出土铜器金相检测结果

实验室编号	名称原编号	金相组织
1698	耳环（86AY-M3：6）	样品全部锈蚀。扫描电镜二次电子像（图一）显示出明暗不同的锈蚀产物，能谱分析表明暗处（A）含有铜、氯，明处（B）含有铜、锡、氯。此样品系锡青铜，由于锈蚀严重，组织情况不明，氯化物锈蚀的存在，应引起注意
1720	耳环（86AY-M3：5）	样品锈蚀严重。残留的少量金属部位可观察到铜锡α固溶体再结晶晶粒，晶界已遭腐蚀（图二）。样品锈蚀分为多层，各层锈蚀产物有所不同。次层锈蚀含氯应引起注意。此样品为锡青铜热锻组织

① 徐建炜、梅建军、孙淑云等：《青海贵南尕马台墓地出土铜器的初步研究》，《文物科技研究》（第七辑），科学出版社，2010年，第1~8页。
② 潜伟：《新疆哈密地区史前时期铜器的研究及其与邻近地区文化的关系》，知识产权出版社，2006年，第49~54页。
③ 北京科技大学冶金史研究室：《山东泗水县尹家城遗址出土岳石文化铜器鉴定报告》，《泗水尹家城》，文物出版社，1990年，第353~359页。
④ 孙淑云：《瓜州（原安西）鹰窝树墓地采集及出土四坝文化铜器鉴定报告》，《河西走廊史前考古调查报告》，文物出版社，2011年，第452~454页。

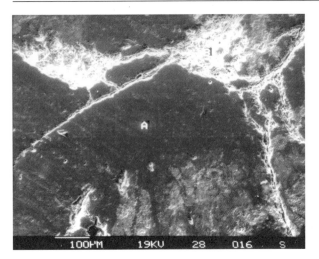

图一　耳环（86AY–M3：6，1698）　　　　　图二　耳环（86AY–M3：5，1720）金相组织
扫描电镜二次电子像　　　　　　　　　　　深色部位为锈蚀（未经浸蚀）

表九　鹰窝树四坝文化墓地出土铜器扫描电镜能谱分析结果

实验室编号	名称原编号	分析部位	wt%						
			铜（Cu）	锡（Sn）	砷（As）	铅（Pb）	铁（Fe）	硫（S）	氯（Cl）
1698	耳环（86AY–M3：6）	锈蚀部位 A1	74.5					微	25.5
		锈蚀部位 A2	73.8	微				0.4	25.7
		锈蚀部位 B1	68.5	12.4	0.0	0.0	微	0.6	18.2
		锈蚀部位 B2	46.1	39.7	微	0.0	微	1.7	11.5
1699	耳环（86AY–M1：9）	锈蚀中心部位	2.9	95.8	微	0.0	0.0	0.0	0.6
		锈蚀边缘部位	41.0	45.6	0.0	0.0	0.0	0.0	12.8
1706	铜刀（86AY–M3：4）	锈蚀部位 1	73.8	3.5	微	0.0	微	0.3	21.9
		锈蚀部位 2	71.8	2.9	0.0	0.0	微	0.4	24.7
		锈蚀部位 3	88.8	9.7	微	微	微	0.3	0.6
1720	耳环（86AY–M3：5）	金属部位晶内 1	90.3	8.8	微	0.0	0.0	0.0	0.0
		金属部位晶内 2	86.4	12.5	微	0.0	微	0.5	微
		金属部位晶内 3	89.1	10.2	微	0.0	0.0	微	0.0
		锈蚀部位内层	78.7	17.4	微	0.0	微	0.5	2.8
		次层氯化物	73.6	0.0	微	0.0	0.0	微	26.0
		次层氧化物	96.7	1.7	微	0.0	微	微	0.6
		外层氧化物	99.4	0.0	微	0.0	0.0	0.0	0.6

葬出土的铜器都是锡青铜，锈蚀较严重，有热锻的器物存在，这与采集的6件铜器在材质和工艺上是相同的。

与干骨崖铜器比较，两者铜器类型相近，都是小件工具和装饰品，器形较小，造型较简单，铸造工艺不复杂。在制作技术上，两者较一致，铸造与热锻皆有，耳环为热锻成形。但在材质上，两者差距较大，鹰窝树铜器材质单一，只有锡青铜，未发现砷铜和含砷的铜器。至于其为什么只用单一的锡青铜制作，需要进一步探讨。矿产来源的单一性可能是影响因素之一。

7. 干骨崖与火烧沟铜器制作技术比较

20世纪70年代末曾对65件火烧沟四坝文化铜器进行了定性分析，并根据成分对材质进行了初步分类[①]。由于当时不允许对器物取样分析，只进行了表面带锈的器物检测。但由于表面锈蚀与内部金属的成分存在差异，以及表面锈蚀成分的不均匀性，使某些铜器的分析结果与实际成分有一定偏差。另外，分析所用携带式同位素源X射线荧光分析仪未配备分析砷（As）的滤波片，故没有对砷进行分析。采用电火花源原子发射光谱分析的29个样品中，有5件含"少"量的砷，但在材质分类时，"少"量被定为杂质元素而被忽略。2003年在甘肃省文物考古研究所支持下对26件火烧沟铜器进行了取样分析[②]，发现有6件砷铜，2件铜锡砷三元合金，说明砷的存在是不容忽视的。分析还显示红铜10件，锡青铜6件，铜锡铋1件，铜锑银合金1件。金相检验有4件样品具有热锻组织或热加工迹象，其余都是铸造组织。此次定量分析结果与前次定性分析结果存在一定差异，但总的趋势是一致的，即红铜占有较大比例，且都用于制作工具和武器；二次分析的锡青铜占的比例相同，即用于工具、武器，还用于装饰品；二次分析的锻制器物都仅有4件，以铸造成形为主仍是火烧沟四坝文化的技术特征之一；二次分析的铜器除主元素外，还有铁、银、硫等微量、少量杂质元素，反映了铜器早期制作的特点。

干骨崖与火烧沟铜器比较，发现两者都含有较多杂质元素，都具有早期铜器特征，都有红铜、锡青铜、砷铜和多元铜合金，在材质上有较多相似性。但不同之处也较明显：干骨崖的红铜器数量大为减少，仅有3件，而以锡青铜为主，占分析样品的58.5%，比例是火烧沟的2倍；而火烧沟红铜则是占比例最大的材质。在制作技术上，干骨崖铜器热锻成形的器物占检验样品的39%，而火烧沟铜器热锻成形的所占比例较小，近期金相检验的26件器物中，具热锻组织的仅4件。火烧沟的较大件器物如斧、四羊权杖首均是铸造成形的，特别是权杖首采用镶嵌法铸造，表明铸造技术水平的成熟。二个遗址在制作工艺上有较大差异。干骨崖没有出现如四羊权杖首的复杂铸件，在铸造水平上似乎不及火烧沟遗址。

[①] 北京钢铁学院冶金史组：《中国早期铜器的初步研究》，《考古学报》1981年第3期，第287~301页；孙淑云、韩汝玢：《甘肃早期铜器的发现与冶炼、制造技术的研究》，《文物》1997年第7期，第75~84页。

[②] 孙淑云、潜伟、王辉：《火烧沟四坝文化铜器研究》，《文物》2003年第8期，第86~96页。

8. 干骨崖与民乐东灰山铜器制作技术比较

民乐东灰山四坝文化遗址出土铜器16件，对其中15件进行了成分分析和金相检验①。13件成分分析的结果显示全部含砷。其中9件定量分析，砷含量在2%~6%范围。这9件样品中有3件含锡，为铜砷锡三元合金（若以1%为下限的标准）。未发现锡青铜和红铜样品。这一特点与干骨崖不同，干骨崖铜器以锡青铜为主。

经金相检验的11件民乐东灰山样品均具有锻造组织，表明铜器是热锻成形的。其中6件在热锻后又经冷加工。而干骨崖铜砷二元合金样品都是铸造组织，其中2件铸造后经冷加工。可见干骨崖和东灰山铜器无论在合金成分上还是制作工艺上都存在着差异。

（四）结论

分析结果显示，干骨崖铜器材质类型多样，有红铜，铜锡、铜砷、铜锡砷、铜锡铅和铜铅砷（锡）合金，合金元素锡、砷等含量都不高。铜器材质很不纯净，无论红铜还是二元、三元铜合金都含有较多的杂质元素。不同材质、不同器物所含杂质元素的种类和含量有别。反映了干骨崖四坝文化铜器具有早期铜器的特点，冶炼所用矿料可能是多金属共生矿或混合矿，冶炼技术水平不高。在制作技术上，干骨崖铜器铸、锻皆有，热锻成形的器物占有39%的比例。锡青铜锻制占较大比例，而砷铜都为铸造的。器形较小，以装饰品、小件工具、兵器为主，与发达青铜时代的铸造技术相比明显具有原始性。

通过比较瓜州鹰窝树、酒泉干骨崖、玉门火烧沟、民乐东灰山四个四坝文化遗址铜器的材质和制作工艺，发现四者既有共性又存在较大差别，共性是它们都具有早期铜器的形制和技术特征，反映出它们都处于青铜早期发展阶段。同时它们处于当时多种文化、技术的相互交流、影响中，使得它们具有各自发展的特点。

致谢

对甘肃酒泉干骨崖四坝文化41件铜器、马厂文化2件铜器以及安西鹰窝树四坝文化11件铜器的金属学分析研究，得到教育部科学研究重点项目"早期冶金技术对中华文明起源的作用"（99015）、博士点基金项目"中国西北地区的早期冶金技术对中华文明形成的影响"（20010008006）的经费资助，特此感谢。

北京科技大学刘建华协助进行金相样品的制备，于春梅和李建西对金相照片扫描和处理给予帮助，在此一并致谢。

① 孙淑云：《东灰山遗址四坝文化铜器的鉴定及研究》，《民乐东灰山考古——四坝文化墓地的揭示与研究》，科学出版社，1998年，第191~195页。

附录三 四坝文化彩陶及其颜料成分的 科学检测分析

崔剑锋 温成浩

（北京大学考古文博学院 美国加州大学洛杉矶分校）

本文选择了民乐东灰山遗址所出的9件四坝文化的陶器残片进行了包括化学成分、烧成温度以及表面彩绘综合科学分析，以期了解该遗址以及四坝文化的制陶工艺发展水平。

（一）陶器的化学成分分析

使用激光剥蚀电感耦合等离子体原子发射光谱（LA–ICP–AES）分析了这批陶器的主量、微量元素，分析方法可参见我们对四川茂县营盘山彩陶的分析结果[①]。结果参见表一、表二。

表一 样品主量元素含量（%）

样品编号	出土单位	Na_2O	MgO	Al_2O_3	SiO_2	K_2O	CaO	TiO_2	Fe_2O_3
MD01	87MDM8	3.36	4.19	17.35	49.31	4.04	11.76	0.84	9.15
MD02	87MDM8	1.64	4.84	18.69	42.89	4.29	19.17	0.89	7.59
MD03	87MDM21	1.73	4.78	18.56	55.42	3.56	6.57	0.93	8.45
MD04（炊器）	87MDM21	2.99	1.53	18.72	62.09	5.44	1.84	0.90	6.49
MD05	87MDM21	1.40	3.02	19.64	49.77	4.87	7.75	1.26	12.29
MD06	87MDM79	2.95	3.85	16.70	53.75	3.44	11.00	0.88	7.43
MD07	87MDM79	2.80	3.03	20.15	53.36	5.87	6.39	1.03	7.37
MD08（炊器）	87MDM79	1.47	1.99	18.58	61.76	2.80	6.93	0.80	5.67
MD09（炊器）	87MDM79	2.68	2.33	18.35	61.99	3.88	2.14	0.94	7.69

[①] 崔剑锋、吴小红、杨颖亮：《四川茂县新石器遗址陶器的成分分析及来源研究》，《文物》2011年第2期。

表二　样品微量元素含量（ppm）

样品编号	Ba	Ce	Cr	Cu	Ga	Co	La	Mn	Ni	P	Sc	Sr	V	Zn	Zr
MD01	916	127	127	29	44	17	63	1247	43	1606	20	1000	145	125	235
MD02	1354	135	110	17	47	20	60	1428	39	909	18	660	160	97	220
MD03	723	128	138	25	45	21	64	1767	53	993	21	431	148	104	238
MD04（素面）	652	128	78	48	34	12	79	614	18	457	14	228	73	139	238
MD05	549	104	92	34	51	19	89	950	35	845	20	448	151	183	201
MD06	556	109	91	32	42	18	54	1169	32	1253	17	557	133	86	242
MD07	908	152	91	27	40	19	54	1502	36	951	19	551	121	68	201
MD08（素面）	426	107	82	15	33	16	54	803	25	1307	14	515	110	58	212
MD09（素面）	469	115	105	84	40	16	75	502	40	528	18	257	93	104	265

1. 钙质黏土烧陶的传统

从主量元素的分析结果看，这9件陶器的黏土类型可根据成分分为三大类：钙质黏土（CaO含量超过10%）、普通易熔黏土（CaO含量小于4%）以及介于两者之间的另一类。

含CaO很高的钙质黏土（calcareous clay）是一种比较特殊的黏土，到目前为止，我国新石器时期使用这类黏土烧制陶器的传统仅发现在甘青地区，时代可从石岭下阶段到马厂阶段[①]。因此东灰山遗址的这批陶器，是目前发现并经过分析的时代较晚的一批使用钙质黏土烧制的陶器。

东灰山使用钙质黏土烧制陶器的传统似应承继了马家窑文化的制陶工艺传统，东灰山报告的作者曾指出，四坝文化与马厂文化同类陶器之间存在着亲缘关系[②]，李水城先生认为四坝文化是由河西马厂类型发展而来的，同时吸收了齐家文化的某些因素[③]。东灰山陶器的成分分析结果对上述论点给予了一定支持。

2. 陶器质地及分类

上文述及，陶器按照质地大致可分三类：钙质黏土、普通易熔黏土和介于两者之间的类型。使用多元统计软件SPSS对这些数据进行了主成分分析，并使用第一主成分和第二主成分绘图，参见图一。

---

① 洪玲玉、崔剑锋、王辉、陈剑：《川西马家窑类型彩陶产源分析与探讨》，《南方民族考古》（第七辑），科学出版社，2011年，第1~58页；洪玲玉、崔剑锋、陈洪海：《移民、贸易、仿制与创新——宗日遗址新石器时代晚期陶器分析》，《考古学研究》（九），文物出版社，2012年，第325~345页。

② 甘肃省文物考古研究所、吉林大学北方考古教研室：《民乐东灰山考古——四坝文化墓地的揭示与研究》，科学出版社，1998年，第134~139页。

③ 李水城：《四坝文化研究》，《考古学文化论集》（三），文物出版社，1993年，第80~121页。

从图一可以看出，炊器和一般陶器的差别比较明显。需要指出的是，本文所指的炊器是在器表留有明显烟炱痕迹一类陶器，说明此器曾受过二次加热。由于东灰山陶器胎都有较明显的砂粒，颗粒都不大，似非人为主动加入，而是原本就含在黏土中的，可见该文化黏土的淘洗程度远不如马家窑文化。

从主量元素的含量也可以看出，炊器的CaO含量都较低（图二）。其中，标本MD04和标本MD09的CaO含量都在2%左右，MD08略高，大概为7%左右。CaO含量过高，其耐火度将变低。陶器中，CaO和FeO作为助熔剂使用，可大大降低陶器本身的耐火度。对于炊器这类反复加热的陶器来说，为了延续其使用寿命，一般采用降低助熔剂的含量，同时增加瘠性原料（砂、贝壳等）含量的方法。四坝文化的陶器由于淘洗程度较低，其本身夹杂的砂粒也可起到类似作用。四坝文化的陶工应该了解了这一点，因此对于炊器和非炊具的普通陶器使用了不同的原料。

标本MD05器表内外都呈红色，分析结果为Fe_2O_3含量显著偏高，说明其器表内外均施加了一层红色陶衣。同时本次分析的几件彩陶表面都有红衣。

四坝文化的彩陶制作主要有两种类型：一种为直接在陶胎表面绘彩；而另一种为在陶胎之上表面施

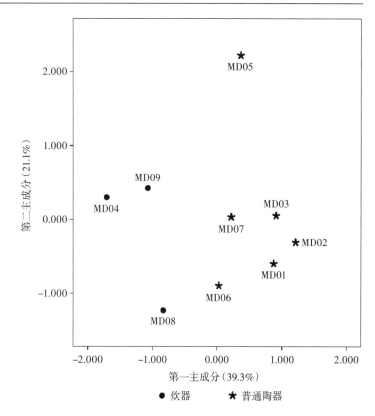

图一 东灰山陶器全元素的多元统计结果

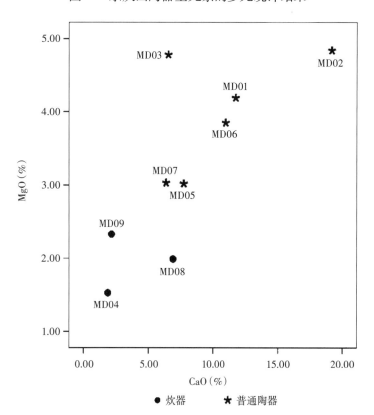

图二 东灰山陶器的CaO—MgO含量图

加红色陶衣后，再施以浓厚的黑彩，由于颜料十分浓稠，使得从外观观察黑彩要凸起于陶器表面。从发表的报告可以看到，后一种彩陶在四坝文化陶器中十分普遍。

（二）陶器的烧成温度测定

使用德国巴赫公司生产的DIL-806型光学热膨胀仪分析了两件彩陶标本（MD02和MD03）的烧成温度，关于使用热膨胀仪分析陶瓷器烧成温度的原理可参见李家治、周仁等的文章[①]。分析结果参见图三、图四。

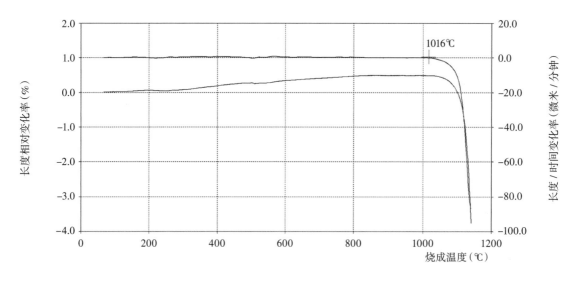

图三　MD02的重烧膨胀曲线

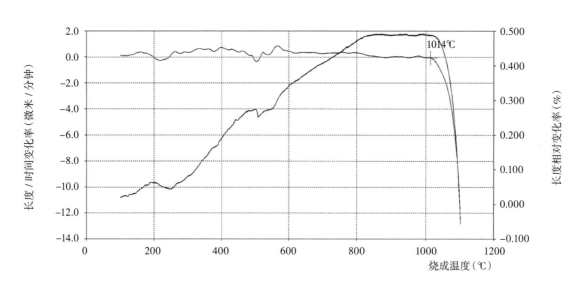

图四　MD03的重烧膨胀曲线

① 李家治、周仁：《气氛对某些瓷坯加热性状的影响》，《硅酸盐》1959年第3卷第4期，第158~165页。

根据上述分析结果，可知两件陶器的烧成温度均在1000℃左右，说明它们都是在陶窑内烧成的。通常来说，无窑烧成（露天烧制）的烧成温度不会超过800℃。如此高的烧成温度是铁含量很高的黏土所能经受的极限，当超过1100℃时，FeO将与SiO_2反应生成$FeSiO_3$玻璃，陶器将会因出现大量玻璃相而失去强度，此即常见的陶器烧流现象。如此的温度调控能力也说明四坝文化的陶器烧成工艺是较为先进的。根据马清林等的分析，甘肃新石器时代从仰韶晚期到马厂时期，陶器的烧成温度均在1000℃左右[1]。可见四坝文化的制陶工艺无论从烧制原料还是烧成工艺方面都因袭了马家窑文化的制作传统。

根据温成浩的分析，阿拉善地区陶器类型可分为东部类型和西部类型，其中阿拉善西部地区的陶器烧成温度普遍在1000℃左右，而东部地区则集中在800℃左右，远较西部为低[2]。根据类型学分析，阿拉善西部地区由于距离甘肃地区比较近，更多地受到了甘肃各新石器文化的影响，其制陶技术远比东部地区更发达。另外，根据李水城先生的研究，四坝文化的扩张能力非常之强，往北达到内蒙古阿拉善地区，往西可达新疆的天山东麓地区[3]，这应该和该文化掌握着高温烧陶、冶铸青铜等先进的生产工艺密不可分。

（三）彩陶颜料的初步分析

由于东灰山的彩陶器表面彩剥落严重，因此有研究者认为是烧好后再绘彩，即新石器晚期至秦汉时期流行的彩绘陶，而非传统的彩绘好后烧制的彩陶。但大多学者认为是绘彩后再烧制的彩陶。为了澄清这一点，同时也为了解决施彩所用的颜料种类，我们使用体视显微镜、激光拉曼光谱、显微红外光谱等方法对标本MD05彩陶表面进行了深入分析。

MD05为通体施加红色陶衣的彩陶，黑彩花纹施于陶衣之上，剥落十分严重（图五）。

从显微照片可以看到（图六~八），彩绘均位于陶衣之上，大部分剥落，但从剩余有彩部分可观察到较明显的烧结过的痕迹，如中间浅色条带的两条边上剩余的黑彩（箭头1、2所指部分，图八为1的放大观察），剩余的彩（箭头所示3、4、5位置）也呈现了烧后状态。据此，从显微观察可以得出直

图五 MD05（87MDM21）彩陶片

---

[1] 马清林：《甘肃新石器时代与青铜时代制陶工艺、陶器颜料及陶器成分分析研究》，兰州大学博士学位论文，2000年。
[2] 温成浩：《内蒙古阿拉善地区史前文化研究》，北京大学硕士学位论文，2012年，北京大学考古文博学院资料室藏。
[3] 李水城：《四坝文化研究》，《考古学文化论集》（三），文物出版社，1993年，第80~121页。

图六　MD05（87MDM21）彩陶片显微照片
（放大20倍）

图七　MD05（87MDM21）彩陶片显微照片
（放大50倍）

图八　MD05（87MDM21）彩陶片显微照片
（放大100倍）

观的判断，彩是绘好后再烧的。

同时可以看到，有彩和无彩区域的边界十分清晰，说明不是用软笔类绘制的，否则在显微观察的情况下，其边界不会如此明显。这也说明彩是十分浓稠的，不易用软笔绘制。由于颜料非常浓稠，凸起于表面，绘制方式及其使用的工具还有待于进一步研究。

图九是彩和陶衣部分的红外光谱和激光拉曼光谱谱图。

无论是红色陶衣还是外观呈黑色的彩，在显微镜下都呈现红色。而根据解谱结果，其特征峰则都指示了显色物相是赤铁矿（Fe_2O_3），而没有如磁铁矿（Fe_3O_4）以及含锰矿物等显黑色的物相发现，因此黑彩实际上是由于赤铁矿浓度过高所致。

同时，无论颜料还是陶衣中都没有检测出任何有机官能团，这同显微观察结果相似，彩在陶器烧成后再施加的可能性不大。若使用矿物颜料烧成后再绘彩，由于其自身黏结能力很差，即使在润湿状态下能够附着于器表，干燥后也会立即剥落。故彩绘陶一定会使用各类黏结剂来调和颜料。即便这些黏结剂随时间发生老化，但在未剥落的彩中仍能少量保存。而本次分析没有见到有机官能团，所以这些陶器的彩还应该是施彩后再烧制的。

本次分析的彩是直接绘制于陶衣之上的，陶衣为一层很细的泥浆，其主要矿物组成为黏土和显色剂（颜料）。分析结果表明，陶衣的显色物相与彩陶颜料一致，都为赤铁矿（Fe_2O_3），两者颜色差异明显是因为陶衣中颜料含量较低，如我们使用LA-ICP-AES分析标本MD05陶衣的Fe_2O_3含量仅比其他陶器陶胎中的Fe_2O_3含量高出3%~6%，这说

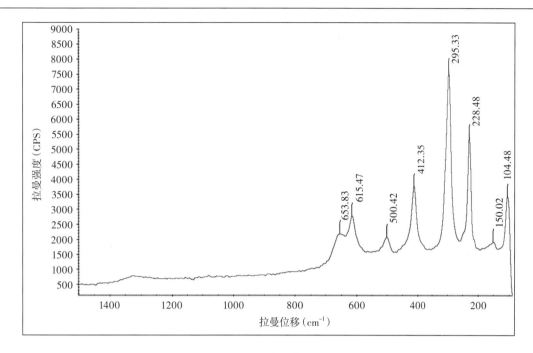

1. 黑色颜料的激光拉曼光谱

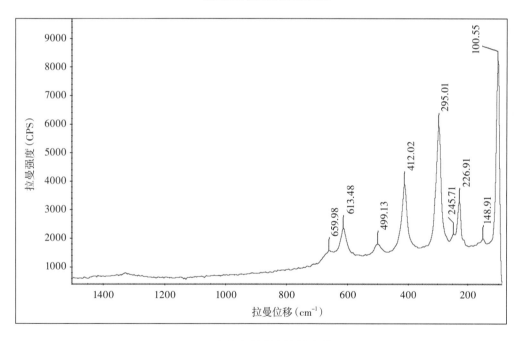

2. 红色陶衣的激光拉曼光谱

图九　彩和红色陶衣的激光拉曼光谱

明陶衣中加入赤铁矿的量大概不会超过10%，其余都为黏土。由于黏土比例很高，高温烧成时的物理化学变化近似于陶胎本身，不会使陶衣相对于陶胎在受热膨胀或收缩时产生过大的体积变化，从而和陶胎结合十分牢固。

虽然由于剥落严重无法分析彩陶颜料的化学组成，但从其颜色呈现紫黑色看，主要矿物组成应为赤铁矿。由于赤铁矿本身无任何黏性和塑性，陶工为了能够使其黏附于陶衣表面，也会加入一定量的黏土，但其所占比例并不高，而赤铁矿本身为瘠性原料，遇高温时体积伸缩，致使彩绘颜料的膨胀收缩程度和陶胎及陶衣差异较大，出窑时，这些独立于陶胎彩由于高温化学反应会附着于器表，但结合并不牢固，加之过于黏稠厚重，经过长时间的使用或埋藏会剥落，而且剥落痕迹非常整齐。以上情况可以从发掘品中观察到，如《民乐东灰山》报告M224∶5彩陶盆（彩版二，1），其彩虽仍保留，但表面龟裂现象严重，很易整体剥落。而M96∶3方鼎（彩版二，2）上的彩则已完全剥落。

（四）小结

根据以上分析，我们对四坝文化的制陶工艺有了初步的了解。

无论制陶原料还是烧陶工艺方面，东灰山的陶器都有很明显的马家窑文化制陶工艺的影响，因此认为其制陶工艺承继自马家窑文化马厂类型是合理的，这和考古类型学的研究结果是一致的。但东灰山在彩陶制作的方面应该有自己独有的工艺，即将陶衣作为红色底色，同时将浓厚的彩施加于陶衣之上，这似乎是四坝文化的一种独特的制彩工艺。

使用钙质黏土制陶是四坝文化制陶工艺的重要特点。提高陶胎中CaO的含量会让烧成后胎体的颜色变浅。对含铁量高的陶土来说，烧成后陶器的胎体颜色会由砖红色转为米黄色。浅色陶器更有利于彩绘图案的表现力，因此马家窑文化的精美彩陶，其纹饰的繁复和精细程度都有很大的提高，并且能够绘制红、黑、白等多色复彩的图案。这正是钙质黏土陶器的优点，或许也正是中国西北地区彩陶特别发达的原因之一。

从目前发表的彩陶成分分析结果看，钙质黏土烧陶主要流行于甘青地区新石器时代，时间从石岭下阶段一直到四坝文化。而在彩陶文化特别发达的仰韶文化时期，并没有发现类似质地的黏土被用来烧陶的现象[1]，即使也地处甘肃省境内的秦安大地湾遗址，经过分析的陶器其CaO含量也均低于5%[2]。而对于同处于黄土高原的陕西、山西等地，新石器时期经分析发表的陶器从没有发现过使用这种黏土烧陶的例子。钙质黏土烧陶可能是甘青地区从石岭下阶段之后才出现的，到了马家窑文化时期，钙质黏土变成陶器制作的最主要原料。这暗示使用这类黏土制陶似乎是特定的时间段突然流行于甘青地区。

分析结果表明，黄土堆积中的红黏土层是马家窑文化烧陶的最主要原料[3]，但类似的红黏土层在晋陕等地也有大范围的存在，因何这些区域的新石器陶工并不选择类似的原料烧陶？同时，同处甘肃省的大地湾遗址的早期文化阶段，也并不是用类似的黏土烧陶，其制陶

---

① 李家治：《中国科学技术史·陶瓷卷》，科学出版社，1998年。

② 马清林、苏伯民、胡之德、李最雄：《中国文物分析鉴别与科学保护》，科学出版社，2001年。

③ 洪玲玉、崔剑锋、王辉、陈剑：《川西马家窑类型彩陶产源分析与探讨》，《南方民族考古》（第七辑），科学出版社，2011年，第1~58页。

原料种类和中原地区仰韶文化的更为接近。这说明在早于石岭下阶段的时候，甘青地区彩陶生产的技术传统和中原地区是相同的。但是在该阶段以后，可能某种外来的使用钙质黏土烧陶的技术传统影响了该地区的制陶工艺，当地的陶工意识到这类原料更适合制作彩陶后，逐渐开始推广这种原料的使用。

需要指出的是，使用钙质黏土烧陶是西亚、中亚及欧洲等地的技术传统，这种传统从上述地区新石器时代陶器一出现就开始了，一直延续到近现代[1]。有学者在研究唐三彩向中西亚外销时，曾以胎土的氧化钙含量作为区分外销唐三彩和伊斯兰仿唐三彩的一个重要特征。因此，钙质黏土的使用可以看作区分中国制陶工艺传统与西方制陶传统的一个重要标志[2]。

随着新的考古发现不断增加，越来越多的证据显示出甘青地区古文化很早就同西方的古文化之间存在着交流。在冶金考古方面，对该地区早期铜器的金相学分析则显示了一些西方工艺的特征。如东灰山四坝墓地经分析都是砷铜合金，很大比例为锻打成型。而砷铜以及锻造技术则为西方早期冶金传统。

同时植物考古学研究还证明，该地区出土了中国较早的小麦标本，如东灰山遗址发现的小麦标本，其年代比四坝文化更早，约在公元前3000~前2500年[3]，显示为马家窑文化的遗物。而小麦的起源地在西亚，显然小麦在马家窑文化时期就已传入甘青地区。这也说明该地区在马家窑文化时期就可能存在着与西方文化的交流。

以上的考古发现显示，至迟从马家窑文化开始，甘青地区与中亚古文化之间就存在某种联系。而使用钙质黏土烧造陶器的现象为这种联系提供了重要补充。该种制陶原料的使用表明甘青地区从仰韶文化石岭下阶段就可能在制陶工艺方面与中亚地区有过一定的交流，并在制陶原料选择方面吸取了西方的经验。

四坝文化的不少彩陶都有剥落现象，且剥落情况比较特殊，大都是彩绘纹饰整体剥落，痕迹明显。这一点引起很多学者的注意，有些学者认为这些陶器为彩绘陶，因为彩和表面为物理黏结（使用胶黏剂），彩的附着能力差而产生剥落。但多数学者认为是彩陶。我们的分析支持后一种观点。对于东灰山M05彩陶的彩绘颜料及其剥落原因的调查则表明，这类陶器仍为先绘彩再入窑烧制的彩陶而非彩绘陶。其所使用原料为铁矿石，没有含锰的矿物发现。彩呈现黑色的原因是由于彩的浓度过高引起的。彩容易剥落的最主要原因是所施彩中颜料（赤铁矿）的浓度太高，而黏土的含量较少，导致烧成后与陶衣或陶胎表面黏接能力差引起的。

---

[1] Kingery, D., Vandiver, P., 1986. *Ceramic Masterpieces: Art, Structure, and Technology*. The Free Press, New York.

[2] Rawson, J., Tite, M.S., Hughes, M.J., 1989. The Export of Tang Sancai Wares: Some Recent Research. In: *Transactions of the Oriental Ceramic Society*: 1987–1988, Vol. 52. *Oriental Ceramic Society*, London, pp. 39–61.

Cui J.F., Rehren, Th., Lei Y., Cheng X.L., Jiang J., Wu X.H., 2020, Western Technical Traditions of Pottery Making in Tang Dynasty China: Chemical Evidence from the Liquanfang Kiln Site, Xi'an City. *Journal of Archaeological Science*, Vol. 37 (7).

[3] 北京大学考古系年代测定实验室：《东灰山遗址炭化小麦年代测定报告》，《民乐东灰山考古——四坝文化墓地的揭示与研究》附录七，科学出版社，1998年，第190页。

附录四　酒泉干骨崖墓地出土人骨研究

何嘉宁

（北京大学考古文博学院）

1987年，甘肃省文物考古研究所与北京大学考古系联合对酒泉干骨崖墓地进行了发掘，墓地的文化性质属于夏代至夏商之际的四坝文化，共清理墓葬107座。墓葬人骨的埋葬方式复杂，根据人骨保存状况，我们对其中37座墓葬的头骨、牙齿进行了采集；头骨之外的骨骼采集数量极少，共有约50个个体（附表一；彩版四四~四七）。郑晓瑛曾对干骨崖人骨材料进行了种系类型及化学元素等方面的分析[1]。由于近二十年来积累了较多的对比材料和数据，在这里重新对这批人骨进行形态观察、测量，并与相关人群进行比较。

（一）研究内容及方法

1. 人骨鉴定

成年人头骨的性别、年龄鉴定依据吴汝康的方法进行[2]。由于只保存有头骨，年龄鉴定主要依据颅骨骨缝愈合和牙齿磨耗综合推断而得。鉴于古人牙齿磨耗程度明显重于现代人，因而对吴汝康现代华北人牙齿磨耗推断年龄标准进行了调整，并参照Miles的标准进行鉴定[3]。未成年人头骨年龄鉴定主要是依据牙齿萌出[4]并结合头部骨骼的发育如颅基底缝愈合等情况综合判断。青春期以前的儿童人骨性别则难以判断。在以上鉴定的基础上对干骨崖人骨性别、年龄分布情况进行统计。

---

① 郑晓瑛：《甘肃酒泉干骨崖四坝文化人骨研究》，北京大学博士研究生学位论文，1991年，资料现藏北京大学考古文博学院资料室；郑晓瑛：《甘肃酒泉青铜时代人类头骨种系类型的研究》，《人类学学报》1993年第12卷第4期，第327~336页；郑晓瑛：《中国甘肃酒泉青铜时代人类股骨化学元素含量分析》，《人类学学报》1993年第12卷第3期，第241~250页。

② 吴汝康、吴新智、张振标：《人体测量方法》，科学出版社，1984年。

③ Miles A. E.W., 1962. *Assessment of the Ages of a Population of Anglo-Saxons from Their Dentitions*. Proc R Soc Med. 55: 881~886.

④ 石四箴：《儿童口腔病学》，人民卫生出版社，2000年，第5~27页。

除性别年龄外，还对人骨的身高、体重进行了推算。身高和体重分别根据股骨长度和股骨头最大径来计算。男、女性身高推断分别依据牛艳麟[1]和张继宗[2]的公式。由于身高计算常有不同长骨的多个推导公式，在这种情况下会依据不同公式分别计算，然后取其平均值作为个体最后的身高估算结果。体重计算采用Ruff的方法[3]。股骨测量数据引自郑晓瑛[4]。

在所推断身高、体重的基础上，计算个体的体重指数（Body Mass Index，BMI）。计算方法为：BMI=体重（kg）/身高（m）^{2}。研究表明，体重指数与身体脂肪含量有明显的相关性，可以较好地反映个体的肥胖程度。对于中国成人来说BMI值小于18.5为体重过低，说明可能存在营养不良等健康问题；18.5~23.9为正常；大于24.0说明体重存在超重或肥胖[5]。

2. 头骨形态观察与测量

对头骨形态进行观察测量。头骨测量包含了各常用项目（见附表二、三）；除了常规颅面形态观察外，还对一些非测量特征发生比率进行了观察计算，部分特征的发生率分别按侧和按个体进行统计。非测量特征的观察项目见后文，对某些性状的判定标准规定如下：

额中缝：包括部分和全长的额中缝，但不包含鼻上缝。

缝间骨：以最大径大于1cm或面积大于0.5cm^{2}判定缝间骨是否存在。

日本骨：以颧骨上完全或不完全骨缝的存在为判定标准。

骨桥：以完全连接的骨桥存在为判断标准，项目包括硬腭骨桥和下颌舌骨沟骨桥。

圆枕：以直径0.5cm为界作为判定圆枕是否存在，包含了明显、中等以及较弱的各类隆起，项目包括上颌圆枕、下颌圆枕、耳圆枕等。

颧上颌结节和边缘结节：以突出高度2mm为界判定其是否存在，包含了明显、中等和发育较弱的结节。

二分舌下神经管：以舌下神经管内口或/和外口的完全二分为标准。

3. 病理观察

由于干骨崖只保留有头骨和牙齿，因而只对牙齿龋病的发生情况进行观察，并按牙位进行统计。龋病的发生与食物种类有关，可以反映古人含糖类食物摄入情况，以农业经济为主人群的龋病发生率相对较高。

4. 头骨形态的对比分析

由于头骨非测量特征对比数据的缺乏以及判定标准的不统一，未能将干骨崖与其他相关人群进行系统比较。

---

① 牛艳麟：《中国汉族男性四肢长骨推断身高的研究》，山西医科大学硕士研究生毕业论文，2006年。

② 张继宗：《中国汉族女性长骨推算身高的研究》，《人类学学报》2001年第20卷第4期，第302~307页。

③ Ruff C, Trinkaus E, Holliday T. 1997. Body Mass and Encephalization in Pleistocene Homo. *Nature*, 387: 173–176.

④ 郑晓瑛：《甘肃酒泉干骨崖四坝文化人骨研究》，北京大学博士研究生学位论文，1991年，资料现藏北京大学考古文博学院资料室。

⑤ 中华人民共和国卫生部疾病控制司：《中国成人超重和肥胖症预防控制指南》，人民卫生出版社，2006年，第1~49页。

　　对于头骨的测量值则进行较详细的分析和比较，主要是利用Q型相关系数做人群之间的比较分析。分别将干骨崖头骨测量数据与Howells人群数据库、亚洲现代人群、中国古代北方人群做对比，以确定干骨崖头骨与其他古代、现代人群的亲缘关系远近。具体方法为，首先利用标准化数据计算出不同人群间的Q型相关系数矩阵，并以Q型相关系数作为人群间头骨形态距离远近的指标。相关系数介于-1和+1之间；当两群体间相关系数越接近于1表示其头骨间形态就越为相似，越接近-1则差异越大。相对于其他距离度量，相关系数可以消除绝对大小这一因素的影响，更有利于反映头骨间形状的差异。使用软件Splits tree ver 4.12.3[①]对相关系数矩阵进行处理，通过NeighborNet法建立人群间的无根网络树，以帮助分析和判断不同人群间的头骨形态差异乃至亲缘关系的远近。

　　各对比人群及对比项目情况如下。

　　（1）Howells对比人群

　　Howells头骨测量数据库包含了世界各地6大洲30个群体的共2524个个体的头骨测量值[②]。这些材料基本以近几个世纪为主，但也包含了安阳殷墟出土的人骨材料，较早的埃及组年代也可达公元前600~前200年（表一）。

表一　Howells 对比人群

地区	地点
亚洲	日本北海道、日本九州、海南、阿伊努、布里亚特（Buriat）、安阳殷墟
欧洲和北非	佐洛瓦尔（Zalavár）、贝尔格（Berg）、挪威、古埃及
撒哈拉以南非洲	泰塔（Teita）、多贡（Dogon）、祖鲁（Zulu）、布须曼（Bushman）
澳大利亚及美拉尼西亚	澳洲土著、塔斯马尼亚（Tasmania）、图拉（Tolai）
波利尼西亚	夏威夷莫卡普（Mokapu）、复活节岛、莫里奥里（Moriori）、南部和北部毛利人（Maori）
西太平洋及东南亚附近岛屿	菲律宾、台湾泰雅（Atayal）、关岛、安达曼岛
美洲	阿里卡拉（Arikara）、圣克鲁斯岛（Santa Cruz）、秘鲁、爱斯基摩

---

① Huson D. H., Bryant D., 2006. Application of Phylogenetic Networks in Evolutionary Studies. *Mol. Biol.* Evol., 23: 254–267.

② Howells W.W., 1973. *Cranial Variation in Man: A Study by Multivariate Analysis of Patterns of Difference Among Recent Human Populations*. Harvard University Press, Cambridge.

　Howells W.W., 1989. Skull Shapes and the Map: Craniometric Analysis in the Dispersion of Modern Homo, *Papers of the Peabody Museum of Archaeology and Ethnology*. Volume 79. Harvard University Press, Cambridge.

　Howells W.W., 1995. Who's Who in Skulls. *Ethnic Identification of Crania from Measurements*. Harvard University Press, Cambridge.

　Howells W.W., 1996. Howells'Craniometric Data on the Internet. Am. J. *Phys. Anthropol*.101,441–442.

（2）亚洲现代对比人群

将干骨崖男性头骨数据与亚洲男性现代人群作比较。各对照人群在人种特征上分别属于蒙古人种中的北亚、东北亚、东亚类群（表二），数据引自王令红[①]、韩康信[②]。

表二　亚洲现代对比人群

现代人群	人种类型	现代人群	人种类型
布里亚特	北亚	楚克奇（沿海）	东北亚
蒙古	北亚	楚克奇（驯鹿）	东北亚
埃文克	北亚	中国东北	东亚
奥罗奇	北亚	中国华北	东亚
卡尔梅克	北亚	朝鲜	东亚
乌尔奇	北亚	藏族 B	东亚
因纽特	东北亚	现代太原	东亚

（3）中国北方古代对比人群

选择那些在考古文化、地理位置或时代上与干骨崖墓地可能存在相关性的古代人群，同时也选择一些具有典型代表性人种特征或一些标本量较多的北方古代人群与干骨崖人骨进行比较。已有的研究表明，这些古人群分属不同人种类型（表三）。

表三　中国北方古代对比人群

对比人群	文化或时代	主要人种类型
甘肃火烧沟	四坝文化	东亚蒙古人种
甘肃民乐东灰山	四坝文化	东亚蒙古人种
青海柳湾	半山、马厂、齐家，马厂为主	东亚蒙古人种
青海民和阳山	半山	东亚蒙古人种
青海湟中李家山	卡约文化	东亚蒙古人种
青海循化阿哈特拉山	卡约文化	东亚蒙古人种
青海上孙家寨卡约	卡约文化	东亚蒙古人种
青海上孙家寨汉代	汉	东亚蒙古人种

---

① 王令红、孙凤喈：《太原地区现代人头骨的研究》，《人类学学报》1988 年第 7 卷第 3 期，第 206~214 页。
② 韩康信、谭婧泽、张帆：《中国西北地区古代居民种族研究》，复旦大学出版社，2005 年。

对比人群	文化或时代	主要人种类型
陕西华县	仰韶	东亚蒙古人种
河北姜家梁	仰韶	东亚蒙古人种
河南殷墟中小墓	商	东亚蒙古人种
内蒙古朱开沟	朱开沟文化	东亚蒙古人种
内蒙古龙头山	夏家店上层	东亚蒙古人种
内蒙古大甸子	夏家店下层	东亚蒙古人种
内蒙古井沟子	春秋战国	北亚蒙古人种
内蒙古扎赉诺尔	东汉游牧	北亚蒙古人种
内蒙古南杨家营子	东汉游牧	北亚蒙古人种
宁夏彭堡于家庄	春秋战国	北亚蒙古人种
内蒙古完工	东汉游牧	东北亚蒙古人种
黑龙江平洋	春秋战国	东北亚蒙古人种
新疆焉不拉克 M 组	西周~春秋	蒙古人种
新疆焉不拉克 C 组	西周~春秋	欧洲人种
新疆孔雀河古墓沟	距今 3800~2000 年	欧洲人种
新疆昭苏土墩墓	乌孙	欧洲人种
新疆察吾呼沟	察吾呼文化	欧洲人种

（4）比较项目

共选用了近30个测量项目进行比较，如表四所示。由于不同古代群体可获得测量数据的不同以及测量方法上存在可能的差异，对不同群体间的比较选用了不同项目。与Howells数据库人群、亚洲现代人群、中国北方古代人群的比较分别选用了其中25项、12项、19项测量项目来比较，这些项目都可以较全面地反映头骨颅面形态特征。

表四　头骨测量比较项目

马丁号	项目	缩写	Howells 数据库比较项目	亚洲现代人群比较项目	中国北方古代人群比较项目
1	颅长（g-op）	GOL	√	√	√
8	颅宽（eu-eu）	XCB	√	√	√

马丁号	项目	缩写	Howells 数据库 比较项目	亚洲现代人群 比较项目	中国北方古代人群 比较项目
17	颅高(ba–b)	BBH	√	√	√
5	颅基底长(ba–n)	BNL	√	√	√
40	面基底长(ba–pr)	BPL	√	√	√
48	上面高(n–sd)			√	√
	上面高(n–pr)	NPH	√		
9	最小额宽(ft–ft)			√	√
45	颧宽(zy–zy)	ZYB	√	√	√
46	中面宽(zm–zm)				√
	中面宽(zm'–zm')	ZMB	√		
	颧颌点间高(sub zm–ss–zm)				√
	颧颌点间高(sub zm'– ss–zm')	SSS	√		
43(1)	眶额颧点间宽(fmo–fmo)	FMB	√		√
	眶额颧点间高(sub fmo–n–fmo)	NAS	√		√
49a	眶内缘点间宽(d–d)	DKB	√		√
	鼻梁眶内缘宽高(DS)	NDS	√		
57	鼻骨最小宽(SC)	WNB	√		√
	鼻骨最小宽高(SS)	SIS	√		√
54	鼻宽(NB)	NLB	√	√	√
55	鼻高(n–ns)	NLH	√	√	√
51	眶宽(mf–ek)			√	√
51a	眶宽(d–ek)	OBB	√		
52	眶高	OBH	√	√	√
29	额弦(n–b)	FRC	√		
30	顶弦(b–l)	PAC	√		
31	枕弦(l–o)	OCC	√		
26	额骨曲度高(sub n–b)	FRS	√		
27	顶骨曲度高(sub b–l)	PAS	√		
28	枕骨曲度高(sub l–o)	OCS	√		

（二）结果

1. 性别和年龄分布

干骨崖墓地头骨性别年龄分布状况见表五。

按性别计算，干骨崖墓地出土人骨的男女比例为1.13∶1。按年龄计算，成年人个体占比为74%，未成年占26%。成年中青年比例较高。未成年个体人骨保存状况相对较差。

表五　干骨崖墓地头骨性别年龄鉴定

年龄		男性	女性	性别不详	合计
未成年	0~7	0	0	3	3
	8~12	0	0	1	1
	12~17	0	3	3	6
	仅可鉴定为未成年	0	0	3	3
成年	18~24	5	3	2	10
	25~34	3	3	1	7
	35~44	3	4	0	7
	45~54	4	2	0	6
	55~	3	1	0	4
	仅可鉴定为成年	0	0	3	3
合计		18	16	16	50

2. 身高、体重与体重指数

干骨崖男、女性的身高、体重、体重指数的统计及数据的分布情况见表六和图一~三。

干骨崖男性平均163.6cm的身高低于黄河流域新石器时代居民（如仰韶、大汶口等文化古代居民），与商周时期中国北方居民身高[①]相对来说更为接近。女性平均160.1cm的身高则甚至略超过了现代华北人的平均水平，大于很多中国古代各时期北方居民女性平均身高。男、女性的平均身高只相差约3.5cm。但干骨崖女性身高数据只有3例，这种情况的出现很可能与样本数过少有关。干骨崖男、女性平均体重虽相差约6.1kg，但体重指数非常接近。按现代中国人标准来判断，干骨崖古居民的体型无论男女都非常标准、匀称，没有体重过低或超重个体出现。

[①] 原海兵、李法军、张敬雷、盛立双、朱泓：《天津蓟县桃花园明清家族墓地人骨的身高推算》，《人类学学报》2008年第27卷第4期，第318~324页。

表六　干骨崖人骨身高、体重、体重指数统计

	性别	例数	平均值	标准差	最大值	最小值
身高（cm）	男	8	163.6	2.48	167.0	159.2
	女	3	160.1	1.01	161.2	159.2
体重（kg）	男	10	58.4	4.83	67.3	51.5
	女	5	52.3	4.21	57.7	47.6
体重指数（BMI）	男	8	21.3	1.26	22.8	19.5
	女	3	21.4	1.34	22.8	20.1

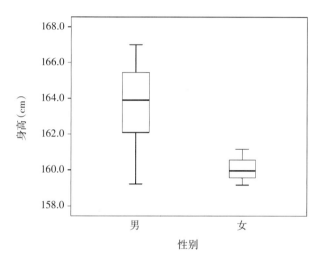

图一　干骨崖古人身高分布箱体图

（箱体上下分别为第七十五和二十五百分位数，中间粗线为中位数，两端伸出线条为最大、最小值。后同）

3. 头骨形态及非测量特征观察

（1）12项头骨形态特征观察

对12项头骨形态特征观察结果如表七所示。

综合以上观察结果，干骨崖头骨颅形以椭圆或卵圆形为主，眼眶多呈斜方形，梨状孔下缘以锐型或鼻前窝型为多，鼻根凹陷较浅，乳突和枕外隆突整体不甚发达。较浅平的鼻根凹陷、眼眶外下角多较钝等特征与蒙古人种相符。

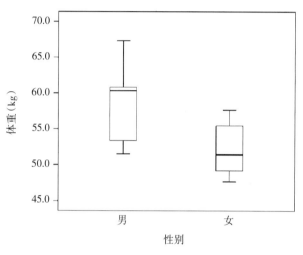

图二　干骨崖古人体重分布箱体图

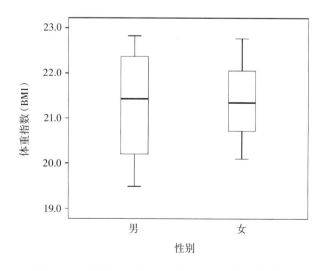

图三　干骨崖古人体重指数（BMI）分布箱体图

表七　干骨崖头骨的形态特征

项目	性别	例数	发生率（%）					
颅型			椭圆	卵圆	圆	五角	楔形	菱形
	男	12	83.3	16.7				
	女	7	42.9	57.1				
乳突			特小	小	中	大	特大	
	男	17		11.8	76.5	11.8		
	女	14	14.3	42.9	42.9			
枕外隆凸			极显	显著	中等	稍显	微弱	
	男	10			30.0	20.0	50.0	
	女	7				42.9	57.1	
眶形			圆形	椭圆形	方形	长方形	斜方形	正方形
	男	17	5.9	5.9		5.9	82.4	
	女	12	8.3	8.3	25.0		58.3	
眶口倾斜			后倾	垂直	前倾			
	男	14	21.4	78.6				
	女	10	60.0	40.0				
梨状孔			梨形	心形				
	男	12	66.7	33.3				
	女	6	33.3	66.7				
梨状孔下缘			锐型	钝型	鼻前窝型	鼻前沟型	混合型	
	男	17	29.4	11.8	47.1	11.8		
	女	12	91.7		8.3			
鼻根凹陷			无	浅	中	深		
	男	15	20.0	60.0	6.7	13.3		
	女	8	87.5	12.5				
鼻梁			凹凸型	凹型	直型			
	男	10	80.0	20.0				
	女	5	40.0	60.0				
鼻骨			Ⅰ型	Ⅱ型	Ⅲ型			
	男	15		100.0				
	女	7		100.0				

项目	性别	例数	发生率（%）					
			无	弱	中	显		
矢状脊	男	15	6.7	46.7	20.0	26.7		
	女	8	75.0	12.5	12.5	0.0		
			钝	锐				
眶外下角	男	18	77.8	22.2				
	女	14	92.9	7.1				

（2）33项头骨非测量特征

各类特征发生例数及比率如见表八。这些特征中有些可能与遗传关系密切（如额中缝、舌下神经管二分等），有些则更多受功能或环境的影响（如下颌圆枕等）。这些数据可以作为以后对比分析的基础资料。

表八　干骨崖头骨非测量特征统计

项目	男			女			合计		
	阳性	总数	比率（%）	阳性	总数	比率（%）	阳性	总数	比率（%）
额中缝	0	15	0.0	2	10	20.0	2	25	8.0
眶上孔（按侧）	20	34	58.8	15	26	57.7	35	60	58.3
眶上孔（按个体）	11	18	61.1	8	14	57.1	19	32	59.4
眶上切迹（按侧）	27	34	79.4	16	26	61.5	43	60	71.7
眶上切迹（按个体）	17	18	94.4	11	14	78.6	28	32	87.5
滑车棘（按侧）	2	25	8.0	1	13	7.7	3	38	7.9
滑车棘（按个体）	2	15	13.3	1	7	14.3	3	22	13.6
眶下缝（按侧）	20	31	64.5	13	21	61.9	33	52	63.5
眶下缝（按个体）	12	18	66.7	7	11	63.6	19	29	65.5
副眶下孔	2	18	11.1	0	12	0.0	2	30	6.7
颧上颌结节	11	18	61.1	9	14	64.3	20	32	62.5
冠状缝骨	0	15	0.0	1	10	10.0	1	25	4.0
矢状缝骨	0	12	0.0	0	8	0.0	0	21	0.0
人字缝骨	2	14	14.3	8	10	80.0	11	25	44.0

项目	男			女			合计		
	阳性	总数	比率（%）	阳性	总数	比率（%）	阳性	总数	比率（%）
前囟骨	1	14	7.1	0	9	0.0	1	23	4.3
人字点骨	3	13	23.1	0	8	0.0	4	22	18.2
星点骨	1	13	7.7	1	11	9.1	2	24	8.3
枕乳缝骨	3	9	33.3	1	9	11.1	4	19	21.1
顶切迹骨	1	13	7.7	6	11	54.5	7	25	28.0
鳞缝骨	0	12	0.0	0	8	0.0	0	21	0.0
翼上骨	1	10	10.0	3	9	33.3	4	19	21.1
H型翼区	11	11	100.0	10	10	100.0	21	21	100.0
髁管（按侧）	18	22	81.8	14	16	87.5	32	40	80.0
髁管（按个体）	13	13	100.0	8	9	88.9	21	23	91.3
双髁关节面	1	14	7.1	0	11	0.0	1	26	3.8
二分舌下神经管（按侧）	1	28	3.6	6	19	31.6	7	49	14.3
二分舌下神经管（按个体）	1	15	6.7	4	10	40.0	5	26	19.2
鼓板孔	1	16	6.3	1	14	7.1	2	31	6.5
硬腭骨桥	1	17	5.9	0	10	0.0	1	28	3.6
腭圆枕	12	17	70.6	5	12	41.7	17	30	56.7
上颌圆枕	0	15	0.0	1	12	8.3	1	27	3.7
下颌圆枕	2	14	14.3	0	13	0.0	3	29	10.3
耳圆枕	0	17	0.0	0	14	0.0	0	31	0.0
鳞乳缝	5	17	29.4	2	14	14.3	7	31	22.6
日本骨（按侧）	1	30	3.3	0	25	0.0	1	55	1.8
日本骨（按个体）	1	16	6.3	0	14	0.0	1	30	3.3
边缘结节	14	17	82.4	8	14	57.1	22	31	71.0
下颌舌骨沟骨桥	1	14	7.1	0	13	0.0	1	29	3.4
摇椅下颌	2	14	14.3	0	12	0.0	2	29	6.9
印加骨	0	14	0.0	0	10	0.0	0	25	0.0

说明：未做特别说明的均为按个体统计的结果。

（3）头骨指数和角度所反映的颅面类型

头骨某些角度和指数也可反映头骨的形状特征（表九）。综合各项观察结果，指数和角度所反映的干骨崖头骨主要形态特征为圆颅型为主，高颅和正颅型较多，颅宽高指数以中颅型为主，但女性阔颅型也有较高比例；面型偏狭，无阔上面型；狭额型；眼眶以中眶型多见；面部矢向突度不显著；鼻骨角所反映的鼻部矢向突度也较弱；面部扁平度较大。这些多

表九　干骨崖头骨指数和角度所反映的颅面类型

项目	性别	例数	发生率（%）				
颅指数 （8：1）			特长颅型	长颅型	中颅型	圆颅型	特圆颅型
	男	12	8.3	16.7	25.0	41.7	8.3
	女	7		28.6	28.6	42.9	
颅长高指数 （17：1）			低颅型	正颅型	高颅型		
	男	11	9.1	45.5	45.5		
	女	8	12.5	37.5	50.0		
颅宽高指数 （17：8）			阔颅型	中颅型	狭颅型		
	男	10	20.0	50.0	30.0		
	女	7	42.9	42.9	14.3		
上面指数 （sd） （48：45）			特狭上面型	狭上面型	中上面型	阔上面型	特阔上面型
	男	10	20.0	40.0	40.0		
	女	7	14.3	57.1	28.6		
额宽指数 （9：8）			狭额型	中额型	阔额型		
	男	12	75.0	8.3	16.7		
	女	7	71.4	28.6	0.0		
鼻指数 （54：55）			狭鼻型	中鼻型	阔鼻型		
	男	16	31.3	31.3	37.5		
	女	7	28.6	42.9	28.6		
眶指数（左） （52：51）			低眶型	中眶型	高眶型		
	男	15	6.7	73.3	20.0		
	女	8		62.5	37.5		
面突指数 （40：5）			突颌型	中颌型	正颌型		
	男	11		27.3	72.7		
	女	7		42.9	57.1		

项目	性别	例数	发生率（%）				
面角 （72）			超突颌型	突颌型	中颌型	平颌型	超平颌型
	男	13			69.2	30.8	
	女	8			37.5	50.0	12.5
鼻颧角			很大	大	中	小	
	男	17	58.8	29.4	11.8		
	女	9	66.7	22.2		11.1	
鼻骨角			很小	小	中	大	
	男	10	50.0	30.0	10.0	10.0	
	女	4	75.0		25.0		

体现了亚洲蒙古人种的常见形态特点。

4. 龋病

干骨崖古人龋病发生情况如表一〇。干骨崖人骨按牙齿计算约4.4%的患龋率与中国北方新石器时代古人群平均值比较接近，低于华北商周时期古人群均值[1]。患龋率的高低可以在一定程度反映古人食物中粮食作物的比重及加工精细程度。干骨崖人骨相对略偏低的患龋率可能与四坝文化半农半牧的经济生活方式有关。

表一〇　干骨崖人骨龋病统计

	前牙	前臼齿	臼齿	合计
龋牙数	0	7	15	22
总牙数	174	134	188	496
龋牙率（%）	0.0	5.2	7.8	4.4

5. 头骨形态特征的比较

（1）与Howells人群比较

通过NeighborNet法对包括干骨崖在内的男性31组、女性26组人群25项测值的相关系数矩阵处理后，得到反映人群间头骨形态差异状况的网络树（图四、图五）。可见无论性别如何，干骨崖头骨形态明显与属于东亚蒙古人种类群的日本、安阳殷墟、海南等组最为相近；其他人群也大体按地区分布，如欧洲、非洲、美洲、澳洲等（图中所示的A、B、C、D、

---

[1] 何嘉宁：《中国北方古代人群龋病及与经济类型的关系》，《人类学学报》2004年第23卷（增刊），第61~70页。

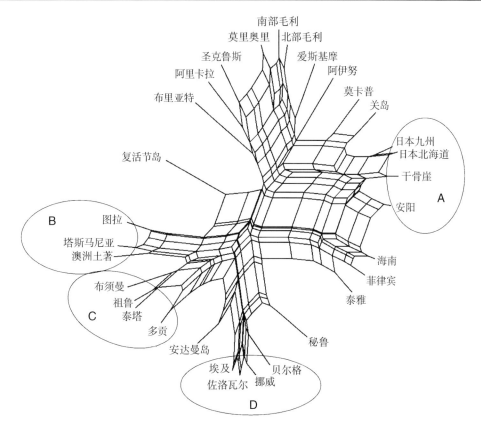

图四　与Howells男性人群比较之网络树

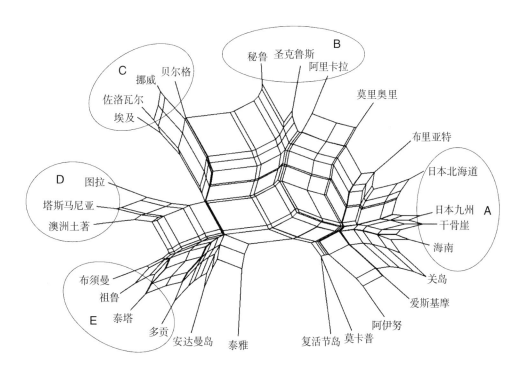

图五　与Howells女性人群比较之网络树

E），反映了各自较近的亲缘关系；西太平洋及波利尼西亚人群在图上则较为分散。

（2）与东亚现代人群的比较

使用同样方法观察干骨崖与现代亚洲人群头骨形态的差异情况。人群间关系网络树可将不同人群大致区分为3大组，分别代表东亚蒙古人种类型、东北亚蒙古人种类型和北亚蒙古人种类型（图中A、B、C）。干骨崖头骨与中国东北、华北、藏族B、朝鲜、太原人等同属前者；但东亚蒙古人种大组内各群体间的差异相对更为明显（图六）。

（3）与中国古代人群的比较

将干骨崖头骨与25组中国古代人群进行比较，通过相关系数建立人群间头骨形态相似性网络树。从已有研究成果来看，这些对比古人群的人种类型包括了属于欧洲人种类型或以欧洲人种类型为主的出土于新疆各地的古代人骨，有主要属于东北亚蒙古人种类型的平洋组和完工组人骨，有属于北亚蒙古人种类型的出土于内蒙古自治区和宁夏的某些古代人骨，还有属于东亚蒙古人种类型的出土于华北各遗址的多组古代人骨。从文化上看，火烧沟、东灰山与干骨崖同属四坝文化。在地理位置上看，干骨崖与甘青地区各遗址距离最为接近。头骨形态比较的一个重要目的，是在中国北方古代人群头骨形态变异的大背景下，通过干骨崖与其他古代人群头骨形态的比较分析，探讨干骨崖人骨与其他对比人群亲缘关系的远近。这些古代对比人群地理位置和时代跨度都非常大，但最应受关注的该是那些在地理位置、时代或文化上与干骨崖相近或存在可能联系的古人群头骨形态表现。

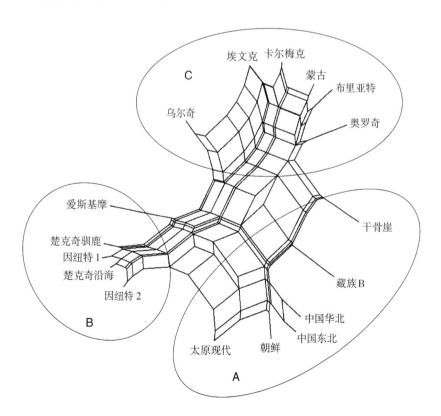

图六　与亚洲现代男性人群比较之网络树

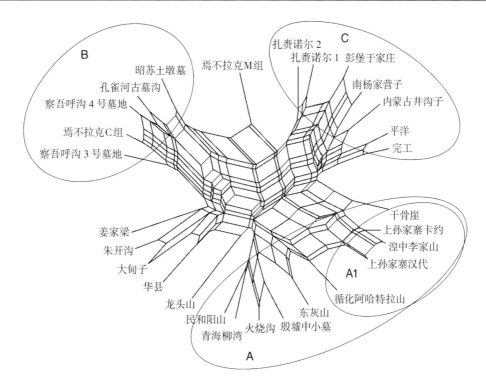

图七　与中国古代北方男性人群比较之网络树

男性的对比结果表明（图七），属于欧洲人种类型的各古代群体聚合为一组，他们的头骨形态比较相近（图中B）；北亚蒙古人种类型及东北亚蒙古人种类型的各古代人群聚合为另外一组（图中C），他们之间的头骨形态也比较接近。这两大组与其他属于东亚蒙古人种类型的古代群体在头骨形态上有较明显的区分。但在东亚蒙古人种类型古人群内部，头骨形态变异较大。干骨崖头骨形态与卡约文化的几组古代人群最为相似，包括了上孙家寨、李家山、阿哈特拉山几组（图中A1）；其次为甘青地区其他几组古代群体，如火烧沟、东灰山、柳湾、阳山等组（图中A）；与其余属于东亚蒙古人种古人群头骨形态存在一定差异。同属于四坝文化的火烧沟头骨在形态上与柳湾、阳山以及殷墟中小墓最近。

古代女性各组的比较结果则不如男性明确（图八），比如被认为属于北亚蒙古人种的扎赉诺尔、井沟子、于家庄等组以及被认为属于欧洲人种的昭苏土墩墓，都与东亚蒙古人群混杂在一起没有很好的区分；而被认为属于蒙古人种的焉不拉克M组却和欧洲类群聚集在一起（图中B）。这种情况的出现与目前我国古代居民体质人类学研究很少关注女性有关。此外遗址出土女性头骨数量往往少于男性，也会产生更大的抽样误差。这提示我们在今后研究中需要加强对古代女性人骨的分析。仅就干骨崖女性头骨的比较而言，与男性组比较结果完全一致的是，干骨崖头骨形态与卡约文化各组最为相似（图中A1）；其次为火烧沟、阳山、柳湾等组（图中A），这三组头骨形态较为相近聚合在一起。但殷墟中小墓女性头骨形态与甘青地区古代居民差别则较明显，这与男性的表现不同。

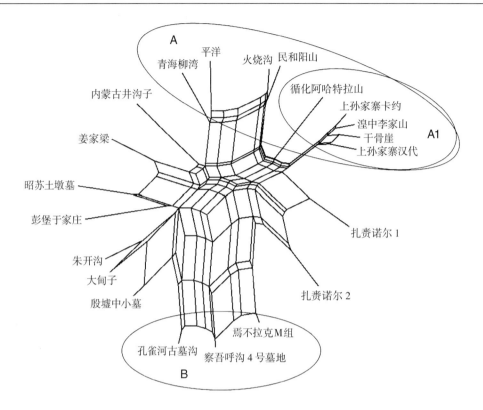

图八　与中国古代北方女性人群比较之网络树

（三）讨论

　　干骨崖头骨具有较大的面部扁平度、较小的鼻部突出、较小的面部矢状突度，加之整体上不很发达的乳突、枕外隆凸、眼眶口平面不前倾等特征，都表明干骨崖头骨在人种类型上应属蒙古人种。进一步与Howells人群数据库和亚洲现代人群的对比，明确了干骨崖人头骨形态与东亚蒙古人种类型最为接近，属于东亚蒙古人种。与北方古代人群的比较则表明，同属于东亚蒙古人种类型的不同时代和地区的中国北方古代居民头骨形态存在较大变异。其中，干骨崖的颅面形态与卡约文化古居民最为相似，其次为东灰山、火烧沟、阳山、柳湾等甘青地区古人，与其他中国北方古代居民头骨形态有一定差异。由于颅面形态差异更多反映的是遗传上的差异和多样性，这暗示了头骨形态相近的各组之间可能存在更为密切的遗传联系。

　　对古代西北地区古代民族的考察表明，自马厂、齐家始，直至后来的四坝、卡约、辛店、寺洼诸文化都可归属于古羌人文化系统[①]。在本文的分析中，甘青地区各古代对比人群头骨形态相对于其他人群更为相似，表明了他们在遗传上可能存在较近的亲缘关系，也许正是这些古人群都属于羌人文化系统在人种学上的一个体现。同一文化体系内人群间更容易发生生物学（遗传）上的交流与联系。

――――――――――

① 李水城：《四坝文化研究》，《考古学文化论集》（三），文物出版社，1993年，第80~121页。

　　但在甘青地区古代人群内部，不同组别头骨形态相似性之间仍存在一定差异。考古文化的分析认为，四坝文化是由河西马厂类型经过渡类型遗存再发展演变而来①。在本文对比人群中，柳湾组恰是以马厂文化为主的古代人群。属于四坝文化早期的火烧沟、东灰山与柳湾组头骨形态上很相近，这种情况与对文化的分析结果相符。他们之间头骨形态的相似，似乎表明了马厂文化古居民与四坝文化早期古居民间可能存在较近的亲缘关系。

　　但同为四坝文化的干骨崖和火烧沟、东灰山之间的差异则相对略为明显。一方面这可能与时代有关，火烧沟、东灰山属于四坝文化早期，干骨崖为晚期，两者之间存在约200年的时代差异。其次它们的地理位置和古生态环境也不相同，虽然它们都为半农半牧的经济形态，但干骨崖地处土壤发育较好、有利于农业发展的山前地带，其经济形态偏重于农业；火烧沟则偏重于畜牧业，也兼营少量农业。生存环境以及食物的差异也会影响到体质的表现，干骨崖较低的下颌圆枕发生比率与新疆地区很多古人群的表现明显不同②就可能与其经济偏重农业有关。干骨崖与火烧沟头骨形态差异也可能受到了生存环境与经济形态尤其是食物结构差异的某些影响。最后，火烧沟、干骨崖、东灰山这些四坝文化早晚期不同墓地在墓葬形制、丧葬习俗上有很多区别，表现多样，而甘青地区青铜时代文化也表现出文化多样、小而分散、文化来源多样的特点③。因而根据目前人骨材料所表现出的情况，也不排除四坝文化在发展过程中与其他相关文化古人群发生交流、融合的可能性。

　　干骨崖头骨形态与卡约文化几组古代居民最为相似，似乎按示干骨崖与卡约文化古居民存在有较密切遗传关系的可能性。卡约文化时代约为距今3600~2800年，晚于四坝文化，被认为与马厂类型或齐家文化可能存在某种联系。目前虽没有明确证据表明四坝文化与卡约文化存在直接的渊源联系，但一些陶器风格以及丧葬习俗表明四坝文化与卡约文化也许曾有过接触④。虽然人种类型和考古文化的概念并不相同，不必存在对应关系，但干骨崖与卡约文化头骨明确的相似性提示我们在以后的研究中应该对这两种古代文化古人群体质状况以及文化的交流情况给予更多关注。甘青地区青铜时代文化表现多样、来源复杂，该地区从新石器时代晚期至铜器时代古人群的迁徙、扩散、融合与古文化发展之间的关系需要更多的讨论。

---

① 李水城：《四坝文化研究》，《考古学文化论集》（三），文物出版社，1993年，第80~121页；水涛：《甘青地区青铜时代的文化结构和经济形态研究》，《中国西北地区青铜时代考古论集》，科学出版社，2001年，第193~327页。

② 刘武、张全超、吴秀杰、朱泓：《新疆及内蒙古地区青铜—铁器时代居民牙齿磨耗及健康状况的分析》，《人类学学报》2005年第24卷第1期，第32~53页。

③ 水涛：《甘青地区青铜时代的文化结构和经济形态研究》，《中国西北地区青铜时代考古论集》，科学出版社，2001年，第193~327页。

④ 李水城：《四坝文化研究》，《考古学文化论集》（三），文物出版社，1993年，第80~121页。

附表一　干骨崖墓地出土人骨鉴定表

单位号	性别	年龄	备注	单位号	性别	年龄	备注
M1	?	成年		M50 南残墓	?	2.5~8	残墓未编号
M2A	女?	30~35		M51A	?	10~18	
M2B	?	3~4		M55A	男	55+	
M2C	?	20~25		M55B	女	40+	
M3A	男?	20~25		M57	男	50+	
M3B	女	25~30		M58A	?	15~20	
M4	男	成年		M60C	女	20~25	
M11B	女	35~40		M61	男?	30~40	
M13	女?	20~25		M69	男	45+	
M14A	女	40~45		M72	女?	30~35	
M14B	男	40±		M74A	女?	45+	
M14C	男	20~25		M74B	男	25~30	
M19	女	40±		M74-3	?	青少年	仅一颗牙齿
M20	女	14~18		M80	男?	30±	
M24A	女	12~16		M85A	男?	50+	
M24B	女?	中老年		M86	男?	20~25	
M26A	?	成年		M89	男	50+	
M26B	?	青少年		M90	男	45+	
M27上层屈肢葬	?	成年		M91	男	35~40	
				M94B	女	18±	
M28	女	13~15		M97	?	4~5	
M36A	?	青少年		M99B	男?	40~50	
M36B	男?	20~25		M100B	?	未成年	
M44	?	20~25		M101	女	45+	
M50A	男?	50±		M102A	男	20~25	

附表二　干骨崖头骨测量统计表

（长度单位：mm；角度：度；指数：%）

	项目	男				女			
		n	x	SD	min	max	n	x	SD	min	max
1	颅长（g–op）	14	181.0	7.71	169.5	197.0	8	174.3	5.87	166.0	183.0
8	颅宽（eu–eu）	12	140.0	5.89	131.0	147.0	7	137.4	5.63	131.0	145.0
17	颅高（ba–b）	11	134.0	5.31	126.5	144.0	8	127.7	5.34	122.0	138.5
20	耳门前囟高（po–b）	12	111.3	5.79	101.5	121.5	8	109.4	2.80	106.8	116.0
21	耳上颅高（po–v）	13	112.7	6.15	102.5	123.0	8	110.1	3.27	106.3	117.5
9	最小额宽（ft–ft）	17	88.9	5.82	74.1	95.3	9	87.8	2.71	84.6	92.3
10	最大额宽（co–co）	12	112.9	4.25	105.3	118.2	8	111.4	3.13	106.0	116.7
	冠颞点间宽（st–st）	14	104.9	6.37	91.2	111.9	8	105.4	4.48	95.7	109.6
	颅骨最小宽（it–it）	9	72.6	3.87	64.4	77.5	7	67.9	3.15	64.7	74.1
25	颅矢状弧（arc n–o）	10	364.9	17.21	343.0	396.0	7	359.7	12.82	339.0	379.0
26	额弧（arc n–b）	15	122.8	7.14	115.0	138.0	8	122.4	4.44	118.0	132.0
27	顶弧（arc b–l）	13	125.7	6.96	116.0	138.0	8	123.9	5.36	118.0	131.0
28	枕弧（arc l–o）	10	117.2	6.37	108.0	127.0	8	111.6	7.84	103.0	121.0
29	额弦（chord n–b）	15	108.6	4.69	103.2	118.0	9	106.5	5.03	98.9	115.5
	额骨曲度高（sub n–br）	15	24.5	3.46	19.9	30.5	8	25.1	2.16	21.7	28.0
30	顶弦（chord b–l）	13	113.2	5.56	105.5	122.3	8	110.9	3.72	105.3	115.6
	顶骨曲度高（sub br–la）	13	23.4	3.01	19.0	28.5	8	23.6	2.48	19.6	27.2
31	枕弦（chord l–o）	11	97.4	3.56	93.7	104.5	8	94.6	5.63	87.7	101.2
	枕骨曲度高（sub la–op）	11	28.2	3.76	22.3	34.8	8	26.1	2.95	21.4	30.1
23	颅周长	11	513.6	13.40	502.0	539.0	7	502.1	12.19	477.0	512.0
24	颅横弧（过b）	11	306.5	8.35	298.0	326.0	7	297.9	7.24	291.0	310.0
11	耳点间宽（au–au）（AUB）	15	125.8	4.28	115.7	132.1	8	122.2	4.05	115.6	125.8
	耳门上点间宽（po–po）	15	119.7	4.34	108.6	126.1	9	114.8	5.30	106.2	122.1
	星点间宽（ast–ast）	11	110.8	3.86	105.9	118.1	8	107.8	6.38	99.5	118.1
	鼻骨高（n–rhi）	11	24.7	2.13	20.6	28.3	4	26.1	2.84	22.1	28.6
	鼻尖上齿槽点高（rhi–pr）	10	46.4	3.60	41.6	52.4	4	44.5	1.30	43.5	46.3
5	颅基底长（ba–n）	13	97.9	4.37	89.5	103.5	8	92.3	4.80	84.5	100.7
40	面基底长（ba–pr）	11	93.8	5.57	85.1	100.3	7	88.1	5.74	79.0	95.3

项目		男					女				
		n	x	SD	min	max	n	x	SD	min	max
48	上面高（n–sd）	12	73.3	3.10	67.7	77.3	8	71.8	4.56	65.3	78.5
48	上面高（n–pr）	12	70.2	3.26	66.0	75.4	8	68.8	4.77	61.3	75.7
45	颧宽（zy–zy）	12	133.3	4.64	125.5	141.7	8	126.4	3.28	121.0	130.0
46	中面宽（zm–zm）	14	101.7	4.67	93.8	108.1	7	95.8	3.21	90.3	99.0
	颧颌点间高（sub zm–ss–zm）	14	20.4	3.06	15.1	24.7	7	22.0	1.65	20.5	25.2
	中面宽（zm'–zm'）	14	100.7	4.82	91.3	107.9	7	94.5	3.81	89.5	99.6
	颧颌点间高（sub zm'–ss–zm'）	14	19.3	2.92	13.3	22.8	7	20.3	2.21	17.4	23.4
43	两眶外宽（fmt–fmt）	16	103.3	3.20	96.6	108.8	9	99.4	2.58	95.1	102.4
43（1）	两眶内宽（fmo–fmo）	17	95.6	3.59	87.3	100.4	9	92.1	3.17	87.6	97.4
SN	眶额颧点间高（sub fmo–n–fmo）	17	12.2	3.09	5.2	16.3	9	12.3	2.38	10.0	17.8
	眶外缘点间宽（ek–ek）	15	98.0	2.80	92.6	102.9	9	93.9	2.94	90.2	99.3
O3	眶中宽	12	55.3	2.95	51.6	62.0	6	56.4	3.48	51.1	59.7
SR	鼻尖高	9	14.2	2.05	9.5	16.3	4	13.2	2.05	11.7	16.1
50	眶间宽（mf–mf）	15	18.3	1.76	15.2	22.1	8	18.2	1.80	16.1	21.5
49a, DC	眶内缘点间宽（d–d）	14	21.0	2.04	17.0	25.3	8	20.7	1.93	18.4	24.5
DN	眶内缘鼻根突度	14	11.3	1.34	8.3	13.9	8	10.9	1.23	9.9	12.8
DS	鼻梁眶内缘宽高	14	7.2	1.57	3.9	9.4	7	6.6	1.46	4.6	8.1
MH	颧骨高（fmo–zm）左	16	44.0	2.25	39.2	48.2	7	41.1	2.49	37.6	43.8
MH	颧骨高（fmo–zm）右	14	45.3	3.55	39.8	53.0	9	42.3	3.35	38.2	48.7
MB'	颧骨宽（zm–rim orb）左	16	25.1	3.22	18.2	28.7	7	22.9	2.40	20.4	26.6
MB'	颧骨宽（zm–rim orb）右	14	25.9	3.98	20.8	35.4	9	23.8	1.86	20.9	26.0
54	鼻宽	16	26.3	2.14	23.0	29.8	7	25.8	1.54	23.5	27.7
55	鼻高（n–ns）	16	53.1	2.09	49.0	56.5	9	52.4	3.13	48.1	57.4
SC	鼻骨最小宽	15	7.1	1.43	5.6	9.7	6	7.1	1.46	5.7	9.4
SS	鼻骨最小宽高	15	2.4	0.62	1.5	3.8	6	1.8	0.70	1.0	2.9
51	眶宽（mf–ek）左	15	41.9	1.79	39.7	45.3	9	40.4	1.80	38.2	43.3
51	眶宽（mf–ek）右	13	42.3	1.65	40.2	44.8	9	39.0	1.83	36.4	41.5

项目		男					女				
		n	x	SD	min	max	n	x	SD	min	max
51a	眶宽（d-ek）左	14	39.4	1.98	36.5	43.1	8	38.5	2.07	35.1	40.6
51a	眶宽（d-ek）右	12	39.8	1.59	37.9	42.6	8	37.0	2.16	33.9	40.5
52	眶高左	16	34.3	1.26	32.4	37.0	8	34.2	2.00	31.6	38.2
52	眶高右	14	34.1	1.18	32.5	36.0	8	33.6	3.17	30.4	40.3
60	齿槽弓长	10	53.5	2.75	50.0	58.9	7	51.4	2.65	47.5	56.1
61	齿槽弓宽	11	66.7	2.26	63.4	70.0	7	61.6	2.45	57.8	64.1
62	腭长（ol-sta）	9	44.9	1.48	42.8	46.8	5	45.2	1.81	43.0	47.6
63	腭宽（enm-enm）	10	41.4	2.60	36.5	45.6	7	39.4	1.52	36.9	41.9
7	枕骨大孔长（ba-o）	12	37.4	3.62	32.1	46.4	8	34.7	1.42	31.9	36.2
16	枕骨大孔宽	10	29.9	2.60	24.6	33.0	7	29.2	0.93	27.5	30.3
65	下颌髁间宽	10	121.9	4.60	115.7	128.7	11	118.7	5.71	109.5	129.5
66	下颌角间宽（go-go）	9	98.6	6.09	87.5	106.6	11	94.3	4.90	85.3	100.2
67	颏孔间宽	13	47.4	2.65	43.7	51.7	12	46.8	3.00	43.2	53.8
	颏孔间弧	13	54.7	3.01	51.0	61.0	12	52.8	3.79	47.0	61.0
68（1）	髁颏长	15	104.5	5.44	95.0	111.0	11	101.9	4.68	95.0	111.5
69	下颌联合高（id-gn）	13	33.5	1.83	30.6	36.6	10	32.8	1.84	29.6	34.9
	下颌联合弧	12	37.3	3.08	34.0	46.0	10	36.0	2.26	33.0	38.0
70	下颌支高左	10	65.5	4.80	54.8	71.8	10	56.1	4.26	51.5	66.3
70	下颌支高右	10	65.4	5.24	55.4	72.0	12	55.9	4.40	51.1	67.1
71a	下颌支最小宽左	15	35.0	2.86	29.4	38.4	10	33.2	1.49	30.2	35.9
71a	下颌支最小宽右	13	35.0	2.94	29.3	38.7	12	32.8	1.31	30.4	35.1
MBH	下颌体高（臼齿位）左	10	28.2	3.79	21.1	33.6	7	26.3	2.20	21.7	28.3
MBH	下颌体高（臼齿位）右	12	27.9	5.67	16.9	38.4	9	26.7	3.71	18.3	29.5
MBT	下颌体厚（臼齿位）左	10	16.0	0.83	15.0	17.8	7	15.9	1.02	14.7	17.2
MBT	下颌体厚（臼齿位）右	12	16.9	2.44	14.7	22.9	9	16.3	1.32	14.4	18.4
CrH	喙突高左	15	63.8	5.97	53.6	75.7	8	56.4	3.29	51.5	60.6
CrH	喙突高右	14	64.8	6.67	56.4	76.1	11	57.2	3.25	52.0	61.3
	额角（n-b-FH）	13	49.8	3.68	43.5	56.5	8	48.4	1.59	45.0	50.0
	前囟角（g-b-FH）	13	45.0	3.67	40.0	51.0	7	43.8	2.41	39.0	46.5

项目		男					女				
		n	x	SD	min	max	n	x	SD	min	max
32	额倾角1（n-m-FH）	13	80.4	3.66	72.0	86.0	7	81.1	1.70	78.5	83.5
	额倾角2（g-m-FH）	13	74.0	3.15	68.5	79.0	7	76.9	2.59	72.0	80.0
	额骨曲度角	15	131.3	4.39	123.3	138.4	8	129.4	4.53	122.7	135.3
	顶骨曲度角	13	135.0	3.91	127.1	140.6	8	134.0	3.34	129.4	140.0
	枕骨曲度角	11	119.5	6.19	110.8	130.9	8	122.0	4.53	114.4	128.5
72	面角（n-pr-FH）	13	83.9	2.38	81.0	88.0	8	84.8	4.28	80.0	93.0
73	鼻面角（n-ns-FH）	13	87.4	2.91	83.5	93.0	8	87.9	3.81	83.0	94.5
74	齿槽面角（ns-pr-FH）	13	71.4	5.33	65.0	86.0	8	72.1	8.76	59.0	84.0
77	鼻颧角（fmo-n-fmo）	17	151.5	6.46	142.4	166.8	9	150.2	4.93	139.1	155.9
	颧上颌角（zm-ss-zm）	14	136.4	6.22	127.1	147.5	7	130.6	3.37	125.2	134.3
	颧上颌角（zm'-ss-zm'）	14	138.2	6.23	129.1	148.2	7	133.4	5.10	126.4	140.8
75	鼻尖角（n-rhi-FH）	9	64.1	5.46	53.5	74.0	3	69.7	3.21	66.0	72.0
75（1）	鼻骨角（rhi-n-pr）	10	19.2	6.13	9.8	30.7	4	18.8	6.03	14.2	27.7
	鼻根点角（ba-n-pr）	11	65.5	2.89	62.3	70.7	7	64.7	3.55	57.9	69.3
	上齿槽角（ba-pr-n）	11	73.3	2.88	69.4	78.3	7	71.0	5.20	63.5	80.8
	颅底角（n-ba-pr）	11	41.2	2.31	38.3	45.3	7	44.4	4.33	40.6	53.3
79	下颌角	14	115.8	6.20	106.0	128.0	12	126.3	4.07	119.0	132.0
8：1	颅指数	12	77.6	5.78	66.5	86.1	7	78.3	4.27	72.6	84.5
17：1	颅长高指数1	11	74.8	3.18	68.6	80.2	8	73.3	3.38	67.6	76.7
21：1	颅长耳高指数	13	62.5	4.38	52.3	67.8	8	63.2	1.64	60.4	65.7
17：8	颅宽高指数1	10	95.3	5.21	87.2	104.6	7	93.4	5.81	86.4	103.0
54：55	鼻指数	16	49.0	5.67	35.1	57.8	7	48.7	3.87	40.9	52.4
SS：SC	鼻根指数	15	34.6	10.98	24.2	58.7	6	25.1	8.97	14.7	39.5
52：51	眶指数1左	15	82.3	4.09	75.3	91.7	8	84.3	5.06	79.7	92.3
52：51	眶指数1右	12	80.7	2.83	76.4	86.4	8	85.2	7.03	75.2	99.5
52：51a	眶指数2左	14	87.4	5.49	79.1	99.7	7	89.9	6.16	84.0	99.7
52：51a	眶指数2右	11	85.9	2.85	82.5	90.4	7	91.1	8.80	81.5	108.0
48：17	垂直颅面指数sd	8	53.4	2.71	50.1	58.8	6	56.5	3.72	52.1	60.2
48：17	垂直颅面指数pr	8	51.0	2.85	47.7	56.4	6	54.1	3.78	49.4	57.8

项目		男					女				
		n	x	SD	min	max	n	x	SD	min	max
48：45	上面指数 sd	10	55.6	3.21	51.0	61.6	7	56.8	2.76	52.4	60.5
48：45	上面指数 pr	10	53.2	3.34	48.5	58.6	7	54.3	3.07	49.2	58.3
48：46	中面指数 sd	10	71.8	3.45	67.7	78.5	7	74.0	2.71	69.0	78.2
48：46	中面指数 pr	10	68.9	4.05	63.0	77.1	7	70.7	3.17	64.8	75.5
9：8	额宽指数	12	64.0	5.39	50.8	70.8	7	63.8	2.89	60.1	67.5
40：5	面突指数	11	95.0	3.28	90.4	100.8	7	95.9	4.79	85.9	99.6
9：45	颧额宽指数 1	12	67.1	4.42	56.7	71.6	8	69.8	2.23	66.3	72.6
10：45	颧额宽指数 2	9	84.6	3.32	78.7	89.6	7	88.3	2.79	84.0	91.5
43（1）：46	额颧宽指数	13	94.8	3.92	89.3	102.6	7	96.7	3.00	90.8	99.4
45：8	颅面宽指数	10	95.0	4.09	89.6	101.9	7	91.9	3.15	88.4	96.3
DS：DC	眶间宽高指数	14	34.6	8.40	15.6	47.6	7	32.9	8.95	21.5	41.8
SN：43（1）	额面扁平度指数	17	12.7	2.98	5.8	17.0	9	13.3	2.34	10.7	18.6
SR：O3	鼻面扁平度指数	9	25.5	3.71	18.4	29.8	4	23.8	3.60	19.5	27.8
63：62	腭指数	8	93.3	5.63	87.8	104.2	5	87.7	2.77	83.8	90.1
61：60	齿槽弓指数	10	124.6	6.49	111.5	133.3	7	120.0	7.25	111.1	131.2
48：65	面高髁宽指数 sd	9	59.8	3.37	56.1	65.3	6	60.9	4.10	55.8	66.1
48：65	面高髁宽指数 pr	9	57.2	3.46	53.3	62.4	6	58.2	4.32	52.9	63.8
21：8	颅宽耳高指数	11	81.1	3.98	74.8	86.9	7	80.7	4.34	75.7	87.4

附表三　干骨崖头骨测量表（男）

（长度单位：mm；角度：度；指数：%）

项目	墓葬号 性别	M3A 男?	M14B 男	M14C 男	M36B 男?	M50A 男?	M55A 男	M57 男	M61 男?
1	颅长（g-op）	169.5	197.0	174.0	181.0				185.0
8	颅宽（eu-eu）	146.0	131.0	140.0	136.0				
17	颅高（ba-b）	136.0		129.0	136.0				127.0
20	耳门前囟高（po-b）	111.0	103.0	114.5	113.0				108.5
21	耳上颅高（po-v）	112.8	103.0	118.0	115.0				108.5
9	最小额宽（ft-ft）	74.1	89.8	91.7	86.5	95.3	80.0	84.4	90.0
10	最大额宽（co-co）	108.6	112.5		111.3			118.2	
	冠颞点间宽（st-st）	105.5	99.4	107.8	106.3		91.2	96.2	
	颅骨最小宽（it-it）	75.3			70.5				
25	颅矢状弧（arc n-o）	364.0	396.0	348.0	360.0				362.0
26	额弧（arc n-b）	117.0	138.0	115.0	120.0		127.0	124.0	119.0
27	顶弧（arc b-l）	132.0	131.0	125.0	117.0		122.0		127.0
28	枕弧（arc l-o）	115.0	127.0	108.0	123.0				116.0
29	额弦（chord n-b）	105.2	118.0	104.5	105.9		109.6	110.4	105.5
	额骨曲度高（sub n-br）	21.8	29.9	19.9	22.7		27.8	23.7	22.5
30	顶弦（chord b-l）	114.8	119.7	111.2	106.5		108.9		115.8
	顶骨曲度高（sub br-la）	28.5	22.7	24.7	19.5		23.1		22.0
31	枕弦（chord l-o）	98.5	104.5	94.4	101.2				93.9
	枕骨曲度高（sub la-op）	26.0	31.6	23.1	30.8				29.4
23	颅周长	503.0	534.0	503.0	508.0				
24	颅横弧（过 b）	299.0	305.0	310.0	304.0				
11	耳点间宽（au-au）（AUB）	128.9	115.7	125.6	124.4	127.8			126.8
	耳门上点间宽（po-po）	126.1	108.6	118.4	120.2	122.4			121.8
	星点间宽（ast-ast）	118.1	106.9	109.9	105.9				
	鼻骨高（n-rhi）				25.9	23.5		25.7	21.8
	鼻尖上齿槽点高（rhi-pr）				42.3	52.4		43.8	45.3

M69	M74B	M80	M85A	M86	M89	M90	M91	M99B	M102A
男	男	男?	男?	男?	男	男	男	男?	男
183.5		177.0	178.0	186.5	172.0	175.0	192.0	179.0	185.0
131.0		144.0	145.0	133.0	143.5	140.0	144.0		147.0
137.0		131.0	126.5		133.0	137.0	144.0		138.0
		114.0	108.0		108.5	115.0	117.5	101.5	121.5
113.9		115.0	108.5		109.0	115.5	120.0	102.5	123.0
91.6		93.9	89.6	94.2	92.3	82.2	95.0	88.5	92.4
114.8		114.0	112.9		115.9	106.8	116.9	105.3	117.9
111.9		110.8	110.7		111.9	98.8	105.6	103.7	109.1
75.0		64.4	73.7			72.6	77.5	70.0	74.3
		343.0			352.0	358.0	387.0		379.0
132.0		115.0	119.0		122.0	119.0	128.0	115.0	132.0
138.0		116.0	122.0		116.0	125.0	132.0		131.0
		112.0			114.0	114.0	127.0		116.0
113.6		104.0	105.6		107.3	107.0	115.4	103.2	114.5
29.2		20.7	23.6		24.3	21.9	30.5	22.2	27.0
122.3		106.8	109.9		105.5	113.4	119.0		118.1
26.7		19.0	22.1		20.0	23.7	27.0		25.8
		95.4		97.9	93.7	95.3	101.0		95.4
		25.4		22.3	29.0	30.0	34.8		27.9
509.0		508.0	514.0		503.0	502.0	539.0		527.0
298.0		308.0	307.0		298.0	302.0	315.0		326.0
123.2		128.5	126.7	128.3	128.7	126.8	132.1	117.6	125.5
118.9		122.5	119.3	121.4	123.1	119.9	122.7	112.6	118.0
105.9		114.2	109.1		109.8	111.8	112.9		114.1
	26.2	28.3			25.3	25.2	24.1	24.7	20.6
		43.9			48.7	41.6	48.3	50.4	47.6

墓 葬 号 性 别 项 目		M3A 男?	M14B 男	M14C 男	M36B 男?	M50A 男?	M55A 男	M57 男	M61 男?
5	颅基底长（ba-n）	92.1		89.5	103.4	101.0			96.5
40	面基底长（ba-pr）	87.0			98.8	94.0			97.3
48	上面高（n-sd）	71.2	77.3	75.9	69.6	76.8			67.7
48	上面高（n-pr）	68.2	73.6	72.7	66.5	75.4			66.0
45	颧宽（zy-zy）	130.8	125.5	135.5	132.4	139.1			
46	中面宽（zm-zm）	99.2		98.8	97.0	97.8		102.7	96.7
	颧颌点间高（sub zm-ss-zm）	23.8		21.2	22.1	16.6		21.4	24.0
	中面宽（zm'-zm'）	98.2		97.1	96.1	97.3		101.6	95.9
	颧颌点间高（sub zm'-ss-zm'）	22.7		20.1	20.9	19.3		21.7	22.8
43	两眶外宽（fmt-fmt）	96.6	104.0	105.0	98.5	106.8		105.8	100.5
43（1）	两眶内宽（fmo-fmo）	90.0	96.7	97.2	93.4	100.3	87.3	99.5	93.4
SN	眶额颧点间高（sub fmo-n-fmo）	5.2	13.3	15.3	10.2	11.5	7.0	15.3	14.2
	眶外缘点间宽（ek-ek）	92.6	98.0	100.1	95.1	102.9		99.2	95.6
O3	眶中宽				55.4	51.6		54.9	52.4
SR	鼻尖高				13.8	9.5		16.3	14.1
50	眶间宽（mf-mf）		20.3	17.5	17.6	18.2		16.5	17.3
49a, DC	眶内缘点间宽（d-d）		21.5		21.6	20.6		18.7	20.7
DN	眶内缘鼻根突度		11.6		10.2	11.0		10.9	11.9
DS	鼻梁眶内缘宽高		9.4		5.6	5.0		7.0	8.4
MH	颧骨高（fmo-zm）左	43.4	48.2	44.5	39.2	43.0		44.5	42.7
MH	颧骨高（fmo-zm）右	45.2		45.3	39.8	41.7		47.7	42.0
MB'	颧骨宽（zm-rim orb）左	24.6	27.9	28.5	20.2	21.3		26.3	22.3
MB'	颧骨宽（zm-rim orb）右	24.8		27.0	20.8	21.5		28.7	22.6
54	鼻宽	23.0	25.8	25.9	28.9	29.1		23.7	24.4
55	鼻高（n-ns）	53.0	55.2	52.3	50.0	54.4		56.5	49.0

M69	M74B	M80	M85A	M86	M89	M90	M91	M99B	M102A
男	男	男?	男?	男?	男	男	男	男?	男
97.3		99.2	94.1	102.0	96.4	96.0	103.5		101.5
		98.0	85.1	100.3	89.4	87.3	99.0		95.4
		72.5		75.7	71.7		72.2	76.4	72.2
		69.4		72.5	68.7		68.7	74.0	66.8
		131.1	131.3	135.5		135.7	141.7	127.0	134.2
	106.9	100.4	93.8	108.1		103.2	106.6	107.1	106.0
	19.5	22.2	15.1	15.8		18.7	21.0	24.7	18.7
	103.0	101.8	91.3	107.9		103.5	105.8	106.4	104.3
	17.5	21.1	13.3	15.4		18.2	19.4	21.5	15.7
104.6		102.4	99.1	108.8	103.8	103.0	105.1	103.3	104.7
96.0		93.8	92.5	100.4	97.8	98.9	97.3	95.6	95.7
10.1		11.5	9.4	15.9	13.0	13.8	13.5	16.3	12.5
95.6		96.7	96.1	101.0		101.6	99.7	98.1	97.0
	57.8	54.4	52.0	54.8		62.0	54.1	57.7	57.0
	13.1	16.2				14.6	15.5	14.5	
17.1	22.1	18.5	15.2		16.9	19.0	19.8	20.1	19.0
21.9	25.3	21.5	17.0		18.1	21.7	20.9	22.1	22.5
10.6	8.3	12.1	10.4		10.7	12.2	11.1	12.9	13.9
8.6	3.9	6.4	6.1		8.6	7.8	8.2	8.2	7.4
43.8		42.0	41.0	46.3	43.7	45.1	44.5	45.9	46.9
	47.3	43.8	41.6	49.2		47.0	43.4	53.0	47.1
25.0		24.3	18.2	28.7	25.4	24.6	27.4	28.0	28.7
	25.6	25.5	21.3	29.6		24.7	25.6	35.4	29.4
	27.3	24.0	27.9	29.8	24.8	27.4	24.1	27.2	27.8
	54.7	53.1	50.7	54.8	52.1	52.2	52.0	55.6	53.4

墓葬号 项目	性别	M3A 男?	M14B 男	M14C 男	M36B 男?	M50A 男?	M55A 男	M57 男	M61 男?
SC	鼻骨最小宽	6.3	7.6		5.6	5.6		5.6	9.6
SS	鼻骨最小宽高	2.8	1.9		1.8	1.5		2.1	2.3
51	眶宽（mf-ek）左	39.7	42.4	43.8	40.2	44.0		45.3	41.6
51	眶宽（mf-ek）右		41.8	43.6	40.2	44.7		44.3	41.7
51a	眶宽（d-ek）左	36.5	38.7		37.9	41.7		43.1	38.5
51a	眶宽（d-ek）右		38.7		37.9	42.0		40.8	39.1
52	眶高左	36.4	37.0	35.4	34.3	35.0		34.1	32.9
52	眶高右	33.5		33.3	32.5	34.8		35.4	33.1
60	齿槽弓长	52.5	58.9	52.5	50.0				
61	齿槽弓宽	70.0	65.7	66.5	64.5				
62	腭长（ol-sta）	42.8		44.2					44.0
63	腭宽（enm-enm）	44.6	36.5	38.8	41.4				
7	枕骨大孔长（ba-o）	37.5		46.4	36.0	37.1	33.5		40.2
16	枕骨大孔宽			31.5	30.6	30.3	24.6		30.7
65	下颌髁间宽	125.8	118.4		115.7				118.5
66	下颌角间宽（go-go）	94.9	102.4		101.7			99.4	91.4
67	颏孔间宽	47.3	46.9			46.6		48.4	43.7
	颏孔间弧	54.0	56.0			55.0		58.0	51.0
68（1）	髁颏长	95.0	109.5		107.0	111.0	106.0	106.5	110.0
69	下颌联合高（id-gn）	32.2	36.1		36.6			33.8	30.6
	下颌联合弧	36.0	46.0					38.0	34.0
70	下颌支高左	61.1	65.5		68.8		64.4		54.8
70	下颌支高右	60.9	67.1		66.5			72.0	55.4
71a	下颌支最小宽左	31.8	36.7		36.1	36.1	33.7	36.7	33.3
71a	下颌支最小宽右	33.7	38.2		36.4		34.2	38.2	32.5
MBH	下颌体高（臼齿位）左	27.1	31.1				27.6	32.0	
MBH	下颌体高（臼齿位）右	24.8	31.5		16.9		28.8	25.9	
MBT	下颌体厚（臼齿位）左	16.2	16.0				15.0	16.2	
MBT	下颌体厚（臼齿位）右	15.2	16.3		22.9		15.1	15.8	

M69	M74B	M80	M85A	M86	M89	M90	M91	M99B	M102A
男	男	男?	男?	男?	男	男	男	男?	男
6.3	7.8	5.9	7.4		7.3	6.9	5.9	9.7	9.0
2.0	2.0	2.7	2.5		3.8	1.9	3.5	2.5	2.2
40.1		40.2	41.1		43.9	43.7	41.1	41.3	40.5
	44.8	41.0	42.5			43.2	41.1	40.9	40.3
37.1		38.9	40.1		42.7	40.6	39.1	39.2	38.1
	42.6	38.1	39.8			41.5	39.9	38.6	38.5
32.9		33.4	34.7	32.4	34.1	34.9	33.1	34.7	34.2
	36.0	32.7	35.7	33.1		34.4	32.9	34.5	34.8
		51.2		56.4	51.0		54.0	55.5	53.0
	68.9	66.1		68.9	63.4		63.9	67.2	69.0
		45.1		46.7	43.4		46.8	46.5	44.7
		42.3		41.2	40.3		41.4	45.6	41.4
		38.9		37.8	32.1	34.6	37.1		37.4
		32.1		30.5	29.4	33.0	26.2		
		118.0		127.1		123.1	128.7	118.5	125.3
		106.6				100.7	102.4	87.5	
		51.1	44.7	44.6	45.0	51.7	50.5	46.4	49.7
		61.0	51.0	52.0	52.0	55.0	58.0	53.0	55.0
		108.0	100.0	96.5	96.0	111.0	103.5	103.0	104.5
		33.1	31.0	34.0	33.3	33.9	33.3	32.2	35.7
		36.0	35.0	38.0	36.0	38.0	36.0	36.0	39.0
		65.1		68.9		65.6	71.8	68.7	
		60.2				68.2	71.6	67.7	64.4
		37.4	29.4	30.2	34.2	38.0	38.1	34.4	38.4
		37.8	31.4	29.3	33.8	36.8	38.7	34.1	
		33.6		27.3	24.3	21.1	31.1	27.2	
		32.7		29.2	27.0	20.4	31.6	27.8	38.4
		16.1		15.8	15.1	16.8	17.8	15.4	
		16.4		16.4	14.7	15.9	17.6	16.1	20.7

墓葬号 项目 / 性别		M3A 男?	M14B 男	M14C 男	M36B 男?	M50A 男?	M55A 男	M57 男	M61 男?
CrH	喙突高左	58.8	69.3		61.4	63.7	63.4	67.5	54.5
CrH	喙突高右	56.9	73.6		57.5		64.2	69.1	56.4
	额角（n–b–FH）	51.0	47.0	56.5	51.0				48.0
	前囟角（g–b–FH）	47.0	41.0	51.0	47.0				44.0
32	额倾角1（n–m–FH）	81.5	83.0	82.0	83.5				80.0
	额倾角2（g–m–FH）	76.5	75.0	74.0	77.0				75.0
	额骨曲度角	134.4	126.1	138.4	132.8		126.1	132.8	133.7
	顶骨曲度角	127.1	138.1	132.0	139.8		134.0		138.3
	枕骨曲度角	124.3	117.2	127.4	117.0				114.8
72	面角（n–pr–FH）	82.0	83.0		83.0	86.0			81.5
73	鼻面角（n–ns–FH）	86.0	88.0		88.0	92.0			84.5
74	齿槽面角（ns–pr–FH）	66.0	65.0		71.0	71.0			70.0
77	鼻颧角（fmo–n–fmo）	166.8	149.2	145.1	155.4	154.2	161.9	145.8	146.2
	颧上颌角（zm–ss–zm）	128.8		133.6	131.0	142.4		134.7	127.1
	颧上颌角（zm'–ss–zm'）	130.3		135.0	133.0	136.6		133.7	129.1
75	鼻尖角（n–rhi–FH）				66.0	74.0			64.0
75（1）	鼻骨角（rhi–n–pr）				16.4	9.8		19.4	15.0
	鼻根点角（ba–n–pr）	63.7			67.1	62.4			70.7
	上齿槽角（ba–pr–n）	71.6			74.6	72.3			69.4
	颅底角（n–ba–pr）	44.7			38.3	45.3			39.8
79	下颌角	114.0	116.5		123.0	121.0		106.0	128.0
8：1	颅指数	86.1	66.5	80.5	75.1				
17：1	颅长高指数1	80.2		74.1	75.1				68.6
21：1	颅长耳高指数	66.5	52.3	67.8	63.5				58.6
17：8	颅宽高指数1	93.2		92.1	100.0				
54：55	鼻指数	43.4	46.7	49.5	57.8	53.5		41.9	49.8
SS：SC	鼻根指数	44.1	25.0		32.4	27.6		37.5	24.4
52：51	眶指数1左	91.7	87.3	80.8	85.3	79.5		75.3	79.1
52：51	眶指数1右			76.4	80.8	77.9		79.9	79.4

M69	M74B	M80	M85A	M86	M89	M90	M91	M99B	M102A
男	男	男?	男?	男?	男	男	男	男?	男
		64.3	53.6	75.7	65.0	66.2	70.3	65.6	57.6
		63.8	57.6	76.1	66.6	67.4	72.1	68.1	58.4
46.0		49.0	47.5		48.0	54.0	52.0	43.5	54.0
40.0		44.0	42.0		43.5	50.0	47.0	40.0	48.0
82.0		78.0	77.0		80.0	83.0	77.0	72.0	86.0
75.0		72.0	70.0		73.5	77.0	70.0	68.5	79.0
125.4		136.3	131.7		130.0	135.1	123.3	133.2	129.5
132.7		140.6	136.0		138.0	134.6	131.1		132.8
		123.9		130.9	115.2	115.6	110.8		117.3
		81.0	88.0	82.0	83.5	86.0	84.5	82.5	88.0
		83.5	91.0	86.0	86.0	86.0	86.0	86.0	93.0
		71.0	70.0	70.0	71.0	86.0	78.0	69.0	70.0
156.2		152.3	157.0	144.9	150.2	148.7	148.9	142.4	150.8
	139.9	132.2	144.0	147.5		140.1	136.9	130.3	141.1
	142.4	135.0	147.4	148.2		141.3	139.7	135.9	146.6
		64.0			53.5	62.0	62.0	63.5	68.0
		20.0			30.7	22.7	26.3	14.1	17.8
		68.5	62.3	67.8	63.0	62.5	66.7		65.3
		70.3	78.3	70.3	73.8	77.2	73.7		75.2
		41.2	39.3	42.0	43.2	40.3	39.6		39.5
		118.0	123.0	109.0	112.0	114.0	110.0	112.0	114.0
71.4		81.4	81.5	71.3	83.4	80.0	75.0		79.5
74.7		74.0	71.1		77.3	78.3	75.0		74.6
62.1		65.0	61.0		63.4	66.0	62.5	57.3	66.5
104.6		91.0	87.2		92.7	97.9	100.0		93.9
	49.9	45.2	55.0	54.4	47.6	52.5	35.1	48.9	52.1
32.3	26.1	45.7	34.3		52.6	27.8	58.7	25.6	24.2
82.0		83.1	84.4		77.7	79.9	80.5	84.0	84.4
	80.4	79.8	84.0			79.6	80.0	84.4	86.4

墓葬号 项目　　性别		M3A 男?	M14B 男	M14C 男	M36B 男?	M50A 男?	M55A 男	M57 男	M61 男?
52：51a	眶指数2左	99.7	95.6		90.5	83.9		79.1	85.5
52：51a	眶指数2右				85.8	82.9		86.8	84.7
48：17	垂直颅面指数sd	52.4		58.8	51.2				53.3
48：17	垂直颅面指数pr	50.1		56.4	48.9				52.0
48：45	上面指数sd	54.4	61.6	56.0	52.6	55.2			
48：45	上面指数pr	52.1	58.6	53.7	50.2	54.2			
48：46	中面指数sd	71.8		76.8	71.8	78.5			70.0
48：46	中面指数pr	68.8		73.6	68.6	77.1			68.3
9：8	额宽指数	50.8	68.5	65.5	63.6				
40：5	面突指数	94.5			95.6	93.1			100.8
9：45	颧额宽指数1	56.7	71.6	67.7	65.3	68.5			
10：45	颧额宽指数2	83.0	89.6		84.1				
43（1）：46	额颧宽指数	90.7		98.4	96.3	102.6		96.9	96.6
45：8	颅面宽指数	89.6	95.8	96.8	97.4				
DS：DC	眶间宽高指数		43.5		25.8	24.3		37.5	40.3
SN：43（1）	额面扁平度指数	5.8	13.8	15.7	10.9	11.5	8.0	15.4	15.2
SR：O3	鼻面扁平度指数				24.9	18.4		29.8	26.8
63：62	腭指数	104.2		87.8					
61：60	齿槽弓指数	133.3	111.5	126.7	129.0				
48：65	面高髁宽指数sd	56.6	65.3		60.2				57.1
48：65	面高髁宽指数pr	54.2	62.2		57.5				55.7
21：8	颅宽耳高指数	77.3	78.6	84.3	84.6				

M69	M74B	M80	M85A	M86	M89	M90	M91	M99B	M102A
男	男	男?	男?	男?	男	男	男	男?	男
88.7		85.9	86.5		79.9	86.0	84.7	88.5	89.8
	84.5	85.8	89.7			82.9	82.5	89.4	90.4
		55.3			53.9		50.1		52.3
		53.0			51.7		47.7		48.4
		55.3		55.9			51.0	60.2	53.8
		52.9		53.5			48.5	58.3	49.8
		72.2		70.0			67.7	71.3	68.1
		69.1		67.1			64.4	69.1	63.0
69.9		65.2	61.8	70.8	64.3	58.7	66.0		62.9
		98.8	90.4	98.3	92.7	90.9	95.7		94.0
		71.6	68.2	69.5		60.6	67.0	69.7	68.9
		87.0	86.0			78.7	82.5	82.9	87.9
		93.4	98.6	92.9		95.8	91.3	89.3	90.3
		91.0	90.6	101.9		96.9	98.4		91.3
39.1	15.6	29.6	36.1		47.6	35.8	39.3	37.0	32.8
10.5		12.3	10.2	15.8	13.3	14.0	13.9	17.0	13.0
	22.7	29.7				23.5	28.7	25.2	
		93.8		88.2	92.9		88.5	98.1	92.6
		129.1		122.2	124.3		118.3	121.1	130.2
		61.4		59.6			56.1	64.5	57.6
		58.8		57.0			53.4	62.4	53.3
86.9		79.9	74.8		76.0	82.5	83.3		83.7

附表四　干骨崖头骨测量表（女）

（长度单位：mm；角度：度；指数：%）

项目	墓葬号 性别	M2A 女？	M3B 女	M11B 女	M13 女？	M14A 女
1	颅长（g–op）		167.5	166.0	183.0	171.5
8	颅宽（eu–eu）		131.5		134.5	145.0
17	颅高（ba–b）		128.5	125.2	138.5	131.0
20	耳门前囟高（po–b）		108.0	106.8	116.0	109.5
21	耳上颅高（po–v）		110.0	106.3	117.5	109.8
9	最小额宽（ft–ft）		84.6		90.0	87.1
10	最大额宽（co–co）		110.5		109.3	113.2
	冠颞点间宽（st–st）		104.5		95.7	108.1
	颅骨最小宽（it–it）		68.1			67.8
25	颅矢状弧（arc n–o）		339.0		379.0	364.0
26	额弧（arc n–b）		118.0		132.0	120.0
27	顶弧（arc b–l）		118.0	118.5	130.0	123.0
28	枕弧（arc l–o）		103.0	104.5	117.0	121.0
29	额弦（chord n–b）		106.1	98.9	115.5	106.0
	额骨曲度高（sub n–br）		23.6		26.5	24.6
30	顶弦（chord b–l）		105.3	107.4	115.6	110.9
	顶骨曲度高（sub br–la）		21.9	22.4	24.4	22.2
31	枕弦（chord l–o）		89.6	87.7	100.3	101.2
	枕骨曲度高（sub la–op）		21.4	25.0	26.3	29.6
23	颅周长		477.0		510.0	505.0
24	颅横弧（过 b）		291.0		310.0	298.0
11	耳点间宽（au–au）（AUB）		115.6		125.6	125.8
	耳门上点间宽（po–po）		110.5	106.2	116.0	122.1
	星点间宽（ast–ast）		105.7	99.5	110.2	114.0
	鼻骨高（n–rhi）		22.1		28.6	
	鼻尖上齿槽点高（rhi–pr）		43.6		46.3	
5	颅基底长（ba–n）		92.9	94.5	100.7	84.5
40	面基底长（ba–pr）		92.4		95.3	84.2

M19	M20	M24B	M55C	M60C	M72	M74A	M94B	M101
女	女	女?	女	女	女?	女?	女	女
176.0	175.0			180.5				175.0
143.0	141.0			131.0				135.5
123.5	124.0			122.0				129.0
109.0	108.0			109.0				109.0
110.5	108.0			109.0				110.0
86.2	90.5		84.7	88.4	92.3			86.0
116.7	112.3		112.7	106.0				110.7
107.2	109.6		109.2	103.6				105.3
64.7	67.7			64.7	68.5			74.1
368.0	352.0			354.0				362.0
121.0	122.0		122.0	119.0				125.0
127.0	126.0			118.0				131.0
120.0	104.0			117.0				106.0
107.2	102.8		102.5	107.0				112.2
24.6	28.0		27.8	21.7				24.2
113.2	112.1			108.0				114.9
26.0	24.8			19.6				27.2
99.5	97.1			93.6				88.1
27.8	24.1			30.1				24.2
512.0	504.0			510.0				497.0
305.0	292.0			292.0				297.0
124.4	125.1			119.3	124.4			117.7
117.8	119.7			112.4	118.6			109.9
109.6	118.1			104.8				100.8
			26.2	27.5				
			44.5	43.5				
94.5	88.0			91.1				92.0
91.8	84.5			89.8				79.0

墓葬号		M2A	M3B	M11B	M13	M14A
项目	性别	女？	女	女	女？	女
48	上面高（n–sd）		67.0		76.1	78.5
48	上面高（n–pr）		64.3		73.5	75.7
45	颧宽（zy–zy）		123.0		128.1	129.8
46	中面宽（zm–zm）		90.3		97.3	
	颧颌点间高（sub zm–ss–zm）		21.2		25.2	
	中面宽（zm–zm'）		89.5		95.9	
	颧颌点间高（sub zm'–ss–zm'）		19.6		23.4	
43	两眶外宽（fmt–fmt）		96.7		101.8	100.0
43（1）	两眶内宽（fmo–fmo）		89.8		95.4	93.4
SN	眶额颧点间高（sub fmo–n–fmo）		10.0		17.8	10.0
	眶外缘点间宽（ek–ek）		92.5		96.2	96.4
O3	眶中宽		51.1		58.1	
SR	鼻尖高		13.0		16.1	
50	眶间宽（mf–mf）		16.7		18.5	17.6
49a, DC	眶内缘点间宽（d–d）		19.3		19.8	19.5
DN	眶内缘鼻根突度		10.0		12.8	12.7
DS	鼻梁眶内缘宽高		7.3		8.1	7.7
MH	颧骨高（fmo–zm）左		40.9		40.9	
MH	颧骨高（fmo–zm）右		39.4		42.6	48.7
MB'	颧骨宽（zm–rim orb）左		20.5		20.4	
MB'	颧骨宽（zm–rim orb）右		20.9		23.3	25.3
54	鼻宽		25.2		26.8	23.5
55	鼻高（n–ns）		48.1		53.3	57.4
SC	鼻骨最小宽		6.1		9.4	6.1
SS	鼻骨最小宽高		1.3		2.9	2.4
51	眶宽（mf–ek）左		39.2	43.3	42.0	41.4
51	眶宽（mf–ek）右		40.4		40.6	40.5

M19	M20	M24B	M55C	M60C	M72	M74A	M94B	M101
女	女	女?	女	女	女?	女?	女	女
74.3	65.3		68.6	72.4	72.3			
71.1	61.3		66.0	69.1	69.0			
130.0	124.6			126.2	128.4			121.0
99.0	94.6		93.1	98.6	97.4			
22.3	21.0		22.9	20.9	20.5			
99.6	94.9		89.7	97.8	94.0			
20.9	20.3		22.7	17.4	18.1			
99.8	100.2		95.1	102.4	101.5			96.7
89.9	93.1		89.3	97.4	92.8			87.6
11.3	13.4		10.8	12.4	12.7			12.1
92.5	92.3		91.2	99.3	94.8			90.2
56.3			53.6	59.7	59.7			
			12.0	11.7				
17.6			17.2	20.0	21.5			16.1
20.7			21.5	21.9	24.5			18.4
10.1			10.3	10.1	11.3			9.9
5.5			4.6	5.0				7.7
42.9	38.1		37.6	43.4	43.8			
43.5	38.2		39.3	44.9	44.0			40.5
26.6	21.2		23.1	25.3	23.4			
26.0	22.6		23.1	26.0	25.2			22.0
26.9			27.7	26.2	24.2			
54.6	49.6		56.0	50.6	51.6			50.3
7.1			5.7	8.3				
1.0			1.5	1.6				
39.7			38.2	42.1	38.9			39.0
38.8	36.6		38.7	41.5	37.9			36.4

墓葬号 性别 项目		M2A 女？	M3B 女	M11B 女	M13 女？	M14A 女
51a	眶宽（d–ek）左		36.9	40.6	40.6	39.9
51a	眶宽（d–ek）右		37.3		39.4	37.3
52	眶高左		32.1	34.5	34.1	38.2
52	眶高右		30.4		34.4	40.3
60	齿槽弓长		50.0		56.1	51.5
61	齿槽弓宽		57.8		62.3	58.5
62	腭长（ol–sta）		43.0		47.6	
63	腭宽（enm–enm）		36.9		39.9	38.9
7	枕骨大孔长（ba–o）		34.9	35.3	36.2	33.9
16	枕骨大孔宽		29.1	28.9	29.3	30.3
65	下颌髁间宽		109.5	120.2		118.7
66	下颌角间宽（go–go）		98.0	98.0	100.9	98.0
67	颏孔间宽	53.8	46.3	44.2	46.3	44.6
	颏孔间弧	61.0	52.0	48.0	51.0	52.0
68（1）	髁颏长		100.8	95.7		101.0
69	下颌联合高（id–gn）	33.2	31.7		39.0	34.9
	下颌联合弧	38.0	35.0		43.5	38.0
70	下颌支高左		54.2			59.3
70	下颌支高右	57.6	51.8	51.1	61.2	61.1
71a	下颌支最小宽左		32.5	32.9		32.5
71a	下颌支最小宽右	33.4	31.6	35.1		32.3
MBH	下颌体高（臼齿位）左		25.9	26.8	29.2	28.3
MBH	下颌体高（臼齿位）右	28.2	27.5	27.9	31.2	29.5
MBT	下颌体厚（臼齿位）左		14.9	16.6	17.1	16.5
MBT	下颌体厚（臼齿位）右	18.4	15.1	16.7	17.4	17.8
CrH	喙突高左		54.7			59.3
CrH	喙突高右	61.3	56.0	55.1	63.8	59.9
	额角（n–b–FH）		49.0	49.0	48.5	48.0
	前囟角（g–b–FH）		44.5		43.5	44.5

M19	M20	M24B	M55C	M60C	M72	M74A	M94B	M101
女	女	女?	女	女	女?	女?	女	女
36.7			35.1	39.8				38.0
36.6	33.9		36.0	40.5				35.1
34.0			35.0	33.9	31.6			
34.6	31.1		32.8	33.8	31.0			
51.0	47.5			51.0	53.0			
64.1	62.3			63.3	63.0			
44.6				44.5	46.5			
39.8	38.7			39.9	41.9			
34.1	31.9			36.2				35.3
30.2	29.2			27.5				
116.0	115.8	123.9		117.2	129.5	125.3	115.8	113.7
97.8	93.3	85.3		89.0	100.2	96.8	89.1	91.3
50.2	44.2	47.9		45.8	48.7	47.2	45.8	43.2
57.0	50.0	53.0		53.0	54.0	55.0	52.0	47.0
100.5	95.0	111.5		102.0	103.5	104.0	100.0	107.0
31.9	30.2	34.1		34.6	33.2	34.1	29.6	
33.0	33.0	37.0		38.0	38.0	37.0	33.0	
53.5	55.2	57.8		54.7	52.7	66.3	51.5	55.4
55.5	54.2	55.8		54.7	54.3	67.1	54.7	52.9
35.9	34.4	34.1		33.4	30.2	32.9	33.6	
34.5	34.3	32.7		32.5	30.4	32.3	32.5	32.4
26.3	27.3				27.9		21.7	
28.0	18.3			28.5	29.5		22.9	
15.0	17.2				14.7		16.6	
16.1	17.1			15.3	14.4		15.7	
59.9	55.2			56.5	51.5	60.6	53.4	
61.3	55.8	60.3		56.9	52.0		57.4	52.7
50.0	45.0			48.0				50.0
45.5	39.0			43.0				46.5

项 目	墓 葬 号 性 别	M2A 女?	M3B 女	M11B 女	M13 女?	M14A 女
32	额倾角1（n–m–FH）		82.0		83.5	82.0
	额倾角2（g–m–FH）		79.0		77.5	80.0
	额骨曲度角		131.3		129.9	129.6
	顶骨曲度角		134.6	134.6	134.2	136.1
	枕骨曲度角		128.5	120.5	124.1	119.1
72	面角（n–pr–FH）		82.0		85.5	80.0
73	鼻面角（n–ns–FH）		87.0		90.0	83.0
74	齿槽面角（ns–pr–FH）		59.0		74.0	69.0
77	鼻颧角（fmo–n–fmo）		154.9		139.1	155.9
	颧上颌角（zm–ss–zm）		129.6		125.2	
	颧上颌角（zm'–ss–zm'）		132.7		128.0	
75	鼻尖角（n–rhi–FH）		66.0		72.0	
75（1）	鼻骨角（rhi–n–pr）		16.7		14.2	
	鼻根点角（ba–n–pr）		69.3		64.1	63.1
	上齿槽角（ba–pr–n）		70.1		71.9	63.5
	颅底角（n–ba–pr）		40.6		43.9	53.3
79	下颌角	129.0	130.0	122.0	127.5	124.5
8：1	颅指数		78.5		73.5	84.5
17：1	颅长高指数1		76.7	75.4	75.7	76.4
21：1	颅长耳高指数		65.7	64.0	64.2	64.0
17：8	颅宽高指数1		97.7		103.0	90.3
54：55	鼻指数		52.4		50.3	40.9
SS：SC	鼻根指数		20.7		30.4	39.5
52：51	眶指数1左		81.9	79.7	81.2	92.3
52：51	眶指数1右		75.2		84.7	99.5
52：51a	眶指数2左		87.0	85.0	84.0	95.7
52：51a	眶指数2右		81.5		87.3	108.0
48：17	垂直颅面指数sd		52.1		54.9	59.9
48：17	垂直颅面指数pr		50.0		53.1	57.8

M19	M20	M24B	M55C	M60C	M72	M74A	M94B	M101
女	女	女?	女	女	女?	女?	女	女
80.0	82.0			78.5				80.0
76.0	76.0			72.0				77.5
130.6	122.7		122.8	135.3				133.3
130.6	132.2			140.0				129.4
121.6	127.2			114.4				121.0
86.0	80.0			87.0	85.0			93.0
89.0	83.0			89.5	87.0			94.5
73.0	61.0			77.0	80.0			84.0
151.8	147.8		152.7	151.5	149.4			149.0
131.4	132.1		127.5	134.0	134.3			
134.5	133.7		126.4	140.8	138.0			
				71.0				
			27.7	16.8				
65.6	66.2			66.6				57.9
69.6	72.3			68.5				80.8
44.8	41.6			44.9				41.3
127.0	119.0	128.0		129.0	132.0	127.0	120.0	128.0
81.3	80.6			72.6				77.4
70.2	70.9			67.6				73.7
62.8	61.7			60.4				62.9
86.4	87.9			93.1				95.2
49.3			49.5	51.8	46.9			
14.7			26.4	19.0				
85.6			91.6	80.5	81.2			
89.2	85.0		84.8	81.4	81.8			
92.6			99.7	85.2				
94.5	91.7		91.1	83.5				
60.2	52.7			59.3				
57.6	49.4			56.6				

墓葬号 项目	性别	M2A 女?	M3B 女	M11B 女	M13 女?	M14A 女
48：45	上面指数 sd		54.5		59.4	60.5
48：45	上面指数 pr		52.3		57.4	58.3
48：46	中面指数 sd		74.2		78.2	
48：46	中面指数 pr		71.2		75.5	
9：8	额宽指数		64.3		66.9	60.1
40：5	面突指数		99.5		94.6	99.6
9：45	颧额宽指数 1		68.8		70.3	67.1
10：45	颧额宽指数 2		89.8		85.3	87.2
43（1）：46	额颧宽指数		99.4		98.0	
45：8	颅面宽指数		93.5		95.2	89.5
DS：DC	眶间宽高指数		37.8		40.9	39.3
SN：43（1）	额面扁平度指数		11.1		18.6	10.7
SR：O3	鼻面扁平度指数		25.4		27.8	
63：62	腭指数		85.8		83.8	
61：60	齿槽弓指数		115.6		111.1	113.6
48：65	面高髁宽指数 sd		61.2			66.1
48：65	面高髁宽指数 pr		58.7			63.8
21：8	颅宽耳高指数		83.7		87.4	75.7

M19	M20	M24B	M55C	M60C	M72	M74A	M94B	M101
女	女	女?	女	女	女?	女?	女	女
57.2	52.4			57.4	56.3			
54.7	49.2			54.8	53.7			
75.1	69.0		73.7	73.4	74.2			
71.8	64.8		70.9	70.1	70.8			
60.3	64.2			67.5				63.5
97.1	96.0			98.6				85.9
66.3	72.6			70.0	71.9			71.1
89.8	90.1			84.0				91.5
90.8	98.4		95.9	98.8	95.3			
90.9	88.4			96.3				89.3
26.4			21.5	23.0				41.8
12.6	14.4		12.1	12.7	13.7			13.8
			22.3	19.5				
89.2				89.7	90.1			
125.7	131.2			124.1	118.9			
64.1	56.4			61.8	55.8			
61.3	52.9			59.0	53.3			
77.3	76.6			83.2				81.2

附录五　酒泉干骨崖、三坝洞子遗址出土人和动物骨骼的稳定同位素分析

刘歆益

（美国圣路易斯华盛顿大学人类学系）

本文对干骨崖墓地出土的30具人骨标本、三坝洞子遗址出土的44件动物骨骼标本进行了碳氮稳定同位素分析，目的旨在揭示人和动物的食谱以及他们之间的食物关系。

（一）样品和方法

1. 样品

30具人骨样本取自酒泉丰乐乡干骨崖墓地，44件动物标本来自干骨崖墓地南端的三坝洞子遗址。动物种类包括猪、羊（山羊和绵羊）、牛、马和鹿五种。以上人骨样品概况见表一，动物骨骼样品概况见表二。人骨和兽骨的鉴定信息分别由何嘉宁副教授（北京大学考古文博学院）与傅罗文教授（哈佛大学人类学系）提供，其研究结果见本书附录部分。此外，本文也参考了王一如的鉴定结果（剑桥大学）。

2. 骨胶原的提取和质谱仪分析

骨胶原的提取在剑桥大学麦克唐纳考古研究所（McDonald Institute for Archaeological Research）完成。制备方法遵循剑桥Dorothy Garrod稳定同位素实验室制定的手则，包括表面清洁、去矿物质、明胶化和低温干燥等四个步骤。此方法最初由Ambrose发表[1]。本文采用的是经O'Connell与Hedges修订的实验方法[2]。

---

[1] Ambrose, S. H., and M. J. Deniro. 1986. Reconstruction of African Human Diet Using Bone-collagen Carbon and Nitrogen Isotope Ratios. *Nature* 319 (6051): 321–324.

[2] O'Connell, T. C., R. E. M. Hedges, M. A. Healey, and A. H. R. Simpson. 2001. Isotopic Comparison of Hair, Nail and Bone:Modern Analyses. *Journal of Archaeological Science* 28 (11): 1247–1255.

O'Connell, T., and R. E. M. Hedges. 1999. Isotopic Comparison of Hair and Bone: Archaeological Analyses. *Journal of Archaeological Science* 26: 661–665.

表一　人骨概况和实验结果

墓葬编号	性别	年龄	平均 $\delta^{13}C$（‰）	标准差（‰）	平均 $\delta^{15}N$（‰）	标准差（‰）	C/N（摩尔比）
M100B	不详	未成年	−13.3	0.1	12.1	0.0	3.2
M61	男性	30~40	−15.4	0.1	10.9	0.0	3.2
M13	女性（?）	20~25	−15.0	0.1	13.2	0.0	3.2
M89	男性	50+	−15.8	0.0	11.5	0.1	3.2
M60C	女性	20~25	−17.4	0.1	11.3	0.1	3.2
M14C	男性	20~25	−12.9	0.0	12.8	0.1	3.2
M14B	男性	40±	−15.9	0.0	12.7	0.0	3.3
M74A	女性	45+	−15.4	0.0	9.6	0.0	3.2
M69	男性	45+	−15.2	0.1	12.9	0.0	3.3
M20	女性	14~18	−14.1	0.0	11.0	0.1	3.2
M80	男性（?）	30±	−15.2	0.0	12.3	0.1	3.3
M2A	女性（?）	30~35	−14.6	0.0	11.8	0.1	3.2
M3A	男性（?）	20~25	−16.1	0.0	11.7	0.0	3.2
M11B	女性	35~40	−14.2	0.1	11.9	0.0	3.2
M24A	女性	12~16	−15.9	0.0	11.6	0.0	3.2
M85A	男性（?）	50±	−16.4	0.1	11.6	0.0	3.2
M72	女性（?）	30~35	−13.6	0.0	11.9	0.0	3.2
M86	男性（?）	20~25	−14.1	0.0	12.6	0.1	3.2
M28	女性	13~15	−18.6	0.0	11.6	0.1	3.2
M58	不详	15~20	−18.0	0.0	11.6	0.0	3.2
M91	男性	35~40	−17.2	0.0	11.4	0.1	3.2
M57	男性	50+	−14.6	0.1	11.9	0.1	3.3
M36B	男性（?）	20~25	−18.7	0.0	10.9	0.1	3.2
M55B	女性	40+	−15.3	0.0	9.6	0.0	3.2
M55A	男性	55+	−14.5	0.0	11.2	0.1	3.2
M101A	女性	45+	−14.6	0.1	12.1	0.0	3.3
M94B	女性	18±	−14.6	0.0	9.6	0.0	3.2
M102A	男性	20~25	−15.4	0.0	13.1	0.0	3.2
M99B	男性（?）	40~50	−13.2	0.1	11.4	0.1	3.2
M51A	不详	10~18	−13.5	0.0	11.3	0.0	3.2

* 墓葬编号中 A、B、C 代表同一墓葬中的不同个体。

表二　动物骨骼概况和实验结果

兽骨编号	种类	平均 δ¹³C（‰）	标准差（‰）	平均 δ¹⁵N（‰）	标准差（‰）	C/N（摩尔比）
SBDZ-17-2	猪	-18.1	0.0	9.5	0.0	3.2
SBDZ-17-3	猪	-18.1	0.1	10.7	0.1	3.2
SBDZ-17-4	猪	-18.1	0.2	10.7	0.1	3.2
SBDZ-17-5	猪	-16.0	0.0	10.3	0.1	3.2
SBDZ-17-6	猪	-13.9	0.0	9.9	0.0	3.2
SBDZ-17-8	猪	-17.7	0.0	9.3	0.1	3.4
SBDZ-17-9	猪	-18.4	0.1	9.1	0.1	3.2
SBDZ-17-10	猪	-17.1	0.0	9.9	0.0	3.3
SBDZ-17-11	猪	-14.2	0.0	7.6	0.1	3.2
SBDZ-49-2	?	-17.7	0.1	10.6	0.1	3.2
SBDZ-17-7	羊	-16.6	0.1	6.3	0.0	3.4
SBDZ-49-1	羊	-17.1	0.0	8.0	0.0	3.2
SBDZ-49-3	羊	-18.5	0.0	4.6	0.0	3.2
SBDZ-46-2	羊	-17.4	0.0	7.8	0.0	3.3
SBDZ-38-2	羊	-16.0	0.0	7.8	0.0	3.3
SBDZ-37-3	羊	-17.8	0.1	7.0	0.0	3.3
SBDZ-38-5	羊	-18.8	0.1	3.5	0.0	3.2
SBDZ-44-1	羊	-18.8	0.0	4.2	0.1	3.2
SBDZ-44-3	羊	-18.1	0.0	6.1	0.0	3.2
SBDZ-56-1	羊	-17.3	0.0	5.0	0.1	3.2
SBDZ-56-2	羊	-18.0	0.0	5.9	0.0	3.4
SBDZ-56-3	羊	-16.6	0.0	8.1	0.0	3.3
SBDZ-56-4	羊	-16.3	0.0	6.7	0.0	3.2
SBDZ-32-1	马	-19.7	0.0	7.4	0.1	3.3
SBDZ-32-4	马	-17.6	0.0	7.0	0.0	3.2
SBDZ-32-2	牛	-15.1	0.0	8.5	0.0	3.2
SBDZ-32-3	牛	-19.0	0.0	7.9	0.0	3.2
SBDZ-46-1	牛	-18.2	0.1	11.2	0.0	3.2
SBDZ-46-3	牛	-18.2	0.1	8.0	0.0	3.2

续表二

兽骨编号	种类	平均 $\delta^{13}C$ (‰)	标准差 (‰)	平均 $\delta^{15}N$ (‰)	标准差 (‰)	C/N (摩尔比)
SBDZ-46-4	牛	-16.8	0.0	8.3	0.0	3.3
SBDZ-38-1	牛	-16.9	0.0	7.7	0.0	3.2
SBDZ-31-2	牛	-17.0	0.2	8.6	0.0	3.2
SBDZ-31-4	牛	-18.6	0.1	8.6	0.0	3.3
SBDZ-48-1	牛	-15.3	0.0	9.6	0.0	3.3
SBDZ-36-1	牛	-18.1	0.1	10.0	0.1	3.2
SBDZ-31-1	鹿	-17.4	0.0	6.9	0.0	3.2
SBDZ-31-3	鹿	-16.5	0.0	7.2	0.1	3.2
SBDZ-38-4	鹿	-18.1	0.0	8.4	0.0	3.2
SBDZ-42-1	鹿	-17.6	0.0	6.6	0.0	3.3
SBDZ-44-2	鹿	-18.4	0.1	7.7	0.1	3.3
SBDZ-34-1	鹿	-17.4	0.0	5.5	0.0	3.2
SBDZ-55-1	鹿	-19.0	0.1	4.0	0.0	3.2
SBDZ-49-4	鹿	-16.9	0.0	6.0	0.0	3.2

碳氮两种元素的稳定同位素测试在剑桥大学地球化学系的Godwin实验室完成。每个骨胶原样品重复实验三次。样品在碳氮元素分析仪与Finnigan MAT253型质谱仪进行连续流分析。碳同位素的标样使用国际通用的VPDB（维也纳-Pee Dee箭石）校正。氮同位素校正使用空气标样[①]。设定碳标样的重复分析误差 <0.1‰为合理范围，氮标样重复误差<0.2‰。

3. 污染情况

对骨骼受污染程度的判断是进一步数据分析的前提。若骨骼在保存过程中受到污染，或者出现成岩现象，其化学组成就改变了。在这样的情况下，样品的稳定同位素数值不能代表骨骼本身的生物化学信息。一般来说检验骨骼受污染的状况有两个指标：1）骨胶原中的碳氮含量；2）骨胶原中的C/N摩尔比值。

现代骨胶原样本的C含量约为41％，N含量约为15％[②]。干骨崖人骨和三坝洞子兽骨的C、N含量十分接近这个数值，说明骨骼保存状况非常好。C/N摩尔比验证了这一判断。一

[①] Hoefs, J. 1997. *Stable Isotope Geochemistry*. Berlin:Springer-Verlag.

[②] Ambrose, Stanley H., Brian M. Butler, Douglas B. Hanson, Rosalind L. Hunter-Anderson, and Harold W. Krueger. 1997. Stable Iisotopic Analysis of Human Diet in the Marianas Archipolago, Western Pacific. *American Journal of Physical Anthropology* 104: 343-361.

般认为，C/N摩尔比值在2.9~3.6是没有污染[1]。参与本实验的人骨和兽骨的C/N摩尔比值在3.2~3.4之间，说明骨胶原保存良好。

（二）原理与实验结果

1. 食谱分析的部分原则

大体来说，我们可以根据光合作用途径将陆生植物分成三类，碳三（C_3）、碳四（C_4）和景天酸类（CAM）。本文只涉及前两种。在光合作用过程中，C_4类植物对空气中$^{13}CO_2$的分馏作用强于C_3类植物。这便造成了不同种类植物有着不同的$\delta^{13}C$数值。C_3类植物的$\delta^{13}C$数值大概在-20.0‰~-35.0‰之间。高于C_4类的-8.0‰~-14.0‰。它们之间没有交集。两类植物的平均$\delta^{13}C$值分别是-12.5‰和-26.5‰。人类的大多数植物食品属于C_3类：包括水稻、麦类、各色蔬菜、副食和水果。C_4类主食包括：玉米、高粱、糜子、谷子以及各种"小米"（包括产自印度和北非的几种小米）。由光合作用产生的这种稳定同位素差异会一直保存在食物链中。如人类或动物以某种植物为食，骨骼中会有与之对应的$\delta^{13}C$信号。

同样，氮元素进入植物体内时，因为固氮方式不同，会造成不同的分馏。如豆科植物能固定大气中的氮，这样豆科植物的$\delta^{15}N$值大约等于0。一些菌类$\delta^{15}N$甚至会出现负值。以这些植物为食的动物，$\delta^{15}N$值较低。

本文用$\delta^{15}N$讨论人与动物之间的营养级关系。在同一个食物链中，氮在不同营养级之间存在着同位素富集现象。一般认为，每上升一个营养级，$\delta^{15}N$上升3‰~4‰。最近的研究表明营养级间的差距有可能会更大[2]，即食草类动物骨胶原中的$\delta^{15}N$比其吃食物中的$\delta^{15}N$高出3‰~4‰，以食草类动物为食的食肉类动物骨胶原中的$\delta^{15}N$则更高。

2. 实验结果

表一和表二包含全部实验结果。人和动物碳氮同位素值用散点图表示（图一），三坝洞子动物的$\delta^{13}C$值在-19.7‰~-13.9‰之间。除了两头牛和两口猪的骨骼中存在比较明显的"C_4"信号之外，其他动物的$\delta^{13}C$值都在

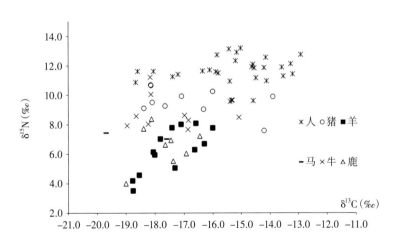

图一　人和动物碳氮同位素值用散点图

① Ambrose, Stanley H. 1990. Preparation and Characterization of Bone and Tooth Collagen for Stable Carbon and Nitrogen Isotope Analysis. *Journal of Archaeological Science* 17: 431-451.

② Hedges, Robert E. M., and Linda M. Reynard. 2007. Nitrogen Isotopes and the Trophic Level of Humans in Archaeology. *Journal of Archaeological Science* 34(8): 1240-1251.

−19.7‰~−16.0‰之间。可以推断这些动物的食物背景是C_3类植物。比较而言，四种食草类动物的氮同位素值比较接近：即牛、羊、马、鹿的$\delta^{15}N$平均值分别为8.9‰、6.2‰、7.2‰和6.6‰，基本处于同一个营养级。杂食类的猪则明显高于它们，平均值为9.7‰。这也符合对这些动物食物特征的一般理解。

干骨崖人骨的$\delta^{12}C$值在−12.9‰和−18.7‰之间，平均值为−17.5‰。这一数值带有显著的"C_3"信号。而已发表的中国北方地区的人骨大多显示"C_4"信号。已发表数据的$\delta^{13}C$值大多在−13‰~−6‰之间。举例来说，在内蒙古东部，新石器时代和青铜时代的人骨$\delta^{13}C$值高于−12.0‰[1]。在甘肃东部，秦安大地湾遗址出土的仰韶时期的大多数人骨（有一个特例）高于−13.0‰[2]。在陕西，临潼姜寨遗址出土的仰韶时期人骨高于−12.0‰[3]。在青海，宗日遗址的人骨数值也在−12.0‰[4]。这些人骨都显示出十分清晰的"C_4"信号。结合植物考古学的证据，可以判断他们以糜子和谷子作为主食。总而言之，自新石器时代以来，居住在中国北方地区的人群形成了以"小米"为主食的生活习惯。在此背景下，干骨崖人群的"C_3"食物信号就格外引人注目。氮同位素方面。干骨崖人骨的$\delta^{15}N$在9.6‰~13.2‰之间，平均值为11.6‰。这一平均值高出动物的$\delta^{15}N$数值大概一个营养级：例如，人和猪之间的$\delta^{15}N$差异是2.9‰，人和羊之间的差异是5.4‰。这至少说明两个问题：1）三坝洞子遗址出土的动物骨骼可以代表干骨崖墓地人们日常摄取的动物蛋白质部分。2）干骨崖墓地人群的动物蛋白摄取量大，这也表明他们的肉食量较大。

（三）讨论

1. "C_3"信号与麦类作物的传入

对干骨崖墓地人骨中"C_3"信号的理解，应置于史前欧亚大陆农业交流的背景之下，这也是当前史前史研究的热点之一。一般认为，起源于西亚地区的大麦和小麦在公元前3000~前2000年之间传入中国[5]。然而，麦类作物传入的时间、路线以及社会动力，仍有待进一步

---

[1] Liu, Xinyi, Martin K. Jones, Zhijun Zhao, Guoxiang Liu, and Tamsin C. O'Connell. 2012. The Earliest Evidence of Millet as a Staple Crop: New Light on Neolithic Foodways in North China. *American Journal of Physical Anthropology* 149(2): 238–290.

[2] Barton, L., S. D. Newsome, F-H. Chen, H. Wang, T. P. Guilderson, and R. L. Betting. 2009. Agricultural Origins and the Isotopic Identity of Domestication in Northern China. *Proc. Natl. Acad. Sci. U. S. A.* 106: 5523–5528.

[3] Pechenkina, Ekaterina A., Stanley H. Ambrose, Ma Xiaolin, and Jr Robert A. Benfer. 2005. Reconstructing Northern Chinese Neolithic Subsistence Practices by Isotopic Analysis. *Journal of Archaeological Science* 32(8): 1176–1189.

[4] 崔亚平、胡耀武、陈洪海、董豫、管理、翁屹、王昌燧：《宗日遗址人骨的稳定同位素分析》，《第四纪研究》2006年第4期，第604~611页。

[5] Frachetti, M. D. 2012. Multiregional Emergence of Mobile Pastoralism and Nonuniform Institutional Complexity across Eurasia. *Current Anthropology* 53(1): 2–38. 靳桂云：《中国早期小麦的考古发现与研究》，《农业考古》2007年第4期，第11~20页；李水城、莫多闻：《东灰山遗址炭化小麦年代考》，《考古与文物》2004年第6期，第51~60页；Zhao, Zhijun. 2011. New Archaeobotanic Data for the Study of the Origins of Agriculture in China. *Current Anthropology* 52: S295–S304.

研究。 最近发表的一系列植物考古和同位素研究，对近东作物传入中国的时间与路径进行了梳理，并对跨地区农业交流的社会动力与阻碍进行了有益的探讨①。

与此同时，中国起源的糜子和谷子也在向中国以外的地区移动。早在公元前第五千纪，糜子就出现在了欧洲的考古学记录中②。我们最近通过单粒种子测年的方法，对中国小米出现在欧洲的年代问题进行了讨论和修正③。欧洲有直接测年的糜子证据不早于公元前1500年。在中亚，这个年代至少得提早到公元前2500年④。

河西地区在公元前2000年前后的很多遗址都浮选出了麦类和"小米"混合的现象。如在张掖西城邑遗址和民乐东灰山遗址都发现了麦粟混合的情况⑤。最近在酒泉三坝洞子遗址也发现了同样的现象⑥。

在此背景之下，干骨崖墓地人骨的"C₃"信号可以理解为农业系统转换下出现的食谱变化。我们可以想象的景象是：公元前2000年前后，在河西走廊，随着麦类作物种植的逐渐普及，农民对糜子和谷子的依赖不如以往了，种植并食用麦类作物的现象在以干骨崖墓地为代表的人群中已蔚然成风。需要说明的是，人们的食物构成在悄悄改变，但糜子和谷子还在种植并广泛食用。

另外值得注意的是：干骨崖墓地人群中几乎所有个体都有显著的"C₃"信号，这表明麦类食品已经进入普通人的餐桌，而不仅仅是社会上层才能享用的舶来品。这一发现对我们理

① Jones, M. K., Hunt, H. V. Lightfoot, E. Lister, D. Liu, X. and Motuzaite-Matuziviciute, G. 2011. Food Globalization in Prehistory. *World Archaeology* 43(4): 665–675.

Liu, X., Lightfoot, E., O'Connell, T.C., Wang, H., Li, S., Zhou, L.,Hu, Y., Motuzaite-Matuzeviciute, G. and Jones, M.K. 2014. From Necessity to Choice: Dietary Revolutions in West China in the Second Millennium BC. *World Archaeology* 46: 661-680.

Liu, X., Lister, D.L., Zhao, Z.-Z., Staff, R.A., Jones, P.J., Zhou, L.-P., Pokharia, A. K., Petrie, C.A., Pathak, A., Lu, H.-L., Motuzaite- Matuzeviciute, G., Bates, J., Pilgram, T.K. and Jones, M.J. 2016. The Virtues of Small Grain Size: Potential Pathways to a Distinguishing Feature of Asian Wheats. Quaternary International: Published onlin: *doi.org/10.1016/j.quaint.2016.02.059*.

Liu, X., Reid, R.E.B., Lightfoot, E., Motuzaite-Matuzeviciute, G. and Jones, M.K. in Press. Radical Change and Dietary Conservatism: Mixing Model Estimates of Human Diets along the Inner Asia and China's Mountain Corridors. *The Holocene*: DOI: 10.1177/0959683616646842.

② Hunt, H. V., M. V. Linden, X. Liu, G. Motuzaite-Matuzeviciute, S. Colledge, and M. K. Jones. 2008. Millets across Eurasia: Chronology and Context of Early Records of the Genera *Panicum* and *Setaria* from Archaeological Sites in the Old World. *Vegetation History and Archaeobotany* 17: 5–18.

Jones, M. K. 2004. Between Fertile Crescents: Minor Grain Crops and Agricultural Origins, in *Traces of Ancestry – Studies in Honour of Colin Renfrew*. M. K. Jones, eds. Pp. 127–135. Cambridge: McDonald Institute Monographs.

③ Motuzaite Matuzeviciute, G., Staff, R.A., Hunt, H.V., LIU, X. and Jones, M.K. 2013. The Early Chronology of Broomcorn Millet (Panicum Miliaceum) in Europe. *Antiquity* 87: 1073–1085.

④ Frachetti, M. D., R. N. Spengler, G. J. Fritz, and A. N. mar'yashev. 2010. Earliest Direct Evidence for Broomcorn Millet and Wheat in the Central Eurasia Steppe Region. *Antiquity* 84: 993–1010.

⑤ Flad, R., S. Li, X. Wu, and Z. Zhao. 2010. Early Wheat in China: Results from New Studies at Donhuishan in the Hexi Corridor. *Holocene* 17: 555–560. 李水城、莫多闻：《东灰山遗址炭化小麦年代考》，《考古与文物》2004 年第 6 期，第 51~60 页。

⑥ 蒋宇超、李水城：《酒泉三坝洞子遗址出土植物遗存的初步分析》，见本书附录六。

解史前时代食物全球化的社会动力有着十分重要的意义。

2. 干旱的环境背景

已发表的中国北方人骨 $\delta^{15}N$ 值多在7‰~11‰之间。而干骨崖人骨的 $\delta^{15}N$ 值偏高，达9.6‰~13.2‰。据研究，食用淡水鱼有可能造成氮同位素值的富集[1]。然而也有两个相反的证据：1）在三坝洞子遗址出土的动物组合中并未见大量的鱼骨。2）食用淡水鱼通常会造成 $\delta^{15}N$ 值更大的区间[2]，干骨崖墓地人骨的 $\delta^{15}N$ 值并未显示这样的特征。

对人骨中的高 $\delta^{15}N$ 值的另一种可能的解释是干旱环境。已有多个文献讨论过干旱环境与氮同位素富集的关系[3]。三坝洞子遗址出土动物骨骼和干骨崖墓地人骨中较高的 $\delta^{15}N$ 值应该是干旱的环境系统造成的。

3. 人口中的性别与年龄差异

干骨崖墓地男性与女性的 $\delta^{13}C$ 没有区别。他们的平均值几乎是一样的。这说明，总体而言，男性与女性的食物结构类似。女性的平均 $\delta^{15}N$ 值略低于男性，这个差别没有统计学上的意义。但是，与欧洲不同性别间的氮同位素关系类似。有学者认为，这或许与女性的哺乳期相关[4]。而我们检测的三个 $\delta^{15}N$ 值最低的个体都是女性（M94B、M55B、M74A），低于人骨平均值2‰，说明她们食谱中素食成分很大，吃肉少。

总之，不同年龄间的人群在稳定同位素数值上并没有反映出明显的区别。然而有三个个体显示其 $\delta^{13}C$ 值低于人骨平均值3‰~4‰，反映了强烈的"C$_3$"信号。这三个人都在30岁以下。特别是他们的 $\delta^{13}C$ 值也低于各种动物的 $\delta^{13}C$ 平均值。这说明，动物蛋白在其食谱中没有起到太大作用。这种强烈的"C$_3$"信号很可能直接来自麦类食物，即他们是吃"面食"的人。

（四）结　论

对酒泉干骨崖墓地出土人骨、三坝洞子遗址出土动物骨骼的稳定同位素分析揭示出如下

---

① Bonsall, C. 2001. Mesolithic and Early Neolithic in the Iron Gates: A Palaeodietary Perspective. *European Journal of Archaeology* 5: 50–92.

Cook, G. T., C. Baonsall, R. E. M. Hedges, K. McSweeney, V. Boronean, and P. B. Pettitt. 2001. A Freshwater Diet–derived ^{14}C Reservoir Effect at the Stone Age Sites in the Iron Gates Gorge. *Radiocarbon* 43: 453–460.

Dufour, E., H. Bocherens, and A. Mariotti. 1999. Palaeodietary Implications of Isotopic Variability in Eurasian Lacustrine Fish. *Journal of Archaeological Science* 26: 617–627.

② Katzenberg, M. A. 1999. Stable Isotope Ecology and Palaeodiet in the Lake Baikal Region of Siberia. *Journal of Archaeological Science* 26: 651–659.

③ Ambrose, S. H., and M. J. Deniro. 1986. Reconstruction of African Human Diet Using Bone–collagen Carbon and Nitrogen Isotope Ratios. *Nature* 319 (6051): 321–324.

Hartman, Gideon. 2011. Are Elevated $\delta^{15}N$ Values in Herbivores in Hot and Arid Environments Caused by Diet or Animal Physiology? *Functional Ecology* 25 (122-131).

④ Lightfoot, E., M. Slaus, and T. C. O'Connell. 2012. Changing Cultures, Changing Cuisines: Cultral Transitions and Dietary Change in Iron Age, Roman and Early Medieval Croatia. *American Journal of Physical Anthropology* 148: 543–556.

几点信息：

（1）起源于西南亚的麦类作物已经成为当时主食的一种。以"小米"为主食的传统正在被更加多样的食物选择所代替。这种转换发生在全部人群中，这种新的农作物并不非如某些学者所指出的，最初只是社会上层喜好的舶来品[①]。在酒泉干骨崖的人群中，麦类已经成为"所有人"的食物。

（2）干骨崖的人群生活在一个相对干旱的环境中，这直接影响到动物骨骼中的氮同位素数值，间接影响了人和整个食物链。

（3）不同性别和年龄的人群在食谱方面差别不大。但有六个"特例"。三个妇女以素食为主，吃肉很少。另有三个"年轻人"以麦类为主食，很少"小米"类食物。这是否暗示他们有着不同的"阶级"属性，或仅仅是食物偏好，这还有待于进一步的研究。

---

① Boivin, N., Fuller, D. and Crowther, A. 2012. Old World Globalization and the Columbian Exchange: Comparison and Contrast. *World Archaeology* 44(3): 452–469.

　Liu, X. and Jones, M. K. 2014. Food Globalisation in Prehistory: Top down or bottom up? *Antiquity* 88: 956–963.

附录六　酒泉三坝洞子遗址出土植物遗存的初步分析

蒋宇超　李水城

（北京大学考古文博学院）

1987年，我们在甘肃酒泉三坝洞子遗址文化层内采集土壤样本一份，体积为490毫升。采用小水桶浮选的方法，拣选获取轻浮物（以炭屑为主）总计15毫升、3.18克。经对这批轻浮物尺寸大于0.3毫米的炭化物进行实验室鉴定，发现可鉴定炭化植物遗存，鉴定结果如表一所示。

表一　三坝洞子遗址出土植物遗存鉴定表

样品编号	H1
小麦（*Triticum aestivum* grain）	1
疑似小麦（cf. *Triticum aestivum* grain）	1
小麦穗轴（*Triticum aestivum* rachis）	1
疑似小麦穗轴（cf. *Triticum aestivum* rachis）	1
大麦穗轴（*Hordeum vulgare* rachis）	1
裸麦穗轴（*Hordeum vulgare* var. *nudum* rachis）	2
疑似大麦（cf. *Hordeum vulgare* grain）	1
粟粒（*Setaria italica* grain）	3
黍属（*Panicum* sp.）	2
禾本科（Poaceae sp.）	3
藜属（*Chenopodium* sp.）	11
疑似猪毛菜属（cf. *Salsola*）	1
马齿苋科（Portulacaceae sp.）	1

　　尽管此次浮选土样量很少，却发现了一批十分重要的作物。鉴于仅浮选了一个遗迹单位的少量土样，尚不足以支持进行定量研究，或确定各类作物种类在先民生活中的地位。这里仅就三坝洞子遗址发现的植物遗存作一简单描述，同时参考了民乐东灰山遗址出土的植物遗存数据，并作相应的比较。

　　一般认为，谷物是与人类关系最为密切、也是最主要的食物。此次发现的谷类植物遗存包括：麦类和小米类。麦类作物遗存包括大麦及穗轴（彩版四八，1、2）、小麦及穗轴（彩版四八，3、4）以及裸麦的穗轴；小米类作物仅发现粟和黍属。

　　据研究，小麦可种植在相对干燥的环境中，其营养价值和产量较高，可以提供丰富的碳水化合物，而且便于储藏和运输，这一系列优点使得小麦成为今天世界上最重要、也最稳定的粮食作物之一。大麦有麸皮，一般用来饲养动物、酿酒，也可食用。裸大麦（青稞）不带麸皮，是重要的粮食作物之一，但主要种植在较高海拔地区。以小麦、大麦为主的麦作农业是今天中国北方农业体系的重要组成部分。

　　我国的考古发现证明，小麦和大麦是在新石器时代晚期出现的栽培作物。20世纪70年代中期，曾在甘肃民乐东灰山遗址发现少量炭化小麦，但长期不为外界所知[1]。1986年以来，在东灰山遗址多次发现炭化麦类作物，并引起学术界关于中国小麦起源与传播的热议。自此，陆续有学者对东灰山所出小麦进行了形态学、年代学和埋藏学的研究，并分别得出了一些新的认识。

　　目前，对东灰山所出麦类作物的种属认识还比较一致，即主要是驯化并经人工栽培的六倍体普通小麦，其他还有大麦、裸大麦（青稞）及少量的黑麦和燕麦。不同的认识主要表现在年代上，而且相互间差异甚大。有学者主张这批炭化小麦的年代可早到距今5000年左右[2]，有的认为应在距今4500年上下[3]，还有的认为应属于四坝文化（距今3700年左右）阶段[4]。以上的年代认定均有年代学检测的证据。曾有地理学者通过实地调查和埋藏学的研究，认为这批小麦是由于一次偶发的自然营力作用事件，导致早期麦类作物混入较晚的四坝文化遗址（东灰山遗址）[5]。最近在东灰山遗址南侧的河流上游发现了年代更早的遗址，进一步证实了这一推断[6]。

　　根据现有的考古发现，在甘肃河西走廊地区，有可能在公元前2000年左右便引入了麦类

① 1975年张掖地区文化处东灰山遗址调查发现少量炭化小麦籽粒，后来这批标本全部遗失。

② 李璠：《甘肃省民乐县东灰山新石器遗址古农业遗存新发现》，《农业考古》1989年第1期，第56~69页。

③ 李水城、莫多闻：《东灰山遗址炭化小麦年代考》，《考古与文物》2004年第6期，第51~60页。

④ 甘肃省文物考古研究所、吉林大学等编著：《民乐东灰山考古——四坝文化墓地的揭示与研究》，科学出版社，1998年；许永杰：《关于民乐东灰山遗址炭化农作物年代的订正》，《中国考古学会第十一次年会论文集》（2008），文物出版社，2010年，第196~201页。

⑤ 李水城、莫多闻：《东灰山遗址炭化小麦年代考》，《考古与文物》2004年第6期，第51~60页。

⑥ 李水城、王辉：《东灰山遗址炭化小麦再议》，《考古学研究》（十），科学出版社，2013年，第399~405页。

作物的种植[1]。到了四坝文化时期，麦类作物的种植已经普及。此次，三坝洞子遗址的浮选结果进一步证实了这一点。在东灰山遗址文化层的断面（四坝文化）浮选获得大量的小麦及穗轴、大麦及穗轴，其堆积年代为距今3600~3400年[2]。从其形态观察，可以肯定存在裸大麦（即青稞）。裸大麦为大麦的变种，具有高产、早熟、抗旱、耐瘠及无需脱壳的优良特性，是如今青藏高原地区最重要的粮食作物。在西藏昌果沟遗址也曾发现有距今3370年的裸麦遗存。有研究者认为，裸麦有可能首先在雅鲁藏布江流域栽培，再向藏东北地区传播[3]。但无论昌都卡若遗址单一有粟无麦的作物传统，还是河西走廊四坝文化裸麦遗存的发现，均不支持裸麦来自青藏高原的观点。总之，现有材料尚不足以对裸麦起源和传播过早地下结论，但有必要将这一问题的思考视野拓展到青藏高原及其边缘地区。

粟即小米，是旱作农业中的重要粮食作物，其种植年代可上溯至新石器时代早期。本次在三坝洞子遗址发现3粒形态圆整的粟。但仅就现有的植物遗存资料还很难确定各类谷物所占的比例。

此次浮选发现的杂草类种子为常见旱地杂草，以藜科为主，也有禾本科和其他的杂草。

补记：

1987年，我们在挖掘酒泉干骨崖墓地期间，曾选择部分墓葬采集了部分墓葬填土的土样。后来在对墓地南侧的三坝洞子遗址试掘时，发现其文化堆积层土质极松软，颜色几近纯黑色，包含物除陶片和少量石器外，还有大量动物骨骼，我们在此采集了部分土壤样本。当时取样的目的是希望检测和分析遗址中的孢子花粉遗存，以便对古环境进行复原研究。

返回北京后，与严文明先生讨论到对这批土样的处理及我们的想法。严先生认为，墓葬中的填土成分来源复杂，所含孢子花粉并不代表墓葬所属的年代，因此，检测并无实际意义，甚至会有误导。这样，我们也就没坚持对这批样本进行检测分析。由于当时国内尚不知晓考古浮选技术，这批资料也就搁置了。

2012年年底，在编写干骨崖考古报告的后期，意外地找到了这批土样，并惊喜地发现当年在三坝洞子遗址采集的土样保存完好，遂交与北京大学考古文博学院研究生蒋宇超同学进行了浮选和鉴定研究。

李水城　水涛

---

① 李水城、王辉：《东灰山遗址炭化小麦再议》，《考古学研究》（十），科学出版社，2013年，第399~405页。

② Rowan Flad, Li Shuicheng, Wu Xiaohong and Zhao Zhijun, 2010, Early Wheat in China: Result from New Studies at Donghuishan in the Hexi Corridor, *The Holocene* Vol. 20 No. 6: 955~965.

③ 傅大雄等：《西藏昌果沟遗址新石器时代农作物遗存的发现、鉴定与研究》，《考古》2001年第3期，第66~74页。

附录七　酒泉干骨崖、三坝洞子遗址出土
动物骨骼分析研究

傅罗文（Rowan K. Flad）

（美国哈佛大学人类学系）

2008年7月，在北京大学黄蕴平教授的协助下，我对李水城教授等20世纪80年代在甘肃省酒泉市干骨崖墓地和三坝洞子遗址发掘出土的一批动物骨骼进行了分析研究，目的是鉴定基本的动物种属。在鉴定过程中，我们利用了动物骨骼图谱和北京大学考古文博学院的动物考古学标本。

经初步分析涉及的动物骨骼共计有752块。这些骨骼大多数很破碎，但也有足够数量的动物关节和完整骨骼单元（计223块），至少可以鉴定到动物种属分类系统中的目（附表一、二）。

可鉴定标本中的动物许多来自黄牛、猪、绵羊（及其他中型牛科动物）。此外还发现了2块马骨。更加证实了公元前两千纪早期这一地区已经出现了马。尽管有关马的驯化证据还不是很明确，但这一发现与这一区域很多遗址都发现了马骨的考古材料是一致的。

这次发掘出土的资料与以往的考古发现完全一致。公元前两千纪早期，河西走廊已出现了家养的黄牛、猪、山羊和绵羊。但当地还存在野生的牛科动物。此次收集的中型牛科动物就包括有家绵羊、野山羊以及至少一种羚羊亚科动物骨骼。由于诸多原因，特别是缺乏足够的比对标本，我们很难区分这些中型牛科动物。在中国，牛亚科动物头后骨骼的比对标本不足，这需要动物考古学家和古生物学家共同努力解决这一问题。

本次鉴定分析的动物骨骼来自两处遗址：一处为酒泉干骨崖墓地，另一处为酒泉三坝洞子遗址。下面简要介绍这两座遗址的情况。

（一）干骨崖墓地

干骨崖遗址包括遗址和墓地两部分。此次获取的动物骨骼主要出自干骨崖墓地范围，总

计有43块可鉴定动物标本。其中，16块为偶蹄类动物骨骼，1块为马的牙齿，其余为啮齿类动物。下面我们对各个遗迹单位出土的动物情况作一介绍。

探方二（T2）：位于干骨崖墓地中墓区北端。该探方出土1件可鉴定的动物骨骼是1颗较为完整的黄牛臼齿。

在干骨崖墓地采集动物骨骼中有两个角心，一个是肢体末梢骨，均为中型羊亚科动物。肢梢骨有较严重的动物啃咬痕迹。其中一个角心和额骨相连，额骨大部分保存完整。此标本有火烧痕迹。

干骨崖M1：出土动物骨骼包括鹿下颌骨1件，马牙1颗，基本完整的盆骨1件，中型牛科动物牙齿（可能是绵羊）4颗。鹿骨为左侧下颌骨，带着完整的P1–P3和M1–M3。盆骨为右侧，也很可能为鹿。马牙可能为M2。

干骨崖M26、M62、M64、M70与M97：上述各墓均出土啮齿类动物的骨骼。M70为基本完整的老鼠头骨1件，但很可能是后来侵入的。其他各墓均发现不可鉴定的小、中型鼠类不同部位的骨骼，可能包括竹鼠和其他啮齿类动物（参见附表可鉴定标本统计数据）。

干骨崖M19：出土2件可鉴定标本，均为黄牛骨骼。

另有2件采集的可鉴定骨骼标本，它们属于中型牛科动物的角心，很有可能属于绵羊（彩版四九，1）。

（二）三坝洞子遗址

三坝洞子遗址属于聚落性质，李水城等在此作了小规模试掘，出土大量动物骨骼，初步鉴定结果如下：

1. 食肉动物

该址仅出土了1件食肉动物的犬齿骨骼。属于不可鉴定食肉动物的青少年个体，保存不很完整，有可能属于狗。

2. 食草动物

（1）奇蹄动物

马　鉴定发现马骨标本2块。一块为臼齿（M2），完整；另一件为远端指（趾）骨（彩版四九，2）。

（2）偶蹄动物

三坝洞子遗址所出动物骨骼标本多为偶蹄类动物。计有172件骨骼标本可鉴定到偶蹄目，仅有80件可鉴定到科或亚科。其余多数骨骼可以鉴定，这些标本可再分为小型、中型和大型偶蹄类动物。

小型偶蹄目动物12件，为下颌骨或上颌骨的残片。其中，大型偶蹄目动物1件，有可能为像岩羊那种大型羊亚科动物或鹿科动物。其余标本包括12件盆骨残件、14件趾骨及1件肢体末梢的骨骼残件、胫骨4件、尺骨2件、桡骨1件、股骨2件、肱骨5件以及肩胛骨22件。

大型不可鉴定偶蹄目动物标本包括趾骨8件、胫骨1件（残）、肢体末梢骨骼3件、肱骨1件和肩胛骨4件。

在可鉴定标本中，最为常见的是羊亚科动物，其次为猪、黄牛、鹿和羚羊。

羊亚科：计有49件骨骼标本可鉴定为羊亚科动物。其中有些很可能为羊属，而且有的属于已驯化动物。最接近羊属特征的标本有股骨远端残片1件、左下颌骨残片3件、右下颌骨残片1件。另有角心标本1件，似属山羊属（*Caprus* sp.）。

其他羊亚科动物骨骼标本：

下颌骨和上颌骨残片6件，可能都为羊属动物。

牙齿残片16件，至少很大一部分为羊属动物。

角心残片5件，代表了至少3个不同种的羊亚科动物。其中，有1件可能属于盘羊（*Ovis ammon*）一类的大型野生绵羊（彩版四九，3）。但也像是北山羊（*Capra siberica*）或岩羊（*Pseudois nayaur*）角心。

年轻个体的股骨远端部位残片3件，关节均未愈合。

右肩胛骨6件、左肩胛骨7件，很像羊属的羊亚科动物。

河西走廊地区类羊属动物包括了羊亚科动物的不同变种。它们包括家养绵羊（*Ovis* sp.）和当地的野生羊属动物（如盘羊*Ovis ammon*）。其他羊亚科动物包括家养山羊（*Capra* sp.）、当地野生山羊属（如北山羊*Capra siberica*）及其他种类动物，包括中华鬣羚（*Capricornis milneedwardsii*）、岩羊（*Pseudois nayaur*）和不同种属的中华斑羚（*goral*），如西伯利亚斑羚（*Naemorhedus caudatus*）、灰斑羚（*Naemorhedus goral*）及川西斑羚（*Naemorhedus griseus*）等。这个地区其他体型大小相若的牛科动物还包括下面将要讨论的羚羊亚科。

羚羊亚科：在河西走廊除了野生和家养羊亚科动物以外，还发现几种野生的羚羊亚科动物。在三坝洞子遗址出土动物骨骼中，有1件可以非常有把握地鉴定为羚羊的骨骼标本（彩版四九，6）。这件标本带有角心基部、完整愈合的额骨和顶骨，在顶骨左侧靠前侧部位发现一道切割痕迹。

这里还发现几种瞪羚。包括藏原羚（*Procapra picticaudata*）、普氏原羚（*Procapra przewalskii*）、黄羊（*Procapra gutturosa*）与鹅喉羚（*Gazella subgutturosa*）。通过与哈佛大学比较动物学博物馆保存的完整头骨进行比较，彩版四九，6的骨骼标本很可能就是藏原羚的头骨，但也有可能属于鹅喉羚。

黄牛：可以很有把握地鉴定为牛亚科动物的标本有5件。包括跗骨3件、左下颌残片1件、1件不完整的M2。这些骨骼很可能属于家黄牛。其中1件跗骨有被砍痕迹，目的是为了获取骨髓（彩版四九，4）。另有1件跗骨远端尚未愈合，可以确定为年轻个体。

猪：出土骨骼中有23件猪的可鉴定标本。包括下颌骨残片19件。大多数标本破碎，但至少有2件可以明显看出为左下颌骨。故猪的最小个体鉴定数为2。2件左侧肩胛骨近端和2件右肩胛骨近端也支持上述结论。其中，1件带有割痕，表明这些猪是供人类消费的，因此可将其定为家猪。

鹿：三坝洞子遗址发现小中型鹿骨2件。其中，1件为左侧盆骨残片，另1件为左侧下颌骨残片（彩版四九，5）。由于比对标本不足，难以鉴定其种属。

3. 不可鉴定标本

三坝洞子遗址有544件哺乳动物骨骼标本无法鉴定种属。其中，中型哺乳动物较大型哺乳动物数量多。另外还有222件骨骼太过破碎，难以将其归入任何一种哺乳类动物（参见表二）。

以上我们简要分析了酒泉干骨崖墓地、三坝洞子遗址出土的动物骨骼标本。中国西部的河西走廊是研究某些家养动物如何从其最初驯化地引入的关键地区，将来的研究应更加关注这一地区，并注意全面、系统地收集古遗址中的动物骨骼。

参考书目

Flad, Rowan K., Yuan Jing, and Li Shuicheng, 2007. Zooarchaeological Evidence for Animal Domestication in Northwest China. In, *Late Quaternary Climate Change and Human Adaptation in Arid China*, edited by David B. Madsen, Chen FaHu, et al. Amsterdam: Elsevier Press. Pp. 163–199.

潘清华、王应祥、岩崑：《中国哺乳动物彩色图谱》，中国林业出版社，2007年。

附表一　干骨崖、三坝洞子遗址出土动物骨骼鉴定统计表

哺乳动物（MAMMALIA）	T2	H1	M1	M26	M62	M64	M70	M97	M19	SBDZ	合计（NISP/MNI）
食肉目（Carnivora），未鉴定	0/0	0/0	0/0	0/0	0/0	0/0	0/0	0/0	0/0	1/1	1/1
奇蹄目（Perissodactyla）											
Cebellus sp.（马Horse）	0/0	0/0	1/1	0/0	0/0	0/0	0/0	0/0	0/0	2/1	3/2
偶蹄目（Artiodactyla）											
牛科（Bovidae）											
牛亚科（Bovinae）											
Bos sp. cf.（牛Cow）	1/1	0/0	0/0	0/0	0/0	0/0	0/0	0/0	2/1	5/2	8/4
羊亚科（Caprinae）											
Ovis sp. cf.（羊属）	0/0	0/0	0/0	0/0	0/0	0/0	0/0	0/0	0/0	5/3	5/3
Ovis ammon cf.（盘羊）	0/0	0/0	0/0	0/0	0/0	0/0	0/0	0/0	0/0	1/1	1/1
Capra sp.（山羊属）	0/0	0/0	0/0	0/0	0/0	0/0	0/0	0/0	0/0	1/1	1/1
未鉴定的羊亚科	0/0	3/2	4/1	0/0	0/0	0/0	0/0	0/0	0/0	42/6	49/9
羚亚科（Antilopinae）											
未鉴定的羚亚科	0/0	0/0	0/0	0/0	0/0	0/0	0/0	0/0	0/0	1/1	1/1
牛科总数	1/1	3/2	4/1	0/0	0/0	0/0	0/0	0/0	2/1	55/14	65/19
鹿科（Cervidae）											
小型/中型鹿科	0/0	0/0	2/1	0/0	0/0	0/0	0/0	0/0	0/0	0/0	2/1
猪科（Suidae）											
Sus scrofa cf.（家猪）	0/0	0/0	0/0	0/0	0/0	0/0	0/0	0/0	0/0	23/2	23/2
大型偶蹄目	0/0	0/0	0/0	0/0	0/0	0/0	0/0	0/0	0/0	17/2	17/2
小型/中型偶蹄目	0/0	0/0	0/0	0/0	0/0	0/0	0/0	0/0	0/0	75/7	75/7
偶蹄目总数	1/1	3/2	6/2	0/0	0/0	0/0	0/0	0/0	2/1	170/25	182/31
啮齿目（Rodentia）											
鼠科（Muridae）											
Rattus rattus（老鼠）	0/0	0/0	0/0	0/0	0/0	0/0	1/1	0/0	0/0	0/0	1/1
鼹形鼠科Spalacidae											
Rhizomys sp.cf.（竹鼠）	0/0	0/0	0/0	0/0	0/0	5/1	0/0	0/0	0/0	0/0	5/1
未鉴定啮齿目	0/0	0/0	0/0	11/1	8/1	0/0	0/0	1/1	0/0	0/0	20/3
啮齿目总数	0/0	0/0	0/0	11/1	8/1	5/1	1/1	1/1	0/0	0/0	26/5
能鉴定的哺乳动物（NISP/MNI）	1/1	3/2	6/2	11/1	8/1	5/1	1/1	1/1	2/1	170/25	208/36
未鉴定的哺乳动物（NISP）	N/A	N/A	N/A	N/A	N/A	N/A	N/A	N/A	N/A	544	544
哺乳动物总数（NISP）	1	3	6	11	8	5	1	1	2	714	752

注：栏中"SBDZ"为三坝洞子，余为干骨崖墓地。

附表二　干骨崖、三坝洞子遗址出土动物骨骼鉴定标本

骨头编号	遗址	考古单位	NISP	骨骼部位	骨骼部分	左右	骈骶?	大类	科	属	种	相似种	大小	烧?	切?	啃?
101	三坝洞子（采集）		1	角心	碎块	左	n/a	偶蹄类	不明				中	否	否	否
102	三坝洞子（采集）		1	下颌	完整	右	n/a	肉食类	犬科	犬属	狗		中	否	否	否
103	三坝洞子（采集）		1	肱骨	远端1/3	右	是	偶蹄类	羊亚科	绵羊属		cf.	中	否	否	否
104	三坝洞子（采集）		1	掌骨	远端1/5		是	偶蹄类	牛亚科	牛属	sp.	cf.	大	否	否	否
105	干骨崖墓地	M22（采）	1	盆骨	完整	右	是	偶蹄类	羊亚科	绵羊属	sp.		中	否	否	否
J.G.M19.1	干骨崖墓地	M19	1	牙	完整			偶蹄类	牛亚科	牛属	sp.		大	否	否	否
87.J.F.GM19.2	干骨崖	M19	1	牙	完整			偶蹄类	牛亚科	牛属	sp.		大	否	否	否
87.J.F.H1.1	干骨崖	H1	1	角心	完整	左		偶蹄类	羊亚科	绵羊属	sp.		中	是	否	否
87.J.F.H1.2	干骨崖	H1	1	角心	碎块	不明		偶蹄类	羊亚科	绵羊属	sp.		中	否	否	否
87.J.F.H1.3	干骨崖	H1	1	肢梢骨	远端1/5			偶蹄类	羊亚科	绵羊属	sp.		中	否	否	是
87.J.G.1	干骨崖		1	角心	完整	右		偶蹄类	羊亚科	绵羊属	sp.		中	否	否	否
87.J.G.2	干骨崖		1	角心	碎块	左		偶蹄类	羊亚科	绵羊属	sp.	cf.	中	否	否	否
87.J.G.M1.1	干骨崖墓地			多种部位										否	否	否
87.J.G.M26	干骨崖墓地	M26	11	多种部位	完整			啮齿类					小	否	否	否
87.J.G.M62	干骨崖墓地	M62	8	多种部位	完整			啮齿类					小	否	否	否
87.J.G.M64	干骨崖墓地	M64	5	多种部位	完整			啮齿类					小	否	否	否
87.J.G.M70	干骨崖墓地	M70	1	头盖骨	大致完整	中		啮齿类		家鼠属	家鼠	cf.	小	否	否	否

骨头编号	遗址	考古单位	NISP	骨骼部位	骨骼部分	左右	骈骶？	大类	科	属	种	相似种	大小	烧？	切？	啃？
87.J.G.M97	干骨崖墓地	M97	1	下颌	碎块	右		啮齿类				cf.	小	否	否	否
87.J.G.T2	干骨崖遗址	T2	1	牙	完整			偶蹄类	牛亚科	牛属	sp.		大	否	否	否
J.SBDZ.1	三坝洞子		1	第一指骨	完整		n/a	奇蹄类		家马			大	否	是	否
87.J.SBDZ.10	三坝洞子		1	跖骨	远端1/5	左	是	偶蹄类	牛亚科	牛属	sp.		大	否	否	否
87.J.SBDZ.11	三坝洞子		1	股骨	远端1/5	右	是	偶蹄类	羊亚科	绵羊属		cf.	中	否	否	否
87.J.SBDZ.12	三坝洞子		1	跖骨	近端1/5	左	是	偶蹄类	牛亚科	牛属	sp.		大	否	是	否
87.J.SBDZ.13	三坝洞子		1	跖骨	远端1/5	左	否	偶蹄类	牛亚科	牛属	sp.		大	否	否	否
87.J.SBDZ.14	三坝洞子		1	牙	碎块	不明	n/a	肉食类	不明				中	否	否	否
87.J.SBDZ.15	三坝洞子		1	角心	碎块	右	n/a	偶蹄类	羊亚科	山羊		cf.	中	否	否	否
87.J.SBDZ.16	三坝洞子		11	下颌或上颌	碎块		n/a	偶蹄类	不明				中	否	否	否
87.J.SBDZ.17	三坝洞子		17	下颌或上颌	碎块		n/a	偶蹄类	猪科	猪属	家猪		中	否	否	否
87.J.SBDZ.18	三坝洞子		3	下颌	近端	左	n/a	偶蹄类	羊亚科	绵羊属	sp.	cf.	中	否	否	否
87.J.SBDZ.19	三坝洞子		1	下颌	近端	右	n/a	偶蹄类	羊亚科	绵羊属	sp.	cf.	中	否	否	否
87.J.SBDZ.2	三坝洞子		1	下颌	碎块	左	n/a	偶蹄类	猪科	猪属	家猪		大	否	否	否
87.J.SBDZ.20	三坝洞子		6	下颌或上颌	碎块		n/a	偶蹄类	羊亚科	不明			中	否	否	否
87.J.SBDZ.21	三坝洞子		16	牙	碎块		n/a	偶蹄类	羊亚科	不明		cf.	中	否	否	否
87.J.SBDZ.22	三坝洞子		1	牙	完整		n/a	奇蹄类		家马			大	否	否	否
87.J.SBDZ.23	三坝洞子		1	下颌	近端	左	n/a	偶蹄类	牛亚科	牛属	sp.	cf.	大	否	否	否
87.J.SBDZ.24	三坝洞子		1	下颌	近端	左	n/a	偶蹄类	不明				大	否	否	否

骨头编号	遗址	考古单位	NISP	骨骼部位	骨骼部分	左右	骈骶?	大类	科	属	种	相似种	大小	烧?	切?	啃?
87.J.SBDZ.25	三坝洞子		1	下颌	中端	右	n/a	不明					大	否	否	否
87.J.SBDZ.26	三坝洞子		14	盆骨	碎块		n/a	不明					中	否	否	否
87.J.SBDZ.27	三坝洞子		5	盆骨	碎块	左	n/a	偶蹄类	不明			cf.	中	否	否	否
87.J.SBDZ.28	三坝洞子		7	盆骨	碎块	右	n/a	偶蹄类	不明			cf.	中	否	否	否
87.J.SBDZ.29	三坝洞子	24	1	盆骨	碎块	左	否	偶蹄类	鹿科	不明		cf.	中	否	否	否
87.J.SBDZ.3	三坝洞子		1	下颌	碎块	左	n/a	偶蹄类	猪科	猪属	家猪		大	否	否	否
87.J.SBDZ.30	三坝洞子		3	角心	碎块		n/a	偶蹄类	羊亚科	不明			中	否	否	否
87.J.SBDZ.31	三坝洞子		27	肢骨的关节部位	碎块			不明					不明	否	否	否
87.J.SBDZ.32	三坝洞子		4	肢梢骨	近端		是	不明					大	否	否	否
87.J.SBDZ.33	三坝洞子		4	从肢梢	完整			不明					大	否	否	否
87.J.SBDZ.34	三坝洞子		4	从肢梢	完整			不明					大	否	否	否
87.J.SBDZ.35	三坝洞子		9	指骨	完整			偶蹄类	不明				中	否	否	否
87.J.SBDZ.36	三坝洞子		6	距骨	完整			偶蹄类	不明				大	否	否	否
87.J.SBDZ.37	三坝洞子		5	跟骨	完整			偶蹄类	不明				中	否	否	否
87.J.SBDZ.38	三坝洞子		2	跟骨	碎块			偶蹄类	不明				大	否	否	否
87.J.SBDZ.39	三坝洞子		1	胫骨	远端		否	偶蹄类	不明				大	否	否	否
87.J.SBDZ.4	三坝洞子		1	角心	碎块	不明	n/a	偶蹄类	羊亚科	绵羊属	盘羊	cf.	大	否	否	否
87.J.SBDZ.40	三坝洞子		4	胫骨	远端		是	偶蹄类	不明				中	否	否	否

骨头编号	遗址	考古单位	NISP	骨骼部位	骨骼部分	左右	骈骶?	大类	科	属	种	相似种	大小	烧?	切?	啃?
87.J.SBDZ.41	三坝洞子		2	尺骨	近端		否	偶蹄类	不明				中	否	否	否
87.J.SBDZ.42	三坝洞子		1	桡骨	远端		是	偶蹄类	不明				中	否	否	否
87.J.SBDZ.43	三坝洞子		2	股骨	近端		否	偶蹄类	不明				中	否	否	否
87.J.SBDZ.44	三坝洞子		3	股骨	远端		是	偶蹄类	羊亚科	羊属	sp.	cf.	中	否	否	否
87.J.SBDZ.45	三坝洞子		3	肢梢骨	远端		是	偶蹄类	不明				大	否	否	否
87.J.SBDZ.46	三坝洞子		1	肢梢骨	远端		是	偶蹄类	不明				中	否	否	否
87.J.SBDZ.47	三坝洞子		5	肱骨	远端	左		不明					中	否	否	否
87.J.SBDZ.48	三坝洞子		1	肱骨	远端	左	是	偶蹄类	不明				大	否	否	否
87.J.SBDZ.49	三坝洞子		5	肱骨	远端	右		偶蹄类	不明				中	否	否	否
87.J.SBDZ.5	三坝洞子		1	顶骨	完整	中	n/a	偶蹄类	牛科	不明			中	否	是	否
87.J.SBDZ.50	三坝洞子		4	肩胛骨	碎块			偶蹄类	不明				大	否	否	否
87.J.SBDZ.51	三坝洞子		12	肩胛骨	碎块			偶蹄类	不明				中	否	否	否
87.J.SBDZ.52	三坝洞子		1	肩胛骨	近端	左		偶蹄类	猪科	猪属	家猪		中	否	是	否
87.J.SBDZ.53	三坝洞子		2	肩胛骨	近端	右		偶蹄类	猪科	猪属	家猪		中	否	否	否
87.J.SBDZ.54	三坝洞子		1	肩胛骨	近端	左		偶蹄类	猪科	猪属	家猪		中	否	否	否
87.J.SBDZ.55	三坝洞子		6	肩胛骨	近端	右		偶蹄类	羊亚科	不明			中	否	否	否
87.J.SBDZ.56	三坝洞子		7	肩胛骨	近端	左		偶蹄类	羊亚科	不明			中	否	否	否
87.J.SBDZ.57	三坝洞子		4	肩胛骨	远端	左		偶蹄类	不明				中	否	否	否
87.J.SBDZ.58	三坝洞子		6	肩胛骨	远端	右		偶蹄类	不明				中	否	否	否

骨头编号	遗址	考古单位	NISP	骨骼部位	骨骼部分	左右	骈骶?	大类	科	属	种	相似种	大小	烧?	切?	啃?
87.J.SBDZ.59	三坝洞子		20	脊椎骨	碎块	中		不明					大	否		
87.J.SBDZ.6	三坝洞子		1	角心	碎块	右	n/a	偶蹄类	羊亚科	不明			中	否	是	否
87.J.SBDZ.60	三坝洞子		45	脊椎骨	碎块	中		不明					中	否		
87.J.SBDZ.61	三坝洞子		29	脊椎骨	碎块	中		不明					不明	否		
87.J.SBDZ.62	三坝洞子		80	肢骨抦部	碎块			不明					中	否		
87.J.SBDZ.63	三坝洞子		46	肢骨抦部	碎块			不明					大	否		
87.J.SBDZ.64	三坝洞子		15	肋骨	碎块			不明					大	否		
87.J.SBDZ.65	三坝洞子		32	肋骨	碎块			不明					中	否		
87.J.SBDZ.66	三坝洞子		26	不明	碎块			不明					大	否		
87.J.SBDZ.67	三坝洞子		25	不明	碎块			不明					中	否		
87.J.SBDZ.68	三坝洞子		166	不明	碎块			不明					不明	否		
87.J.SBDZ.7	三坝洞子		1	下颌	碎块	左	n/a	偶蹄类	鹿科	不明	sp.		中	否	否	否
87.J.SBDZ.8	三坝洞子		1	牙	碎块	不明	n/a	偶蹄类	牛亚科	牛属	sp.		大	否	否	否
87.J.SBDZ.9	三坝洞子		1	髌骨	完整	不明	n/a	不明					大	否	是	是
M1	干骨崖墓地	M1	1	牙	完整			偶蹄类	羊亚科	不明		cf.	中	否	否	否
T1.1	干骨崖遗址	T1	1	角心	碎块	左		偶蹄类	羊亚科	绵羊属	sp.		大	否	否	否
总数			219													

附录八　酒泉干骨崖墓地出土珠型装饰品的科技分析

崔剑锋　李水城

（北京大学考古文博学院）

（一）样品介绍

甘肃酒泉干骨崖青铜时代早期墓地[①]出土部分作为装饰品的未知质地的白色小珠，为了厘清这些珠子的质地，我们对其中七件样品进行无损材质测定，使用的方法包括体视显微镜观察和能量色散X射线荧光光谱仪成分分析。

这些珠饰形状为扁圆柱状，外径约1厘米。中间开有孔洞，孔径约为2~6毫米。样品照片参见图一。根据观察将其分为两类，第一类表面可观察到类似年轮的波纹状结构，中间穿孔孔径较大，约5~6毫米，且两侧孔径不一致。这些样品包括1#、3#、6#和7#；第二类表面有土沁，形状较第一类规整，中间穿孔孔径较小，约2~3毫米，两侧孔径相对一致，包括样品2#、4#和5#。

（二）分析方法

显微观察使用设备为日本Nikon公司Shuttle Pix型体视显微镜。放大倍数从20倍至300倍。ED-XRF无损分析使用日本堀场制作所（Horiba Inc.）生产的XGT-7000型X荧光显微镜。分析条件：X入射线光斑直径：1.2mm；X光管管电压：30kV；X光管管电流：0.029mA；数据采集时间：150s。解谱方法为单标样基本参数法。

（三）分析结果

图二～四为样品的显微照片和ED-XRF谱图。表一为样品的ED-XRF分析结果。

---

① 李水城、水涛：《甘肃酒泉干骨崖墓地的发掘与收获》，《考古学报》2010年第3期。

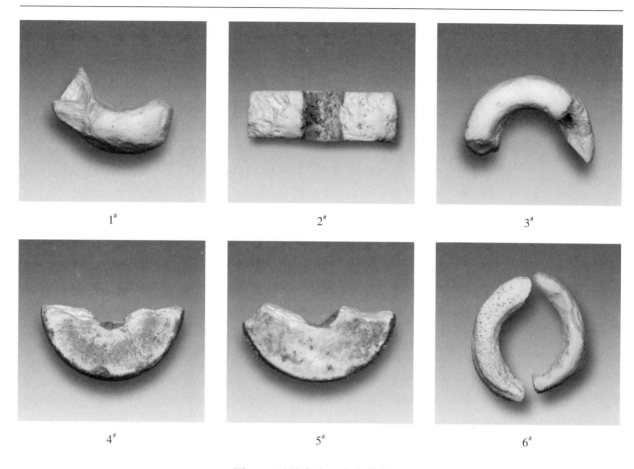

1#　　　　　　　　　2#　　　　　　　　　3#

4#　　　　　　　　　5#　　　　　　　　　6#

图一　干骨崖出土白色装饰珠

（四）结果讨论

1. 第一类珠饰

从分析结果看，和肉眼观察判断的结果一致，这些白色珠子也分为两组，1#、3#、6#和7#为一组，其显微观察显示断面特征为树轮状沉积形貌，类似于贝壳断口的形状。

成分分析结果显示这几件样品其主要氧化物组成均为CaO，这和ED-XRF探测含碳酸钙类物质化学组成时的谱图非常一致。由于ED-XRF无法测定元素周期表中原子序数在11号元素Na之前的元素，因此所测结果只能得到CaO的组成，而无法确证其中是否含有碳（C）。为了证实推测，我们使用激光拉曼光谱分析了这4个样品，结果显示拉曼谱图与纯的$CaCO_3$的拉曼谱图一致，据此说明这些样品应该都是$CaCO_3$类物质。考古学者推测这几个珠子为贝壳制作的，贝壳的主要化学组成为$CaCO_3$，结合其显微结构特征，我们认为这些珠子确为贝壳类加工成型的。

前曾述及，这几件样品的孔径一侧大一侧小，且从大的一端向另一端，孔径较为均匀的收缩（如图一中6#、7#所示），表明这几件样品孔是钻出来的。需要说明的是，这几件样品的表面都分析到了一定量的铜（Cu），其含量都超过0.1%，6#样品更达到0.2%以上。由于第

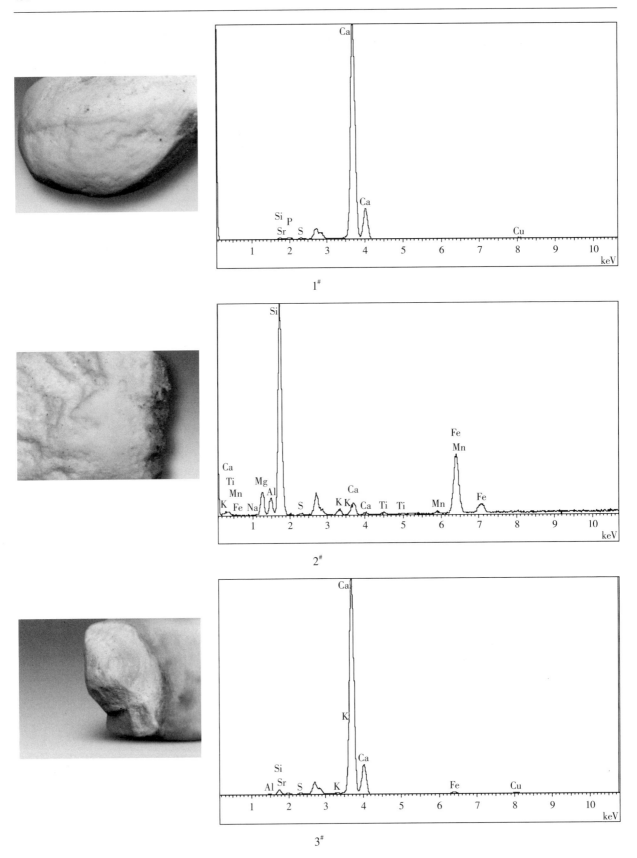

图二　显微观察照片与ED–XRF分析谱图

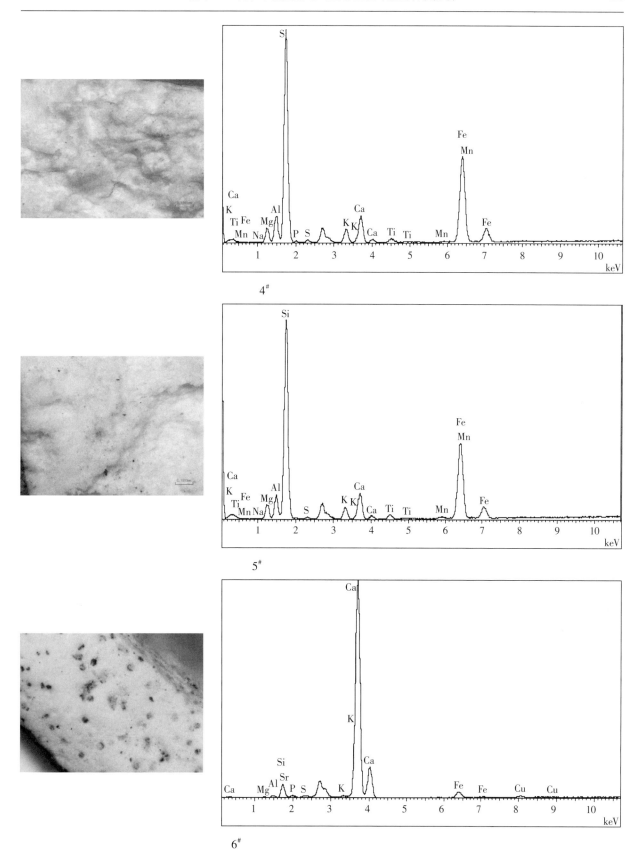

图三 显微观察照片与ED–XRF分析谱图

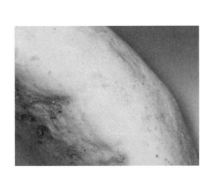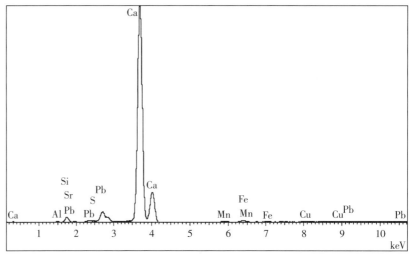

图四　珠饰显微观察照片与ED-XRF分析谱图

表一　干骨崖珠子 ED-XRF 分析结果（质量％）

	Na$_2$O	MgO	Al$_2$O$_3$	SiO$_2$	P$_2$O$_5$	SO$_3$	K$_2$O	CaO	TiO$_2$	Fe$_2$O$_3$	CuO
1$^\#$				1.6	0.8	0.4	0.1	96.6		0.1	0.1
2$^\#$	1.4	23.7	9.1	62.9		0.3	0.6	1.1		1.2	
3$^\#$				4.8	0.6	0.4		93.3		0.6	0.1
4$^\#$	1.2	15.4	13.6	63.5		0.4	1.5	2.3	0.2	2.0	
5$^\#$	1.6	17.0	12.3	62.8		0.2	1.4	2.5	0.2	1.9	
6$^\#$			4.3	10.8	0.8	0.4	0.3	81.6		1.4	0.2
7$^\#$		3.1	1.5	5.0		0.2	0.1	89.0	0.1	0.5	0.1

二类珠子都没有检出到铜，因此这些铜不大可能来自埋藏环境。而如此高含量的铜，对其来源更合理的解释也许是由于这些样品钻孔时都使用了铜质工具所致。

2. 第二类珠饰

最初我们认为2$^\#$、4$^\#$和5$^\#$样品可能为滑石质地的珠子，但从其中间孔洞比较光滑，且无明显钻孔痕迹看，孔洞不似物理钻出的。而如果是单纯矿物制成，显然需要钻孔，能够制成如此光滑均匀的孔洞，说明在制成珠子前，该材料应该比较柔软，孔洞似乎是由搁置管状内芯形成的。同时，显微观察表明具有类似于陶器的显微组织，因此我们认为这种珠子可能是由黏土烧制成型，其中心孔洞是在做坯时内放芯核后形成的。

成分分析结果显示其组成非常复杂，与北方的普通陶器相比，最显著的特征是MgO的含量很高，都超过15%。但这几件样品的化学组成却与我国南方大溪文化、屈家岭文化产出一种镁质白陶①的化学组成接近。这种白陶是由一种滑石质黏土烧造成的。干骨崖的这三件白色珠饰也应该由类似质地的黏土烧造而成。这似乎说明这类珠饰的制作和南方白陶生产工艺的北传有关，但是由于目前不知道遗址周边有否类似黏土的产出，所以不能排除本地已经掌握类似的工艺和技术的可能。

---

① 李家治：《中国科学技术史·陶瓷卷》，科学出版社，1998 年。

附录九　酒泉干骨崖墓地发掘大事记（1987年）

李水城

（北京大学考古文博学院）

3月19~22日　李水城抵达西安。前往陕西临潼兵马俑博物馆、西安半坡博物馆参观。

3月24日至4月上旬　李水城抵达兰州，与水涛会面并讨论下一步工作，开始整理1986年河西走廊史前考古调查采集标本，等候国家文物局的考古发掘批件至4月上旬。

4月7日　经与北京联系得知，国家文物局并未收到甘肃省文物局上报的发掘申请文件。让我们和吉林大学考古系的师生白白等候多日。

4月8日　甘肃省文物考古研究所岳邦湖所长、张学正副所长提出，希望李水城能利用现有时间参加甘肃省文物局组织的第二次全国文物普查，尽快前往甘肃南部合作地区工作。李水城原则上同意，但需事先征求北京大学考古系和严文明先生的意见。

4月9日　甘肃省文物考古研究所岳邦湖所长前往甘肃省文化厅查询，确认省文物考古研究所上报的申请发掘报告被扣压。文物局方面认为，若考古发掘申请获得批准，将会影响所在地即将开展的文物普查工作。如此，我们只能重新填写申请，并继续上报。

4月10日　北京大学考古学系教授严文明先生前来兰州。航班预计中午抵达。李水城、水涛前往中川机场接机。至午后2：00得知，严先生所乘飞机此时方抵北京。最后，这架航班于傍晚7时许抵达，回到兰州下榻友谊宾馆已是晚上8：30了。

4月11日　李水城、水涛陪同严文明先生参观省文物考古研究所。

4月12日　午后，李水城、水涛陪同严文明先生前往青海西宁市。

4月13日　严文明先生参观青海省文物考古研究所库房，看望在此整理民和阳山墓地资料的彭云、张弛等，对整理工作提出意见。

4月14日　青海省文物局和考古所领导格桑本（苏生秀）、卢耀光、高东陆及彭云、李水城、水涛、张弛、陈洪海一行陪同严文明先生前往化隆、循化考察，途中翻越海拔3000余米的拉脊山，山顶寒风呼号，白雪茫茫；山下黄河谷地杏花盛开，满目春光，可谓山上山下两重天。抵达化隆县城午餐。饭后直奔清水河一线考察新发现的几处"仰韶文化遗址"（应属石岭下阶段），采集部分陶片。返回县城途中参观两座清真寺（明清时期）。

4月15日 上午继续在清水河参观古清真寺。至循化县文化馆观摩苏乎撒墓地出土半山文化和卡约文化遗物。午后赶到黄河对岸简单午餐，5时许返回西宁市。

4月16日 在省文物考古研究所四楼标本室观看出土文物。然后去博物馆。原定下午观摩许新国等发掘的卡约文化出土文物，因故改期。严先生与大家讨论民和核桃庄辛店文化墓地所出文物及下一步的整理。对山家头墓地所出几件齐家文化风格的陶器表现出浓厚兴趣。

4月17日 在省文物考古研究所库房观摩循化阿哈特拉、苏志两处卡约文化墓地的出土文物。匆匆午餐后赶往火车站。彭云、许新国、李智信、张弛等前来送行。严先生在车上与李水城、水涛继续讨论下一步工作。抵达兰州，李水城、水涛下车。严先生继续前行。告别时，严先生模仿当年裴文中先生带他实习时的口吻说："哥几个，悠着点！"

4月19日 李水城在省文物考古研究所绘图。

4月20日 清晨，吉林大学考古系研究生关强自北京返回兰州，取回了民乐东灰山、酒泉干骨崖两座遗址的发掘执照。下午，李水城在省博物馆参观。

4月21日 下午，李水城、水涛去兰州市博物馆（原八路军办事处）。

4月22日 李水城继续绘图。

4月23日 早8时，李水城、水涛驱车南下。12时抵达临夏市午餐。下午抵达合作市，下榻政府招待所。放下行李马上前往博物馆（三馆合一）参观。得知当地发现的重要遗址有：舟曲县峰叠乡咀儿坪（马家窑文化）、卓尼县纳儿乡朝勿村大嘴坪（齐家—寺洼文化）、临潭县陈旗磨沟（石岭下—马家窑文化）、总寨村庙台子（马家窑文化）、陈旗中寨（寺洼文化）等。合作市海拔逾3000米，居民多为藏族。

4月24日 早餐后，李水城、水涛前往博物馆参观，当地收藏陶器不少。但半山—马厂文化的彩陶基本是买的，而且不是本地所出。李水城在库房绘图。甘南地域广大，计划明日去临潭一带调查。但据说自岷县至兰州段的路况很差。晚饭后落雪，且越下越大，这场雪对即将进行的野外调查非常不利，而且短时间不可能消融。夜里决定，明早返回兰州。

4月25日 昨夜的暴雪压断不少大树和电线。清晨驱车北上，一路雪厚难行。过麻当，出山口即为甘南—临夏交界，景观大变，也没下雪。午后1：00抵临夏，街上市民见我们车顶厚厚的积雪纷纷抛来惊奇的目光。参观市博物馆、绘图。傍晚返回兰州。

4月26日至5月1日 继续在省文物考古研究所整理资料，为发掘做准备。

5月2日 一大早驱车西行。下午抵达民乐县六坝乡东灰山遗址，参观吉林大学考古工地，夜宿许永杰等在东灰山附近租赁的一幢孤零零的土坯房内。

5月3日 早8：30出发，抵张掖市稍事停留。午后1时许抵酒泉市，下榻酒泉宾馆。下午前往市博物馆拜会冯明义、田晓二位新老馆长。

5月4~5日 在酒泉市作前期准备，前往地区文化局联系工作。

5月6日 李水城给严文明先生写信汇报工作安排情况。

5月7日　赶往丰乐乡大庄八队，入住村长（杨）家。随即开始招募民工，马上开工。在干骨崖墓地北区开挖探沟1条（编号T1，2米×10米），在西侧断崖上可见出露的墓葬5~6座。下挖20厘米出土1件可复原的双耳罐和一批陶片，风格接近马厂文化。再下挖10厘米，T1北侧显露墓圹迹象，出残陶瓮1、人骨、彩陶片、蚌饰等。这里的土质土色不好辨识，在断崖出露的一座墓采集彩陶单耳罐（内装一节骨头）1件。T1东北角出露散乱的人骨，保留，暂未清理。下午收工前突然狂风骤雨，停工。晚饭后，李水城出村沿丰乐河故道向北调查，在通往下河清干渠西侧的断崖坡下采集一些细泥橙红陶片和彩陶片，色泽纯正，花纹运笔流畅，颇似马家窑文化。此类遗物以往在武威以西从未见过，非常重要。

5月8日　T1南北两端砂砾层下出现黄土堆积，中间一段却没有。北侧黄土下出现人下肢骨，不见墓圹痕迹，只好扩方。下午，人骨、随葬品露头。东西两端堆积有大块砾石，人骨凌乱，不见头骨。T1南侧陶瓮下亦现人骨，周围堆积有序分布的砾石，至此墓框（编号M2）轮廓渐渐可辨，墓内人骨凌乱。扩方至近断崖处，墓边仍不清晰。推测这里可能流行积石二次葬。另在T1北约2米处再现人骨和随葬品，似为另一墓。绘T1四壁剖面图。午后，酒泉博物馆冯馆长抵达，告知在丰乐河下游近水库位置也曾发现陶片、碎骨。T1填土内出有带盲鼻的陶片，不像四坝文化的东西。晚饭后，李水城前往水库一带调查，未见任何线索。

5月9日　上午继续清理M2。北侧出现人骨架。东端有牙齿20余枚。后证实此墓至少为三人合葬。在南壁西侧还有人的肢骨。值得注意的是，此墓似有封土。墓口开在砂砾层下，墓口上方堆积的黄土呈馒头状，剖面十分清晰。墓内四周堆放大块砾石。其中，一件桃形砾石比较规整，似经人为修整。午后清理、绘图、收取标本。截至今日，T1及附近共发掘三座墓（编号M1、M3、M4。M2由水涛清理）。继续向北扩方。

5月10日　T1向南扩方80厘米，寻找M2南缘，后在砾石下发现股骨和随葬陶器。结束M2工作。沿断崖向西清理暴露的M5。此墓破坏严重。在T1中间向西扩方，清理在断崖上暴露的M6。此墓亦积石，东侧被扰，边界不明，有随葬品3件，未见人头骨。下午，M3绘图、取标本。在肢骨下有铜锥1，有朽木痕，原器应有木柄。晚饭后，李水城前往三坝洞子遗址对面、丰乐河西岸高台地上（西高圪瘩滩）调查。在西侧小水渠断面发现灰层，采集部分陶片和1件盘状器。在北侧耕土下也发现部分陶片。

5月11日　上午，T1南侧扩方继续清理M6。此墓西侧被断崖打破，系单人乱骨葬，墓内积石，有随葬品7件。另在T1南侧50米断崖处（中区）开T2、T3（5米×5米，沿断崖正向布方，实际面积不足）。下午绘图、取标本。另在T1西南侧断崖扩方，下挖20厘米出铜耳环1件。M4东侧被M7打破，此墓破坏较严重，未见任何随葬品。

5月12日　清理M5、M8。T1继续向西南扩方。在北区南部断崖处发现一座积石墓（编号M14）。清理T2、T3。在水渠冲沟底部断壁上发现人骨（编号M11）。M9出有夹砂陶双耳罐、装饰串珠等。M10为二次乱骨葬，周围有3个坑，关系混乱。M11骨架凌乱。M12仅存头骨。M13一侧出大瓮1件，关系不明。M14上层基本清理完毕。M5、M8相互打破，前者仅存头骨、下颌骨及彩陶片。后者骨架蜷曲。T2、T3发现的遗迹现象十分复杂。

5月13日　上午给民工开会。下午，M14上层绘图。清理M11、M13。在M10东北3具头骨堆在一起，周围是散乱的肢骨（后归入M15）。在T3近东壁处出土1件大罐和人骨，暂保留不动，似有打破关系。

5月14日　继续T3的工作，扩方，寻找大罐与人骨的关系。绘图（M10、M15、M11），清理M13。此方多为乱骨葬。在M14堆积的砾石下面发现3件陶罐，下午出露3具头骨。

5月15日　下雨停工。晚饭后，李水城在公路以南的台地上发现一些似为马厂文化的陶片。

5月16日　上午下雨停工。午后去村西北一带的公路南侧、丰乐河东岸台地上调查。在断崖下找到标准的马家窑文化彩陶片1件和马厂文化的彩陶片若干。附近断崖上还有浅薄的灰层（10~20厘米）。下午，清理M17、M18。继续清理M14，昨日发现的3具头骨及骨架非常完整。完成M16、M17、M18绘图。在M17东北侧发现M19。

5月17日　上午清理完M14，绘图、照相。M18清理完毕。M17人骨下有蚌泡。大罐绘图照相完毕，未见人骨，暂未编号。M19南侧墓葬未定。T2、T3填土出铜器小件。

5月18日　M14取样。T2东扩方发现M21，骨架凌乱。M19南侧有积石，估计为墓。下午在M19下现出墓葬。在南侧断崖处开方。向东陆续发现墓葬，清理南区北端的"封土墓"。

5月19日　上午清理M20，砾石下压人骨，仰身直肢。M22（上压M19等）随葬品出现。将T2所出大罐编号为M23。"封土墓"编号M27。下挖很浅即出现朽坏的人骨。M24清理完毕、绘图。其北面下方出现人骨。M25清理完毕，墓的后半段随断崖垮塌被毁。M26位于表土下，系双人合葬，随葬品较多，包括啮齿类骨架。绘图、照相。下午清理M26下方，取人骨样本。M25积石下出现人顶骨。其北出露M28，有少量积石。M22清理完毕。

5月20日　M25南侧出露一墓，东2米外另有一残墓。M26东南出现并排的2座墓。M27再发现散乱人骨，绘图。M24北侧出现乱骨坑。其下还有一层，出有铜泡、蚌泡等。T11以南，新开T12、T13。

5月21日　上午清理M27、M29、M30、M31、M32、M34。M33清理完毕。继而清理M35、M36。下午，M30、M31清理完毕，M29、M34结束。证实M31打破M30，又被另一墓打破。M35被M36打破。M33东侧和南侧出现3座墓。M29南侧又露头1墓，有朽木（葬具？）。

5月22日　上午，清理完M38、M39、M40、M34、M36、M35、M37，拍照、绘图。M41清理完，有简易木葬具，取样。清理M32，再次发现朽木葬具，取样。弄清楚M31打破了M30，后者又叠压另一墓。继续开方T14、T15。

5月23日　停工。

5月24日　M42、M43、M27、M38、M39、M40绘图。M32西侧一墓出土一组较怪的器物，包括长方形陶盒等，为以往不见。此墓似被M32打破。M30东壁出现朽木葬具痕迹。此墓被M31叠压，又被另一墓打破，关系待查。注意此区表土下出土的单耳器物很特别，火候高，器形小。

5月25日　M26东侧出现M44，墓主盆骨以下被M26打掉，随葬品基本完整。出有汉白玉（？）权杖头1、大铜刀1等，共计8件。在M30、M32下再现人骨架2副。其中，原属M32下面的一副打破M30下面的一副。M32下面的一副又被另一墓（可能为西侧一具）打破上肢左侧。奇怪的是西侧一具骨盆以上骨架缺失。总之，关系极其复杂。另在M30下出现朽木葬具痕，南侧还有头骨1具，不明其归属，且方向相反，待查。注意此区内数座墓的下面叠压其他墓葬。M31东侧出现M45。在T9东侧再新开一方（T16），发现M27中下层，在其南侧出现大量砾石块堆积的墙体，似有意为之。在T14内发现一似为沟的遗迹，发掘面积有限，难以确定，是否为围墓沟，值得关注。

5月26日　上午清完M46、M47、M48、M49。在M31东北出现一墓。M31东南处新发现M50。下午，酒泉市博物馆派员3人参加短期发掘，为他们新开2个探方。其中，田晓、刘兴义、郭俊峰、闫开国参加南区中部东侧一带的发掘。在M46东侧出现2具头骨，为2座新墓。M46下面还压有一副人骨。将M27北侧砾石堆积解剖一半，绘图。

5月27日　上午清理完M52，绘图。此墓开口于表土下，有木质葬具。新开的T16内出现M51，随葬四耳筒形盖罐，系2人合葬，骨架散乱，有积石。在其东侧还有一堆砾石，石下可能也是墓，或与M51为一墓。待查。清理M50，此墓狭长，系双人合葬。东侧还有4人叠压的另一墓。西北有一墓向西延伸。M52南侧有一座儿童墓露头。T17出现M53，打破西面和东南的另一座成人墓。西侧出现下肢骨2副。此探方内有一积石墓，二次葬，头骨2具。东侧靠下为另一乱骨葬。M48、M47东侧上方积石下压人骨，尚待清理。继续清理T14内的沟，沟内下层所出陶片与上层不同，风格近马厂文化，但为数不多。采集M48墓主牙齿、股骨、骨盆和M49墓主单侧股骨。

5月28日　在M38东南清理M56。在M58东侧发现M78。M58填土出零乱人骨，大致可辨认属于2人，另出陶片和其他骨器。在堆积的砾石中发现下颌骨。此墓后部为一堆沙石，很乱，似被破坏。M50东侧发现3座墓，相互叠压打破。其中，M55上层有一残墓，出露简易木葬具，清理，暂未编号。其下3座墓分别编为M55、M56、M57。M59清理完毕。M56头骨被压碎。M51东侧积石下发现板灰痕。M60大致清理完毕，有头骨3具，有积石，墓边不规则。其西有另一墓，正在清理，出彩陶埙1件。M31下有一墓露头，已清理部分，发现木质朽灰痕迹。采集M55A人骨。

5月29日　上午，M58、M59清理完成。M51、M61、M62、M63正在清理。下午完成M61、M62的清理。M63进入收尾阶段。M45东侧出现3座墓。M51东南发现积石、人骨和板灰等。

5月30日　清理完M62、M63、M69上层、M66、M68、M70、M67。在M58北侧出现一墓，淤积沙石。M69南侧发现积石、木质葬具、铜器小件以及似为刀鞘类有机物朽痕（M69

即为M51东侧墓），积石下压人骨，有清晰的板灰痕。

5月31日　停工。

6月1日　清理M69，其下压骨架一副。M64清理完毕，系乱骨葬。人骨集中于墓穴北端。新编墓号M71~M74，大致清理完毕。另有3墓皆因扰乱甚，暂未编号。M50西侧出现被打掉上肢的下肢骨，分为上下两层，皆存下肢。M74北侧发现残墓1座，暂未编号。

6月3日　今日兵分两路。水涛留守干骨崖墓地，继续清理。李水城带领2个民工去遗址勘测，为下一步试掘做准备。

6月4日　李水城开始在刘家沟口、三坝洞子遗址测绘。水涛在干骨崖墓地继续发掘。

6月5日　李水城前往金佛寺乡西高疙瘩滩遗址进行测绘。水涛在干骨崖墓地继续发掘。

6月6日　李水城前往干骨崖墓地北侧的照壁滩遗址试掘。该址位于大庄八队村西北，丰乐河东岸，与高苜蓿地遗址隔沟相望，河沟宽7~8米。在遗址开探沟1（2米×10米），下挖后不理想，似被扰乱。其南侧有一土坑，内含少量陶片，多为夹砂陶小罐口沿，器表饰刻划纹或稀疏绳纹。彩陶皆为细泥橙黄陶，绘黑色彩，线条流畅，有马家窑文化特征。水涛在干骨崖墓地继续收尾。

6月7~13日　李水城先后在照壁滩遗址、高苜蓿地遗址、刘家沟口遗址、三坝洞子遗址、西高疙瘩滩遗址试掘。水涛在干骨崖墓地收尾。

6月13~14日　转入室内进行初步整理、器物装箱，全部工作结束。

6月15日　租到一台拖拉机，将出土文物运往酒泉市。

附记：

在此特别感谢1987年参加干骨崖墓地发掘的大庄八队村民，他们是：杨芳、杨秀玲、杨春芳、杨树年（男）、杨桂林、杨冬梅、杨春梅（彩版五〇，1），他们为此次发掘付出了辛勤的汗水，做出了应有的贡献。此外，我们还要感谢我们在大庄八队的房东王先生及家人，特别是王先生的夫人（彩版五〇，2），为我们做饭、一日三餐，在有限的条件下，尽力满足我们的需求，这一切都给我们留下了难忘的回忆。

2008年，我们利用在酒泉召开"中国西北地区的早期农业出现与发展"国际学术研讨会的机会，在酒泉市博物馆与干骨崖墓地的发现者冯明义先生重逢（彩版五〇，3），一别二十多年，老先生依旧身体健康，幽默风趣，我们都非常高兴。

李水城

附录一〇　酒泉干骨崖墓地发掘整理期间的
部分通信

李水城

（北京大学考古文博学院）

在整理干骨崖墓地发掘报告期间，曾就有些疑难问题求教中国科学院地理研究所、甘肃酒泉市博物馆、甘肃省文物考古研究所、中国社会科学院考古研究所、中国科学院古脊椎与古人类研究所、北京科技大学（北京钢铁学院）冶金与材料史研究所的一些先生，并得到诸位先生热情的回复和解答，对此我一直心存感念。其中，有些信件一直保留至今。在干骨崖报告行将付梓之际，我将有关信件附录于此，希望它们能够作为我们考古发掘及整理工作历史的一部分保留下来。

（一）李非先生（中国科学院地理研究所）来信

水城：

你好，代问家人好。

感谢老同学对我的关心与帮助。

河西自然环境变迁问题目前我尚未找到直接材料。有人做过时代很早的孢粉和地层，和汉以后的历史地理文章。全新世8000~4000这一段缺。周围地区倒有，兰州、青藏高原。我们所这方面资料不多，因为兰州有冰川冻土所、沙漠所、兰州地理所、兰大地理系，所以这是他们的工作范围。北京地理所很少到那里去做细致的工作。如果到兰州收集资料，很可能找到一些。我再留心找找。因为我对这一地区也有些兴趣，先搜集了一些现代地理环境的资料。不知对你的论文前言是否有用？就这点东西也是在资料室费了几天工夫才搞出来。无用就算了。对这个课题如有需要和我再商量，咱们见面再谈。

我调北大事现在情况是：北大已发来商调函，我所已回函，现在等北大调令。恐怕你回来后不久我们就能在一个单位工作了。互相关心，长期合作吧。

　　祝

安！

李非

1988 年 2 月 26 日午

随信附：有关河西走廊的地理环境资料一份。

（二）冯明义先生（甘肃酒泉市博物馆）来信

水城老师台鉴，

上月 23 号收到你的来信，内情尽悉。在此首先谢谢你对我等的问候和关怀，并为老师祁福颂祷！今就有关事宜回禀如下：

1. 寄来干骨（崖）遗址发现经过一段文字基本属实，只对个别情节稍作了更正（直改在文内）。

2. 87 年参加干骨崖遗址发据的我馆人员有刘兴义、田晓、郭俊峰、闫开国。

3. 有关丰乐河大庄村（含遗址所在的下乱沟、即今大庄村八队亦称杨家下庄，西南约 500 米处丰乐河东岸的干骨崖遗址）一带的地图给你摘印了两种：其中 1∶1 万的那幅系依我馆所藏的 60 年代的航测图摘印的。1∶2.5 万的那幅是这次从市水电局摘印的。除此外，别无可寻大比例的图了。1∶10 万的图没给你复印。在 1∶1 万的图上我用红笔给标上了干骨崖、刘家沟口、高苜蓿地（即你曾认为属马厂文化遗址者）、西高疙瘩滩（在丰乐河西岸，陈家庄东侧、西干渠东岸上）三处遗址。杨家下庄（即今大庄村八队，亦即你们发掘时所住过的地方）我画了个红圈。上述两图不知合用否？

再者，图中的东干渠，即你所知的杨家庄（八队）和刘家沟口西侧的三坝干渠。西干渠则在丰乐河西岸。

还有在干骨崖东北过高苜蓿地、再东北有夹梁子遗址，再北的丰乐河西岸有古坟滩（遗）址，这两处标不到图上。

4. 有关地质资料，在驻酒泉水文地质三队摘录了一段。据我馆前往该队查询资料的赵建平同志称，那里的图纸资料很多，但都系专用，看不懂，是队上的工程师依图笔录的，不知合用否？

另，从我馆 60 年代编纂的《酒泉市志》中，我又给摘抄了几句亦供你参考。

李老师，你能在发掘后不久，即着手写此报告，足见老师才华，令人敬佩，祝你成功，尚须有其他有关资料之处，尽可来函言明。我等当鼎力而为。

你惠寄的《考古学文化论集》，接到你的来信后，我方知有此事，经问田馆长，她说已经收到了，内容我尚未及一览，想来必定受世（人）欢迎。为此，田馆长让我转请你，此书若还有存，请再给我馆寄五、六本来，待收到后即当汇书资过去，切此！

馆里诸相识，我都代你问候了，大家也问候你好，我于 1990 年 6 月 1 日起退休，在家领孙子，托福还好。

即此

祝文祺

冯明义敬上

1994 年 11 月 8 日

随信附有关资料：丰乐河地质资料 1 页；酒泉位置与疆界、地形、地质结构、矿藏、气候、丰乐河等计 4 页。

（三）王辉先生（甘肃省文物考古研究所）来信

水城兄：

近好！大札奉悉，迟复为歉。

由于火烧沟墓葬的图刚刚找到，我现在正在做墓葬一览表，还未来得及全部熟悉一遍，只能将墓葬结构比较典型的墓描几张图给你。火烧沟的墓葬可以分为竖穴土坑式（亦可分单侧二层台及无单侧二层台者），主要为单人葬，合葬墓较少，有单排合葬及叠压式合葬二类，或兼具前两者。葬式主要为仰身直肢葬，有少量的侧身屈肢和俯身直肢葬，并有部分墓有殉人；部分墓在土洞外以木棒封门。墓底有棺或席子朽迹。基本情况如此，还有什么事需要帮忙，请来信。

颂

夏安

王辉

1988 年 5 月 17 日

水城兄：

近好！

大札奉悉，迟复为歉。最近实在没有机会到楼上去，所有的图和资料都被锁在保险柜内。我们这的情况上次已经和你说过，直到昨天，因省长大人要上楼去看一下，方才有机会到楼上去一趟。我已参照图核对了你所提供的诸组打破关系：M98 → M97 → M212 → M107 属实；M212 和 M153 → M208，M259 → M260，M178 → M179 三组打破关系属实。只有 M93 → M197 → M206 一组打破关系无论是图上还是记录上都没有，不知如何得出。

颂

撰祺

王辉

1989 年 9 月 7 日

（四）孙淑云先生（北京钢铁学院）来信

李老师：

你好，寄去补充照片 5 张。文章部分内容也作了修改，改动不太大。其中 1731（T5 扩方 M8 南壁中央）似奇怪？是同时期吗？随信还寄去国际会通知一份，请你转交贵系领导。看你们能否安排 2~3 人参加的话，请复印一下此通知给具体参加者，以便回执。三门峡此次会议已有近 70 外国人初步报名，现第二轮通知已发至国外。11 月 1 日前他们将把 Abstract 寄回。估计 40 人以上不成问题。会后将有一路人参观侯马。届时将去贵校在曲村的发掘点参观。此已征得贵系领导的同意。如在曲村发掘的同志能参加三门峡会议，将是很方便的。具体参加人员由贵系领导酌定。请你将此意思转告给他们为盼。

另外，我室研究生周忠福（男）此学期准备参加 2~3 周考古实习，不知贵系本学期有无下去实习的学生？如能跟你们实习的一起去就太好了。最好是春秋战国、汉代及以前（的）考古。他的课题是铜镜表面"黑漆古"，因此在参加考古实习后，他还准备去有黑漆古器物的博物馆参观、调研一下。此事拜托你打听、安排一下。给你添麻烦了。有事请打电话联系。

顺祝

研祺

孙淑云

1993 年 9 月 2 日

（五）韩康信先生（中国社会科学院考古研究所）来信

李水城同志：

托袁靖带来的钱收到，我给外单位协作从来不见"报酬"的，你送来钱，我倒觉得不好意思。此外，我去北大那几天，因肩部和关节疼痛难忍，所以后来几天来去"打的"，多花了你们的一点经费，也是有点过意不去。不过那一星期我真是"咬着牙"赶完了的。

头骨照相完后，我也感觉可能会出问题。因为只考虑了景深，没选好景光时间，当然我的照相技术很差。等我从山东出差回来后，再找一天时间补拍一下（1 月 15 日回来）。到时间再跟你联系。

我让我的学生给抄录了一份人骨鉴定单，现寄上。和郑晓瑛的鉴定结果对了一下，性别基本一致，有部分个体的年龄上有些差异。另外，我鉴定的个体数少于郑晓瑛的，因为我看到的只是有头骨的，不包括原来无头骨和破碎头骨的个体。不知后者保存了没有？如仍在，可补鉴定一下。

在北大工作几天，水涛同志热情关照，谢谢他了。他的毕业论文通过了吧？是否回家了？

如未走，有空让他来我家玩。

祝好！

注：鉴定单中"GGY"和"JG"是否一个地点的？请告我。

韩康信

1994年1月3日

（六）祁国琴先生（中国科学院古脊椎与古人类研究所）来信

李水城同志：

你好，10月18日的信收到了。

上次我去北大工作了三天，一切听从水涛指挥，哪些标本是放在小匣子里、哪些是放在纸箱里，我都记不清了。如果你觉得有些标本未被鉴定，并未包括到报告中去，可将这些标本拿来。

我一直很忙，且家里有个不断生病的老母，就更使我狼狈不堪。

此致

教安！

祁国琴

1994年10月31日

附记：

以上信件发表之前未能征求各位先生的同意。恳请各位予以谅解为盼！

编者

后 记

1987年6月中旬，干骨崖墓地发掘结束，我俩在丰乐乡租到一台拖拉机，将干骨崖墓地发掘出土文物运往酒泉市。60多千米的路途，拖拉机跑了近半天，驾驶室机器轰鸣的震耳欲聋，高分贝的巨大噪音将我们折磨的几近抓狂……

到了酒泉以后，省文物考古研究所接运文物的车子却久候不来。眼见着这么等下去也不是个事儿，我俩一合计，便趁这段空间跑去了新疆。在乌鲁木齐，我们在自治区文物考古研究所和博物馆观摩了新疆出土的一些文物，包括那时刚发掘不久的哈密五堡、焉不拉克、和静察吾呼沟等地新的出土资料。这次旅行既是为我们下一阶段将要开始的整理工作做准备，也是想趁机寻找甘肃河西走廊与广阔的西域之间可能存在的文化联系。

1987年9月，水涛重返北大深造，河西走廊考古调查发掘资料的整理工作落在了李水城头上。翌年春，李水城在完成部分调查及发掘资料的初步整理后，开始撰写毕业论文（李水城：《四坝文化研究》，《考古学文化论集》（三），文物出版社，1993年）。

1988年9月~1989年1月，李水城前往兰州继续整理河西考古调查发掘资料。那段时间，甘肃省文物考古研究所仅有的几位技工都在忙着整理修复大地湾遗址、敦煌魏晋墓地的出土文物。河西走廊考古调查资料的整理只能自力更生，从遗物清洗、缀合、拼对、修复、绘图、照相等莫不如此。可以说，这段时间的绝大部分都耗在了这类工作上。

1990年，我俩参与了中国科学院重大项目"中国气候与海面变化及其趋势和影响：中国历史气候变化"的子课题："葫芦河流域的古文化与古环境"的调查研究，北大七七、七八级的几位老同学精诚合作，沿着葫芦河谷地开展了一次系统的环境考古调查，这也是中国区域考古调查的滥觞。当年底，我们就圆满地完成了任务（该项目荣获1999年度中国科学院自然科学研究一等奖）。

1993年，长江三峡水库淹没区地下文物发掘与保护的工作被提上议事日程，很快这项工作便成为中国考古界的重中之重。这一年，恰好水涛博士毕业，应聘至南京大学历史系考古专业，我俩的工作也随即转入长江三峡地区。与此同时，北京大学、江西省文物考古研究所与美国安德沃（AFAR）考古研究会在江西乐平、万年开展的"赣东北稻作农业起源的考古研究"国际合作项目也获得了国家批准，作为该项目的田野考古负责人，李水城前往参加了前期的发掘工作，为此牵扯了大量精力。如此，河西考古调查发掘报告的整理和编写工作只好时断时续。再后来，我俩先后去了美国，整理工作彻底陷于停顿。

除去上述教学和研究的不断变更外，经费短缺也是困扰整理正常进行的另一重要原因。为此我们很感谢20世纪90年代国家文物局给予这项工作的支持。1998年，我们为此申请国家哲学社会科学的研究基金未果。李水城不甘心，在赴美之前留下申报材料，来年再报，终获批准。为此特别感谢宿白先生和徐苹芳先生的鼎力扶持。这以后，河西走廊调查发掘报告的整理和编写工作渐渐走上正轨。2011年，《河西走廊史前考古调查报告》由文物出版社正式出版。如今，《酒泉干骨崖》发掘报告也已付梓，可喜可贺！在如释重负的同时，也为本报告整理和出版延宕如此之久，深感遗憾和愧疚。但反过来看，世间万事，有一弊也必有一利，这其中好的一面就是让我们有了更加充裕的时间来充分地认识和消化这批出土资料，更加深入地挖掘其内在的学术价值。重要的是，让我们有更多的思考时间，逐渐了解到一些以往不十分清楚的有关早期东西文化交流的蛛丝马迹。

河西走廊考古调查发掘至今，已过去整整27年，此中甘苦自不待言。1987年，料峭春寒之时，我们驱车赶往酒泉，进驻祁连山脚下的一个小村庄，随即就是起早贪黑、没日没夜地干，真是有股子豁出命的劲头。以至于截稿时才发现，我俩在发掘期间竟没有合拍过一张照片，最后只好将两张独自的照片合并于文前作为纪念。

本报告行将出版之际，感谢国家文物局、甘肃省文物局、甘肃省文物考古研究所、酒泉市文化局、酒泉博物馆等单位给予我们的帮助和支持！特别感谢韩康信先生、祁国琴先生、孙淑云先生、吴小红教授、傅罗文教授、郑晓瑛教授、何嘉宁副教授、崔剑锋副教授、温成浩、刘歆益博士、蒋宇超等对本报告编写工作的支持，他们分别从不同的视角贡献了研究成果，使本报告的研究更加丰满，也使本书大为增色。

由于本报告编写时间久，附录部分的研究内容和撰稿人与最初的人员安排有一些出入变化，在此有必要作一简要说明。

1. 体质人类学研究

1990年，为帮助北京大学考古学系博士研究生郑晓瑛的博士论文研究，作为其导师组成员的严文明教授建议，由李水城出面与甘肃省文物考古研究所协商并签署协议，将酒泉干骨崖墓地出土人骨标本运往北京大学考古学系（人骨检疫、装箱、托运等工作由水涛负责），交由考古系博士研究生郑晓瑛整理研究，在利用这批资料撰写博士论文的同时，也为《酒泉干骨崖》考古报告提交一份体质人类学研究报告。后来，由于郑晓瑛的论文篇幅过长，不宜作为报告的附录。为此，严文明先生提议邀请中国社会科学院考古研究所研究员韩康信先生对这批人骨重新进行体质人类学研究，并撰写报告。韩先生欣然接受了邀请，并不辞辛劳地多次前往北大研究这批标本。遗憾的是，由于多方原因，韩先生最终没有给我们提交他的研究报告。2009年前后，我们与郑晓瑛教授接洽，希望她在其博士论文基础上为本报告缩写一篇适度的体质人类学研究报告，但最后也未能兑现。尽管如此，我们在本报告结语中还是转引了郑晓瑛教授的主要论点。

2011年，我们邀请北京大学考古文博学院何嘉宁副教授对干骨崖墓地的人骨（头骨）重新做了研究。何嘉宁先生按时提交了一份很好的体质人类学研究报告，并拍摄了人骨标本照片（参见本书附录四）。

2. 年代学研究

干骨崖墓地发掘结束后，北京大学考古学系年代学实验室（陈铁梅先生）就对墓地采集炭化木的样本作了碳–14常规测年，得出四组数据。在本报告编写期间，我们请北京大学考古文博学院吴小红教授对这批数据作了拟合，并委托她撰写了新的年代学研究报告（参见本书附录一）。

3. 动物考古研究

酒泉干骨崖墓地和三坝洞子遗址出土一批动物骨骼。20世纪90年代初，我们邀请中国科学院古脊椎动物与古人类研究所研究员祁国琴先生对这批动物骨骼进行研究。祁先生利用工作之余，多次前往北京大学，并撰写了鉴定报告。非常遗憾，在李水城赴美访学期间，考古系调整办公用房，将收藏有动物骨骼的柜子搬迁，致使部分资料遗失，其中就包括祁先生所做的动物考古鉴定报告的原稿。为此我们感到非常对不起祁先生，在此向先生表达歉意！

2008年，我们邀请哈佛大学人类学系傅罗文（Rowan K. Flad）教授对酒泉干骨崖出土的动物骨骼重新作了鉴定，特别是对酒泉三坝洞子遗址出土的兽骨进行了细致的分析，并撰写出研究报告（参见本书附录七）。

4. 彩陶颜料分析

在干骨崖墓地发掘后，我们请甘肃省博物馆化验室的马清林先生（现任职于中国文化遗产研究院）对出土彩陶的颜料成分进行分析。限于当时设备的简陋和检测手段的局限，马清林先生提交的鉴定表格比较简单，现已不适用。为系统地了解四坝文化彩陶的原料及成分，我们请北京大学考古文博学院的崔剑锋副教授对该址所出的彩陶进行了全面的检测分析，并提交了新的研究报告（参见本书附录三）。

在这里，特别感谢北京大学严文明先生拨冗为本报告题签。

由衷地感念苏秉琦、俞伟超先生对干骨崖墓地发掘和资料整理工作的关心；感谢甘肃省文物考古研究所的老领导岳邦湖、张学政两位先生对发掘和整理的帮助；感谢甘肃省文物考古研究所杨惠福、王辉两位所长对本报告整理和出版的支持；特别感谢岳邦湖（时任省文物考古研究所所长）、马建华（时任省文物考古研究所资料室主任，现任职上海龙华烈士陵园管理处）先生帮助拍摄干骨崖墓地出土文物的照片（限于技术原因，这批黑白照片仅部分用于本报告）；感谢周佩珠（时任省文物考古研究所图书资料员）女士帮助制作陶器纹样拓本；感谢祁庆国（首都博物馆）先生帮助拍摄干骨崖墓地出土人骨照片；感谢徐勇（北京市西城区）先生帮助拍摄干骨崖墓地出土铜器照片；感谢冯明义、李非、孙淑云、王辉等先生在报告编写期间为我们写信答疑！

报告编写期间，还得到北京大学考古系研究生秦岭（现任考古文博学院副教授）、曲彤丽（现任考古文博学院讲师）、丁建祥（现任中国水下考古研究中心副研究员）、彭鹏（现美国普林斯顿大学博士候选人）、陈玑（现任职于福建省博物馆）、艾婉乔、温成浩（现美国加州大学洛杉矶分校博士候选人）及本科生王一如（现为剑桥大学考古系博士研究生）的帮助。特别感谢北京科技大学冶金与材料史研究所博士研究生张登毅，在报告整理后期，他利用课余空闲多次前来北大，随叫随到，不辞辛劳地做了大量的事务性工作，为本报告的出版贡献良多。

本报告英文摘要由美国哈佛大学人类学系博士候选人哈克（Yitzchak Yonah Jaffe）先生翻译，美国哈佛大学人类学系傅罗文（Rowan K. Flad）教授审阅，在此向他们表示诚挚的谢意！

干骨崖墓地发掘期间，各类遗迹底图和照片由水涛和李水城绘制、拍摄。遗址测绘和试掘由李水城负责。报告整理期间，出土文物和遗迹线图的清绘由李水城负责。

最后说明：凡涉及酒泉干骨崖墓地出土遗物均以本报告发表资料为准。

李水城　水涛
2012年12月

补记：

（1）报告样稿审校期间，我们请北京大学考古文博学院张海为本报告制作了河西走廊、酒泉市及丰乐河冲积扇的航拍地图。

（2）报告样稿审校期间，我们请山东大学历史文化学院考古系宋艳波根据照片对干骨崖墓地出土牙饰和蚌泡进行了补充鉴定（鉴定结果已落实在本报告的文字中）。

（3）北京大学城市环境学院教授夏正楷先生为本书提供了夏鼐先生日记的有关片断。四川大学历史文化学院宋吉香也对本书完成有所贡献。

（4）报告样稿审校期间，北京市文物考古研究所于璞（现为北京大学古代文明中心博士研究生）帮助将部分不符合要求的墓葬和器物图进行了重新清绘。

（5）鉴于20世纪80年代拍摄的干骨崖墓地出土文物照片质量较差。现如今，黑白照片的处理也很麻烦，为此我们一直设想能重新拍摄这批文物。但甘肃省文物考古研究所在搬迁到新址以后，干骨崖出土文物长期被搁置在该所旧址库房，寻找极为不便。2013年初，《酒泉干骨崖》报告交付文物出版社，我们已放弃了重新拍摄的念头。或许是天意，由于前一位编辑的工作岗位调整，致使本报告未能在预定期间出版。这个意外的延宕竟然为我们实现重新拍摄的梦想提供了契机。2015年，在国家文物局流动文物整理项目支持下，甘肃省文物考古研究所开始清理旧址库房的文物，终于找到了干骨崖墓地出土的绝大部分文物。尽管还有少量器物（包括三坝洞子等遗址）没有找到，但我们已经很满足了。2015年7月末，李水城前往兰州，协助将这批文物运回甘肃省文物考古研究所新址库房，并重新进行了拍摄。这里特别要感谢魏美丽、张俊民、任芳（以上甘肃省文物考古研究所资料室）、张伟（甘肃省文物考古研究所文物修复室）等同志为此次拍摄提供的大力支持和帮助。此外，西北师范大学2014级文物与博物馆专业硕士研究生马芳、秦菽卿、李丽丽、尹亚萍、吕婷、高雪、王忆南、谢欢欢等同学也为此次拍摄付出了辛勤的劳动。这项工作也为干骨崖报告的最后出版画上了完满的句号！

在此谨向以上各位表达我们的衷心感谢！

2015年8月补记于蓝旗营

Report on the Archaeological Excavation of Ganguya Cemetery

(Abstract)

Translated by Yitzchak Jaffe (Harvard University)

Collated by Rowan K. Flad (Harvard University)

The Ganguya cemetery is located on the east bank of the Fengle River on the west side of Dazhuang village, group 8 in Jiuquan city, Gansu province. The site was discovered in the 1970's and was formally surveyed in the autumn of 1986. During the months of May and June of the following year, Beijing University and the Gansu province cultural relics and archaeology institute conducted excavations at the site and uncovered 107 tombs and over 400 artifacts including tools of everyday use, production, weapons, ornaments and more. Of these, 15 were fashioned out of jade, 31 of bone, 19 of animal teeth, 27 of bivalve shell, 10 of seashell, 48 of metal and another 240 artifacts made of ceramic or clay.

The Ganguya cemetery is spread along the alluvial delta of the Fengle River and can be separated into 3 areas: North, Middle and South. The graves of the Middle and North areas are few and relatively scattered while the Southern area tombs are more numerous and more densely distributed. The graves are rectangular in shape or approximately square, vertical pits. The vast majority of the graves were quite shallow, dug only a few dozen centimeters into the loess soil, while a small number penetrated into the 'Gobi' gravel layer more than a meter deep. A prominent feature of the Ganguya cemetery is the many fine pebbles that were laid inside the tomb floors. These pebble inlays varied in number and style –several graves contained a great number of pebbles that sealed the stone graves, while others contained pebbles that were placed directly against the deceased's body. Most tombs did not contain coffins, but several did have makeshift beds of wooden sticks on which the body was placed. During the excavations a number of signs reflecting funerary rites performed at the graves were found: several tombs had piled up pebbles placed as markers on their surface while others had the remains of mounds built on top of them.

The Ganguya cemetery displayed two main burial styles, single and multiple burials, and a number of sub–categories that further differentiated them. The bodies of single burial tombs were laid out on their back sides in a flexed position and unordered manner. The multiple burial tombs contained adults and children alike. Both same and opposite sex individuals were buried in the multiple burial tombs. Further sub-categories of burial groupings include bodies placed face up with their limbs placed at their side, bodies placed leaning forward and secondary burials. The cemetery presented some peculiar and interesting finds, notably a small number of graves built as narrow shafts where several bodies were placed on top of each other and a few graves that had two layers of buried individuals in them. The number of child burials found was relatively small. However since both single and multiple child burials were present, it appears that little difference, in this respect, existed between children and adults of this community. Child burials were indeed placed in no particular order among the other tombs. A number of other unique tombs and burials that were excavated included a burial of a body placed in the tomb in a forward-leaning posture, a tomb of a pregnant women, empty tombs, and tombs containing several sacrificial artifacts.

Among the single burials of individuals placed on their backs at the Ganguya cemetery, a number of graves showed signs of disturbance around the upper body area. This mortuary custom is known from other areas of Northwestern China, where, according to recent research, after a period of time the grave was reopened and the upper, but not the lower part of the body, was disturbed. This reopening of the tomb results in the upper limbs being disturbed, moved or even removed completely, while the lower part is left untouched.

On average, the Ganguya cemetery graves yielded relatively few burial artifacts. Most graves had only 2-3 artifacts in them with the most abundant grave containing 10 artifacts. A number of graves yielded no artifacts at all. The grave goods included ceramics, metals, jades, bone, teeth and bivalves, along with various types of ornaments. Jade objects were rare with only a number of mace heads and perforated shovels found at the cemetery. Stone tool artifact types included perforated knives, spindles, cobble tools and flaked objects. The main bone artifacts found were needle shafts, needles hairpins and arrow heads. Boar tusks were polished and perforated and analysis of the excavated materials indicates that they may have been used as ornaments that were sown on to clothing. Bivalves were selected from river beds to be used as natural sources of workable material. They were polished, perforated and shaped into a circular or oval form, and were probably sown onto clothing for decoration. Among them are exquisitely worked pieces, larger in size, which must have been fabulous decorative wear. A small number of seashells and shellfish shells were found in the graves as well.

Most of the ceramic artifacts found at the cemetery can be categorized as vessels, along with a small number of production tools, musical instruments and clay figurines. All of the ceramics were hand made using slab construction or coiling in sections that are then joined together. Small vessels are formed using pinching methods. There is no evidence for the use of a potter's wheel or molds. The majority of the pottery is made of pressed sand most of which is of red or dark red color, a small amount of gray and very few of black color. There are quite a large number of painted ceramic vessels, amounting to approximately 25% of all those excavated at the cemetery; the characteristics include a small amount of fine–grained sand temper, polishing on the vessel surface, a fine texture that is purplish–red or red slip and a few examples have yellow slip. The painted vessels typically have black paint along both the internal and external part of the lip, the body and neck. The vast majority of the painted patterns have a geometric style and a small number have reliefs of animals and human figures that appear to be dancing or running. Analysis performed on the painted vessels confirmed that the scenes were drawn on the vessels before they were fired and were not painted on to them after the firing process was completed. The painted pottery is characterized by a thick layer of black paint to the extent that it is noticeably protruding from the vessel's surface and can easily be peeled off from it.

Most of the sand–tempered vessels are undecorated, although there are a few vessels that have simple engravings or impressed decoration. A small number have cord–markings. The main ceramic vessel types are *guan* (jars), *hu* (flasks) and other similar types that can be further subdivided into *shuanger guan* (two–handle jars), *daner guan* (single–handle jars), *fuer hu* (jars with handles on the bell), *danba bei* (single–handle cups), *sier guan* (jars with four handles), *tongxing gai guan* (jars with tubular lids),other vessel lids, *zun* (beaker)–shaped vessels, *changfangduozihe* (rectangular boxes), *shuanger pen* (two–handle basins), *pan* (platters), *weng* (urns), etc.. Also unearthed at the cemetery were a number of proto–porcelain musical instruments and ceramic tools (spindles) along with a number of animal figurines that had not been fired.

Excavated ornaments were typically smaller in size, created from red stone, ceramic, shell, stone or glass. Among them, perforated globular pearls were the most abundant artifact, and were made in a cylindrical or abacus bead like shape. In addition a number of unfinished items, of turquoise and other materials, were found as well.

The Ganguya cemetery yielded several metal objects which, by their function, can be separated into groups of tools and weapons including knives, sickles, daggers, awls, axes and arrows; everyday utensils including mirrors plates buttons; decorative accessories such as gilded cups rings, and more. The craftsmanship involved in producing these objects was fairly simple and reflects a relatively low level of production in its early stages of development.The objects were made from the following 7 variation of tin alloys: copper–tin–zinc–lead, copper–tin, copper–arsenic, copper–tin–arsenic, copper–tin–iron, copper tin–lead and copper–tin–arsenic. The results of the metallographic analysis demonstrates that these bronze objects were produced by casting and forging. The production techniques used for specific types of objects displayed some differences. Most of the tin and bronze artifacts were forged and no arsenic or copper artifacts were smelted. In summation the analysis of theses metal artifacts provides new and important data to the growing research on incipient metallurgy and cultural exchange in ancient China.

Based on stratigraphy analysis and the relationship among tombs in the cemetery, the burials at Ganguya can be divided into two chronological periods and four phases. Radiocarbon dating places the absolute age of the cemetery between 1850–1550 BC (verified through several correction cycles).

Survey and small scale excavation were performed at the sites of Liujiagoukou and Sanbadongzi, found in the vicinity of the site and to the south of cemetery. They revealed a number of stone tools, pottery sherds, animal bones and other remains. An important result of the Ganguya cemetery excavations is the finding of a stratum with late Siba culture remains on top of Machang culture (transitional phase) remains, thus confirming the close relationship between these two cultures. This result can be taken to further indicate that the Siba culture evolved and developed from the Machang (transitional phase) culture found in the western part of the Hexi corridor.

The results of the excavation and initial analysis of the cemetery indicate that the Ganguya cemetery remains have characteristics of both the late Neolithic Machang (transitional phase) culture and that of the early bronze age Siba culture. The features and date of the Liujiagoukou and Sanbadongzi sites both suggest they were part of the Siba culture and are in-fact almost identical to those of the Ganguya cemetery. Excavations at the residential site yielded a number of noteworthy artifacts such as chipped stone axes with handles, disc-shaped stone tools and polishing stones along with metal and bone artifacts that were worn-down and polished using the same stone tools. On average these stone tools are larger, thicker and were used for everyday tasks. The ceramic sherds found at the site are typically thick, large and fired in very high temperature and thus distinctly different from the ceramics found in the cemetery.

Flotation analysis performed on a small number of sediment samples collected from cultural layers at the site of Sanbadongzi contained wheat, barley, rye, and other related grasses as well as foxtail millet, broomcorn millet, chenipodium, and other plants. Among these, barley, wheat, and both millets were domesticated crops. These finds reconfirm the fact that during the early Bronze Age, even during its earliest stages, the inhabitants of the Ganguya site and its vicinity pursed an agricultural economy and cultivated not only foxtail and broomcorn millet, but also barley and wheat as well as a number of other crops. These finds further confirm the fact that even before the 2nd millennium BC, wheat crops had already been introduced to the Western part of the Hexi corridor in a region spanning the modern day province of Gansu.

Stable isotope analyses conducted on human remains from the Ganguya cemetery and animal bones excavated at the Sanbadongzi site have provided the following three important results: 1) the wheat category crops that originated in Western Asia were an important staple crop of the Siba culture. 2) The important staple crops of the early Chinese civilization, namely millets, where being gradually replaced by a combination of new wheat and barley species, which became important grain and food sources for the local farmers in this region. 3) An increasingly arid environment, indicated by changing nitrogen isotope values found in the bones of the animals unearthed at the site, indirectly affected the economy and life of the inhabitants of ancient Ganguya and might have been a primary catalyst for this change.

Archaeozoological analysis conducted on the bones from the Sanbadongzi site has mostly found the remains of goat or sheep (Caprinae), cattle, pig and bones of the deer family (Cervidae). Caprine bones comprise 25% of the bone sample; cattle bones comprise about 10% and the proportion of cervid bones are roughly equivalent to those of the caprines. In addition a very small number of Equidae (horse or donkey) bones were found as well. The proportion of ruminating herbivores among the sample was high and omnivorous animals (e.g., pigs), accounted for a certain percentage as well. Except for the Cervidaes (as well as wild goats and antelopes) it is most likely that all of the other animals found at the site were domesticated (which however does not rule out several of the other Caprine specimens). The emergence of pig domestication and an agricultural economy is believed to be closely related and thus, it is reasonable to assume, that the occupants of Ganguya most likely practiced an agricultural life style. However, the animal remains also point to the continued importance of hunting and gathering as a complementary food source, targeting mainly larger animals such as deer and antelope but including also smaller animals such as rabbits, rodents and various fowl etc. Furthermore, a small wheel model made of clay unearthed at Sanbadongzi suggests a possibility of an existence of early wheeled vehicles as well.

Physical anthropology studies show that occupants of Ganguya cemetery displayed a number of prominent skull features identified with the Mongoloid skull type, including a pronounced facial flatness, a small but protruding nose, a relatively small facial sagittal protrusion, a not very well developed mastoid bone, an external occipital protuberance and a non–slopping orbital formation. By contrasting and comparing the physical features to those compiled in the Howells population database and modern Asian population surveys it is possible to identify the Ganguya cemetery population as most closely resembling East Asian–Mongolian peoples. Comparison with ancient northern populations indicate that this population was of the East Asian Mongoloid type originating from different eras and regions, and that during this time the ancient inhabitants of northern China had a less uniform and larger variation of skulls among its population. On the basis of craniofacial bone morphology, it appears that the inhabitants of the Ganguya cemetery most closely resemble those of the Qinghai province Kayue culture followed, in decreasing order of similarity, by the Donghuishan cemetery population (in Minle county, Gansu), Huoshaogou population (in Yumen county, Gansu), Yangshan population (in Minhe county, Qinghai), Liuwan population (in Ledu county, Qinghai) and other places of these ancient population groups. Skull morphology analysis points to further differences in respect to other ancient inhabitants of northern China. Historical accounts suggest that the ancient Ganguya population was closely related to the Qiang tribes that occupied Northwest China in pre–Qin times.

In summation, the excavations at the Ganguya cemetery and its surrounding sites help further establish and reconstruct the prehistoric developments and chronological framework of ancient Northwestern China. The excavations provide excellent data with which to comprehend the distribution of the ancient Siba culture, its connotation, time–period, economy, ethnicity and much more. Finally, the excavated materials further provide rare and unique data with which to explore early interaction and cultural exchange between East and West.

河西走廊全境地图

北

100 千米

0

丰乐河冲积扇及酒泉绿洲

1. 干骨崖遗址（西北—东南，2007年）

2. 干骨崖墓地所在台地景观（西北—东南，1987年）

干骨崖遗址地貌

1. 刘家沟口遗址地层剖面
   （西北—东南，2008年）

2. 三坝洞子遗址地表
   （东南—西北，1987年）

3. 干骨崖墓地断崖暴露墓
   穴和人骨（1987年）

刘家沟口遗址地层剖面、三坝洞子遗址、干骨崖墓地外景

1. 南墓区（发掘前，1987年）

2. M14（下层）

干骨崖墓地南墓区、M14

1. M60

2. M3（细部）

干骨崖墓地墓葬

1. M27地表景观（发掘前，
西—东，1987年）

2. M27地表景观（发掘前，
东—西，1987年）

3. M27发掘的剖面
（南—北，1987年）

干骨崖墓地M27

1. 墓地南侧封土"敖包"（北—南，1987年）

2. M28

干骨崖墓地墓葬

1. M31（近）及M30（中）、M32（远）

2. M49（近）及M48（中）、M47（远）

干骨崖墓地墓葬

1. M59

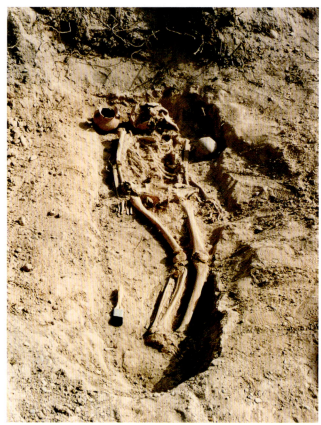

2. M61

3. M92上层简易木质葬具

干骨崖墓地墓葬

1. M92上层简易木质葬具细部

2. M92

干骨崖墓地M92

1. M45

2. M56（中）、M55（左）和M57（右）

3. M71

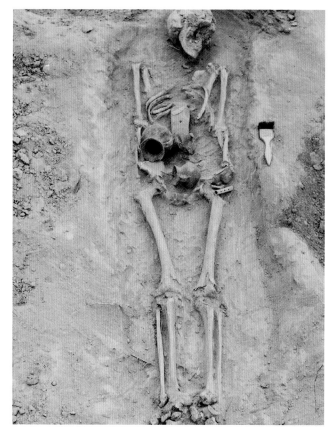

4. M84

干骨崖墓地墓葬

1. M91

2. M4

干骨崖墓地墓葬

1. M6

2. M22

干骨崖墓地墓葬

1. M57

3. M89

2. M80（左）、M82（右）

干骨崖墓地墓葬

1. M85

3. M100

2. M38（右）、M39（左）

干骨崖墓地墓葬

1. M94（上层）

2. M94（上层）细部及下层头骨

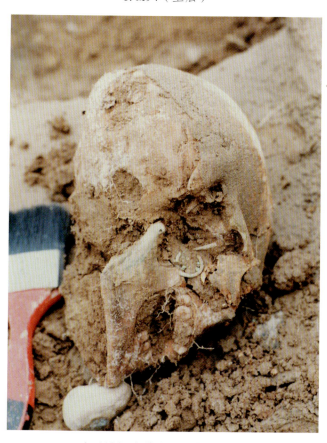

3. M94（下层）头骨右耳的铜耳环和小骨锥

干骨崖墓地M94

1. M26

2. M26（细部）

干骨崖墓地M26

1. M50

2. M60

3. M60骨盆内的胎儿头骨

干骨崖墓地墓葬

1. 绿松石珠（5枚，M51：8）、绿松石片（M51：7）

2. 肉红石髓珠（M31：3）

3. 肉红石髓珠（14枚，M100：11）、绿松石珠（8枚，M100：12）、白陶（滑石）珠（M100：15）

4. 白陶（滑石）珠一串（194枚）（M51：2）、绿松石片（M51：7）、绿松石珠（5枚，M51：8）、肉红石髓珠（7枚，M51：9）、肉红石髓料块及半成品（5枚，M51：10）

干骨崖墓地出土装饰品

1. 肉红石髓料块（M48：1–28～1–50）

2. 左：肉红石髓料块（M60：8–14～8–26）、
右上：萤石料块（M60：8–13）、
右下：小石片（M60：8–27～8–29）

3. 肉红石髓料块（16枚，M78：9）

4. 肉红石髓珠（M91（下）：7）

5. 肉红石髓料块及白陶（滑石）珠（M80：2）

6. 肉红石髓料块（M100：2）

干骨崖墓地出土装饰品

1. 石管珠（M70：3）

2. 蚌珠（M35：3、8）、白陶（滑石）珠
（M35：4、9）、石管珠（M35：5、7）、蚌壳
（M35：6）

3. 石管珠（M2：16）

4. 煤晶珠（M78：8）

5. 蚌珠（M62：6）、白陶（滑石）珠
（3枚，M62：7）

6. 小螺壳饰（M64：3）

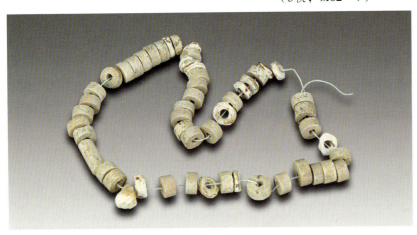

7. 白陶（滑石）珠（47枚）、
蚌珠（15枚）、A型石管珠（1枚）
（M85：7）

8. 白陶（滑石）珠（80枚）（M36：2）、
肉红石髓珠（9枚，M36：5）、绿松石
珠（1枚，M36：4）

干骨崖墓地出土装饰品

1. 骨针筒（M61：3、M85：3、M19：5、M50：5）
（左-右）

4. 骨镞（M91（下）：4、M91（下）：5）（左-右）

2. 穿孔骨管（M91（下）：1、M58：4）（左-右）

5. 骨针（M85：6、M78：3、M78：2、M94（上）：9、
M94（上）：12、M94（上）：11）（左-右）

3. 骨针筒（M58：7、M78：1、M58：1、M69：3）
（左-右）

6. 骨针筒（M94（上）：4）

1. 牙饰（M31：4、M58：6、M58：8、M58：10、M100：9、
M31：5）（左–右）

5. 蚌牌（M26：9）

2. 牙饰（M58：3、M100：8、M100：10、M94（上）：7、
M85：4、M74：9）（左–右）

3. 蚌泡（M3：10、M17：3、M1：9、M14：16、M14：17）
（左–右）

6. 蚌牌（M26：5）

4. 蚌泡（M34：3、M8：1、M34：4）（左–右）

7. 海贝（M2：5~8、15）

干骨崖墓地出土牙、蚌器、海贝

1. Ⅰ式（M26：3）

2. Ⅰ式（M81：1）

3. Ⅱ式（M4：4）

4. Ⅱ式（M4：3）

5. Ⅲ式（M6：2）

6. Ⅲ式（M7：3）

干骨崖墓地出土彩陶双耳罐

1. Ⅳ式（M46：1）

2. Ⅳ式（M84：1）

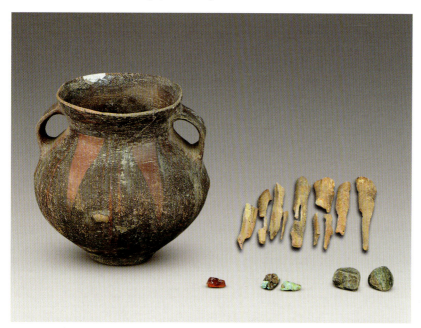

3. Ⅳ式（M59：2）［罐内放置有：骨料（M59：2-3～2-12）、肉红石髓料块（M59：2-17）、绿松石块（M59：2-13～2-16）、石块（M59：2-18、2-19）］

4. Ⅳ式（M59：2）

干骨崖墓地出土彩陶双耳罐

1. Ⅰ式彩陶双大耳罐（M61：2）

2. Ⅱ式彩陶双大耳罐（M94（上）：1）

3. Ⅲ式彩陶双大耳罐（M40：2）

4. Ⅲ式素面双大耳罐（M83：1）

干骨崖墓地出土陶双大耳罐

1. Ⅰ式（M13：1）

2. Ⅰ式（M14：6）

3. Ⅱ式（M62：4）

4. Ⅱ式（M69：15）

5. Ⅲ式（M7：2）

6. Ⅲ式（M7：4）

干骨崖墓地出土A型夹砂陶双耳罐

1. A型Ⅳ式（M31：1）

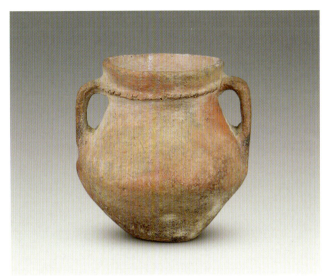

2. A型Ⅳ式（M95：2）

3. B型Ⅰ式（M59：3）

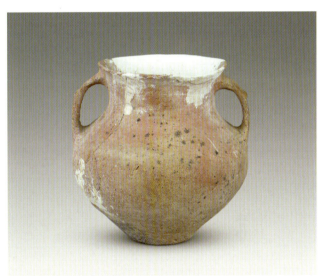

4. B型Ⅰ式（M61：1）

5. B型Ⅱ式（M58：11）

6. B型Ⅱ式（M84：3）

干骨崖墓地出土夹砂陶双耳罐

1. B型Ⅱ式（M94（上）：8）

2. B型Ⅲ式（M62：1）

3. B型Ⅳ式（M50：1）

4. B型Ⅳ式（M56：1）

5. C型Ⅱ式（M9：1）

6. C型Ⅲ式（M85：1）

干骨崖墓地出土夹砂陶双耳罐

1. C型Ⅲ式（M91（上）：1）

2. C型Ⅲ式（M57：1）

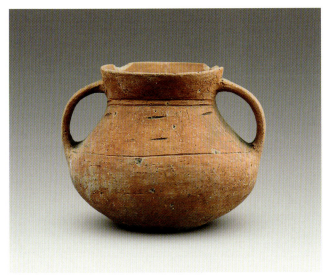

3. D型Ⅰ式（M26：4）

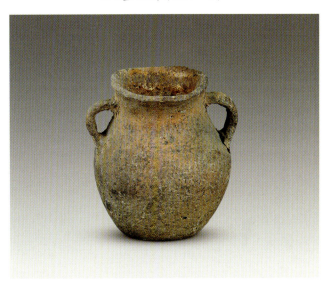

4. D型Ⅱ式（M80：1）

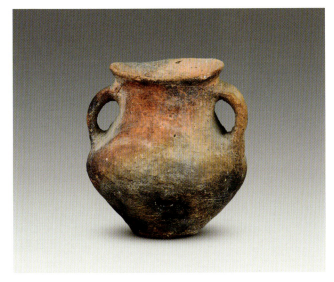

5. D型Ⅲ式（M100：1）

6. E型Ⅱ式（M78：6）

干骨崖墓地出土夹砂陶双耳罐

1. A型Ⅱ式彩陶单耳罐（M44：2）

2. B型Ⅱ式彩陶单耳罐（M19：3）

3. C型Ⅱ式彩陶单耳罐（M31：2）

4. C型Ⅲ式彩陶单耳罐（M32：1）

5. A型Ⅰ式夹砂单耳罐（M2：4）

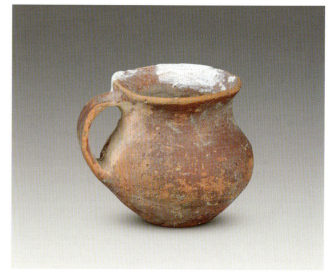

6. A型Ⅰ式夹砂单耳罐（M4：6）

干骨崖墓地出土陶单耳罐

1. Ⅰ式（M69：11）

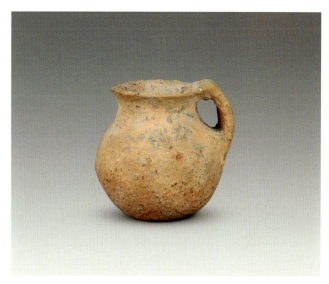

2. Ⅱ式（M105：1）

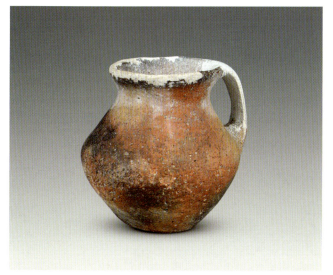

3. Ⅱ式（M41：1）

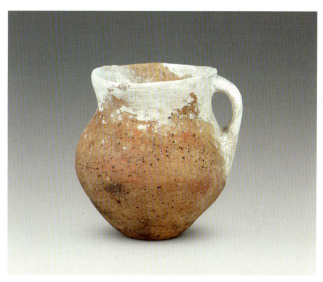

4. Ⅱ式（M22：1）

5. Ⅲ式（M28：1）

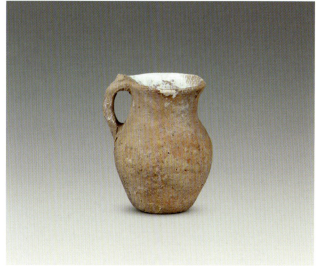

6. Ⅲ式（M80：2）

干骨崖墓地出土A型夹砂陶单耳罐

1. B型Ⅰ式夹砂陶单耳罐（M22：2）

2. B型Ⅰ式夹砂陶单耳罐（M73：2）

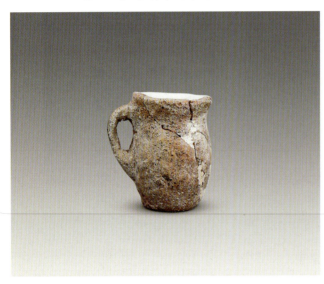

3. D型夹砂陶单耳罐（M85：5）

4. A型Ⅰ式彩陶腹耳壶（M69：10）

5. A型Ⅱ式彩陶腹耳壶（M45：1）

6. A型Ⅱ式彩陶腹耳壶（M45：1）

干骨崖墓地出土夹砂陶单耳罐、彩陶腹耳壶

1. A型Ⅱ式（M71：2）

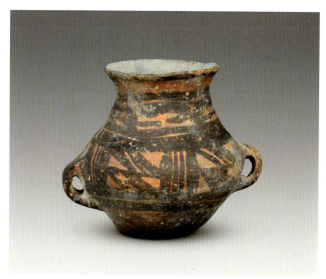

2. A型Ⅱ式（M80：3）

3. A型Ⅱ式（M90：1）

4. A型Ⅱ式（M94（上）：2）

5. A型Ⅲ式（M92：1）

6. B型Ⅰ式（M98：1）

干骨崖墓地出土彩陶腹耳壶

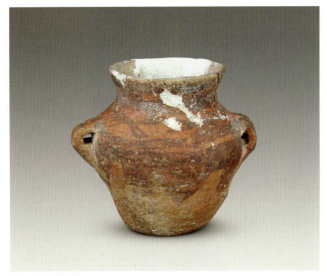

1. B型Ⅲ式彩陶腹耳壶（M30：1）

2. Ⅰ式素面腹耳壶（M78：5）

3. Ⅱ式素面腹耳壶（M78：4）

4. Ⅲ式素面腹耳壶（M60：9）

5. B型Ⅰ式四系罐（M26：1）

6. B型Ⅰ式四系罐（M62：3）

干骨崖墓地出土陶器

1. B型Ⅱ式四系罐（M91（下）：3）

2. Ⅰ式单把杯（M40：1）

3. Ⅱ式单把杯（M95：1）

4. 四耳带盖罐（M1：1+2）

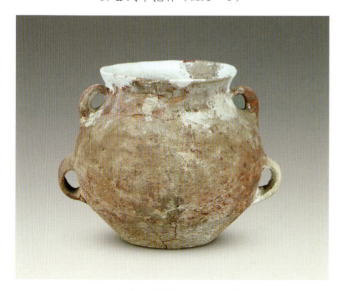

5. 羊角四耳罐（M19：1）

干骨崖墓地出土陶器

1. 筒形盖罐（M51：1+2）

4. C型器盖（M14：13）

5. C型器盖（M84：2）

2. A型器盖（M3：1）

6. D型Ⅰ式器盖（M67：1）

3. B型器盖（M22：3）

7. D型Ⅱ式器盖（M51：4）

干骨崖墓地出土陶器

1. 彩陶尊形器（M48：2）

2. 彩陶尊形器（M48：2）

3. 彩陶尊形器（M71：1）

4. 无耳尊形器（M60：1）

5. A型多子盒（M60：8）

6. 彩陶小壶（M58：9）

干骨崖墓地出土陶器

1. A型瓮（M2：1）

2. B型瓮（M23：1）

3. 彩陶双联罐（M54：1）

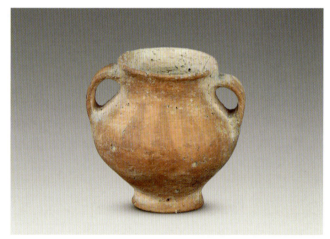

4. 彩陶圈足小罐（M102：2）

5. 彩陶埙（M73：1）

6. 彩陶埙（M73：1）

干骨崖墓地出土陶器

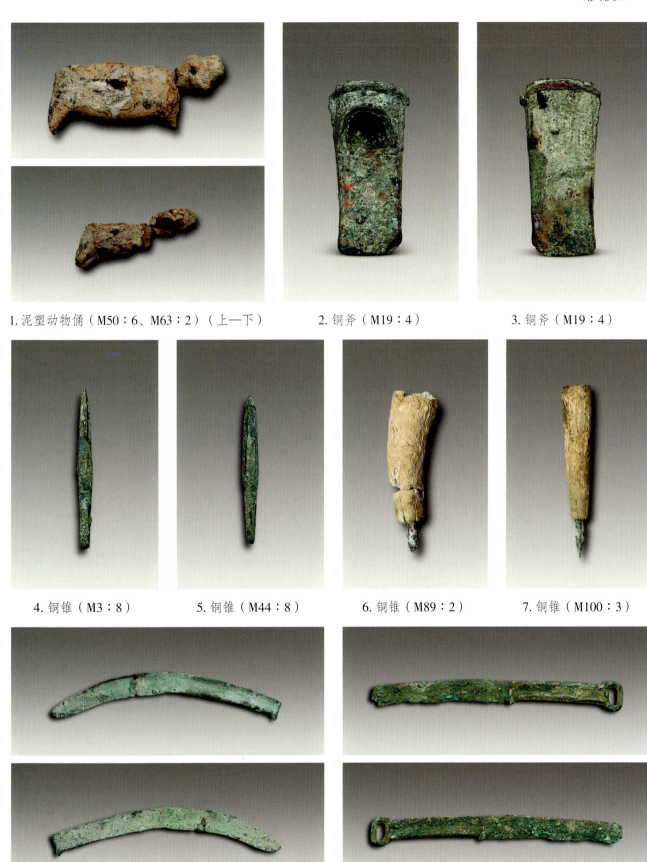

1. 泥塑动物俑（M50：6、M63：2）（上—下）　　2. 铜斧（M19：4）　　3. 铜斧（M19：4）

4. 铜锥（M3：8）　　5. 铜锥（M44：8）　　6. 铜锥（M89：2）　　7. 铜锥（M100：3）

8. 铜镰（M26：7）　　9. A型铜刀（M44：3）

千骨崖墓地出土器物

1. A型铜刀（M74∶7）　　　　　　　2. A型铜刀（M94（上）∶5）

3. B型铜刀（M74∶3）　　　　　　　4. B型铜刀（M100∶2）

5. 刀尖（M50∶t7）　　　　　　　6. 铜镞（M100∶6、5、4）（左-右）

干骨崖墓地出土铜器

1. 铜牌（M79：5）　　　　　　　　　　2. C型铜泡（扣）（M79：4）

3. 铜圆牌（M44：4）　　4. A型联珠饰（M55：t1）　　5. B型联珠饰（M50：t10）

6. A型耳环（M50：t9）　　7. B型耳环（M73：4）　　8. C型耳环（M14：t1）

干骨崖墓地出土铜器

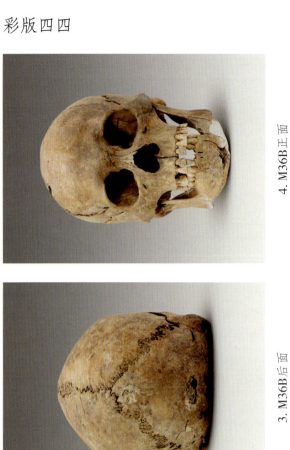

4. M36B正面

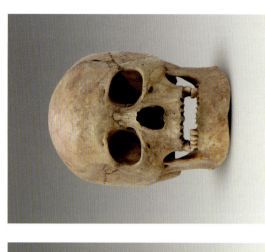

3. M36B后面

2. M36B顶面

1. M36B侧面

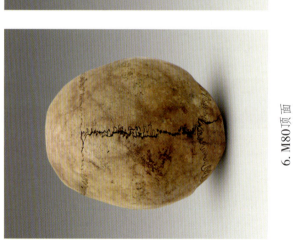

8. M80正面

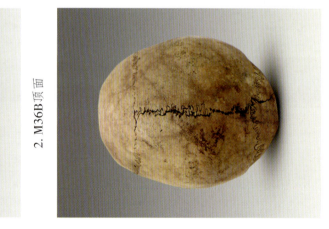

7. M80后面

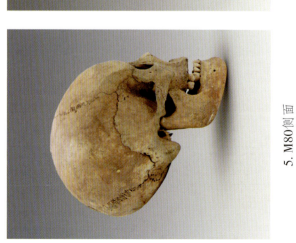

6. M80顶面

5. M80侧面

干骨崖墓地出土男性人骨

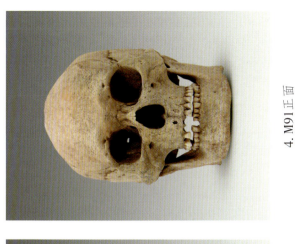

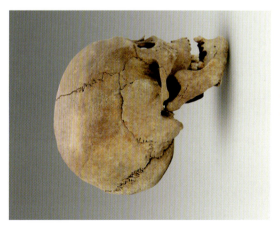

4. M91 正面

8. M102A 正面

3. M91 后面

7. M102A 后面

2. M91 顶面

6. M102A 顶面

1. M91 侧面

5. M102A 侧面

干骨崖墓地出土男性人骨

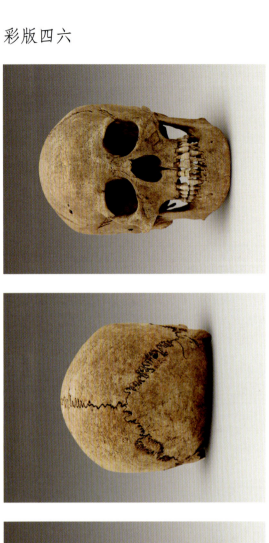

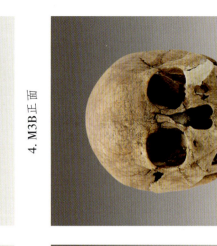

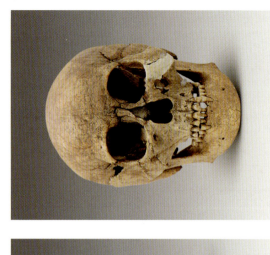

4. M3B 正面

3. M3B 后面

2. M3B 顶面

1. M3B 侧面

8. M14A 正面

7. M14A 后面

6. M14A 顶面

5. M14A 侧面

干骨崖墓地出土女性人骨

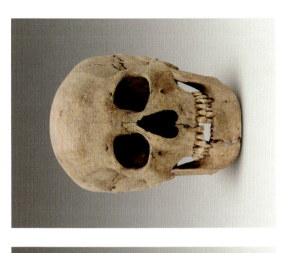

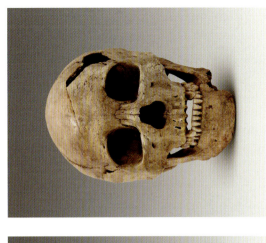

4. M19正面

3. M19后面

2. M19顶面

1. M19侧面

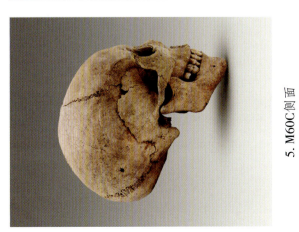

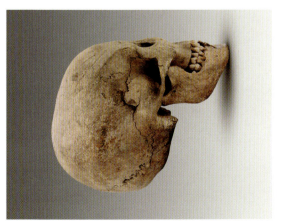

8. M60C正面

7. M60C后面

6. M60C顶面

5. M60C侧面

千骨崖墓地出土女性人骨

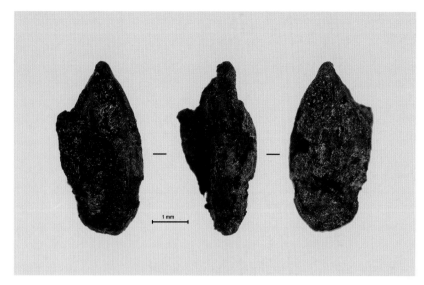

1. 大麦 *Hordeum vulgare* grain

2. 大麦穗轴 *Hodeum vulgare* rachis

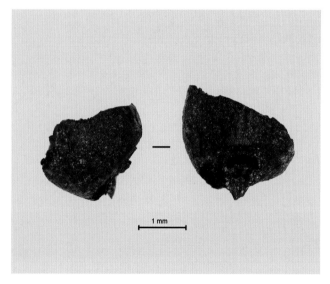

3. 小麦 *Triticum aestivum* grain

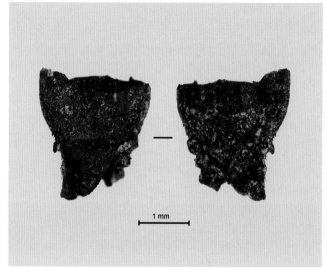

4. 小麦穗轴 *Triticum aestivum* rachis

干骨崖墓地出土植物遗存

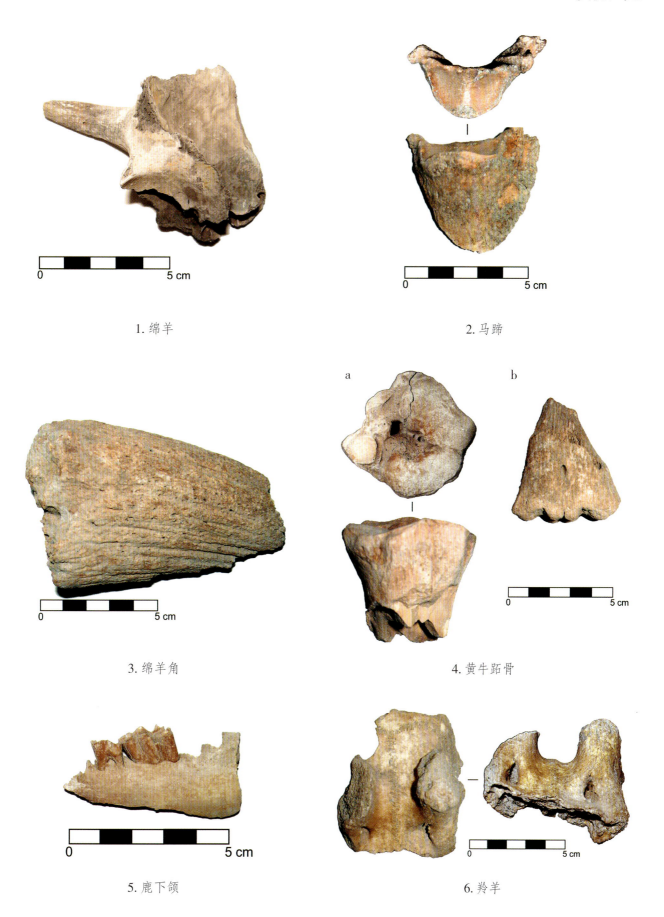

1. 绵羊

2. 马蹄

a   b

3. 绵羊角

4. 黄牛跖骨

5. 鹿下颌

6. 羚羊

干骨崖墓地、三坝洞子遗址出土动物骨骼

（1为干骨崖、余为三坝洞子）

1. 参加干骨崖墓地发掘的
   大庄八队村民（1987年）

2. 干骨崖墓地发掘时驻
   地庭院及房东大嫂
   （2008年）

3. 干骨崖墓地发现者与发
   掘者重逢于酒泉博物馆
   （2008年）

干骨崖墓地发掘人员、发现者、民工、房东及房东院落

干骨崖遗址及墓地外景

1. 干骨崖遗址（北—南，1987年）

2. 干骨崖墓地远眺（西南—东北，1987年）

干骨崖遗址及墓地外景

1. 墓地西侧断崖（南—北，1987年）

2. 北墓区（南—北，1987年）

干骨崖墓地及北墓区墓葬

1. 南墓区（发掘后，1987年）

2. M20

干骨崖墓地南墓区、M20

1. M63

2. M79

3. M41

干骨崖墓地墓葬

1. M20墓内上部堆积的大量砾石

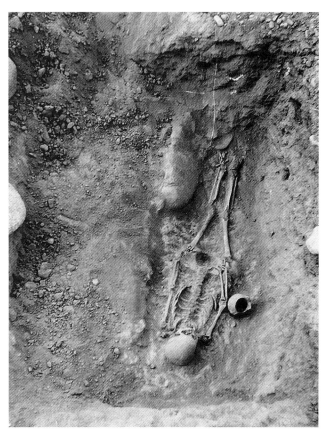

2. 揭去上部堆积大量砾石的M20墓主骨架

3. M54

4. M90

干骨崖墓地墓葬

1. M98（上左）、M95（上右）、M94（下）

2. M35

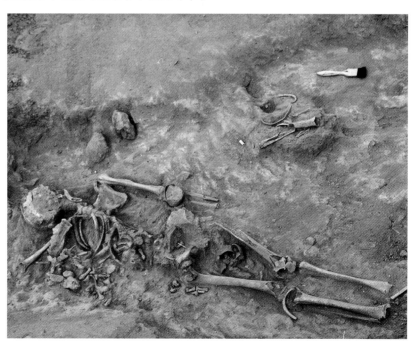

3. M43

干骨崖墓地墓葬

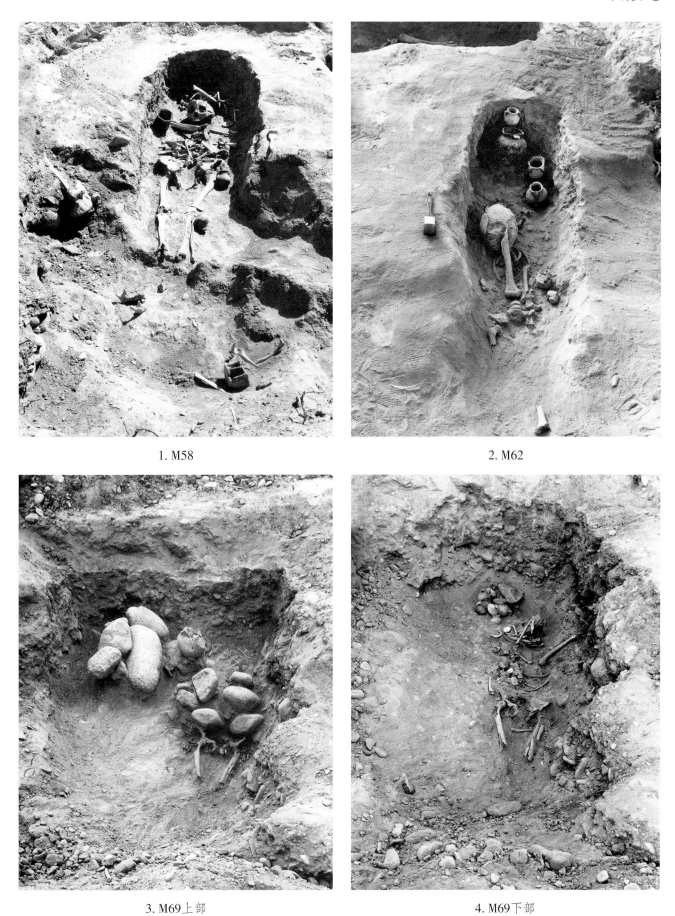

1. M58

2. M62

3. M69上部

4. M69下部

干骨崖墓地墓葬

1. M48（细部）

2. M46

3. M21

干骨崖墓地墓葬

1. M93

2. M102

3. M13

干骨崖墓地墓葬

1. M17

2. M36

3. M99

4. M18

干骨崖墓地墓葬

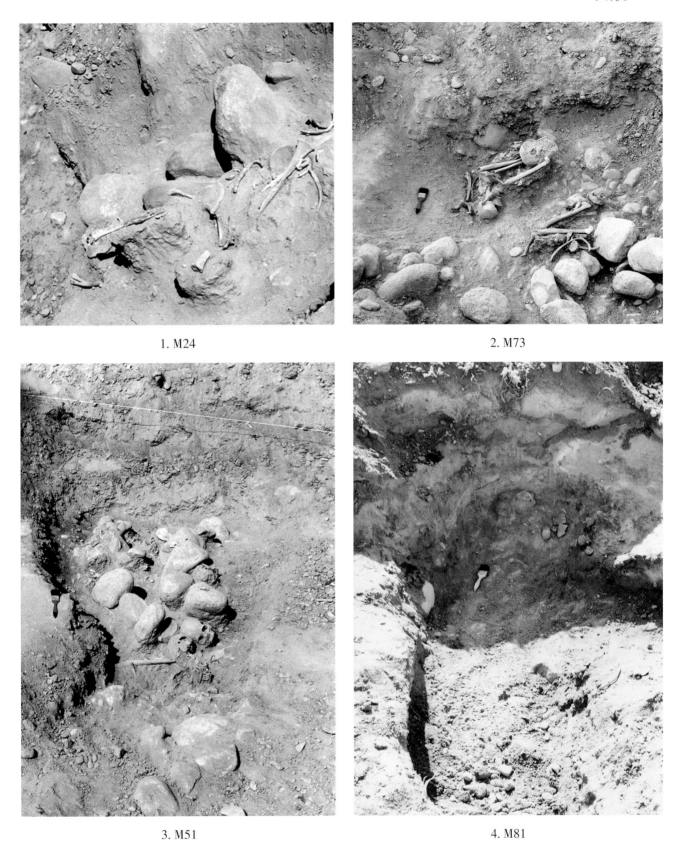

1. M24

2. M73

3. M51

4. M81

干骨崖墓地墓葬

干骨崖墓地出土玉石器

1. 玉斧（钺）（M74：5）

2. 玉斧（钺）（M91（下）：2）

3. 玉权杖头（M44：1）

4. A型石刀（M34：1）

5. A型石刀（M69：1）

6. A型石刀（M84：4）

7. A型石刀（M103：3）

8. B型石刀（M62：5）

9. B型石刀（M101：5）

干骨崖墓地出土玉石器

1. 砺石（M55：1、M44：7、M49：2）（左一右）

3. 细石器（M60：8）

2. 细石器（M48：1）

干骨崖墓地出土石器

1. I 式（M26：2）　　　　　　　　2. I 式（M70：1）

3. I 式（M103：2）　　　　　　　4. II 式（M14：7）

5. II 式（M69：14）　　　　　　　6. II 式（M3：6）

干骨崖墓地出土彩陶双耳罐

1. Ⅱ式彩陶双耳罐（M14：4）

2. Ⅳ式彩陶双耳罐（M20：1）

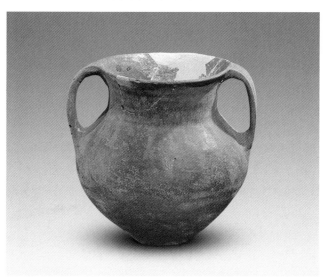

3. Ⅰ式彩陶双大耳罐（M59：1）

4. Ⅰ式彩陶双大耳罐（M93：1）

5. Ⅱ式素面双大耳罐（M91（上）：2）

干骨崖墓地出土陶器

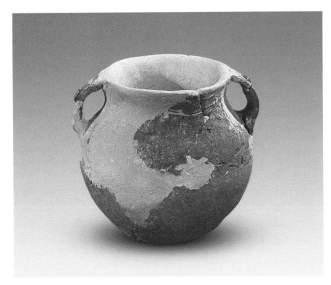

1. Ⅰ式（M6：7）

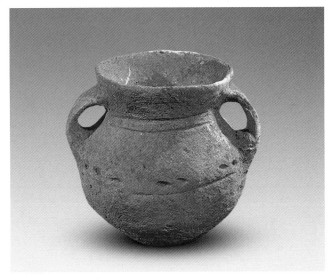

2. Ⅰ式（M22：4）

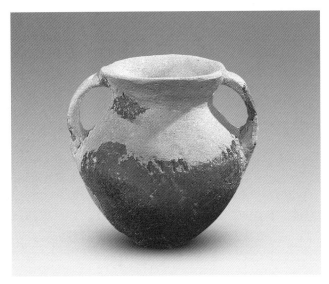

3. Ⅱ式（M4：5）

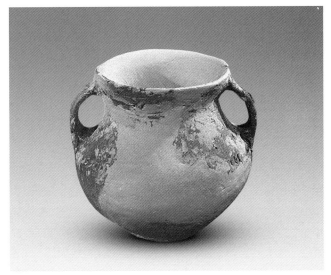

4. Ⅱ式（M17：1）

5. Ⅳ式（M36：1）

干骨崖墓地出土A型夹砂陶双耳罐

1. Ⅱ式（M33∶1）

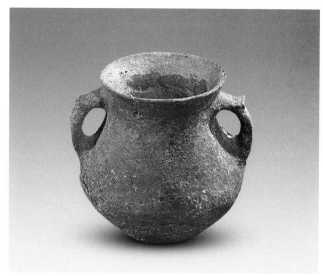

2. Ⅱ式（M89∶1）

3. Ⅲ式（M45∶2）

4. Ⅲ式（M50∶2）

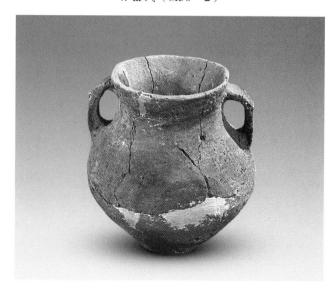

5. Ⅲ式（M92∶2）

干骨崖墓地出土B型夹砂陶双耳罐

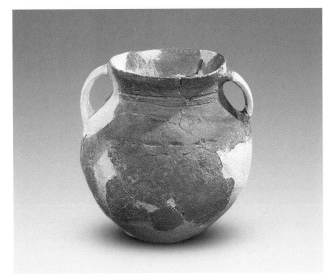

1. C型Ⅱ式（M2：12）

2. C型Ⅱ式（M62：2）

3. C型Ⅳ式（M52：1）

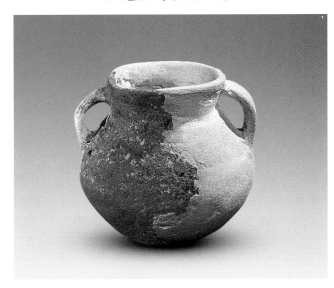

4. D型Ⅰ式（M3：9）

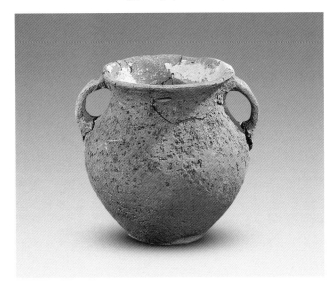

5. D型Ⅰ式（M81：2）

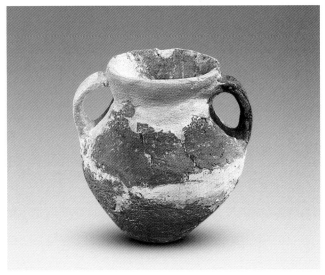

6. D型Ⅲ式（M74：1）

干骨崖墓地出土夹砂陶双耳罐

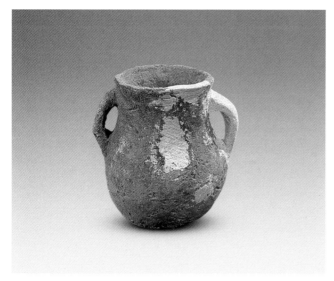

1. G型夹砂双耳罐（M50：3）

2. A型Ⅰ式彩陶单耳罐（M1：3）

3. A型Ⅰ式彩陶单耳罐（M26：6）

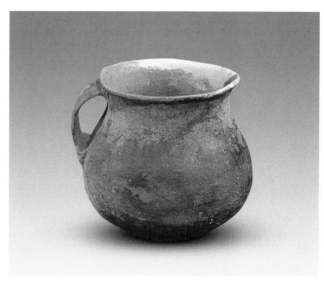

4. A型Ⅱ式彩陶单耳罐（M79：1）

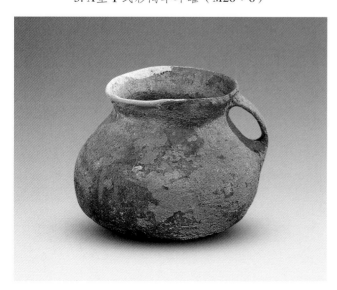

5. B型Ⅰ式彩陶单耳罐（M33：2）

6. C型Ⅰ式彩陶单耳罐（M49：1）

干骨崖墓地出土陶器

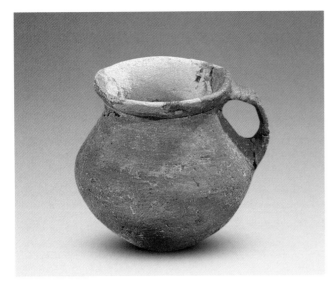

1. A型Ⅰ式（M14：3）

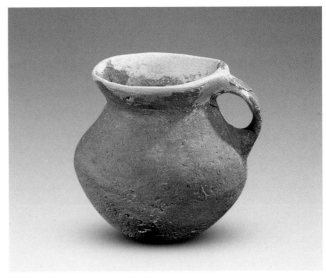

2. A型Ⅰ式（M2：14）

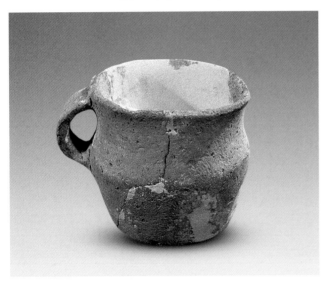

3. B型Ⅰ式（M4：1）

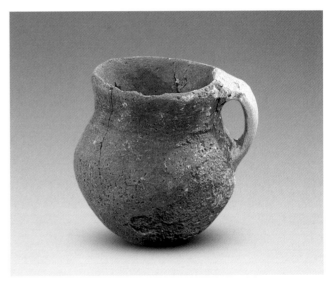

4. B型Ⅱ式（M32：2）

5. B型Ⅲ式（M30：3）

6. C型（M63：1）

干骨崖墓地出土夹砂陶单耳罐

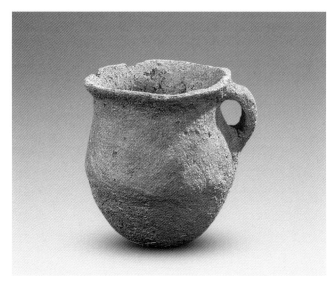

1. D型夹砂单耳罐（M38：1）

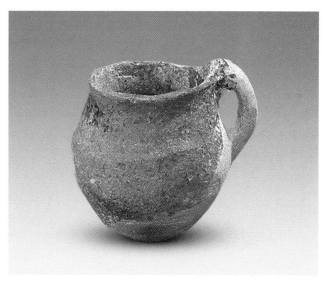

2. D型夹砂单耳罐（M30：2）

3. D型夹砂单耳罐（M103：1）

4. A型Ⅰ式彩陶腹耳壶（M1：5）

5. B型Ⅱ式彩陶腹耳壶（M43：1）

干骨崖墓地出土陶器

1. A型四系罐（M3：2+3）

2. 筒形盖罐（M2：2+3）

3. A型器盖（M65：1）

4. A型器盖（M74：6）

5. A型器盖（M101：3）

6. B型器盖（M6：1）

7. B型器盖（M13：3）

8. B型器盖（M14：1）

干骨崖墓地出土陶器

1. B型（M24：2）

2. B型（M24：3）

3. B型（M70：2）

4. B型（M69：12）

5. B型（M73：3）

6. B型（M81：3）

7. B型（M101：2）

8. C型（M48：7）

干骨崖墓地出土陶器盖

1. C型器盖（M71：4）

2. C型器盖（M74：4）

3. D型Ⅱ式器盖（M51：6）

4. E型器盖（M69：16）

5. F型器盖（M22：7）

6. G型器盖（M50：4）

7. 彩陶尊形器（M58：15）

干骨崖墓地出土陶器

1. A型多子盒（M48：1）

2. Ⅰ式双耳盆（M2：11）

3. 陶纺轮：①～③A型（M14：12、M69：7、M34：2） ④⑤B型（M31：6、M60：4）

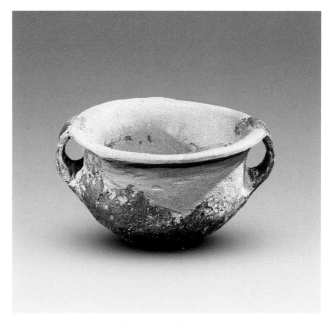

4. Ⅱ式双耳盆（M97：1）

干骨崖墓地出土陶器

图版二六

1. ①②打制石斧（87JG-020、87JG-014）　③④打制盘状器（87JG-016、87JG-027）

2. 刻划纹圆盘陶器盖
（87JFL-024）

3. ①打制石斧（87JFL-006）　②③打制有磨槽石器（87JFL-018、87JFL-019）　④磨制穿孔石斧（钺）
（87JFL-001）　⑤⑥磨制石刀（87JFL-003、87JFL-002）　⑦打制盘状器（87JFL-004）

4. ①②⑤⑦~⑨打制手斧（87JFS-009、87JFS-014、87JFS-013、87JFS-011、87JFS-010、87JFS-001）
③④打制有磨槽石器（87JFS-018、87JFS-017）　⑥磨制石斧（87JFS-012）

干骨崖、刘家沟口、三坝洞子遗址出土器物
（1为干骨崖，2、3为刘家沟口，4为三坝洞子）

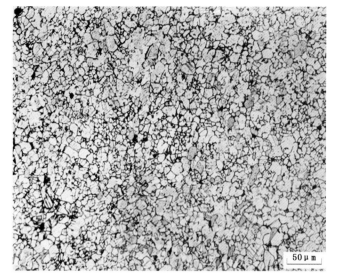

1. 铜锥（M100：3，1676）金相组织

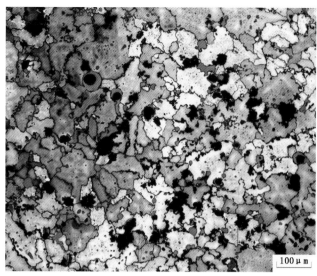

2. 铜刀（M100：2，1681）金相组织

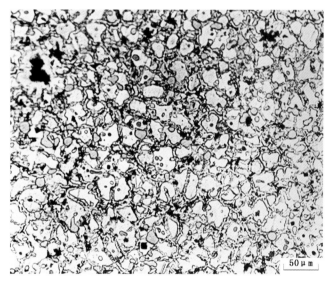

3. 镞（M100：6，1683）金相组织

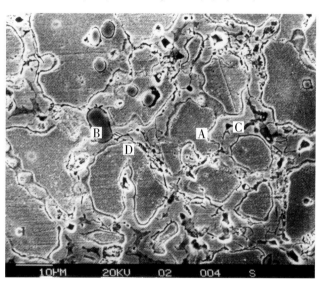

4. 镞（M100：6，1683）SEM二次电子像

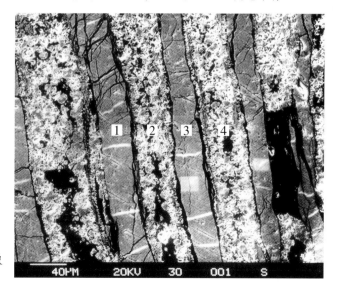

5. 泡（M36：6，1684）SEM二次电子像

干骨崖墓地出土四坝文化铜器金相和扫描电镜（SEM）电子像照片
（样品经三氯化铁盐酸乙醇溶液浸蚀）

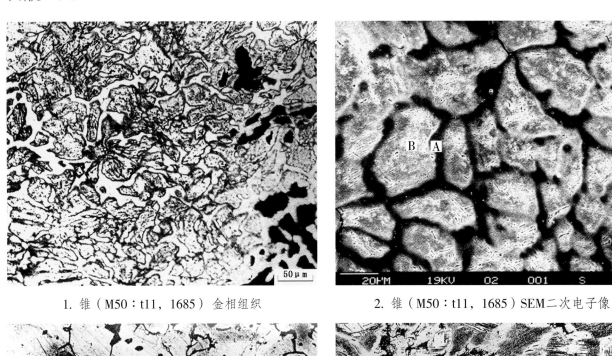

1. 锥（M50：t11，1685）金相组织

2. 锥（M50：t11，1685）SEM二次电子像

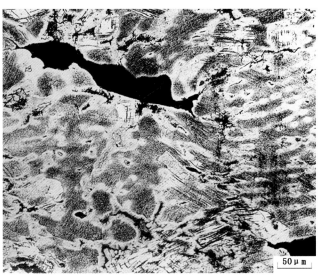

3. 刀（M50：t7，1687）金相组织

4. 铜削尖（M103：4，1690）金相组织

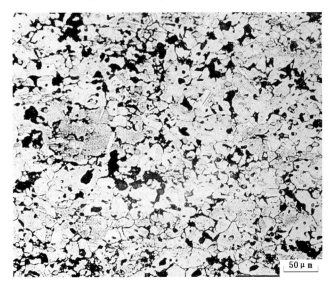

5. 削（M100：14，1691）金相组织

干骨崖墓地出土四坝文化铜器金相和扫描电镜（SEM）电子像照片
（样品经三氯化铁盐酸乙醇溶液浸蚀）

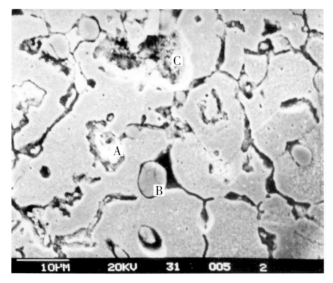

1. 削（M100：14，1691）SEM二次电子像

2. 小铜环（M50：t12，1692）金相组织

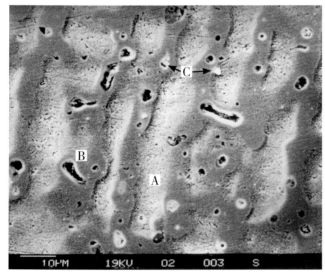

3. 联珠饰（M55：t1，1696）SEM二次电子像

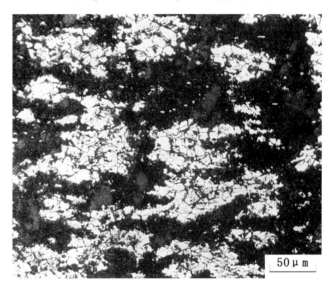

4. 刀（M94（上）：5，1703）金相组织

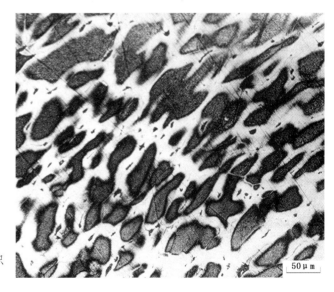

5. 刀（M44：3，1707）金相组织

干骨崖墓地出土四坝文化铜器金相和扫描电镜（SEM）电子像照片
（样品经三氯化铁盐酸乙醇溶液浸蚀）

图版三〇

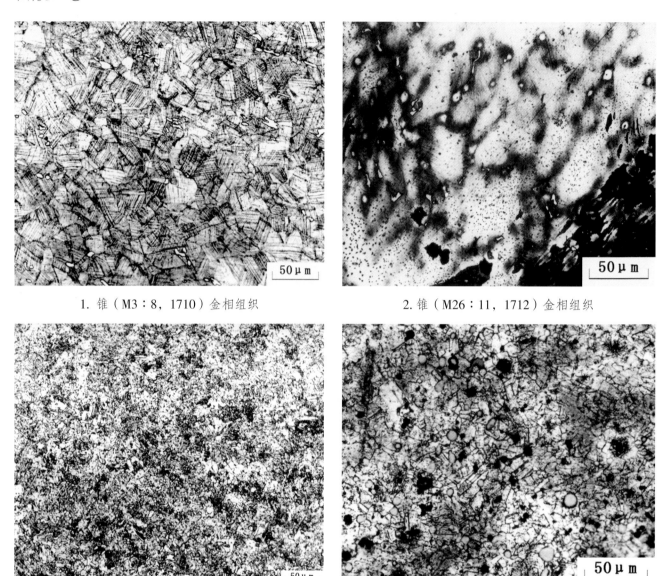

1. 锥（M3∶8，1710）金相组织　　　　　2. 锥（M26∶11，1712）金相组织

3. 铜牌（M79∶5，1713）金相组织　　　　4. 锥（残）（M89∶2，1718）金相组织

5. 锥（残）（M89∶2，1718）SEM背散射电子像

干骨崖墓地出土四坝文化铜器金相和扫描电镜（SEM）电子像照片

（样品经三氯化铁盐酸乙醇溶液浸蚀）